C. von der Goltz

Feldzug 1870 - 1871

C. von der Goltz

Feldzug 1870 - 1871

Operationen der II. Armee vom Beginne des Krieges bis zur Capitulation von Metz

C. von der Goltz

Feldzug 1870 - 1871
Operationen der II. Armee vom Beginne des Krieges bis zur Capitulation von Metz

ISBN/EAN: 9783743306592

Hergestellt in Europa, USA, Kanada, Australien, Japan

Cover: Foto ©ninafisch / pixelio.de

Manufactured and distributed by brebook publishing software
(www.brebook.com)

Feldzug 1870—71.

Die
Operationen der II. Armee.

Vom Beginne des Krieges bis zur Capitulation von Metz.

Dargestellt

nach den Operations-Akten des Ober-Commandos der II. Armee

von

Frh. v. d. Goltz,
Hauptmann im großen Generalstabe.

Mit einer Uebersichtskarte und einem Plan.

Berlin 1873.
Ernst Siegfried Mittler und Sohn
Königliche Hofbuchhandlung
Kochstraße 69.

Vorwort.

Dies Buch ist nach den Operationsakten des Ober-Commandos der II. Armee geschrieben und die Ereignisse sind in demselben so dargestellt, wie sie vom Standpunkte der Heeresleitung aus gesehen wurden. Seine Aufgabe war es dabei mehr, dem inneren Entwickelungsgange zu folgen, den die Entscheidungen des Ober-Commandos durchgemacht haben, als eine bis in's Einzelne vollständige Aufzählung aller Thatsachen zu geben.

Berlin, November 1873.

Der Verfasser.

Inhalts-Verzeichniß.

I.
Einleitende Operationen und Maßnahmen.

Als die deutschen Heere zu Ende des Monat Juli 1870 an der französischen Grenze aufmarschirten, wurde der II. Armee das Centrum zugewiesen.

Sie war aus dem Garde=, 3., 4. und 10. Armee=Corps, sowie aus der 5. und 6. Cavallerie=Division zusammengesetzt und ver= sammelte sich zunächst um Mainz. Dort traf am 28. Juli Nach= mittags auch der Oberbefehlshaber, General der Cavallerie, Prinz Friedrich Carl, Königliche Hoheit, ein.

Rechts der II. Armee sollte sich die I.*) bei Wabern und Loßheim, links die III.**) sich bei Landau concentriren.

Die Corps der Reserve***) halten wie die II. Armee Direction auf Mainz und waren dieser in Bezug auf Verpflegung und Dislocation unterstellt.

Vom Feinde wußte man um jene Zeit, daß er mit dem größten Theile seiner Armee an der Grenze zwischen Hagenau und Bou= zonville stünde, und Reserven bei Belfort zusammenziehe.

Auf deutscher Seite wurde dem gegenüber die unmittelbare Beobachtung der Grenze von Trier bis Saarbrücken durch Ab= theilungen des 8. Corps, von Saarbrücken bis zum Rhein durch ein bayrisches Detachement unter General Maillinger ausgeführt.

Am 24. Juli traf ferner in Kaiserslautern das Rheinische

---

*) Das 7. und 8. Armee=Corps und die 3. Cavallerie=Division.

**) Das 5., 11. preußische Armee = Corps, das 1. und 2. bayrische Armee= Corps, die Württemberger und Badenser, sowie die 4. Cavallerie= Division.

***) Das 9. und 12. (Königl. Sächsische) Armee = Corps.

Dragoner-Regiment Nr. 5 ein, das dann die Mitte des Grenz=
cordons bildete, während die Bayern links gegen Speyer hin zu=
sammenschlossen.

Diese schwachen Kräfte waren für die Ueberwachung der
feindlichen Armee, und, wenn dieselbe in jenen Tagen schon die
Offensive ergriff, zur Aufklärung ihrer ersten Schritte disponibel.

Die nächsten Maßnahmen des Ober=Commandos der II. Armee,
als es in dieser Situation die Operationen der ihm unterstellten
Truppen zu leiten begann, mußten sich aus folgenden Erwägungen
entwickeln:

Trotz der Ueberraschung, welche die Kriegserklärung in
Deutschland hervorgerufen hatte, war durch höhere Anordnungen
der Grundsatz aufgestellt worden, die Mobilmachung der Truppen
in der Heimath zu vollenden und dann erst die fertigen Heeres=
körper nach der Grenze zu transportiren.

Sollte zu Beginn des Krieges selbst ein Theil des deutschen
Grenzgebiets dem Feinde überlassen werden müssen, so konnte
dieser Nachtheil doch nicht alle die Vortheile aufwiegen, welche die
Eröffnung der Operationen mit vereinigten und schlagfertigen
Kräften für Deutschland im Großen mit sich führte.

Der Feind würde den geringen Vorsprung, den ihm eine
schnelle Invasion hätte geben können, voraussichtlich mit dem er=
heblichen Schaden bezahlt haben, daß es ihm niemals gelang, seine
Mobilmachung zu vollenden.

Mit jedem Schritte, den er nach Deutschland hineingethan,
wären die Streitkräfte vor seiner Front angewachsen, während er
selbst sich gleichzeitig von den Quellen seiner Kraft entfernen mußte.
Die Lage würde für ihn von Tage zu Tage schwieriger geworden
sein.

Im zweiten Theile dieses Krieges haben es die deutschen Heere
empfunden, in welchem Grade sich die Vertheidigungsfähigkeit einer
großen Nation steigert, je näher man den Centren ihres materiellen
und politischen Lebens tritt.

Dennoch hatten sich in Paris vom Beginn der politischen
Krise an zahlreiche Stimmen für ein sofortiges Losschlagen mit
unfertigen Truppen erhoben.

Streng genommen lag eine solche militairische Action in der
Consequenz der sich überstürzenden Kriegspolitik des Kaiserreichs
und man mußte darauf gefaßt sein.

Am 15. Juli früh hatte Frankreich die Einberufung seiner Reserven befohlen. Nach der Niel'schen Organisation konnten daher am 27. die Regimenter complettirt und marschbereit sein.*)

Bis zu diesem Tage war es an der Grenze noch zu keinem ernsten Rencontre gekommen, ja die französischen Vorposten hielten sich sogar mehr zurück, als unmittelbar nach der Kriegserklärung und mit dem 25. begann schon auf 9, Frankreich zugekehrten Eisen= bahnspitzen die Ausschiffung der mobilen deutschen Truppen.**)

Dennoch blieb die Lage für die nächsten Tage unverändert.

Die deutschen Armee=Corps glichen noch immer großen Marsch= Colonnen, deren Teten am Rhein standen, und deren Queue in Berlin, resp. Magdeburg, Hannover ꝛc. zu suchen war.

Von den Franzosen hingegen mußte man voraussetzen, daß sie wenigstens von 4 Corps***) alle Mannschaften nahe der Grenze vereinigt hatten, wenn es ihnen gleich noch an Material und Trains fehlen mochte.

Auch für die II. Armee blieb darum die Voraussetzung bestehen, daß der Beginn der feindlichen Invasion in die Tage fallen könne, die bis zur Vollendung ihres Aufmarsches nothwendig noch ver= streichen mußten. Dieser Möglichkeit halber war Höchsten Orts schon bestimmt worden, daß die II. Armee statt an der Saar, am Rhein debarkiren solle.

Es blieben indeß noch sofort Maßregeln zu ergreifen, um auch diesen Versammlungsrayon gegen Ueberraschung und Störung durch den Feind zu sichern.

Am 25. Juli hatte in Bingen die Ausschiffung des 3. Armee= Corps begonnen†) und dieses Befehl erhalten, zwei Avantgarden in die Gegend südlich Kreuznach und bis Wörrstadt vorzuschieben.

---

*) In Wahrheit hatten am 5. August noch nicht alle Reserven, welche für die an der Grenze stehenden französischen Regimenter bestimmt waren, diese erreicht. Ch. Fay Journal d'un officier de l'armée du Rhin.

**) Der Truppentransport nach der französischen Grenze fand gleichzeitig auf 6 norddeutschen und 3 süddeutschen Linien statt.

***) Und zwar: von der Armee von Paris,
der Armee des Lagers von Chalons,
der Armee von Lyon,
dem Garde=Corps,
denn diese Verbände bestanden schon im Frieden.

†) Bahnhof Kreuznach wurde für die Ausschiffungen zu Hülfe genommen.

Vom 26. an debarkirte das 4. Armee-Corps bei Mannheim und setzte sofort eine Avantgarde nach Dürkheim in Marsch.

Die Masse dieser Corps cantonirte hinter jenen vorgeschobenen Abtheilungen und räumte allmälig Rayons, in denen die nachfolgenden Truppen des 10. Armee-Corps (bei Bingen) und des Garde-Corps*) (bei Mannheim) Raum für ihre Unterkunft fanden.

Bei Bingen waren gleichzeitig die für die 6. Cavallerie-Division, bei Bingen und Mannheim die für die 5. Cavallerie-Division bestimmten Regimenter mit den Armee-Corps, zu deren Friedensverbande sie gehörten, eingetroffen.**)

Beide Divisionen konnten im Vormarsche formirt werden, waren also verfügbar, um möglichst schnell und weit gegen die Grenze vorgeschoben zu werden. Man befand sich alsdann in der Lage, Aufstellung und Maßnahmen der feindlichen Armee genauer zu ermitteln und Einbrüche auf deutsches Gebiet ihrer Bedeutung nach richtig zu würdigen.

Mit diesem defensiven Zwecke ging die Absicht Hand in Hand, dem Auge des Feindes Stärke, Aufmarsch und einleitende Bewegungen der eigenen Armee zu entziehen.

Unzweifelhaft sollte der allgemeine Angriff gegen die Franzosen an dem Tage beginnen, an welchem die deutschen Heeresmassen schlagfertig dastanden. Dieser Angriff mußte den Feind überraschend treffen, wenn er bis dahin überall und ausschließlich Cavallerie seinen Vorposten gegenüber gehabt hatte.

Schon am 28. Juli — während der Eisenbahnfahrt des Ober-

---

*) Das 3. Garde-Regiment z. F. debarkirte in Bingerbrück und rückte von dort per Fußmarsch zu seinem Armee-Corps ab.

**) Von der 6. Cavallerie-Division debarkirte das im Frieden zum 9. Armee-Corps gehörige Husaren-Regiment Nr. 16 am 27. in Wiesbaden und Mosbach und stieß per Fußmarsch am 30. zur Division, alle übrigen Regimenter derselben, die dem Friedensverbande des 3. Armee-Corps angehörten, debarkirten bei Bingen; die letzten Echelons trafen dort im Laufe des 28. Juli ein.

Die der Division zugetheilte reitende Batterie des 3. Armee-Corps folgte nach der Fahrtdisposition erst am 2. August.

Von der 5. Cavallerie-Division trafen alle Regimenter, dem Friedensverbande des 4. und 10. Armee-Corps angehörig, bis zum Ende des 30. Juli ein. Eine ihrer Batterien, vom 4. Armee-Corps gestellt, debarkirte laut Fahrtdisposition am 29. Juli, die andere vom 10. Armee-Corps am 1. August.

Commandos von Berlin nach Mainz — hatte Prinz Friedrich Carl beschlossen, beiden Cavallerie=Divisionen in ihrer vollen Stärke eine dem entsprechende Verwendung zu geben und mit dieser ersten Maßnahme die selbstständigen Operationen der II. Armee zu eröffnen.

Am 29. Vormittags erging deshalb aus dem Hauptquartier Mainz an die Cavallerie=Divisionen der Befehl zum Aufbruche.

Die 6.*) erhielt Weisung, aus ihren Cantonnements in der Gegend von Sprendlingen=Gaualgesheim am 30. mit breiter Front über Fürfeld, Meisenheim, Kusel und Neunkirchen an die Grenze abzurücken.

Die 5.**) marschirte vom 31. an in 2 Colonnen, die eine***) aus ihren Cantonnements zwischen Bingen und Kreuznach über Baumholder auf St. Wendel und Völklingen, die andere †) aus der Gegend von Dürkheim=Oggersheim über Kaiserslautern auf Bliescastel, während nach Pirmasenz detachirt wurde.

Im Centrum befand sich demnach die 6., auf den beiden Flügeln getheilt die 5. Cavallerie = Division.

Die Trennung der letzteren, die sich aus der Lage der Debar=kationspunkte der Armee=Corps, mit welchen gemeinsam die Cavallerie=Regimenter angelangt waren, entwickelt hatte, mußte bei Entwurf dieser Disposition in Kauf genommen werden. Sie erheischte nur einheitlichen Oberbefehl über beide Divisionen. Da beide indessen dieselbe Aufgabe zu erfüllen hatten, so war eine solche Einheit auch aus tactischen Gründen vortheilhaft.

General=Lieutenant von Rheinbaben erhielt in Folge dessen das Commando über die ganze Cavalleriemasse.

Diese sollte am 3. August in der Stärke von 56 Escadrons, d. h. über 8000 Pferden mit 18 Geschützen die Grenze erreichen und auf der ganzen Linie von Pirmasenz bis Völklingen gleichzeitig Fühlung an den Feind nehmen.

---

*) General=Major Herzog Wilhelm von Mecklenburg = Schwerin.
**) General=Lieutenant von Rheinbaben.
***) Die 11. Brigade (Oberst von Barby) von der 13. Cavallerie=Brigade, (General=Major von Redern), die Husaren = Regimenter Nr. 11 und 17, ferner eine reitende Batterie.
†) Die 12. Cavallerie=Brigade (General=Major von Bredow), von der 13. Cavallerie=Brigade das Husaren = Regiments Nr. 10, das zunächst unter den Befehl des General von Bredow trat, ferner eine reitende Batterie.

Sie erhielt Weisung, nicht in Massen, wohl aber überall auf=
zutreten und Expeditionen gegen die feindliche Grenzbesatzung
zu beginnen.

Um der Cavallerie in der Erfüllung ihrer Aufgabe einen
Rückhalt zu geben, wurde gleichzeitig vom rechten Flügel eine
Infanterie=Division des 3. Corps (5.) über Cusel in die Gegend
von Neunkirchen, vom linken Flügel eine Infanterie=Division des
4. Corps (8.) nach Homburg dirigirt.

Hinter diesem Schirm vollendete die II. Armee ihre Concen=
tration.

Es wurde dabei innerhalb der Corpsverbände in Bezug auf
Administration alles noch Nothwendige erledigt.

Den Truppentheilen, welche meist unmittelbar nach ihrer
Complettirung auf Kriegsstärke die Garnison verlassen hatten, war
noch manche Arbeit zu thun geblieben.

Seine Königliche Hoheit der Oberbefehlshaber wandte in der=
selben Zeit sein Augenmerk außerdem tactischen Verhältnissen zu.
Von Interesse ist in dieser Beziehung der nachstehende, auf die
Verwendung der Artillerie bezügliche Armeebefehl:

H. Q. Alzey, den 31. Juli 1870.

Obwohl ich annehme, daß die meisten der in Nachstehendem
ausgesprochenen Grundsätze bei den einzelnen Armee=Corps bereits
früher ihre Geltung gefunden haben, so halte ich es dennoch beim
Zusammentritt von 6 Armee=Corps zu einer Armee und zur Er=
zielung einer möglichsten Gleichmäßigkeit für zweckmäßig, auf die=
selben hier besonders aufmerksam zu machen:

1. Die Feuerstellungen der Artillerie sind nur in möglichst
wirksamer Entfernung, und — um annähernd eine Zahl zu
nennen — nicht über 1800 Schritt vom Feinde zu wählen.

2. Nach dem Einrücken in die Stellung ist das Feuer nicht
zu beeilen. Nach erfolgtem Einschießen kann erforderlichen Falls
zu zeitweisem Schnellfeuer übergegangen werden.

3. Das um die Feuerstellung liegende Terrain haben die
Batteriechefs gleich nach dem Einrücken in dieselbe recognosciren
zu lassen, besonders nach vorwärts und rückwärts.

4. Das Verschießen der Munition darf niemals zum Ver=
lassen der Feuerstellung Veranlassung geben, weshalb der Ersatz
der Munition die vornehmste Sorge jedes Batteriechefs oder
höheren Artillerie=Commandeurs bleibt.

5. Die Truppen haben darauf zu rücksichtigen, daß sie die in Position stehende Artillerie nicht maskiren. Ist Letzteres un= vermeidlich, so muß die Artillerie, vorzugsweise die Divisions= Artillerie, vorgehen und den andern Truppen selbst bis in den Gewehrschußbereich folgen.

6. Ein Hinwegschießen der Artillerie über andere Truppen ist zu vermeiden und kann ausnahmsweise höchstens bei Schützen= linien vorkommen. In diesem Falle ist die betreffende Truppe davon zu avertiren.

7. Theile der Divisions=Artillerie sind nur ausnahmsweise den Infanterie=Brigaden zuzutheilen.

8. Ueber die noch bei der Corps=Artillerie befindlichen reitenden Batterien behalte ich mir für den Tag der Schlacht die ausschließliche Verfügung vor, um eine Armeereserveartillerie= Masse aus ihnen zu bilden.

9. Um den Munitionsersatz der Batterien aus den Colonnen zu ermöglichen, ist stets von den Corps=Commandos anzugeben, hinter welchem Truppentheile die 1. Staffel der Munitions= Colonnen marschirt, respective stehen soll.

10. Bei den preußischen Armee=Corps haben die Artillerie= Munitions=Colonnen blaue, die Infanterie=Munitions=Colonnen graue Fahrzeuge.

11. In sämmtlichen Granaten der Artillerie=Munitions= Colonnen müssen sich die Nadelbolzen befinden.

Der General der Cavallerie.

(gez.) Friedrich Carl.

Dann aber sollte die Armee vom 31. an ihre Teten gegen die Defileen des Pfälzischen Gebirges vorschieben und die Corps schlossen in sich auf, so daß nicht allein Terrain gewonnen, sondern auch den Truppen Gelegenheit gegeben wurde, sich mit mäßigen Anstrengungen einzumarschiren. So holte man die unerläßliche Vorbereitung für die kommenden großen Strapazen nach, von welcher man im Drange der Umstände bisher hatte absehen müssen.

Auf den beiden, der II. Armee für die Concentration zur Verfügung stehenden Eisenbahnlinien A*) und C**) waren ferner bis nach Neunkirchen und Homburg hin alle technischen Vorberei=

---

*) Berlin = Braunschweig = Hamm = Bingerbrück = Neunkirchen.
**) Berlin = Halle = Cassel = Frankfurt a. M. = Mannheim = Homburg.

tungen getroffen worden, um die Debarkationspunkte immer weiter vorwärts zu verlegen, sobald dies nach militairischen Rücksichten erlaubt schien.

Dies machte sich für die Folge vortheilhaft geltend.

Unbequemlichkeiten, welche den Truppen dabei in Bezug auf die Quartiervorbereitung erwuchsen, konnten nicht in's Gewicht fallen. Meist gelang es auch), diese durch directe Verständigung der von den General-Commandos mit der Ausschiffung und Unterbringung der ankommenden Truppen-Transporte beauftragten Offiziere zu heben.

Wurde es erforderlich, so erhielten die in erster Linie befindlichen Corps Befehl, für die in ihre Rayons hinein vorgeschobenen Echelons der andern zu sorgen.

Vor dem Beginne der weiteren Operationen wurden nun auch ausgebehnte Dispositionen nöthig, um die Verpflegung der Armee zu sichern.

Besondere Schwierigkeiten waren auf diesem Gebiete zu überwinden.

Zunächst hatten die Fuhrparks-Colonnen, zum Theil selbst die Proviant-Colonnen der Corps von der Bahnbeförderung ausgeschlossen werden müssen;*) es mangelte den Truppen daher an Transportmitteln. Die Vorräthe der Rheinprovinzen wurden dabei durch die Verproviantirung der Westfestungen sehr in Anspruch genommen, auf einen Nachschub aus dem Osten Deutschlands aber konnte nicht gerechnet werden, weil alle Bahnlinien durch ununterbrochen fortdauernde Truppen-Transporte besetzt waren. Der ausländische Markt wurde voraussichtlich in allernächster Zeit durch Ausfuhrverbote der Benutzung entzogen. Die ungewöhnlich starken Truppenmassen, die zu verpflegen waren, versammelten sich dabei auf einem verhältnißmäßig engen Raum.

Das Kriegs-Ministerium hatte nun die Anlage großer Magazine in Bingen und Mainz befohlen. Durch das Ober-Commando der II. Armee aber waren ferner folgende Anordnungen schon von dem Mobilmachungsorte Berlin aus getroffen, oder wurden jetzt in's Werk gesetzt.

Die Truppen bekamen Weisung, aus ihren Garnisonorten

---

*) Die Proviant-Colonnen des 3. Armee-Corps sollten laut Fahrtbisposition erst vom 2. August ab auf der Linie B. in Mosbach debarkiren, eine Proviant-Colonne des Corps am 7. August auf Linie A. in Neunkirchen.

einen für mehrere Tage ausreichenden Vorrath an Victualien und Hafer auf dem Eisenbahn-Transporte mitzunehmen, nach der Ausschiffung aber so lange als irgend möglich gegen Baarzahlung von den Quartiergebern zu leben. In ihren Dislocations-Rayons sollten sie indessen auch dabei zu jedem Preise Lebensmittel aufkaufen, um sich hiermit für die bevorstehenden Operationen womöglich auf eine Dauer von 6 Tagen hinaus zu versorgen. Vorspannwagen konnten diese Vorräthe den Truppen nachführen, auch erhielten die Armee-Corps Befehl, sich durch Miethscontracte oder Requisitionen in Besitz eines provisorischen Fuhrparks von je 400 Fahrzeugen zu setzen.*)

Ferner wurde im Einverständniß mit dem großen Hauptquartier und im Hinblick auf das nächste Ziel, die Behauptung der Rheinlinie, eine Flotille von 6 Dampfern und zahlreichen Schleppkähnen gemiethet, welche den Armee-Corps auf der Rheinstrecke Worms-Mainz-Bingen als bewegliches Magazin dienen sollten. Diese Fahrzeuge wurden durch Ankäufe in Holland, das indessen bald seine Grenze sperrte, am Niederrhein, auch im Concentrations-Terrain und aus disponibeln Beständen der Festungen Coblenz, Cöln und Wesel gefüllt. Als dann später der schnelle Vormarsch der II. Armee erfolgte, lieferte man diese Schiffsladungen an die von ihr für den eigenen Bedarf errichteten Central-Magazine Bin- · gen und Worms ab.

Die mobilen Bäckerei-Colonnen arbeiteten dabei in Verbindung mit Privat-Etablissements an der Herstellung eines auf 4 Tage für die ganze Armee hinreichenden Brodvorrathes, und überall da, wo frisches Fleisch in genügenden Massen beschafft werden konnte, sollte die Fleischportion auf 1 Pfund pro Mann und Tag erhöht, die Brodportion auf 1 Pfund ermäßigt werden.

So hoffte man trotz aller Hindernisse die Armee völlig ausreichend zu verpflegen.

---

*) Diese Parks sollten eigentlich nur als Nothbehelf dienen; da die regulairen Fuhrparks-Colonnen ihre Corps aber erst sehr spät erreichten, so mußten sie in der Folge zum Theil monatelang beibehalten werden.

II.

Bis zur Saar.

Vom 30. Juli bis zum 3. August.

Schon am Abende des 29. Juli ging der Armee der telegraphische Befehl Seiner Majestät zu, mit dem 3. und 4. Armee-Corps in der Linie Alsenz-Göllheim-Grünstadt aufzumarschiren. Am 30. Nachmittags 4 Uhr ward ihr das 9. und 12. Armee-Corps definitiv unterstellt, und es sollte das 9. sogleich bis in die Höhe des 3. und 4. Corps vorgezogen werden.

Die II. Armee bestand nunmehr aus 6 Armee-Corps und den beiden Cavallerie-Divisionen, war also unter den 3 deutschen Armeen die numerisch stärkste geworden.

Es zählte:

	Batl.	Esk.	Battr.	Mann Jnftr.	Pferde	Geschütze
Das Garde-Corps	29	32	15	29000	4800	90
» 3. Armee-Corps	25	8	14	25000	1200	84
» 4. » »	25	8	14	25000	1200	84
» 9. » »	23	12	15	23000	1800	90
» 10. » »	25	8	14	25000	1200	84
» 12. » »	29	24	16	29000	3600	96
die 5. Cavall.-Division	—	36	2	—	5400	12
» 6. » »	—	20	1	—	3000	6
Die II. Armee	156	148	91	156000	22200	546

Dieses Stärkeverhältniß der Armee und ihre Aufstellung im Centrum mußten für die ihr zugedachte Rolle bezeichnend sein.

Sie formirte sich deshalb im Rheingau in 2 Treffen, so daß ihre Aufstellung der einer großen Brigade-Masse glich, bei welcher Armee-Corps die Stelle von Bataillonen vertraten. Aus dieser Aufstellung konnte sie am schnellsten alle ihre Kräfte nach einem Punkte hin vereinigen, während sie vorläufig noch in der Lage blieb, mit großer Breite den Marsch durch das Gebirge anzutreten.

In das 1. Treffen rückte auf den rechten Flügel das 3. Corps und nahm einen Rayon um Fürfeld ein;*) das Centrum bildete

---

*) Hauptquartier Wöllstein.

das 9. Corps in der Gegend von Kirchheimbolanden, den linken Flügel das 4. in der von Göllheim.*)

Im 2. Treffen etablirten sich rechts das 10. Armee-Corps um Sprendlingen, als Centrum das 12. um Wörrstadt, links das Garde-Corps um Frankenthal.

Aus Alzey, wohin der Prinz-Oberbefehlshaber am 30. sein Hauptquartier verlegte, ergingen noch an demselben Tage die Befehle für diesen Aufmarsch, die von allen Corps in der Zeit vom 1. bis 3. August (incl.) durchgeführt werden sollten.**)

Als dann am 31. Juli Abends in Alzey die telegraphische Nachricht einging, daß am 2. August die Debarkationspunkte der Eisenbahnlinien A. und C. von Bingen und Mannheim nach Birken-feld und Kaiserslautern vorwärts verlegt würden, erhielten die beiden Flügel-Corps Befehl, noch weiter zu marschiren und es sollte am 3. August das 3. Armee-Corps in der Linie Bahnhof Birkenfeld-Kusel, das 4. bei Kaiserslautern stehen.

Die auf der äußersten Rechten und Linken vorgezogenen Divisionen dieser Corps setzten während dessen die von ihnen begonnene Bewegung hinter der Cavallerie fort. Sie übernahmen auch schon am 2. die Sicherung der neuen Debarkationsplätze.

Am 2. August des Morgens war das große Hauptquartier Sr. Majestät des Königs in Mainz eingetroffen und die von dort der II. Armee noch an demselben Tage zugehenden Befehle be-dingten es fernerhin, daß das 4. Corps den Auftrag erhielt, am 4. August seinen Marsch bis Landstuhl fortzusetzen und die 8. Division nach Homburg vorzuschieben. Das 3. Corps sollte mit der Masse in der Gegend von Baumholder, mit seiner 5. Division bei Kusel verbleiben. Für die übrigen Corps der Armee trat keine wesentliche Veränderung ein; die Räumung des Stromwinkels Bingen, Mainz, Worms, welcher für die aus dem Osten der Mon-archie über Bingen, Mainz und Mannheim herangeführten Corps 1 und 6 frei gemacht werden sollte, ging um so leichter von Statten, als die Armee-Corps des 2. Treffens, im Aufschließen begriffen, jenes Terrain ohnehin verließen.

---

*) Hauptquartier Grünstadt.

**) Die Transporte der Trains 'und Colonnen 2c. dauerten über den 3. August hinaus fort, mit dem fechtenden Theile aber waren laut Fahrt-Disposition alle Corps zu diesem Termin bereits ausgeschifft.

Zur Unterbringung der nachkommenden Trains wurden Marsch=
quartiere reservirt.

Nunmehr hatte die Armee bereits ihre Teten in die Gebirgs=
Defileen vorgeschoben. Ihre Massen, die noch dahinter in der
Tiefebene standen, konnte sie aber erst dann folgen lassen, wenn
die Nachrichten der vorausgesandten Cavallerie mit Sicherheit an=
nehmen ließen, daß man den Durchzug durch jene Defileen werde
unternehmen können, ohne schon in denselben auf den Feind zu
treffen. Ein Kampf im Gebirge selbst hätte die II. Armee daran
verhindert, ihr numerisches Gewicht geltend zu machen und die
Entscheidung hinausgeschoben, die im Interesse Deutschlands schnell
gesucht werden sollte.

Begann der Feind seine Offensive schon jetzt, so war es Ab=
sicht, ihm nicht entgegen zu gehen, sondern alle Corps östlich des
Gebirges zu versammeln und dort die Schlacht anzunehmen.

Die ersten Entscheidungstage waren mithin gekommen. Wenn
der Feind am 2., 3. oder 4. August die Grenze noch nicht mit
starken Kräften überschritten hatte, so änderte sich die Lage völlig.

Am 4. August konnte die II. Armee das Aufschließen inner=
halb der Corps vollendet und auch das 2. Treffen gänzlich bis
an den Fuß des Gebirges herangeführt haben. Waren dann die
Defileen noch frei, so konnte am 5. früh ohne Weiteres der Ab=
marsch in die Linie Neunkirchen=Zweibrücken beginnen und dieser
Operation unmittelbar der Angriff auf die Saarlinie folgen. Der
Vormarsch der II. Armee an diese Linie war freilich im Allge=
meinen fest beschlossene Sache und insofern unabhängig von den
Unternehmungen des Feindes. Von diesen hing indessen ab, ob
sich die Armee nicht zuvor schon in sich versammeln mußte. Mög=
licherweise konnte sie ja in die Lage kommen, schon auf deutschem
Boden die erste Schlacht schlagen zu müssen.

Nachrichten über Bewegungen des Feindes und sein Einrücken
in die Pfalz kamen auch bald.

Am 30. Juli Abends war im Hauptquartier Alzey von der
Etappen=Commandantur Homburg telegraphische Meldung einge=
troffen, daß nach Mittheilung des Rheinischen Dragoner=Regi=
ments Nr. 5 der Feind bei Saargemünd und Hannweiler den
Uebergang zu beabsichtigen schiene.

Es war dies die erste Spur, welche auf eine feindliche Of=
fensive hindeutete. Der Prinz beschäftigte sich deshalb sogleich

damit, in der Gegend von Göllheim und Kirchheimbolanden ein Terrain zu wählen, welches der II. Armee für die Defensivschlacht die möglichst großen Vortheile gewährt hätte.

Den Uebergang des Feindes bei Saargemünd vorausgesetzt, war die Richtung seiner Offensive durch die Senkung des Landstuhler Bruches mit der Eisenbahnlinie und der großen Straße gegeben. Eine Aufstellung in der Gegend von Kirchheimbolanden=Marnheim=Göllheim verlegte dies Vormarschterrain aber gerade der Stelle gegenüber, an welcher es durch Donnersberg und Stumpfwald noch einmal beengt und schwierig gemacht wird.

Bei näherer Recognoscirung fanden sich daselbst auch Positionen, welche der Defensive und der vollen Ausnutzung der Waffenwirkung günstig erschienen, und es wurde beschlossen, dort die II. Armee zu versammeln, sobald sie durch die Umstände auf defensive Haltung angewiesen würde.

Die einmal für die nächsten Tage angeordneten Bewegungen sollten indessen keine Unterbrechung erfahren, sondern in Ruhe fortgesetzt werden. Der 31. Juli und 1. August vergingen auch ohne weitere Störung, und man konnte annehmen, daß es sich nur um Veränderungen in der Aufstellung der feindlichen Vortruppen gehandelt habe. Freilich mußte man darauf gefaßt bleiben, daß jene ersten Nachrichten sich bald mit größerem Gewicht wiederholten.

Spät Abends am 2. August ging in der That auch ein Telegramm des General von Moltke ein, welches besagte, daß sich die II. Armee hinter dem Klingbach in Bivouaks concentrire, der Feind bei Saargemünd die Grenze überschritten habe und es nach telegraphischen Meldungen zu vermuthen sei, daß gleichzeitig das preußische Detachement aus Saarbrücken verdrängt worden wäre.

Die Angabe, daß Saarbrücken durch den Feind besetzt sei, war dem Obercommando auch von einem Pionier=Detachement des 10. Armee=Corps gemacht worden, welches sich zur frühzeitigen Errichtung von Feldbacköfen in Neunkirchen befand. Die Franzosen schienen somit heute ernstere Bewegungen unternommen zu haben, wie bisher.

Selbst die unerwartete enge Concentration der III. Armee und die telegraphisch gleichfalls hinzugefügte Weisung, daß baldiges Aufschließen der II. Armee erwünscht sei, konnte damit in Zusammenhang stehen.

General von Steinmetz meldete ebenso, es wären vielfach Nachrichten über einen feindlichen Vormarsch gegen Saarbrücken-Saarlouis vorhanden, die I. Armee werde am 4. in die Linie Saarlouis-Hellenhausen vorgehen und am 5. auf den Straßen nach Bouzonville, Boulay und St. Avold recognosciren.

Nun hatte die Avantgarde des 4. Corps schon am 1. August ihre Spitzen bis Homburg vorgetrieben und diese recognoscirten von dort aus in Verbindung mit dem Rheinischen Dragoner-Regiment Nr. 5. Dabei entdeckten sie von den Höhen von Rheinheim aus ein großes feindliches Zeltlager bei Saargemünd. Auch nördlich und südlich Bitsch sollten sich ähnliche Lager befinden.

Diese Massen konnten, in Verbindung mit den südlich Saarbrücken stehenden Corps, jetzt ihren Vormarsch begonnen haben.

Klar ließ sich indessen von Alzey aus nicht übersehen, was vorgefallen sei, und da die Corps der II. Armee ohnehin im Aufschließen begriffen waren, so schienen neue Anordnungen auch nicht geboten. Dispositionen, die das Obercommando noch in der Nacht erlassen hätte, konnten nicht mehr alle Truppentheile vor ihrem Aufbruche erreichen und mußten in Folge dessen Störungen und Reibungen für diese herbeiführen.

Nur an den Kronprinzen wurde noch um Mitternacht geschrieben und Nachricht über den vor ihm stehenden Feind erbeten. Diese Nachrichten konnten Dinge enthalten, welche für das gemeinsame Handeln der II. und III. Armee in den nächsten Tagen von Wichtigkeit waren.

Das Schreiben orientirte deshalb Seine Königliche Hoheit gleichzeitig über die Absicht der II. Armee, zunächst nicht in's Gebirge vorzugehen, wenn der Feind ernsthaft offensiv würde, sondern ihn vorerst östlich desselben mit vereinigten Kräften zu erwarten. Es wurde ferner dargelegt, welche Aufgabe der 5. und 6. Cavallerie-Division in Verbindung mit den vorgeschobenen Flügel-Corps ertheilt worden war.

Das Dunkel, welches noch über den Bewegungen des Feindes schwebte, mußte der Morgen des 3. August klären. Setzten die Franzosen ihre Offensive fort, so stießen sie jedenfalls auf mehreren Straßen mit der deutschen Cavallerie zusammen, denn auch diese sollte ja am 3. die Grenze erreichen. Das mußte Licht über die Stärke und Ausdehnung schaffen, mit welcher der Feind in Deutschland eingebrochen war, und sicheren Anhalt für die Maßregeln geben, die zu ergreifen waren.

Auch nach Neunkirchen erging telegraphischer Befehl, über das am 2. Vorgefallene Meldung nach Kirchheimbolanden zu senden. Die Nacht verlief dann jedoch, ohne daß weitere Berichte über das Vorgehen des Feindes eintrafen, und der Prinz verlegte am Morgen des 3. August sein Hauptquartier nach Kirchheimbolanden.

Die dort ankommenden Meldungen ließen dann bald erkennen, daß man auch jetzt noch nicht vor dem Beginne der allgemeinen feindlichen Offensive stünde, sondern es dem Anscheine nach sich nur um eine isolirte Unternehmung gehandelt habe. Saarbrücken sollte am Morgen sogar nicht mehr vom Feinde besetzt gewesen sein; Beamte hatten sich dorthin aufgemacht, um die Telegraphenstation wieder herzustellen. Von Saargemünd aus war der Feind mit einem Detachement aller Waffen im Bliesthale bis in die Höhe von Rubenheim vorgedrungen, bei Nacht aber wieder zurückgegangen.

Um 2 Uhr Nachmittags telegraphirte auch General v. Moltke aus Mainz, datirt von 11 Uhr Vormittags:

„Das zögernde Vorgehen des Feindes läßt erwarten, daß die II. Armee am 6. August vorwärts der Waldzone von Kaiserslautern versammelt werden kann."

„I. Armee wird am 4. August nach Tholey herangezogen. Zusammenwirken beider Armeen in Schlacht."

„Wenn schnelles Vorrücken des Feindes nicht zu verhindern, eventuell Concentration der II. Armee hinter der Lauter, I. Armee nach Baumholder, die III. Armee wird am 4. die Grenze bei Weißenburg überschreiten, die allgemeine Offensive ist beabsichtigt."

Der Schluß dieser Depesche bestätigte die im Hauptquartier der II. Armee gemachten Voraussetzungen und zahlreich eingehende Meldungen ließen jetzt mit größerer Sicherheit übersehen, daß die Vorbereitungen der deutschen Offensive nicht durch die früher beginnende feindliche würden gekreuzt werden. Wäre die französische Armee überhaupt schon mit ihrer Masse in operationsfähigem Zustande gewesen, so hätte sie dem¦ ersten einleitenden Unternehmen ohne Zweifel die weiteren Bewegungen unmittelbar folgen lassen. Wenn sie dies nicht that, so konnte man mit Recht schlie-

ßen, daß sie in ihrer Mobilmachung noch bei Weitem nicht die
erwünschten Fortschritte gemacht habe. Ein anderer Grund für
die Inconsequenz in ihrem Handeln war nicht zu finden. Die
Bewegungen der deutschen Truppen konnten noch an keiner Stelle
Grund für eine plötzliche Aenderung ihrer Entschlüsse gegeben
haben.

Vom 3., 4., 10. Armee-Corps und den Cavallerie-Divisionen
gingen auch am Nachmittage noch Berichte ein, welche das bestätigten, was man bis jetzt über die Ereignisse des 2. wußte. Durch
nähere Angaben riefen sie den Eindruck hervor, daß es sich für
den Feind hauptsächlich um eine effectvolle und günstig scheinende
Eröffnung des Feldzuges, also um eine mehr politisch als militä-
risch wichtige That gehandelt habe. Die Recognoscirung im Bliesthale, durch eine Colonne von etwa 5000 Mann aller Waffen
ausgeführt, hatte in sehr demonstrativer Weise stattgefunden, der
Feind feuerte dabei viel auf sehr große Entfernung und resultatlos gegen die ihn beobachtenden 2 Eskadrons. Bei Saarbrücken
war der Kaiser selbst in Begleitung des kaiserlichen Prinzen gewesen und hatte dem Gefechte beigewohnt.

Heute am 3. aber verhielt sich der Feind wieder defensiv auf
der Linie Bitsch-Saargemünd-Saarbrücken.

Bei Bitsch standen feindliche Massen in bedeutender Stärke,
welche Detachirungen an die Grenze vorgeschoben hatten; die Lager von Saargemünd wurden wiederholt beobachtet. Bei Saarbrücken hielt das 2. französische Corps, welches den Angriff am
Tage zuvor ausgeführt hatte, die Höhen im Süden der Stadt
stark besetzt und richtete seine Stellung dort fortificatorisch her.
Die mehrfach eingegangene Nachricht, daß Saarbrücken selbst wieder in der Hand der I. Armee sei, bestätigte sich nicht; der Feind
hielt diesen Ort und ebenso Brebach am Fuße seiner Positionen
schwach besetzt. Das Bliesthal hingegen war nach dem vorüber-
gehenden Besuche vom 2. August gänzlich wieder frei.

Dies Bild über die Verhältnisse unmittelbar vor der Front
gewann man im Hauptquartier Kirchheimbolanden schon am Nachmittage des 3. August. Die II. Armee konnte also am 4. ihren
Vormarsch gegen die Grenze ohne Zweifel fortsetzen, und dem
entsprechend ward sofort Armeebefehl erlassen:

Auf dem rechten Flügel sollte das 3. Armee-Corps am 4.
zwar in seiner Stellung Baumholder-Kusel verbleiben, indessen

die 5. Infanterie=Division doch so weit marschiren lassen, als es
die Verhältnisse bei den vorausgesandten Cavallerie=Divisionen
erheischten. Auf dem linken Flügel blieb das 4. Armee=Corps
in seiner Bewegung auf Landstuhl und Homburg. Die Aufgabe
der Cavallerie änderte sich nicht; ihr Verhalten war nunmehr von
dem Contacte mit dem Feinde abhängig, der bereits begonnen
haben mußte.

Dann wurde das Treffenverhältniß, welches die Corps der
Armee bisher inne gehalten, aufgegeben. An Stelle der vor=
geschobenen Flügel=Corps traten das 10. und Garde=Corps in
gleiche Höhe mit dem 9. Armee=Corps, und nur das 12. blieb
noch dahinter.

Es sollten demnach am 4. erreichen:

das 10. Corps Meisenheim,
das 9. Corps Rockenhausen, *)
das Garde=Corps Kaiserslautern,
das 12. Corps Göllheim.

Die Beobachtung der Straße von Kaiserslautern über Schopp
auf Zweibrücken, die namentlich, da man feindliche Massen bei
Bitsch wußte, Wichtigkeit gewann, wurde dem Garde=Corps, des=
sen Cavallerie=Division per Bahn direct bis Kaiserslautern trans=
portirt worden war, aufgegeben. **)

Der 4. und 5. August.

Am 4. August begann für die II. Armee eine neue Epoche;
denn ihre Corps waren mit dem fechtenden Theile völlig ver=
sammelt, nach Ausführung der Befehle des 3. August in sich auf=
geschlossen und noch stand nichts Ernstes von Seiten des Feindes
zu erwarten.

Die I. Armee concentrirte sich am 4. in dem Dreieck Lebach
— Tholey — Ottweiler; die III. überschritt an diesem Tage be=
reits in 4 Colonnen die Grenze, um den ihr im Unterelsaß ge=
genüberstehenden Feind auf Straßburg zurückzuwerfen und dann
durch die Vogesen rechts abzumarschiren.

---

*) Das Hauptquartier des 9. Corps ging am 4. nach Lohnsfeld.
**) Auf die Ausführung der ertheilten Dispositionen wird die Darstellung
— um Wiederholungen zu vermeiden — immer nur da speciell ein=
gehen, wo sich an dieselbe Gefechtshandlungen geknüpft haben, oder
Abweichungen von Wichtigkeit vorgekommen sind.

Hiervon war Prinz Friedrich Carl, der sein Hauptquartier am Morgen des 4. August nach Winnweiler verlegte, durch die beiden Armeen direct benachrichtigt worden.

Auch der II. Armee gab dieser Tag die völlige Freiheit der Bewegung nach eigenen Motiven wieder. Sie konnte nach Ausführung der am 3. ertheilten Dispositionen am 5. früh zur Offensive gegen die Saarlinie antreten.

Die Terrain-Anschauung, welche man im Obercommando gewonnen hatte, ließ es zweckmäßig erscheinen, vier Corps, also die Hauptmasse der Armee, auf der bequemen südlichen Straße durch die Senkung des Landstuhler Bruches vorzuziehen und nur mit zwei Corps auf der nördlichen schlechteren über Kusel zu marschiren. Schwierige Märsche auf steinigen, schattenlosen Wegen ließen sich voraussehen und bei der großen Hitze konnten starke Marschverluste nicht ausbleiben.

Der Angriff auf die mittlere Saar, mit den gesammten Kräften der II. Armee unternommen, schien indessen bedeutende Resultate zu versprechen. Noch stand die französische Armee auf der langen Grenzlinie von Hagenau bis gegenüber Saarlouis mit ihren Kräften vertheilt. Gelang es, diese Linie in ihrem Centrum, der Gegend von Saargemünd, zu durchbrechen, so konnte der Feind, mit seiner Mobilmachung noch nicht fertig, in zwei Theile getrennt und vielleicht in seinen rückwärtigen Verbindungen bedroht, in eine verhängnißvolle Lage gebracht werden. Daß er von dem Anmarsche der II. Armee über Kusel und Kaiserslautern noch keine sichere Nachricht habe, durfte man wohl annehmen, da auf deutscher Seite nur Cavallerie gezeigt worden war.

Dieser Durchbruch wurde als das nächste Ziel der II. Armee betrachtet. Noch am 4. August erließ deshalb der Oberbefehlshaber seine Dispositionen für den Aufmarsch in der Linie Zweibrücken-Neunkirchen.

Danach sollte rechts das 3. Armee-Corps über St. Wendel nach Neunkirchen marschiren, diesen Ort am 6. mit seinem Gros erreichen und am 7. eine Avantgarde bis Sulzbach vorschieben. Ihm folgte das 10. Armee-Corps über Kusel und Waldmohr, mit dem Befehl, sich am 7. an der Eisenbahn um Bexbach zu concentriren und am 8. seine Avantgarde nach St. Ingbert zu schicken.

Die übrigen vier Corps erhielten die Direction Kaiserslautern-Landstuhl-Homburg.

Von Homburg sollte das 4. Corps am 5. und 6. August mit seinen beiden Divisionen auf Zweibrücken ausbiegen und am 6. schon eine Avantgarde nach Neu-Hornbach entsenden, das Garde-Corps dagegen von Homburg nach Bliescastel vorgehen, dort am 7. mit seinem Gros stehn, und am folgenden Tage zwei Avantgarden, die eine im Bliesthale, die andere bis Assweiler vorschieben. Hinter dem Garde-Corps folgte das 9. Corps, welchem der Auftrag zu Theil ward, am 5. und 6. über Otterberg, wenn möglich nördlich des Reichswaldes und Landstuhler Bruches nach Waldmohr zu marschiren und daselbst am 7. einzutreffen. Für den 6. wurde ihm auch die große Straße zur Verfügung gestellt. Auf dieser Straße erreichte ferner das 12. Armee-Corps am 6. Kaiserslautern, am 7. Landstuhl, am 8. Homburg.

Da sich in dem 5 Meilen langen Defilee von Kaiserslautern bis Homburg das Garde-, 9. und 12. Armee-Corps unmittelbar folgten, so erhielten diese 3 Corps Befehl, die 2. Staffel ihrer Trains, sowie die große Bagage in den Rayons des 4. August zurückzulassen, um jede unnöthige Distance in der Marschcolonne zu vermeiden. Nur bei Innehaltung der größten Ordnung und Präcision konnte dieser schwierige Durchzug einer Armee von über 80,000 Mann durch ein einziges Defilee ohne Stockungen von Bedeutung vor sich gehen. *)

Die zurückgelassenen Trains traten am 8. in der Reihenfolge der voraufmarschirten Corps an, und ihr Defiliren an diesem Tage durch das zum Theil eng gebaute Kaiserslautern wurde nach Stunden geordnet, **) der Feld-Gensdarmerie aber die Beaufsichtigung der Straße als erste Probe für ihre Leistungen in diesem Kriege gestellt.

Der Vorpostendienst blieb während der nun kommenden wichtigen Tage den Cavallerie-Divisionen zugewiesen. Eine Ablösung

---

*) Gänzlich haben sich die Stockungen in jenen Tagen — besonders da das Garde-Corps gleichzeitig vorgezogen wurde — nicht vermeiden lassen, doch entstanden nirgends Hemmungen, welche die Corps an der Errei-chung ihrer Marschziele verhindert hätten.

**) Nicht alle Train's der Armee hielten freilich diese Bestimmungen inne; von dem natürlichen Bestreben getrieben, den voraufmarschirten Trup-pen zu folgen, sobald es irgend möglich erschien, suchten sie zwischen den Marschcolonnen durchzukommen und störten dadurch schon am 7. Aug. den Marsch.

durch die in der ersten Linie erscheinenden Corps sollte nicht ohne ausdrücklichen Befehl des Obercommandos geschehen, da es eben darauf ankam, die Anwesenheit der Armee dem Feinde noch so lange als möglich zu verbergen.

Nach den Meldungen des Generals von Rheinbaben war am 3. die Masse der 6. Cavallerie-Division bis Klein-Ottweiler, die linke Colonne der 5. Cavallerie-Division bis Homburg-Bliescastel gelangt, während die rechte Colonne am 2. die Linie Alsweiler-St. Wendel-Werschweiler passirt und am 3. von dort ihren Vormarsch weiter fortgesetzt hatte. Eskadrons waren auf der ganzen Front gegen den Feind vorgeschoben.

Für die Erfüllung der ihr nun erwachsenden Aufgabe schien indessen die Stellung der Gros der Reiterei noch zu weit von der Grenze entfernt. Sollten diejenigen Abtheilungen, welche bestimmt waren, den Feind an der Klinge zu halten, wirklich schnell, überraschend und thätig auftreten, so durften sie von den Bivouaksplätzen jener Gros bis zu den feindlichen Vorposten keine größeren Märsche zurückzulegen haben. Die Gros erhielten darum Weisung, sich noch weiter vorwärts zu verlegen, auch wurde befohlen, da es nun auf besonders schnelle Beförderung der Meldungen durch Relais ankam, daß in dieser Hinsicht beide Divisionen direct mit dem Obercommando verkehren sollten.

Noch am 3. hatte übrigens die Cavallerie den ersten Handstreich gegen den Feind ausgeführt. Eine Eskadron des Ulanen-Regiments Nr. 3 war in St. Johann, gegenüber Saarbrücken, eingedrungen und es glückte ihr, dort die ersten 7 Gefangenen zu machen. Deren Aussagen bestätigten es, daß das 2. feindliche Corps vor Saarbrücken stünde und das 3. bei dem Gefecht am 2. August dahinter in Bereitschaft gewesen sei.

Für den 4. August hatte General von Rheinbaben größere Unternehmungen gemeldet. Es konnte mithin nun auf detaillirtere Nachrichten über Vertheilung und Maßnahmen der feindlichen Streitkräfte gerechnet werden. Allgemein war das Obercommando aus dem großen Hauptquartier über die Aufstellung des Gegners orientirt worden.

Danach stand das 1. französische Armee-Corps (Mac Mahon) bei Hagenau, das 5. (de Failly) bei Bitsch, eine Division oder Brigade, die von der Cavallerie der II. Armee als zum 5. feindlichen Corps gehörig erkannt wurde, bei Saargemünd. Das

2. Corps (Frossard) verweilte noch bei Saarbrücken, das 3. (Bazaine) bei Boulay, das 4. (Ladmirault) in der Gegend von Bouzonville und vorwärts. Ueber das Garde=Corps hatte man erfahren, daß es von Nancy nach Metz herangezogen worden sei, nur vom 6. Corps blieb man noch ohne sichere Nachricht. Ein diesem Corps angehöriges Regiment war noch im Lager von Chalons gesehen worden und vielleicht dort auch das ganze Corps zu suchen. Das 7. Corps wurde bei Belfort zusammengezogen, seine Bestimmung hatte man noch nicht ermitteln können.

Gegen die feindliche Hauptstellung an der Saar sollte sich die III. Armee nach Erfüllung ihrer Aufgabe im Unter=Elsaß so dirigiren, daß sie am 9. jene Flußlinie oberhalb Saargemünd erreichte. Derselbe Tag hätte auch für den Angriff der II. Armee festgesetzt werden müssen. Die am 4. für den Vormarsch ertheilten Dispositionen brachten diese auch völlig in die Lage, die Saar am 9. mit allen Kräften zu forciren.

Die Voraussetzungen, welche für den Erfolg einer derartigen Offensive vom Obercommando gemacht worden waren, fanden sich durch die erwähnten Nachrichten über den Feind auch bestätigt. Dennoch sollten sich bald alle Verhältnisse ändern und die Kriegslage unerwartet eine neue werden.

Hat die Berührung mit dem Feinde einmal begonnen, so wird sie eben zur Norm für alle Kriegshandlungen. Vorausgefaßte Entschlüsse müssen den Bedingungen des Augenblicks zum Opfer fallen und diesen die neuen Dispositionen angepaßt werden. Am 4. August war auf dem linken Flügel der II. Armee mehrfach Kanonendonner gehört worden. Den 5. früh um 6 Uhr traf im Hauptquartier Winnweiler die Nachricht von dem Siege bei Weißenburg ein. Der erste größere Schlag war geschehen und hatte glänzende Resultate gehabt. Das Prestige des Gegners, der durch die siegesgewisse Art seiner Herausforderung die Welt in Staunen gesetzt, war schon 14 Tage nach der mitten in den Frieden hineingeschleuderten Kriegserklärung durch eine Niederlage erschüttert, bei welcher er nicht allein Trophäen, sondern auch eine in seiner Kriegsgeschichte ungewöhnliche Anzahl nicht verwundeter Gefangener verlor.

Die II. Armee mußte jetzt alle Aufmerksamkeit dahin richten, welche Wirkung dieses Ereigniß auf den Feind vor ihrer Front ausüben würde. In erhöhtem Maße sollte die Cavallerie sich an den Gegner hängen und sich kein Merkmal entgehen lassen, das hierüber Aufklärung zu geben vermochte. Sie lag mit ihren Gros in der Linie Büttlingen=Dudweiler=St. Ingbert=Bliescastel=Zwei= brücken und Pirmasenz. Diese Aufstellung hatte sie beim Ein= gange der ihr am 4. zugesendeten Weisung des Obercommandos bereits selbstständig eingenommen. Ihre Vortruppen an der Blies und Saar meldeten nun vom rechten Flügel und dem Centrum her übereinstimmend, daß der Feind im Abzuge begriffen zu sein schiene. Von Saarbrücken gegen Forbach hin glaubte man Trup= penbewegungen und an der Grenze verlassene feindliche Lager entdeckt zu haben.

Solche Meldungen kamen nicht vereinzelt, sondern wieder= holten sich im Laufe des 5. mehrfach. *) Die Cavallerie erhielt deshalb Abends um 7 Uhr Nachricht über die Ereignisse von Wei= ßenburg und das Avertissement, sie solle dicht am Feinde bleiben, dessen Rückzugsrichtungen ermitteln und besonders stark in der Richtung auf Rorbach drängen. Die Corps wurden in der Aus= führung der Dispositionen des 4. August belassen.

Am Vormittage des 5. hatte der Prinz sein Hauptquartier in Kaiserslautern genommen. **)

Der 6. August.

Mit Spannung erwartete man in Kaiserslautern die Mel= dungen vom 6. August früh.

Auch diese berichteten noch aus der Gegend von Saarbrücken, daß es den Anschein habe, als ob der Feind sich zum Abmarsche rüste. Bei Forbach sollten Einschiffungen auf der Bahn nach St. Avold stattfinden.

Der Prinz telegraphirte daher um 8 Uhr 5 Minuten früh aus Kaiserslautern an General von Alvensleben II., „die 5. Infan=

---

*) Sie erwiesen sich später theilweise als Täuschung.

**) Im Laufe des 5. August erreichten die Corps der II. Armee in der Ausführung der ihnen am 4. befohlenen Bewegung folgende Punkte:

  1. Das 3. Armee=Corps St. Wendel=Neunkirchen.
  2. = 4. =   =   Homburg=Einöd.
  3. = 10. =   =   Kusel=Altenglan.
  4. = Garde=Corps Landstuhl=Kindsbach.
  5. = 9. Armee=Corps Otterberg=Otterbach.
  6. = 12. =   =   Münchweiler=Enkenbach (zwischen Winn= weiler und Kaiserslautern).

terie-Division solle noch am 6. bis Saarbrücken marschiren, da die Cavallerie-Divisionen dem zurückgehenden Feinde dicht auffolgten."*) Dann ging das Hauptquartier nach Homburg.

Ein Telegramm des Generals von Rheinbaben, das daselbst gegen Mittag eintraf, datirte bereits aus. Saarbrücken. Der Feind hatte den Ort nunmehr wirklich geräumt und ein Theil der Cavallerie der II. Armee ihn besetzt. Auf den Höhen von Spicheren stand noch Infanterie und Artillerie, die anscheinend den Abzug der Franzosen deckte.

Die Ereignisse entwickelten sich jetzt schnell und zogen unerwartet den rechten Flügel der II. Armee in einen blutigen Kampf.

Um 1½ Uhr Mittags meldete General von Rheinbaben, der Feind entwickele sich gegen seine vorgehenden Spitzen, in Saarbrücken sei aber gleichzeitig die Tete der zur I. Armee gehörigen 14. Infanterie-Division eingetroffen.

Im 3. Armee-Corps waren, wie man bald erfuhr, mit dem Befehle des Prinzen vom Morgen dieses Tages übereinstimmende Entschlüsse bereits gefaßt, Saarbrücken besetzt worden. Um 3½ Uhr Nachmittags ging in Homburg von Neunkirchen her folgende Depesche ein:

„5. Division meldet aus Saarbrücken, daß die 14. Division im Gefecht steht. Oberst Döring rückt mit der 9. Brigade**) zur Unterstützung vor. Ich begebe mich an Ort und Stelle. Alle Truppen, die zur Hand, marschiren, oder gehen per Eisenbahn nach Saarbrücken." Meldung von Saarbrücken: „Gefecht geht siegreich vorwärts."   (gez.) von Alvensleben.

Somit mischten sich bei Saarbrücken Truppen der I. und II. Armee. Schon am 4. August ließ sich übersehen, daß aus der vom Obercommando der I. Armee veranlaßten Linksschiebung dieser Armee in das Dreieck Lebach-Tholey-Ottweiler leicht Verwickelungen für die Marschcolonnen entstehen könnten. Die I. Armee hatte z. B. den Ort Ottweiler besetzt, während dem rechten Flügel der II. Armee die Straße St. Wendel-Neunkirchen-Saarbrücken, welche durch Ottweiler führt, als Vormarschlinie zugewiesen war. Das Obercommando setzte sich deshalb sogleich mit dem General von

---

*) Das 4. Armee-Corps schob gleichzeitig am 6. eine Avantgarde auf Neu-Hornbach vor. Siehe Seite 19.
**) Avantgarde der 5. Infanterie-Division.

Steinmetz in Verbindung. Eine Ordnung der Verhältnisse auf
dem linken Flügel der I. und dem rechten Flügel der II. Armee
schien um so nothwendiger, als in dasselbe Terrain, in welchem
sie sich bewegten, auch noch das 1. Armee=Corpsgezogen wurde.
Dieses Corps debarkirte vom 3. resp. 4. August an bei Birkenfeld
und Kaiserslautern und marschirte in das Dreieck Türkismühle=St.
Wendel=Tholey ab. Dort sollte es anfangs verfügbar sein, um
je nach Umständen der I. oder II. Armee als Verstärkung dienen
zu können. Somit war in der Richtung von Birkenfeld auf Saar=
brücken hin nothwendig eine ähnliche Ueberfüllung der Straßen
zu erwarten, wie zwischen Kaiserslautern und Saargemünd.

Am 6. war die Regelung der Marschdirectionen der beiden
Armeen, die natürlich nur unter Vermittelung des großen Haupt=
quartiers vorgenommen werden durfte, *) noch nicht vollendet.
Das Gefecht von Saarbrücken machte sie für jetzt aber überhaupt
unausführbar. Der Kanonendonner mußte bei den Truppen,
welche auf den aneinanderstoßenden Flügeln marschirten, seine
anziehende Kraft ausüben, und es blieb abzuwarten, wie viel
Truppen der einen und der andern Armee die taktische Entschei=
dung, wie es in jedem Gefecht der Fall ist, durcheinander werfen
würde. Erst nach dem Gefechte konnte man daran gehn, sie für die
Fortsetzung der Operationen wieder auf die, ihnen ursprünglich zu=
gewiesenen Straßen zu bringen.

Kehren wir zur Entwickelung des Kampfes bei Saarbrücken
in Kürze zurück:

Das 3. Armee=Corps hatte, im Vorgefühl der herannahenden
ersten tactischen Entscheidungen die Grenze der ihm gestellten Auf=
gaben durch bedeutende Marschleistungen noch überschritten und
am 6. Morgens mit der 5. Infanterie=Division in und südlich
Neunkirchen mit der 6. und der Corps=Artillerie zwischen dort und
St. Wendel gestanden.

Nach der Disposition seines commandirenden Generals sollte
das Corps am 6. mit der Teten=Division schon bis Dudweiler, mit
dem Rest in die Gegend von Neunkirchen marschiren. Diese Dis=
position erweiterte sich bald in Folge direct von der Cavallerie kom=

---

*) Siehe der deutsch=französische Krieg 1870—71, rebigirt von der kriegs=
geschichtlichen Abtheilung des großen Generalstabes, I. Theil, Heft 2.

menber Nachrichten dahin, daß auch Saarbrücken erreicht werden sollte. Als General von Alvensleben um 11 Uhr Vormittags ferner die von 8 Uhr 5 Minuten datirte Depesche des Prinzen aus Kaiserslautern erhielt, befahl er der 5. Division, die Stadt zu besetzen und sich mit 1 Meile Tiefe nördlich derselben zu concentriren. Wie nun seit der Mittagsstunde von Saarbrücken her Kanonendonner zu vernehmen war, die Avantgarde jener Division auch bereits dem Schalle nachmarschirte, entschied man sich beim 3. Armee-Corps, mit sämmtlichen Truppen, die überhaupt erreichbar waren, nach dem Gefechtsfeld zu marschiren, oder sie per Bahn dorthin zu dirigiren. Die in Neunkirchen und St. Wendel befindlichen Bataillone wurden sogleich eingeschifft und fuhren nach Saarbrücken ab. So kam es, daß nicht allein die 5. Infanterie-Division, sondern auch Theile der 6. und der Corps-Artillerie das Schlachtfeld erreichten.

Das Gefecht hatte sich bis 3 Uhr Nachmittags in der Linie Stiftswald von St. Arnual-Stiring entwickelt und bereits um diese Zeit einen sehr ernsten Character gewonnen, der es erwünscht scheinen ließ, die im Kampfe stehenden Truppen sobald als möglich zu unterstützen. Auf allen Theilen der Schlachtlinie griffen daher die Truppen der 5. Infanterie-Division als willkommene Verstärkung bedeutungsvoll in den Kampf ein.

Die Action selbst, sowie deren Darstellung fällt in den Bereich der Kämpfe der I. Armee. *)

Der Verlust der 5. Infanterie-Division betrug in dem kurzen aber sehr ernsten Kampfe an Todten und Verwundeten: 72 Offiziere 1921 Mann, der der 5. Cavallerie-Division 2 Offiziere 32 Mann.

Die 6. Infanterie-Division versammelte sich des Abends zwischen 8 und 9 Uhr um Neunkirchen. Ein Theil derselben und der Corps-Artillerie erreichte noch während des 6. August das Schlachtfeld, bildete dort die Reserve, kam aber im Wesentlichen nicht mehr zum Eingreifen in das Gefecht.**)

Der Kampf hatte übrigens nicht das 3. Armee-Corps allein,

---

*) Siehe v. Schell, Operationen der I. Armee unter General v. Steinmetz.
**) Ein Bataillon des Infanterie-Regiments Nr. 20, das in St. Wendel embarkirt worden war, betheiligte sich an dem Vorpostendienste für die Nacht; es hatte zuvor auch einige Verluste gehabt.

sondern auch die Cavallerie der II. Armee berührt, wenn es dieser auch nicht möglich wurde, tactisch mit Erfolg einzugreifen.*)

Noch in der Nacht gab dann General von Rheinbaben nicht nur den in der Nähe befindlichen Theilen der 5. Cavallerie=Division, sondern auch der gesammten 6. Cavallerie=Division Befehl zum Abmarsch nach dem Schlachtfelde. Diese Bewegung wurde gleich= zeitig benutzt, um die 6. Cavallerie=Division nunmehr auf den rechten Flügel der ganzen Cavallerie=Linie zu versetzen und die Trennung der 5. durch die Regimenter jener Division aufzuheben.

Die Entwickelung eines Gefechts bei Saarbrücken widersprach nicht der Anschauung, welche im Ober=Commando der II. Armee durch die vielfachen und übereinstimmenden Meldungen der Caval= lerie, daß der Feind im Rückzuge von der Grenze begriffen sei, erzeugt worden war. Man konnte bei Saarbrücken die Queue des abmarschirenden Corps Frossard ereilt und der Feind nur, um diese zu begagiren, stärkere Truppenmassen wieder vorgezogen haben. Der am 6. Nachmittags — also gleichzeitig mit dem Gefechte — ausgegebene Armee=Befehl ging deshalb auch von jenem Gedanken= gange aus. Er enthielt die nöthig gewordenen Zusätze für die am 4. ertheilten Befehle zum Vormarsche in die Linie Neunkirchen= Zweibrücken. Man mußte die Hauptkräfte des 3. Armee=Corps ja bereits bei Saarbrücken, also um einen Tagemarsch weiter vor= wärts, als sie ursprünglich am 6. hatten stehen sollen.**) Wollte man daher die dauernde enge Verbindung zwischen den einzelnen Theilen der Armeen aufrecht erhalten und zur etwa nöthigen schnellen Verfolgung des Gegners bereit sein', so mußten auch die übrigen Corps ihre Marschleistungen am 7. August vergrößern, was freilich zum Theil bedeutende Strapazen erheischte.

Es sollten demnach an diesem Tage erreichen:

Das 10. Armee=Corps — zur Unterstützung des 3. bestimmt — St. Ingbert.

Das Garde=Corps mit einer Infanterie=Division Aßweiler, die Queue möglichst bis zur Höhe von Bliescastel aufgeschlossen.

---

*) Das braunschweigische Husaren=Regiment hatte bei einem mit größter Bravour unternommenen Versuche, die Infanterie zu unterstützen, in kurzer Zeit nicht unerheblichen Verlust.

**) Nach dem Armee=Befehle vom 4. August hatte das Corps am 6. bei Neunkirchen stehen sollen.

Das 4. Armee-Corps Neu-Hornbach — Avantgarden gegen Bitsch und Rorbach vorgeschoben.

Das 9. Armee-Corps mit schlagfertiger Tete Bexbach.

Das 12. Armee-Corps Homburg.

Armee-Hauptquartier Bliescastel.

Die II. Armee erfuhr gleichzeitig eine Verstärkung durch das per Bahn aus dem Innern der Monarchie herangezogene 2. Armee-Corps, das während der Tage vom 8. zum 11. in Homburg und Neunkirchen eintreffen sollte. Diesem Armee-Corps wurde für seine Concentration ein Rayon um Neunkirchen zugewiesen.

Das Corps zählte:

25 Bataillone 8 Eskadrons 14 Batterien 25,000 Mann Infanterie 1200 Pferde 84 Geschütze.

Die Armee hatte jetzt mithin eine Etatsstärke von:

181 Bataillone 156 Eskadrons 105 Batterien mit 181,000 Mann Infanterie 23,400 Pferden 630 Geschützen.*)

Das 1. Armee-Corps trat nunmehr definitiv zur I., das 6. zur III. Armee über.

Vom 1. Armee-Corps ist bekannt, daß es in den Raum Türkismühle-St. Wendel-Tholey verlegt worden war. Das 6. Armee-Corps hatte bei Landau debarkirt. Die zu demselben gehörige 12. Infanterie-Division sollte am 7. August die Gegend von Pirmasens erreichen, dem 4. Armee-Corps wurde daher heute Befehl ertheilt, die Verbindung dorthin aufzunehmen.

Vorher, am 3. August, war bereits die 1. Cavallerie-Division der I., die 2. der III. Armee unterstellt worden.

Der 7. und 8. August.

1. Die glückliche Beendigung des Gefechts von Saarbrücken meldete am Morgen des 7. um 3½ Uhr ein Telegramm des General von Alvensleben II. Hinzugefügt war, daß der Kampf schwer und blutig gewesen sei. Es hatte sich also um eine Entscheidung von tactischer Bedeutung gehandelt. In Bliescastel traf den Ober-Befehlshaber ferner die Nachricht von dem entscheidenden Siege der III. Armee bei Wörth. Am 6. August war somit der Feind auf seinen beiden Flügeln geschlagen worden.

Wichtig wurden unter diesen Umständen für die II. Armee

---

*) Die Verluste des Gefechts von Spicheren, sowie die bisherigen Marsch-verluste würden von diesen Ziffern abzurechnen sein.

verschiedene Nachrichten, die ihr Aussicht eröffneten, am 8. August zur Mitwirkung gegen die bei Wörth geschlagenen oder zu deren Aufnahme noch an der Saar verbliebenen feindlichen Truppen zu gelangen.

General von Moltke hatte seinem Telegramm mit der Siegesnachricht die Bemerkung beigefügt, man dürfe aus dem Standhalten des Feindes bei Wörth und Saarbrücken schließen, daß starke feindliche Kräfte noch nahe der Saar bereit stünden, und daß Aufklärung durch Cavallerie erforderlich sei. Dann folgte eine Mittheilung des 4. Armee-Corps, welches von der 12. Infanterie-Division (die am 6. August bei Dahn stand) Nachrichten über die Ereignisse von Wörth erhalten und erfahren hatte, der Feind wäre nach der Schlacht zum Theil auf Bitsch zurückgewichen. Die 12. Division selbst war im Begriff, zur Verfolgung vorzugehen. Auch vom großen Hauptquartier erhielt das Ober-Commando bald telegraphisch den Fingerzeig, daß diejenigen feindlichen Massen, die sich angeblich auf Bitsch gewendet hätten, bei diesem Orte am 7. anlangen würden, und am 8. in der Gegend von Rorbach durch den linken Flügel und die Cavallerie der II. Armee wohl zu erreichen wären.

Um die Lage der Dinge beurtheilen zu können, ist es hier nöthig, auf die letzten Tage zurückzugreifen.

In dem Terrain zwischen Bitsch und Saargemünd hatte am 4. zwischen der linken Flügel-Colonne der Cavallerie und dem Feinde die Berührung begonnen. Bei Habkirchen und Bliesbrücken wurden dabei französische Infanterie-Abtheilungen, bei Klein-Rederching Cavallerie, bei Holbach stärkere Detachements aller Waffen getroffen. Auch den Scheidwald fand man von Franzosen besetzt und bei Opperdingen stieß man auf feindliche Cavallerie und Infanterie. Diese Nachrichten gingen am 5. dem Ober-Commando zu.

In Folge des der Cavallerie am 5. ertheilten Befehls, dem Feinde, der, wie erwähnt, im Abmarsch von der Blies und Saar gemeldet wurde, zu folgen und besonders stark in der Richtung auf Rorbach zu drängen, gingen aus jener Gegend weitere Nachrichten ein.

Am 6. sollten starke Colonnen von Bitsch auf Saargemünd im Marsche gewesen sein und sich das Lager bei Saargemünd vergrößert haben. Andrerseits wurden Bewegungen des Feindes

in entgegengesetzter Richtung von Norbach gegen Bitsch und be=
deutende französische Kräfte bei Bitsch selbst gemeldet. *)

Diese Nachrichten besaß das Ober=Commando, als es, den ihm
gewordenen Winken Folge leistend, für den linken Flügel der Ar=
mee Anordnungen traf, um am 8. August möglichst viel Trup=
pen gegen Norbach hin zu concentriren. Disponibel war hier=
zu vor Allem das 4. Armee=Corps, welches Befehl erhielt, sei=
nen Marsch noch am Nachmittage des 7. August bis südlich Vol=
münster fortzusetzen und seine Avantgarde bis Norbach vorzu=
nehmen.

Am 8. Vormittags sollte das ganze Armee=Corps bei Norbach
stehen, die linke Flügel=Colonne der Cavallerie**) aber, die dem
Corps zugetheilt wurde, gegen Lemberg und Lorenzen vortreiben.***)

Das Garde=Corps wurde zur Unterstützung eines etwa bei
Norbach sich entwickelnden Gefechts bestimmt. Demgemäß sollte
die 2. Garde=Infanterie=Division und die Garde=Cavallerie=Division
am 8. im Bliesthale abwärts so früh in Marsch gesetzt werden,
daß sie zwischen 10 und 11 Uhr Vormittags an geeigneter Stelle
nördlich Groß=Rederching bereit stünden. Dem commandirenden
General des Garde=Corps wurde anheimgestellt, den Rest des
Corps so zu dirigiren, daß eine Unterstützung jener voraufgesandten
Theile eintreten konnte.

Die bei Saargemünd am 6. noch beobachteten feindlichen
Streitkräfte mußten ferner dort festgehalten werden. Zu diesem

---

*) Um 7 Uhr Abends hatten die Patrouillen des General von Brebow bei
Norbach eine feindliche Eskadron im Marsche von Saargemünd her
angetroffen, Norbach war von den Franzosen besetzt; bei Frohmühle
stieß man auf eine Feldwache, während feindliche Infanterie, auf ein
Regiment geschätzt, den Bergkamm bei Freudenberg Ferme occupirt hielt
und sich dahinter bis Bitsch hin eine Wagen=Colonne, scheinbar auch
Artillerie zeigte. Die Stärke des Feindes bei Bitsch wurde auf 20,000
Mann angegeben.

**) General von Brebow mit seinen 4 Cavallerie=Regimentern, 1 reitende
Batterie.

***) Aus Homburg war am 7. früh an General von Brebow bereits Befehl
ergangen, seine Vorposten, die zur Zeit von Schweix bis Bliesbrücken
reichten, nach rechts hin über Bliesbolgen hinaus zur Deckung des 4.
und Garde=Corps zu verlängern, da die rechte Flügel=Colonne der 5.
und die 6. Cavallerie=Division dem Feinde folgten. Dieser Befehl wurde
dem 4. Armee=Corps zur Mittheilung an General v. Brebow übersandt.

Zwecke sollte das 10. Armee=Corps am 8. um 10 Uhr früh mit seinen Teten vor Saargemünd eintreffen und dort ein hinhaltendes Gefecht engagiren.

Es war dabei nicht Absicht, an jener Stelle den Saar=Ueber= gang zu forciren, wenn der Feind starken Widerstand entwickelte, denn es erschien für diesen Fall weit zweckmäßiger, das nun schon auf dem linken Saarufer stehende 3. Armee=Corps flußaufwärts zu dirigiren, um so dem 10. Armee=Corps das Defilee zu öffnen. Beide Corps wurden angewiesen, sich hierüber in Verbindung zu setzen.

Bei Rorbach konnte am 8. ferner von der III. Armee die von Landau auf Pirmasenz marschirte Teten=Division des 6. Armee= Corps, die 12., eingreifen. Diese Division wurde deshalb von den getroffenen Dispositionen in Kenntniß gesetzt und zur Mitwirkung aufgefordert. Sie hatte auch durch das Ober=Commando der III. Armee bereits Weisung, gegen Bitsch zu demonstriren.

Auf dem rechten Flügel der Armee erhielt dagegen das 3. Armee=Corps Befehl, nach der großen Anstrengung, die es gehabt, vorläufig bei Saarbrücken stehen zu bleiben. Die Verfolgung des dort geschlagenen Feindes fiel neben der I. Armee den vier, durch General von Rheinbaben nach dem Schlachtfelde herangezogenen, Cavallerie=Brigaden zu.

Das 9. und 12. Armee=Corps sollten bei Beerbach resp. Hom= burg aufschließen und ruhen.

Während der Nachmittagsstunden des 7. August liefen nun von Saarbrücken her Nachrichten des III. Armee=Corps ein, welche den am 6. erfochtenen Sieg immer bedeutender erscheinen ließen. General von Alvensleben II. meldete telegraphisch um 2 Uhr 45 Minuten Nachmittags, daß 600—700 unverwundete Gefangene*) eingebracht, viel Waffen und Material, sowie ein Theil der Zelt= lager des Feindes erbeutet seien. Die Saar und Blieslinie hatte der Feind noch in der Nacht verlassen. Nur Saargemünd wurde am Morgen des 7. von ihm vorläufig noch besetzt gehalten. Auch diesen Ort aber fand die 5. Cavallerie=Division**) am Nachmittage bereits geräumt.

Die Benachrichtigung hierüber traf am Abende im Haupt= quartier Bliescastel ein, sie verringerte die Chancen für ein Gefecht

---

*) Später stellte sich heraus, daß diese Zahl über 1000 betrug.

**) Das braunschweigische Husaren=Regiment Nr. 17.

bei Rorbach, schloß indessen die Möglichkeit immer noch nicht aus, daß man die am weitesten nördlich marschirenden Colonnen des aus dem Elsaß zurückweichenden Feindes den folgenden Morgen bei Rorbach oder südlich treffen könnte. Die befohlenen Dispositionen blieben deshalb aufrecht erhalten.

Am Morgen des 8. August begab sich der Prinz-Oberbefehls- haber zum 4. Armee-Corps, welches in der Gegend von Klein- Rederching bereit stand. Das 10. Armee-Corps hatte sich mit allen seinen Theilen gegen Saargemünd in Bewegung gesetzt. Es wurde auch im Marsch dorthin belassen, seine Avantgarde sollte nur sofort weiter gegen Puttelange und Metzing vorgehen. Das Garde-Corps hatte so disponirt, daß es zwischen 10 und 11 Uhr mit ganzer Stärke in dem Terrain nördlich Groß-Rederching ein- traf und seine Cavallerie, welcher Avantgarden als Soutiens folgten, von dort bis über die Linie Achen-Rorbach vorsenden konnte. Durch Saargemünd waren Theile der 5. Cavallerie-Divi- sion vorgezogen worden, um sich hier sofort an den Feind zu hängen und Aufklärung über seinen Verbleib zu schaffen.

Hinreichende Kräfte waren somit für die Durchführung eines Kampfes bei Rorbach bereit, allein die vorgetriebene Cavallerie fand die Gegend bis Lemberg und Lorenzen vom Feinde frei.*)

Die bei Wörth geschlagenen Truppen schienen ihren Rückzug weiter südlich genommen zu haben, und es bot sich keine Aussicht, sie zu erreichen. Der Cavallerie wurde indessen aufgegeben, ihre Recognoscirungen bis Drülingen (Straße la Petite Pierre-Fene- trange) auszudehnen. Prinz Friedrich Carl verlegte dann sein Hauptquartier nach Saargemünd, die Truppen bezogen enge Can- tonnements resp. Bivouaks.

In Saargemünd waren bedeutende Vorräthe, auch ein mit Verpflegungsgegenständen beladener Eisenbahntrain, der nicht mehr hatte weggeführt werden können, genommen worden. Dies sprach für die Eile, mit welcher der Feind seinen Abzug bewerkstelligt. Nur einzelne Gefangene vom 2., 3. und 5. französischen Corps brachte man ein, im Uebrigen wurde bis Puttlange und Saaralbe hin Nichts vom Feinde gefunden. Die in diesen Directionen vor- gegangenen Brigaden der 5. Cavallerie-Division, die 11. und 13.,

---

*) Die Festung Bitsch wurde zur Uebergabe aufgefordert, verweigerte die- selbe indessen.

etablirten sich in der Linie Bahnhof Puttlange=Puttlange=Saaralbe mit ihren Vorposten.

Nur dem rechten Flügel der Armee, dem 3. Corps, gegen=über stand der Feind noch mit starken Massen auf den Höhen dies=seits St. Avold. Es beobachtete ihn daselbst die 6. Cavallerie=Division. Dorthin konnte sich das 2., 3. und 4. französische Armee=Corps concentrirt haben. Gerüchte über den Anmarsch des fran=zösischen Garde=Corps nach jener Gegend waren ferner in der Bevölkerung vielfach im Umlauf und es schien möglich, daß der Feind alle auf seinem linken Flügel disponibeln Kräfte zu ver=sammeln beabsichtige, um noch diesseits der Mosel einen entscheiden=den Widerstand zu leisten.

Diese Möglichkeit wurde durch den am 8. Nachmittags er=lassenen Armee=Befehl im Auge behalten, während gleichzeitig der Vormarsch gegen die Mosel in möglichst großer Breite eingeleitet wurde.

Für die Aufklärung oder Verfolgung des Feindes war es dabei zweckmäßig, jede einzelne der großen Marsch=Colonnen der Armee möglichst stark an Reiterei zu machen. Die verschiedenen Theile der beiden Cavallerie=Divisionen wurden darum von nun an denjenigen Armee=Corps unterstellt, vor deren Front sie durch den Gang der Operationen geführt waren, die 6. Cavallerie=Divi=sion also dem 3., General von Rheinbaben mit der 11. und 13. Cavallerie=Brigade dem 10., General von Bredow mit der 12. Cavallerie=Brigade dem 4. Armee=Corps.*) Dabei aber hatten die am Feinde befindlichen Cavallerieführer Anweisung, über alle wichtigen Vorkommnisse gleichzeitig direct an das Ober=Commando zu melden. Für das Gefecht behielt sich ferner der Prinz=Ober=befehlshaber die Disposition über die Cavallerie=Divisionen vor.**)

Am 9. sollten die Corps der 1. Linie, laut Armee=Befehl, folgendermaßen stehen:

Das 3. Armee=Corps in ausgewählter Stellung bei Forbach.

---

*) Das Garde=Corps, das sich gleichzeitig in 1. Linie befand, verfügte über seine eigene Cavallerie=Division.

**) Durch den Armee=Befehl vom 31. Juli (siehe Seite 6), der das Ver=halten der Artillerie in tactischer Hinsicht regelt, hatte sich Seine Kö=nigliche Hoheit der Ober=Befehlshaber ferner auf dem Schlachtfelde die Verfügung über die in den Corps=Artillerien befindlichen reitenden Batterien vorbehalten.

Das 10. Armee-Corps bei Saargemünd, mit allen Truppen auf dem linken Saarufer.

Das Garde-Corps in der Gegend von Groß-Rederching und Rimeling, bereit nach Saargemünd herangezogen zu werden.

Das 4. Armee-Corps echelonirt auf der Straße Saarunion-Rorbach, seine Patrouillen zur Verbindung mit der 3. Armee möglichst weit nach Süden hin vorgetrieben.

In der zweiten Linie sollte das 9. Armee-Corps St. Ingbert, das 12. Habkirchen erreichen, dies letzte Corps seine Cavallerie-Division an der Tete halten.*)

Der 8. August brachte nun auch Gelegenheit, auf dem rechten Flügel die Verhältnisse mit der I. Armee zu regeln.

Diese setzte sich auf die Straße Völklingen-Ludweiler-Carling.

III.

Von der Saar bis zur Mosel.

Der 9. und 10. August.

Zu derselben Stunde, als am 8. August im Hauptquartier Saargemünd der Armee-Befehl für den 9. August entworfen wurde, hatten sich bereits die Verhältnisse beim Feinde von Neuem geändert. Die 6. Cavallerie-Division fand noch am 8. August St. Avold geräumt.**) Eine Arriergarde des Feindes, die am Vormittage auf den Höhen von St. Avold beobachtet worden war, folgte Nachmittags ihrem auf Metz abmarschirten Corps und machte nur bei Anbruch der Dunkelheit einen Halt jenseits Longeville. Es wurden in dieser Arriergarde Truppen des Corps Bazaine erkannt, welches somit wohl die Bestimmung hatte, den Rückzug des Feindes zu decken. General von Alvensleben II., der noch in der Nacht zum 9. die Meldungen hierüber empfing, entschloß sich sogleich, durch einen starken Marsch am 9. St. Avold zu erreichen, und die Avantgarde darüber hinaus bis an die Gabelung der Straßen

---

*) Thatsächlich hatte das Corps seine Cavallerie-Division schon am Morgen des 8. August vorgezogen.

**) Ulanen-Regiment Nr. 15, von dem eine Eskadron noch bis Longeville vorging.

St. Avold-Faulquemont und St. Avold-Metz vorzuschieben. Ueber diese Ereignisse und Details, welche die Situation beim Feinde klärten, erhielt das Ober-Commando dann im Laufe des 9. wiederholte Nachricht.

Marschall Bazaine war Tags zuvor in der Stadt St. Avold gewesen; sein ganzes Corps hatte dort gestanden. Im Hospital der Stadt fand man außerdem Kranke des 2. und 4. Corps. Die Annahme, daß die Hauptmasse der feindlichen Armee sich im Marsche aus der Gegend von St. Avold nach Metz vor dem rechten Flügel der II. Armee befand, wurde somit zur Gewißheit.*) Auf die Sicherheit und hinreichende Verstärkung dieses Flügels mußte darum in den nächsten Dispositionen Bedacht genommen werden. Vor dem linken Flügel der II. Armee bei Saarunion und Saaralbe wurde dagegen auch am 9. nichts vom Feinde entdeckt. Hier blieben allein die Rücksichten auf die Verbindungen und das gemeinsame Handeln mit der III. Armee maßgebend, Patrouillen beider Armeen hatten sich am 8. schon in Lemberg getroffen.

Somit ergab es sich für den 10. August naturgemäß, daß die vorn befindlichen vier Corps der II. Armee (das 3., 10., Garde- und 4. Corps) in die Linie St. Avold-Puttlange-Saaralbe-Saarunion gezogen wurden, in zweiter Linie aber das 9. bei Saarbrücken, das 12. aufgeschlossen bei Habkirchen stehen sollte. In diese zweite Linie trat in nächster Zeit auch das 2. Armee-Corps ein, welches für's Erste Befehl erhielt, sich von Saarbrücken im Dudweiler-Thale aufwärts zu echeloniren.

Der 10. August brachte für die jetzt beginnenden Operationen gegen Seille und Mosel die Befehle des großen Hauptquartiers.

Der Feind setzte seinen Rückzug gegen diese beiden Flußlinien fort und alle drei deutschen Armeen sollten ihm folgen. Der II. Armee war dabei das Terrain zwischen den Straßen St. Avold-Nomeny**) und Saarunion-Dieuze***) zugewiesen. Nördlich dieses

---

*) Das 2. französische Corps war durch den Ausgang des Gefechts von Spicheren bewogen worden, seinen Rückzug südlich über Saargemünd zu nehmen.

**) Diese Straße einschließlich. Unter der allgemeinen Bezeichnung St. Avold-Nomeny verstand das Ober-Commando der II. Armee die Straße Forbach-St. Avold-Tritteling-Faulquemont-Herny-Han sur Nied-Buchy-Cheminot.

***) Diese Straße ausgeschlossen.

Terrains, etwa in gleicher Höhe mit der II. Armee, ging die I. Armee vor. Die III. konnte erst am 12. August die obere Saar erreichen, die Corps des rechten Flügels hatten demnach täglich nur kurze Strecken zu machen, um denen der III. Armee den Marsch im großen Bogen zu erleichtern, welchen sie vollzogen.

Die II. Armee befand sich nun für diesen Vormarsch in der günstigen Lage, auf Parallelstraßen mit den vier Armee-Corps der ersten Linie nebeneinander vorgehen zu können. Die drei übrigen Corps mußten in zweiter Linie verbleiben und zwar das 9. und 2. — den Nachrichten vom Feinde entsprechend, — hinter dem rechten Flügel, das 12. in größerer Breite hinter dem Centrum.

Den Corps fielen folgende Straßen zu:

1. Dem 3. Armee-Corps St. Avold-Faulquemont-Han sur Nied-Buchy-Cheminot.
2. Dem 10. Armee-Corps Puttlange-Gros Tenquin-Brulange-Delme-Nomeny.
3. Dem Garde-Corps Saaralbe-Altroff-Virming-Morhange-Brehain-Oron-Lémoncourt.
4. Dem 4. Armee-Corps Saarunion-Altweiler-Munster-Marimont-Château Salins-Manhoué.

Die Bestimmung, wie weit die einzelnen Corps auf diesen Straßen an jedem Tage zu gehen hatten, blieb der täglichen Befehlsertheilung vorbehalten, da sie im Wesentlichen von den über den Feind eingehenden Nachrichten abhing.

Die verlängerte Richtung der vier Marsch-Linien führte auf die Moselübergänge Pont à Mousson, Dieulouard und Marbache. Beim Vormarsche dorthin sollte die Cavallerie aller vier Corps weit vorauseilen, von den zur Unterstützung bestimmten Avantgarden entsprechend gefolgt. Dem rechten und linken Flügel wurde aufgetragen, Verbindung mit den beiden andern Armeen zu halten.

Dem 3. Armee-Corps sollte auf einen Tagemarsch das 9., diesem wieder in größerem Abstande, sobald es bei Saarbrücken versammelt war, das 2. Armee-Corps folgen. Das 12. Armee-Corps konnte als Hauptrichtung die Straße Metzing-Barst-Val Eberfing-Lixing-Lelling-Vahl les Faulquemont-Chemery-Thonville-Brulange-Vatimont-Baudrécourt-Morville sur Nied-Solgne benutzen.

Waren auch zur Festlegung dieser Etappen-Linien, deren Richtung nicht mit dem Laufe der großen Straßen übereinstimmte, vielfach Transversal- und Verbindungswege zu Hülfe genommen

3*

worden, so erschien doch der Vortheil bedeutend, daß mit Ausnahme des 9. und 2. jedes Armee=Corps für seine rückwärtigen Verbindungen über eine eigene Straße frei zu verfügen im Stande war.

Die Rücksicht auf die Verpflegung gebot es, dem Nachkommen der Trains jedes Hemmniß aus dem Wege zu räumen. Es ließ sich ohnehin voraussehen, daß die Truppen in den nächsten Tagen zum guten Theil von Requisitionen würden leben müssen. Um dabei Collisionen zu vermeiden, wurden den Corps bestimmte Rayons zugewiesen. Die Errichtung eines Armee=Reserve=Magazins in Saargemünd, wohin auch das Feldbäckereiamt mit Feldbäckerei=Colonnen gezogen wurde, war seit Besetzung der Stadt begonnen, und selbst für den rechten Flügel der III. Armee auf Befehl des großen Hauptquartiers, in Saaralbe ein Magazin angelegt worden. *) Bei dem schnellen Vorrücken aber, welches zu erwarten stand, lag es nahe, daß die Verbindung der Truppen mit jenen Punkten nur eine lockere und unregelmäßige sein würde.

Der 11. August.

Am 11. August früh verlegte der Prinz sein Hauptquartier von Saargemünd nach Puttlange. An diesem Tage sollten erreichen:

Das 2. Armee=Corps (per Bahn) mit der 3. Infanterie=Division und der Corps=Artillerie Neunkirchen, mit der 4. Infanterie=Division und dem Hauptquartier Homburg.

Das 3. Armee=Corps Faulquemont.

Das 4. Armee=Corps Saarunion.

Das Garde=Corps Gueblange.

Das 12. Armee=Corps Saargemünd.

Das 10. Armee=Corps Hellimer. **)

Das 9. Armee=Corps Forbach.

Noch am Morgen desselben Tages aber schienen eingehende Nachrichten auf eine plötzliche Wandelung in den Entschlüssen des Feindes hinzudeuten.

Die Cavallerie des rechten Flügels und Centrums war, dem Abmarsche des Corps Bazaine hart aufbleibend, gefolgt und er=

---

*) Am 10. August wurden 100 aus dem Magazin in Saargemünd gefüllte Wagen des provisorischen Fuhrparks 12. Armee=Corps unter Escorte einer Eskadron Ulanen Nr. 17 der III. Armee nach Saarunion zugeführt, welche am 11. August leer zurückkehrten.

**) Avantgarde Groß=Tenquin.

reichte schon gegen Abend die Nied française. Diesen Abschnitt
fand sie stark besetzt, und entdeckte dahinter bedeutende feindliche
Massen in guter Stellung. Sie beobachtete deren Bivouaks, Zelt=
lager und Vorposten, auch nahm sie den Marsch von Colonnen
wahr, die sich von Metz her in der Richtung auf Courcelles, Pange
und Mont bewegten. Landleute, welche aus der Gegend von Metz
kamen, bestätigten, daß dort Truppen aus dem Lager von Chalons
angekommen,*) andere gegen die Nied hin abmarschirt seien. Sie
gaben auch an, gehört zu haben, daß man in der Armee ein er=
neutes Vorrücken gegen Osten erwarte. Spuren, welche man vom
feindlichen 2. und 5. Corps**) in Landroff wieder auffand und
über Herny bis Rémilly verfolgt hatte, führten gleichfalls zur
Niedstellung. Weiter südlich war das Terrain vom Feinde frei,
auch Château=Salins unbesetzt gefunden worden. Alles dies legte
die Möglichkeit nahe, daß der Feind beabsichtige, noch am rechten
Moselufer die tactische Entscheidung zu suchen und er darum hinter
der Nied die irgend verfügbaren Streitkräfte versammele. Dann
aber durfte man ihn nicht mit vereinzelten Theilen, sondern man
mußte ihn mit sämmtlichen Corps der II. Armee angreifen und
diesen Angriff im Verein mit der I. Armee durchführen. Das
Ober=Commando faßte deshalb augenblicklich den Entschluß, sobald
jene Nachrichten zur Gewißheit würden, mit der ganzen II. Armee
rechts zu schwenken, und in der Linie Faulquemont=Verny zur
Offensivschlacht aufzumarschiren. Diese Bewegung konnte mit äu=
ßerster Anstrengung der Truppen, und, wenn man alle irgend ent=
behrlichen Impedimente im Dislocations=Rayon des 11. August
zurückließ, bis zum 14. vollendet sein. Der 15. wäre zum Anmarsch
geblieben, am 16. oder 17. konnte dann geschlagen werden. Dabei
war es Absicht, den Feind an der Nied in der Front festzuhalten,
die Hauptkräfte der Armee aber links der Nied gegen seine rechte
Flanke zu verwenden. Um dem Gegner gleichzeitig die Communi=
cation im Moselthale zu nehmen, sollte dabei von dem herum=
schwenkenden linken Flügel nach Pont à Mousson detachirt werden.

Bis zum 15. August war freilich die Lage des 3. Armee=Corps
schwierig. Dieses bildete das Pivot der Bewegung. Es stand dem
Feinde zunächst, und wenn derselbe sich entschloß, den ihm auf drei

---

*) Die ersten Echelons des 6. französischen Armee = Corps.

**) Brigade Lapasset, welche in Saargemünd gestanden hatte.

Tage noch verbleibenden Vortheil für eine active Vertheidigung auszubeuten, so konnte es leicht in einen Kampf gegen große feind= liche Ueberlegenheit verwickelt werden. Am 12. August zunächst hätte das 3. Corps nur durch das von Forbach frühzeitig auf= brechende 9. Armee=Corps und die Teten des 10., die man auf Chemery zu dirigiren vermochte,*) unterstützt werden können.

Auf die übrigen Corps der Armee durfte an diesem Tage selbstverständlich nicht gerechnet werden; wie dies aus der eben dargelegten Aufstellung der Corps am 11. August hervorging. **) Die I. Armee setzte man dabei etwa in der Linie Boulay=Marange voraus.

So lange, als nun noch nicht volle Klarheit über des Feindes Absichten herrschte, mußte die Einleitung zur Offensive gegen die Nied mit dem möglichst schnellen Vordringen nach der Seille ver= bunden werden. Es konnte sonst durch zwecklose Bewegungen Zeit verloren gehen, die dem Feinde sehr zu Statten kam, wenn er die Fortsetzung seines Rückzuges beschlossen hatte und durch den Halt an der Nied nur über seine wahren Absichten zu täuschen gedachte.

Diesen verschiedenen Erwägungen entsprach für die nächsten Tage am besten ein Vormarsch mit Echelons vom linken Flügel, der am 12. August eingeleitet werden konnte. Das 4. Corps — auf dem linken Flügel der Armee — kam dann freilich gleichfalls, wie sich voraussehen ließ, in die zweite Linie.

Die Vorsicht gebot es auf jeden Fall, das 3. Armee=Corps bei Faulquemont halten und in ausgewählter Position dort die Defensive vorbereiten zu lassen. Schon am Vormittage des 11. August erhielt General von Alvensleben II. hierzu directen Be= fehl. An das große Hauptquartier wurde gleichzeitig Meldung erstattet und hinzugefügt, daß weitere Maßregeln in Verfolgung der dem Ober=Commando vorschwebenden Eventualität einer Offen= sivschlacht der concentrirten I. und II. Armee diesseits Metz am 16. oder 17. August vorläufig bei der II. Armee nicht angeordnet werden würden, bis die Situation sich klärte und der Allerhöchste Befehl Seiner Majestät einginge.

---

*) Nach den um Mitternacht vom 11. zum 12. August in Puttlange ein= gehenden Dispositionen des großen Hauptquartiers sollte das 10. Ar= mee=Corps (etwa über Lelling) hinter das 3. herangezogen werden.
**) Siehe Seite 36.

Im großen Hauptquartier hielt man die Stellung der Franzosen hinter der Nied noch für eine Beobachtungsstellung. Diese Anschauung sprach eine von ¾11 Uhr Vormittags datirte Notiz des General von Moltke aus, welche in Puttlange um 2 Uhr Nachmittags einging. Dieselbe Notiz stellte es dem Ober-Commando anheim, das 3. Armee-Corps Halt machen, die übrigen herankommen zu lassen. Dies war nun bereits angeordnet worden.

Eine definitive Entscheidung auf das Schreiben des Ober-Commandos vom Vormittag lag nun um 5 Uhr Nachmittags noch nicht vor, als der Oberbefehlshaber auch für die übrigen Corps der Armee seine Anordnungen traf. Diese Anordnungen mußten, da die Situation noch zweifelhaft war, sowohl den weiteren Vormarsch nach Westen, als auch die Rechtsschwenkung der Armee berücksichtigen.

Das 9. Armee-Corps hatte sich demzufolge am 12. bei St. Avold zu massiren und mit seiner Tete bis Longeville vorzugehen. Dort war es für den Nothfall bereit, das 3. Armee-Corps zu unterstützen.

An demselben Tage sollten ferner erreichen:

das 10. Armee-Corps Landroff,
das Garde-Corps Morhange,
das 4. Armee-Corps Munster, mit der Tete Bourg Altroff,
das 12. Armee-Corps Barst, mit der Tete Lixing,
das 2. Armee-Corps Saarbrücken.

Durch diese Bewegung näherten sich die Corps der Armee dem rechten Flügel und der in's Auge gefaßten Aufmarschlinie Faulquemont-Verny, während dabei gleichzeitig nach vorwärts hin Terrain gewonnen wurde.

Der 12. August.

Um Mitternacht vom 11. zum 12. August ging aus dem großen Hauptquartier in Puttlange der Bescheid auf die Anfrage des Ober-Commandos vom 11. Vormittags ein. Dieser Bescheid datirte aus St. Avold vom 11. 7 Uhr Abends.

Auch dort wurde es jetzt für nicht unwahrscheinlich gehalten, daß vorwärts Metz auf dem linken Ufer der Nied française ein erheblicher Theil des Feindes stünde. Ein engeres Zusammenschließen der I. und II. Armee war beabsichtigt und Seine Majestät hatte deshalb Folgendes befohlen:

„Das 3. Armee=Corps in Faulquemont wird den Stützpunkt für die Vereinigung beider Armeen bilden."

„Die I. Armee marschirt am 12. August zeitig mit zwei Corps in die Linie Boulay=Marange mit einem Corps nach Boucheborn."

„Die II. Armee schiebt das 9. Corps nach Longeville westlich St. Avold, gegen welchen letzteren Ort das 2. Armee=Corps, so= weit es verfügbar ist, aufschließt. Das 10. Armee=Corps rückt (etwa über Lelling) hinter das 3. Armee=Corps. Garde=, 4. und 12. Armee=Corps sind gegen den linken Flügel der vorbezeichneten Aufstellung so heranzuziehen, daß sie sich demnächst nach Bedürfniß demselben anschließen, oder den Marsch in der Richtung auf Nancy fortsetzen können."

„Die Vorposten der I. Armee sind im Allgemeinen an die Nied allemande vorzuschieben."

„Sämmtliche Armee=Corps lassen die 2. Staffel der Trains in den Rayons des 11. August, wobei die Straßen vollständig frei zu machen sind."

Mit diesen Befehlen stimmten die dargelegten Anordnungen des Ober=Commandos, die um 5 Uhr Nachmittags am 11. befohlen worden waren, fast völlig überein. Man ging eben in beiden Hauptquartieren von den gleichen Gesichtspunkten aus und dies Zusammentreffen ersparte den Truppen Märsche, die sonst, da die Umstände drängten, nicht hätten vermieden werden können.

Nur das 2. Armee=Corps wurde am Morgen des 12. August telegraphisch angewiesen, soweit es bereit sei, noch an demselben Tage und am 13. August nach St. Avold zu marschiren. Wie sich später herausstellte, erreichte indessen dieser Befehl das Corps nicht, sondern erst ein um Mittag expedirtes Duplicat. Das Armee= Corps war daher am 12. nur noch im Stande, ein Infanterie= Regiment per Bahn nach St. Avold zu befördern.

Am 12. August Vormittags verlegte der Prinz sein Haupt= quartier nach Groß=Tenquin. Dort gingen im Laufe des Tages neue Nachrichten ein, die es annehmen ließen, daß, wenn der Feind auch alle an der Mosel verfügbaren Kräfte nach Metz herangezogen habe, er doch im Begriff sei, durch Metz über diesen Fluß abzuziehen. *)

---

*) In Groß=Tenquin waren bereits mit Rücksicht auf den beabsichtigten Aufmarsch in der Linie Faulquemont=Verny die Befehle für den 13. August entworfen worden, die nun, da die Sachlage sich änderte, nicht an die Truppen ausgegeben wurden.

Die Stellung an der Nied war noch am 11. geräumt worden, die französische Armee lagerte unter den Kanonen der Festung, Offiziers-Patrouillen der beiden Cavallerie-Divisionen*) hatten am letzten Abende dort ihre Bivouaksfeuer beobachtet. Am Morgen des 12. August waren dann Abtheilungen beider Cavallerie-Divisionen**) über die Nied bis zur Linie Coincy-Ars Laquenexy-Peltre gefolgt und hatten dort große Zeltlager dicht bei Metz und nordöstlich der Stadt wahrgenommen. Das Terrain hinter der Nied zeigte sich fortificatorisch als Schlachtfeld vorbereitet. Die Mauern waren crenelirt, Schützengräben und Geschützemplacements aufgeworfen. Einzelne Schüsse wurden bei diesen Recognoscirungen gewechselt, bis der Feind dann die Cavallerie durch vorgehende Infanterie zur Nied zurückdrängte.

Der Gedanke lag nahe, der Feind werde nur einen Uferwechsel vollziehen, sich links der Mosel aufstellen und Metz als Brückenkopf benutzen.

Am 11. waren nun aber die Cavallerie-Teten der II. Armee schon bis zur Mosel und Meurthe gegen Pont à Mousson, Dieulouard, Nancy***) und St. Nicolas du Port gestreift, ohne vom Feinde eine Spur zu entdecken. Man fand auch, daß die Moselbrücken von Dieulouard noch erhalten seien und zerstörte dort die telegraphische Verbindung zwischen Metz und Nancy. Diese Nachrichten widersprachen jener Anschauung. Um klar zu sehen, schien es nothwendig, größere Cavallerie-Massen so schnell als möglich über den Fluß auf das Plateau zwischen Mosel und Maas vorzutreiben. General von Voigts-Rheetz erhielt daher am 12. um 2 Uhr Nachmittags Befehl, diesen wichtigen Auftrag der Cavallerie des General von Rheinbaben zu ertheilen. Sobald als möglich sollte hierbei die ganze 5. Cavallerie-Division wieder vereinigt werden. Das 4. Armee-Corps wurde angewiesen, die ihm bisher unterstellte Brigade Bredow am 13. August an seine Tete zu ziehen, um sie demnächst zur Division abrücken zu lassen. General von Rheinbaben sollte am 12. Direction auf Pont à Mousson und Dieulouard erhalten und ihm am 13. früh eine Infanterie-Division

---

*) Vom Braunschweigischen Husaren-Regiment Nr. 17 und Schleswig-Holsteinischen Ulanen-Regiment Nr. 15.

**) Darunter die Brigade Rauch der 6. Cavallerie-Division mit 1 Batterie.

***) Auch Nancy selbst wurde im Laufe des 12. durch 1 Eskadron des Husaren-Regiments Nr. 10 unbesetzt gefunden.

des 10. Armee-Corps mit dem leichten Feldbrücken-Train über Delme auf Pont à Mousson folgen. Die Avantgarde dieser Division war beschleunigt vorauszusenden. So wollte man sich den Besitz des wichtigen Punktes Pont à Mousson sichern, und die Verbindung mit der Cavallerie dauernd aufrecht erhalten; die Cavallerie erhielt schon jetzt Befehl, auf dem Plateau zwischen Mosel und Maas in nördlicher Richtung gegen die Straße Metz-Verdun vorzugehen, um bald klar zu sehen, ob der Feind auf dieser Straße von Metz abzöge.

Das 3. Armee-Corps aber sollte die 6. Cavallerie-Division sich mit ihrem linken Flügel so schnell als möglich über die Seille gegen die Mosel oberhalb Metz ausdehnen lassen, um auch von dort die von Metz nach Westen führenden Straßen in's Auge zu fassen und die ganze in Rede stehende Bewegung gegen die Festung hin zu sichern. Es wurde in dem betreffenden Befehle auf das hochgelegene Château St. Blaise, östlich Jouy aux arches aufmerksam gemacht, von dem aus man Einsicht auf die wichtigen Straßen und auf die Festung Metz gewinnt. Mit General von Rheinbaben sollte die 6. Cavallerie-Division Verbindung suchen.

Die I. Armee erhielt von diesen Anordnungen Nachricht. Eine ähnliche Operation der Cavallerie der I. Armee unterhalb Metz wurde vorausgesetzt und man durfte hoffen, so hinter die Absichten des Feindes zu kommen.

Ehe die Armee-Corps für den 13. ihre Marsch-Directionen erhielten, mußten nun die Befehle Seiner Majestät des Königs abgewartet werden. Diese gingen in Groß-Tenquin um 5¼ Uhr Nachmittags ein. Ihnen zufolge sollten alle drei Armeen den Vormarsch gegen die Mosel fortsetzen, und am 13. die I. Armee in die Linie Les Etangs-Pange abrücken, ihre Cavallerie gegen Metz vorgehen und unterhalb der Stadt die Mosel überschreiten. Dadurch war auch die rechte Flanke der II. Armee gesichert. Diese Armee erhielt den Auftrag, am 13. August die Linie Buchy-Château Salins zu erreichen, Vorposten an die Seille zu schieben, wenn möglich die Moselübergänge Pont à Mousson, Dieulouard, Marbache 2c. zu gewinnen, und Cavallerie über die Mosel hinaus recognosciren zu lassen.

Die III. Armee hatte ihren Vormarsch gegen die Linie Nancy-Luneville fortzusetzen.

Bis zur Mosel und Meurthe war es gestattet, die Trains den Armee=Corps überall hin folgen zu lassen.

Mit der III. Armee hatte sich Prinz Friedrich Carl schon von Puttlange aus wiederholt in Verbindung gesetzt, auch war telegraphische Communication über Saargemünd=Saaralbe=Saarunion in deren Bereich hinein eröffnet. Man wußte von ihr, daß sie am 13. die Linie Loudrefing=Bisping=Azoudange=Avricourt=Repaix (bei Blamont) erreichen werde.

Den Corps der II. Armee wurden nunmehr für den 13. August folgende Marschziele gegeben:

dem 3. Armee=Corps Béchy, Tete Buchy,

dem 9. Armee=Corps Many, Tete Herny,

dem 12. Armee=Corps Chemery, Tete Thonville,

dem 10. Armee=Corps, in soweit es nicht schon gegen die Mosel disponirt war, Lucy,

dem Garde=Corps Oron, Tete Lémoncourt,

dem 4. Armee=Corps Château=Salins,

dem 2. Armee=Corps St. Avold.

Nun hatte General von Voigts=Rheetz auf die ersten von 2 Uhr Nachmittags datirten Befehle hin nicht nur die Cavallerie des Generals von Rheinbaben, sondern auch bereits die 19. Infanterie=Division gegen Pont à Mousson in Marsch gesetzt, und diese Division erreichte noch am 12. August Delme. Die Cavallerie streifte bis zur Mosel, eine Eskadron*) noch über den Fluß hinaus nach dem Bahnhof Frouard, in dessen Nähe der Telegraph und selbst die Eisenbahnlinie durch Aufreißen der Schienen zerstört wurde. Die Eskadron hatte hierbei Gefecht. Auf dem Bahnhofe war eben ein Eisenbahnzug angekommen, der feindliche Infanterie transportirte. Diese verließ die Wagen und eröffnete das Feuer gegen die Eskadron, die nun abzog, ihre Verwundeten, sowie Gefangene des Feindes aber mitnahm.**) Bei Champigneulles stießen Patrouillen gleichfalls auf französische Infanterie.

Die nach Pont à Mousson dirigirte Offizier=Patrouille ward

---

*) Vom Braunschweigischen Husaren=Regiment Nr. 17.

**) Die Gefangenen waren vom 26. und 68. Linien=Regiment, dem 1. Regiment Tirailleurs algériens, dem 16. Bataillon Chasseurs à pied, also vom VI., V. und I. französischen Corps. Sie gaben allgemein an, daß jener Eisenbahn=Train von Metz gekommen und nach Chalons bestimmt gewesen sei.

indeſſen noch am Abend durch feindliche Cavallerie überfallen und
der Ort von den Franzoſen angeblich mit allen drei Waffen wieder beſeßt.

Der 13. Auguſt.

Nach der Wiederbeſeßung von Pont à Mouſſon durch den
Feind machte man ſich darauf gefaßt, das Defilee durch ein
Gefecht öffnen zu müſſen. Noch im Laufe des Vormittags aber
fand die Cavallerie die Stadt vom Feinde abermals frei, die
Brücke erhalten und General von Rheinbaben ging ſogleich darüber hinaus vor.*) Auch die 19. Infanterie-Diviſion hatte ihren
Marſch am Morgen des 13. fortgeſeßt, erreichte Pont à Mouſſon
mit der Avantgarde und rückte mit dem Reſte bis an den Ort
heran. General von Voigts-Rheeß zog dann, um die Marſch-Co-
lonnen ſeines Armee-Corps nicht zu lang werden zu laſſen, auch
die übrigen Theile deſſelben noch bis Delme vor und nahm ſein
Hauptquartier in Aulnois ſur Seille.

So hatte das 10. Armee-Corps die ihm vom Ober-Commando
geſtellten Forderungen noch durch bedeutende Leiſtungen im Mar-
ſchiren überboten und der Armee den Vortheil errungen, daß ſie
ſich ſchon am 13. in ſicherem Beſiße des wichtigſten der ihr zuge-
wieſenen Moſelübergänge befand.

Der Oberbefehlshaber hatte am Morgen ſein Hauptquartier
nach Delme verlegt und empfing dort in den erſten Nachmittagsſtunden die Meldungen des 10. Armee-Corps über die Beſeßung
von Pont à Mouſſon. Wichtig erſchien es, an jenem Punkte ſo bald als
möglich noch einen zweiten Uebergang zu haben, und der erſte Ingenieur-Offizier des Ober-Commandos erhielt ſofort Befehl, die Erbauung einer Pontonbrücke in's Werk zu ſeßen.

Die Aufgabe der II. Armee wurde nun eine doppelte. Bei
Meß oder im Marſche durch den Ort zur Maas mußte man bereits
ſicher das 2., 3., 4. und einen Theil des 5.**) feindlichen Corps,
die an der Grenze der I. und II. Deutſchen Armee gegenüber-
ſtanden hatten. Ferner war die Anweſenheit der franzöſiſchen Garden
durch Kranke dieſes Corps, die man im Lazereth zu Courcelles-
Chauſſy fand, mit Sicherheit feſtgeſtellt. Vom 6. Corps aber
nahm die 5. Cavallerie-Diviſion am 12. bei Frouard Gefangene.

---

*) Das Braunſchweigiſche Huſaren-Regiment Nr. 17 gelangte bis Regnéville.
**) Brigade Lapaſſet.

Die Kräfte, welche der Feind bei Metz versammelt hatte, waren demnach jedenfalls so bedeutend, daß sie auch fernerhin die Aufmerksamkeit der I. und II. Deutschen Armee in Anspruch nehmen mußten. Andererseits galt es, für die weiteren Operationen in Feindesland hinein einen Vorsprung zu behalten und die bisher mit Anstrengung gewonnenen Vortheile auszunutzen. Dahin gehörte, daß man möglichst schnell die Mosel überschritt und auf dem Plateau zwischen Mosel und Maas mit bedeutenden Truppenmassen festen Fuß faßte.

Zur Beurtheilung der nun beginnenden Ereignisse ist es nöthig, sich zu vergegenwärtigen, daß die Festung Metz zu beiden Seiten der Mosel mit den Kanonen ihrer Forts ein Areal von etwa 1½ Quadratmeilen beherrscht.

In diesen Raum treten von allen Seiten, die mit Wald, Weinbergen, Gärten, Dörfern und einzelnen Landhäusern dicht bedeckten Uferhöhen hinein und erschweren den klaren Ueberblick. Nur von einzelnen hochgelegenen Punkten der Moselränder, wie von dem erwähnten Château St. Blaise aus, gewinnt man eine vollständige Einsicht in das Terrain zwischen den Forts. Wurden diese Punkte nicht sogleich aufgefunden, so vermochten die Patrouillen wohl zu erkennen, daß dort noch feindliche Truppenmassen lagerten; deren Stärke aber auch nur annähernd zu ermitteln, blieb schwierig. Mit völliger Sicherheit konnte die Frage, ob das Gros der französischen Armee noch zwischen den Forts und der Festung stand, oder schon zur Maas abmarschirte, erst dann beantwortet werden, wenn die Straßen nach Verdun und nördlich durch die deutsche Cavallerie coupirt waren. Bis dies eintrat, mußte den Dispositionen der II. Armee die Doppelaufgabe zu Grunde liegen. Auch der am 13. aus Delme, Abends 8 Uhr, erlassene Armeebefehl ging von dieser Anschauung aus.

Er enthielt folgende Bestimmungen für den 14. August:

„Die II. Armee wird morgen (am 14.) gegen die Mosel näher aufrücken und dabei die Entwickelung der Dinge bei Metz im Auge behalten."

1. Die 5. Cavallerie-Division geht morgen auf dem Plateau zwischen Mosel und Maas auf Thiaucourt vor und poussirt ihre Spitzen in nördlicher Richtung zur Beobachtung der Straße Metz-Verdun. Der Punkt Les Baraques östlich Chambley und das Plateau nordwestlich von Gorze bieten Einsicht auf diese Straße.

2. Dahinter concentrirt sich das 10. Armee-Corps in und um Pont à Mousson auf beiden Moselufern. Es besetzt mit Infanterie-Detachements die Chausseen gegen Metz im Moselthale auf beiden Ufern und den Punkt, wo die Straßen Pont à Mousson-Flirey und Pont à Mousson-Thiaucourt sich trennen. Die Verbindung mit der Avantgarde des Garde-Corps auf linkem Ufer ist aufzusuchen.

Das 10. Armee-Corps hat am 14. noch einen Moselübergang etwa bei Atton herzustellen und kann dazu, wenn nöthig, auch den leichten Feldbrückentrain des 3. Armee-Corps requiriren. Der auf dem rechten Seilleufer noch lagernde Theil des 10. Armee-Corps darf erst nach 3 Uhr früh aufbrechen.

Das 10. Armee-Corps war somit in die Rolle einer Avantgarde der Armee eingetreten.

3. Das 3. Corps erreicht morgen über Louvigny sur Seille mit Tete und Hauptquartier Cheminot, die Queue schließt bis Vigny auf. Einige Eskadrons der 6. Cavallerie-Division übernehmen auch morgen die Sicherung des rechten Flügels der II. Armee gegen Metz.

4. Das 9. Armee-Corps erreicht am 14. mit der Tete Buchy und nimmt dort das Hauptquartier. Es schließt mit der Queue bis Many auf. *)

5. Das 12. (Königl. Sächsische) Armee-Corps marschirt über Brulange, Vatimont, Baudrécourt, Morville sur Nied, Tragny, Moncheux mit der Tete bis in die Höhe von Solgne vor, wohin das Hauptquartier zu legen, und schließt mit der Queue bis Vatimont auf. Die Cavallerie-Division ist an die Tete zu nehmen,**) da der Ober-Befehlshaber sie weiterhin jenseits der Mosel zu verwenden beabsichtigt.

6. Das Garde-Corps nimmt morgen zwei Cavallerie-Brigaden mit reitender Artillerie und eine Avantgarde (welche bis 9 Uhr die Seille passirt haben müssen) bis Dieulouard vor. Die Queue schließt bis an die Seille heran auf. Hauptquartier Arraye.

7. Das 4. Armee-Corps marschirt morgen gegen die Seille in der Richtung auf den Moselübergang Marbache vor und nimmt

*) Bei Herny sollte das Corps Infanterie belassen, so lange dort das große Hauptquartier Seiner Majestät des Königs blieb.

**) Siehe Anmerkung auf Seite 33.

das Hauptquartier in Manhoué an der Seille. Die Queue schließt bis Château Salins auf.

8. Das Hauptquartier geht nach Pont à Mousson.

Auf dem rechten Flügel der Armee war es somit Absicht, das 3. Armee=Corps für die weiteren Operationen gegen und über die Mosel frei zu machen. Am 14. übernahm seine bisherige Rolle das 9. Armee=Corps, das bei Buchy bereitstand, die I. Armee zu unterstützen. Das 2. Armee=Corps, das wiederum bestimmt war, dem 9. in ähnlicher Weise zu folgen, konnte mit seinem Gros am 14. noch nicht über St. Avold hinaus vorgezogen werden. Der Befehl des Ober=Commandos vom 12. traf es, wie erwähnt, erst verspätet. Im Transport seiner letzten Echelons auf den heimathlichen Eisenbahnen hatte sich ein bedeutender Zeitverlust ergeben. Die Weiterführung dieser Echelons per Bahn direct noch über Homburg und Neunkirchen hinaus war aber nicht möglich und so konnte das Corps erst im Laufe des 14. bei St. Avold versammelt werden. *)

Nach Erlaß des Armee=Befehls langte noch am Abende des 13. August im Hauptquartier Delme die Nachricht an, daß die Avantgarden=Cavallerie des Garde=Corps die Brücke von Dieulouard glücklich erreicht habe. Bei jener Cavallerie (der Garde=Dragoner=Brigade) befand sich eine reitende Batterie; eine Compagnie**) wurde auf Wagen Nachmittags zwischen 2 und 3 Uhr zur Sicherung der Brücke dorthin entsendet, auch detachirte zu gleichem Zwecke die 19. Infanterie=Division zwei Bataillone von Pont à Mousson aus nach Dieulouard. ***) Im Laufe des Nachmittags kamen nun von Frouard herauf vier Eisenbahnzüge mit französischer Infanterie zu Dieulouard an, als man dort die vom Feinde seit der ersten Unterbrechung am 12. jedenfalls wieder hergestellte Eisenbahnlinie soeben abermals zerstört hatte. Drei Züge kehrten sogleich wieder um, einer wurde von der gerade eintreffenden 2. reitenden Batterie mit Granaten beworfen und fuhr dann ebenfalls ab. †)

---

*) Tete und Hauptquartier des Corps marschirten am **14.** nach Faulquemont, der Rest schloß bis St. Avold auf.

**) Vom Füsilier=Bataillon des Kaiser Alexander Garde=Grenadier=Regiments.

***) Vom Infanterie=Regiment Nro. 57.

†) Hiermit sind die Transporte des 6. französischen Corps definitiv unterbrochen worden.

Da der Uebergang von Dieulouard somit gleichfalls im sicheren Besitz der II. Armee war, nachdem deren Cavallerie ihn vorher schon zweimal am 11. und 12. vorübergehend benutzt hatte, so
konnte die Mosel ohne Zeitverlust an mehreren Punkten überschritten werden. Die Schnelligkeit, mit welcher die II. Armee jenseits
vordrang, hing nur noch von den Verhältnissen bei Metz ab. Diese
aber sollten sich in der That so gestalten, daß für den rechten Flügel der Armee am 14. eine Verzögerung eintreten mußte.

Der 14. August.

Bei Borny und Servigny östlich von Metz hatten am 13.
Vormittags noch größere Abtheilungen des Feindes gestanden. Am
Nachmittage dieses Tages war das große Hauptquartier Seiner
Majestät des Königs nach Herny verlegt worden. Von dort gin-
gen nun am 14. früh 1½ Uhr folgende vom 13. August Abends
9 Uhr datirten Befehle in Delme ein:

„Am 14. August verbleibt die I. Armee in ihrer Stellung
an der Nied française und beobachtet durch vorgeschobene Avantgarden, ob der Feind sich zurück zieht, oder event. zum Angriffe
vorgeht."

„In Berücksichtigung des letzteren Falles wird von der II. Ar-
mee am 14. das 3. Corps nur bis in die Höhe von Pagny les
Goin, das 9. Corps nach Buchy in der Richtung auf die Mosel
(Pont à Mousson) vorrücken, wo sie bei zeitigem Aufbruch in der
Entfernung einer Meile bereit stehen, in ein ernstes Gefecht vor
Metz einzugreifen. Die Straße von Herny über Buchy nach Pagny
ist von allen Trains frei zu halten."

„Andrerseits ist die I. Armee in der Lage, jedes Vorgehen des
Feindes gegen Süden durch einen Flankenangriff zu verhindern."

„Die übrigen Corps der II. Armee setzen den Vormarsch gegen die Moselstrecke Pont à Mousson=Marbache fort."

„Das 10. Armee=Corps nimmt Stellung vorwärts Pont à
Mousson."

„Die Cavallerie beider Armeen ist möglichst weit vorzuschieben
und hat den eventuellen Rückzug des Feindes auf der Straße
Metz=Verdun zu beunruhigen."

Die Massen, welche der Feind noch unmittelbar bei Metz versammelt hatte, erschienen also bedeutend genug, daß zwei Corps zum
gemeinsamen Handeln mit der I. Armee bereit bleiben mußten.

Beide Corps waren aus dem großen Hauptquartier direct über ihre Aufgabe informirt worden.

Sie erhielten indessen durch den Prinzen am 14. August um 6 Uhr früh noch besonderen Befehl und zwar das 3., sich bei Pagny les Goin zu concentriren, das 9. nach Buchy möglichst aufzuschließen.

Im Hauptquartier der II. Armee war der Fall einer feind= lichen Offensive von Metz aus auf dem rechten Moselufer jetzt nicht mehr für wahrscheinlich gehalten, aber dennoch ins Auge gefaßt worden. Man beabsichtigte damals, wenn die französische Armee am 14. vorging, das 9. und 3. Armee=Corps in erster Linie, das 12. hinter dem rechten, das 10., welches dabei indeß Pont à Mous= son besetzt halten sollte, hinter dem linken Flügel in einer Defen= sivstellung etwa bei Solgne zu concentriren. Diese Corps waren jedenfalls zum Eingreifen in ein sich entwickelndes Gefecht zu bringen. Für den 15. August erschien in gleicher Lage die Linie Pont à Mousson=Delme zum Aufmarsche vortheilhaft. Der Feind hatte dorthin einen weiteren Weg zurückzulegen und es konnte wohl möglich werden, dann noch Theile der III. Armee zur Entscheidung heranzuziehen.*)

Am Vormittage des 14. August verlegte der Prinz sein Haupt= quartier nach Pont à Mousson.

Dort liefen am Nachmittage Meldungen der 5. Cavallerie= Division ein, die von 12¼ Uhr Mittags datirten und besagten, die Division sei in Thiaucourt und Beney eingerückt und würde im Laufe des Nachmittags Detachements gegen die Straße Metz= Verdun vorpoussiren.

Vom Feinde war weder vor der Front der Division, noch in der Gegend von Pagny im Moselthale etwas gesehen worden,**) Verbindung mit der Garde=Dragoner=Brigade gefunden.

Das 10. Armee=Corps vollzog seine Concentration um Pont à Mousson auf beiden Moselufern.

Die Garde=Cavallerie=Division ***) gelangte bis Rogéville und

---

*) Es kam indessen nicht zur wirklichen Ausführung dieser Maßnahmen, da der Feind sich defensiv verhielt.

**) Im Laufe des Tages stießen die Braunschweigischen Husaren noch auf Chasseurs d'Afrique.

***) Garde=Dragoner=Brigade und Garde=Ulanen=Brigade nebst zwei rei= tenden Batterien, die Garde=Küraffier=Brigade verblieb bei Jeandelain= court.

detachirte auf Flirey, Toul und Gondreville. Nur in den Vorstäd=
ten von Toul wurde der Feind getroffen, sonst aber das ganze
Land westlich der Mosel frei gefunden. Mit der Masse seiner Trup=
pen vergrößerte das Garde=Corps den Marsch an diesem Tage über
das ihm gestellte Ziel hinaus. Es bewegte sich mit seiner ersten
Infanterie=Division bis Dieulouard, von wo aus noch eine Avant=
garde westlich vorgeschoben wurde, mit dem Reste nach der Gegend
von Sivry.*)

Die Plateauhöhe jenseits der Mosel bedeckte sich nun mit
deutscher Cavallerie und ein Abmarsch des Feindes von Metz nach
Südwesten war nicht mehr möglich. Es blieben ihm nur noch die
direct westlichen und nordwestlichen Richtungen offen.

Das 4. und 12. Corps vollzogen die ihnen befohlenen Märsche.
Auf dem rechten Flügel der Armee standen das 3.**) und 9.
Armeecorps an den ihnen zugewiesenen Punkten zur Unterstützung
der I. Armee bereit. Bis 3½ Uhr Nachmittags war indessen im
Hauptquartier Pont à Mousson keine Meldung eingetroffen, daß
sich bei Metz ein Gefecht entwickele und der Prinz Oberbefehls=
haber hielt es jetzt an der Zeit, dem 3. Armee=Corps anheimzustel=
len, seine ihm am 13. für den heutigen Tag gestellte Aufgabe
doch noch zu erfüllen und bis Cheminot zu marschiren.

Als dann auch um 6 Uhr Nachmittags noch keine Meldung
von Belang aus dem Rayon des rechten Flügels vorlag, wurde
der Armeebefehl für den 15. ausgegeben. Es war Absicht, an
diesem Tage die gesammte Armee an die Mosel zu ziehen, um
demnächst sämmtliche Corps über den Fluß zu führen und die
Operationen nach Nordwesten mit concentrirten Kräften zu begin=
nen. Der Befehl enthielt deshalb im Wesentlichen Folgendes:

1. Das 10. Armee=Corps concentrirt sich in Pont à Mous=

---

*) Die andere Infanterie = Division des Corps stand zwischen Moibrons und
Arraye, die Corps=Artillerie zwischen den beiden Infanterie=Divisionen
bei Belleau, Hauptquartier Sivry.

**) Das 3. Corps stand dabei folgendermaßen: die 6. Infanterie=Division
Louvigny vor der Front, die 5. Infanterie = Division Pagny vor der
Front, rechts angelehnt an Vigny, hinter den Höhen. Corps=Artillerie
in der Thalsenkung nördlich Allémont, die 6. Cavallerie=Division vor=
geschoben in der Linie Corny = Coin les Cuvry = Cuvry = Chesny, ihr
Gros Orny, Chereseh, Pournoy und Verny. Hauptquartier Allémont.
Das 9. Corps bezog Bivouaks bei Buchy, Bechy und Luppy. Die Dé=
tails über dieses Corps folgen weiter unten Seite 53.

son und auf dem linken Ufer, deckt weiterhin das Moselthal ab=
wärts gegen Metz und verstärkt seine Avantgarde.*)

2. Das Garde=Corps schließt nach Dieulouard auf, seine
Avantgarde bis Les quatre vents vorschiebend, seine bei Rogéville
stehende Cavallerie hat in Verbindung mit der 5. Cavallerie=Divi=
sion noch weiter auszugreifen.

3. Das 4. Armee=Corps marschirt nach Custines, — Avant=
garde und Cavallerie Marbache — und hat nach links hin gegen
Nancy die Verbindung mit der III. Armee aufzunehmen.

4. Auf dem rechten Flügel der Armee marschirt das 3. Corps
mit der 6. Cavallerie=Division**) am 15. nach Cheminot, sofern
dieser Marsch nicht schon am 14. ausgeführt worden ist.

5. Das 9. Armee=Corps verbleibt bei Buchy, um für den
Fall einer Schlacht vor den Werken von Metz auch am 15. noch
zur Hand zu sein.

6. Das 2. Armee=Corps rückt mit der Tete nach Han sur
Nied, und echelonnirt sich nach Umständen bis über Faulquemont
rückwärts.***)

7. Das 12. (Königl. Sächsische) Armee=Corps erreicht mit
der Tete Nomeny, nimmt dort das Hauptquartier und zieht die
Queue bis in die Höhe von Solgne heran.

8. Das Hauptquartier bleibt am 15. in Pont à Mousson.

Für die Weisung, welche um 3¼ Uhr Nachmittags das 3.
Corps erhalten hatte, und ebenso für diesen Armeebefehl war vor=
ausgesetzt, daß in der That keine Aenderung in der Sachlage bei
Metz vorgefallen sei. Abends um 8¼ Uhr erhielt nun aber der
Prinz von dem Beobachtungsposten auf der Burg Mousson die
Meldung, daß seit 7 Uhr östlich von Metz lange Dampflinien eines
anscheinend lebhaften Gefechts sichtbar seien.

Bei der 6. Cavallerie=Division war um 5 Uhr Nachmittags aus
dem Terrain westlich der Nied française Kanonendonner gehört wor=
den. Die Division recognoscirte dorthin, General von Alvensleben
II. aber hielt sich mit der 5. Infanterie=Division und der Corps=
Artillerie bei Verny zum Aufbruch nach dem Schlachtfelde bereit,

---

*) Die Avantgarde stand an der Straßengabelung Pont à Mousson=Flirey
und Pont à Mousson = Thiaucourt.

**) Bei Ausgabe des Armeebefehls war es im Hauptquartier noch nicht
bekannt, was General von Alvensleben II. in Folge Weisung von 3¼
Uhr Nachmittags gethan habe.

***) Das Große Hauptquartier Herny war dabei mit Infanterie zu belegen.

um so mehr, als er erfuhr, daß Theile des 9. Corps bereits allar=
mirt seien. Der Marsch nach Cheminot unterblieb deshalb am 14.

Diese Vorgänge waren im Hauptquartier Pont à Mousson
schon bekannt, als gegen Mitternacht Befehle Seiner Majestät des
Königs eingingen, welche für den 15. August bestimmten, daß auf
dem rechten Flügel der II. Armee das 3., 9. und 12. Corps mit
den Teten Halt machen, aufschließen und zeitig abkochen sollten.
Auch die I. Armee hatte Weisung, im Allgemeinen in ihrer Auf=
stellung des 14. August zu verbleiben. Das 8. Armee=Corps sollte
in die Stellung Bazoncourt=Aube geführt, so dem rechten Flügel
der II. Armee genähert und die später nothwendig werdende Links=
schiebung eingeleitet werden. Der Cavallerie dieser Armee, zumal
der 3. Cavallerie=Division, war in ihrer Vorwärtsbewegung keine
Schranke gesetzt.

Ebenso wurde betont, daß es nothwendig sei, auf dem linken
Moselufer gegen die Verbindungsstraßen des Feindes von Metz
nach Verdun mit größeren Kräften vorzugehen.

„Hierzu, — so lautete der Befehl — wird die II. Armee
alle am linken Ufer der Mosel verfügbare Cavallerie bestimmen
und diese in der Richtung auf Gorze und Thiaucourt durch die=
jenigen Corps unterstützen, welche zuerst die Mosel überschreiten.
Das 3. Armee=Corps hat daher auch schon morgen einen Ueber=
gang unterhalb Pont à Mousson vorzubereiten. Das 2. Armee=
Corps setzt den Marsch in der bisherigen Richtung fort.“

Was die Einleitung der Operation jenseits der Mosel anbe=
langte, so gaben die vom Obercommando getroffenen Anordnungen
die geeignete Grundlage für die Ausführung dieser Befehle. Sie
divergirten von denselben nur in Bezug auf die drei Corps des rech=
ten Flügels. Diese drei Corps aber hatten aus dem Hauptquartier
Seiner Majestät schon directe Befehle erhalten.[*]) Das Schreiben
aus dem großen Hauptquartier datirte auch von Herny den 14.
6 Uhr Nachmittags, also von einer Stunde, zu welcher Entwicke=
lung und Ausgang des Gefechts vor Metz noch keinen Einfluß auf

---

*) Seine Königliche Hoheit der Kronprinz von Sachsen meldete mit Bezug
hierauf von 10½ Uhr Abends des 14. August, daß das 12. Armee=
Corps, den ihm um 9 Uhr Abends zugegangenen Befehlen des großen
Hauptquartiers gemäß, am 15. August Morgens um 7 Uhr an der
Straße von Delme nach Solgne concentrirt sein und daselbst bis auf
weiteren Befehl verbleiben würde.

die gefaßten Beschlüsse hatten üben können. Es blieb darum möglich, daß die erlassenen Befehle, den veränderten Umständen gemäß, eine Mobification erfahren würden und dies wartete man zunächst ab.

Der Morgen des 15. August.

Ueber das Gefecht der I. Armee vom 14. August erfuhr das Ober-Commando am 15. um 4¾ Uhr Morgens, durch General von Alvensleben II., es sei unter wirksamem Eingreifen der 18. Infanterie-Division siegreich beendet worden. Zwei Stunden darauf telegraphirte General von Moltke, das 1. und 7. Corps hätten am 14. Abends unter ernstem Gefecht starke feindliche Kräfte nach Metz hineingeworfen, Theile der 18. Division aber mit eingegriffen, das 9. Corps würde heute nahe an das Schlachtfeld heranrücken, die Disposition über das 3. Corps bliebe einstweilen vorbehalten. Die Verfolgung auf der Straße Metz-Verdun sei wichtig.

Näheres war inzwischen durch die Meldungen des 9. Armee-Corps bekannt geworden. Aus diesen ging hervor, daß Theile der 18. Infanterie-Division, auf der Straße Buchy-Metz vorgehend, in den letzten Momenten der Schlacht thätig geworden waren.

Das 9. Armee-Corps lagerte vor dem Gefechte mit der 18. Infanterie-Division bei Buchy, mit der 25. Division bei Bechy, mit der Corps-Artillerie bei Luppy, woselbst sich auch das Hauptquartier befand. Die Vorposten waren bis Orny und Rémilly vorgeschoben worden. Bei Orny hörte man von 5 Uhr Nachmittags an den Kanonenbonner, konnte auch auf den dort gelegenen Höhen das bei Colombey engagirte Gefecht wahrnehmen. Vom Gefechtsfelde her eintreffende Nachrichten ließen den Commandeur der 18. Division, General-Lieutenant von Wrangel, die Ueberzeugung gewinnen, daß ein Vorgehen gegen des Feindes rechte Flanke für den Gang des Gefechts sehr vortheilhaft sein müsse. Er allarmirte deshalb die Division und brach sogleich (6 Uhr Abends) mit der Avantgarde auf. Bei Peltre und Mercy le haut hatte man den Feind bemerkt und nahm dorthin die Direction. Unter geringem Verluste wurden mit Einbruch der Dunkelheit beide Punkte genommen und dann namentlich durch Entwickelung von Artillerie bei Mercy le haut die Einwirkung auf die feindliche rechte Flanke fortgesetzt. Erst in der Nacht rückten die engagirten Truppen auf ihre Bivouacks zurück, ihr Verlust belief sich auf etwa 36 Mann.

Inzwischen war die Corps-Artillerie des 9. Armee-Corps

nach Buchy, die 25. Infanterie-Division nach Luppy herangezo=
gen worden, um dort für den 15. August zur Verwendung gegen
Norden oder zum Abmarsche nach Westen in gleicher Weise bereit
zu stehen.

Die Ueberwachung aller von Metz nach Westen führenden
Straßen und die schnelle Verfolgung, wenn der Feind dort abzog,
erhielten durch diese Ereignisse doppelte Wichtigkeit. Von Bedeutung
wurden jetzt zwei Meldungen der 5. Cavallerie-Division, die dem
Obercommando gegen Mitternacht vom 14. zum 15. zugingen und
welche über die Resultate der am 14. vorgetriebenen Recognosci=
rungen berichteten. Die erste kam von der nach Les Baraques
vorgegangenen Offizier-Patrouille und besagte, daß um 11½ Uhr
Vormittags weder auf der Straße Metz-Verdun, noch sonst irgend=
wo westlich von Metz vom Feinde etwas zu sehen gewesen sei.

General von Rheinbaben fügte dieser Meldung hinzu, daß,
— nach Aussagen eines angesehenen Mannes aus dem Lande, —
Marschall Bazaine den Oberbefehl über die französische Armee bei
Metz erhalten habe und diese Armee hier die Entscheidung anneh=
men werde.

Die zweite Meldung kam von einem nach den Höhen von
Jouy aux arches entsendeten Offizier. Dieser Meldung zufolge
waren nur ganz unbedeutende Bivouaks vor Metz und auf dem
rechten Ufer der Mosel zu bemerken. Die Forts machten einen
unfertigen Eindruck, die ganze Gegend schien wie ausgestorben und
angeblich waren am 14. früh starke Colonnen von Metz westlich
abmarschirt. Das Gefecht des 14. August widersprach nun zwar
dieser zweiten Meldung theilweise, indessen konnte man es im
Hauptquartier Pont à Mousson nach den Nachrichten, welche man
bis zum 15. Vormittags über dieses Gefecht besaß, wohl für mög=
lich halten, daß dort nur starke Arrieregarden der feindlichen Armee
Stand gehalten hätten. Der Widerspruch zwischen diesen beiden
Meldungen blieb demnach noch ungelöst; ihn völlig aufzuklären
war zunächst wichtig.

Der Oberbefehlshaber entschloß sich nun, das ganze 10. Armee=
Corps mit der 5. Cavallerie-Division für die Operationszwecke auf
dem linken Moselufer verfügbar zu machen und es noch durch die
bei Rogéville disponible Garde-Dragoner-Brigade zu verstärken.
Das Garde-Corps erhielt Befehl, diese Brigade noch am 15. August
nach Thiaucourt zu dirigiren. Es stellte eine zweite Cavallerie=

Brigade*) nach Bernécourt bereit. General von Voigts = Rheetz sollte seine so verstärkte Cavallerie mit reitender Artillerie möglichst schnell bis auf die Straße Metz-Verdun vorgehen und dann längs dieser Straße gegen Metz marschiren lassen, bis sichere Einsicht in die dortigen Verhältnisse geschafft wurde. Um Metz westlich herum war dabei Verbindung mit der Cavallerie der I. Armee aufzu= nehmen. Ueber seine Infanterie=Divisionen aber sollte der General so disponiren, daß sie der Cavallerie als Rückhalt dienten und man auch im Moselthale selbst am linken Ufer Aufklärung über den Feind erhielt.

Es war Absicht, das 10. Armee=Corps der Sicherung von Pont à Mousson ganz zu entheben und dorthin eine Division des Garde=Corps zu ziehen; General von Voigts = Rheetz dirigirte in= dessen die 19. Infanterie=Division auf Thiaucourt, ein Detachement derselben Division im Moselthale abwärts bis Novéant und blieb mit der 20. Infanterie=Division im Bivouak bei Pont à Mousson stehen, so daß der Ort dadurch gedeckt wurde. Seine Cavallerie hatte schon Direction auf Fresnes en Woèvre, sollte jetzt aber gegen Metz einbiegen und so ihre Aufgabe erfüllen.

Da die Anordnungen, welche das große Hauptquartier am 14. vor dem Bekanntwerden des Gefechts östlich Metz getroffen hatte, auch nach demselben aufrecht erhalten blieben, das 3., 9. und 12. Corps am 15. also zur eventl. Durchführung weiterer Kämpfe östlich von Metz bereit sein mußten, so erhielt General von Alvensleben II. am 15. früh 7 Uhr Befehl, seinen Marsch auf Cheminot nicht fortzusetzen. Er sollte mit seinem Corps halten, ruhen, abkochen und der directen Befehle des Königs gewärtig sein.

Diese Weisung kreuzte sich indessen mit einer nach Pont à Mousson gesandten Meldung des Generals, daß er entschlossen sei, nicht nur den Armee=Befehl vom 14. Nachmittags auszuführen, sondern an die Mosel zu marschiren und diese, wenn möglich, noch heute zu überschreiten. Zu einem solchen Entschlusse hatte ihn der Ausgang des Gefechts vom 14. August bewogen.

Das 3. Armee=Corps befand sich außerdem in der Möglichkeit, am 15. noch bedeutende Marschleistungen ertragen zu können und es lag der Wunsch nahe, in der Situation, die sich jetzt auf's Aeußerste spannte, so schnell als möglich zu handeln. Der Ober=

---

*) 1. Garde = Cavallerie = Brigade.

befehlshaber versagte diesem Streben nach selbstständiger Thätig=
keit seine Anerkennung nicht, wiederholte indessen, da General von
Alvensleben das letzte Telegramm des großen Hauptquartiers an
das Ober=Commando nicht kennen konnte, seinen Befehl zum Halten.
Nur die Vorbereitungen für den Moselübergang waren fort=
zusetzen.

Es konnte sich hier ohnehin nur noch um Stunden handeln,
bis die Entschlüsse des Feindes aufgeklärt und der II. Armee die
freie Disposition über alle ihre Corps zurückgegeben wurden. Dann
waren alle Zweifel gehoben und man vermochte die weiteren Ope=
rationen nach Westen mit um so größerer Energie fortzuführen.

An das 9. und 12. Armee=Corps wurden weitere Befehle nicht
erlassen; denn der Armee=Befehl vom 14. Nachmittags traf für das
9. Corps die nöthigen Anordnungen. Das 12. aber hatte gemeldet,
daß es, den Weisungen des großen Hauptquartiers gemäß, an der
Straße Delme=Solgne echelonirt stehen würde und es war sicher,
daß sie die erforderlichen Weisungen direct aus dem großen Haupt=
quartier erhalten würden.

IV.

Verpflegung und rückwärtige Verbindungen der II. Armee während des Vormarsches zur Mosel.

Es ist hier am Platze, kurz nachzuholen, wie sich die Ver=
pflegungsverhältnisse der Armee während des schnellen Vormarsches
bis zur Saar und von dort zur Mosel geregelt hatten. Die Maß=
nahmen, welche bei Beginn des Feldzuges getroffen wurden, um
die Ernährung der Armee zu sichern, sind erwähnt worden. Die
Schwierigkeiten, die man namentlich bei dem Vormarsche durch
das, an Vieh und Getreide wenig reiche pfälzische Gebirge für die
Verpflegung voraussah, hatten das Ober=Commando veranlaßt,
schon von Alzey aus am 1. August die Einschiebung von Ver=
pflegungszügen in die Truppen=Transporte zu beantragen. In
Folge dessen gingen vom 3. August an täglich 3 Verpflegungszüge
über Bingen hinaus zur Armee. Auf der Linie Ludwigshafen=
Kaiserslautern=Homburg wurden gleichfalls schon seit dem Vor=
rücken der Cavallerie zur Grenze die am Rhein aufgespeicherten
Vorräthe nachgeführt. So war bis zum Eintreffen der Armee an

der Saar die Verpflegung durchweg ausreichend geblieben. Bei
den weiteren Operationen bis zur Mosel, bei denen die Armeé im
schnellen Marsche einen verhältnißmäßig wohlhabenden Landstrich
durchzog, erwiesen sich die Requisitionen als sehr wesentliches
Hülfsmittel, so daß die Bestände der Colonnen für kommende
schwierigere Epochen geschont werden konnten. Auch die in Saar=
gemünd und Forbach genommenen Vorräthe des Feindes kamen
als ein Zuschuß den Truppen gut zu Statten. Vom 13. August
an wurden dann bereits von Neunkirchen, woselbst die seitdem über
Bingen hinausgeführten Vorräthe magazinirt worden waren, alle
disponibeln Bestände nach Forbach, St. Avold, Faulquemont und
Herny vorgeschoben. Die Armee=Corps aber erhielten die Weisung,
dort die Ladung ihrer Colonnen, sobald es nöthig wurde, wieder
zu ergänzen. Beim Eintreffen an der Mosel war die Armee noch
auf 4—5 Tage mit Lebensmitteln versehen, so daß hier ohne Ge=
fahr bestimmt werden konnte, daß alle Victualien nicht völlig guter
Qualität von den Colonnen zurückgelassen, die leer werdenden
Fahrzeuge aber nach den Stationen der Eisenbahn Saarbrücken=
Rémilly zum Wiederempfang dirigirt würden. Die Station Ré=
milly war mittlerweile Etappen=Hauptort der Armee geworden.

Es ist bekannt, daß die Regelung der rückwärtigen Verbin=
dungen der Armee von Beginn des Feldzuges an in der Hand
ihrer General=Etappen=Inspection ruhte. Dieser Behörde standen
die verschiedenen Organisationen für Herstellung und Betrieb der
Eisenbahnen und Telegraphenlinien in Feindesland, eine Festungs=
Pionier=Compagnie und das Personal zur Bildung der Etappen=
Commandanturen u. s. w. zur Verfügung.

Die Inspection der II. Armee folgte dem Ober=Commando
über Saargemünd, Delme nach Pont à Mousson.

Zur Sicherung der Verbindungen, Besetzung der Etappenorte
und der im Rücken der Armee wichtig werdenden Punkte war ihr
zunächst die 3. Landwehr=Division unterstellt worden. Schon am
8. August aber ging dem Ober=Commando ein Schreiben aus dem
großen Hauptquartier mit der Benachrichtigung zu, daß jene Land=
wehr=Division eine andere Bestimmung erhalten habe. Sie sollte
bei Kaiserslautern debarkirt werden, und dort für weitere Zwecke
bereit sein. Der General=Etappen=Inspection der II. Armee wurden
dafür 8 Bataillone 4 Eskadrons Besatzungstruppen übergeben und
zwar: die Landwehr=Regimenter Nr. 53, 56, 16, und 55, sowie

das 5. Reserve-Husaren-Regiment. Nun standen indessen von den Infanterie-Regimentern die beiden ersten in Wesel, die beiden andern in Minden, die Husaren aber in Paderborn. Aus diesen Standquartieren sollten sie mit der Bahn nach Mosbach gehen und dort vom 10. August ab verfügbar sein. Daß sich Verzögerungen im Transport der Truppen aus der Heimath nach der Grenze herausgestellt hatten, ist gelegentlich der Heranziehung des 2. Corps zur Armee erwähnt worden. Das Herbeiholen jener Besatzungstruppen wurde aber bei dem rapiden Vormarsche der Armee zur Mosel, der mittlerweile begonnen hatte, noch schwieriger, und als am 12. August der II. Armee durch Verfügung aus dem großen Hauptquartier die Eisenbahnlinien A und C,*) sowie die französischen Bahnen westlich Saarbrücken für Etappenzwecke zugewiesen wurden, disponirte die Inspection in Wirklichkeit noch nicht über ihre Besatzungstruppen. Auch die ihr bestimmte Festungs-Pionier-Compagnie war noch nicht eingetroffen. Die Abgabe von Detachements der Feld-Armee für jene Zwecke ließ sich aber bei der gespannten strategischen Situation weder jetzt noch in den nächsten Tagen ermöglichen.

Da die einzige vor der Hand in Frage kommende Eisenbahnlinie Saarbrücken-Rémilly indessen durch ken Vormarsch der Armee direct gesichert wurde, so machte sich dieser Uebelstand auch weniger fühlbar. Die Linie konnte sogleich in Betrieb gesetzt werden und vom 13. an folgten auf derselben bereits die Proviantzüge den Truppen. Am 15. August wurde der Betrieb bis Rémilly und dann unmittelbar darauf bis Courcelles ausgedehnt. Rémilly wurde damit der Etappen-Hauptort der II., Courcelles der der I. Armee.

Am 13. August begann ferner die Einleitung für den Bau der Bahn Rémilly-Pont à Mousson (zur Umgehung von Metz).

Es darf an dieser Stelle ferner nicht unerwähnt bleiben, daß die Armee sich bisher beinahe unausgesetzt in telegraphischer Verbindung mit der Heimath und mit dem großen Hauptquartier befunden hatte. Die Herstellung der französischen Leitungen hielt, bei der großen Thätigkeit der dem Ober-Commando und der General-Etappen-Inspection zur Verfügung gestellten Telegraphenleitungen mit dem Vormarsche der Truppen fast gleichen Schritt.

---

*) Siehe Anmerkung auf Seite 7.

Der große Vortheil, den dies der Leitung der Armee gebracht hatte, ergiebt sich selbstverständlich in einer Betrachtung des schnellen Austausches von Meldungen und Dispositionen, wie er es zu wiederholten Malen allein möglich machte, die Situation ohne Umwege für die marschirenden Truppen zu beherrschen.

V.
Die Schlachten von Vionville und vor Metz.

Der weitere Verlauf des 15. August.

Die Lage der II. Armee am Vormittage des 15. August war, kurz wiederholt, folgende:

Auf dem rechten Flügel stand das 3. Armee=Corps, auf seinem in der Frühe bereits begonnenen Marsche gegen Cheminot durch Befehl des Prinzen Friedrich Carl angehalten, jetzt zwischen Seille und Mosel *), das 9. auf directen Befehl Seiner Majestät des Königs bei Mercy=le=haut und Grigy, das 12. an der Straße Delme=Solgne, der weiteren Befehle des großen Hauptquartiers gewärtig.

Die übrigen Corps der Armee befanden sich in der Ausfüh= rung des Armee=Befehls vom 14. Nachmittags, der für sie keine Veränderung erfahren hatte.

Das 10. Armee=Corps war also mit einer Division im Marsche auf Thiaucourt **) mit der andern bei Pont à Mousson ver= sammelt, die ihm unterstellte Cavallerie weit voraus gegen die Straße Metz=Verdun.

Das Garde=Corps befand sich im Aufschließen nach Dieulouard, seine Avantgarde im Vorgehen gegen Les quatre vents. Die Garde=Dragoner=Brigade wurde zur Vereinigung mit dem 10.

---

*) Die 5. Infanterie=Division von Pournoy=la=Chêtive bis Sillegny, die 6. bei Bouxières sous Froidemont, die Corps=Artillerie südlich dieses Ortes, die 6. Kavallerie=Division in der Linie Marly sur Seille=Jouy aux Arches zur Sicherung gegen Metz, Hauptquartier Sillegny.

**) Ein Detachement von 2 Bataillonen, 2 Escadrons, 1 Batterie unter Oberst von Lynker im Moselthal gegen Metz vorgeschoben.

Armee-Corps nach Thiaucourt dirigirt, die Garde-Ulanen-Brigade streifte auf dem Plateau zwischen Mosel und Maas in direct westlicher Richtung.

Das 4. Armee-Corps marschirte gegen Marbache heran, das 2. Armee-Corps gegen Han sur Nied.

Darüber, daß die Schlacht östlich Metz am 15. August früh nicht erneuert worden sei, hatte man im Hauptquartier Pont à Mousson schon in den ersten Vormittagsstunden Gewißheit. Man würde sonst aus dem großen Hauptquartier Herny, wohin tele=graphische Verbindung bestand, und von dem Beobachtungsposten Mousson aus Nachricht erhalten haben.

Die Meldungen, welche im Laufe des 15. weiterhin eingingen, lenkten dagegen die Aufmerksamkeit des Ober = Commandos immer mehr auf die Westseite von Metz.

* Die erste hierher gehörende Nachricht kam vom 10. Armee= Corps:

„Dem Königlichen Ober=Commando theilt das General= Commando folgende soeben eingegangene Meldung mit:

Corny, 6 Uhr früh.

„Corny ist von einer Schwadron des 3. Ulanen-Regiments besetzt........ (Es folgen noch einige Angaben über die Schlacht des 14. August)........ Die Nacht von 11 Uhr ab starkes Wagengerassel. Eine Offizier = Patrouille, die fast bis Gravelotte herangekommen, ist heute ungefähr um 2 Uhr dort auf feindliche Vorposten gestoßen und hat der Offizier das Geräusch von in der Richtung nach Verdun marschirenden Truppen gehört.“

„Eine Patrouille ist um ½5 Uhr nördlich Ancy von einem Zug französischer Infanterie stark beschossen. Das 3. Ulanen= Regiment recognoscirt soeben über Augny gegen Metz.

(gez.) v. Willich,
Premier = Lieutenant und Adjutant.“*)

Sonach hatte die erste Berührung mit dem Feinde westlich von Metz also bereits stattgefunden.

Dann aber waren am frühen Morgen des 15. Detachements der 6. Cavallerie=Division**) gegen Montigny und le Sablon vorgegangen, jedes drei Escadrons, zwei reitende Geschütze stark.

---

*) Adjutant des General=Commando's des 10. Armee=Corps.
**) Ulanen Nr. 3, Cüraffiere Nr. 6.

Diese Detachements fanden das damals im Bau begriffene Fort St. Privat und die dahinter gelegenen Lager des Feindes verlassen. Der Avantgarden-Zug des gegen Montigny vor-gegangenen Detachements ritt durch diesen Ort hindurch und be-kam erst an den Befestigungswerken der Stadtenceinte Feuer von feindlicher Infanterie. Dabei wurden vier französische Soldaten in der Vorstadt zu Gefangenen gemacht und selbst ein Proviant-wagen erbeutet*). Auch le Sâblon wurde unbesetzt gefunden, doch schossen dort Einwohner auf die hereinbringenden Patrouillen.

Von dem Eisenbahn-Knotenpunkt südlich Montigny aus ent-deckte man unterdessen zwischen Moulins les Metz und Longeville ein bedeutendes feindliches Lager, das sich trotz des Morgen-nebels erkennen ließ.**)

Das gegen Montigny vorgegangene Detachement fuhr nun bei Brabin Ferme seine Geschütze auf und bewarf jenes Lager mit

---

*) Während der Cernirung von Metz brachte der in der eingeschlossenen Stadt erscheinende „Indépendant de la Moselle" nicht uninteressante Notizen über diese kühne Unternehmung. Das Blatt datirt vom 15. September 1870 und fiel zu Beginn des Monats Oktober dem Ober-Commando in die Hand. Der betreffende Bericht besagt unter Anderem:

Tout Metz a pu voir depuis le commencement d'août jusque vers le 20, ces immenses quantités de marchandises déposées le long de la ligne du chemin de fer depuis la gare Serpenoise jusque près de Montigny, dans le triangle du Sablon. C'était l'approvisionnement de l'armée pour la plus grande partie, puis de la ville. Il y avait là des farines, des avoines, des riz, des haricots, des cafés, des sucres, des vins, des eaux-de-vie, des foins en balles pressées etc. etc. pour plusieurs millions.

A maintes reprises des partis prussiens rendirent visite à ces immenses richesses, bien faites pour les allécher. Ne pouvant les emporter, il se contentaient d'éventrer les sacs à coups de sabre. Laisser plus long-temps ces vivres exposés aux déprédations de l'ennemi, qui aurait pu, par le feu, ou par tout autre moyen, les détruire en grande partie, eût été une négligence coupable.

Le général Coffinières justement préoccupé de la conservation des approvisionnements chargea M. Scal, inspecteur de l'exploi-tation des chemins de fer de l'Est, de prendre les mesures néces-saires pour mettre promptement à l'abri d'un coup de main ces précieuses denrées etc. Der Bericht findet sich vollständig in dem Militair-Wochenblatt, 58. Jahrgang (1873) Nr. 6, 18. Januar.

**) Der Troß des Kaiserlichen Hauptquartiers.

Granaten. Der Erfolg war sichtlich. In größter Hast und Ver= wirrung alarmirte der Feind, aus seiner Ruhe augenscheinlich ganz unvermuthet aufgescheucht.

Erst nach geraumer Zeit begann Fort St. Quentin das Feuer zu beantworten. Der Nebel wich und die beiden Detachements traten nach Zerstörung von Telegraph und Eisenbahn den Rück= zug an. Um 10 Uhr früh, als dieser Rückzug bereits begonnen hatte, sprengte der Feind noch die Eisenbahnbrücke von Longeville in die Luft.

Nach den Aussagen der Einwohner war die ganze französische Armee im Abzuge begriffen. Einschiffungen auf der Eisenbahn sollten statthaben*) und auch auf der Straße Metz=Verdun Trup= penmassen marschiren.

Schon der Umstand, daß die Cavallerie der II. Armee durch Montigny bis an den Hauptwall der Festung hatte vordringen können, sprach für den Abmarsch der französischen Armee. Hätte diese im Lager von Metz stehen bleiben wollen, so durfte sie auf der Südseite der Festung nicht das Vorterrain völlig räumen und auch nicht bereits im Bau begriffene Werke ohne Kampf aufgeben.

Der Ober=Befehlshaber der II. Armee suchte deshalb um 12 Uhr Mittags die Genehmigung des großen Hauptquartiers tele= graphisch nach, am 16. August auch mit dem 3., 12. und 4. Corps die Mosel überschreiten, mit dem 9. und 2. bis an dieselbe heran= rücken zu dürfen.

Das betreffende Telegramm kreuzte sich nun mit einer gegen 2 Uhr Nachmittags eingehenden Depesche des Generals von Moltke, diese lautete:

Courcelles, den 15. August, 12 Uhr 30 Min. Nachm.

„Franzosen vollständig nach Metz hineingeworfen und wahr= scheinlich jetzt schon im vollen Rückzuge auf Verdun. Alle drei Corps des rechten Flügels (das 3., 12. und 9. Corps) stehen nunmehr zur freien Verfügung des Ober=Commandos, das 12. ist bereits im Marsch auf Nomeny."**)   (gez.) v. Moltke."

---

*) Diese Angabe hat sich als irrthümlich erwiesen.

**) Seine Königliche Hoheit der Kronprinz von Sachsen hatte am 15. früh einen Offizier in's große Hauptquartier entsendet, welcher um 8 Uhr Morgens bei Col{gny von General von Moltke den Bescheid er= hielt: „Das 12. Armee=Corps bleibt bis 12 Uhr Mittags stehen und kann dann — falls die Situation dieselbe geblieben — den Weisungen des Ober=Commandos der II. Armee gemäß, nach Nomeny abrücken.

Im Hauptquartier zu Pont à Mousson ging man naturgemäß von der Voraussetzung aus, daß der Feind schon die Nacht für die Ausführung seiner Absicht benutzt habe. Von Metz gegen Westen standen ihm drei größere Parallelstraßen zur Verfügung.*) Man mußte deshalb annehmen, daß er in den ersten Nachmittagsstunden bereits mit drei Armee-Corps das verschanzte Lager der Festung verlassen haben würde, und er im Begriff stehe, dieses auch mit dem Reste zu thun. Die II. Armee hatte aber mit ihrer Masse noch den Flußübergang auszuführen und den steilen Thalrand jenseits zu ersteigen. Eile war mithin geboten.**)

Das 3. Armee-Corps bekam deshalb um 2 Uhr Nachmittags Befehl, noch am 15. behufs des recognoscirten und auszuführenden Moselüberganges abzumarschiren, um demnächst am 16. über Gorze die Chaussee Metz-Verdun bei Mars la Tour zu erreichen. Es wurde als Nachricht hinzugefügt, daß das 10. Armee-Corps morgen, die 5. Cavallerie-Division vor sich, von Thiaucourt gegen St. Hilaire marschiren würde.

Das 12. Corps war, wie die Depesche des großen Haupt-quartiers besagte, bereits nach Nomeny, seinem Marschziele, in Be-wegung gesetzt. Das 9. hatte jedenfalls in ähnlicher Weise Befehle Seiner Majestät erhalten.***)

Vom linken Moselufer gingen im Laufe der nächsten Stunden immer zahlreichere Bestätigungen der von Seiner Königlichen Hoheit dem Oberbefehlshaber gefaßten Ansicht ein.

Vom 10. Armee-Corps kam zunächst eine Notiz über die Ex-pedition einer zur 5. Cavallerie-Division gehörigen Eskadron:

„Die Eskadron hatte bei Chambley bivouakirt und ging heute früh gegen die Straße Metz-Verdun vor, und zwar auf Mars la Tour. In Rezonville erhielt die Eskadron Infanterie-feuer."

---

*) Von Metz über: 1. St. Marie-Briey,
2. Amanvillers auf Jarny-Conflans,
3. Gravelotte-Mars la Tour.

**) In der That benutzte die französische Armee nur die beiden Straßen von Metz über Mars la Tour und über Conflans, und ihr Abmarsch verzögerte sich, wie später erläutert wird, erheblich.

***) Um 12 Uhr Mittags wurde das Corps aus seiner Bereitschaftsstellung entlassen und rückte am Nachmittag nach der Gegend von Verny und Sillegny, starke Kolonnen des Feindes wurden dabei auf dem linken Moselufer im Marsche von Metz nach Westen beobachtet.

„Ein Zug ging auf Bruville vor, welcher Ort von Chasseurs
besetzt war. Er bemerkte auf der Chaussee Metz=Etain stehende
feindliche Infanterie=Abtheilungen, zwischen denen viele Cavallerie=
Patrouillen gingen. Von Chasseurs gedrängt, zog er sich auf
Mars la Tour zurück, fand aber diesen Ort jetzt auch schon
besetzt."*) . . . . . .

Aus seinem Hauptquartier zu Thiaucourt gab dann, von ¼4
Uhr Nachmittags datirt, das General=Commando des 10. Armee=
Corps weiterhin Nachricht darüber, daß es in der Frühe durch
einen seiner Adjutanten eine Recognoscirung auf dem rechten
Moselufer gegen Metz habe ausführen lassen. Auch dieser Offizier
hatte außerhalb der Festung keinen Feind gefunden. Ueber die
Vorgänge links der Mosel gab die Notiz des General von Rhein=
baben über den Marsch der 5. Cavallerie=Division vom Vormittag
des 15. August die nähere Auskunft. Diese Notiz, dem 10. Armee=
Corps zugesandt, wurde von Thiaucourt aus im Original mit je=
ner Meldung dem Oberbefehlshaber vorgelegt und lautete:

„Bin mit fünf Regimentern und einer Batterie um 12 Uhr bei
Tronville angekommen, auf feindliche Cavallerie und überlegene
Artillerie gestoßen, die sich gegenwärtig gegen Metz zurückzieht.
Die leichte Cavallerie geht so eben noch näher an Metz heran.
Brigade Bredow**) wird voraussichtlich ebenfalls bald nachrücken.
Ich beabsichtige in Tronville oder vorwärts nach Metz zu bleiben.
Verbindung mit der I. Armee noch nicht hergestellt."***)
Bei Tronville 1 Uhr Mittags.   (gez.) v. Rheinbaben.

---

*) Eine Brigade der französischen Cavallerie=Division Forton hatte im
  Laufe des Vormittags Mars la Tour erreicht und passirt.
**) Die 12. Cavallerie=Brigade und das Husaren=Regiment Nr. 10.
***) Gelegentlich der Darstellung der Ereignisse vom 12. August ist bereits
  gesagt worden, daß das Ober=Commando der II. Armee in der Ueber=
  zeugung lebte, die I. Armee werde ihre Cavallerie unterhalb Metz über
  die Mosel vorschieben können, um so von der Nordseite her die Festung
  und die feindliche Armee zu umhüllen. Am 12. August 4½ Uhr Nach=
  mittags hatte Seine Majestät der I. Armee auch befohlen, ihre Caval=
  lerie gegen Metz recognosciren und die Mosel unterhalb der Stadt über=
  schreiten zu lassen. Das Ober=Commando der I. Armee ertheilt hierauf
  der 3. Cavallerie=Division noch am 12. Abends 9 Uhr folgenden Befehl,
  der für den 13. August gelten sollte: „Die 3. Cavallerie=Division geht
  bis Avanch, schiebt gegen Metz und Vigny vor und versucht, über die
  Mosel Abtheilungen zu schieben, um zu sehen, was jenseits steht." In

Bei Thiaucourt traf nun noch am 15. Abends die Garde=
Dragoner=Brigade mit einer Batterie ein; die Brigade Bredow
war am 15. gleichfalls mit einer Batterie im Anmarsche gewesen.
Diese Brigade erreichte, vom 4. Armee=Corps kommend, am Nach=
mittage noch Hannonville au Passage und Suzemont. Die beiden
reitenden Batterien der Corps=Artillerie des 10. Armee=Corps
waren bereits nach Thiaucourt zur Avantgarde dirigirt und sollten
am folgenden Morgen gleichfalls zur Cavallerie vorgezogen werden.
So wurden am 16. August beim 10. Armee=Corps vier Cavallerie=
Brigaden mit fünf reitenden Batterien zur Verzögerung des feind=
lichen Abmarsches verfügbar.*)

Folge dessen ging die 3. Cavallerie=Division am 13. August auf der
Straße Metz=Bouzonville gegen Metz hin vor. Auf dem Plateau von
Ste. Barbe trifft ihre Avantgarde, Ulanen=Regiment Nr. 7, auf den
Feind; aus Bremy erhält deren Spitze das Feuer feindlicher Feldwachen.
Bei Servigny wird ein bedeutendes französisches Lager entdeckt. Mit drei
Regimentern, 1 reitenden Batterie bezog die Division hierauf ein Bivouak
bei Vry. Die Avantgarde stellte Vedetten in der Linie Sanry les Vigy
nach Ste. Barbe aus und lagerte dann bei Avancy, während sie zur
Sicherung gegen Thionville hin 1 Eskadron nach Vigy detachirte. Von
dieser Eskadron gelangte eine Offiziers=Patrouille bis vor die offenen
Thore von Thionville, ehe sie Feuer erhielt, und eine andere setzte —
bei dem gänzlichen Mangel an festen Uebergängen — vermittelst der
bei Hauconcourt vorgefundenen Fähre auf das linke Ufer hinüber, um
drüben landeinwärts zu streifen. Sie stieß dort nirgends auf den Feind.
Verbindung westlich um Metz herum konnte bei dem großen Abstande,
der noch zwischen den Spitzen der Cavallerie der I. und II. Armee lag,
nicht aufgenommen werden. Die am 13. August von der 3. Cavallerie=
Division vor ihrer Front entdeckten feindlichen Massen aber mußten
fernerhin ihre ganze Aufmerksamkeit in Anspruch nehmen und die
Schlacht vom 14. August lenkte dann die Ereignisse in andere Bahnen.

*) Manches interessante Detail aus den Bewegungen der Cavallerie in diesen
Tagen ist damals nicht zur Kenntniß des Ober=Commandos gekommen.
Da oben nur dasjenige berichtet werden durfte, was die zu Pont à Mousson
eingehenden Meldungen brachten, so sei hier kurz dargelegt, welche Be=
gebenheiten sich thatsächlich am 14. und 15. August bei der 5. Cavallerie=
Division zugetragen haben.

Ihrem allgemeinen Auftrage: „gegen die Straße Metz=Verdun vor=
zugehen, und darüber hinaus zu recognosciren" gemäß, marschirte die
5. Cavallerie=Division am 14. August mit der 13. Brigade bis Beney,
Vorposten St. Benoit, mit der 11. Brigade bis Thiaucourt, während
die vom linken Flügel der Armee — dem 4. Armee=Corps — heran=
rückende 12. Brigade Pont à Mousson erreichte. Das 10. Armee=Corps

Nach Eingang dieser Meldungen, Nachmittags um 7 Uhr, er=
ließ der Oberbefehlshaber folgende Dispositionen für den 16. August:
„Gestern Abend ist der Feind von Theilen der I. Armee und

sandte, um der Cavallerie Halt zu geben, am 14. schon, wie erwähnt, seine
Avantgarde von Pont à Mousson aus vor. Von der 13. Brigade waren dabei
2 Eskadrons (Husaren=Regiments Nr. 11) über Pagny und Onville nach
den Höhen von Buxières gerückt, von wo her sie 1½ Uhr Nachmittags
meldeten, daß die Straße Metz=Verdun vom Feinde gänzlich frei sei.
Ein auf der Straße stehen gebliebener Militairfourgon war das einzige
Zeichen, daß hier Truppen passirt seien. Die 11. Brigade entsendete
eine Eskadron (Ulanen Nr. 13) im Moselthale abwärts auf Ancy; dort
erhielt sie Feuer. Zwei andere Eskadrons dieser Brigade (ebenfalls vom
Ulanen=Regiment Nr. 13) wurden in südlicher Richtung auf Flirey ge=
schickt, und stellten die Verbindung mit der Garde=Dragoner=Brigade her.

Am 15. August hatte, wie es gesagt worden ist, die 5. Cavallerie=
Division anfangs Direction auf Fresnes en Woëvre — zu ihrer Unter=
stützung marschirte bekanntlich die 19. Infanterie=Division nach Thiau=
court. General von Rheinbaben schob nun die 13. Brigade — unter
Zurücklassung eines Regiments in Beney, doch unter Mitnahme der bei
der Brigade befindlichen Batterie — auf Lachaussée vor; ein Regiment
der 11. Brigade nach Dommartin. Die 12. Brigade rückte von Pont
à Mousson nach Thiaucourt heran. Das Detachement von Lachaussée
sandte noch am Morgen des 15. August einzelne Eskadrons auf Latour
en Woëvre und über Sponville vor, doch fanden dieselben keine Spur
vom Feinde auf. Dagegen fielen rechts gegen Metz hin Schüsse, und
der Rest des Detachements (vier Eskadrons und die Batterie) ritten dem
Schalle nach. Als hierbei Xonville erreicht worden war, sah man zwei
auf der Höhe von Puxieux heranmarschirende französische Cavallerie=
Regimenter. Die Batterie fuhr auf und bewog diese Colonne durch
einige Schüsse zur Umkehr; die vier Eskadrons folgten. Von der Höhe
von Puxieux aus wurden alsdann größere Reitermassen des Gegners
in der Tiefe bei Mars la Tour sichtbar (fünf bis sechs Cavallerie=Regi=
menter). Eins der französischen Regimenter ward abermals mit Granaten
beworfen und verschwand hinter den Häusern von Mars la Tour. Jetzt
nahm indessen feindliche Artillerie, 3 Batterien stark, das Feuer auf.

Die beiden Eskadrons der 13. Brigade, die Tags zuvor schon in
dieser Gegend gestanden, waren mittlerweile zur Brigade herangekommen.
Sie hatten am Morgen ihre Recognoscirungs=Versuche gegen Rezonville
von Neuem aufgenommen, bei diesem Orte aber starke französische Ca=
vallerie nebst zwei Batterien getroffen und sich vor denselben auf Vionville
und Tronville zurückgezogen — 9 feindliche Dragoner gefangen mit
sich führend. Im Verein mit einer Eskadron der 11. Brigade hatten sie
dann den Feind beobachtet, bis das Detachement von Lachaussée heran=
kam. Die Eskadron der 11. Brigade gehörte zu dem nach Dommartin
vorgesandten Regiment, das nun gleichfalls herbeigerufen ward.

ber 18. Infanterie-Division vor Metz angegriffen und in die Festung zurückgeworfen worden."

„Der Abzug der feindlichen Armee nach der Maas ist im Gange."

„Die II. Armee wird demgemäß dem Feinde ohne Aufschub gegen die Maas hin folgen."

„Das 3. Armee-Corps überschreitet, wie bereits eingeleitet, die Mosel unterhalb Pont à Mousson und erreicht über Novéant sur Moselle und Gorze morgen die große Straße Metz-Verdun bei Mars la Tour resp. Vionville. Das Hauptquartier ist möglichst nach Mars la Tour zu legen. Die 6. Cavallerie-Division kann von Pagny über Prény und Thiaucourt nach jener Straße

---

Der Artilleriekampf hatte inzwischen fortgedauert, doch brach der Commandeur der 13. Brigade, der zur Stelle war, denselben ab und nahm die um ihn versammelten Regimenter zu einer Terrainwelle eine Strecke zurück. Der Feind verfolgte diese Bewegung nur mit einigen Schüssen seiner Batterien, welche dann jedoch in der Richtung gegen Metz verschwanden. Von Beney her kam, durch den Kanonendonner gerufen, das 3. Regiment der 13. Brigade herbei (etwa um 11 Uhr Vormittags), und diese Brigade ging — nun vollständig vereinigt — westlich von Vois la Dame vor, um den Feind, der östlich Mars la Tour noch einmal sichtbar wurde, zu attaquiren. Der auf dem Schauplatze dieser Ereignisse eintreffende Divisions-Commandeur nahm indeß — bei der augenscheinlichen Ueberlegenheit des Gegners — vom Angriffe Abstand. Der Kanonendonner lockte übrigens noch den Rest der 11. Brigade herbei; bald danach traf auch die 12. ein, so daß um 2 Uhr Nachmittags 34 Eskadrons (ca. 4200 Pferde stark) mit ihren zwei reitenden Batterien versammelt waren. General von Rheinbaben ließ alle drei Brigaden dem Feinde gegenüber Bivouaks beziehen, die 11. bei Puxieux, die 13. bei Xonville, die 12. bei Suzemont à cheval der großen Straße.

Um, wie befohlen, Verbindung mit der I. Armee westlich um Metz herum aufzusuchen, wurde eine Eskadron von der 12. Brigade (Ulanen-Regiment Nr. 16) nordwärts entsendet. Diese Eskadron stieß bei Jarny gleichfalls auf eine stärkere französische Cavalleriemasse und ein Bataillon Infanterie; sie mußte zurück und hatte auf dem Rückwege bei Mars la Tour einige Verluste durch einen Hinterhalt, den ihr Chasseurs d'Afrique gelegt. Die französischen Flankeurs umschwärmten übrigens die preußischen Vorposten so dreist, daß mehrfach Eskadrons vorgehen mußten, um sie zu verjagen. Mit den weittragenden Carabinern schossen sie z. B. beharrlich in das Bivouak der 11. Brigade, so daß dies rückwärts verlegt werden mußte. Eine Eskadron der 13. Brigade, die dann gegen Abend auf Vionville vorging, beobachtete hinter diesem Orte die Lager bedeutender Truppenmassen aller Waffen.

5 *

vorausgesandt werden. Wenn der Uebergang für die Trains über die zu schlagende Brücke nicht thunlich, können dieselben bis morgen früh 7 Uhr — aber nicht länger — die steinerne Brücke bei Pont à Mousson passiren und von hier aus die Straße auf Novéant sur Moselle, Mosel abwärts, einschlagen. Die Feldbrücke des 3. Armee-Corps bleibt für das 9. Corps resp. für die Cernirung von Metz unter angemessener Bedeckung vorläufig stehen."

„Das 10. Armee-Corps, welches heute unter Voraussendung der 5. Cavallerie-Division theilweise bereits nach Thiaucourt in Marsch gesetzt ist, setzt morgen die Vorwärtsbewegung auf der Straße gegen Verdun, etwa bis St. Hilaire-Maizeray fort und zieht die noch bei Pont à Mousson und im Moselthale stehenden Theile des Corps möglichst weit heran. Hauptquartier, wenn angängig, St. Hilaire. Die Cavallerie recognoscirt über Haudiomont und Vigneulles."

„Das 12. (Königlich Sächsische) Armee-Corps marschirt morgen von Romény über Pont à Mousson mit der Avantgarde bis Regnéville en Haye, schließt mit der Queue bis Pont à Mousson auf, welches zur Unterkunft stark zu benutzen und woselbst das Hauptquartier zu nehmen. Die Cavallerie-Division ist gegen Vigneulles und als Südgrenze bis Buxerulles gegen die Maas vorzudetachiren und setzt sich in Verbindung rechts mit der 5., links mit der Garde-Cavallerie-Division."

„Das 12. Armee-Corps kann bei Pont à Mousson von 7 Uhr früh ab über die steinerne und schon früher über die Kriegsbrücke defiliren."

„Das Garde-Corps erreicht mit der Avantgarde morgen Rambucourt, mit dem Gros und dem Hauptquartier (welche die Straße über Villers en Haye und Rogéville einzuschlagen haben) die Gegend von Bernécourt. Die vorauszusendende Cavallerie setzt sich rechts über Buxerulles mit der Königlich Sächsischen Cavallerie-Division in Verbindung."

„Das 4. Armee-Corps nimmt seine Avantgarde von Marbache über Les Saizerais bis Faillon vor. Das Armee-Corps schließt mit der Queue bis Marbache auf und nimmt das Hauptquartier in Les Saizerais."

„Die Verbindung mit dem rechten Flügel der III. Armee ist gegen Nancy aufzunehmen."

„Das 9. Armee-Corps marschirt morgen nach der Gegend

von Sillegny, woselbst das Hauptquartier, um am folgenden Tage dem 3. Armee-Corps über die von demselben geschlagene Feldbrücke über Novéant sur Moselle nach Gorze zu folgen."

„Das 2. Armee-Corps erreicht morgen mit der Tête Buchy bei Solgne und schließt unter Besetzung. des Hauptquartiers Sr. Majestät des Königs (Herny) durch Infanterie möglichst auf, um folgenden Tages den Mosel-Uebergang bei Pont à Mousson zu beginnen. Hauptquartier Buchy."

„Seitens der vorpoussirten Cavallerie-Divisionen sind nach Maßgabe des Vorschreitens die Wege zur Maas und die Ueber=gänge dort unter dem Gesichtspunkte zu recognosciren, daß für das 10., 3., 9. Corps von der 5. Cavallerie-Division die Ueber=gänge bei Dieuse sur Meuse und Génicourt, für das 12. Armee=Corps der Maas-Uebergang bei Bannoncourt durch die Königl. Sächsische Cavallerie-Division, und die Uebergänge. St. Mihiel, Pont sur Meuse und Commercy für das Garde-, 4. und 2. Armee=Corps, durch die Garde-Cavallerie-Division zu recognosciren und die Berichte durch die betreffenden General-Commando's möglichst bald mir einzusenden sind."

„Mein Hauptquartier bleibt morgen in Pont à Mousson."

„Bei den starken Vormärschen, welche die Kriegslage erfordert, stelle ich den Corps anheim, die vorübergehend marschunfähigen Leute in Marsch-Compagnien, unter entsprechender Zutheilung von Offizieren und Unteroffizieren zu formiren und als Besatzungen in den Hauptorten der Marschlinie zu stationiren, auch davon der General-Etappen-Inspection — jetzt in Delme, vom 17. ab in Pont à Mousson — Mittheilung zu machen."

„Seitens der General-Etappen-Inspection wird dann die Ab=lösung dieser Besatzungen und deren Nachsendung zu veranlassen sein. Bei diesen Garnisonen sind ebenso marschunfähige Pferde mit Pflegern zurückzulassen."

Der General der Cavallerie
(gez.) Friedrich Carl.

Die ertheilten Dispositionen erfuhren nur eine geringe Ab=änderung, als das Ober-Commando Abends 10½ Uhr Befehle Seiner Majestät des Königs erhielt.

Diesen Befehlen zufolge sollten am 16. in dem Terrain zwischen Seille und Mosel auf der Linie Pommérieur-Arry noch zwei Corps der I. Armee Stellung nehmen, um demnächst über die Mosel zu

folgen. Ein Corps dieser Armee hatte in der Gegend von Cour=
celles zu verbleiben, so lange noch nicht festgestellt war, ob in Metz
mehr als die kriegsgemäße Besatzung zurückgeblieben sei.

Das 9. Armee=Corps der II. Armee mußte also am 16. im
Marsche belassen werden und das rechte Moselufer möglichst räumen.
Es erhielt daher besonderen Befehl, im unmittelbaren Anschlusse
an das 3. Armee=Corps die Mosel zu überschreiten.

Für die weiteren Operationen der II. Armee stellte das
Schreiben aus dem großen Hauptquartier folgende allgemeine
Gesichtspunkte auf:

„Die Verhältnisse, unter welchen das 1. und 7. Armee=Corps,
sowie Theile der 18. Division, am 14. Abends einen Sieg er=
fochten, schlossen jede Verfolgung aus. Die Früchte des Sieges
sind nur durch eine kräftige Offensive der II. Armee gegen die
Straßen von Metz, sowohl über Fresnes, wie über Etain nach
Verdun zu erndten. Dem Ober=Commando der II. Armee darf
überlassen bleiben, eine solche mit allen verfügbaren Mitteln nach
eigenem Ermessen zu führen. Wenn hierdurch auch zeitweise die
II. Armee vor die I. geräth, so wird diesseits Bedacht genommen
werden, für den weiteren Vormarsch gegen Westen die im Voraus
noch nicht zu übersehenden erforderlichen Anordnungen zu treffen
und den Truppen die nöthige Ruhe ausreichend zu gewähren.“

Die Bewegungen, welche das Ober=Commando der II. Armee
angeordnet hatte, stimmten mit dem, was hiernach zunächst noth=
wendig war, überein, es bedurfte daher neuer Anordnungen nicht.

Der 16. August.

In der Nacht vom 15. auf den 16. August waren nun be=
reits westlich von Metz ausgedehnte Bivouakfeuer des Feindes
bemerkt worden, dies wurde in Pont à Mousson um 9½ Uhr früh
von verschiedenen Seiten gemeldet.

Ein Zweifel, daß der Feind im Begriff sei, von Metz abzu=
marschiren, konnte nicht mehr obwalten. Wie weit er auf diesem
Abmarsche bisher gekommen, und wo man ihn treffen würde,
das konnte sich freilich erst im Laufe des 16. August aus der
directen Berührung ergeben.

Auf die Wichtigkeit der über Etain führenden Straße, die
hierbei gleichfalls in Betracht kam, war das 10. Armee=Corps schon
um 8 Uhr früh hingewiesen worden.

Die erste Meldung, welche Näheres über den Feind brachte,

kam vom 3. Armee-Corps aus der Gegend südlich Vionville. Sie ging dem Ober-Commando, von 10½ Uhr datirt, gegen Mittag zu und besagte:

„Feindliche Lager bei Vionville und Rezonville. Das 3. Armee-Corps geht vereinigt vor; linker Flügel auf Jarny, um eventuell bei Conflans überzugehen. 5. Cavallerie-Division bei Mars la Tour, 6. bei Rezonville."

Dann war hinzugefügt, daß der Feind in nördlicher Richtung abzöge.*)

Dem Adjutanten, der diese Meldung überbrachte, wurde in die Brieftasche dictirt, was, den Weisungen des großen Haupt- quartiers entsprechend, nun zunächst in den Intentionen des Prinzen Friedrich Carl lag:

„So lange der Feind vor dem 3. Armee-Corps zurückgeht, muß das Corps unter Vornahme seines linken Flügels ihn heftig verfolgen.**) Stets Verständigung mit dem 10. Armee-Corps."

„Das 9. Armee-Corps, morgen Mittag bei Mars la Tour, wird zur Sicherung der rechten Flanke gegen Metz, sowie über- haupt zur Unterstützung, wenn nöthig, dienen."

Als Ziel der ganzen Operation bezeichnete der Prinz dem 3. Armee-Corps das Abdrängen des Gegners in nördlicher Richtung.

In gleicher Weise wurde durch den vom 9. Armee-Corps zum Befehlsempfange in das Hauptquartier entsendeten Offizier, dem General von Manstein, Nachricht darüber geschickt, daß das 3. Armee-Corps seit 10 Uhr früh feindliche Truppenmassen verfolge, die anscheinend in nördlicher Richtung zurückgingen.

Der Prinz fügte dann, das 9. Armee-Corps selbst betreffend, noch hinzu:

„Es ist wichtig, daß das 9. Corps Mars la Tour bald besetze und dem 3. Corps die rechte Flanke gegen Metz schon heute decke, sowie überhaupt zur Unterstützung diene."

Um dieselbe Zeit, als jene erste Meldung des 3. Armee-Corps eintraf, wurde im Hauptquartier Pont à Mousson an der Abfassung des Armee-Befehls für den 17. August gearbeitet.

---

*) Erwies sich bald in sofern als Täuschung, als nur die feindlichen Vor- truppen eine rückgängige Bewegung ausführten.

**) Diese Weisung beruhte auf der Anschauung, die man aus der Meldung des 3. Armee-Corps gewonnen hatte, daß der Feind in nördlicher Richtung auszuweichen suche.

Dieſer Armee=Befehl — in einer Lage gegeben, deren Wich=
tigkeit für die II. Armee klar vor Aller Augen lag — iſt für die
damals im Ober=Commando herrſchende Anſchauung bezeichnend.
Es ſcheint deshalb für das Studium der Kriegsgeſchichte zweck=
entſprechend, auf dieſen Befehl näher einzugehen, obgleich derſelbe
durch die Ereigniſſe überholt und nur vom 2. und 4. Armee=Corps
wirklich ausführt worden iſt.

Seit am 13. Auguſt die unverletzte Moſelbrücke von Pont
à Mouſſon in preußiſche Hand gefallen war, hatte ſich im Ober=
Commando der II. Armee die Anſicht ausgebildet, daß der Führer
der franzöſiſchen Rhein=Armee nicht die Abſicht haben könne,
hinter der Moſel bei Metz die Schlacht anzunehmen. Ebenſo un=
wahrſcheinlich aber war, daß die Franzoſen das Plateau zwiſchen
Moſel und Maas zum Entſcheidungsfelde auserſehen hätten.

Man mußte vielmehr dem feindlichen Feldherrn als das Beſte,
was er nunmehr thun könne, die Abſicht zumuthen, die Rhein=
Armee ſo ſchnell und intact als möglich zunächſt hinter die Maas
zu führen. War ſie dort angelangt, ſo ſtanden ihr Wege genug
zur Verfügung, um den Weſten Frankreichs glücklich zu erreichen
und ihre Vereinigung mit den übrigen Streitkräften des Kaiſer=
reichs zu bewerkſtelligen. Das ſollte verhütet werden. Die Rhein=
Armee durfte die Argonnenpäſſe nicht erreichen, ſondern man mußte
ſie zwingen, nördlich auszubiegen, und ſich ſo von den direct nach
Weſten zurückgegangenen Heertheilen zu trennen.

Den Plänen, die man dem Feinde zuſchrieb, wirkte die II.
Armee am Beſten entgegen, wenn ſie ſich ſo früh als möglich in
ſicheren Beſitz der Maas=Uebergänge ſetzte und durch einen
Parallelmarſch zur Maas den Feind zwang, in raſtloſer Bewegung
zu bleiben. Natürlich war für Beläſtigung und Verzögerung der
franzöſiſchen Marſch=Colonnen Sorge zu tragen. Dies ſollte die
Aufgabe des ſtarken, mit zahlreicher Cavallerie verſehenen und
unter einheitliche Leitung geſtellten rechten Flügels ſein. Man
glaubte hierbei freilich den Gegner um zwei Tage voraus. Die
nördlichen der von Metz nach Weſten führenden Straßen hatten
von der preußiſchen Cavallerie nicht erreicht und recognoscirt
werden können. Den 14. und 15. Auguſt mochte der Feind da=
her ſchon benutzt haben, um die Ausführung ſeiner Abſicht ein=
zuleiten.

Aus dieſem Gedankengange entſprangen die Diſpoſitionen

jener Tage, so auch der Armee=Befehl vom 16. August Mittags. Er lautete:

H.=Q. Pont à Mousson, den 16. Aug. 1870.
Mittags 12 Uhr.

„Die II. Armee setzt morgen ihre Vorwärtsbewegung gegen die Maas fort."

„Die I. Armee befindet sich in den nächsten Tagen hinter dem rechten Flügel der II. Armee."

„Der rechte Flügel der II. Armee wird in seinen Bewegungen durch die Richtung des feindlichen Rückzuges bedingt sein, so daß das 10. Armee=Corps späterhin die Maas unterhalb Verdun passirt. Gegen die Festung Verdun ist zu detachiren."

„Sollte das 10. Armee=Corps durch die Verfolgung weit nach Norden geführt werden, so werden Clermont=en=Argonne St. Ménéhould als diejenigen Punkte bestimmt, auf die es sich als nunmehriger rechter Flügel der Armee zu dirigiren."

„Das 3. Armee=Corps marschirt morgen auf Etain, welches mit der Avantgarde zu besetzen, wenn die Verhältnisse beim Feinde nichts Anderes bedingen. Die zur Bedeckung der Feldbrücke an der Mosel zurückgelassene Truppe ist heranzu= ziehen, sobald das 9. Armee=Corps die Ablösung veranlaßt hat, was heute geschieht."

„Das 9. Armee=Corps erreicht morgen Mars=la=Tour."

„Wenn angängig, hat das 9. Corps die Feldbrücke des 3. Armee=Corps morgen durch eine Schiffsbrücke aus Mosel=Kähnen zu ersetzen und, nachdem dies geschehen, den leichten Feldbrücken= Train dem 3. Corps nach zu dirigiren."

„Die drei in Vorstehendem genannten Corps des rechten Flügels (welche täglich ihren Standpunkt in mein nachstehend bezeichnetes Hauptquartier melden müssen) haben sich untereinander in Verbindung zu erhalten und kann bei größerem Engagement mit dem Feinde der General der Infanterie von Voigts=Rheetz zunächst über das III. und dann auch über das IX. Corps disponiren.

Findet, wie zu erwarten, solches Engagement nicht statt, so haben sich am 18. das 3. Corps in der Richtung auf Dieuse sur Meuse, das 9. Corps in der Richtung auf Fresnes=Génicourt sur Meuse zu bewegen und die Maas=Uebergänge dort möglichst früh zu sichern. Event. hat bei früherem Herankommen das 9. Corps beide Uebergänge zu sichern."

Das 12. Armee-Corps rückt morgen mit der Tete bis Vigneulles mit dem Gros bis St. Benoit en Woèvre, wo das Hauptquartier zu nehmen. Die Cavallerie wird an und über die Maas vorgeschoben. Am 18. wird das 12. Corps seinen Vormarsch auf Bannoncourt richten und den dortigen Maas-Uebergang sicher stellen.

„Das Garde-Corps marschirt morgen nach St. Mihiel, schiebt eine starke Avantgarde auf linkes Maas-Ufer zur Sicherung des wichtigen Uebergangs und nimmt in St. Mihiel Hauptquartier. Die Cavallerie geht in der Richtung auf Bar le Duc vor.

„Das 4. Armee-Corps wird sich in der Richtung Jaillon-Sanzey-Boucq gegen Commercy in den nächsten Tagen vorwärts bewegen, insofern die Festung Toul nicht einen Aufschub des Vormarsches theilweise erfordert."

„Das 2. Armee-Corps erreicht morgen Pont à Mousson und nimmt seine Spitze in der Richtung Limey, Flirey, St. Mihiel vor. Hauptquartier Pont à Mousson."

„Mein Hauptquartier ist heute Nachmittag von 5 Uhr ab in Thiaucourt, von morgen Mittag ab bis auf Weiteres in St. Mihiel."

„Nachdem die II. Armee an der Maas angekommen sein, und die dortigen Uebergänge wird gesichert haben, wird voraussichtlich ein mehrtägiger Halt eintreten, bis die Flügel-Armeen in gleiche Höhe gelangt sind."

„Sämmtliche Corps haben täglich in mein Hauptquartier Ordonnanz-Offiziere zu senden. Die Offiziere können eventuell Wagen benutzen, daran das Reitpferd anzubinden, Infanterie-Ordonnanzen als Bedeckung."

Der General der Cavallerie
(gez.) Friedrich Carl.

Die Verlegung des Hauptquartiers nach Thiaucourt war schon für den Nachmittag des 16. befohlen, weil das große Hauptquartier Seiner Majestät des Königs nach Pont à Mousson kommen sollte und es für beide Hauptquartiere an Raum gemangelt hätte.

Seine Königliche Hoheit selbst aber beschloß, sich in den Nachmittagsstunden mit einem Theile des Stabes nach der Gegend von Vionville zum 3. Armee-Corps zu begeben.

Eine ihm noch in Pont à Mousson, kurz ehe er zu Pferde stieg, zugehende Meldung ließ übrigens schon erkennen, welche andere Wendung der Dinge, als man sie bis dahin annahm, in Wirklichkeit eingetreten sei. Um 2 Uhr 5 Minuten Nachmittags meldete General von Kraatz, Commandeur der 20. Infanterie-Division, „daß das 3. Armee-Corps sich nördlich Gorze in lebhaftem Gefechte gegen überlegene feindliche Macht befinde."

Dieser Meldung war hinzugefügt, „daß die 20. Division im Begriff sei, über Xammes nach dem Gefechtsfelde zur Unterstützung zu marschiren und daß auch die 19. Division benachrichtigt wäre." Es handelte sich also ohne Zweifel um eine größere tactische Entscheidung und es wurde klar, daß sich nur vom Schlachtfelde aus werde übersehen lassen, welche Maßnahmen für die nächste Zeit von der II. Armee zu treffen sein würden.

Ehe hier die weitere Darstellung der Ereignisse verfolgt wird, wie dieselben sich beim Ober-Commando entwickelten, ist es nöthig, kurz auf die Vorgänge des Morgens bei den einzelnen Theilen der Armee zurückzugreifen.

Das 3. Armee-Corps hatte bereits am 15. Abends die Mosel mit der 5. Infanterie-Division auf der festen Brücke von Novéant, mit der 6. Infanterie-Division auf der bei La Lobe geschlagenen Pontonbrücke, überschritten. Die Corps-Artillerie wurde gleichzeitig über Pont à Mousson vorgezogen. Nur die 6. Cavallerie-Division blieb noch am rechten Moselufer in der Stellung von Frescaty bis zur Mosel, gegen Metz beobachtend, zurück.

Noch in der Nacht zum 16. August schoben beide Infanterie-Divisionen Têten von Novéant auf Gorze, resp. von La Lobe über Pagny und Arnaville auf Onville vor.

Für den 16. August hatte das Armee-Corps vom Ober-Commando, wie erwähnt, den Befehl:

„Ueber Gorze die Chaussee Metz-Verdun bei Mars la Tour zu erreichen."

General von Alvensleben II. ordnete zur Ausführung dieses Befehls Folgendes an:

1. Die 6. Infanterie-Division marschirt um 5 Uhr früh über Onville auf Mars la Tour und die Corps-Artillerie folgt ihr.

2. Die 6. Cavallerie-Division muß um 5 Uhr 30 Minuten

früh die Brücke bei Novéant passirt haben*) und marschirt über Gorze auf Vionville, die 5. Infanterie=Division folgt ihr dann.

Dieser Marsch wurde, in den Richtungen, wie er befohlen war, am 16. früh begonnen.

Durch die beiden tief eingeschnittenen Bergthäler von Gorze und Onville stieg das 3. Armee=Corps in zwei großen Colonnen zur Plateauhöhe auf dem linken Moselufer empor. Die Luft war schon in der Frühe von drückender Hitze und der Marsch in hohem Grade beschwerlich, da er für das Corps auf eine halb oder ganz durchwachte Nacht, auf erhebliche vorangegangene Anstrengungen und die Abspannung der Gefechtsbereitschaft folgte.

Auf der Plateauhöhe selbst, in der Gegend von Mars la Tour — dem Ziele des 3. Armee=Corps — streifte General von Rheinbaben mit seiner Cavallerie. Diese Cavallerie hatte, wie er= wähnt, am 15. feindliche Truppenmassen, die von Metz über Grave= lotte=Vionville auf Mars la Tour heranmarschirten, aufgehalten und bewogen, bei Vionville die Nacht zuzubringen.

Wie stark die ihr gegenüber befindlichen Kräfte seien, wußte man am 15. Abends und auch am 16. früh noch nicht. Waren nun auch in der Nacht die französischen Bivouakfeuer dicht westlich Metz gesehen worden, so ließ sich danach der Ort und die Stärke der lagernden Truppen doch nicht genau genug bestimmen, um daraus die gewünschte Aufklärung zu gewinnen.

Wahrscheinlich blieb es, daß die auf der Straße Metz=Mars la Tour befindlichen Streitkräfte des Feindes nur eine Seiten= deckung, oder eine Arrieregarde der nach Westen abmarschirenden Armee seien; denn der Feind war ohne Zweifel davon unterrichtet, daß die II. Armee die Mosel oberhalb Metz bereits überschritten habe und es mußte ihm deshalb nahe liegen, für seinen Abmarsch die nördlichen Straßen zu benutzen. Diese boten ihm allein noch einige Sicherheit. In Wirklichkeit aber hatte man dennoch die ganze feindliche Rhein=Armee dicht westlich Metz vor sich, denn deren Ab= marsch von Metz war durch den Kampf vom 14. August und durch Stockungen im Marsch am 15. derart verzögert worden, daß die

---

*) Das Defiliren der 6. Cavallerie=Division verzögerte sich am 16. bis 6½ Uhr früh, somit auch der Aufbruch der 5. Infanterie=Division.

Têten am 15. Abends über Vionville resp. St. Marcel nicht hinaus kamen.*)

Auf der südlichen Straße über Mars la Tour marschirte am 15. die französische Cavallerie-Division Forton der Armee vorauf, ihr folgte das 2., das 6. französische Corps und zuletzt die Garde. Das 2. Corps sollte Mars la Tour noch am 15. erreichen, verblieb aber bei Rézonville, als die Division Forton vor der bei Mars la Tour erscheinenden Cavallerie des Generals von Rheinbaben stutzte und nach Vionville zurückging. Bei Rézonville langte nun aber auch das 6. französische Corps an und beide lagerten sich neben der Straße nach Vionville, das 6. nördlich, das 2. südlich derselben. Die Garde gelangte dahinter bis Gravelotte.

Auf der nördlichen Straße über Doncourt und Conflans streifte die französische Cavallerie-Division du Barail voraus und erreichte die Gegend von Jarny, ihr Marschziel. Das 4. Corps aber, das ihr bis Doncourt folgen sollte, wurde vom 3. überholt, welches, empfangenen Befehlen gemäß, bis zur Linie Vernéville-St. Marcel marschirte. Es ließ das 4. Corps nun hinter sich. Dieses Corps verblieb mit den beiden Divisionen Grénier und be Cissey bei Woippy; die Division Lorencez befand sich noch weiter zurück an den Moseldefileen. Die Schlacht vom 14. hatte die Verspätungen dieses letzten Corps verursacht.

So kam es, daß am 16. August Marschall Bazaine, der in der That seit dem 12. August den Oberbefehl über die feindliche Armee bei Metz führte, auf dem engen Raum zwischen Vionville, St. Marcel, Verneville und Gravelotte über alle 5 Corps seiner Armee verfügte.**)

Er hatte am 15. Abends Befehl gegeben, daß die Armee den 16. August in aller Frühe zum Aufbruche nach Westen bereit sein solle, — ein Befehl, der mit den Voraussetzungen, welche man im Hauptquartier Pont à Mousson machte, übereinstimmte. Diesen

---

*) Auf der nördlichen Straße erreichte nur die vorausgesandte Cavallerie-Division du Barail die Gegend zwischen Doncourt und Jarny.

**) Mit Ausnahme der Division Lorencez vom 4. und Metmann vom 3. französischen Corps. Die Division Labaucoupet vom 2. französischen Corps war als Besatzung in Metz zurückgeblieben, diesem letzten Corps dafür aber die aus Saargemünd zurückgewichene Brigade Lapasset des 5. französischen Corps einverleibt worden.

Befehl aber änderte der Marschall ab; die Armee verblieb in ihren Lagern.

Der Theil des Plateaus am linken Moselufer, auf dem die französische Armee am 16. stand, ist wellenförmig, von Waldparcellen besetzt, sonst im Allgemeinen frei und übersichtlich. Mit langen, regelmäßig gestalteten Abhängen senkt sich das Terrain zu vielverzweigten Mulden hinab. Diese vertiefen sich insgesammt gegen Süden hin und münden schließlich als steil eingeschnittene Schluchten mit walbigen, schwer ersteigbaren Rändern in das Thal von Gorze, das schon völlig den Gebirgscharakter trägt. Dies Thal begrenzt den in Rede stehenden Theil des Plateaus auf der ganzen Strecke von Novéant an der Mosel bis Tronville, 1 Meile nordwestlich davon. Südlich dieser Schlucht ist der linke Moselthalrand weit in's Land hinein zerklüftet und mit Wald bedeckt, ein unübersichtliches, verwirrtes Terrain.

Wenn man von Gorze aus, wo sich die Schluchten, welche das nördliche Plateau theilen, concentrisch vereinigen, gegen Norden den steilen Rand ersteigt, so ändert sich das landschaftliche Bild vollkommen. Aus walbigem, romantischem Berglande tritt man in flaches, einförmiges Hügelland. Im Osten erblickt man das Dorf Gravelotte hoch auf der Plateauhöhe; Rézonville und Vionville liegen zum Theil tief in den Mulden verborgen. Diese Dörfer sind insgesammt weder von Gärten, noch Baumpartieen umgeben, sondern erheben sich als kahle Steinmassen frei zwischen den welligen Ackerflächen. Einen ganz gleichen Anblick bietet der südöstlich Vionville gelegene Weiler Flavigny.

Mit dem Heraufsteigen aus der Schlucht von Gorze glaubt man anfänglich alle Schwierigkeiten überwunden zu haben. Das Gelände dominirt hier das nördlich gelegene Terrain und auch die Straße Metz=Mars la Tour, welche durch Gravelotte, Rézonville und Vionville führt. Indessen das ist zum Theil Täuschung. Wo man auch gegen jene Straße und die an derselben gelegenen Orte vordringen mag, muß man eine der vielen Quermulden passiren und jenseits derselben den langen Abhang ersteigen, der kahl und glacisartig geformt, nirgends Schutz oder Deckung gewährt. Nördlich der Straße Metz=Mars la Tour, von der Römerstraße ab, entzieht sich das Terrain dem Einblick. Waldparcellen verdecken es, und man vermag hier gegen die große Straße Metz=Mars la Tour Reserven heranzuführen, ohne daß ein von Süden kommender Angreifer diese zu erkennen und ihrer Stärke nach zu schätzen im Stande ist.

Als nun am 16. August um 8 Uhr Morgens die Cavallerie-spitzen des 3. Armee-Corps den Südrand des Plateaus erstiegen, gewahrten sie bei Vionville feindliche Vorposten und dahinter, gegen Rézonville zu, größere Zeltlager.

Ob die französische Armee mit ganzer Stärke noch dicht westlich Metz sei, oder ob hier nur ein, den Abzug der großen Massen gegen Westen hin sicherndes, Corps lagerte, blieb auch jetzt noch zweifelhaft. Die gesammte feindliche Armee sah man jedenfalls nicht, sondern nur Theile derselben. Um diese vor allen Dingen festzuhalten, entschloß sich General von Alvensleben II. zum Angriff.

Er ließ die 6. Infanterie-Division zunächst hinter den Höhen von Buxières aufmarschiren.*) Ehe diese indeß weiter vorging, mußte das Erscheinen der 5. Infanterie-Division am oberen Ende der Schlucht von Gorze abgewartet werden. Dann befahl er der 6. Cavallerie-Division, links abzumarschiren, sich durch die Schlucht von Anconville Ferme und das Bois de Gaumont zu ziehen und erst von dort her das Plateau zu ersteigen. General von Rheinbaben aber kam auf Befehl des General von Voigts-Rheetz mit seiner Cavallerie aus den Bivouaks bei Xonville heran und stellte sich dem 3. Armee-Corps zur Verfügung. Zu dieser Division war, wie erwähnt, auch die Brigade Bredow mit ihrer Batterie wieder herangekommen, so daß sie über ihre 3 Brigaden und, weil am frühen Morgen auch bereits die beiden reitenden Batterien der Corps-Artillerie des 10. Armee-Corps eintrafen,**) über 4 reitende Batterien verfügte.

Die 6. Cavallerie-Division ging, wie ihr befohlen, etwa von dem Punkte Tantelainville her auf das Plateau in der Richtung gegen Flavigny vor und links neben ihr avancirte die 5. Cavallerie-Division gegen Vionville.

Noch lagerte der Feind in Ruhe, ohne von der Nähe der beiden anmarschirenden Colonnen des 3. Corps und der Cavallerie scheinbar etwas zu ahnen. Die beiden Cavallerie-Divisionen aber zogen ihre Artillerie vor, warfen Granaten in die feindlichen Lager, und die 5. verjagte schnell die französische Cavallerie-Brigade Mürat,

---

*) Die Corps-Artillerie war an die Tête vorgezogen worden.

**) Unter Bedeckung einer Eskadron des 2. Garde-Dragoner-Regiments.

welche bei Vionville die Front der gegen Rézonville hin lagernden Truppenmassen deckte. *) In der Bestürzung sprengten die französischen Reiter durch die Infanterie des 2. französischen Corps hindurch und allarmirten auf solche Weise das Corps. Dies trat an's Gewehr und nahm Position, die Division Bataille in der Linie Vionville-Flavigny, die Division Vergé links davon auf dem Plateau und die Brigade Lapasset wieder links neben dieser Division.

Rechts des 2. französischen Corps nördlich der Straße marschirte das 6. Corps auf, dahinter stand die Garde bei Gravelotte.

So war hier eine französische Armee von etwa 80,000 **) Mann mit über 300 Geschützen ***) bereit, den Kampf aufzunehmen, während 30,000 †) Mann mit nur 114 Geschützen auf preußischer Seite aus schwierigen Bergdefileen heraus gegen diese Uebermacht vorgingen, welche in vortheilhafter Defensiv-Position den Angriff erwartete.

Das Mißverhältniß der Zahl aber ließ sich nicht sogleich erkennen; in seiner ganzen Bedeutung machte es sich erst im Laufe der Schlacht fühlbar.

Die Action hatte mittlerweile begonnen, denn der Feind verwehrte der 5. Infanterie-Division durch vorgeschobene Bataillone das Debouchiren aus dem Thalgrunde von Gorze. —

Nunmehr ist es am Platze, sich kurz die Lage der andern Corps der Armee zu vergegenwärtigen.

Vom 10. Armee-Corps hatte:

1. die 5. Cavallerie-Division Rheinbaben bei Xonville,
2. die 19. Infanterie-Division mit der Garde-Dragoner-Brigade

---

*) Es führte hier demnach thatsächlich Artillerie einen Ueberfall gegen Cavallerie aus. Der Akt spielte etwa um 9¼ Uhr Morgens.

**) Metz, Campagne et négociations par un offizier supérieur de l'armée du Rhin. S. 68.

***) Das 2. französische Corps mit 12 Batterien = 72 Geschützen,

= 6. = = = =	9	=	= 54 =
= französische Garde-Corps mit	12	=	= 72 =
Die Cavallerie-Division Forton =	2	=	= 12 =
Die Artillerie der Reserve, welche zwischen Rézonville und Gravelotte lagerte mit	16	=	= 96 =

Summa: 306 Geschütze.

†) Vom 3. Armee-Corps waren nur 23 Bataillone zur Stelle.

bei Thiaucourt und rückwärts dieses Ortes — ein Detachement (Lyncker) im Moselthale bei Novéant,
3. die 20. Infanterie-Division mit den Fuß-Batterien der Corps-
Artillerie in und bei Pont à Mousson
die Nacht zugebracht.

Für den 16. war dem 10. Armee-Corps St. Hilaire als
Marschziel angewiesen worden. Es disponirte für diesen Tag folgendermaßen:

1. Die 5. Cavallerie-Division geht recognoscirend gegen den
Feind bei Rézonville vor. (Dies war, wie erwähnt, mittlerweile geschehen.)
2. 6 Bataillone, 4 Eskadrons, 2 Batterien der 19. Infanterie-
Division rücken nach Chambley und bilden dort unter Befehl
des Oberst Lehmann das Soutien für die 5. Cavallerie-
Division.*)
3. Der Rest der 19. Infanterie-Division**) mit der Garde-
Dragoner-Brigade marschirt unter Befehl des General-
Lieutenant von Schwartzkoppen nach St. Hilaire.
4. Die 20. Infanterie-Division mit der Corps-Artillerie folgt
bis nördlich Thiaucourt.

Aus der Disposition des 10. Armee-Corps aber geht hervor,
daß im Laufe des 16. alle Theile desselben die Gegend von Vionville erreichen konnten, einige freilich erst nach einem Marsche
von mehr als 5 Meilen.

Es kommt dabei in Betracht, daß man beim 10. Armee-Corps
die Möglichkeit ernster Kämpfe in der Gegend von Mars la Tour
in's Auge gefaßt hatte, und den einzelnen Colonnen die Nothwendigkeit, dorthin rechts ausbiegen zu müssen, nicht unerwartet
kommen konnte.

---

*) Diese Bestimmung erhielt die 37. Infanterie-Brigade (Lehmann), das
1. Hannöversche Dragoner-Regiment Nr. 9, 2 Batterien der 19. Infanterie-Division. Davon hatten in der Nacht gestanden:
1. Detachement Lehmann mit 4 Bataillonen, 2 Eskadrons, 1 Batterie in und bei Thiaucourt.
2. Detachement Lyncker, 2 Bataillone, 2 Eskadrons, 1 Batterie bei
Novéant im Moselthale.
Beide Detachements sollten sich am 16. früh also bei Chambley
vereinigen.
**) Die 38. Infanterie-Brigade (von Wedell), 2 Batterien, 2 Pionier-Com-
pagnien 2c.

Die übrigen Corps der Armee waren in der Ausführung des Armee-Befehls vom 15. Nachmittags begriffen. Es konnte von ihnen also nur die Tête des 9. Armee-Corps die Gegend von Vionville erreichen.

Wenden wir uns nunmehr dorthin zurück:

Der Kampf beim 3. Armee-Corps wurde in kurzer Zeit ernst und allgemein. Die Ueberzahl des Feindes zog schnell die gesammten Kräfte des Corps in die Action.

General von Stülpnagel *) hatte um 9½ Uhr zu Gorze die Meldung erhalten, daß der Feind auf dem Plateau von Vionville stünde. Er befahl nun sogleich seiner Avantgarde, **) sich in Besitz des Bergvorsprungs am Bois de Vionville zu setzen, der den Aufgang aus der Schlucht von Gorze beherrscht.

Der Avantgarde gelang es auch, mit denjenigen Theilen, welche die Nacht schon in Gorze zugebracht hatten, schnell im Bois de Vionville festen Fuß zu fassen.

Allein der durch die preußische Cavallerie aufgestörte Feind machte, nun seinerseits strahlenförmig nach Vionville, Flavigny und gegen das Debouchée der Schlucht von Gorze vorgehend, der Division den Besitz des Bois de Vionville und der Höhen westlich daneben streitig. Auch im Bois St. Arnould entspann sich der Kampf.

Der rechte Flügel der Division behauptete sich indessen in dem besetzten Waldterrain, und dieser Flügel wurde zum Stützpunkt ihres Aufmarsches. Mit den nach und nach aus der Schlucht von Gorze ankommenden Bataillonen verlängerte sie ihre Front nach links, diese Bataillone bald über Anconville Ferme westlich hinausschiebend. Auch die Batterien faßten droben festen Fuß.

Diese Kämpfe gestalteten sich von Beginn an außerordentlich heiß und blutig, doch bis 1 Uhr Nachmittags war die Höhe völlig genommen. Die 5. Infanterie-Division stand nun auf dem Plateau und hatte den Feind über die erste tiefe Mulde gegen die Hügel von Rézonville zurückgetrieben.

Um 10¼ Uhr hatte General von Buddenbrock ***) durch General von Alvensleben II. Befehl erhalten, gleichfalls zum Angriff vorzugehen. An der allgemeinen Idee der Operationen dieser Tage: „den Feind von seinem Rückzuge auf Verdun abzudrängen," wurde

---

*) Commandeur der 5. Infanterie-Division.
**) 9. Infanterie-Brigade, General von Döring.
***) Commandeur der 6. Infanterie-Division.

dabei festgehalten. Dem entsprechend vollzog die 6. Infanterie=
Division in ihrem Vorgehen eine Rechtsschwenkung, dirigirte sich
gegen Flavigny, Vionville und das nordwestlich Vionville gelegene
Gehölz (Büsche von Tronville).*) Sie legte sich ·in der Ausführung
dieser Bewegung also quer über die Straße Metz=Mars la Tour
dem Feinde vor. Der Angriff gelang. Vionville und Flavigny
wurden genommen. Bei den Kämpfen um den letzten Ort wirkten
auch Theile des linken Flügels der 5. Infanterie=Division mit.**)
In den Büschen von Tronville aber vollendete der äußerste linke
Flügel der Division die Rechtsschwenkung, brach aus der nordöst=
lichen Lisière des Gehölzes hervor, passirte die mit dieser Lisière
parallel laufende Schlucht und behauptete sich am jenseitigen Rande
gegenüber den Massen des 6. französischen Corps.

Starke Artillerie hatte diesen Angriff eingeleitet und unterstützt.
Westlich Vionville entwickelten sich 42 Geschütze,***) südlich Vionville
auf dem Plateau, zunächst von etwa 10¾ Uhr früh ab hinter dem
linken Flügel der 5. Infanterie=Division, dann, von etwa 1 Uhr
Nachmittags ab, in gleicher Höhe mit den Batterien derselben noch
48 Geschütze.†) Auch die Cavallerie griff gegen 1 Uhr Nachmittags
bereits lebhaft in die Kämpfe um Vionville und Flavigny ein, da
dort der Feind seine bedrängten Truppen gleichfalls durch Reiter=
angriffe zu begagiren versuchte.††) Bis ½2 Uhr Nachmittags voll=
endeten sich diese Ereignisse.

---

*) Die 11. Infanterie=Brigade (von Rothmaler) ging dabei gegen die Po=
sition Flavigny=Vionville, die 12. (von Bismarck) gegen Vionville selbst
und die Büsche von Tronville vor.

**) Flavigny soll von den Franzosen zweimal besetzt und ihnen zweimal
genommen worden sein, dies zum ersten Male durch die 5. Infanterie=
Division, die es im Vorgehen wieder verließ, sodann zum zweiten Male
durch die 6. Division, die es nochmals eroberte. Das Detail über
diesen interessanten Gefechtsact muß den noch zu erwartenden speciellen
Darstellungen der Schlacht von Vionville vorbehalten bleiben und kann
hier schon deshalb die nähere Angabe unterbleiben.

***) 4 Batterien der 5. Cavallerie=Division, 3 Batterien der 6. Infanterie=
Division.

†) Die Corps=Artillerie des 3. Corps mit ihren 6 Batterien, 1 Batterie
der 6. Infanterie=, 1 Batterie der 6. Cavallerie=Division.

††) Diese Cavalleriegefechte kamen durch eine Attaque der feindlichen 3.
Lanciers und Garde=Cürassiere gegen die von Flavigny hervorbrechenden
preußischen Infanterie=Abtheilungen in Gang.

Die Aufgabe des 3. Armee-Corps war gelöst; es hatte dem Feinde den directen Rückzug auf Verdun benommen, sich auf dem Plateau eine Stellung erkämpft und diese quer über die Straße Metz-Mars la Tour hinweg ausgedehnt.

Es kam von jetzt ab darauf an, die errungenen Vortheile zu behaupten. Der defensive Theil der Schlacht beginnt hiermit.

Für die Durchführung der Defensive standen bereit:

1. Die Masse der 5. Infanterie-Division im Bois St. Arnould, dem Bois de Vionville und auf der Höhe westlich dieses Gehölzes.

2. Auf dieser Höhe vorwärts des Weges Gorze-Vionville 78 Geschütze in einer großen Artillerielinie vereinigt. *)

3. In dem Terrain von Flavigny-Vionville und vorwärts der Ostlisière der Büsche von Tronville bis zur Römerstraße hinauf die 6. Infanterie-Division, (bei Flavigny außerdem noch Theile der 5.), unterstützt durch die in ihrem Centrum westlich Vionville aufgefahrenen 42 Geschütze.**)

Alle diese Truppen hatten bereits gefochten***) und zum Theil sehr schwere Verluste gehabt.

Das Braunschweigische Husaren-Regiment Nr. 17 und das Husaren-Regiment Nr. 11, von der Brigade Redern der 5. Cavallerie-Division, antworteten dem durch eine Gegenattaque; eine schon anwesende Garde-Dragoner-Eskadron schloß sich dieser an. Die feindliche Reiterei wurde geworfen und gegen Rézonville verfolgt. Dabei erblickten die Husaren vorwärts Rézonville südlich der Straße eine französische Garde-Batterie, warfen sich auf diese und sprengten dort auch den Stab des Marschall Bazaine, der die Batterie persönlich herangeführt hatte. Die Escorte des Marschalls selbst aber kam dann von Rézonville heran, begagirte den französischen Oberbefehlshaber und die Batterie, welche fortzuschleppen die Husaren sich in demselben Augenblicke schon bemühten.

Nach diesen Vorgängen ritt die ganze 6. Cavallerie-Division, sowie Eskadrons der Dragoner-Regimenter 12 und 9, in gleicher Richtung zur Attaque an; Theile attaquirten auch wirklich, stießen indessen bereits auf intacte feindliche Infanterie.

*) 4 Batterien der 5. Infanterie-Division, 6 Batterien der Corps-Artillerie des 3. Armee-Corps, 1 Batterie der 6. Infanterie-, 1 Batterie der 6. Cavallerie-Division, 1 Batterie vom Detachement Lyncker, das gleichfalls herangekommen war.

**) 4 reitende Batterien, die dem General von Rheinbaben zur Verfügung standen, 3 Batterien der 6. Infanterie-Division.

***) Bei der 6. Infanterie-Division war noch ein intactes Bataillon (2. Bataillon des Infanterie-Regiments Nr. 20) disponibel.

Als Reserve waren zunächst verfügbar: die beiden Cavallerie-Divisionen, die 6. hinter Flavigny, die 5. in ihren 3 Brigaden auf dem linken Flügel vertheilt.

Die Brigade Redern hielt hinter Flavigny, die Brigaden Bredow und Barby zwischen Vionville und Mars la Tour. Die Brigade Barby deckte dabei gleichzeitig den äußersten linken Flügel durch Detachirungen.

Dann aber befanden sich bereits Theile des 10. Armee-Corps im Anmarsche nach dem Schlachtfelde oder dort schon engagirt.

In den Mittagsstunden war das Detachement Lyncker des 10. Armee-Corps von Novéant her bei Gorze eingetroffen, stellte sich der 5. Infanterie-Division zur Verfügung, verlängerte mit seiner Batterie die große Artillerielinie auf deren rechten Flügel am Bois be Vionville und betheiligte sich an den weiteren Kämpfen um das Waldterrain auf dem rechten Flügel.

Das Detachement Lehmann war bei Chambley eingetroffen und hatte durch General von Alvensleben II. die Weisung erhalten, den preußischen linken Flügel zu verstärken.

General von Voigts-Rheetz, der mit seinem Hauptquartier am 16. August St. Hilaire hatte erreichen wollen, schlug schon am Morgen auf die Meldungen der 5. Cavallerie-Division hin die Richtung nach Xonville ein. Der Kanonendonner der Schlacht veranlaßte ihn, allen Theilen seines Corps Befehl zum Heranrücken nach dem Kampfplatze zu ertheilen.

Allein dort ließ der Gegenangriff nicht auf sich warten. Der Feind zog hierzu in die Front der fechtenden Truppen die Masse seines Garde-Corps heran und dirigirte sein 3. Corps auf den rechten Flügel seiner Schlachtlinie. Auch das 4. folgte. Die französische Armee drohte damit, ihre Massen zu gebrauchen und durch Entwickelung ihrer großen numerischen Ueberlegenheit die Entscheidung jetzt herbeizuführen.

Zahlreiche Artillerie leitete ihre Offensive ein.*) Um 1¾ Uhr begann diese selbst, von starken Kräften der französischen Garde**)

---

*) Etwa 224 französische Geschütze gegen 114 preußische.

**) 6 Bataillone Garde-Grenadiere unter General Picard, dem Commandeur der Garde-Grenadier-Division selbst. Die Garde-Voltigeure unter General Deligny hielten als Reserve dahinter bei Rézonville.

und des 6. Corps*) unternommen. Dieser allgemeine Angriff des Feindes wurde abgeschlagen.**) Trotz des glücklichen Wider-standes gestaltete sich indessen die Situation immer ernster. Auf dem linken Flügel, der sich vergeblich seinerseits durch einen Offen-sivstoß frei zu machen suchte, begann die Einwirkung der franzö-sischen Ueberzahl gegen die preußische linke Flanke sich geltend zu machen.

Zwar kamen in demselben Augenblicke die Bataillone des De-tachements Lehmann hinter den Büschen von Tronville an, allein es schien ein so schnelles augenblickliches Eingreifen in den Kampf nothwendig, wie es nur durch Cavallerie ausgeführt werden kann. Daher folgte auf Befehl des General von Alvensleben II. die Attaque der Brigade Bredow von der 5. Cavallerie-Division.***) Diese Attaque richtete sich gegen die feindliche Infanterie vorwärts Rézonville und die Batterien an der Römerstraße. Sie brach glücklich durch die feindlichen Infanterie- und Artillerielinien hin-durch, endete tief im französischen Centrum und führte die ge-wünschte Gefechtspause herbei, die länger als eine Stunde dauerte. Die feindlichen Batterien schwiegen fast gänzlich und das Infanterie-gefecht spann sich nur langsam fort. Die Bataillone des Detache-ments Lehmann erreichten während dessen die dem Feinde zuge-kehrten Lisieren der Büsche von Tronville†) und diese blieben so noch bis ¼4 Uhr Nachmittags in gesichertem Besitze des preußischen linken Flügels. Erst dann wogte das Gefecht wieder zurück; der Feind, der immer weiter umfaßte,††) drückte die vom langen heißen Kampfe ermatteten, des größten Theils ihrer Führer und Offiziere beraubten, decimirten Bataillone, die in und an den Büschen von Tronville fochten, zurück. Seiner Offensive indessen ward bald von den westlich Vionville stehenden preußischen Batte-

---

*) Division Lafont und eine Brigade der Division Levassor-Sorval.

**) Bei der 6. Infanterie-Division wirkte hierbei an der Cisterne von Fla-vigny bereits die Tête des Detachements Lehmann vom 10. Armee-Corps mit.

***) Es attaquirte von der Brigade das Magdeburgische Cuirassier-Regiment Nr. 7 und das Altmärkische Ulanen-Regiment Nr. 16; jedes Regiment detachirte 1 Eskadron in die linke Flanke, so daß zur Attaque selbst 6 Eskadrons verwendet wurden.

†) Die Ost-, Nordost- und Nordlisiere.

††) Das dort anrückende 3. französische Corps Lebœuf.

rien ein Ziel gesetzt. In diesem Augenblicke langte die Tête
der 20. Infanterie=Division bei Tronville an. Weitere Unter=
stützungen wurden also verfügbar.

Momentan schwieg indessen hier die Schlacht.

Bei der Division Stülpnagel währte das Feuergefecht, auf
größere Distance geführt, fort. — — — —

Inzwischen erreichte Prinz Friedrich Carl mit seinem Stabe
das Schlachtfeld.

Bei dem Ritt von Pont à Mousson her dorthin begegnete
der Prinz im Orte Novéant einer Batterie der 16. Infanterie=
Division. Am rechten Moselthalrande sah man Infanteriemassen
marschiren, die für herbeieilende Colonnen des 9. Armee=Corps
gehalten wurden. Mit dem Einbiegen in das Thal von Gorze
hatte man dann alle Anzeichen eines nahen, heißen Kampfes
vor sich. Züge von französischen Gefangenen kamen vom Plateau
herab. Trains hielten unter Bedeckung auf der Straße und zur
Seite, überall neben dem Wege sah man Lazarethe. Verwun=
dete — in Massen, wie sie selbst der Oberbefehlshaber nie zu=
vor gesehen, — begrüßten diesen mit ununterbrochenen, endlosen
Hurrahs. Zu Fuß und zu Wagen in beinahe zusammenhängender
Reihe und vielleicht eine Stunde Weges lang, gab dieser Zug den
deutlichsten Beweis davon, daß eine gewaltige Krisis stattfinde.
Er gab indeß auch ein sprechendes Bild von der Stimmung der
Truppe, von der Freude und Siegeszuversicht, welcher ihnen das
Erscheinen ihres commandirenden Generals, der jetzt ihr Ober=
befehlshaber war, verlieh.

Der Kanonendonner — im Moselthale nur schwach wieder=
hallend — wurde hier deutlich vernehmbar. Zur rechten Hand
über dem Walde sah man das Krepiren der französischen Granaten.

Bei St. Catherine auf dem rechten Ufer des Gorzebaches hielt
die Cavalleriespitze der 16. Infanterie=Division,*) deren Führer
Seiner Königlichen Hoheit angab, daß die Tête der Infanterie
der Division in Zeit von einer Stunde — also zwischen 4 und 5
Uhr Nachmittags — eintreffen werde. Wenn auch erst spät, so
konnten diese Unterstützungen doch noch immer wirksam eingreifen
und den kämpfenden Truppen sehr erwünscht kommen.

---

*) Eine Eskadron des 2. Rheinischen Husaren=Regiments Nr. 9.

Das Städtchen Gorze lag augenblicklich todtenstill da, — die Hauptstraße völlig leer. Die Verwundeten schienen hier in die Häuser geschafft worden zu sein.

Auf dem Plateau angelangt, begab sich Seine Königliche Hoheit zunächst nach der Nordwestspitze des Bois de Vionville und traf daselbst beim 1. Bataillon des Leib-Grenadier-Regiments ein, nachdem die 3½ Meilen betragende Strecke vom Ausgange von Pont à Mousson bis zu diesem Punkte, von welchem das Schlachtfeld sich weithin übersehen ließ, in Zeit von 55 Minuten zurückgelegt worden war.

Man vermochte dort vor Allem ein Bild von der Sachlage auf dem östlichen Theil des Kampfplatzes zu gewinnen.

Ueber die Baumwipfel der tiefgelegenen vordersten Waldecke hinweg, gewahrte man die Höhen, das Dorf und das Postgebäude von Gravelotte, selbst die Chaussee Gravelotte—Vernéville bis zur Höhe des Bois de la Jurée hinauf. Rézonville und die umgebenden Hügel, sowie das Terrain rückwärts bis zur Römerstraße, waren gleichfalls zu übersehen.

Ein Blick auf dieses Schlachtfeld lehrte, wie ernst der Kampf sei und daß an die fechtenden Truppen noch große Ansprüche würden gestellt werden müssen. Beim Standpunkte des Prinzen aber traf bald auch der Commandeur der 5. Infanterie-Division, Generallieutenant von Stülpnagel, ein und orientirte den Oberbefehlshaber über den bisherigen Verlauf des Kampfes. Augenblicklich hatte das Infanteriegefecht nachgelassen, nur die großen Batterien feuerten lebhafter. Bei der Uebersicht, welche der Standpunkt Seiner Königlichen Hoheit bot, ließ es sich deutlich erkennen, daß der Feind an Zahl bei Weitem stärker sei, als die verfügbaren preußischen Truppen. Drüben gewahrte man noch compacte Truppenmassen, hier nicht mehr.

An der Römerstraße stand die lange französische Artillerielinie im Feuer. Die Füsillade, welche sich im Walde von Tronville hören ließ, bewies indessen, daß diese Artillerie nicht den französischen rechten Flügel bilde, sondern daß derselbe noch weiter westlich hinausreiche. An den Dampflinien, welche Rézonville westlich und südlich umgaben, sah man, daß auch dort der Feind starke Kräfte entfalte. Seine Gefechtslinie zog sich dann östlich bis zum Bois des Ognons hin. Reserven hielten dahinter zwischen Gravelotte und Rézonville, wie auch bei Gravelotte selbst. Die große

Chaussee und auch die Straße Vernéville = Gravelotte*) zeigten sich mit marschirenden Truppen bedeckt.

Die französische Aufstellung hatte noch eine für die Durch=führung hartnäckiger Kämpfe genügende Tiefe. Dem gegenüber fochten die preußischen Truppen in einer einzigen dünnen Schlacht=linie. Hier sah man keine Reserven mehr verfügbar, die Verluste waren groß, viele Bataillone fast ohne Offiziere, die Geschütze nur noch mit schwacher Bedienung und ungenügender Bespannung. Nach mehr denn 6stündigem heißen Gefechte begann die Erschöpfung der Truppen sich geltend zu machen. In jenem Augenblicke aber setzte sich dennoch eine Offensive der preußischen Infanterie gegen Rézonville in Bewegung. Es gelang freilich nicht, das Dorf zu nehmen.**)

Ehe nun die Thätigkeit des Ober = Commandos während des weiteren Verlaufes der Schlacht geschildert wird, sei hier daran erinnert, daß diese Darstellung sich speciell auf den Standpunkt des Ober = Commandos stellen mußte. Es hätte streng genommen in dem hier gegebenen Bericht nur alles das Aufnahme finden dürfen, was das Ober = Commando auf dem Schlachtfelde gesehen

---

*) Die französische Aufstellung war um diese Zeit etwa folgende:

1. Auf dem rechten Flügel im Anmarsche über Bruville in der Richtung gegen Mars la Tour das 4. französische Corps,

2. in und an den Büschen von Tronville 2 Divisionen des 3. französischen Corps,

3. westlich und südlich Rézonville das 6. französische Corps und die Garde = Grenadiere,

4. auf dem linken Flügel die Brigade Lapasset, die Garde=Volti=geure und 1 Division des 3. Corps. In Reserve dahinter 2, dort wieder gesammelte. Divisionen des 2. Corps bei Gravelotte zur Sicherung gegen die Deboucheen von Ars sur Moselle.

**) Von der 20. Infanterie=Division, deren Tête um 3¼ Uhr Nachmittags bei Tronville eintraf, waren auf dem Marsche dorthin 2 Bataillone des Infanterie=Regiments Nr. 56, 1 Bataillon des Infanterie=Regiments Nr. 79 und 2 Batterien, denen sich 2 Batterien der Corps=Artillerie anschlossen, zur 5. Infanterie=Division entsendet worden und das Ein=treffen dieser frischen Truppen auf dem Gefechtsfelde der Division, das etwa um 4 Uhr erfolgte, brachte diese Offensive in Gang. Eine Bat=terie begleitete hierbei die gegen Rézonville avancirenden Bataillone. Das Vorgehen wurde übrigens, ohne daß ein höherer Befehl hierzu gegeben war, allgemeiner, auch im Waldterrain auf dem rechten Flügel ergriff die preußische Infanterie von Neuem die Offensive.

erfahren und gethan. Allein der Vollständigkeit des Bildes halber ist ein kurzer Ueberblick über das vor dem Eintreffen des Prinzen Friedrich Carl auf dem Schlachtfelde Geschehene vorausgeschickt worden. Die Scenen aus den letzten Stunden der Schlacht treten dabei natürlich im Verhältniß zu denen aus den ersten Stunden lebendiger hervor. Man darf deßhalb die einen und die andern in Werth und Bedeutung nicht auf Grund dieser Abhandlung ver= gleichen. Zu einem solchen Vergleich wären über den ersten Theil der Schlacht gleichfalls eingehende Berichte zu Rathe zu ziehen.

Dem allgemeinen Gedanken, der den Operationen der letzten Tage zu Grunde lag, entsprach tactisch die Offensive des preußi= schen linken Flügels gegen den feindlichen rechten, wie dies bereits dargelegt worden ist.

Auf dem rechten preußischen Flügel konnten ferner die Ver= stärkungen nur tropfenweise aus der Schlucht von Gorze herauf ankommen, größere geschlossene Massen dagegen auf dem linken Flügel eintreffen, wo das 10. Armee=Corps wirksam wurde. Dort lag das Feld für die preußische Offensive. An dieser hielt aber Prinz Friedrich Carl auch ferner fest, weil es gefahrvoller er= schien, der deutlich erkennbaren, feindlichen Uebermacht Muße und Besinnung für den Gebrauch der verfügbaren Streitmassen zum erdrückenden Angriff zu lassen, als ihr mit der Minderzahl ent= schlossen entgegen zu treten.

In seiner ganzen Bedeutung ließ sich freilich in jenen Augen= blicken das numerische Uebergewicht des Feindes nicht erkennen.

Die Ankunft der 20. Infanterie=Division war Seiner König= lichen Hoheit gemeldet worden. Er sprach dem General von Stülpnagel und auch dem gleichfalls eingetroffenen General von Barnekow*) seine Anschauung aus, fügte für General von Stülp= nagel die Nachricht hinzu, daß die 16. und die 25. Division im Anmarsch seien, und dieser General verhieß, daß er seine Positionen unter allen Umständen behaupten werde.

Dann begab sich Seine Königliche Hoheit nach der Höhe süd= lich Flavigny. Von jener Höhe übersah man den Kampfplatz des linken Flügels zum Theil, Flavigny im Vordergrunde, tief gelegen, dahinter das wellenförmig gegen die Römerstraße ansteigende Ter= rain und die Waldparcellen an jener Straße, sowie Vionville und

---

*) Commandeur der 16. Infanterie=Division.

die Büsche von Tronville. Zur Linken erblickte man Tronville. Das Dorf Mars la Tour hingegen war durch die Höhen von Tronville verdeckt.

Vom Busche von Tronville her vernahm man noch das Infanteriegefecht. Westlich Vionville und vorwärts Tronville standen preußische Batterien im Feuer*) gegen die feindlichen Artillerieaufstellungen an der Römerstraße. Hinter der Position VionvilleFlavigny hielt in Reserve die 6. Cavallerie-Division, rechts vorwärts derselben einige nach heißem Kampfe neu geordnete Bataillone der 6. Infanterie-Division.**)

Es war gegen 5 Uhr Nachmittags geworden und Zeit, mit den Offensivstößen zu beginnen, wenn diese noch wirksam durchgeführt werden sollten. Prinz Friedrich Carl sandte daher der 20. Infanterie-Division nach Tronville den Befehl, „mit allen verfügbaren Kräften, tambour battant, gegen den feindlichen rechten Flügel vorzugehen."

Dieser Befehl traf bald nach 5 Uhr den Divisions-Commandeur, General von Kraatz, auf der Chaussee nach Mars la Tour, 6—800 Schritt westlich Vionville. Der General verfügte zur Zeit im Ganzen über 8 Bataillone.***) Davon aber waren mehrere schon vorwärts in den Büschen von Tronville engagirt, welche, wie erwähnt, etwa um ¼4 Uhr hatten geräumt werden müssen und die nicht in Feindes Hand fallen durften, sollte nicht linke Flanke und Rücken der preußischen Schlachtstellung ernstlich gefährdet werden.

Der General ließ den Oberbefehlshaber über diese Lage orientiren und sagte die Offensive für den Augenblick zu, in welchem er genügende Kräfte auf einem Punkt versammelt haben würde.

Das Gefecht begann unterdessen auf dem rechten Flügel wieder lebhafter zu werden.

Die große Batterie des Centrums feuerte mit kürzeren Pausen. Man erkannte daran das Eintreffen der Têten des 9. und 8. Ar-

---

*) Dorthin hatten 2 Batterien der 20. Infanterie-Division, 2 Batterien der Corps-Artillerie des 10. Armee-Corps, der 20. Infanterie-Division vorauseilend, sich gewendet.

**) Infanterie-Regiment Nr. 64.

***) Von den 13 Bataillonen der Division fochten 3 Bataillone auf dem Gefechtsfelde der 5. Infanterie-Division, 1 Bataillon war in Pont à Mousson verblieben, 1 Bataillon über Thiaucourt noch im Anmarsche.

mee-Corps. *) **) Es erschien jetzt unter allen Umständen vortheil=
haft, die Offensivstöße gegen des Feindes rechten Flügel und Flanke
mit denen gegen seinen linken Flügel zu combiniren.

Links neben der 20. Infanterie=Division war noch der von
St. Hilaire heranmarschirende Theil der 19. Infanterie=Division
zu erwarten. Nähere Nachrichten, wie weit dieser gekommen sei,
besaß man nicht, allein gegen 5 Uhr hatte auch in der Gegend
von Mars la Tour das Gewehrfeuer begonnen, aufsteigender
Qualm zeigte bald, daß das Dorf brenne. Ein daselbst sich ent=
wickelndes Gefecht konnte nur von der 19. Division herrühren.

Der Oberbefehlshaber sandte daher dorthin und auch an den
commandirenden General des 10. Armee=Corps Befehl für die
von ihm beabsichtigte Offensive.

---

*) Um 4 Uhr waren vom 8. Armee = Corps (16. Infanterie = Division), die
32. Infanterie=Brigade (Oberst Rex) Regimenter Nr. 72 und 40), sowie
vom 9. Armee=Corps (18. Infanterie=Division) das Grenadier=Regiment
Nr. 11 bei Gorze angekommen und wandten sich von dort durch das
Bois St. Arnould mit der Richtung auf Rézonville gegen die franzö=
sische Brigade Lapasset, der das 3. Grenadier=Regiment der Garde als
erste Reserve diente. Weiter rückwärts auf feindlicher Seite stand zu=
nächst 1 Brigade des französischen 6. Corps. Das Bois des Ognons
war von französischen Garde=Jägern besetzt. Außerdem verfügte Mar=
schall Bazaine zwischen Gravelotte und Rézonville noch über die Garde=
Zouaven, die Division Montaubon vom 3. Corps und die dorthin zu=
rückgeführten Divisionen Bataille und Bergé vom 2. Corps. Der
Hang gegen das Wald=Terrain hinab war dabei sorgfältig mit Geschütz
und Mitrailleusen=Batterien garnirt.

**) 8 Batterien der 16. Infanterie = Division eilten der Brigade Rex vom
8. Armee=Corps vorauf und verstärkten die lange Artillerielinie zwischen
dem Bois de Bionville und Flavigny, in dieser Linie standen nunmehr
folgende Batterien:

4	Batterien	der 5. Infanterie = Division,
1	=	des Detachements Lyncker,
6	=	der Corps = Artillerie des 8. Armee = Corps,
1	=	der 6. Infanterie = Division,
1	=	der 6. Cavallerie = Division,
2	=	der 20. Infanterie = Division,
2	=	der Corps = Artillerie des 10. Armee = Corps,
3	=	der 16. Infanterie = Division.

In Sa.: 20 Batterien mit 120 Geschützen.

Außerdem wirkten hier zeitweise einzelne Batterien der westlich Bion=
ville stehenden Artilleriemasse mit, die ihre Stellung wechselten.

Die Ereignisse entwickelten sich unterdessen schnell.

Gleich darauf nämlich erscholl äußerst lebhaftes Gewehr-, Geschütz- und Mitrailleusenfeuer aus dem Terrain nördlich Mars la Tour. Ein im höchsten Grade heftiges Gefecht mußte in jenem Terrain entbrannt sein.

Die Brigade Wedell und die Garde-Dragoner-Brigade waren unter Führung des General von Schwartzkoppen*) gegen 4 Uhr bei Suzemont aufmarschirt und ohne Rast mit vereinigten Kräften zur Offensive über Mars la Tour hinaus angetreten. Der Stoß richtete sich gegen die Höhen zwischen dem Busch von Tronville und Greyère ferme.**) Er wurde mit großer Bravour in schwierigem Terrain geführt, passirte unter mörderischem Feuer die beiden nördlich Mars la Tour vom Busche von Tronville zum Ravin des Jarnybaches hinabziehenden Schluchten und stieg den steilen Hang zur Höhe von Greyère ferme hinauf.***) Auf dieser Höhe hatte man die feindlichen Batterien gesehen und als point de vue für den Angriff genommen. Allein der Stoß war der Zeit nach mit dem Aufmarsche der ganzen Division Cissey†) des französischen 4. Armee-Corps neben der Division Grenier desselben Corps zusammengefallen und scheiterte.

---

*) Commandeur der 19. Infanterie-Division.

**) Die Brigade Wedell hatte 5 Bataillone (3 Bataillone des Infanterie-Regiments Nr. 16, 2 Bataillone des Infanterie-Regiments Nr. 57), 2 Pionier-Compagnien und 2 Batterien zur Stelle, 1 Bataillon war in St. Hilaire zurückgeblieben. Die 5 Bataillone, 2 Compagnien wurden in einer Linie neben einander entwickelt und gleichzeitig vorgeführt, rechts das Regiment 57, links das Regiment 16, auf dem äußersten rechten Flügel die Pionier-Compagnien.

Von der Garde-Dragoner-Brigade traf geschlossen das 1. Garde-Dragoner-Regiment ein, vom 2. Garde-Dragoner-Regiment war 1 Es-kadron, wie erwähnt, des Morgens von Thiaucourt mit den der 5. Cavallerie-Division zugesendeten 2 reitenden Batterien des 10. Armee-Corps nach dem Schlachtfelde abgerückt, 1 Eskadron mit dem comman-direnden General, 1 mit dem 1. Garde-Dragoner-Regiment und der dabei befindlichen Batterie, 1 mit der Brigade Wedell.

***) Das Infanterie-Regiment Nr. 16 sah sich beim Ankommen an der zweiten Schlucht unvermuthet an der Kante eines Steilabfalls, kletterte indessen entschlossen hinab und passirte die Schlucht. Das Alles geschah in dem auf wirksamste Distance abgegebenen feindlichen Massenfeuer.

†) Diese Division verlängerte neben der Division Grenier desselben Armee-Corps den feindlichen rechten Flügel vom Waldterrain von Tronville

Die Maſſen des Feindes begannen ſich nun in Bewegung zu ſetzen und nachzudrängen. Der Moment war kritiſch. Durch die Initiative der Diviſion Ciſſey konnten die andern feindlichen Diviſionen, welche drüben am Walde von Tronville und rückwärts verfügbar waren (die Diviſion Grenier vom 4., die Diviſionen Aymard und Caſtagny*) vom 3. franzöſiſchen Corps), mit in die Bewegung hineingezogen werden und ſo eine allgemeine Offenſive des rechten franzöſiſchen Flügels in Gang kommen, welcher bei Mars la Tour nicht ein einziges friſches Bataillon entgegenzuſetzen war. Vermochte man auch an Ort und Stelle, inmitten der Action, dieſe Sachlage nicht in ihrer vollen Tragweite zu überſehen, ſo führte doch das Nachdrängen der feindlichen Infanterie zu der Erkenntniß, daß die Gefahr groß ſei und dem Feinde der Gedanke an eine Offenſive benommen werden müſſe. Die Nothwendigkeit, dabei ſchnell einzugreifen, lag auf der Hand.

Hierzu ſtand allein das 1. Garde-Dragoner-Regiment bei Mars la Tour verfügbar. Dieſes Regiment attaquirte nun in die franzöſiſchen Infanteriemaſſen hinein, brachte ſie zum Stutzen und zum Zuſammenballen um ihre Adler, ſo daß ſie den preußiſchen Batterien vorwärts Tronville, die unerſchütterlich Stand hielten, ein gutes Zielobject boten und vom weiteren Vorgehen abſtehen mußten.

Die Garde-Dragoner hatten außerordentliche Verluſte, allein der Erfolg der Attaque war von großer Bedeutung. Der Feind

bis Greyère ferme hin. Sie empfing ſtehenden Fußes, in guter Poſition und auf ſtarke Artillerie geſtützt, die Brigade Wedell. Der Angriff dieſer Brigade mißglückte daher trotz aller Bravour der Truppen. Die Bataillone, unter dem feindlichen Feuer zu kleinen Haufen zuſammenſchmelzend, löſten ſich und mußten zurück. Eine Reſerve, die ſie aufnehmen konnte, war nicht vorhanden, ein Halt für neuen Widerſtand fehlte. Das 16. Regiment allein verlor auf dem Kampfplatze von 62 Offizieren 2721 Mann, ſeinen Commandeur, 49 andere Offiziere, 1863 Mann. Das Regiment hat ſomit über ⅔ der Stärke eingebüßt, mit der es 1½ Stunde früher bei Mars la Tour erſchienen war. Die beiden Bataillone des 57. Regiments verlor von 33 Offizieren 1825 Mann, welche ſie in's Feuer geführt, 15 Offiziere 768 Mann. Im Ganzen fielen von dieſen Verluſten nur ca. 350 Mann unverwundet in Gefangenſchaft. Das 4. franzöſiſche Corps, das bei Greyère ferme gefochten und 26 Bataillone gegen 5½ entwickelt hatte, verlor übrigens gleichfalls 200 Offiziere 2350 Mann.

*) Zur Zeit commandirt durch General Nayral.

wurde glücklich auf defensives Verharren zurückgeführt und so eine Krisis überstanden, welche verhängnißvoll hätte werden können. Er nahm seine Aufstellung auf den Höhen bei Greyère ferine wieder ein und verblieb dort bis zum Ende der Schlacht.*)

Die rückgängige Bewegung des linken Flügels war vom Standpunkte Seiner Königlichen Hoheit des Oberbefehlshabers aus zu erkennen gewesen. Durch die zu den einzelnen Abtheilungen entsendeten Offiziere kamen Nachrichten über die soeben abgespielten Ereignisse und es wurde klar, daß aus dem beabsichtigten Schlage gegen des Feindes rechten Flügel und Flanke ein unter den schwierigsten Verhältnissen ausgeführter Frontalangriff geworden sei, da der Feind gleichzeitig seine Ueberlegenheit an Zahl zur Verlängerung seiner Front ausbeutete.

Die Schlachtlinie hatte sich vom Bois des Ognons bis zum Jarnybach um diese Zeit bereits über eine Entfernung von mehr als 1¼ Meile ausgedehnt und auf dieser langen Linie fochten jetzt preußischerseits wohl kaum 35—40,000 Mann Infanterie.

Zu weiterem Umfassen des feindlichen rechten Flügels durch Infanterie waren die Kräfte nicht vorhanden. Nur die 5. Cavallerie-Division blieb zu dieser Bewegung noch verfügbar.

Dem entsprechend änderte sich die Auffassung der Schlacht. Der Kampf mußte in einzelnen Offensivstößen gegen alle Theile der französischen Front glücklich bestanden, die Gefahr abgewehrt werden und die Anordnungen des Oberbefehlshabers verfolgten von nun an dieses Ziel.

Die Brigade Wedell war auf der Straße Mars la Tour-Buxières wieder gesammelt worden, die 20. Infanterie-Division, gestützt auf die Artillerie des 10. Corps aber besetzte mit starken Kräften das Dorf Tronville selbst. Von dort her kam an das Ober-Commando die wiederholte Zusage, daß der Ort unter allen Umständen gehalten werden würde.

Auf dem preußischen rechten Flügel ging jetzt das Feuer entschieden vorwärts, trotz partieller feindlicher Offensivstöße, die sich durch rollendes Gewehrfeuer von Minuten Dauer markirten. Es machten sich auf jenem Flügel die eingetroffenen Verstärkungen **) geltend.

---

*) Auch 2 Eskadrons des Cürassier-Regiments Nr. 4 sind an diesen Kampfscenen betheiligt.

**) Die Regimenter Nr. 40, 11 und 72. Diese Regimenter begannen von

War es möglich, nun auch auf den anderen Theilen des Schlachtfeldes Terrain zu gewinnen, so konnte dadurch vielleicht noch der Feind zum allgemeinen Rückzuge veranlaßt werden.

Die Büsche von Tronville wurden auch nach dem Scheitern der Offensive der Brigade Wedell dauernd festgehalten, und damit blieb der Stützpunkt für eine Wiederholung der Angriffe auch auf dem linken Flügel in preußischer Hand. Die Ueberzeugung, daß von Offensivbewegungen der Infanterie dieses Flügels überhaupt würde Abstand genommen werden müssen, machte sich nicht sogleich geltend.

Bis dahin glaubte das Ober-Commando gänzlich nur auf die Umfassung des Feindes verzichten zu müssen.

Dem heftigen Gefecht bei Greyère ferme war dort fast vollkommene Stille gefolgt. Von der Höhe von Flavigny aus übersah man, daß der Feind, trotz seiner augenblicklich errungenen Vortheile keine Bewegung machte, diese auszubeuten. Weder feindliche Batterien, noch Tirailleurs, noch Cavallerie, die avancirt wären, wurden sichtbar. Es schien, als ob auch der Feind, von den blutigen Kampfscenen erschüttert, seinerseits zurückginge, und es vielleicht nur darauf ankam, jenen augenblicklich verlassenen Theil des Schlachtfeldes zu besetzen, um sich Rechte und Früchte des Sieges auch dort noch zu sichern. Der Prinz hatte die Aufforderung zum erneuten Vorgehen an die bei Tronville sich sammelnden Theile des 10. Armee-Corps gesendet und hinzufügen lassen, daß die Schlacht auf dem rechten Flügel gut stünde. Er befahl nun gleichfalls den momentan nicht engagirten Bataillonen der 6. Infanterie-Division, welche sich in einer Terrainmulde südwestlich Flavigny

---

der Lisière des Bois St. Arnoulb aus eine Reihe oft erfolgreicher Offensivstöße gegen die Höhen vor Rézonville und diejenigen zwischen Rézonville und Gravelotte. Konnte dabei die Kante des von der Waldlisière aufsteigenden Plateaus auch nicht dauernd behauptet werden, so hielten diese kühnen Angriffe doch die starken feindlichen Kräfte, die auf jenem Theile des Schlachtfeldes standen, dort fest. Diese Offensivstöße haben wohl den Marschall Bazaine in der Besorgniß, die er für seine linke Flanke fast von Beginn der Schlacht an hegte, bestärkt und ihn damit am freien Gebrauch seiner Streitkräfte behindert. Mit Rücksicht auf die vermeintliche Gefahr hielt er hinter seinem linken Flügel starke Kräfte zurück: 2 Divisionen des 2. Corps, die Division Montaudon vom 3. Corps und bedeutende Theile der Garde.

aufgestellt hatten, Tronville links lassend, auf das Gefechtsfeld des linken Flügels zu avanciren und dies soweit als irgend möglich in Besitz zu nehmen. Die Bataillone traten zu der befohlenen Bewegung an.

Der Tag neigte sich darüber zum Abende. Die letzten ent= scheidenden Augenblicke kamen; was man noch thun wollte, mußte jetzt geschehen. Klar ist's, daß zu einer weithin durchgeführten Offensive und einer Verfolgung des hierbei über den Haufen ge= worfenen Gegners die Kräfte fehlten. Diese Ueberzeugung hatte man auch damals an Ort und Stelle gewonnen, denn das Bild der Schlacht sprach zu deutlich.

Die Abspannung und Ermüdung war nach dem langen und so überaus blutigen Kampfe eine allgemeine geworden. Die phy= sischen Kräfte nahten hüben und drüben dem Ende. Unter solchen Umständen gewinnt aber der letzte Stoß an Bedeutung, selbst wenn auch nur schwache Truppen ihn führen. Oft ist es für das Handeln der Feldherren unmittelbar nach der Schlacht von ent= scheidendem Einfluß gewesen, welche der beiden Armeen noch schließ= lich moralische Spannkraft genug besessen, um dem Gegner beim Ersterben des Kampfes mit Daransetzung des letzten Hauchs von Menschen und Thieren auf den Leib zu gehen.

Dann aber wog noch schwerer der Gedanke, daß den Feind sehr wohl die gleiche Ueberzeugung leiten und diese ihn ebenso gut in Bewegung setzen konnte, wie man auf preußischer Seite beabsichtigte, vorwärts zu gehen. Des Feindes Lage aber war dabei in sofern weit günstiger, als er, wie man auch in jener Stunde erkannte, noch die Mittel besaß, selbst materielle Erfolge, nicht allein moralische zu erreichen. Immer neu wiederholte par= tielle Offensivstöße der Franzosen auf der ganzen Gefechtslinie des 3. Armee=Corps bewiesen es, daß der Gegner, wenn auch er schon in hohem Grade erschüttert sein mochte, noch über frische Kräfte verfügte. Man durfte nicht erwarten, ihn in den letzten Momen= ten der Schlacht unthätig zu finden und darin lag eine positive Gefahr, der man offen entgegensehen, und die man abwenden mußte. Es wurde zur gebieterischen Nothwendigkeit, dem Feinde zuvorzukommen.

Prinz Friedrich Carl traf daher seine Maßnahmen, damit der letzte Schwertstreich im Kampfe dieses Tages von deutscher Seite fiele.

Zunächst dirigirte er nun Bataillone der 6. Infanterie-
Division, die sich bei Vionville gesammelt hatten, in den Gräben
der nach Rézonville führenden Chaussee gegen die französischen
Batterien an der Römerstraße. Das Feuer dieser Batterien, das
bisher hier ein Vordringen unmöglich machte, schwieg bald darauf.
Dann erhielt die große Batterie des Centrums Befehl, mit ihrem
bei Flavigny stehenden linken Flügel beginnend, zu avanciren.
Freilich konnten diese Batterien bei dem Mangel an Pferden keine
schnelle Bewegung ausführen. Sie verließen außerdem Positionen,
in denen sie sich eingeschossen hatten. Der geringe Vorrath an
Munition, der noch vorhanden war, und das Nahen der Dunkelheit
ließen diese Rücksicht indessen zurücktreten. Aus den eben entwickelten Gründen kam es überhaupt nur darauf an, daß die Artillerie noch avancirte. Der moralische Eindruck galt jetzt weit
mehr, als gesteigerte materielle Wirkung.*)

Das Feuer der großen Artillerielinie wurde übrigens auch
noch einmal lebhafter und kräftiger, zumal auf dem rechten Flügel.
Frische Batterien des 9. Armee-Corps waren dort eingetroffen.**)

Der Prinz beschloß nun, das 10. Armee-Corps mit allen bei
Tronville und vorwärts disponibeln Theilen nochmals zur Offensive gegen den rechten französischen Flügel antreten zu lassen.

Der Befehl aber traf den General von Voigts-Rheetz erst in
der Dunkelheit und inzwischen hatte der Kampf auf dem äußersten
linken Flügel der preußischen Schlachtlinie schon seinen Austrag
gefunden.

Als der Angriff der Brigade Wedell dort scheiterte, erging
von General von Voigts-Rheetz nicht allein an die Garde-Dragoner,
sondern gleichzeitig auch an die 5. Cavallerie-Division der Befehl,
sich rücksichtslos in die nachdrängenden Feinde hineinzuwerfen.

Von dieser Division wurden die auf dem linken Flügel postirte
11. Cavallerie-Brigade (Barby), sowie auch andere im Bereiche

---

*) Während diese Bewegung durchgeführt wurde, mußte gegen 7 Uhr
Abends ein neuer Offensivstoß des Feindes zurückgewiesen werden.

**) Von der 25. (hessischen) Division waren zunächst um 4 Uhr Nachmittags
4 Bataillone der 49. Infanterie-Brigade, das 1. Reiter-Regiment und
3 Batterien bei Novéant über die Mosel gegangen und im Weitermarsch
auf Gorze geblieben, 2 der Batterien, bedeckt durch das 1. Reiter-Regiment, griffen auf dem rechten Flügel der großen Artillerielinie wirksam
in den Kampf ein; diese Artillerielinie wuchs nun auf 182 Geschütze.

des 10. Armee=Corps disponibele Regimenter oder Eskabrons dirigirt. *)

Neben ber französischen Infanterie, welche ben Trümmern ber Brigabe Webell zu folgen begann, waren auf bem äußersten rechten Flügel bes Feinbes starke Reitermassen erschienen, bie man beutlich erkannte unb von benen in jenem kritischen Augenblicke von Minute zu Minute ber Losbruch erwartet werben mußte, ber bie Wagschale bes Sieges entscheidenb auf französische Seite neigen sollte.

Ueber bie Unmöglichkeit orientirt, rechts von Mars la Tour vorwärts zu kommen, nachbem bort ber Infanteriekampf entschieden, umging General von Rheinbaben bas Dorf südlich unb ließ seine Regimenter so um bieses herum auf bas Plateau zwischen bem Jarny= unb Yronbach strömen, welches bie französischen Geschwaber schon inne hielten.

Es kam nun auf jenem Plateau zum heftigen Zusammenprall, bem ein hin= unb herwogenbes Cavalleriegefecht folgte, bas bei Einbruch ber Dunkelheit mit ber Nieberlage unb bem Rückzuge bes Feinbes enbete.

Auch bie 6. Infanterie=Division im Centrum erhielt vom Prinzen Friedrich Carl Befehl, mit Allem, was an Kräften noch zusammengezogen werben konnte, von Bionville her, längs ber Chaussee gegen Rézonville zu avanciren.

Auf bem rechten Flügel ging bas Feuer auch jetzt noch vor= wärts, auf jener Seite schien eine Offensive im Gange zu sein.

Theile ber 25. (Großherzoglich hessischen) Division**) waren mittlerweile gleichfalls im Bois bes Ognons eingetroffen unb bie= selben stießen bort auf bie französischen Garbe=Jäger.

---

*) Es fanben sich bort zusammen außer ber Brigabe Barby (Dragoner 19 3 Eskabrons Ulanen 13, 2 Eskabrons Cüraffire 4), bie Dragoner=Re= gimenter 13 unb 16, bas Husaren=Regiment Nr. 10 (3 Eskabrons, 1 Eskabron war über Nancy an bie obere Mosel unb Maas betachirt), 1 Eskabron 2. Garbe=Dragoner nebst ber reitenben Batterie ber Garbe= Dragoner=Brigabe Webell begleitet hatte. Später noch 1 Eskabron Garbe=Dragoner.

**) Die 49. Infanterie=Brigabe, zur Zeit 4 Bataillone stark, (1 Bataillon war auf bem Marsche am Nachmittag von ber Brigabe getrennt wor= ben); — von biesen 4 Bataillonen kamen indessen auch etwa nur ein Dritttheil wirklich noch in's Feuer, ba bie mittlerweile hereinbrechenbe Dunkelheit ber Entwickelung unb Verwenbung ber verfügbaren Kräfte ein Ziel setzte.

7 *

Als so das Vorgehen allgemein wurde, um 7½ Uhr, schien auch der Feind noch einmal in der Richtung gegen die große Batterie des Centrums und die 5. Infanterie-Division vorgehen zu wollen, wenigstens entbrannte das Geschütz-, Gewehr- und Mitrailleusenfeuer wieder mit voller Heftigkeit. Aber bald darauf schwieg es von Neuem — man nahm an, daß die letzte Anstrengung der französischen Armee vereitelt worden sei. Die Abenddämmerung und der Pulverdampf erschwerten schon die Uebersicht über das Schlachtfeld, bald mußte die Dunkelheit dem Kampfe überhaupt ein Ziel setzen. Der erwartete Augenblick war gekommen.

Die 6. Cavallerie-Division stand hinter der Schlachtlinie des 3. Armee-Corps geschlossen bereit. Sie war vom Prinzen Friedrich Carl bestimmt, bei dem letzten und allgemeinen Vorgehen eine hervorragende Rolle zu spielen.

Trotz der kritischen Momente, welche die letzten Stunden nach einander gebracht hatten, hielt Seine Königliche Hoheit diese Division für ihre Bestimmung vereinigt beisammen.

Nun ertheilte er dem Herzoge Wilhelm von Mecklenburg mündlich seine Instruction für den Angriff. Dieser sollte, mit den beiden Brigaden sich im Vorgehen auseinanderziehend, in der allgemeinen Richtung gegen Rézonville erfolgen. Die 14. Cavallerie-Brigade war hierzu rechts hinter die große Batterie, die 15. links gegen Flavigny hin aufgestellt worden.

Diese letzte Brigade sollte das Vorgehen der 6. Infanterie-Division rechts cotoyiren.

Mit Einbruch der Dunkelheit ritten beide Massen an. Der Abendnebel und der Pulverdampf entzogen sie bald den Blicken, allein an dem Aufflackern des Kleingewehrfeuers ließ sich auch vom Standpunkte des Ober-Commandos aus der Gang der Attaque verfolgen.

Die 14. Brigade stieß südlich Rézonville auf feindliche Infanterie, ritt, von unregelmäßigem aber heftigem Massenfeuer empfangen, in diese hinein, raillirte sich dann und kehrte hinter die große Batterie zurück.

Von der 15. Brigade, (welcher Dragoner Nr. 9 folgten), attaquirten besonders die Zieten'schen Husaren auf der Westseite gegen Rézonville hin. Sie verscheuchten feindliche Cavallerie und ritten Infanteriemassen nieder. Einzelne Reiter jagten noch über Rézonville hinaus und trafen auf die letzte französische Reserve zwischen Rézonville und Gravelotte. Dann raillirte sich auch diese Brigade und nahm Aufstellung in der Gegend von Flavigny.

Die avancirenden Theile der 6. Infanterie-Division erstiegen während dieser Attaque von Vionville aus längs der Chaussee die Kante der Höhen westlich Rézonville;*) die Batterien der großen Artilleriestellung aber hatten ihr allmähliges Avanciren fortgesetzt und waren bis nahe an die feindliche Infanterie vorgegangen.**) Rézonville selbst zu erreichen und zu nehmen, machte die Dunkelheit unmöglich, auch hielt der Feind bei jenem Orte noch starke Massen beisammen.

Mit diesem Acte einer Offensive der deutschen Armee endete die Schlacht, die an Dauer, Hartnäckigkeit und Erbitterung zu den blutigsten der Neuzeit gehört.

Die II. Armee hatte gemeinsam mit den Theilen der 16. Infanterie-Division, welche gefochten, einen Verlust von 581 Offizieren, 14,239 Mann erlitten. An Trophäen waren 1 Geschütz und etwa 2000 Gefangene in preußischer Hand.

Völlig erschöpft bivouakirten die Truppen dort, wo sie zuletzt gestanden hatten. Vorposten wurden gegen den Feind ausgestellt und setzten sich miteinander in Verbindung. Im Allgemeinen standen sie vom Bois des Ognons aus an der Waldlisière des Bois de St. Arnould und Bois de Vionville entlang zu der Höhe zwischen Vionville und Rézonville — dem am weitesten vorgeschobenen Theile des ruhmvoll erstrittenen Schlachtfeldes — dann zu den Büschen von Tronville und von dort, im rechten Winkel sich zurückbiegend, gegen Mars la Tour hin. Drüben bei Rézonville flackerten beim ersten Dunkelwerden französische Bivouakfeuer auf.

Prinz Friedrich Carl begab sich zunächst zwischen 8 und 9 Uhr auf den rechten Flügel zur Division Stülpnagel, die in der That, wie ihr Commandeur verhießen, alle Positionen behauptet hatte.

Erst gegen 10 Uhr, als im Bois des Ognons die letzten Schüsse gefallen waren und Alles still blieb, ritt der Oberbefehlshaber mit seinem Stabe nach Gorze, von wo aus die Anordnungen für den 17. August getroffen werden sollten.

Es galt, die heute unter so schwerem Gefechte errungenen

*) Theile der 20. Infanterie-Division hatten sich ihnen dabei angeschlossen.
**) Eine Batterie des linken Flügels sah sich hierbei unvermuthet von allen Seiten von feindlicher Infanterie umdrängt, befreite sich aber selbst durch Kartätschfeuer.

Resultate sicher zu stellen. Die directe Straße Metz=Verdun war der feindlichen Armee gesperrt, der Kampf gegen große, numerische Ueberlegenheit glücklich und im letzten Augenblicke noch in der Offensive beendet worden. Dieser Erfolg konnte als ein großer betrachtet werden. Die II. Armee hatte nur mit dem 3., 10. und schwächeren Theilen des 9. Corps gefochten, unterstützt durch Theile des 8. Armee = Corps.*) Die Unterstützungen vom 8. und 9. Corps aber trafen auf dem Schlachtfelde vereinzelt und einige erst spät am Nachmittage ein. Der Feind hatte dem gegenüber die Massen seiner Armee auf engem Raume versammelt. Schon damals wußte man, daß das 2. und 4. französische Corps, die Garde und selbstständige Cavallerie=Divisionen bestimmt ge= fochten hätten, der Rest der Armee aber wohl in unmittelbarer Nähe und selbst am Kampfe betheiligt gewesen sei.**)

Dieser Umstand aber legte noch die eine große Frage nahe, was der nächste Morgen bringen werde. Noch war die Krisis, in der man stand, nicht überwunden, mußte sich die Lage für die feindliche Armee auch, nachdem sie einmal bei Metz festgehalten war, bald so ungünstig gestalten, daß sie der endlichen Niederlage nicht entgehen konnte. Es ließ sich augenblicklich nicht übersehen, wieviel an einzelnen Brigaden oder Divisionen der Feind bisher intact erhalten habe. Die Erneuerung des Kampfes am 17. früh war möglich, dann aber durfte man nur auf die Unterstützung des ganzen 9. Armee=Corps rechnen. Ob diejenigen Streitkräfte, welche man in der Nacht noch herbeibeordern konnte, für die Entscheidung rechtzeitig auf dem Schlachtfelde eintreffen würden, blieb indessen zweifelhaft.

Der Zustand der Truppen, die am 16. August gefochten hatten, erheischte gebieterisch Schonung.

Die wirklichen Ziffern der Verluste, welche diese Truppen gehabt, war jetzt natürlich auch nicht annähernd zu ermitteln. Allein der Augenschein lehrte, daß sie das Maaß des Erwarteten weit überschreiten würden. Solche Verluste aber üben ihre Wirkung auf eine jede Armee. Alle Cadres waren numerisch bedeutend ge=

---

*) Alles in Allem wenig über 60,000 Mann gegen etwa 125,000 Mann des Feindes.

**) Die Anwesenheit des 6. französischen Corps war dem Ober=Commando während der Action nicht gemeldet worden, die Divisionen desselben sind wohl für Theile des 2. Corps gehalten worden, das zuerst engagirt wurde.

schmolzen, viele Bataillone, Escabrons und Batterien fast ohne Offiziere.

Bei der Ausdehnung des Schlachtfeldes, dessen einer Theil bergiges Waldterrain war, hatten die tactischen Verbände sich gelöst. Die Nacht verging ohne Zweifel mit dem Sammeln und Rangiren der Truppen.

Die Ermattung von Menschen und Thieren nach 10 bis 11 stündigem Kampfe, war auf's äußerste gestiegen. Kein Truppentheil hatte am 16. abkochen können. Auf dem Plateau machte sich der Mangel an Wasser fühlbar.

Auch Munition fehlte bei der Infanterie und Artillerie schon während des Gefechtes, doch hatte der Oberbefehlshaber sofort directe Befehle an den Commandeur der Artillerie ertheilt, damit die Complettirung in der Nacht erfolgen konnte.

Bedeutende Leistungen durften ohne Zweifel für den nächsten Morgen von den erschöpften Mannschaften nicht gefordert werden.

Auch daß dem heutigen Tage eine Abspannung folgen müsse, wie sie sich nach Momenten solcher Erregung stets einstellt, war selbstverständlich.

Es mußte bei den nun in der Nacht ausgegebenen Dispositionen darauf Bedacht genommen werden, daß wenigstens einige frische Truppen schon bei Tagesanbruch das Plateau erreichten.

Die Corps der Armee, welche gar nicht, oder wie das 9. nur mit Theilen gefochten hatten, standen zur Zeit an folgenden Punkten:

1. Das 9. Armee-Corps mit der 18. Infanterie-Division bei Onville und Arnaville, mit der Corps-Artillerie im Thale unterhalb Gorze, die hessische Division im Bois des Ognons.

2. Das 12. (Königlich Sächsische) Armee-Corps in und bei Pont à Mousson,*) die Avantgarde Regnéville en Haye, die Cavallerie Vigneulles.

---

*) Das Obercommando hatte dem 12. (Königlich Sächsischen) Armee-Corps am 16. August aufgetragen, genau die Zeitdauer festzustellen, welcher die einzelnen Theile des Corps bedürfen würden, um über die Brücken von Pont à Mousson zu defiliren. Eine solche Ermittlung erschien von kriegshistorischem Werthe.

Es dauerte der Uebergang:
der 12. Cavalleriedivision über die steinerne Brücke 1 Stunde 20 Minuten,
der 23. Infanteriedivision über die Kriegsbrücke 2 Stunden 30 Minuten,
der Corpsartillerie über die steinerne Brücke 2 Stunden.

Die 24. Infanteriedivision ging im Laufe des Nachmittags auf beiden

3. Das Garde=Corps bei Bernécourt, Avantgarde Rambucourt.

4. Das 4. Armee=Corps bei Les Saizerais=Marbache, Avant=garde Jaillon.

5. Das 2. Corps bei Buchy und rückwärts.

Mit Tagesanbruch am 17. konnte daher, wie schon erwähnt, nur das 9. Corps noch das Schlachtfeld erreichen.

Das Garde=Corps hatte dorthin einen Marsch von 4½ Meile, das 12. Armee = Corps, das man nicht auf der schon von Marsch=Colonnen verstopften Straße Novéant=Gorze vorzuziehen vermochte, sondern das seinen Weg über Thiaucourt nehmen mußte, mit der Masse seiner Truppen gegen 5 Meilen. Auf Eintreffen des 2. und 4. Armee = Corps, die noch weiter entfernt standen, konnte für den 17. nicht gerechnet werden.

Von Gorze aus wurden dem entsprechend Abends um 11 Uhr folgende Befehle erlassen:

1. An das 9. Armee = Corps.

„Das 3. und 10. Armee=Corps haben heute bei Mars la Tour und Vionville aus Metz abmarschirende überlegene feindliche Streit=kräfte in hartem aber erfolgreichem Gefecht zurückgehalten und haben ihre Stellung auf allen Punkten behauptet, auf dem rechten Flügel Terrain gewonnen. Da eine Fortsetzung des Gefechtes morgen möglich, so befehle ich die Heranziehung des 9. Armee=Corps mit Munitions = Colonnen über Gorze.“

„Die heute bereits eingetroffene hessische Division ist zu sammeln und hat der Division Wrangel (18) über Gorze zu folgen“.*)

„Das Corps stellt sich in Rendezvous = Stellung möglichst bis Tagesanbruch ½ Meile nordwestlich Gorze auf dem Plateau auf und erwartet weitere Befehle. Die Trains bleiben unter einiger Bedeckung zurück.“

(gez.) Friedrich Carl.

Brücken über den Fluß, blieb auch zum Theil auf dem rechten Moselufer in bem bortgelegenen Stadtcomplex.

Die Trains des Armee = Corps defilirten spät Abends respective in der Nacht.

Bei Angabe der Uebergangszeit für die 23. Infanteriedivision ist übrigens in Rechnung zu bringen, daß während derselben ein leckgewordenes Fahrzeug durch die Pionierzüge des Infanterieregiments Nr. 102 hatte retablirt werden müssen.

*) Man vermuthete die 18. Infanterie=Division nicht bei Arnaville=Onville, sondern bei Novéant oder Sillegny.

2. An das 12. (Königlich Sächsische) Armee=Corps.

„Das 3. und 10. Armee=Corps haben sich heute dem über=
legenen Feinde bei Mars la Tour, Vionville und in der Richtung
auf Gorze vorgelegt, und gegen die heftigsten Angriffe die Stellung
behauptet. Die Dunkelheit endete den Kampf. Beide Corps lagern
in den behaupteten Stellungen. Um erneuten Angriffen des Feindes
morgen früh begegnen zu können, ist es erforderlich, noch während
der Nacht das 12. Armee=Corps über Thiaucourt nach Mars la
Tour heranzuziehen, wo das Corps (möglichst bei Sonnenaufgang)
in Rendezvous=Stellung hinter dem dort lagernden 10. Armee=
Corps aufzustellen ist."

(gez.) Friedrich Carl.

Als Notiz war hinzugefügt, daß das Corps sämmtliche Mu=
nitions=Colonnen mit zur Stelle bringen, die Trains dagegen zu=
rücklassen sollte.

3. An das Garde=Corps nach der gleichen Einleitung wie
an das 9. Corps:

„Ich befehle den Heranmarsch des Garde=Corps angesichts
dieses über Beney, St. Benoit, Chambley auf Mars la Tour.
Das Corps hat sich dort links des Königlich Sächsischen Corps in
Rendezvous=Stellung aufzustellen. Die Munitions=Colonnen sind,
soweit möglich, mitzubringen, die Trains unter Bedeckung zurück=
zulassen, die Cavallerie behält die für morgen gestellte Tagesauf=
gabe: das Vorgehen gegen die Maas."

(gez.) Friedrich Carl.

Das 2. und 4. Armee=Corps konnten auf den zu Mittag des
16. August ausgegebenen Armee=Befehl für den 17. angewiesen
bleiben. Dieser bestimmte bekanntlich:

1. Für das 2. Armee=Corps:

„Das Corps erreicht morgen (den 17. August) Pont à Mous=
son und nimmt seine Spitzen in der Richtung Limey=Flirey=St.
Mihiel vor." — Hauptquartier Pont à Mousson".

2. Für das 4. Armee=Corps:

„Das Corps wird sich in der Richtung über Jaillon, Sanzey,
Boucq gegen Commercy in den nächsten Tagen vorwärts bewegen,
in sofern die Festung Toul nicht einen Aufschub des Vormarsches
theilweise erfordert."

Durch besondere Mittheilung aus Pont à Mousson war das
4. Armee=Corps darauf aufmerksam gemacht worden, daß nach

Meldungen der Garde = Cavallerie ein Handstreich auf Toul für ausführbar gehalten werden müsse.

Dies Unternehmen blieb auch trotz der Ereignisse des 16. August mit Rücksicht auf den demnächst fortzusetzenden weiteren Vormarsch nach Westen von großer Wichtigkeit.

Das Corps erhielt daher keinen abändernden Befehl.

Die Ausführung der Intentionen des Prinzen war übrigens in Bezug auf das 12. Armee=Corps durch directe Befehle aus dem großen Hauptquartier schon vorher eingeleitet worden. Jenes Ar= mee=Corps meldete in der Nacht, es habe directen Befehl Seiner Majestät des Königs erhalten, am 17. 3 Uhr Morgens über Thiau= court auf Mars la Tour zu marschiren.*) Das Corps theilte gleichzeitig seine Marsch=Disposition mit, welche die augenblicklich sehr erwünschte Anordnung enthielt, daß seine Cavallerie=Division, wenn sie den Feind auf der Straße bei Mars la Tour nicht fand, direct bis zur Straße Metz=Etain weiter vorgehen sollte. Die Auf= klärung dieser letzten Straße war in hohem Grade wichtig. Es fragte sich, ob der Feind, trotz der eben beendeten Schlacht, nicht dennoch versuchen werde, seinen Abmarsch nach Westen wenig= stens mit Theilen der Armee durchzusetzen.

Gerade die auf dem linken Flügel stehende Cavallerie, der die Aufklärung am 17. zugefallen wäre, hatte noch am Abende bis zur Dunkelheit hartnäckig, andauernd und unter großen Verlusten ge= fochten. Andere Regimenter noch in der Nacht dorthin zu ziehen, erschien unmöglich. Das wird klar, wenn man sich den Zustand vergegenwärtigt, in dem sich jede Armee nach einer solchen Schlacht befindet, wie die von Vionville es gewesen ist.

Der Kampf hatte die Reiterei der II. Armee ganz in An=

---

*) Außerdem hatte die 23. Infanterie=Division in Regnéville durch eine Offizier=Patrouille der 12. Cavallerie=Division (1 Eskadron des Garde= Reiter=Regiments), welche zwischen 6 und 7 Uhr Abends in Aufsuchung der Verbindung mit der 5. Cavallerie = Division auf dem Schlachtfelde angelangt und von dort zwischen 9½ und 10 Uhr Abends wieder zurück= gekehrt war, folgende Notiz erhalten:

„Es ist erwünscht, daß morgen (am 17. August) mit Tagesanbruch bei Tronville Alles erscheint, was irgend disponibel ist, falls Prinz Friedrich Carl keine anderen Dispositionen treffen sollte.“

(ggez.) Prinz Friedrich Carl.   (gez.) v. Voigts=Rheetz, com. General des 10. Armee=Corps.

spruch genommen. Das Erscheinen frischer Regimenter konnte man mit Rücksicht auf die nothwendig werdende Aufklärung der Absichten des Feindes nur freudig begrüßen.

Die sächsische Cavallerie-Division hatte sich auch schon während der Schlacht durch einen Offizier für die Mitwirkung zur Verfügung gestellt.*) Von diesem Anerbieten war der vorgerückten Stunde und der weiten Entfernung halber freilich kein Gebrauch gemacht worden.

Auch bei dem Garde-Corps war, wie es beim 12. geschehen, den Anordnungen des Ober-Commandos vorgearbeitet. Es erhielt am 16. durch Vermittelung des 12. Corps Nachrichten vom Schlachtfelde. Der commandirende General, Prinz August von Würtemberg, Königliche Hoheit, beschloß deshalb sofort den Vormarsch gegen die Maas auszusetzen und das Corps am 17. früh bei Richécourt und Flirey so zu concentriren, daß dasselbe um 5 Uhr früh auf jenen Punkten bereit stand. Cavallerie sollte die Beobachtung gegen die Maas fortsetzen. Der Befehl des Prinzen Friedrich Carl aus Gorze traf das Corps deshalb völlig vorbereitet.

Das waren die Anordnungen, die von der II. Armee getroffen wurden, um die energische Fortsetzung des Kampfes am 17. August möglich zu machen.

Ueber die Maßnahmen der I. Armee gab das große Hauptquartier schriftliche Nachricht, datirt von 8 Uhr Abends, aus Pont à Mousson. Die I. Armee war angewiesen, mit dem 7. und 8. Armee-Corps unmittelbar hinter den Truppen des 9. Armee-Corps die Mosel zu überschreiten und beide Corps in der nächsten Direction gegen den Feind zu führen. Die Regelung der Marschlinien beider Armeen für die ferneren Operationen gegen Westen war auf spätere Zeit vorbehalten.**)

Ein zweites Schreiben, welches aus Pont à Mousson vom 16. Abends 8½ Uhr datirte, legte dann noch kurz die Auffassung der Lage dar, wie man sie im großen Hauptquartier hatte:

Die Division war in Folge dessen sofort allarmirt, das General-Commando in Pont à Mousson und auch das Garde-Corps benachrichtigt. Uebrigens hielt das große Hauptquartier die Aufbruchzeit von 3 Uhr Morgens fest.

*) Siehe Anmerkung auf Seite 106.

**) In dieser Mittheilung wurde ferner betont, daß es vorerst das Wichtigste sei, einen möglichst großen Theil der feindlichen Hauptmacht von Châlons und Paris nördlich abzudrängen.

„Nach dießseitiger Ansicht beruht die Entscheidung des Feld=
zuges darin, die von Metz weichende Hauptmacht des Feindes
nördlich zurückzuwerfen. Je mehr das 3. Armee=Corps heute vor
sich hat, um so größer wird der Erfolg morgen sein, wo das 10.,
3., 9., 8., 7. Corps und auch das 12. gegen dieselben Kräfte ver=
fügbar sind."

Hinzugefügt war noch:
„Die nicht betheiligten Corps der II. Armee können schon
heute Halt machen".

„Die beschleunigte Erreichung der Maas erscheint von unter=
geordnetem, die Wegnahme von Toul aber von hohem Werthe."

(gez.) von Moltke.

Der Heranmarsch des Garde=Corps, der in dieser Darlegung
nicht in Betracht gezogen wurde, konnte die Chancen der gemachten
Voraussetzungen nur noch erhöhen, wenn auf ein Eingreifen des
Corps zu früher Stunde auch natürlich nicht gerechnet wurde.

Gestalteten sich so die Aussichten für den 17. Nachmittags sehr
günstig, so blieben doch von Sonnenaufgang bis dahin noch kriti=
sche Stunden zu überwinden.

Vor dem völligen Eintreffen des ganzen 9. Armee=Corps
mußten die Resultate des 16. August noch von den Truppen be=
hauptet werden, die sie errungen hatten.

Der 17. August.

Diejenigen Theile der II. Armee, welche am 16. August ge=
schlagen, hatten an folgenden Plätzen die Nacht zugebracht:

1. Die 25. (Großherzoglich hessische) Division gefechtsbereit,
den französischen Garde=Jägern zu Fuß gegenüber, im Bois des
Ognons.

2. Die Regimenter der 16. Division und das 9. Armee=
Corps, die auf dem rechten Flügel gefochten, hinter dem Bois
St. Arnould.

3. Die 5. Infanterie=Division auf den Höhen am Bois de
Vionville.

4. Die 6. Infanterie=Division bei Vionville.

5. Die Corps=Artillerie des 3. Armee=Corps rechts neben
der 6. Infanterie=Division bei Flavigny.

6. Die 6. Cavallerie=Division hinter der Position Flavigny=
Vionville.

7. Das 10. Armee=Corps bei Tronville — 5 Bataillone, 5

Batterien des Corps, welche auf dem Gefechtsfelde der 5. In=
fanterie=Division mitgekämpft, untermischt mit den Theilen des
3. Armee=Corps.

8. Die 5. Cavallerie=Division gleichfalls bei Tronville hinter
dem 10. Armee=Corps.

Noch vor Sonnenaufgang des 17. August begab sich der
Prinz in das Bivouak der 5. Infanterie=Division.

Welche Opfer die Schlacht vom 16. gekostet habe, ließ sich
jetzt, wo man die schwachen Cadres, die von Bedienungsmannschaft
fast entblößten Batterien übersah, noch deutlicher erkennen, als
am Abende zuvor. Alle Truppen aber hatten ihre Positionen ein=
genommen und standen kampfbereit da.

Die Nacht war ruhig vergangen. Die Vorposten befanden
sich noch auf den Punkten, welche sie nach Beendigung der Schlacht
eingenommen hatten; ihnen gegenüber in weiten Intervallen die=
jenigen des Feindes.

Dicht südlich Rézonville und bei Gravelotte gewahrte man
ausgedehnte Bivouaksfeuer und lagernde Truppenmassen.

Die französische Armee stand noch vor der preußischen Front
und die Erneuerung des Kampfes war möglich.

Vor der Hand herrschte tiefe Ruhe. Nach ½6 Uhr lief indessen
von den Vorposten die Meldung ein, der Feind massire sich bei
Gravelotte. Gleich darauf hörte man auch bei Rézonville deutlich
zahlreiche Signale und nahm bei den Feuern Bewegungen wahr.

Die Luft war außerordentlich klar. Bis zu der Linie, welche
durch den Rauch der vordersten feindlichen Bivouaks gebildet
wurde, übersah man deutlich das Schlachtfeld. Aus den unbe=
stimmten Bewegungen drüben entwickelte sich ein dichter Tirailleur=
schwarm, der gegen die preußischen Linien avancirte. Es konnten
dies Schützen einer vorgehenden Colonne sein und der Angriff
beginnen. Trotz der vortrefflichen Stimmung, welche sich in den
deutschen Bivouaks beim Erscheinen des Oberbefehlshabers kund
gab, blieb indessen jede Stunde, um welche sich der Anfang des
Kampfes hinausschob, für jetzt ein Gewinn.

Je weiter der Tag vorrückte, desto günstiger wurde die Lage
der II. Armee, da deren Verstärkungen immer näher und zahl=
reicher herankamen. Sie selbst hatte jetzt noch keinerlei Interesse,
den Kampf in Gang zu bringen. Der Feind sollte daher nur be=
obachtet werden. Für diese Beobachtung genügte die unmittelbar

am Feinde auf Vorposten befindliche Cavallerie; denn der Raum war eng, eine größere Terrainstrecke nirgends durch weit vorauf= gesandte Abtheilungen zu überspannen.

Die Scene änderte sich übrigens bald. Die feindlichen Schützen machten auf Gewehrschußweite vor der preußischen Stellung Halt. Die Signale schwiegen. Nur in den großen Lagern drüben blieb es lebendig. Dann ließ sich bald der Rückzug erkennen. Die Tirailleurs räumten die Höhen, welche sie besetzt gehalten*) und es formirten sich Marsch=Colonnen auf allen Straßen, die das Schlachtfeld berühren, hauptsächlich in der Richtung gegen Grave= lotte und von dort gegen Malmaison hin. Von Vionville gegen Rézonville war preußische Cavallerie mit Flankeurs vorgegangen und folgte dem Feinde, ohne Feuer zu erhalten. Bald nach 6 Uhr erreichte sie das Dorf und fand in demselben nur noch Verwundete, deren Angaben nach der Feind in Eile soeben abmarschirt war. Um 6 Uhr erschienen auch die Têten des 9. Armee=Corps auf dem Plateau und dieses Corps nahm Rendezvous=Aufstellung ver= deckt westlich des Bois de Vionville, südlich der Straße Gorze= Vionville.

Bald nach 6 Uhr traf Seine Majestät der König auf dem Schlachtfelde bei dem Bivouak der Division Stülpnagel ein, nahm dort die Meldungen des Oberbefehlshabers der II. Armee ent= gegen und wählte dann zunächst seinen Standpunkt auf dem Pla= teau südwestlich Flavigny. Später begab sich Seine Majestät in Begleitung des Prinzen Friedrich Carl vorwärts nach der Höhe von Flavigny, um von dort aus die feindlichen Positionen zu recognosciren.

Die Bewegungen beim Feinde dauerten fort. Die Straßen von Gravelotte nach Metz sowohl, als auch nach Malmaison und Verneville bedeckten sich mit dichtgedrängten Truppenmassen. Auch zwischen jenen Straßen und zur Seite derselben zogen stärkere Abtheilungen hin. Ein klares Bild von den Zwecken und Zielen dieser hin= und herwogenden Massen zu gewinnen, war noch un= möglich. Gleichzeitig mit den eben dargestellten Beobachtungen, nahm man andererseits auch das Heranziehen französischer Streit= kräfte gegen Gravelotte hin wahr.

---

*) Es waren dies wohl bereits die letzten Truppen des Feindes, der mit Tagesanbruch schon begonnen hatte, das Schlachtfeld zu räumen.

Eine von den Vorposten der 6. Cavallerie-Division dem Ober-befehlshaber zugehende Meldung besagte sogar:

„Die Franzosen haben sich à cheval der Straße Gravelotte-Conflans massirt, westlich des ersten Ortes. Starke Colonnen aller Waffen ziehen sich aus nordwestlicher Richtung an diesen Punkt heran. Man scheint daher ein neues Corps heranzuziehen und sodann von Neuem auf der genannten Straße vorbrechen zu wollen. Einige Compagnien sind links vorwärts vorpoussirt und stehen mit vorgesandten Tirailleurs, den Befehl zum Anmarsche erwartend."

„Ferner neue Abtheilungen erscheinen von Vionville her auf der Höhe im Marsche auf Gravelotte. Gegenwärtig ist eine Ca-vallerie-Brigade daselbst aufmarschirt."

Emporsteigender Rauch, welcher von neu angezündeten Bi-vouaksfeuern herzurühren schien, entzog dabei Vieles dem Auge. Im Laufe der Vormittagsstunden erkannte man dann westlich und südlich Gravelotte eine Aufstellung kampfbereiter Truppen, welche scheinbar bestimmt waren, die feindlichen Maßnahmen zu sichern. Noch immer nahmen abrückende Colonnen die Straßen dahinter ein. Ein Generalstabs-Offizier des Ober-Commandos wurde zu genauerer Recognoscirung dorthin entsendet. Im Be-reiche der Möglichkeit schien es selbst um diese Zeit noch zu liegen, daß der Feind den Kampf von Neuem begönne.

Jener abgesendete Offizier meldete indessen bald:

17. August 1870. Vormittags 11½ Uhr.

„Allem Anschein nach ist ein Angriff des Feindes zunächst nicht zu erwarten. Er hat bei Gravelotte eine Arrieregarden-stellung eingenommen. — Dem Rauche nach zu urtheilen, kocht er ab. Einige Trains fahren jetzt nach Metz ab."

Eine Skizze der feindlichen Aufstellung bei Gravelotte war hinzugefügt.

Aehnliches meldeten die Vorposten, z. B.:

„Der Feind hat Gravelotte mit Infanterie besetzt, fouragirt und sucht die im Schußbereich liegenden Vorräthe mitzuführen. Auf den Höhen von Bois de Vaux*) hat er Tirailleure und fährt seine letzte Artillerie auf der Straße nach Metz ab."

„Auf der Straße nach Verneville ziehen gleichfalls Colonnen, Infanterie und Bagage ab."

---

*) Le Point du Jour.

Ferner:

„Es zieht viel feindliche Infanterie sich von der Straße, die nach Metz führt, links ab nach der Straße, die von Gravelotte nach Doncourt führt; da dieser Abmarsch hinter dem Dorfe statt= findet und hinter einem Höhenzuge erfolgt, so läßt sich die Stärke nicht genau angeben. Die feindlichen Signale ertönen sowohl in der Richtung nach Metz zu und werden dahin schwächer, als auch in der linken Flanke, wo sie deutlicher zu vernehmen sind."*)

Gaben auch die eingehenden Meldungen über die Einzelheiten keine unbedingte Gewißheit, stimmten sie auch nicht in allen Theilen miteinander überein, so ließen sie doch mit Sicherheit das Ge= sammtresultat ziehen, daß der Feind auf diesem Flügel abziehe und er sich dabei durch seine bei Gravelotte postirte Arrieregarde sichere.

In den ersten Nachmittagsstunden wurden feindliche Massen auf den Höhen von Leipzig und Moscou Ferme sichtbar und als sich südlich Gravelotte recognoscirende preußische Stäbe**) zeigten, begrüßte der Gegner dieselben sofort durch Mitrailleusenfeuer. Im Bois de Vaux entspann sich zwischen den Têten des 7. Armee= Corps und den französischen Vortruppen leichtes Geplänkel.

Der Feind stand somit dicht westlich Metz festen Fußes und bereit, jede Annäherung an seine Stellung energisch zu verwehren.

Indessen das, was man dort wahrnahm, war nicht die ganze französische Armee, sondern nur deren linker Flügel. Die Massen, welche man sehen konnte, hatten etwa die Stärke von 3—4 Divi= sionen.

Es blieb die Frage offen, wohin sich der rechte Flügel des Feindes gewendet habe, der am 16. August westlich der Büsche von Tronville und an deren jenseitiger Lisière im Kampfe gestan= den hatte. Die Annahme, daß schon in der Nacht vom 16. zum 17. August eine Theilung der Armee Bazaine stattgefunden habe, mußte in's Auge gefaßt werden.

In dieser Beziehung konnte man vom Standpunkte des Ober= Commandos aus nach eigener Wahrnehmung nicht urtheilen.

Von den Höhen von Flavigny her vermochte man das Terrain

---

*) Diese Meldungen kamen von der 6. Cavallerie=Division, welche den Vorpostendienst beim 3. Armee=Corps versah.

**) Seine Königliche Hoheit Prinz Adalbert und später General von Zastrow — mit Begleitung.

von Bruville, in welchem sich am Tage zuvor der feindliche rechte Flügel bewegt hatte, nicht zu übersehen. Diesen zweiten Theil der heut zu lösenden Frage konnten nur die Meldungen der ausgesandten Patrouillen klären.

Solche Meldungen trafen das Ober=Commando mehrfach und sie besagten fast übereinstimmend, daß des Feindes rechter Flügel gegen Westen abzöge.

Eine derselben enthielt Folgendes:

„Bei St. Marcel sind Colonnen sichtbar, die nach Verdun hin marschiren. Bei Bruville befindet sich ein ausgedehntes Zeltlager. Bei Ferme la Greyère stehen feindliche Feldwachen (Infanterie und Cavallerie). Bei Bruville an der Straße nach Jarny stehen feindliche Infanterie=Colonnen."

Diese Meldung datirte von $9\frac{1}{2}$ Uhr früh und kam von den Vortruppen der 5. Cavallerie=Division.*) Auch die der 6. meldeten: „Starke Cavallerie=Abtheilungen der Franzosen marschiren in westlicher Richtung auf der Straße nach Jarny."

Nachrichten im entgegengesetzten Sinne gingen nicht ein. Es wurden sogar Staubwolken von St. Marcel gegen Westen hin bemerkt und das schien die von der Vorposten=Cavallerie gemachten Angaben zu bestätigen.

Einen Grund, an deren Richtigkeit zu zweifeln, gab es nicht, die Wahrscheinlichkeit sprach vielmehr für dieselbe.

Daß der Feind mit dem Rücken gegen Metz und den steilen, von walbigen Schluchten zerrissenen linken Moselthalrand sich aufstellen und dort eine zweite Schlacht annehmen werde, setzte man bei der II. Armee nicht voraus. Ein solcher Entschluß mußte nach der Anschauung jenes Tages bei der Ueberzahl der deutschen Armee als verhängnißvoll für den Feind gelten. Jene Ueberzahl kannte dieser ohne Zweifel und er mußte sie auch seit mehreren in unmittelbarer Nähe.

Daß nun am 17. nebenbei innere Gründe, der Zustand der Truppen nach der Schlacht vom 16. August — Mangel an Munition und Lebensmitteln, Verwirrung in den Abministrationen — die Armee Bazaine an die Nähe von Metz fesselten, ließ sich gleich=

---

*) Die 13. Cavallerie=Brigade bei Purieur hatte dieselbe an das General=Commando des 10. Armee=Corps gerichtet, welches sie dem Ober=Commando zustellte.

falls nicht übersehen. Man glaubte z. B. jene Armee, welche zu den Hülfsmitteln der Festung mehrere Tage in enger Beziehung gestanden, mit allem Nöthigen versorgt.

Nach der Ansicht des Oberbefehlshabers bot der Abmarsch gegen Westen dem Feinde bei allerdings sehr großen Gefahren doch die Chance eines glücklichen Ausganges. Verblieb er bei Metz, so wurde sein Untergang zu einer Zeitfrage.

Was man für einen Fehler hielt, aber glaubte man beim Feinde nicht als leitenden Gedanken der nächsten Operationen voraussetzen zu dürfen. Normale Verhältnisse und richtige Entschlüsse des Gegners sind immer die richtigste Basis, auf welche die eigenen Maßnahmen begründet werden können.

Prinz Friedrich Carl war daher der Ueberzeugung, daß derjenige Theil der feindlichen Armee, den man im Osten bei Gravelotte und auf den Höhen von Le Point du Jour, Moscou und Leipzig sah, der kleinere sei und daß der größere sich schon seit dem Einbruch der Dunkelheit am 16. August im Abzuge nach Westen befinde, oder er sich in direct nördlicher Richtung rückwärts verlegt habe, um von dort über Briey abzumarschiren. Möglich blieb es bei der zweiten Annahme, daß er jetzt bereits in der Ausführung dieser letzten Bewegung über Briey begriffen sei. Auf der Straße von Conflans konnten am Morgen des 17. die schwächeren Seiten-Colonnen gesehen worden sein.

Meldungen über die Bewegungen der Franzosen lagen, wie erwähnt, auch von jener Seite dem Ober-Commando vor. Sie ließen freilich Zweifel offen. Ein ernsteres Anfassen des Feindes hätte für die Aufklärung größere Resultate ergeben, allein in jenem Augenblicke wurde noch Alles vermieden, was den frühzeitigen Wiederausbruch des Kampfes hätte herbeiführen können.

Ehe darauf eingegangen wird, warum ein ernsteres Engagement jetzt noch den Interessen der II. Armee zuwiderlief, ist hier kurz der Blick auf den äußersten linken Flügel der II. Armee zu richten.

Dort war am 17. August die Königlich Sächsische Cavallerie-Division thätig. Sie brach am Morgen des Tages, der Disposition des Kronprinzen von Sachsen entsprechend,*) von Vigneulles

---

*) Siehe Seite 106.

auf, paſſirte nach ſchnellem Marſche die Straße Metz-Mars la Tour-
Verdun bei Harville, 1⅓ Meilen weſtlich Mars la Tour, und erreichte bereits um 9 Uhr früh bei St. Jean les Buzy die nördliche, von Metz über Conflans nach Verdun führende, Straße.
Vom Feinde fand ſie dabei nur einzelne Traineurs. Auch Etain
wurde Nachmittags unbeſetzt gefunden.*)

Diese Vorgänge waren dem Ober-Commando indeſſen unbekannt.**)

Während auf dem Schlachtfelde von Vionville die verſchiedenen
Vorausſetzungen über die Abſichten des Feindes erwogen wurden
und ſich zu beſtimmten Ideen umbildeten, langten inzwiſchen die
zur Unterſtützung herbeibeorderten Armee-Corps an.

In den erſten Nachmittagsſtunden war das 12. (Königlich
Sächſiſche) Armee-Corps in Bivouaks zwiſchen Mars la Tour und
Puxieux eingetroffen.***)

Um 1 Uhr Mittags meldete auch das Garde-Corps, es ſei
bei Puxieux eingetroffen und ruhe dort.

Die für die etwaige Fortſetzung des Kampfes am 17. Auguſt
überhaupt verfügbaren Corps waren ſomit zur Stelle. Die I. Armee ſtand ferner mit der II. in nächſter Verbindung. Seit 6 Uhr
früh defilirten die Maſſen des 7. und 8. Corps über die Moſel.
Die erſte Berührung der Têten des 7. Corps mit dem Feinde
begann im Bois de Vaux. Die Schlacht hätte alſo nun mit
friſchen Kräften erneuert werden können. Dieſe Abſicht wurde auch
im großen Hauptquartier erörtert, doch vertraten Prinz Friedrich
Carl und einige anweſende commandirende Generale eine entgegen-
geſetzte Anſchauung.

Die heute herangekommenen Truppen hatten einen anſtrengen-
den Marſch hinter ſich. Ein weiteres Vorgehen bis an den Feind

---

*) Durch Einwohner von St. Jean les Buzy erfuhr die Diviſion, daß
der Kaiſer Napoleon am 16. mit zahlreicher Bedeckung — etwa 5000
Mann — von Metz kommend, die Straße von Conflans paſſirt habe.

**) Die ſächſiſche Cavallerie-Diviſion hatte ſchon um 7½ Uhr früh in der
Richtung auf Mars la Tour eine Meldung an das Generalcommando
des 12. Armee-Corps abgeſchickt. Dieſe Meldung erreichte den Kronprinzen von Sachſen bei der Avantgarde des von Thiaucourt heranrückenden Corps erſt um 1 Uhr Nachmittags, alſo zu derſelben Zeit,
zu der das Ober-Commando bei Flavigny bereits ſeine Befehle für
dieſen Tag erließ.

***) Ein Bataillon blieb im großen Hauptquartier Pont à Mouſſon zurück.

war nöthig. Erst spät am Nachmittage konnte daher der ernste Kampf beginnen und derselbe endete dann möglicherweise wohl mit einem Siege, doch nur mit einer halben Entscheidung. Der Abend hätte die Action vorzeitig beendet und eine Verfolgung unzweifelhaft ausgeschlossen. Dem glaubte das Ober-Commando der II. Armee sich nicht aussetzen zu sollen, vielmehr die Dinge, nachdem sie einmal soweit gekommen, nunmehr mit einem Schlage zu Ende führen zu müssen.

Der Besorgniß, daß man am 18. den Feind nicht mehr auffinden werde, konnte man sich entschlagen. Prinz Friedrich Carl hegte sie selbst zu jener Stunde nicht, wo er noch dem Feinde die Intention zuschrieb, sich durch einen Abmarsch nach Westen den deutschen Heeren zu entziehen. Vielmehr rechnete der Oberbefehlshaber bestimmt, seine Gegner am nächsten Tage leicht einholen zu können; denn diese hatten einen Umweg zu machen, ehe sie die schützende Maaslinie erreichten. Die französische Armee war ferner mit großen, unbehülflichen Massen, deren Marschfähigkeit sich bisher nicht bewährt hatte, auf wenig Straßen angewiesen. Diese Momente erschwerten ihr das Entkommen.

Wurde die Schlacht am 18. August geschlagen, so konnte auch das 2. Armee-Corps noch zur Mitwirkung gebracht werden.

Die Absichten des Prinzen Friedrich Carl gingen deshalb dahin, den Feind erst am 18. August anzugreifen, an diesem Tage aber so früh als möglich aufzubrechen, damit die Sonne nicht unterging, ehe die endgültige Entscheidung völlig ausgefochten war. Es mußten indessen vorerst die Bestimmungen Seiner Majestät des Königs eingeholt werden, ehe das Ober-Commando seine Anordnungen darauf hin traf. Dies geschah, und nachdem von dem großen Hauptquartier aus die Genehmigung zu den beabsichtigten Maßregeln eingegangen war, erließ der Prinz folgenden Armee-Befehl:

Auf dem Schlachtfelde von Vionville, den 17. August 1870, Nachmittags 1 Uhr.

„Der Feind scheint sich theils nach Nordwesten, theils nach Metz zurückzuziehen."

„Die II. Armee und das 8. und 7. Armee-Corps sollen morgen den abmarschirenden Feind in nördlicher Richtung aufsuchen und schlagen."

„Heute lagern die Corps corpsweise auf dem Schlachtfelde von Bionville und zwar auf dem rechten Flügel das 9. Armee-Corps. Seine Vorposten suchen im Walde vorwärts die Verbindung mit denen des 8. Corps, das bei Gorze bivouakirt, und dehnen sich links bis zur Chaussee Metz-Verdun vorwärts Flavigny aus."

„Das 3. Armee-Corps lagert bei Bionville und Flavigny, seine Vorposten gehen, im Anschluß an die des 9. Corps, links bis zu dem westlichen Waldrande nördlich Bionville."

„Das 12. (Königlich Sächsische) Armee-Corps nimmt heute noch ein Bivouak bei Mars la Tour ein und setzt Vorposten bis zum Yronbache aus, entsendet auch ein Cavallerie-Detachement zur Beobachtung der Straße nach Verdun über Hannonville."

„Die Corps, welche Vorposten geben, lassen durch Offiziere das vor ihrer Front liegende Terrain in Bezug auf dessen Wegbarkeit zum Vormarsch so weit recognosciren, als es der Feind gestattet."

„Das 10. Armee-Corps bleibt in seinem Lager bei Tronville."

„Das Garde-Corps bezieht ein Lager bei Puxieux."*)

„Das 2. Armee-Corps rückt morgen früh um 4 Uhr von Pont à Mousson aus und marschirt über Arnaville, Bayonville, Onville nach Buxières, massirt sich nördlich dieses Ortes und kocht dort ab."

„Armee-Hauptquartier ist heute Buxières."

(gez.) Friedrich Carl.

Für das 4. Armee-Corps wurde bei Mittheilung dieses Befehls hinzugefügt:

„Rechts vom 4. Armee-Corps ist nur die Garde-Ulanen-Brigade mit der Weisung zurückgeblieben, auf die Maas gegen St. Mihiel zu streifen."

„4. Armee-Corps Linie Boucq-Sanzey-Jaillon."

Die Dispositionen Seiner Majestät, obgleich bereits mündlich dargelegt, wurden durch General von Moltke noch in Kürze auch schriftlich aufgesetzt. Sie lauteten folgendermaßen:

„Die II. Armee wird morgen den 18. früh 5 Uhr antreten und mit Echelons zwischen dem Yron- und Gorzebach (im Allgemeinen zwischen Ville sur Yron und Rézonville) vorgehen."

---

*) Siehe Seite 118.

„Das 8. Armee-Corps hat sich dieser Bewegung auf dem rechten Flügel der II. Armee anzuschließen. Das 7. Armee-Corps wird Anfangs die Aufgabe haben, die Bewegungen der II. Armee gegen etwaige feindliche Unternehmungen von der Seite von Metz her zu sichern."

„Weitere Bestimmungen Seiner Majestät des Königs werden von den Maßnahmen des Feindes abhängen."

„Meldungen an Seine Majestät gehen zunächst nach der Höhe südlich Flavigny."

(gez.) v. Moltke.

17. August, Nachmittags 1½ Uhr.

(Dictirt auf dem Schlachtfelde von Vionville.)

So war der allgemeine Rahmen für die Aufgabe der II. Armee am 18. August gegeben. Die speciellen Dispositionen konnten am Morgen dieses Tages selbst auf Grund der dann eingetretenen — vielleicht veränderten — Sachlage erlassen werden.

Der Prinz beschied daher die commandirenden Generale des Garde-, 10. und 12. Armee-Corps um 5 Uhr früh an das Bivouak der Sachsen bei Mars la Tour, die des 3. und 9. Armee-Corps um 5½ Uhr an das Bivouak des 3. Corps, westlich Vionville, zur Empfangnahme mündlicher Befehle.

Als für heute irgend ein Gefechts-Engagement überhaupt nicht mehr zu erwarten stand und Seine Majestät der König sich in das Hauptquartier Pont à Mousson zurückbegeben hatten, verließ Prinz Friedrich Carl das Schlachtfeld und stieg um 4 Uhr Nachmittags in dem Weiler Buxières ab.

Die Anordnungen des Ober-Commandos waren übrigens nicht völlig zur Durchführung gekommen. Da das Garde-Corps, Nachmittags um 1 Uhr, meldete, es ruhe bei Puxieux, während gleichzeitig das 12. (Königlich Sächsische) Corps sich bereits im Heranmarsche auf Mars la Tour befand, hatte es das Ober-Commando für zweckmäßig erachtet, dem Garde-Corps seinen Bivouaksplatz bei Puxieux, also hinter den Sachsen, zuzuweisen. Dies war im eben erwähnten Armee-Befehle geschehen.

Das Garde-Corps rückte indessen auf den früheren, ihm in der Nacht vom 16. zum 17. zugegangenen Befehl des Ober-Commandos hin, der ihm seinen Platz bei Mars la Tour, links von den Sachsen, anwies, in Bivouaks bei Hannonville au Passage ein und ließ dies dem Ober-Commando melden. Die bezügliche Meldung nun kreuzte sich gerade mit dem Armee=Befehl, der im nämlichen Moment dem Garde=Corps zugesendet wurde.

Dieses Corps verblieb, auch nachdem es den Befehl erhalten, in dem einmal bezogenen Bivouak, um die Ruhe der nach weitem, anstrengenden Marsche dort bereits eingerückten Truppen nicht wieder zu unterbrechen.

Der 18. August.

Am Morgen des 18. August befanden sich die einzelnen Theile der II. Armee an folgenden Plätzen:

1. Das 9. Armee=Corps auf dem Plateau westlich des Bois de Vionville.

2. Das 3. Armee=Corps mit der 6. Cavallerie=Division bei Vionville=Flavigny; ein Theil des Corps bei Buxières=Chambley. *)

3. Das 10. Armee=Corps bei Tronville, dahinter die 5. Cavallerie=Division.

4. Das 12. Armee=Corps südlich Mars la Tour und bei Puxieux.**)

5. Das Garde=Corps südlich Hannonville au Passage.

6. Das 2. Armee=Corps im Heranmarsche von Pont à Mousson, wo es am 17. August eingetroffen, auf Buxières.

7. Das 4. Armee=Corps stand bei Boucq (unweit Toul).

Kurz vor 5 Uhr Morgens traf Seine Königliche Hoheit der Ober=Befehlshaber im Bivouak des 12. (Königlich Sächsischen) Armee=Corps bei Mars la Tour ein.

Die hier und eine halbe Stunde später bei Vionville an die commandirenden Generale ausgegebenen mündlichen Dispositionen konnten natürlich nur auf derjenigen Kenntniß über die Lage des Feindes beruhen, welche man bis zum Augenblicke gewonnen hatte.

Nachrichten, welche Seine Königliche Hoheit empfing, besagten,

---

*) Dorthin hatte sich die 5. Infanterie=Division noch am 17. August ver=
legt, da es in ihrem ersten Bivouak auf dem Plateau an Wasser fehlte.

**) Die 12. Cavallerie=Division hatte die Nacht vom 17. zum 18. August bei Parfondrupt, mit Vorposten auf der Straße Metz=Conflans=Etain zugebracht. Bei St. Jean les Buzy an dieser Straße waren am 17. 3 Personen (darunter ein Marquis de Marguerie, angeblich höherer Inbendanturbeamter) als verdächtig angehalten und des Abends durch einen Ordonnanz=Offizier der Division zunächst zum General=Commando des 12. Corps, dann zum Ober=Commando geschickt worden. Dies sandte sie ins große Hauptquartier weiter. Patrouillen des 12. Armee=Corps waren am 17. August, ohne auf den Feind zu stoßen, bis Jarny gestreift. (S. Seite 115.)

daß der Feind gegen Abend des 17. August auf den beiden Straßen vor der II. Armee im Abmarsche nach Westen respektive Nord=Westen gewesen sei. Danach blieb die Beurtheilung der Situation, wie sie am 17. August Nachmittags sich herausgebildet hatte, unerschüttert.

Der Ober=Befehlshaber hielt es selbst für wahrscheinlich, daß das Tags zuvor beobachtete französische Bivouak östlich Gravelotte verschwunden sein würde.

Er glaubte, wie erwähnt, nicht voraussetzen zu dürfen, daß die Armee Bazaine sich zur Schlacht gegen die Uebermacht der deutschen Heere mit dem Rücken gegen Metz und den steilen Mosel= thalrand aufstellen wolle. Vielmehr hielt seine Königliche Hoheit es auch am 18. August für wahrscheinlich, daß die II. Armee den Feind nördlich vor der Front, oder in der linken Flanke an= treffen werde. Freilich war das vor der Hand nur eine Annahme.

Gewißheit mußte ein kurzer Vormarsch in den Morgenstunden gewähren. Bei diesem Vormarsch aber blieb besonders darauf zu rücksichtigen, daß der Feind ohne Zweifel nahe war, die Schlacht also unmittelbar bevorstehen konnte. Das erheischte, nicht mit langen Marsch=Colonnen, sondern mit großen gefechtsbereiten Massen vorzurücken. Den Terrain=Anschauungen nach, die man aus der Karte gewinnen konnte, schien dies keine großen Schwierigkeiten zu bieten. Der Armee=Befehl vom 17. August hatte den Corps der 1. Linie zudem die Recognoscirung des Vorterrains bereits aufgetragen. Aus diesen Gründen hielt Prinz Friedrich Carl es auch jetzt noch für thunlich, das Sächsische Armee=Corps zunächst antreten, das Garde=Corps ihm folgen zu lassen, obgleich die weiter vorgeschriebenen Marschrichtungen beider Corps sich in der Gegend von Mars la Tour kreuzten.

Die mündlichen Dispositionen Seiner Königlichen Hoheit ent= hielten demgemäß etwa das Nachstehende:

„Die II. Armee wird heute Vormittag den Vormarsch fort= setzen. Es bleibt wie bisher ihr Auftrag, den Feind von seiner Rückzugsrichtung auf Verdun=Châlons abzudrängen, und ihn zu schlagen, wo sie ihn findet."

„Das 12. Armee=Corps wird als Echelon des linken Flügels so= gleich*) antreten, rechts rückwärts desselben das Garde=Corps, rechts rückwärts der Garde das 9. Armee=Corps (um 6 Uhr früh)."

---

*) Die Befehlsausgabe begann um 5 Uhr früh.

„Das 12. Armee=Corps nimmt dabei Direction auf Jarny, das Garde=Corps auf Doncourt. Das 9. Corps wird, nachdem es zwischen Vionville und Rézonville hindurchmarschirt ist, St. Marcel hart links lassend, avanciren."

„Im 2. Treffen folgen, auf die Intervallen gerichtet, rechts das 3., links das 10. Armee=Corps. Dem 3. ist dabei die 6., dem 10. die 5. Cavallerie=Division unterstellt."

„Die Corps=Artillerie des 3. Armee=Corps wird als Armee= Reserveartillerie zur Disposition bleiben."

„Rechts neben der II. Armee gehen die 2 Corps der I. Armee vor und zwar das 8. rechts rückwärts des 9. Corps, das 7. weiter gegen Metz hin."*)

„Die Trains bleiben da, wo sie die Nacht zugebracht haben, die des 9. Armee=Corps zwischen Vionville und Rézonville, wo Wasser zu finden ist."

„Der Vormarsch hat nicht in langen Marsch=Colonnen, son= dern mit in sich massirten Divisionen zu erfolgen, die Corps= artillerie zwischen den beiden Divisionen. Es handelt sich zunächst nur um einen Vormarsch von einer kleinen Meile, um die nörd= liche Straße auf Verdun zu occupiren. Ueber Mittag wird ge= ruht werden."

In kurzen Worten legte Prinz Friedrich Carl zum Schluß den commandirenden Generalen seine bereits ausgeführte An= schauung über die Lage beim Feinde dar, um auf diese Weise die Einheit in den nun folgenden Bewegungen der Armee völlig sicher zu stellen. Dieselbe Absicht lag schon der ausgegebenen Disposition zu Grunde, welche die gesammte II. Armee zu einem einheitlichen Körper formte, dessen einzelne Theile im unmittel= baren Rapport zu einander standen. Einer Brigadenmasse von riesigen Dimensionen gleich, sollte sie vorgehen und dabei des Avertissements gewärtig sein „rechts" oder „links" zu schwenken, je nachdem hier oder dort der Feind gefunden ward und ent=

---

*) Für den kurzen Vormarsch zur Schlacht genügte die bei den Corps der 1. Linie befindliche Cavallerie für die Aufklärung vollständig; erhebliche Terrainflächen konnten auch jetzt noch nicht zwischen der II. Armee und dem Feinde liegen. Die 5. und 6. Cavallerie=Division wurden daher zurückgehal= ten. Vorn befand sich die sächsische Cavallerie=Division, die Küraffier=Brigade des Garde=Corps, die Großherzoglich hessische Cavallerie=Brigade, sowie die Divisions=Cavallerie=Regimenter von 5 Infanterie=Divisionen.

weder das rechte oder das linke Flügel = Corps zuerst in's Ge=
fecht kam.

Seine Königliche Hoheit der Prinz selbst beabsichtigte, sich
während des Vormarsches zunächst an der Tête des 3. Armee=
Corps aufzuhalten.

Die Ausführung der Dispositionen des Prinzen wurde von
den Corps, welche zuerst antreten sollten, begonnen. Die Tête
des 12. Armee = Corps*), welche durch das Dorf Mars la Tour
in Marsch = Colonnen defilirte, erreichte in demselben die Haupt=
straße Metz = Harville = Verdun mit ihrer ersten Section um 5 Uhr
40 Minuten früh.

Von dem Platze westlich Vionville aus, an welchem die Be=
fehlsertheilung für die commandirenden Generale des 3. und 9.
Armee = Corps erfolgt war, vermochte man St. Marcel, Doncourt,
Bruville, Jarny und die Umgebung dieser Dörfer zu übersehen.
Mit Ferngläsern ließ sich genau feststellen, daß dort das ganze
Terrain vom Feinde frei sei.

Als Prinz Friedrich Karl nunmehr Meldung über den Be=
ginn des Vormarsches der II. Armee durch das Antreten des 12.
Armee = Corps auf Jarny an des Königs Majestät nach der Höhe
von Flavigny absandte, fügte er daher hinzu:

„Auf der Straße von St. Marcel bis Doncourt marschirt
Nichts vom Feinde. Lager bei St. Marcel leer. In der Nacht
ist auf dieser Straße marschirt worden."

Der Feind, der nördlich vor der Front der II. Armee ge=
standen hatte, war mithin verschwunden. Es fragte sich ferner,
was aus dem im Osten vor dem rechten Flügel der II. Armee
gestern noch beobachteten Theile der französischen Streitkräfte ge=
worden sei.

Die erste Nachricht, welche von dort her durch eine Feldwache,
die gegenüber Gravelotte stand, gegeben ward, schien gleichfalls
auf einen Abmarsch der Franzosen hinzudeuten.

Der betreffende Offizier meldete nämlich:

„Ich war bis etwa 400 Schritt an das feindliche Lager.
Vorsichtsmaßregeln sind feindlicherseits nicht getroffen, die Stärke
etwa 6—8 Divisionen Infanterie**)."

---

*) Schützenregiment Nr. 108.
**) Jedenfalls sind hier französische Halbbataillone gemeint gewesen, da sonst

„Die Artillerie ist so weit erkennbar fast ganz abgefahren, Cavallerie: 1—2 Regimenter mit weißen Röcken. Das Ganze macht den Eindruck des schleunigen Abmarsches nach Metz, z. B. steht östlich Gravelotte etwa noch 6—8000 Mann Infanterie."

Den 18. August 1870, 4 Uhr 50 Minuten früh.

Bald folgte eine Meldung von den Vortruppen der 18. Division:

„1. Gravelotte auch heute früh nicht besetzt."*)

„2. Im Lager Generalmarsch geschlagen nach Aussage des Dragonerpiquets, welches auch Bewegungen des Feindes nach Nord=West bemerkt haben will."

„3. Im Walde nördlich Rezonville feindliche Infanterie= Patrouillen von den in Rezonville stehenden 2 Compagnien ge= meldet." Den 18. August 1870, Morgens 5½ Uhr.

Von hervorragendem Interesse war augenblicklich in der 1. Meldung der Satz: „Das Ganze macht den Eindruck des schleu= nigen Abmarsches nach Metz."

Nach den Annahmen, welche dem Ober = Befehlshaber der II. Armee vorschwebten, war dies nicht allein möglich, sondern sogar wahrscheinlich. Hatte dicht westlich Metz nur ein Theil des Fein= des gestanden, so erschien es folgerichtig, wenn derselbe sich jetzt, Angesichts der deutschen Ueberlegenheit an Zahl, die zum Vor= rücken bereit stand, unter die Kanonen von Metz zurückzog.

Wichtig wurde ferner die Angabe der 2. Meldung, daß der Feind sein Lager allarmire, und daß in demselben Bewegungen nach Nord=Westen hin stattfänden. Um über die Verhältnisse auf jenem Flügel, den man vom Standpunkte des Ober=Befehls= habers aus nicht zu übersehen vermochte, möglichst schnell klar zu werden, sendete Prinz Friedrich Carl einen Ingenieur=Offizier

---

die weiterhin gemachte Stärkeangabe von 6—8000 Mann Infanterie nicht zu erklären wäre. Auch hätte der Anblick von 6—8 Infanterie = Divi= sionen den beobachtenden Offizier wohl zu der Meldung veranlaßt, daß er die ganze französische Armee gesehen habe. Jedenfalls überblickte er einen zu kleinen Raum, um den Eindruck gewinnen zu können, er habe 3 Armee=Corps vor sich. Mit der Angabe über die Artillerie und Cavallerie stimmt es auch überein, daß nur schwächere Truppen= massen gemeint gewesen sind.

*) Bereits am 17. hatten Patrouillen den Ort besucht. Bis zum 18. früh ließen sich dort indessen noch von Zeit zu Zeit zahlreiche französische Mannschaften sehen, welche Wasser holten.

seines Stabes nach der Gegend von Gravelotte zu genauerer Beobachtung.

Dieser Offizier schickte zuerst eine Meldung der in der Nord=lissiere des Bois des Ognons stehenden Vorposten, welche gleich=falls von einem Abzuge des Feindes in nördlicher, resp. nord=östlicher Richtung sprach und welche als ganz zuverlässig bezeichnet wurde. Bald aber führte ihn eigene Beobachtung zu einem ent=gegengesetzten Resultate. Jene erste Meldung (datirt von 6 Uhr 40 Minuten früh) war dem Ober=Commando um 7½ Uhr zuge=gangen. Schon ¾ Stunden darauf folgte eine zweite und besagte, daß das Lager noch stehe und kein Abmarsch aus demselben statt=fände. Dies waren persönlich gemachte Wahrnehmungen, nicht Angaben der Vortruppen. Bewegungen, hieß es weiter, seien allerdings seit 3 Uhr früh darin wahrgenommen worden.

Die nächste Meldung jenes Offiziers (datirt von 8 Uhr 45 Minuten früh) bestätigte die letzten Nachrichten. Sie lautete:

„Lebhafte Bewegungen im Lager, wie es scheint, Concen=tration der Infanterie mehr rückwärts; der Höhenrand noch von Artillerie besetzt."

„Die nächtliche Bewegung im Lager hat von Zuzug her=gerührt, neue Bivouaksfeuer wurden angezündet. Zur Zeit nur geringes Geplänkel der Vorposten."

Noch behauptete der Feind seinen Platz auf den Höhen öst=lich Gravelotte und machte keine Miene, dieselben zu verlassen. Hier war also zunächst Aufklärung geschafft.

Vom linken Flügel der Armee stand diese noch zu erwarten. Bisher lag von dort her keine Nachricht von Bedeutung vor.*)

Die erste Meldung von jenem Flügel war von der Cavallerie des Garde=Corps gekommen und gelangte um 8½ Uhr früh in die Hände Seiner Königlichen Hoheit des Oberbefehlshabers:

„Einwohner von Bruville sagen aus, die Franzosen hätten Doncourt gestern früh 9 Uhr verlassen. Die Richtung, in der sie abgezogen sind, ist ihnen nicht bekannt. Einige sagen aus nach Verdun, andere nach Briey, andere nach Metz."

---

*) In Anbetracht der Wichtigkeit, welche die Straße von Verdun hatte, erhielt das 12. Armee=Corps um 7½ Uhr Morgens Weisung: „der dort=hin in seiner linken Flanke detachirten Cavallerie=Abtheilung anzube=fehlen, daß sie alle Meldungen auch direct an das Ober=Commando gelangen lassen sollte."

Aus dieser Meldung ging irgend Sicheres also nicht hervor, nur bewies sie, daß in der letzten Nacht keine feindliche Colonne von Bedeutung auf der Straße nach Jarny marschirt sei. — — — — Im großen Hauptquartier war man um diese Zeit — 8½ Uhr früh — schon zu der Anschauung gekommen, daß die feindliche Hauptmacht vorwärts Metz stünde und daß ihre Aufstellung bis Amanvillers reiche. *) Ein Offizier des Generalstabes überbrachte diese Mittheilung. Man hielt es dort für erwünscht, daß die II. Armee mit dem Vormarsche in der bisherigen Direction inne= hielte. „Wenn die nördliche Straße nach Verdun frei vom Feinde war, so sollten das 12. und Garde = Corps nicht zu weit links diri= girt werden." Sollte sich die gewonnene Ansicht bestätigen, so war die I. Armee bestimmt, in der Front anzugreifen, das 9. Corps den feindlichen rechten Flügel zu umgehen, das Garde = Corps als Reserve zu dienen. Die übrigen Corps hatten zunächst Halt zu machen.

Die Disposition des Prinzen Friedrich Carl hatte diesen Halt, der auch aus Rücksicht auf die Schonung der Truppen nothwendig wurde, schon angeordnet. Es blieb daher nur übrig, das 9. Corps, welchem zunächst eine bestimmte Gefechtsverwendung zugedacht war, mit spezielleren Weisungen zu versehen. Das Corps erhielt demnach folgenden Befehl:

Vionville 8 Uhr 35 Minuten früh, am 18. August 1870.

„Das 9. Corps macht, wenn das Gros der Infanterie bei

---

*) Bekanntlich stand die französische Armee am 18. August in folgenden Positionen:

1) Das 6. Corps: Roncourt = St. Privat bis zu dem kleinen Mare östlich St. Ail,

2) „ 4. „ Amanvillers = Montigny la Grange, Champenois vor der Front besetzt,

3) „ 3. „ La Folie = Leipzig = Moscou gegen Le point du jour hin, Vortruppen im Bois des Genivaux,

4) „ 2. „ Le point du jour Rozerieulles, Ste. Ruffine in der linken Flanke besetzt,

5) Die Cavallerie = Division Forton bei der Mühle von Longeau,

6) „ „ „ du Barail (von der 2 Regimenter den Kaiser escortirt hatten und nun fehlten) in den Po= sitionen des 6. Armee = Corps,

7) Die Garde in Reserve auf den Höhen des Mont St. Quentin und von Plappeville.

Der rechte Flügel dieser Aufstellung war von den Höhen von Fla= vigny aus nicht zu übersehen.

Caulre Ferme nordöstlich) St. Marcel angekommen, Halt, treibt Cavalleriespitzen gegen Leipzig, St. Privat la Montagne und zur Verbindung mit dem Garde-Corps, welches bei Doncourt einen Halt machen wird, vor. Meldungen der westlich gesandten Cavallerie gehen außer an mich auch direct an General von Moltke."

(gez.) Friedrich Carl. *)

Das Garde-Corps erhielt den dementsprechenden Befehl, bei Doncourt zu halten, das 12. Corps bei Jarny.

Andere Maßnahmen konnten diesen beiden Corps zur Zeit nicht vorgeschrieben werden, da die Stärke des in der rechten Flanke stehenden Feindes noch nicht soweit bekannt war, um zu beurtheilen, ob außer dem 9. Armee-Corps noch andere Theile der II. Armee gegen denselben zur Verwendung gebracht werden könnten.

Auch dem 10. Armee-Corps wurde befohlen, bei Bruville stehen zu bleiben, sobald es dort eintraf.**) Das 3. Armee-Corps hatte sich noch nicht in Bewegung gesetzt.

Das waren die Maßnahmen, welche das Ober-Commando der II. Armee in Folge der ersten Mittheilung aus dem großen Hauptquartier ergriff. Ehe es seine weiteren Dispositionen traf, durfte es nähere Nachrichten und Aufklärungen abwarten, die nicht lange ausbleiben konnten.

Zunächst kam nun um 8 Uhr 50 Minuten Morgens eine Meldung vom äußersten linken Flügel der Armee, dem 12. (Königlich Sächsischen) Corps, welches Jarny mittlerweile erreicht hatte, ohne auf den Feind zu stoßen.

Sie besagte:

„Nördlich Labry 8 Uhr 50 Minuten.***)

„Westlich Valleroy scheint feindliche Artillerie in Position, desgleichen Colonnen westlich Valleroy, desgleichen Colonnen nördlich Doncourt."

---

*) Dem großen Hauptquartier wurde Abschrift dieses Befehls mitgetheilt und hinzugefügt, daß das 12. Armee-Corps bei Jarny, das 10. bei Bruville halten werde.

**) Das 10. Corps stand um diese Zeit noch auf seinen Bivouaksplätzen, doch konnte man das vom Standpunkte des Ober-Commandos aus nicht wahrnehmen.

***) Das genaue Zusammentreffen des Abgangsdatums der Meldung mit der beim Ober-Commando notirten Eingangszeit erklärt sich durch Uhrendifferenz.

Die Meldung stand im Einklang mit der Annahme Seiner Königlichen Hoheit des Oberbefehlshabers, daß der Feind sich getheilt habe.

Rechts auf den Höhen von Le point du jour stand er in Position, links zeigte er sich nun, jener Meldung zu Folge, gleichfalls. Auch auf ihrem linken Flügel schien die II. Armee mit feindlichen Massen in Berührung zu sein, wie sie solche auf ihrem rechten nahe vor sich hatte. Detaillirtere Aufklärung, welche beide Flügel-Corps ohne Zweifel suchten, blieb abzuwarten.

Jene Meldung des Kronprinzen von Sachsen wurde nun durch eine zweite, welche um 9 Uhr 30 Minuten beim Ober-Commando der II. Armee eintraf, als unrichtig bezeichnet. Es ward gesagt, daß genauere Recognoscirungen ergeben hätten, Valleroy sei nicht vom Feinde besetzt. Hinzugefügt war noch, daß das 12. Armee-Corps bei Jarny stehen bleiben werde, bis weiterer Befehl erfolge, daß die Sächsische Cavallerie indessen die Straße von Briey aufklären würde.

Sonach fand in der linken Flanke der Armee noch keinerlei Berührung mit dem Feinde statt.

Da der Oberbefehlshaber es indeß, wie schon mehrfach dargelegt, für sehr wahrscheinlich hielt, den Gegner dort zu finden, so glaubte er nicht, daß eine völlige Täuschung vorgelegen habe, sondern blieb der Ueberzeugung, daß ähnliche Meldungen, wie jene erste, nun widerrufene, vom 12. Armee-Corps beim weiteren Vorgehen leicht von Neuem anlangen könnten. Vielleicht waren bei Valleroy feindliche Truppen gewesen und wieder verschwunden. *)

Hierzu kam, daß in der Zeit, die zwischen dem Eintreffen der beiden Nachrichten lag, das 9. Armee-Corps aus Caulre meldete: „seine in nördlicher und nordöstlicher Richtung vorgetriebenen Patrouillen hätten nichts vom Feinde gesehen." **) Dies schien, wie frühere Nachrichten, anzudeuten, daß die Truppenentfaltungen des Gegners dicht westlich Metz keine große Ausdehnung besäßen.

Prinz Friedrich Carl glaubte danach um so mehr noch, das weitere Vordringen der Recognoscirungen auf dem äußersten lin-

---

*) In Bezug hierauf ist vorgreifend zu bemerken, daß in der That noch später wenigstens Patrouillen des Feindes aus der Gegend von Moineville und Valleroy verjagt wurden.

**) Die weiter angeführte Meldung des General von Manstein über sein Eintreffen bei Caulre enthielt diese Mittheilung.

ken Flügel der Armee abwarten zu müssen, ehe er sich völlig für die Rechtsschwenkung entschied.

Bald folgte dann weiterer Befehl aus dem großen Hauptquartier:

„Auf dem rechten Flügel des 7. Corps unbedeutendes Tirailleurgefecht. Die auf der Höhe gegen Metz sichtbaren Truppen scheinen sich nördlich, also wohl gegen Briey zu bewegen. Es hat nicht den Anschein, als ob die I. Armee größerer Unterstützung bedarf, als durch das 3. Corps von Vionville oder St. Marcel aus."

Höhe südlich Flavigny, 9 Uhr 20 Minuten früh.

(gez.) von Moltke.

Die hierin angeordnete Unterstützung der I. Armee durch das 3. Armee-Corps ließ sich in jedem Augenblicke leicht in's Werk setzen, da jenes Corps noch bei Vionville zur Verwendung bereit stand.

Inzwischen hatte um 9 Uhr schon General von Manstein *) (datirt von 8 Uhr 30 Minuten aus Caulre Ferme) gemeldet, daß er mit dem 9. Armee-Corps bei Caulre eingetroffen sei und dort befehlsgemäß concentrirt stehen bleiben werde.

Dieser Halt war durch den commandirenden General des Corps übrigens noch vor Eingang des letzten Befehls vom Obercommando auf Grund der allgemeinen, Morgens ausgegebenen, Marschdisposition angeordnet worden.

Das 9. Armee-Corps war auch, wie erwähnt, von Seiner Königlichen Hoheit dem Prinzen Friedrich Carl zunächst zur Unterstützung der I. Armee bestimmt gewesen. Das große Hauptquartier wurde später um 10 Uhr 10 Minuten davon in Kenntniß gesetzt.

Drei resp. vier von den anwesenden Corps der II. Armee blieben noch verfügbar.

Sie standen auch bereit, um den Gegner in seiner linken Flanke anzugreifen, wenn er thatsächlich noch in diesem Augenblicke aus seinen Stellungen bei Metz abzumaschieren versuchte.

Die Zeitspanne von 9½ bis 10 Uhr Vormittags war nun übrigens vergangen, ohne daß vom Sächsischen Armee-Corps eine weitere Meldung kam, während doch die Cavalleriespitzen des-

---

*) Commandirender General des 9. Armee-Corps.

felben, wie man wußte, nun schon über Balleroy hinausstreiften. Dies widersprach den bisher festgehaltenen Vermuthungen, daß man Theile der Armee Bazaine dort zu suchen habe, und die Situation begann sich jetzt zu klären.

Ehe die weiteren Maßnahmen des Ober=Commandos dargelegt werden, die von jetzt ab den Angriff auf den dicht westlich Metz in Position stehenden Gegner im Auge hatten, muß man sich das Bild klar machen, das man dazumal an Ort und Stelle von der Sachlage besaß.

Unwillkürlich ist man heute geneigt, mit dem geistigen Auge Alles so klar zu erblicken, wie es sich nunmehr, nachdem Jahre vergangen sind, herausgestellt hat. Damit pflegt man dann die in jenen Stunden getroffenen Maßnahmen zusammenzuhalten. Richtiger ist's für das Verständniß des Geschehenen und historisch treuer, sich noch einmal möglichst genau die Umrisse dessen zu zeichnen, was man damals wirklich wußte und mit Schärfe zu sehen meinte.

Schon stand die französische Armee von Le Point du Jour bis zu den Höhen von Roncourt und St. Privat, in vorbereiteter Stellung den Angriff erwartend.

Bisher aber war nur der linke Flügel dieser Stellung erkannt worden. Am 17. August hatte man dort östlich Gravelotte ein französisches Lager von mehreren Divisionen, also von einem Theile, nicht der ganzen Armee Bazaine's beobachtet. Die Ermittelungen vom frühen Morgen des 18. August kamen auf das gleiche Resultat hinaus. Sie bestätigten, daß einige französische Divisionen auf den Höhen von Le Point du Jour stünden. Die erste Mittheilung aus dem großen Hauptquartier stellte die Ausdehnung des feindlichen rechten Flügels bis Amanvillers als die Ueberzeugung hin, welche man dort hege. Die von Caulre Ferme in nordöstlicher Richtung vorgesandten Patrouillen hatten bekanntlich vom Feinde Nichts gefunden. Weit nördlich hinauf schien die französische Stellung also nicht zu reichen.

Das Ober=Commando der II. Armee hielt es danach zur Stunde für das Wahrscheinlichste, daß der Feind mit seinem rechten Flügel etwa bei La Folie stünde.

Eine französische Schlachtstellung auf dem Höhenzuge von Le Point du Jour bis La Folie hin bildete jetzt also das Object für die anzuordnenden Maßregeln.

Die II. Armee hatte hierbei, wie erwähnt, den Befehl, mit dem 9. Armee-Corps den rechten feindlichen Flügel zu umgehen, das Garde-Corps aber als Reserve dienen zu lassen.

Es schien deshalb zweckmäßig, diese beiden Corps, mit einer Rechtsschwenkung soweit nördlich zu dirigiren, daß sie dem vermeintlichen rechten Flügelpunkte der französischen Stellung gegenüber ständen. Sie sollten nach Vernéville marschiren. Von dort aus konnten sie die französische Rechte, stand sie bei La Folie, in Front und Flanke mit überlegenen Kräften angreifen.

Für die weitere Aufklärung nach Norden hin war bei der nun beginnenden Bewegung natürlich Sorge zu tragen.

Prinz Friedrich Karl erließ daher folgende Befehle:

1. An das 9. Armee-Corps (Vormittags 10 Uhr).

„Das Corps soll antreten und in der Richtung auf Vernéville und La Folie vormarschiren. Wenn der Feind dort mit seinem rechten Flügel steht, soll es das Gefecht zunächst durch Entfaltung bedeutender Artillerie engagiren."

(gez.) F r i e d r i c h K a r l.

2. An das Garde-Corps (Vormittags 10½ Uhr).

„Das Garde-Corps setzt den Vormarsch über Doncourt bis Vernéville fort und stellt sich dort zur Unterstützung des 9. Corps auf, welches auf La Folie gegen den feindlichen rechten Flügel vormarschirt."

„Aufklärung links über Amanvillers und St. Privat-la-Montagne, sowie baldige Meldungen sind wünschenswerth."

(gez.) F r i e d r i c h K a r l.

Das 12. Königlich Sächsische Armee-Corps erhielt Kenntniß von diesen beiden Befehlen.*) Der Kronprinz von Sachsen hatte des Morgens einer seiner Meldungen, wie vorerwähnt, die Mittheilung hinzugefügt, daß er bis auf Weiteres bei Jarny stehen bleibe. Dort konnte das Corps auch vor der Hand noch zur Verfügung gehalten werden, da auf dem schmalen Plateau von La Folie im Angriffe gegen den Feind neben dem 9. und Garde-ein drittes Corps keinen Raum fand. Bei Jarny stand es auch zweckmäßig für den Fall, daß etwa doch noch Entsendungen von

---

*) Ebenso erging Meldung in das große Hauptquartier, wobei Prinz Friedrich Karl um die Erlaubniß bat, das noch bei Bionville stehende 3. Armee-Corps gegen Caulre Ferme vorziehen zu dürfen.

Theilen der II. Armee in nördlicher oder nordwestlicher Richtung nothwendig werden sollten.

Dem 9. Corps war ferner in Bezug auf sein Verhalten im Gefecht die Beschränkung auferlegt worden, daß es zunächst einen Geschützkampf gegen den Feind zu beginnen habe, allein diese Be=schränkung war durch die Lage geboten. Das 9. Corps stand dem Feinde zunächst; es bildete das Pivot der nun beginnenden Bewegung. Der Natur der Sache nach kam es nicht allein am ehesten, sondern selbst e r h e b l i c h früher an den Feind, als das weiter herumschwenkende Garde=Corps. Es war deshalb zu ver=hüten, daß es vorzeitig und noch ehe die Umfassung des feind=lichen rechten Flügels ausgeführt wurde, sich in einen Frontal=kampf gegen die feindliche Ueberlegenheit verwickelte.

In dem Augenblicke, in welchem die II. Armee für diesen Tag eine neue Phase ihrer Thätigkeit betritt, ist es nun zweckmäßig, kurz die Vorgänge bei den einzelnen Corps derselben, während der Morgenstunden, zu verfolgen.

Der Vormarsch der Armee in der Frühe war nicht ohne Schwierigkeiten und unvorhergesehene Hemmnisse verlaufen.

Zunächst fand das 12. Armee=Corps in dem Terrain um Mars=la=Tour so erhebliche Hindernisse für die Entwickelung der Divisionsmassen, daß es durch Mars=la=Tour hindurch noch in Marsch=Colonnen defilirte und sich erst nördlich des Orts in die durch die Dispositionen des Prinzen Friedrich Karl angeordnete Formation setzte.*)

Erst als das Corps sich völlig durch Mars=la=Tour hindurch=gezogen, konnte das Garde=Corps seinen Marsch beginnen. Dieses Corps blieb, der Terrainschwierigkeiten wegen, welche es auf dem ihm vorgeschriebenen Wege in der Richtung auf Doncourt zu überwinden hatte, überhaupt in der schon angenommenen Marsch=Colonnen=Formation. Das 10. Armee=Corps folgte um 10 Uhr früh und führte den Vormarsch in massirten Divisionen aus.

Die Armee gewann bei diesen Verhältnissen in den Morgen=stunden nicht so schnell Terrain, als es in den Absichten des Ober=Befehlshabers gelegen hatte.

Zur Zeit, etwas nach 10 Uhr Morgens, befanden sich die Armee=Corps an folgenden Punkten:

---

*) Die Corps=Artillerie umging Mars=la=Tour westlich.

1. Das 12. Armee=Corps bei Jarny.*)
2. Das Garde=Corps im Anmarsch auf Doncourt.
3. Das 9. Armee=Corps bei Caulre Ferme, Vorposten bis in die Linie Bois des Genivaur=Vernéville=Bois Doseuillons vorgeschoben.
4. Das 10. Armee=Corps und die 5. Cavallerie=Division bei Mars la Tour=Tronville.
5. Das 3. Armee=Corps und die 6. Cavallerie=Division bei Bionville.
6. Das 2. Armee=Corps im Anmarsche von Pont à Mousson gegen Burières.

Aus dieser Stellung begann nun die eben befohlene Rechts=schwenkung der Armee, zunächst ausgeführt durch das 9. und Garde=Corps.

Zu derselben Zeit machten auch die Kenntnisse über Lage und Absichten des Feindes schnelle Fortschritte.

Beim 10. Armee=Corps waren aus Doncourt Leichtver=wundete des Infanterie=Regiments Nr. 16 angekommen, die, am 16. August in Feindes Hand gefallen, dorthin geführt worden waren. Sie gaben nun an, daß am Morgen des 17. August die Franzosen jenen Ort in großer Eile — ohne sie mitzunehmen — geräumt hätten und auf Metz abgezogen seien. Dann kam von dem, am Bois des Ognons den Feind beobachtenden Offizier des Ober=Commandos eine weitere Meldung. Sie lautete:

Waldspitze Gravelotte gegenüber, 10 Uhr 20 Minuten.

„Das Lager hat jetzt eine ganz veränderte Form angenommen."

„Der größte Theil der Truppen hat sich nach beiden Seiten abgezogen, ohne daß die Marschrichtung weiterhin bestimmt wer=den kann. Auf halber Höhe der Böschung, auf der das Haupt=lager etablirt war, ist eine Gefechtsstellung angenommen. Deren rechter Flügel, durch einen Busch gedeckt, läßt sich nicht über=sehen. Gleichzeitig lebhafte Truppenbewegung in nördlicher Rich=tung und etwas lebhafteres Feuer von den Vorposten."

Zur Erläuterung war eine Skizze der französischen Aufstellung auf den Höhen von Le Point du Jour beigefügt.

---

*) Die Avant=Garde im Vormarsch auf beiden Seiten der Orne, die Cavallerie=Division unter Zurücklassung eines gegen Westen und nach Verdun patrouillirenden Regiments im Marsche von Parfondrupt nach Burre.

Dann folgten bald die Meldungen der vorrückenden Corps, und zwar zuerst vom Garde-Corps bei Doncourt, datirt 10 Uhr 25 Minuten:

„Soeben ist das Garde-Corps mit seiner Tête bei Doncourt angekommen, wird sich dort aufstellen und weitere Befehle er= warten."*)

„Die in der Richtung auf Ste. Marie, an der Straße nach Briey, vorgetriebenen Patrouillen haben bis jetzt vom Feinde Nichts gemeldet."

Fast gleichzeitig hiermit übersandte das 9. Armee-Corps folgende, ihm von den Vortruppen der 25. Infanterie-Division eingereichte Meldung:

Auf der Höhe von Batilly, 10 Uhr 25 Minuten.

„Feindliche Patrouillen auf der Höhe von Ste. Marie-Aman= villers, Truppenzüge auf der Hauptstraße, Lager bei St. Privat= la=Montagne, feindliche Patrouillen gehen im Trabe vor."

Das General-Commando des 9. Armee-Corps expedirte die Meldung noch von Caulre Ferme 11 Uhr Vormittags.

Mit diesen wichtigen Angaben fast gleichzeitig ging dann dem Ober-Commando ein neuer Befehl Seiner Majestät des Königs zu.

„Nach den eingehenden Meldungen darf angenommen werden, daß der Feind sich auf dem Plateau zwischen Le Point du Jour und Montigny la Grange behaupten will."

„4 Bataillone des Feindes sind in das Bois des Genivaux vorgerückt."

„Seine Majestät sind der Ansicht, daß es zweckmäßig sein wird, das 12. und Garde-Corps in der Richtung auf Batilly in Marsch zu setzen, um — falls der Feind auf Briey abmarschirt, ihn bei Ste. Marie aux Chênes zu erreichen, falls er auf der Höhe stehen bleibt, ihn von Amanvillers her anzugreifen."

„Der Angriff würde gleichzeitig zu erfolgen haben durch die I. Armee vom Bois de Vaux und Gravelotte aus, durch das 9. Armee-Corps gegen Bois des Genivaux und Vernéville, durch den linken Flügel der II. Armee von Norden her."

10½ Uhr Vormittags.   (gez.) von Moltke.

---

*) Mittlerweile war bekanntlich um 10½ Uhr Vormittags der Befehl des Prinzen Friedrich Karl an das Corps abgegangen, auf Vernéville weiter zu marschiren.

Die Voraussetzungen, welche dieser Allerhöchste Befehl über den Feind machte, stimmten mit den Anschauungen, bie man nunmehr im Ober=Commando der II. Armee gewonnen, völlig überein. Die vom Garde=Corps gegen die große Straße von Briey vorgeschickten Patrouillen hatten keinen Feind gefunden. Auch das 12. Corps, das man mit seiner Masse noch bei Jarny wußte, würde jetzt ganz unzweifelhaft diejenigen Theile der fran= zösischen Armee, die etwa schon am 17. nordwestlich oder westlich abmarschirt gewesen, burch seine Cavallerie entdeckt und darüber gemeldet haben.

Jetzt konnten alle Dispositionen über die II. Armee sich noch entschiedener als die um 10 und 10¼ Uhr ertheilten dem einen Ziele zuwenden, den Feind auf den Höhen dicht westlich von Metz mit allen Kräften anzugreifen und zu schlagen. Die Zweifel waren geschwunden. Es erschien nun auch nicht mehr nöthig, nach anderen Richtungen hin Kräfte in Bereitschaft zu halten, wie es bisher hatte geschehen müssen.

Das Bild der französischen Stellung, von dem man bei den neuen Dispositionen ausging, war übrigens gegen das bisher ge= dachte nur noch wenig verändert.

Der Befehl Seiner Majestät nahm Montigny la Grange als den rechten Flügel der französischen Stellung an. Die Möglichkeit, daß der Feind aber auch jetzt noch versuchen könne, aus dieser Stellung gegen Briey abzumarschiren, war dabei in Betracht gezogen.

Das 9. Armee=Corps hatte gemeldet, daß auch bei St. Privat sich ein feindliches Lager befinde. Diese Meldung war freilich noch durch nichts Weiteres mit Sicherheit bestätigt worden,*) auch

---

*) Zwischen 11 und 12 Uhr hatte das 9. Armee=Corps noch Folgendes gemeldet: Bei Caulre Ferme 10¾ Uhr.

„Ein französischer Arbeiter, bei Saargemünd zu Hause, von Conflans kommend, sagt aus: Am Montag und Dienstag seien einige französische Cavallerie=Regimenter, etwas Infanterie und Artillerie von Metz kommend in Conflans eingetroffen und am Mittwoch Morgen in der Richtung auf Briey abmarschirt."

„Diesseitige Patrouillen melden: „Jouaville nicht besetzt, nördlich davon sollen nach Aussagen von Landleuten Truppenmassen stehen. Recognoscirungs = Patrouillen auf St. Privat la Montagne und Ste. Marie aux Chênes vorgeschoben. Ferner gemeldet, daß nordöstlich Vernéville Cavallerie mit Artillerie steht."

enthielt sie noch keine Andeutung, ob die bort entdeckten Truppen ein Körper von tactischem Gewicht, oder irgend eine schwache Detachirung gewesen seien.

Der Ober-Befehlshaber entschloß sich indeß jener Umstände halber das 12. Armee-Corps jetzt, der Rechtsschwenkung der II. Armee folgend, sogleich weiter nördlich auf die große Straße Metz-Woippy-Briey hinauszuschieben. Es vereinigte sich hiermit noch seine Absicht, die Umfassung des feindlichen rechten Flügels wenigstens mit Detachirungen bis in das Moselthal nördlich Metz auszudehnen. Dort lag zur Zeit die letzte sichere Verbindung der Armee Bazaine mit Frankreich.

Das Garde-Corps sollte — den Allerhöchsten Anordnungen zufolge — mit dem 12. Armee-Corps gemeinsam auf Batilly marschiren. Da Prinz Friedrich Karl das Corps indeß durch seinen Befehl von 10½ Uhr früh bereits gegen Vernéville in Bewegung gesetzt hatte, so bestimmte er nunmehr, daß es von dort aus, oder sich im Vormarsche links schiebend, ohne Aufenthalt sein Ziel Amanvillers erreiche, um dann in südlicher Richtung seinen umfassenden Angriff gegen den feindlichen Flügel auszuführen. Um diesen Angriff, für welchen auf dem schmalen Plateau bei Montigny wenig Raum blieb, wenn es nöthig wurde, zu unterstützen, stand das 12. Armee-Corps nahe genug, auch wenn es auf die Straße Metz-Briey nach Ste. Marie*) dirigirt wurde.

Nunmehr schien es auch Zeit, die bisher in zweiter Linie marschirenden Corps, das 10., 3. und 2., näher an die zunächst zum Angriff disponirten heranzuziehen und sie so aufzustellen, daß sie zur Hand waren, um das Vorgehen in der Front zu unterstützen, wie das 12. Armee-Corps bei Ste. Marie disponibel blieb, den flankirenden Angriff zu verstärken.

Um 11½ Uhr erließ Prinz Friedrich Karl nun folgende Befehle:

1. An das 12. Königlich Sächsische Armee-Corps.

„Das 12. Armee-Corps erhält Befehl, auf Ste. Marie aux Chênes vorzumarschiren, durch Cavallerie gegen Briey und über Conflans zu sichern, und möglichst Cavallerie bis in das Moselthal vorzutreiben, um Eisenbahn und Telegraph nach Thionville zu unterbrechen."

---

*) Die directe Entfernung von Ste. Marie nach Amanvillers beträgt 5500 Schritt.

„Das 7., 8., 9. und Garde=Corps greifen binnen 2 Stunden den Feind an, welcher auf den Höhen von Leipzig bis Bois be Baur, Rücken nach Metz, in Position steht."*)

„In zweiter Linie folgen zur Unterstützung das 3., 10. und 12., sowie das 2. Corps".

2. An das Garde=Corps.

„Der Feind scheint auf dem Höhenrücken von Bois de Baur über Leipzig in Schlachtstellung zu stehen. Das Garde=Corps soll den Vormarsch über Vernéville beschleunigen, bis Amanvillers ausdehnen und von dort aus gegen den feindlichen rechten Flügel zu einem ernsthaften Angriff umfassend vorgehen."

„Das 9. Corps wird gleichzeitig gegen La Folie zum Angriff vorgehen."

„Das Garde=Corps kann auch den Weg über Habonville nehmen. Das 12. Armee=Corps geht auf Ste. Marie."

3. An das 9. Armee=Corps.

„Das Garde=Corps erhält jetzt Befehl, über Vernéville nach Amanvillers, von dort aus eventuell gegen den rechten feindlichen Flügel zum Angriff vorzugehen. Ein ernsthaftes Engagement des 9. Armee=Corps ist, falls vor demselben sich noch die feindliche Front weiter nach Norden ausdehnt, so lange aufzuschieben, bis das Garde=Corps von Amanvillers her angreift. Die Truppen werden wahrscheinlich noch Zeit haben, Kaffee zu kochen."

Um 12 Uhr Mittags gingen ferner die Befehle für das 10. und 2. Armee=Corps ab:

4. An das 10. Armee=Corps.

„Der Feind steht in Position auf den Höhen von Leipzig und Bois de Baur. Er wird heute dort angegriffen:

vom Garde=Corps über Amanvillers,

vom 9. Corps über la Folie,

vom 7. und 8. Corps in der Front.

In zweiter Linie rückt zur Unterstützung nach:

das 12. Corps auf Ste. Marie,

das 10. Corps auf St. Ail.

das 3. Corps auf Vernéville.

das 2. Corps auf Rézonville."

---

*) Um 9½ Uhr früh war der Chef des Generalstabes der I. Armee bei Prinz Friedrich Karl eingetroffen und hatte diesen über die Verhältnisse bei der I. Armee orientirt.

5. An das 2. Armee=Corps.

„Das 2. Armee=Corps marschirt von Buxières auf Rézonville
vor, um als Reserve für den rechten Flügel zu dienen. Die I.
und II. Armee greifen heute den Feind in der Position diesseits
Metz an."

„Es ist Zeit abzukochen, besondere Eile für das Eintreffen
bei Rézonville nicht geboten. Die Sächsische Cavallerie sichert
gegen Verdun."

Die Ereignisse kamen übrigens bald nach Ausgabe der eben
dargelegten Befehle in's schnellere Rollen.

Um 12 Uhr Mittags fielen in der Gegend von Vernéville die
ersten Kanonenschüsse. Das 9. Armee=Corps trat dort in den
Kampf ein. Es war um 10½ Uhr etwa von Caulre Ferme auf=
gebrochen. Seine Avantgarde, über Vernéville gegen La Folie
dirigirt, kam schon bei Chantrenne Ferme in's Gefecht. Die
Masse seiner Artillerie*) entwickelte sich nordöstlich Vernéville
gegen vordringende französische Infanterie und die auf den Höhen
von Amanvillers und Montigny=la=Grange lagernden Massen,
das vom Feinde besetzte Gehöft Champenois vor der Front. Der
commandirende General schob dabei den linken Flügel der Ge=
schützlinie fast bis an die vorderste Ecke des Bois be la Cusse
vor. Ueberraschend schlugen die preußischen Granaten in die
französischen Lager. Bald erwiderte der Feind indessen das Feuer
nicht allein von den Höhen von Amanvillers=Montigny la Grange,
sondern auch aus der Linie St. Privat=Amanvillers. Die wei=
tere Ausdehnung der feindlichen Front über Amanvillers nörd=
lich hinaus wurde sichtbar.

Das französische Infanteriefeuer begann auf größere Ent=
fernung gleichzeitig mit dem Antworten der Geschütze und Mitrail=
leusen auch hier und überschüttete die Batterien des 9. Armee=
Corps mit Geschossen. Dieses Corps zog zum Schutze seiner
Artillerie Infanterie des Gros vor, die damit in den Kampf
hineingezogen wurde.

So aber gestaltete sich dieser durch den Gang der Ereignisse
schnell umfangreicher, als wie es beabsichtigt war.

---

*) Die Artillerie der 18. Infanterie=Division und die Corps=Artillerie
Die Artillerie der 25. (Großherzoglich hessischen) Division trat bald
darauf auch in den Kampf ein.

Nach dem Beginne des Gefechts — etwa um 12½ Uhr Mittags — ertheilte Seine Königliche Hoheit auch dem 3. Armee-Corps Befehl zum Antreten und begab sich dann in die Gegend von Vernéville, woselbst er um 1¾ Uhr Nachmittags auf der Höhe westlich des Ortes seine Aufstellung nahm. Die Ereignisse beim 9. Armee-Corps wurden für die Oberleitung zunächst wichtig. Beim Garde- und 12. Armee-Corps waren übrigens schon vor dem Eintreffen der um 11½ Uhr Vormittags vom Ober-Commando erlassenen Befehle entscheidende Entschlüsse selbstständig gefaßt worden, welche mit jenen Befehlen beinahe genau über-einstimmten. Die betreffenden Nachrichten erhielt Prinz Friedrich Karl noch während des Rittes nach Vernéville.

Das Garde-Corps meldete:

Doncourt, den 18. August 1870, 11¼ Uhr Vormittags.

„Nach einer Meldung der vorgesandten Cavallerie von der Höhe bei Batilly, 10 Uhr 50 Minuten bringen Leute, die soeben von Ste. Marie kommen, die Nachricht, daß französische Infanterie dort liegt, vor Allem aber viel französische Truppen bei St. Privat la Montagne sind. In Folge dessen wird das Garde-Corps zwar dem erhaltenen Befehle gemäß*) sofort von Doncourt aus weiter antreten, jedoch glaubt unter diesen Umständen der commandirende General vorläufig nicht auf Vernéville, sondern auf Habonville marschiren zu sollen.“

„Dem 12. Armee-Corps ist hiervon Mittheilung gemacht worden.“

Vom 12. Armee-Corps lautete die Meldung:

Jarny, den 18. August, 11¾ Uhr Vormittags.

„Der Feind soll bei Moineville und Ste. Marie aux Chênes stehen. Das 12. Armee-Corps geht deshalb gegen diese beiden Punkte vor. Seitendeckung auf Valleroy.“

Dem Garde-Corps war um 11¼ Uhr die Richtung über Habonville frei gestellt worden,**) — dem 12. Armee-Corps Ste.

---

*) D. h. dem Befehle des Ober-Commandos von 10 Uhr 15 Minuten; denn der Befehl von 11½ Uhr Vormittags befand sich, wie eben ge-sagt, zur Zeit, in welcher diese Meldung abgefaßt wurde, noch nicht in der Hand des Garde-Corps.

**) Das Garde-Corps hatte übrigens die Richtung auf Habonville nur mit der 1. Garde-Infanterie-Division und der Corps-Artillerie ein-geschlagen. Die 2. Garde-Infanterie-Division, welche aus der ersten

Marie zum Marschziele angewiesen. Irgend neue oder abändernde Anordnungen des Ober-Commando waren daher keineswegs nöthig.

Von weiteren Beobachtungen über den Feind gab zunächst das Garde-Corps aus Doncourt von 12 Uhr Mittags dem Ober-Commando Kenntniß. Es übersendete diesem eine ihm von seiner Cavallerie zugekommene Meldung:

„Eine Sächsische Cavallerie-Patrouille ist auf französische Cavallerie — 10 Pferde — bei St. Ail gestoßen. Auf dem Wege von Amanvillers nach Vernéville fielen soeben einige Schüsse. Es scheint, daß von St. Privat la Montagne Cavallerie, etwa 2 Eskadrons, Infanterie, etwa 1½ Compagnie, in kleinen Abtheilungen vorgesandt werden gegen Habonville und St. Ail".…

„Französische Infanterie, 2 Compagnien, marschiren auf Ste. Marie. Zwischen Ste. Marie und St. Privat ein Zeltlager, das abgebrochen zu werden scheint."

Diese Meldung selbst datirte: „Höhe bei Batilly, 11½ Uhr Vormittags."

Durch einen Offizier seines Stabes, welcher um das, die Aussicht verdeckende Dorf Vernéville herumritt, erfuhr Seine Königliche Hoheit der Oberbefehlshaber, daß dicht nördlich Amanvillers französische Batterien im Feuer stünden, weiter nördlich gegen St. Privat hinauf aber die Aussicht durch das Bois de la Cusse benommen sei. Von dem hinter einem Höhenzuge gelegenen Amanvillers war nur der Kirchthurm sichtbar gewesen.

Inzwischen hatte der Prinz etwa um 2 Uhr Nachmittags an die Garde-Corps-Artillerie den Befehl geschickt, im Trabe vorzurücken**) und neben, doch nicht im unmittelbaren An-

nördlichen Marschrichtung bei Brubille abbog, marschirte von dort über St. Marcel, Caulre Ferme gegen Vernéville. Auf diesem Marsche begriffen, sah sie der Ober-Befehlshaber, der gerade nach Vernéville hinüberritt, und ließ ihr gleichfalls die Direction auf Habonville zuweisen.

*) Sächsische Cavallerie-Patrouillen waren bei Batilly, Moineville und Valleroy auf schwache feindliche Abtheilungen gestoßen, welche schleunigst abzogen. Ste. Marie ist später um 12½ Uhr noch unbesetzt gefunden und dann von dort aus beobachtet worden, daß starke feindliche Truppenmassen auf den Höhen von St. Privat ständen. Briey ward um 11 Uhr Vormittags vom Feinde frei gefunden.

**) Gleichen Befehl erhielt diese Artillerie bereits durch das Garde-Corps selbst.

ſchluß an die Artillerie-Linie des 9. Armee-Corps aufzufahren.

Um 2 Uhr 5 Minuten war ferner vom 10. Armee-Corps gemeldet, es ſei bei Jouaville angelangt, und ihm auf dieſe Meldung zur Antwort gegeben, ſeine Beſtimmung wäre es, ſich gegen St. Privat zu dirigiren — die Corps-Artillerie vorgezogen. So konnten auch gegen den, ſich noch über Amanvillers hin ausdehnenden, feindlichen Flügel hinreichende Streitkräfte entwickelt werden.

Drei Corps der II. Armee, das Garde 10. und 12. waren dazu verfügbar und im Vorgehen begriffen, während dann als Reſerve für das 9. Corps — bei dem das Gefecht freilich fortdauernd an Heftigkeit gewonnen — noch das ganze 3. Armee-Corps disponibel blieb.

Bald nach 2 Uhr begab ſich Prinz Friedrich Karl über Anoux la Grange nach der Gegend weſtlich von Habonville, um der wichtigen noch nicht gelöſten Frage nach der Stellung des franzöſiſchen rechten Flügels näher zu treten. Von der Höhe von Hobonville aus ließen ſich die ſtarken franzöſiſchen Poſitionen von St. Privat erkennen. Das Bild der franzöſiſchen Schlachtſtellung veränderte ſich erheblich.

Auf dieſem zweiten Standpunkt empfing Seine Königliche Hoheit einen neuen Befehl des großen Hauptquartiers. Derſelbe batirte von der Höhe ſüdlich Flavigny 1¾ Uhr Nachmittags und enthielt folgende Weiſung:

„Vor Bois Doſeuillons ſteht bereits das 9. Armee-Corps im Geſchützkampf."

„Der ernſtliche allgemeine Angriff auf der ganzen Linie wird nicht eher erfolgen, als bis bedeutende Streitkräfte von Amanvillers her vorgehen können."

Augenblicklich hatten ſich nun beim 9. Armee-Corps die Dinge ſchon ſo weit entwickelt, daß ſich demſelben eine abwartende Haltung nicht mehr anbefehlen ließ. Bei dieſem Corps konnte der Contact mit dem Feinde allein das Verhalten der Truppen beſtimmen.

Das Garde-Corps hingegen, das ſeit 1 Uhr Nachmittags in der Gegend von Habonville eintraf,*) war noch vollkommen frei und durch kein Engagement gebunden. Es erhielt Befehl: „das

---

*) Die Abantgarde langte dort ſchon zwiſchen 12 und 1 Uhr an.

Gefecht nur durch Artillerie zu führen, die Infanterie aber erst zu engagiren, sobald das 12. Armee-Corps wirksam in die Action eintreten könne."

Jetzt, da man die weitere Ausdehnung der französischen Positionen bis St. Privat hinauf*) und zugleich deren außerordentliche Stärke erkannte, schien es wichtig, daß der Angriff des Garde- und 12., sowie auch nach Bedarf des 10. Armee-Corps sich gleichzeitig entwickele; hier war auch Raum genug vorhanden, um so bedeutende Heeresmassen verwenden zu können.

Freilich änderte sich mit der größeren Frontausdehnung des Feindes nun auch die Bestimmung der einzelnen Corps.

Das Garde-Corps, bisher für die Umfassung des feindlichen rechten Flügels designirt, mußte jetzt die deutsche Front der französischen gegenüber verlängern. Für jene Umfassung blieb allein das 12. (Königlich Sächsische) Armee-Corps übrig. Durch Hineinschieben des 10. Corps zwischen jene Beiden konnte allerdings die Bewegung noch etwas erleichtert und unterstützt werden.

Ein Zusammentreffen des Prinzen Friedrich Karl mit dem commandirenden General des Garde-Corps gab übrigens noch Gelegenheit, diesen mit den Intentionen Seiner Majestät und des Obercommandos durch mündliche Rücksprache näher vertraut zu machen.

Ehe der weitere Verlauf der Ereignisse verfolgt wird, scheint es zweckmäßig, kurz zu wiederholen, in welcher Lage sich zwischen 2 und 3 Uhr die einzelnen Corps der Armee befanden.

1. Das 9. Armee-Corps stand im Kampfe gegen das feindliche Centrum Amanvillers-La Folie.**)

2. Das Garde-Corps versammelte sich bei St. Ail und Habonville (die 2. Garde-Infanterie-Division vereinigte sich dort völlig bis 2¾ Uhr.)

Die Masse der Artillerie des Corps stand übrigens schon südwestlich St. Ail, den linken Flügel an jenes Dorf gelehnt, auf wirksame Schußweite im Feuer gegen die feindlichen Positionen bei St. Privat. Bis dorthin hatte sich die durch den Pulverdampf bezeichnete Schlachtlinie schnell verlängert.

---

*) Bekanntlich reichten dieselben noch weiter bis Roncourt, doch ließ sich dies auch von Habonville aus nicht erkennen.

**) Vor der Front der Artillerielinie des Corps behauptete sich der Feind bis etwa 3 Uhr Nachmittags in der Ferme Champenois. Um 3 Uhr wurde diese erstürmt.

St. Ail war vom Corps besetzt und die Avantgarde der 1. Garde=Infanterie=Division dirigirte sich gegen Ste. Marie aux Chênes, wohin der Feind gegen 12 Uhr Nachmittags Theile seines rechten Flügels vorgeschoben hatte.

3. Das 12. (Königlich Sächsische) Armee=Corps befand sich im Vormarsche gegen die Linie Ste. Marie=Moineville. Seine Colonnen waren nördlich Batilly sichtbar.

4. Das 3. Armee=Corps traf bei Vernéville ein.

5. Das 10. Armee=Corps kam seit 2 Uhr bei Batilly an und machte dort zunächst Halt.

6. Das 2. Armee=Corps marschirte seit derselben Stunde mit der 3. Infanterie=Division und Corps=Artillerie von Buxiéres, mit der 4. Infanterie=Division von Onville *) aus auf Rézonville vor.

Zunächst begann nun ein Kampf um das Dorf Ste. Marie, das der Feind, wie eben gesagt, jetzt vor seiner Front festhielt. Man sah dort den linken Flügel des Garde=Corps im Gefecht; dies ließ sich vom Standpunkte des Oberbefehlshabers deutlich er= kennen. Ferner erblickte man Sächsische Batterien, welche vom Rande der von Habonville nach Auboué hinabziehenden Schlucht her Ste. Marie unter Feuer nahmen.**)

Von beiden Corps gingen über die von ihnen beabsichtigten Maßnahmen Meldungen ein.

Vom Garde=Corps:

Hinter St. Ail den 18. August 1870, 2 Uhr Nachmittags.

„Die Infanterie der Avantgarde des Garde=Corps steht in und bei St. Ail im Gefecht gegen Ste. Marie, das von feindlicher In= fanterie stark besetzt ist. Die Corps=Artillerie rechts daneben im

---

*) Die Division hatte bei Onville Halt gemacht, da bei Buxiéres, wohin der Befehl des Obercommandos sie gleichfalls wies, gänzlicher Mangel an Wasser das Abkochen verhinderte. Uebrigens kam auch die 4. In= fanterie=Division nicht zum Abkochen, da sie bald wieder zum Weiter= marsche aufbrach.

**) Schon seit 2½ Uhr bereitete die Sächsische Artillerie den Angriff auf Ste. Marie vor. Westlich der Schlucht standen 9, östlich derselben mit dem rechten Flügel an dem Wege St.=Ail= Ste. Marie 4 Batterien. Beim Obercommando der II. Armee entstand übrigens über das Feuer dieser Batterien eine Zeit lang der Zweifel, ob dasselbe nicht die Trup= pen des Garde=Corps gefährde, die schon in Ste. Marie eingedrungen zu sein schienen. Abgesandte Offiziere klärten die Situation auf.

Feuer gegen St. Privat. Das Gros der 1. Garde=Division rückt soeben gegen St. Ail vor. Die 2. Garde=Division, nunmehr bei Habonville eingetroffen, wird vorgehen. Das 12. Corps auf Ste. Marie im Anmarsch, aber noch nicht heran."*)

2. Vom 12. (Königlich Sächsischen) Armee=Corps.

Batilly den 18. August 2 Uhr 30 Minuten Nachmittags. „Das Sächsische Armee=Corps geht mit der 24. Infanterie= Division auf Ste. Marie aux Chênes vor und umgeht mit der 23. Infanterie=Division über Coinville und die zwischen dort und Roncourt gelegenen Hölzchen den rechten französischen Flügel."

(gez.) Albert.

Der Kronprinz von Sachsen hatte, bei Batilly angekommen, die Ausdehnung der feindlichen Stellung auch noch über St. Pri= vat nördlich hinaus bis Roncourt hin zu erkennen vermocht, gleichzeitig auch deren Stärke in der Front und danach selbständig die in seiner Meldung enthaltenen Dispositionen getroffen.

Vom Standpunkte des Oberbefehlshabers bei Habonville aus konnte man nur bis St. Privat hin die französischen Linien sehen. Man hatte dort, wie gesagt, den rechten Flügel des Gegners ge= glaubt. Die Maßnahmen des Kronprinzen von Sachsen waren die erste Andeutung, daß jener sich noch weiter nördlich erstrecke.

Die Meldung war um 3 Uhr Nachmittags beim Obercom= mando angekommen.

Das Gefecht um Ste. Marie ging inzwischen schnell vorwärts; bald ward der Ort von Truppen der beiden engagirten Corps ge= nommen.**)

Dem Obercommando ging hierüber kurz darauf folgende Mel= dung zu:

„Ste. Marie aux Chênes ist genommen."

„3½ Uhr Nachmittags. Verluste gering" 18./8. 72.

(gez.) von Pape.***)

Sobald diese Meldung den Oberbefehlshaber getroffen, schrieb er dem Kronprinzen von Sachsen:

Den 18. August, Nachmittags 3¾ Uhr bei Habonville.

„Eure Königliche Hoheit mache ich darauf aufmerksam, daß

---

*) Dies war, wie erwähnt, bei Eintreffen der Meldung mittlerweile geschehen.
**) 47. Infanterie=Brigade und Avantgarde des Garde=Corps.
***) Commandeur der 1. Garde=Infanterie=Division.

die einzige Verbindung der schlagenden französischen Armee mit Paris im Moselthale auf dem linken Ufer liegt."

„Es ist deshalb für die Entscheidung des Feldzuges von größter Wichtigkeit, daß durch Euer Königlichen Hoheit Cavallerie sobald als irgend möglich Telegraph und die Eisenbahn Metz-Thionville gründlich zerstört und, wenn möglich, das Moselthal occupirt wird." (gez.) Friedrich Karl.

„P. S. Alles geht bis jetzt, Gott sei Dank, sehr gut."

Die Wegnahme von Ste. Marie war indessen noch eine vereinzelte Action, welche der Entscheidung auf dem feindlichen rechten Flügel voranging.*)

Zunächst setzte hier nur die Artillerie den Kampf fort.

Die Sächsischen Batterieen erschienen in einer zweiten Position nördlich von Ste. Marie aux Chênes und begannen dort das Feuer von Neuem.**)

Die große Artillerie-Linie des Garde-Corps, zur Zeit auf 72 Geschütze verstärkt,***) avancirte um 4 Uhr Nachmittags aus ihrer Aufstellung Habonville-St. Ail gegen St. Privat la Montagne. In heftiger Kanonade unterlagen die feindlichen Batterien nach kurzer Zeit. Weder dem Garde- noch dem 9. Armee-Corps gegenüber war die französische Artillerie im Stande, sich zu behaupten. Zwischen 4 und 5 Uhr Nachmittags schwieg sie auf der ganzen Linie von St. Privat bis Montigny la Grange. †)

Die entscheidenden Stunden der Schlacht schienen heranzunahen, ein allgemeiner Angriff schon jetzt gut vorbereitet zu sein.

Den Intentionen Seiner Majestät des Königs entsprechend, hatte der commandirende General des Garde-Corps, Prinz August von Würtemberg, nach der Wegnahme von Ste. Marie mit dem weiteren Infanterie-Angriffe inne gehalten. Die Umgehung des

---

*) Um 11½ Uhr wurde Ste. Marie von einem Generalstabs-Offizier des General-Kommandos 12. Armee-Corps noch unbesetzt gefunden. Kurz nachher schob das 6. französische Corps das 94. Linien-Regiment dorthin vor.

**) 66 Geschütze fuhren an jener Stelle auf, 6 andere nahmen dort zeitweise am Feuer Theil.

***) 5 Batterieen der Corps-Artillerie, 4 der 1. Garde-Infanterie-Division, 3 der 2. Garde-Infanterie-Division. 2 der Garde-Cavallerie-Division trafen später noch dazu ein, so daß alsdann 84 Geschütze thätig wurden.

†) Den äußersten rechten jetzt noch feuernden Flügel der französischen Artillerielinie bei Roncourt vermochte man, wie dies aus dem schon früher Gesagten hervorgeht, vom Standpunkte des Prinzen Friedrich Karl aus nicht zu übersehen.

feindlichen rechten Flügels durch das 12. Armee-Corps sollte zunächst wirksam werden. Jetzt indessen veränderte sich seine Auffassung der Situation in entscheidender Weise.

Das 12. (Königlich Sächsische) Armee-Corps hatte nicht nur
durch seine Recognoscirungen die Ausdehnung der feindlichen
Stellung bis nördlich Roncourt erkannt, sondern es wurde ihm
sogar gemeldet,*) daß auch Montois la Montagne von den Franzosen besetzt sei. In Folge dessen verstärkte der Kronprinz von
Sachsen die den rechten feindlichen Flügel umgehende 23. Infanterie-Division durch eine Infanterie-Brigade und die verfügbare Cavallerie.**) Sollte die Umgehung vom Feinde möglichst
unbemerkt und mit sicherer Aussicht auf entscheidende Resultate
geschehen, so mußte sie unter dem Schutze des steilen Höhen-
randes westlich Montois, im Ornethal an Joeuf vorüberstrei-
fend, ausgeführt werden. Auf diesen Weg verwies der Commandeur der 23. Infanterie-Division***) die ihm zugesandten Verstärkungen.

Damit dauerte es freilich länger, als vorausgesetzt worden
war, bis die Einwirkung der Umgehung sich beim Feinde fühlbar
machte. Etwa um 5 Uhr Nachmittags, also nachdem das Feuer
der feindlichen Artillerie zwischen St. Privat und Amanvillers schon
erloschen war, befanden sich die Umgehungs-Colonnen des 12. Armee-Corps mit den Têten in der Höhe von Hautmécourt.†)

---

*) Durch Cavallerie-Patrouillen des Garde-Corps.

**) 48. Infanterie-Brigade und 2. Reiter-Regiment der 24. Infanterie-
Division, Garde und 3. Reiter-Regiment nebst 1. reitenden Batterie
der 12. Cavallerie-Division.

***) Prinz Georg von Sachsen Königliche Hoheit.

†) Es befanden sich die einzelnen Theile des 12. Armee-Corps im Speciellen
um 5½ Uhr an folgenden Stellen:

1. Die 47. Infanterie-Brigade, welche das Pivot für die Bewegung des Corps bildete, bei Ste. Marie aux Chênes. Nach der
Wegnahme von Ste. Marie aux Chênes war diese Brigade Anfangs
östlich über den Ort hinaus vorgedrungen, dann indessen zurückge-
nommen worden.

2. Die 45. Infanterie-Brigade stand in den Gehölzen westlich
Roncourt im Gefecht gegen die französischen Vortruppen des rechten
Flügels und hinter jenen Gehölzen.

3. Die 48. Infanterie-Brigade nebst der verfügbaren Cavallerie
(18 Eskadrons) und 4 Batterien auf dem Marsche nach Montois, zur
Zeit mit der Tête südlich Hautmécourt.

Für die Action waren bis zur Dunkelheit noch 3 Stunden Zeit zu rechnen. Es wurde deshalb fraglich, ob es überhaupt möglich sein werde, den beabsichtigten combinirten Angriff noch zur Ausführung zu bringen. Ein spät beginnender Angriff konnte leicht ohne Erfolg bleiben. Die Nähe der schützenden Dunkelheit hätte die Energie der Vertheidigung ohne Zweifel gehoben, sie schloß jedenfalls die Verfolgung aus. Das Schweigen der feindlichen Artillerie schien gerade den gegenwärtigen Moment für die Offensive günstig zu gestalten; in 1½—2 Stunden war die Situation vielleicht schon wieder eine andere. Der Stand des Kampfes auf den übrigen Theilen der Schlachtlinie machte zudem den Beginn der Action auch gegen den feindlichen rechten Flügel erwünscht. Truppenbewegungen waren beim Feinde auf den Höhen von St. Privat sichtbar. Es schien, als zögen von dort neue Massen nach der Gegend von Amanvillers-Montigny la Grange. Und doch hatte schon um 4½ Uhr der Ober-Befehlshaber die bisher zu seiner speciellen Verfügung zurückgehaltene 3. Garde-Infanterie-Brigade*) dem 9. Armee-Corps zur Verfügung stellen müssen. Auch die Corps-Artillerie des 3. Corps unterstützte bereits auf Anordnung des Prinzen dort das Gefecht. Sie war zunächst in einer Position zwischen Verneville und dem Bois des Genivaux aufgefahren. Trotzdem war der Stand der Dinge ein sehr ernster.

Daß aber im Verlaufe des Angriffs auf St. Privat, wenn auch nicht mehr beim Beginn, die Einwirkung des 12. Armee-Corps fühlbar werden würde, war außer Zweifel. Es wurde daher mit einem nun schon geführten Offensivschlage auf die Theilnahme dieses Armee-Corps durchaus nicht verzichtet.

Der commandirende General des Garde-Corps entschloß sich zum Angriff auf St. Privat und Prinz Friedrich Carl hieß diesen Angriff gut.

---

4. Die 46. Infanterie-Brigade mit einer Batterie auf dem Marsche von Moineville nach Coinville.

5. Die Corps-Artillerie, verstärkt durch die 2. Fuß-Abtheilung (11 Batterien) unter Bedeckung von 1 Eskadron nördlich Ste. Marie aux Chênes im Feuer gegen Roncourt.

6. 1 Bataillon, 10 Eskadrons zu verschiedenen Detachirungen verwendet.

*) 7 Bataillone, 1 Pionier-Compagnie, 1 Batterie.

Der Prinz vermochte zur Zeit noch nicht zu übersehen, was das 12. Armee=Corps zwang, einen so großen Bogen zu machen. Die Sächsischen Batterien standen in ihrer Position nördlich Ste. Marie aux Chênes im Feuer,[*]) ohne daß man das Ziel, welches sie genommen, erkennen konnte.[**]) Fast war es, als sei das Corps mit einem nördlich in seiner linken Flanke erschienenen Gegner in Berührung, der es am schnellen Vorgehen gegen des Feindes Rechte verhinderte.

Nun aber hegte Seine Königliche Hoheit die Ueberzeugung, daß jedenfalls noch am 18. August die Schlacht entschieden werden müsse. Unmöglich schien's, nach so großen Opfern, wie sie schon gebracht waren, dies auf den folgenden Tag zu verschieben. Ließ man den Feind am Abende in seiner Position, so hatte er es in der Hand, bei Nacht den kurzen Marsch hinter die Forts von Metz zurückzulegen. Dann stand eine noch ziemlich intakte Armee in Metz und das konnte die Lage der deutschen Heerführung sehr erschweren.

Auch die Rücksicht auf die eigenen Truppen trat in den Vordergrund. Die Reihe der mit dem 14. August begonnenen blutigen Kämpfe mußte jetzt ihren Abschluß finden.

Etwa um 5½ Uhr trat das Garde=Corps mit der 1. Garde=Infanterie=Division à cheval der Chaussee Ste. Marie=St. Privat, mit der 4. Garde=Infanterie=Brigade[***]) aus der Gegend von Habonville gegen St. Privat la Montagne an. Das auf kahlen Höhen gelegene aus großen Gebäuden bestehende Dorf bildete den Point de vue für die vorgehenden Massen.

Unter mörderischem Feuer des Feindes stiegen die Bataillone die sanften Höhen hinauf, welche sich wie ein Glacis von dem Dorfe her gegen die Linie Ste. Marie=St. Ail und Habonville hinab senken. Nur hier und dort gewährten Terrainmulden einigen unbedeutenden Schutz.

---

[*]) Es waren dies die 66 Königlich Sächsischen Geschütze, welche auf Roncourt, vom rechten Flügel auch auf St. Privat feuerten.

[**]) Thatsächlich avancirte die Sächsische Artillerie (11 Batterieen) zu dieser Zeit in Echelons gegen Roncourt, eine Bewegung, welche, bei fortwährendem Feuer, aus der Gegend von Habonville nicht zu beobachten war. 5 Batterieen des 12. Armee=Corps nahmen an der Umgehung Theil.

[***]) Die 4. Garde=Infanterie=Brigade trat dabei etwa ½ Stunde früher an, als die 1. Garde=Infanterie=Division.

10*

Mit dem näheren Herangehen erkannte man nun aber immer deutlicher die volle Stärke der Position. Der Feind befand sich in Bezug auf die Ausnutzung seiner Feuerwirkung in einer Lage, wie sie im Feldkriege kaum günstiger gedacht werden kann. Seine Stellung hatte er zudem mit jener Eile und Geschicklichkeit fortificatorisch eingerichtet, welche er in dieser Beziehung im letzten Kriege überall bewies. Die Mauern waren crenelirt und die Krete der Höhen durch Schützengräben gekrönt. Dabei zeigten sich die vertheidigenden Truppen auch viel weniger erschüttert, als man es zuvor annehmen durfte. Das vorbereitende Feuer der Garde=Artillerie hatte bisher die französischen Batterien zum Zielobject gewählt und der Kampf mit diesen ihre volle Thätigkeit in Anspruch genommen. Das Dorf St. Privat selbst und seine Vertheidigung hatten noch nicht davon gelitten. Mit frischen Kräften stand noch die Besatzung in ihren vortrefflichen Deckungen.

Die Verluste der mit seltener Bravour stürmenden Garden wurden schnell außerordentlich groß.

Die Bahnen der Angriffs=Colonnen zeichneten sich durch dicht gesäte Leichen und Verwundete ab.

Immer gefahrvoller und blutiger gestaltete sich der Angriff, bis er endlich zum Stehen kam. Bei der vortrefflichen Disciplin, welche die Truppen indessen bewahrten, wurde es aber möglich, sie dem Feinde hart gegenüber festzuhalten.

Für den demnächst fortzuführenden Stoß wurde so der Weg gekürzt.

Das 12. Armee=Corps verfolgte während dieses heißen Kampfes seine Bahn. Nach sehr bedeutenden Marschleistungen erstieg sein linker Flügel*) um 6 Uhr Nachmittags den Höhenrand bei Montois la Montagne. Dies Dorf wurde jetzt vom Feinde frei gefunden.**) Nun folgte der umfassende Angriff auf Roncourt.

In der Front hatte während des Verlaufs der Umgehung die 45. Infanterie=Brigade feindliche Vortruppen aus dem Holz zwischen Auboué und Roncourt vertrieben und in der östlichen

---

*) Die 48. Infanterie=Brigade.
**) Eine an der Nordostecke des Holzes zwischen Auboué und Montois postirtes Bataillon der 23. Infanterie=Division hatte zwischen 5 und 6 Uhr auf weite Entfernung ein Feuergefecht mit in Montois stehenden französischen Truppen geführt.

lifiere das Erscheinen der 48. Infanterie-Brigade bei Montois erwartet. Nun trat auch sie in's Freie hinaus und drängte die
vorwärts Roncourt befindlichen feindlichen Schützenlinien in fort-
gesetztem Vormarsche zurück. Im Dorfe selbst, wo die Têten
beider Brigaden zusammentrafen, fand kein· eigentlicher Kampf
mehr statt.*) Das Feuer der gleichzeitig mit den Infanterie-
Brigaden avancirten Artillerie hatte bereits eine solche Wirkung
auf des Feindes Truppen geübt, daß er dasselbe verließ. Kurz
vor 6½ Uhr Abends wurde es vom 12. Armee-Corps besetzt, das
nun vom Norden her starke Kräfte gegen St. Privat entwickelte.**) ***)

Der Augenblick zur Erneuerung des Angriffs kam.

Seine Königliche Hoheit der Ober-Befehlshaber hatte auch
dem 10. Armee-Corps, dessen commandirender General zwischen
½5 und 5 Uhr zur Empfangnahme mündlicher Befehle bei Habonville eingetroffen war, Weisung ertheilt, das Vorgehen des Garde-
Corps zu unterstützen.

Das 10. Armee-Corps rückte daher von Batilly gegen St.
Ail heran und sandte zunächst die reitenden Batterien seiner Corps-
Artillerie zur ersten Unterstützung der Garde-Batterien voraus.
Der combinirte Angriff von Theilen aller 3 Corps des deutschen
linken Flügels gegen St. Privat kam nun, durch das bisherige Vor-
gehen des Garde-Corps wesentlich vorbereitet, zur Ausführung.†)

---

*) Siehe Anmerkung weiter unten.†)

**) Die 45. und 48. Infanterie-Brigade und die gesammte Artillerie, welche
bis auf durchschnittlich 1200 Schritt an das Dorf heranging.

***) Einzelne Infanterie-Regimenter hatten schon vor Erreichung der Höhe
von Roncourt die Rechtsschwenkung ausgeführt und avancirten bereits
zu derselben Zeit, als Roncourt angegriffen wurde, selbstständig gegen
St. Privat.

†) Mit dem Angriff des 12. Armee-Corps wirkte der Vorstoß der Garde
insofern günstig zusammen, als er das auf dem französischen rechten
Flügel stehende Corps Canrobert (6.) bewog, seine Kräfte zur Abwehr
nach St. Privat zusammen zu ziehen, auch die Truppen bei Roncourt
zu schwächen und so dem 12. Corps und seinem entscheidenden Angriff
in der Flanke das Vorbringen sehr wesentlich zu erleichtern.
Quesnoy Armée du Rhin pag. 76.
»Il était environ six heures; nous vimes alors en face du
•4ᵉ. corps une épaisse colonne de poussière, qui s'élevait au-
dessus des bois et s'avançait vers Saint Privat; cette poussière ne pouvait être produite que par l'artillerie au galop.
Chacun de nous comprenait que nous allions recevoir le choc du

Die Artillerie des Garde=Corps, die, wie erwähnt, bis zum
1. Angriff durch die Bekämpfung der feindlichen Batterien in An=
spruch genommen war, richtete nunmehr ihre volle Thätigkeit
gegen das Dorf St. Privat.

Vom Standpunkte des Ober=Commando's sah man deutlich,
daß die 4. Garde=Infanterie=Brigade bald zu erneutem Angriff an=
trat. Auf der Höhe südlich des Dorfes läuft, der Krete folgend,
ein Weg entlang, der zur Seite mit einer hohen Hecke besetzt ist.
Von Habonville aus gesehn, machte, wenn man das Terrain nach
der Karte beurtheilt, diese Hecke den Eindruck, als habe man die
Lisiere der Wälder des hohen linken Moselthalrandes vor sich.
Dort nun verschwanden die Bataillone jener stürmenden Brigade,
während man gleichzeitig sah, daß auch der rechte Flügel der 1.
Garde=Infanterie=Division die Höhen unmittelbar am Dorfe zu er=
steigen begann. Dann verhüllte dicker Pulverdampf die Kampf=
scene. Das Feuer einer starken Artillerie=Linie zwischen Roncourt
und St. Privat aber bekundete kurz darauf das Eingreifen des
12. (Königlich Sächsischen) Armee=Corps.

Der Sieg schien dort entschieden. Prinz Friedrich Carl faßte
nun noch einmal die Ausdehnung der Umgehung des feindlichen
rechten Flügels bis in's Moselthal in's Auge.

Um 6 Uhr 40 Minuten Abends schrieb er an den Kron=
prinzen von Sachsen:*)

---

dernier moment selon la tactique prussienne. En effet cet
artillerie ne tarda pas à être en batterie à la hauteur de la
droite du quatrième corps, se reliant avec la gauche du 6e. De
formidables detonations........
»La gauche du 6e. corps fit alors un mouvement rétrograde,
qui s'accentua successivement. Cependant la droite, conduite par
son chef, marcha résolûment sur le village même de St. Privat,
que de fortes colonnes cherchaient à enlever et elles furent vic-
torieusement repoussés avec des pertes considérables. L'artillerie
prussienne dirigea alors le tir de ses pièces sur le village même,
qui en un instant prit feu sur plusieurs points. Trois de nos
batteries essayèrent de s'établir pour y répondre, mais ne purent
y parvenir et comme il devenait impossible, de se maintenir dans
cette position, la retraite fut ordonnée, elle se fit par échelons,
la droite appuyée par le 100e. de ligne et les mouvements de la
cavalerie des généraux du Barail et de Bruchard.

*) Der Befehl wurde vom Bois de la Cusse aus geschrieben.

„Trotz vereinzelter Infanterie-Vorstöße des Feindes*) scheint die Schlacht gewonnen. Es ist von größter Wichtigkeit, trotz der großen Ermüdung der Infanterie noch heute, wenigstens mit einer Infanterie-Brigade des 12. Corps nach Woippy vorzustoßen, um dort die Eisenbahn und Telegraphen sicher zu unterbrechen."

(gez.) Friedrich Carl.

Die Besetzung von Woippy würde, wenn sie sich ermöglichen ließ, von der größten Wichtigkeit gewesen sein, da hiermit der Rückzug der noch auf den Höhen von Amanvillers fechtenden französischen Truppen ernstlich bedroht worden wäre. Allein die Erstürmung jener von Hecken gekrönten Höhe südlich St. Privat war noch ein der Wegnahme des Dorfes vorangehender Act gewesen.

Seine Königliche Hoheit der Kronprinz von Sachsen meldete nämlich an den Prinzen Friedrich Carl zurück:

Abgang den 18. 7 Uhr 10 Minuten.

„Die Cavallerie ist bereits beauftragt worden, die Eisenbahn bei Hagondange und Richemont zu unterbrechen. Außerdem ist Cavallerie mit Pionieren auf Wagen über Briey zu gleichem Zweck entsendet worden."**)

„Da St. Privat noch nicht genommen und also der Weg nicht frei ist, so wird die Brigade über Roncourt und Marange auf Mézières entsendet werden."***) (gez.) Albert,

Kronprinz, General der Infanterie.

_____

*) Diese fanden zur Zeit namentlich am Bois be la Cusse dem 9. Armee-Corps gegenüber statt.

**) Um 4 Uhr Nachmittags rückten 2 Eskadrons der 12. Cavallerie-Division von Auboué aus, dem Thal der Orne folgend, nach Richemont und Bahnhof Uckange, etwa 1 Meile südlich Thionville und zerstörten dort spät Abends, ohne hier oder auf dem Rückmarsche etwas vom Feinde zu sehen, die Eisenbahn Metz-Thionville. Viele auf dem Wege vorgefundene Verhaue erschwerten den Marsch derartig, daß häufig die Eskadrons nur abgesessen zu Einem hindurchzukommen vermochten. Das zwischen 4 und 5 Uhr Nachmittags nach Merch le Bas abgeschickte Pionier-Detachement auf Wagen erreichte dort die Eisenbahn Thionville-Longuyon, am 19. August des Morgens 2½ Uhr (nach einem Marsche von 4—5 Meilen). Die Zerstörung wurde, wegen eines von Thionville signalisirten Militärzuges beschleunigt. Alle passirten Ortschaften waren vom Feinde frei. Das Detail über diese Expeditionen wurde dem Ober-Commando natürlich erst im Verlaufe der nächsten Tage bekannt. Siehe weiter unten.

***) Thatsächlich konnte das 12. Corps die Brigade erst am 19. August früh in Marsch setzen.

Die Dunkelheit war inzwischen nahe herangekommen und mit ihr der Augenblick für die Verwendung der noch verfügbaren Reserven zur letzten Entscheidung.

Gegen 7 Uhr schon hatte Prinz Friedrich Carl dem General von Manstein eine Infanterie-Brigade des 3. Armee-Corps als Verstärkung angeboten. Um 7 Uhr 10 Minuten gestattete er dem commandirenden General dieses Corps, auf dessen wiederholtes Ansuchen, auch mit den 3 übrigen Brigaden rechts des Bois de la Cusse in den Kampf einzugreifen.

Um 7 Uhr 15 Minuten sandte er an den commandirenden General des 10. Armee-Corps den Befehl, nach eigenem Ueberblick vorzugehen, wobei Seine Königliche Hoheit es für das Beste hielt, wenn eine Division zwischen der Garde und dem 12. Armee-Corps eingriffe, die andere dann als Reserve hinter den linken Flügel des 9. Corps rücke.

Diesem Befehl war das 10. Armee-Corps mittlerweile schon durch das Eingreifen in den Kampf um St. Privat zuvorgekommen.

Das 2. Armee-Corps hatte ferner um 6½ Uhr Abends gemeldet, es stehe mit der 3. Infanterie-Division seit 4 Uhr, mit der 4. Division seit 6 Uhr bereit zum Eingreifen in die Schlacht und war vom Prinzen Friedrich Carl an die directen Befehle Seiner Majestät des Königs gewiesen worden. Nunmehr, um 7 Uhr 20 Minuten stellte Seine Königliche Hoheit es dem commandirenden General anheim, gleichfalls nach seinem eigenen Ueberblick schnell in die Action einzugreifen und dem Könige darüber zu melden.

Auch beim 2. Armee-Corps hatten inzwischen die Ereignisse schon ihren Gang genommen.

Der Ober-Befehlshaber hatte in dieser Zeit seine Aufmerksamkeit dem im Centrum fechtenden 9. Armee-Corps zugewendet, wo der Kampf immer noch heftig hin und her wogte, und sich nach dem Bois de la Cusse begeben. Um dieselbe Zeit etwa, aus der die letzte Meldung des Kronprinzen von Sachsen datirte, kehrte er indessen noch einmal auf den alten Standpunkt bei Habonville zurück. Noch verhüllte der Pulverdampf die Höhe von St. Privat. Der entscheidende Sieg aber markirte sich bald durch die Rechtsschwenkung der großen Artillerie-Linie des Garde-Corps und der Corps-Artillerie des 10. Armee-Corps, neben denen dann zwischen

St. Privat und dem Walde sächsische Batterien erschienen. Das Auf=
blitzen der einzelnen Schüsse zeichnete die Linie genau ab, die zu
der früheren Position der Batterien fast einen rechten Winkel
bildete. Das Feuer richtete sich gegen die Flanke des französischen
Centrums bei Amanvillers.

Dem concentrisch geführten Vorstoße hatte der französische
rechte Flügel nicht Stand zu halten vermocht. Das Garde= und
12. Armee=Corps waren nach blutigem Kampfe von der West=, Nord=
und Südseite in St. Privat eingebrochen. Vom 10. Armee=Corps
war zur Unterstützung außer der Corps=Artillerie noch die 20.
Infanterie=Division dem Garde=Corps gefolgt und Theile dieser
Division nahmen am Kampfe im Dorfe Antheil. Zwischen 7½
und 8 Uhr wurde der letzte Widerstand in Häusern und Gehöften
beseitigt. Die Colonnen des Feindes flutheten unter dem Feuer
der deutschen Batterien gegen Metz zurück.[*] Dem linken Flügel
des 12. Armee=Corps[**] war es inzwischen auch gelungen, den
Waldrand sowie die Carrières de Jaumont zu nehmen, und den
Feind nach Bronvaux hin zu verfolgen. Den Waldrand quer
über die Straße St. Privat=Saulny hinweg hielt jener indessen
mit bedeutenden Kräften fest. Französische Batterien waren hier
noch in der Dunkelheit im Feuer.

Als Prinz Friedrich Carl aus der Bewegung der Artillerie
die feste Ueberzeugung gewonnen hatte, daß die Umfassung und
Zertrümmerung des feindlichen rechten Flügels nunmehr voll=
kommen durchgeführt sei, kehrte er abermals zum 9. Armee=
Corps zurück.

Gelang es in diesem Augenblick, auch das Centrum des Fein=
des bei Amanvillers über den Haufen zu werfen, so mußten die
Resultate des Tages trotz der einbrechenden Nacht noch bedeutend
werden.

Das Antreten des Garde=Corps gegen St. Privat war nun
für das 9. Corps das Signal zur Offensive gewesen. Um jene
Zeit schwieg, wie früher gesagt worden ist, selbst dem 9. Armee=
Corps gegenüber das Geschützfeuer der Franzosen fast ganz. Der
commandirende General ließ den Ober=Befehlshaber hiervon, so=
wie darüber, daß der Kampf zur Zeit gut stände und Terrain

---

[*] Auch die Batterien der 19. Infanterie=Division fanden hierbei noch
 Gelegenheit zur Theilnahme am Kampfe.

[**] Bataillone der 48. Infanterie=Brigade.

gewonnen würde, unterrichten.*) Im Verein mit der dem Ge=
neral von Manstein unterstellten 3. Garde = Infanterie = Brigade
ging nun das Corps zum Sturme gegen die Höhen von
Amanvillers vor. Allein der Feind leistete hartnäckigen Wider=
stand, bei dem er selbst Gegen=Offensivstöße unternahm. Noch in
dem nämlichen Augenblicke, als Seine Königliche Hoheit der Ober=
Befehlshaber zum zweiten Male auf das Gefechts = Feld des 9.
Armee=Corps zurückkehrte, war das Gewehrfeuer sehr heftig. Erst
mit völligem Einbruch der Dunkelheit wurden die Terrainwellen
westlich Amanvillers unter blutigem Gefechte genommen. Am
Bois des Genivaux dagegen gelang es dem rechten Flügel des
9. Corps nicht, den Feind ganz zu werfen. Dort stand das Ge=
fecht an einer breiten Lichtung vorwärts Chantrenne. Auch hier
unternahm der Gegner seinerseits wiederholte Offensivstöße, wurde
dabei indessen jedesmal völlig abgewiesen.

Die Kämpfe des 9. Armee=Corps hatte das 3. Armee=Corps,
wie erwähnt, durch Artillerie unterstützt.**)

General von Alvensleben war, nachdem ihm das Eingreifen
mit der Infanterie des Corps gestattet, im Begriff, auch die
übrigen Theilen seines Corps vorzuführen, um nun hier die
Dinge durch eine letzte mit möglichst starken Kräften geführte
Offensive zum Austrag zu bringen. Da geboten ihm Meldungen
aus seiner rechten Flanke, von diesem Vorhaben noch abzustehen.
Der Kampf hatte weiter rechts vor der Front der I. Armee gerade
jetzt plötzlich neue Heftigkeit gewonnen. Die Nachrichten, welche
man beim 3. Armee=Corps von dort her erhielt, ließen annehmen,
daß der Feind Offensivstöße auf seinem linken Flügel versuche,
wie dies bei Moscou=Le Point du Jour thatsächlich der Fall
war, und den Stoß dabei auch gegen das Bois des Genivaux richte.
General von Alvensleben hielt deshalb in der schon eingeleiteten
Bewegung inne, um die Kräfte seines Corps für die etwa nöthige
Abwehr jenes Angriffs verfügbar zu machen. Ehe sich die Situa=
tion aufklärte, war aber die kurze Zeit bis zum völligen Einbruche
der Dunkelheit verstrichen und der Kampf auch im Centrum be=
endet.

*) Durch einen Generalstabs=Offizier des Ober=Commandos, der sich gerade
  bei General von Manstein befunden.
**) Die zuerst vorgezogene Corps = Artillerie des 3. Corps war im Laufe
  der Schlacht auf 10 Batterien verstärkt worden.

Auf dem rechten Flügel der deutschen Schlachtlinie, wo seit Mittag die anwesenden Theile der I. Armee gegen die französischen Positionen von Le Point du Jour, Moscou und Leipzig fochten, war jetzt auch das 2. Armee=Corps in den Kampf eingetreten.

Dieses Corps hatte, wie es gemeldet, Nachmittags Rézonville nach einem Marsche von 5 deutschen Meilen erreicht und dort gegen Abend den directen Befehl Seiner Majestät des Königs erhalten, bis Gravelotte vorzugehen, um daselbst zur Unterstützung der I. Armee mitzuwirken. Zunächst hatte ein Theil seiner Artillerie in die Schlacht eingegriffen; bei Einbruch der Dunkelheit ging es mit Allerhöchster Genehmigung zum Infanterie=Angriffe gegen die Höhen von Le Point du Jour vor.

Die Action des Corps fällt damit in den Bereich der Ereignisse bei der I. Armee.*)

Das Eingreifen des II. Armee=Corps hatte dort dem Kampfe im letzten Augenblicke der Schlacht die große Heftigkeit gegeben, welche man beim 3. Corps vernommen und welche bei diesem die Erwartung der feindlichen Offensive, den Grund zur Aenderung der gefaßten Entschlüsse, noch gestärkt hatte.

Um 8½ Uhr Abends schwieg bei der II. Armee der Kampf allgemein, nur hier und dort fielen noch einzelne Schüsse. Dichte Finsterniß, — allein durch den Schein der brennenden Dörfer unter brochen — lagerte sich über die Wahlstatt.

Prinz Friedrich Carl gab nunmehr folgenden Armeebefehl aus:

„Auf dem Schlachtfelde 8½ Uhr Abends, den 18. August 1870."

„Die Armee=Corps werden auf den Stellen, auf welchen sie sich bei Beendigung des Gefechts befanden, Bivouac's beziehen, Infanterie=Vorposten aussetzen, die die Verbindung mit den Nebencorps aufzunehmen haben, und werden darauf gefaßt sein müssen, daß ein verzweifelter Feind versucht, sich durchzuschlagen."

„Morgen früh 5 Uhr sind die Generalstabschefs aller 5 Corps in Caulre an der Chaussee, um Seiner Königlichen Hoheit dort zu melden, wo die Corps stehen und weiteren Befehl zu empfangen."

„Das 12. Armee=Corps wird nochmals auf die Wichtigkeit hingewiesen, den Punkt Woippy zu erreichen."**)

---

*) Siehe von Schell, Operationen der I. Armee unter General von Steinmetz.

**) Siehe Seite 158.

„Das Hauptquartier geht für die Nacht nach Doncourt."

(gez.) Friedrich Carl.

Nach Ausgabe dieses Befehls ritt Seine Königliche Hoheit mit seinem Stabe nach Doncourt.

Die Verluste der II. Armee in der Schlacht vom 18. August beliefen sich auf 818 Offiziere 19,759 Mann an Todten, Verwundeten und Vermißten (1 Offizier 939 Mann).*) Davon entfielen auf die II. Armee — das 2. Armee=Corps, dessen Verlust auf dem Gefechtsfelde der I. Armee bei St. Hubert 45 Offiziere 1311 Mann betrug, eingerechnet — 617 Offiziere 15,711 Mann. Die Einbuße des Garde=Corps wieder machte die Hälfte dieser Ziffer aus, nämlich 288 Offiziere 7831 Mann. 2 Geschütze des 9. Armee=Corps waren bei dem kühnen Vorgehen der Artillerie am Bois de la Cusse dem Feinde in die Hände gefallen.

Mit diesen Opfern aber war ein großer Erfolg errungen, der sich schon am Abende des 18. August im Wesentlichen aus der ungünstigen strategischen Lage ermessen ließ, in welcher sich die feindliche Armee befand, als sie geschlagen wurde. Auf die Würdigung der Bedeutung, welche der erfochtene Sieg besaß, wird weiter unten näher eingegangen werden.

Der Vormittag des 19. August.

Am 19. August des Morgens standen die einzelnen Theile der II. Armee an folgenden Punkten.

1. Das 2. Armee=Corps auf dem Schlachtfelde der I. Armee in der am Abende des 18. genommenen Position auf den Höhen von Le Point du Jour=Moscou Ferme (eine Division des Corps noch rückwärts des Defilee's von St. Hubert) H.=Q. Gravelotte.

2. Das 9. Armee=Corps im Bois de la Cusse und mit dem rechten Flügel bei Chantrenne Ferme, sowie zwischen beiden Oertlichkeiten H.=Q. Habonville.

3. Das 3. Armee=Corps bei Vernéville, eine Infanterie=Brigade bei Doncourt. H.=Q. Vernéville. Die 6. Cavallerie=Division zwischen St. Marcel und Caulre Fe.

4. Das Garde=Corps bei St. Privat und zwischen diesem Orte und Ste. Marie. H.=Q. im Bivouak östlich Ste. Marie.

---

*) Hiervon war nur ein geringer Theil in Feindes Hand gefallen.

5. Das 10. Armee-Corps mit der 20. Infanterie-Division bei Roncourt-St. Privat, mit der 19. Infanterie- und der 5. Cavallerie-Division bei St. Ail. H.-Q. St. Ail.

6. Das 12. (Königlich Sächsische) Armee-Corps mit dem linken Flügel bei Malancourt-Roncourt mit dem rechten bei St. Privat, dies Dorf, das zur Zeit noch brannte, vor der Front, Haupt-Quartier Roncourt.

Das 12. Armeecorps hatte die ihm übertragenen Zerstörungen der Eisenbahnverbindung von Metz über Thionville ausgeführt.*) Die vom Kronprinzen von Sachsen beabsichtigte Entsendung einer Brigade über Marange nach Mézières war jedoch am 18. unterblieben, weil die örtliche Entscheidung bei St. Privat in zu später Stunde fiel. Am 19. in aller Frühe setzte sich dagegen die Brigade in Marsch, erreichte zu Mittag Mézières und führte dort abermals eine gründliche Eisenbahnzerstörung aus.

Rechts neben der II. Armee stand die I. mit dem 7. Armee-Corps beim Bois de Vaux (eine Infanterie-Brigade des Corps bei Jussy-Ste. Ruffine), mit dem 8. Armeecorps in Reserve bei Gravelotte mit der 1. Cavallerie-Division bei Rézonville. Das 1. Armee-Corps hatte am 18. eine durch Artillerie verstärkte Infanterie-Brigade an das rechte Moselufer, Vaux gegenüber, vorgeschoben, der Rest des Corps stand bei Bahnhof Courcelles und Laquenexy zur Sicherung der rückwärtigen Verbindungen für die vor Metz kämpfenden Armeen. Die 3. Cavallerie-Division bewachte die Linie Augny-Marly s. Seile.

Im Laufe des 19. August traf ferner östlich Metz die Division von Kummer (3. Reserve-Division) ein, doch war diese Thatsache im Haupt-Quartier der II. Armee zu jener Stunde noch nicht bekannt.

Am frühen Morgen des 19. August handelte es sich nun zunächst darum, klar zu werden, ob der Feind noch an irgend einer Stelle auf dem Schlachtfelde des 18. Stand hielt. Von der Wahlstatt mußte er jedenfalls vertrieben und unter den Schutz seiner Forts geworfen werden.

Dahin lauteten auch die mündlichen Befehle, welche Seine Königliche Hoheit um 5 Uhr früh zu Caulre Ferme ausgeben ließ. Den in erster Linie stehenden Corps ward die Aufgabe, zu er-

---

*) Siehe Anmerkung auf Seite 151.

mitteln, wo der Feind sich vor ihnen, außerhalb des Bereiches der Forts, noch widerstandsfähig fände. Dort sollte er angegriffen und unter die Kanonen der Festung zurückgetrieben werden. Die Wegnahme von Punkten, welche von jenen indeß beherrscht wurden und die nur unter großen Opfern zu erstürmen waren, hatte zu unterbleiben.

Dadurch, daß die Flügel der Armee gegen Metz herumschwenkten, während die Mitte hielt, konnte nach Anschauung des Ober-Commando's der Feind am leichtesten gezwungen werden, sich enger um seine Forts zu concentriren. So sollten sich namentlich das Garde- und 12. Corps Metz nähern, die linke Flügeldivision des 12. im Moselthale noch bis zum Bois de Woippy vordringen, dasselbe besetzen und behaupten.

Sobald diese Anordnungen getroffen waren, ritt Prinz Friedrich Carl nach dem Bois de la Cusse zum 9. Armee-Corps, nachdem an des Königs Majestät durch einen aus dem großen Hauptquartier eingetroffenen Generalstabsoffizier Bericht erstattet worden war.

Unterwegs hatte der Oberbefehlshaber die Meldung der 18. Infanterie-Division erhalten, daß der Feind am frühen Morgen im Bois des Genivaux auf den Höhen östlich des Mancebaches noch gestanden. Derselbe begann indessen bald auch diese zu räumen. Vom 9. Armee-Corps kamen in kurzer Zeit Meldungen, daß er unter dem Schutze einer schwachen Besetzung von Leipzig und La Folie nach Châtel hin abzöge.

Um nähere Aufklärung über die Stellung und das Verhalten der französischen Armee zu gewinnen, hatte Prinz Friedrich Carl 2 Offiziere seines Stabes abgeschickt. Der eine ritt um 7 Uhr über Chantrenne Ferme nach der östlich davor gelegenen Waldecke, fand hier nichts vom Feinde, auch Montigny la Grange leer und beobachtete französische Infanterie-Abtheilungen und Wagen, welche über die Lichtung der waldigen Höhe von Plappeville nach Metz abzogen. Am Rande der Waldschlucht von Châtel St. Germain, da, wo der Weg von La Folie in diese fällt, hielt indeß noch eine feindliche Feldwache, die sich sehr aufmerksam erwies.

Auf dem Rückwege fand er bereits La Folie, Leipzig, Moscou vom Feinde frei, den letzten Ort selbst schon von Truppen des 2. Armee-Corps besetzt. Er sah ferner den Westabhang des Mont

St. Quentin bei Leſſy mit feindlichen Truppen bedeckt, die dort ein Lager errichteten.

Der andere Offizier, der um 7½ Uhr früh entſandt worden, fand Amanvillers, wenn auch dieſſeits noch nicht beſetzt, ſo doch vom Feinde frei, ebenſo ein franzöſiſches Lager daneben, ſowie auch Montigny verlaſſen.

Da die Flügel der II. Armee allmählich gegen Metz herum=ſchwenken ſollten, erhielt nunmehr um 8½ Uhr früh das Garde=Corps Befehl, durch ein Detachement Amanvillers und Mon=tigny la Grange zu beſetzen.

Der völlige Abzug des Feindes konnte, als Seine Königliche Hoheit die Meldungen jener Offiziere empfing, nicht mehr zweifel=haft ſein.*) Der Feind hatte die Höhen, die er am 18. ſo hart=näckig vertheidigt, am frühen Morgen des 19. Auguſt nur noch vorübergehend feſtgehalten, um ſeinen Rückzug zu decken. Eine Erneuerung der Schlacht ſtand nicht in Ausſicht.

Sobald dieſe Ueberzeugung gewonnen war — noch vor 9 Uhr früh — ritt Seine Königliche Hoheit zum großen Hauptquartier nach Rezonville hinüber, um dort die weiteren Befehle des Königs in Empfang zu nehmen.

———

Die Befehle Seiner Majeſtät ſollten die Lage der Armeen völlig verändern; denn naturgemäß theilten ſich die Aufgaben der vor Metz verſammelten deutſchen Streitkräfte in dieſem Augenblicke nach divergirenden Richtungen.

Zwiſchen den Forts der Feſtung Metz war das Gros der franzöſiſchen Feld=Armee eingeſchloſſen. Es mußte dort feſtgehal=ten und bezwungen werden. Dies war das eine Ziel. Das an=dere blieb im Innern von Frankreich zu erfüllen. Dorthin hatte ſich die im Elſaß geſchlagene Armee Mac Mahon's gewendet, welche ohne Zweifel den Kern für die Organiſation des ferneren Widerſtandes bildete, als deſſen hervorragendſte Rüſtplätze man zur Zeit das Lager von Châlons und die Hauptſtadt Paris an=ſehen mußte. Nur dort konnte Frankreich völlig entwaffnet und der Frieden dictirt werden.

———

*) Amanvillers war übrigens ſchon in der Nacht von franzöſiſcher Seite nicht mehr beſetzt geweſen, nur Verwundete und Verſprengte hatten ſich dort noch aufgehalten.

Hierfür war zuvörderſt die III. Armee verfügbar, welche, auf der Verfolgung ihres Gegners begriffen, während der Kriſe bei Metz weiter gegen Weſten vorgedrungen war. Iſolirt erſchienen die Kräfte dieſer Armee indeſſen der Schwierigkeit der Aufgabe nicht gewachſen. Es wurde nöthig, ſie durch alle diejenigen Heeres= theile zu verſtärken, welche bei Metz irgend erübrigt werden konn= ten. Freilich hatte man augenblicklich in Metz nicht nur den ſtärkſten, ſondern wohl auch den tüchtigſten Theil der militäriſchen Kräfte Frankreichs vor ſich, allein die günſtige tactiſche Lage, in der ſich die ſiegreiche Armee nach manchen Richtungen hin ſpäteren Durchbruch= verſuchen des Feindes gegenüber befand, mußte gleichfalls in An= ſchlag gebracht werden.

Ein Armee=Corps, das 4., war ohnehin durch den Gang der Ereigniſſe von den gegen Metz operirenden Armeen getrennt wor= den und konnte leicht abgezweigt werden.

Dann ließen ſich auch die Corps des linken Flügels der II. Armee löſen und durch eine Linksſchiebung der Nachbar=Corps er= ſetzen.

Demnach enthielten die Befehle, welche aus dem großen Haupt=Quartier Vormittags um 11 Uhr von der Höhe vor Fort St. Quentin erlaſſen wurden, mit Bezug auf die Verhältniſſe bei Metz Folgendes:

„In Betracht, daß die auf Metz zurückgeworfene franzöſiſche Armee den Verſuch wagen könnte, ſich weſtlich durchzuſchlagen, wird es angemeſſen ſein, 6 Armee=Corps am linken Moſelufer ſtehen zu laſſen, welche ſich dieſem Vorgehen auf dem geſtern er= oberten Höhenrücken widerſetzen können. Am rechten Ufer ver= bleiben 1 Armee=Corps und die Reſerve=Diviſion, welche einem überlegenen feindlichen Angriffe, wenn nöthig, auszuweichen haben."

„Seine Majeſtät beſtimmen für dieſe Einſchließung außer der I. Armee und der 3. Reſerve=Diviſion das 2., 3., 9. und 10. Corps."

„Der zur Vertheidigung beſtimmte Höhenrücken iſt fortifi= catoriſch herzurichten und können übrigens Cantonnements rück= wärts bis zur Orne bezogen werden."

Aus den von der II. Armee abgetrennten 3 Corps und 2 Cavallerie=Diviſionen*) formirte ſich unter des Kronprinzen von

---

*) Garde=Corps, 4. Armee=Corps, 12. (Königlich Sächſiſches) Armee= Corps, 5. und 6. Cavallerie=Diviſion (die letzte mit Ausnahme des vor Metz verbleibenden Zieten'ſchen Huſaren=Regiments).

Sachsen Königlicher Hoheit eine Armee=Abtheilung, welche später den Namen Maas=Armee annahm und deren Theile sofort in Cantonnements westlich der Orne und des Yron zu verlegen waren. Alle vor Metz verbleibenden Streitkräfte wurden Seiner Königlichen Hoheit dem Prinzen Friedrich Carl unterstellt.

Mit 4 Corps der II. Armee, den 3 Corps und 2 Cavallerie= Divisionen der I. Armee, sowie der jetzt zur deutschen Operations= Armee hinzutretenden 3. Reserve=Division begann der Prinz nun= mehr die Lösung der ihm neu gestellten Aufgabe. Diese Lösung erblickte er aber nur darin, daß die französische Armee in Metz bei allen Versuchen, sich zu befreien, wieder in die Festung zu= rückgeworfen, von allen Hilfsmitteln abgeschnitten und so endlich gezwungen werde, die Waffen zu strecken.

Die Größe dieser Aufgabe wurde nicht verkannt.

Man berechnete im Haupt=Quartier des Prinzen die Armee des Marschall Bazaine auf 120,000 Mann in runder Summe. Selbst, wenn diese Ziffer, die sich später als erheblich zu gering erwies,*) richtig gewesen, so stand der Einschließungs=Armee dennoch keine große numerische Ueberlegenheit zu Gebote. Diese zählte nach allen Verlusten und Abgängen etwa 160,000 Mann in der Front, vertheilt auf die lange Linie rings um die Forts der Festung herum. Wo der Feind auch vorbrechen mochte, hatte er daher zunächst stets eine große Ueberlegenheit an Zahl für sich. Unter dem Schutze der Forts aber konnte er sich ungestört concentriren und seine Vorbereitungen treffen.

Während nun die III. und Maas=Armee einer Mission entge= gen gingen, die nach der Anschauung jener Tage große Triumphe unter verhältnißmäßig geringen Opfern versprach, ließen sie hier vor Metz die Truppen auf Schlachtfeldern zurück. Die Dörfer auf denselben waren fast zur Hälfte durch den Kampf in Brandstätten verwandelt, die Häuser, die erhalten geblieben, von Verwundeten überfüllt. Alles, was die Ortschaften der Subsistenz der Armee hätten bieten können, verschwand schon in den Schlachttagen. Selbst an Wasser fehlte es, zumal auf dem Plateau am linken Mosel= ufer. Tausende von Menschen= und Pferdeleichen, die theils noch gar nicht, theils nur wenig sorgfältig bestattet waren, machten die Luft ungesund. Dieselben Bilder, welche die Truppen in den

---

*) Am 29. October capitulirten in Metz 173,000 Mann.

letzten blutigen Tagen umgeben hatten, blieben ihnen auch ferner vor Augen und es trat für sie keinerlei Wechsel ein, wie er nach solchen Ereignissen immer wohlthätig wirkt. Auch die Spannung bestand weiter; denn man erwartete in nächster Zeit den ersten Versuch des Feindes, sich zu befreien und von den einzelnen Truppentheilen, welche nur das sahen, was unmittelbar vor ihnen sich ereignete, mußten alle Bewegungen beim Feinde als die mögliche Einleitung zum Angriffe erscheinen. Der Erhaltung der Armee in schlagfertigem Zustande, der Verstärkung ihrer Defensivlinien, der guten Verbindung zwischen ihren einzelnen Theilen, um schnelle gegenseitige Unterstützung möglich zu machen, mußte daher hauptsächlich die erste Thätigkeit des Ober-Commando's zugewendet werden. Eine Reihe auf diesem Gebiete zu überwältigender Schwierigkeiten ließ sich voraussehen.

Es bleiben hier die Ereignisse beim 4. Armee-Corps nachzuholen, das seit dem 16. August, von der Armee getrennt, seinem besonderen Auftrage gefolgt war. Der Armee-Befehl vom 15. August wies, wie es seiner Zeit dargestellt worden ist, diesem Corps für den 16. August les Saizerais als Marschziel an, wohin das Corps von Marbache her marschirte. Nach, am 15. August beim Ober-Commando der II. Armee eingegangenen, Meldungen der Garde-Cavallerie, deren Patrouillen, ohne Verluste zu erleiden, bis in die Vorstadt von Toul gelangt waren, schien es möglich, diesen wichtigen Platz durch Handstreich zu nehmen. Am 16. früh wurde deshalb das 4. Armee-Corps vom Ober-Commando auf jene Möglichkeit aufmerksam gemacht. Die hohe Wichtigkeit, welche der Besitz von Toul für die weiteren Operationen gegen Westen gehabt hätte, lag klar auf der Hand. Das General-Commando des Corps hatte sich deshalb auch bereits selbstständig entschlossen, einen Versuch gegen die Festung zu wagen. Es ließ die Avantgarde von Jaillon her gegen den Platz vorgehen und diesen von 12 Uhr Mittags ab durch Batterien des Corps, bald auch von Artillerie des südlich vorüberziehenden rechten Flügels der III. Armee unterstützt, beschießen. Ein Anlauf von Infanterie führte nicht zu dem gehofften Resultate, und nach 3stündiger Beschießung stellte man das Feuer wieder ein. Die Avantgarde des 4. Corps kehrte dann nach Jaillon zurück. General von Alvensleben I.

glaubte troß diefes erften gefcheiterten Verfuches dennoch bei ftär=
ferer Entwicklung von Feld=Artillerie feines Corps am 17. Auguft
zum Ziele gelangen zu können. Er fragte deshalb beim Ober=
Commando an; fein Schreiben traf den Prinzen indeffen erft am
17. Auguft auf dem Schlachtfelde von Vionville. In jenem Augen=
blicke nun, in welchem man fich gerade in einer ftrategifchen Kri=
fis befand, fchien es nicht zweckmäßig, auch das 4. Corps vor
Toul zu engagiren, um fo weniger, als neben ihm nur die Garde=
Ulanen=Brigade zurückgeblieben war, um auf St. Mihiel gegen
die Maas zu ftreifen.

Das Corps erhielt deshalb vom Ober=Commando den Befehl,
wie dies in der Schilderung der Ereigniffe des 17. Auguft ange=
führt worden ift, auf der Linie Boucq=Sanzey=Jaillon ftehen zu
bleiben, mit feinem Haupt=Quartier zu Ménil la Tour.*)

Die Verlufte der Avantgarde des Corps bei dem Angriffe auf
Toul am 16. Auguft beliefen fich auf:

14 Offiziere**), 186 Mann an Todten und Verwundeten.

<hr>

VI.

Die Cernirung von Meß.

Der 19. Auguft.

Unmittelbar nach dem Erlaß der Königlichen Befehle aus
Rézonville von 1½ Uhr Nachmittags traf Prinz Friedrich Carl
gleichfalls noch in Rézonville diejenigen Anordnungen, welche
nothwendig wurden, um die Armee in ihre neuen Commando=
Verhältniffe hinüberzuleiten. Zunächft erhielt das 10. Armee=Corps
Befehl, die Stellung der Sachfen von St. Privat la Montagne
bis zur Mofel unterhalb Meß zu übernehmen.

Auf die Möglichkeit, daß der Feind im Mofelthale einen
Durchbruchs=Verfuch machen könnte, wurde das Corps dabei hin=
gewiefen; ein folcher Verfuch follte um jeden Preis vereitelt wer=
den. Die Abfchließung der feindlichen Armee in Meß, wie fie
fich aus der Aufftellung der deutfchen Corps nach der Schlacht
ergeben hatte, mußte aufrecht erhalten bleiben.

<hr>

*) Das Haupt=Quartier ging am 17. nach Sanzey.
**) Darunter 1 Arzt.

Hierauf ersuchte der Ober-Befehlshaber den Kronprinzen von Sachsen, sich mit dem 10. Armee-Corps wegen Ablösung seines Corps in Verbindung zu setzen und dann nach Conflans und Jarny zu marschiren. Von dort sollte der Kronprinz die seiner Führung übergebenen Theile der II. Armee weiterhin selbstständig dirigiren. Dem Garde-Corps wurde befohlen, noch am 19. nach Hannonville au Passage zu rücken.

Das 4. Corps stand, wie erwähnt, bei Ménil la Tour, seine Spitzen bei Commercy an der Maas, der Disposition seines neuen Ober-Befehlshabers gewärtig. Zur Verbindung zwischen jenem Corps und der Straße Metz-Verdun befand sich bei St. Mihiel die Ulanen-Brigade des Garde-Corps, welche dieses Corps am 17. August mit dem Auftrage, die Maaslinie zu überwachen und gegen Westen zu streifen, dort zurückgelassen hatte. Die 5. Cavallerie-Division wurde in Bivouaks um Briey, die 6. um Ville sur Yron verlegt. Von der 6. Cavallerie-Division verblieb das Zieten'sche Husaren-Regiment auf Wunsch des Prinzen Friedrich Carl vor Metz und wurde dem 3. Armee-Corps zugetheilt.

Somit war die Maas-Armee thatsächlich von der II. Armee getrennt. Das Garde-Corps, das, wie ihm befohlen, nach Amanvillers und Montigny la Grange detachirt hatte, sah sich durch die Rücksicht auf seine zahlreichen Todten und Verwundeten an das Schlachtfeld gefesselt und führte den Marsch nach Hannonville mit Genehmigung des Kronprinzen von Sachsen erst am Morgen des 20. August aus.

Prinz Friedrich Carl kehrte in den Nachmittagsstunden des 19. August in sein Haupt-Quartier Doncourt zurück. Dort wurden sofort die nothwendigen allgemeinen Anordnungen für die Einschließung und die Gesichtspunkte festgestellt, nach denen die Truppen ihr Verhalten fernerhin regeln sollten. Die Abschließung der Festung auf dem rechten Moselufer, seitens der I. Armee, wurde sogleich, nachdem die Meldung des Generals von Steinmetz über die Aufstellung der ihm untergebenen Truppen in Doncourt eingegangen war, angeordnet.

Die Schlacht des 18. August hatte die Operationen um Metz, die mit dem 14. August begannen, zu einem ersten Abschlusse gebracht. Der Feind war, von seinen Verbindungen abgedrängt, unter den Schutz der Außenwerke von Metz zurückgeworfen worden.

Mit diesem Zusammendrängen der französischen Armee in und dicht um Metz änderte sich die Kriegslage völlig. Bisher war es in Sonderheit der I. und II. Armee durch die Verhältnisse, unter denen sie focht, stets zur Aufgabe gestellt gewesen, den Feind in starken Positionen anzugreifen. Aus verschiedenen Gründen, aber im Resultat übereinstimmend, blieb dabei jedesmal eine Verfolgung und volle Ausbeutung des Sieges ausgeschlossen. Nunmehr wechselten die Rollen.

Die Länge der französischen Schlachtlinie am 18. August, die Energie und Nachhaltigkeit der Vertheidigung auf allen Punkten, verliehen der Annahme Berechtigung, daß die ganze kaiserliche Armee, soweit sie überhaupt um Metz versammelt worden war, noch dort, und jetzt von deutschen Streitkräften umringt sei. Die Rettung ihrer Existenz schien es von dieser Armee gebieterisch zu fordern, daß sie den Versuch machte, um jeden Preis an irgend einer Stelle durchzubrechen, also eine schwierige, verlustreiche Offensive auszuführen.

Dem gegenüber vermochte die preußische Armee die Defensive innezuhalten. Das war eine Wandlung der Dinge, die im Interesse ihrer so hart mitgenommenen Infanterie nur glücklich sein konnte. Des Feindes Hauptstärke lag gleichfalls in seiner Infanterie, deren Schußwaffe bei den letzten Schlachten eine mörderische Wirkung erwiesen hatte. Diese Infanterie war für die künftigen Gefechte voraussichtlich in der Lage, daß sie aus dem Feuergefecht nur geringen Nutzen zu ziehen vermochte, daß sie selbst dagegen durch die Wirkungssphäre eines Gewehrs hindurch', dessen Trefffähigkeit bewährt war, vorbereitete Positionen zu erstürmen hatte. Man kannte schon annähernd die hohe Verlustziffer der Schlacht von Vionville, und berechnete, daß die Einbuße des 18. August für die ganze im Kampfe gewesene Armee zum mindesten nicht geringer sein könnte. Ein außerordentlich kurzer Rückzug hatte den Feind in Sicherheit gebracht und die Trophäen, welche der Sieger auf dem Schlachtfelde erbeutete, standen daher nicht im Verhältniß zu seinen Verlusten.

Nun ließen es viel gewichtige Gründe damals annehmen, daß der Befreiungsversuch der eingeschlossenen Armee schon in den nächsten Tagen bevorstände; dann konnten sich die gebrachten Opfer bezahlt machen, wenn man sich nur für dieses Ereigniß mit Sorgfalt vorbereitete. Auf den Feind mußten ferner die erlittenen

Niederlagen, das Mißliche seiner Situation, das ohne Zweifel selbst dem gemeinen Manne nicht verborgen blieb, eine ungünstige Wirkung üben. Während also die Größe der zu erfüllenden Aufgabe für ihn stieg, durfte man in Zukunft doch nicht mehr die Spannkraft und Energie von ihm erwarten, welche er bis jetzt an den Tag gelegt hatte.

Solche Betrachtungen waren für das Ober=Commando beim Beginn der Cernirung die leitenden.

Der Ober=Befehlshaber stellte hiernach für das Verhalten der Cernirungsarmee folgende allgemeine Gesichtspunkte auf:

1. Die rechts der Mosel cernirenden Truppen — 1. Armee= Corps, 3. Reserve*)=, 3. Cavallerie=Division — müssen so dislocirt sein, daß sie einem Durchbruchsversuche des Feindes auf diesem Ufer in der Direction gegen Thionville, zum größten Theile rechtzeitig concentrirt in einer auszuwählenden Stellung entgegentreten können.

Auf kräftige Cooperation der am linken Ufer stehenden Cernirungs=Truppen gegen des Feindes linke Flanke ist dabei zu rechnen.

2. Gegen einen Ausfall des Feindes ebenfalls auf dem rechten Moselufer mit der Direction nach Rémilly, dem Hauptmagazinplatze der Armee vor Metz und Endpunkt ihrer Verbindungen mit Deutschland, hat das 1. Armee=Corps eine Stellung auszuwählen, in welcher es demnächst durch die anderen nächststehenden Cernirungs=Corps von beiden Seiten unterstützt werden wird.

3. Wendet sich die ganze Macht des Feindes gegen die Cernirungs=Truppen rechts der Mosel zu einer weit ausgreifenden Operation in anderer Richtung, so haben diese dem Stoße auszuweichen und ein ernsthaftes Gefecht gegen Uebermacht zu vermeiden.

4. Versucht der Feind im Moselthale aufwärts gegen Pont à Mousson vorzustoßen oder durchzubrechen, so muß er auf das, im Moselthale oberhalb Metz à cheval des Flusses mit einer gesicherten Brückenverbindung aufzustellende, 7. Armee=Corps stoßen, welches dort in fortificirter Stellung Widerstand leistet, bis es von beiden Seiten unterstützt wird.

---

*) Diese Division wird von nun ab, um Verwechselungen mit der zu ihr gehörigen 3. Landwehr=Division zu vermeiden, stets nach dem Namen ihres Commandeurs (General=Lieutenant von Kummer) benannt werden.

5. Die in Metz eingeschlossene geschlagene feindliche Armee kann, nachdem sie sich einigermaßen retablirt, versuchen, direct nach Westen durchzubrechen.

Dieser Versuch muß an der durch Verhaue, Schützengräben und Schanzen dicht abzuschließenden Cernirungslinie selbst, durch die Truppen der ersten Linie und die heraneilenden Reserve-Corps aufgehalten werden.

6. Ein Durchbruch des Feindes auf Thionville im Moselthale links des Flusses muß auf eine vorbereitete Stellung des dort mit der Cernirung beauftragten 10. Armee-Corps stoßen, wodurch zugleich die zu schlagende Moselbrücke gesichert ist.

Das nebenstehende Corps würde dann gegen die feindliche linke Flanke eingreifen und ebenso von rechts der Mosel über die Brücke Unterstützung zu senden sein. Diese Brücke hat das 10. Armee-Corps in der Gegend von Hauconcourt zu bauen und zu sichern. Dieses Corps hat ferner von seiner Position bis zu der Position des 2. Armee-Corps westlich Metz hin die Abhänge des linken Moselthalrandes zu verhauen.

Den in der 1. Linie dem Feinde gegenüberstehenden Corps wurden dann noch besondere Maßregeln empfohlen.

Sie sollten:

1. Starke Vorposten in der Cernirungslinie etabliren.

2. Einen angemessenen Theil des Corps täglich zum Arbeits-dienst in dieser Linie bestimmen, deren Anlagen fortdauernd zu verstärken waren.

3. Den Rest des Corps nach rückwärts in Hüttenlager ver-legen, welche täglich auszubauen und mit verbesserten Einrichtungen zu versehen blieben. Die Möglichkeit mit diesen Truppen schnell die erste Linie erreichen zu können, mußte dabei natürlich als wichtigste Bedingung betrachtet werden.

Reserve-Armee-Corps waren nur für die Cernirung auf dem linken Ufer disponibel; allein sie schienen auch dort nur nothwen-dig. Auch sie hatten sich regelmäßige Hüttenlager zu erbauen, die gleichfalls täglich verbessert werden sollten.

Alles, was für die gute Verbindung der einzelnen Theile der Armee möglich erschien, sollte gethan werden; auch war es Ab-sicht, die Corps-Haupt-Quartiere sofort unter einander und mit dem Armee-Haupt-Quartier Doncourt telegraphisch zu verbinden. Vor der Hand wurde an Herstellung einer Leitung gearbeitet, die

von der permanenten Linie im Moselthale oberhalb Metz sich ab=
zweigte und über Vernéville nach St. Privat führte.

Das erste Erscheinen des Feindes zum Gefecht vor den so
herzurichtenden Positionen erwartete man in Zeit von 3—4 Ta=
gen. Nach allen Aussagen der Gefangenen sollte die französische
Armee in der Epoche der Schlachten an Munition und Verpflegung
Mangel gelitten haben. Sie konnte in einer Ruhepause von 3—4
Tagen sich aus den Vorräthen der Festung versehen, völlig
retabliren und ausruhen. Dann lag aber kein denkbarer Grund
mehr vor, der sie zu längerem Zögern zwingen sollte.

Die Herstellung der Circumvallationslinie erschien deshalb für
den Augenblick als das Wichtigste, und der Prinz hatte schon vor
seiner Rückkehr in das Haupt=Quartier Doncourt den 1. Ingenieur=
Offizier des Ober=Commando's mit den betreffenden Recognos=
cirungen betraut. Naturgemäß mußte für die gesammte Circum=
vallationslinie die Festhaltung eines abgeschlossenen Plans ange=
bahnt und die Arbeit der einzelnen Corps mit einander in Ueber=
einstimmung gebracht werden.

Der 20. und 21. August.

Für den Morgen des 20. August hatte Seine Königliche
Hoheit der Oberbefehlshaber den General von Steinmetz und die
commandirenden Generale der II. Armee nach Vernéville beschieden.
Dort gab er seine vom 19. datirten Dispositionen aus, wie diese
in großen Zügen schon dargelegt worden sind. Für die Corps,
welchen durch die speciell bezeichneten Fälle ihre Aufstellungen noch
nicht bestimmt gegeben waren, wurden die einzelnen Abschnitte der
Cernirungslinie jetzt genauer begrenzt, den Reserve=Corps ihre
Plätze angewiesen. Dann erläuterte Prinz Friedrich Carl seine
Anschauung über die fortificatorische Verstärkung der Cernirungslinie.
Danach kam es für jedes Corps darauf an, die zu befestigende
Stellung so zu wählen, daß es sich dort bis zum Aeußersten gegen
einen überlegenen Frontalangriff des Feindes zu schlagen vermochte,
in der sicheren Erwartung, durch die von beiden Flügeln herbei=
eilenden Unterstützungen degagirt zu werden. Die fortificatorischen
Anlagen mußten also von widerstandsfähiger Art sein und die
Ausführung sofort mit allen Kräften sowie ausreichender Ablösung
beginnen. Dichte Verhaue in den Wäldern, Befestigung der Ort=
schaften und isolirten Gehöfte sollten nicht blos einen Anhalt für

die Vorposten, sondern eine starke Position für die tactische Ent=
scheidung selbst geben.

Mit der allgemeinen Leitung der hierzu nöthigen Arbeiten
wurde der 1. Ingenieur=Offizier der I. Armee, General von Biehler,
im Rayon des rechten Ufers, der der II. Armee, Oberst Leuthaus,
im Rayon des linken Ufers beauftragt und die Truppen angewie=
sen, deren Requisitionen Folge zu geben.

Der 20. und 21. August vergingen nun mit der ersten Ein=
richtung der Cernirung. Die Corps wählten ihre Positionen und
Haupt=Quartiere, etablirten die Vorposten und begannen die for=
tificatorischen Arbeiten.

Bis zum 21. Abends hatten sie sich in folgender Weise auf=
gestellt:

1. Die Division Kummer, Stabs=Quartier Olgy, hielt auf
dem rechten Moselufer unterhalb Metz den Abschnitt Malroy=Charly.
Diese Division war, wie erwähnt, durch Allerhöchsten Befehl vom
19. dem Prinzen Friedrich Carl unterstellt.*)

2. Das 1. Armee=Corps stand mit der 1. Infanterie=Divi=
sion in der Linie Failly=Servigny, — Gros bei Vremy, mit der
2. Infanterie=Division bei Laquenexy, mit der Corps=Artillerie
bei Ste. Barbe.

3. Die 3. Cavallerie=Division deckte das Terrain zwischen
Laquenexy und Frescaty.

Alle diese bis jetzt genannten Truppen waren vom Ober=
Commando der I. Armee den Befehlen des Generals von Man=
teuffel unterstellt, dessen Operations=Rayon demnach auf dem rech=
ten Flügel durch die Mosel, auf dem linken durch die Linie Corny=
Orly=Frescaty=Metz begrenzt wurde.

Sein Haupt=Quartier hatte General von Manteuffel in Ste.
Barbe genommen.

4. Auf beiden Ufern der Mosel oberhalb Metz stand das 7.

*) Die Division Kummer war durch Allerhöchste Cabinetsorbre vom 10.
August formirt worden und hatte sich vom 16. August ab um Saar=
louis versammelt. Am 18. rückte sie nach Boulay, am 19. mit den
Vortruppen bis zur Linie Antilly=Failly=Servigny=Flanville, mit
dem Gros bis Retonfay, am 20. marschirte sie nach Courcelles s.
Nied links ab, wohin schon am 19. das Stabs=Quartier vorausgegan=
gen war. Dort trat sie unter Befehl des Generals von Manteuffel
und rückte am 21. Nachmittags in die Stellung Malroy=Charly ein.

Armee-Corps mit seiner Front von Frescaty bis zu den Höhen von Jussy, das Haupt-Quartier des Corps in Ars s. Moselle.

Diese Einheit der Leitung hier im Moselthale erschien vortheilhaft. Ein Schreiben aus dem großen Haupt-Quartier hatte schon am 21. auf die Wichtigkeit der Südseite von Metz hingewiesen. Bei dem nun beginnenden weiteren Vormarsche der III. und Maas-Armee gegen Châlons mußte auf einen Durchbruchsversuch der französischen Armee gegen Süden, der, wenn er gelang, schon nach 2 Tagemärschen die Linie Frouard-Straßburg und damit die rückwärtigen Verbindungen der deutschen Armee coupirte, besonderes Augenmerk gerichtet werden.

5. Das 8. Armee-Corps schloß sich am linken Moselufer auf der Höhe von Jussy dem linken Flügel des 7. Corps an, und hielt den Bergkamm von dort bis Moscou inne, sein Haupt-Quartier war in Gravelotte.

6. Das 2. Armee-Corps etablirte sich wieder im Anschluß an den linken Flügel des 8. Corps von Moscou Ferme über die Straße St. Privat-Metz hinweg bis vorwärts Norroy le Veneur *) Haupt-Quartier in Auberge Marengo.

7. Das 10. Armee-Corps stand mit seinen Vortruppen in der Linie vorwärts Norroy-Calembourg - Les Petites Tapes bis zur Mosel, während die Hauptstellung in der Linie Fèves-Amelange vorbereitet wurde.

Das Haupt-Quartier in Marange; — die Moselbrücke war bei Hauconcourt am 21. Abends 7 Uhr vollendet worden.

8. Von den beiden Reserve-Corps hatte sich das 3. mit der 5. Infanterie-Division bei Bagneux, mit der 6. bei Villers aux Bois, mit der Corps-Artillerie südlich Caulre Fe. gelagert, in Caulre Fe. etablirte sich auch das Haupt-Quartier. Das 9. Armee-Corps lag bei St. Ail und Ste. Marie aux Chênes, Haupt-Quartier Auboué.

9. Die 1. Cavallerie-Division stand bei Rézonville hinter dem linken Flügel des 8. Armee-Corps.

In diesen Positionen richteten sich die Armee-Corps nach tactischen und öconomischen Rücksichten ein. Dann galt es zunächst, sich über den Feind und sein Treiben in der Festung schnell und genau zu orientiren. —

*) Bei Le Point du Jour.

Die Höhen, namentlich des linken Moselufers, die sich im Besitz der Cernirungstruppen befanden, boten zum Theil eine sehr genaue Einsicht in den Bereich der Festung und ihrer Forts. Von dort aus wurden die Lager des Feindes vielfach beobachtet und die Zusammenstellung der von den einzelnen·Fronten kommenden Meldungen ergab über die Situation des Feindes ein ziemlich sicheres Gesammtbild.

In der Nacht vom 19. zum 20. und am 20. Morgens hatte man entdeckt, daß der Feind sich auf der Westseite von Metz noch weiter gegen die Werke der Festung zurückzöge. Châtel St. Germain und Lessy, sowie die Zeltlager,.welche man am 19. vorwärts der Forts Plappeville und St. Quentin beobachtete, waren geräumt. Der Feind selbst verkleinerte also den Rayon, den seine Armee bisher noch inne hielt.

Alle seine Truppen standen nun innerhalb des verschanzten Lagers. Die östlichen Abhänge der Höhen von Plappeville und des St. Quentin, sowie die Schlucht zwischen beiden, bedeckten sich mit ausgedehnten Zeltmassen, anscheinend mindestens zweier Armee-Corps.

Ein gleich großes Lager dehnte sich auf der Thalsohle dicht nördlich und westlich Metz aus. Auf der Insel Chambière gewahrte man große Baracken, die als Lazarethe erkannt wurden, und schwächere Truppenmassen, — wie es schien Cavallerie.

Die Zeltlager auf dem rechten Moselufer, welche dort hinter dem Fort St. Julien, auf den Höhen von Plantières, sowie zwischen Montigny und Le Sablon errichtet waren, hatten nur eine geringe Stärke. In allen diesen Lagern herrschte zwar reges Leben, aber keine Spur wies auf eine bevorstehende Offensive hin. Alles, was geschah, war rein defensiver Natur.

Es wurde fleißig an sämmtlichen Außenwerken der Festung und neu aufgeworfenen Verschanzungen, Schützengräben, Batterie-Emplacements u. s. w. gebaut.

Beim Fort Plappeville sah man lange Reihen von Erdarbeitern mit Karren verkehren, von dort nach dem Punkte le Coupillon hin wurde eine Anschlußlinie errichtet. Gleiche Bewegung herrschte auf dem rechten Ufer. Ablösungen der beschäftigten Mannschaften fanden statt und es machte den Eindruck, als eile sich der Feind, die begonnene Arbeit in kürzester Frist zu vollenden.

Die Gewißheit, daß das Gros der französischen Armee zwischen den Forts von Metz verblieben sei, gewann man bald. Ob aber nach der Schlacht von Vionville Theile derselben sich über Etain und Briey nach Westen, am 18. und in der darauf folgenden Nacht sich andere im Moselthale nordwärts gewendet hätten, das erschien beim Beginn der Cernirung noch nicht entschieden, und mußte aufgeklärt werden. Bis zum Abend des 18. August hatte der Feind noch über die Eisenbahnlinie Metz=Thionville Longuyon=Montmédy verfügt.

Erst vom 19. an war das Moselthal, wenn auch zeitweise nicht besetzt, so doch unablässig von Patrouillen durchstreift worden. Das Ober=Commando erbat daher am 20. August von der Maas=Armee die Berichte derjenigen Offiziere, welche am 18. August die Expeditionen in's Moselthal geleitet hatten, weil diese Berichte den gewünschten Aufschluß geben konnten.

Die Antwort erfolgte noch an demselben Tage und besagte daß durch das 12. (Königlich Sächsische) Armee=Corps außer den beiden am 18. ausgeführten Zerstörungen von Eisenbahn und Telegraph zwischen Metz und Thionville, noch in der Nacht vom 18. zum 19. eine gleiche Zerstörung bei Mercy=le=Bas (Strecke Thionville=Longuyon) und am 19. eine solche bei Mézières vorgenommen worden sei. Keines der mit diesen Expeditionen betrauten Detachements war dabei auf den Feind gestoßen, oder hatte von Truppenmärschen etwas gehört.

Die 1. Cavallerie=Division aber erhielt am 20. Befehl, eines ihrer Regimenter sofort nach Audun=le=Roman zu detachiren. Dies Regiment sollte zu erfahren suchen, ob, in welchem Umfange und in welcher Richtung, dort französische Truppen in der letzten Zeit marschirt, respective mit der Bahn Thionville=Longuyon befördert worden seien. Diese Bahnlinie sollte abermals unterbrochen werden.

Durch eine solche Entsendung sicherte sich die Cernirungs=Armee gleichzeitig gegen den Bereich der Nordfestungen Frankreichs, von denen man zur Zeit nicht wußte, wie starke Besatzungen sie enthielten. Im großen Haupt=Quartier, das noch in Pont à Mousson verweilte, war bereits die Nachricht eingegangen, daß in Verdun feindliche Abtheilungen stünden. Man hielt dieselben freilich für Bruchtheile der Rhein=Armee, indessen wurde es bei dem nun beginnenden Vormarsche der III. und Maas=Armee gegen

Châlons dennoch wichtig, sich über diese Verhältnisse Klarheit zu verschaffen.

Die auf dem rechten Flügel marschirende Maas=Armee sollte zunächst versuchen, Verdun durch Handstreich zu nehmen, oder die Festung unter Beobachtung südlich umgehen. Diese Anordnung konnte vielleicht auch für die Cernirungs=Armee wichtige Aufschlüsse geben.

Es wurde indessen von dem Ober=Commando vor Metz so= gleich die genaue Besichtigung der Straßen betrieben, welche der Feind in den letzten Tagen benutzt haben konnte. Schon am 21. gewann man dadurch die Ueberzeugung, daß, vielleicht ganz schwache Detachements abgerechnet, sich nach Thionville hin kein Theil der Armee Bazaine gewendet habe. Alle Spuren, die der feindliche Rückzug vom Schlachtfelde des 18. hinterlassen hatte, führten nach Metz hinein. Hiermit im Einklange lauteten auch die, an diesem Tage eingehenden Meldungen des von der 1. Cavallerie=Division auf Audun le Roman dirigirten Cavallerie=Regiments.*)

Damit war zunächst über den Feind, den man im festen Lager von Metz vor sich hatte, Sicherheit gewonnen, und dies blieb für jetzt die Hauptsache. Am 18. standen auf französischer Seite das 2., 3., 4., 6. Corps im Kampfe; die Anwesenheit einer Garde=Division hinter dem rechten feindlichen Flügel galt als wahrscheinlich und man durfte wohl mit Recht das ganze Garde= Corps bei Metz vermuthen, da dieses Corps am 16. August mit allen Theilen gefochten hatte. Gefangenenaussagen, die Uniforms= abzeichen der Todten und Verwundeten, sowie die vielen in den genommenen Lagern gefundenen Armatur= und Bekleidungsstücke lie= ßen in Betreff der 4 französischen Corps der Linie keinen Zweifel. Die Garde eingerechnet, standen also augenblicklich 5 Corps zwi= schen den Forts der Festung. Betreffs der Cavallerie setzte man die Anwesenheit der Division Forton bestimmt voraus.

So hatte sich nun am 21. Abends die Cernirungs=Armee über den Feind orientirt, in ihren Positionen eingerichtet und für den Fall eines feindlichen Durchbruchsversuchs nach Möglichkeit vorbereitet. Die unablässige Verstärkung der Circumvallationslinie war dabei befohlen und auch in Gang gebracht. Man beabsichtigte, den Verhauen 100 Schritt Breite zu geben, diese Dimension

---

*) Ulanen = Regiment Nr. 8.

aber allmählich auf 300 Schritt zu erweitern, die errichteten Feld=
werke durch Kehlverschluß zu verstärken und auch die Schützengrä=
ben und die fortificatorischen Arbeiten an Gehöften und Dörfern
noch zu vervollkommnen. Die Communicationen zwischen der vor=
beren Linie und den Reserven mußten dann gleichfalls vollendet
werden. Zur Armirung besonders wichtiger Punkte und für eine
vielleicht mögliche Beschießung der Lager von Metz war am 20.
schon im großen Haupt=Quartier die Heranführung von 50 schwe=
ren 12 Pfündern beantragt und dort genehmigt worden.

Der 22. August.

Von dieser ersten, für die Armee vor Metz geschaffenen Basis
aus, gedachte der Ober=Befehlshaber nun in offensiver Weise
gegen die eingeschlossene Armee zu verfahren. Schon durch das
gesteckte Ziel, deren Capitulation zu erzwingen, war es bedingt,
dem Feinde alles Terrain zu entziehen, das irgend ohne große
Opfer zu nehmen war.

Jeder Punkt, der für das Festsetzen der Cernirungs=Truppen
von Nutzen sein konnte, sollte gewonnen und so die Einschließungs=
linie immer enger zusammengezogen werden. Daß die Forts der
Festung jedenfalls noch nicht genügend armirt seien, bekundeten
die dort vorgenommenen Erdarbeiten. Auch dieser Umstand er=
schien dem allmähligen offensiven Vorgehen zur Zeit noch günstig.

Nur da, wo der Feind so ernsthaften Widerstand leistete, daß
blutige Offensivgefechte nöthig geworden wären, um ihn zu werfen,
mußte man ihn im Besitze seiner Position lassen. Solche Gefechte
entsprachen nicht dem Zwecke der Cernirung. Die allgemeinen
Folgerungen, von denen das Ober=Commando bei Beginn der
Cernirung ausging, erheischten, daß man um keinen Preis dem
Feinde die ihm so erwünschte Gelegenheit bieten durfte, seine
zahlreiche Infanterie in der Defensive zu verwerthen. Die Cerni=
rungs=Armee mußte, wenn möglich, so nahe an die Festung heran
vorbringen, daß der Feind sich gezwungen sah, sie dort anzugrei=
fen, ihre Gefechte dann aber streng defensiv führen. Somit wurde
es ihre Aufgabe, einen elastischen Ring um den Feind zu bilden,
der sich fester zusammenzog, sobald der Widerstand irgend nach=
ließ — nicht sollte sie starr auf die Eroberung und Behauptung einer
bestimmt gezogenen Kreislinie hinstreben. Darum nahm man auch
später von der zuerst beabsichtigten Wegnahme und dauernden

Feſthaltung des noch im Bau begriffenen Forts St. Privat Ab=
ſtand. Dies Fort, das in den Tagen der Schlachten von den
deutſchen Patrouillen vorübergehend occupirt geweſen, war dann
wieder geräumt und zeitweiſe vom Feinde eingenommen worden.
Sein Beſitz würde für den Plan eines Bombardements von Werth
geweſen ſein. Allein die Schwierigkeit lag in der Behauptung
dieſes vor die Cernirungslinie weit vorgeſchobenen Poſtens, der
völlig unter dem Feuer des Forts St. Quentin lag. Von Mon=
tigny und Le Sablon her waren beträchtliche Streitkräfte des
Feindes jedenfalls ſchnell zur Hand, um, von der Feſtungs=Artil=
lerie unterſtützt, die Wiedereroberung zu verſuchen.

Man war deshalb nicht im Stande, voraus zu beſtimmen,
bis zu welchem Ernſte die Engagements um das Werk führen
würden.

So etwa, wie es hier erläutert iſt, ſah man im Haupt=
Quartier Doncourt die Dinge an, als der Ober=Befehlshaber am
22. Auguſt Nachmittags 5 Uhr die Anordnungen traf, die zur
Ergänzung der erſten Cernirungs = Diſpoſition zweckmäßig er=
ſchienen. Die Vertheilung der franzöſiſchen Lager innerhalb des
eingeſchloſſenen Raumes kam dabei in Berückſichtigung. Der Prinz
befahl:

1. Die I. Armee dehnt den Cernirungs=Rayon des 8. Corps
bis in das Thal von Châtel=St. Germain incl. aus, ſo daß das
2. Corps ſeinen rechten Flügel im Anſchluß daran in das Bois
de Châtel legt und von dort über die Ferme St. Maurice und
Saulny ſeine immer ſtärker zu befeſtigende Cernirungslinie zieht.
Die Lager des 2. Corps ſind demnach ſämmtlich nordöſtlich der
im Bau begriffenen Eiſenbahnlinie zu nehmen.

Dieſer Wechſel der Aufſtellung muß bis morgen Vormittag
10 Uhr ausgeführt ſein.

2. Die Cavallerie=Diviſion Hartmann wird morgen nach
und um St. Marcel verlegt.

3. Das 10. Corps hat, nachdem die Diviſion von Kummer
ihre Aufſtellung bei Malroy=Charly auf rechtem Moſelufer jetzt
eingenommen, noch eine Moſelbrücke oberhalb der von Haucon=
court an geeigneter Stelle zu ſchlagen und im Einvernehmen und
unter Uſer=Theilung mit dem General=Lieutenant von Kum=
mer fortificatoriſch zu ſichern. Das Material zum Brückenſchlag
iſt event. auf Grund der Requiſition des 10. Corps vom 9. Corps

zu ergänzen. Auch hat das 10. Corps innerhalb seines Bereiches Fuhrten zu recognosciren und zu bezeichnen.

4. Das 9. Corps verlegt morgen eine Infanterie = Division als Reserve für das 10. Corps nach der Gegend von Marange, den übrigen Theil des Corps nach Roncourt.

Die Herstellung der Wege nach dem Moselthale von Roncourt über Marange ꝛc. ist die Aufgabe des 9. Corps für morgen.

5. Das 3. Corps verlegt morgen Vormittag seine Lager nach der Gegend von Habonville.

6. Die telegraphische Verbindung von Mézières im Mosel= thale über Marange nach Roncourt, von bort über Ferme Marengo (östlich St. Privat an der Chaussee) nach Habonville, von Habon= ville nach Doncourt und von hier nach Gravelotte wird ungesäumt hergestellt werden.

7. Das 3. Corps hat morgen Colonnenwege von Habonville nach dem Plateau von Plappeville zu recognosciren und herzustellen.

8. Die Vorpostenlinien sämmtlicher Corps sind morgen früh, nachdem nunmehr die ersten Arbeiten für die fortificatorische Ver= stärkung der Cernirungslinie hergestellt, rings um die Festung soweit vorzuschieben, daß überall unmittelbare Berührung unserer Infanterie = Schleichpatrouillen mit der feindlichen Vorpostenlinie stattfindet. Es ist meine Absicht, auf diese Weise sämmtlichen auf Vorposten stehenden Truppen Gelegenheit zu verschaffen, in kleinen Patrouillen = Unternehmungen gegen die feindliche Postenlinie die Ueberlegenheit unserer Truppen in der Feldbienst=Ausbildung und im Schießen über den Feind zur Geltung zu bringen.

9. Jedes Corps hat in seinem Rayon die bestehenden, wie die Colonnenwege mit ausreichenden Wegweisern zu versehen und neben der in erster Linie stets fortgehenden fortificatorischen Verstärkung der Cernirung für Erbauung immer ausreichenderer Hüttenlager Sorge zu tragen.

10. Auf denjenigen Punkten in vorderster Linie, von denen aus vielfach eine so vollständige Einsicht in das Moselthal bei Metz, auf die Festung und die Lager stattfindet, sind Seitens der betheiligten Corps permanente Beobachtungs = Posten von Offizieren zu etabliren, von welchen mir täglich Morgens und Abends die Corps die eingegangenen Meldungen einzusenden haben. —

Die angeordneten Truppenbewegungen vollzogen sich am 23. August Morgens. Das 9. Armee=Corps nahm dabei sein Haupt=

Quartier in Montois la Montagne, das 3. in Jouaville. Die zweite Moselbrücke unterhalb Metz wurde vom 10. Armee-Corps bei Argancy erbaut und fortificirt. Dem Feinde aber suchte man noch durch Zerstörung der, Metz mit Trinkwasser versorgenden, von Gorze her kommenden Leitung zu schaden. Im Moselflußbett ober- und unterhalb Metz wurden ferner Netze ausgespannt, damit die französische Armee nicht durch in das Wasser geworfene Flaschen ꝛc. Nachrichten erhielt, oder nach Außen hin mittheilte.

Die permanenten Beobachtungsposten der Cernirung etablirten sich am rechten Moselufer, im Schlosse von Mercy le Haut und auf dem Mont St. Blaise, am linken Ufer auf den Höhen von Juffy, der Ruine von Châtel, der Höhe von Saulny, sowie auf dem Horimont bei Fêves. Daneben errichteten die Corps an paffenden Plätzen noch besondere Observatorien für ihre speciellen Rayons. Diese Beobachtungsposten leisteten bald die wesentlichsten Dienste. Durch gute Fernröhre übersah man von ihnen aus das Innere von Metz völlig. Die Berichte und Anschauungen der auf den verschiedenen Fronten hierzu commandirten Offiziere ergänzten sich dabei zweckmäßig. In der Nacht aber konnte man auf den hoch gelegenen Punkten, in deren nächster Umgebung vollständige Stille herrschte, jedes Geräusch vernehmen, das von Metz herkam. Später im Herbst, wenn oft nach Anbruch des Tages dichter Nebel Metz und seine nächste Umgebung dem Auge der Cernirungs-Truppen entzog, ist das Urtheil über das Verhalten des Feindes lediglich nach dem bestimmt worden, was man hörte. Immer ist aber rechtzeitige Orientirung erfolgt, sobald die französische Armee die Einleitungen für ihre Unternehmungen im größeren Style traf. Schon in der ersten Epoche der Cernirung gewann man im Obercommando die Ueberzeugung, daß, wenn Andeutungen für einen nahe bevorstehenden Ausfall gegeben waren, die Meldungen der Observatorien abgewartet werden konnten, ehe man Dispositionen für die Truppen erließ.

Der Feind hatte freilich stets den großen Vortheil für sich, daß er im Innern seines Lagers die bei weitem kürzeren Wege zurücklegte, wenn er seine Heeresmassen von der einen Front auf die andere brachte. Dafür aber war ihm die Freiheit der Bewegung genommen. Er mußte seine Armee durch enge, zu beiden Seiten bebaute Straßen, über Brücken oder durch Festungsthore führen. Die Cernirungs-Truppen bewegten sich auf der Peripherie des Kreises, allein hier war ihnen der Raum für die Bewegung nicht bemessen und nur in Bezug auf den Uferwechsel blieben sie im Nachtheile. Man konnte daher als sicher annehmen, daß bei energischem Handeln von dem Augenblicke an, wo über die Zusammenziehung feindlicher starker Corps an einem Punkte bestimmte Meldungen vorlagen, die Unterstützungen noch immer rechtzeitig nach der bedrohten Stelle heranzuführen waren. Natürlich mußte man aber für die Anlage und Verbesserung der Querverbindungen hinter der Circumvallationslinie Sorge tragen, und in den Befehlen vom 22. August war diesem Punkte ein besonderes Augenmerk zugewendet worden. Auch der völlige Ausbau der Telegraphenlinien zwischen den beiden Armee-Haupt-Quartieren und von diesen zu den Armee-Corps wurde bereits in den folgenden Tagen durchgeführt. Daneben etablirte man noch im Bereiche der ganzen Cernirungslinie auf beiden Ufern Relais.

Die Befehle vom 22. deuteten durch die Verwendung des 9. Armee-Corps darauf hin, daß der Prinz die Nordseite für die wahrscheinlichste Durchbruchsrichtung des Feindes hielt. Die Communications-Verhältnisse zwischen den Forts zwangen diesen seine Truppen zeitig dahin zu verlegen, wo er durchbrechen wollte. Nun hielt er sie aber auf der Nordseite von Metz zusammen; auf der Südseite hatte er nur schwache Abtheilungen gelagert. Die Zeltmassen auf dem rechten Ufer vergrößerten sich vom 22. an, sie hielten indessen auch dort die Nordseite inne.*) Woippy und Maison rouge hatten stärkere feindliche Patrouillen periodisch occupirt. Vom 23. August ab fand man beide Orte dauernd besetzt.

Alle diese Anzeichen verfolgte die Cernirungs-Armee mit Aufmerksamkeit, wenn auch noch immer keine Bewegung entdeckt wurde, die auf den Beginn des großen Ausfalls der Franzosen hindeutete.

---

*) Die französische Armee lagerte vom 22. August ab folgendermaßen:
1. Das Garde-Corps und die Artillerie-Reserve bei Ban St. Martin.
2. Das 2. Corps bei Longeville.
3. Das 3. Corps mit 1 Division bei Montigny, mit den übrigen zwischen Fort St. Julien und Queleu.
4. Das 4. Corps bei le Coupillon und le Sanzonnet.
5. Das 6. Corps und die Cavallerie-Division du Barail in der Thalebene nördlich des Forts Moselle.
6. Die Cavallerie-Division Forton auf der Insel Chambière.
Am 26. Abends wurde auch das Lager des 2. Corps auf das rechte Moselufer nach Montigny verlegt.

VII.

Die materielle Lage und die rückwärtigen Verbindungen der Armee bei Beginn der Einschließung von Metz.

Immer mehr trat jetzt die Rücksicht auf die Gesundheitspflege und die materielle Lage der Cernirungs=Truppen in den Vordergrund. Es mußte dafür gesorgt werden, daß die günstige tactische Situation nicht durch eine ausbrechende Epidemie gefährdet werde. Daß solche Befürchtungen wirklich nahe lagen, ist schon angedeutet worden. In seinen Dispositionen vom 22. berücksichtigte der Ober=Befehlshaber dieses Gebiet gleichfalls durch besondere Anordnungen. Zunächst wurde befohlen, daß die Corps in ihren Rayons alle nicht beschäftigten Mannschaften zum fortdauernden Erhöhen der Erde über den vielen Grabhügeln verwenden sollte. Dies schien besonders wichtig, da schon seit dem 21. wechselndes Wetter eingetreten war, welches sich immer mehr zu andauerndem Regen verschlechterte, der die locker über die Leichen aufgeschüttete Erde wieder fortzuspülen begann. Die Anwendung von Desinfectionsmitteln, namentlich für den Bereich der Ortschaften, wurde empfohlen und deren Beschaffung sogleich eingeleitet.

Auch eine fast herbstliche Kälte hatte begonnen und man mußte darauf Bedacht nehmen, die Truppen durch geeignete Ernährung und Bekleidung vor deren Einfluß zu schützen. Möglichst reichliche Verpflegung blieb immer das beste Mittel gegen die Verbreitung des Typhus und ähnlicher Krankheiten; allein es ist klar, daß in dieser Zeit, unmittelbar nach den Schlachten, der Nachschub aus der Heimath nur ein geringer sein konnte. Eine einzige Eisenbahnlinie stand der Armee zur Verfügung, alle Straßen aber waren mit Verwundeten=Transporten überfüllt, sämmtliche vorhandenen Fahrzeuge hierfür zunächst in Anspruch genommen. Die Vorräthe der Colonnen reichten nicht weit; das Requisitionssystem mußte aushelfen und die Cernirungsdispositionen leiteten dies bereits in regelmäßige Bahnen. Den Armee=Corps wurden bestimmte Rayons zugewiesen. Die erzielten Resultate gestalteten sich dabei indessen schnell ungünstig, wie dies leicht begreiflich ist, wenn man bedenkt, daß seit dem 14. August Alles in Allem wohl über 400,000 Mann beider Armeen in der Umgegend von Metz operirt hatten. Daneben machte sich, zumal auf der Plateauhöhe des linken Mosel=

12*

ufers, der Mangel an Trinkwasser immer fühlbarer. Die Be=
schaffung von 300 abessynischen Brunnen war angeordnet worden,
doch konnte vor der Hand auf deren Eintreffen nicht gerechnet
werden.*) Für jetzt sahen sich die Truppen noch immer genöthigt,
ihren Bedarf an Wasser von weit entlegenen Trinkplätzen her=
zuholen. Daß darunter die Qualität des Wassers erheblich litt,
ist selbstverständlich, ausgedehnte polizeiliche Maßregeln aber muß=
ten getroffen werden, um Hemmungen und Collisionen zu vermeiden.

Gleich wichtig wie die Verpflegung wurde die Vervollkomm=
nung der Lagereinrichtungen. Vielfach kamen den Truppen die
erbeuteten französischen Zelte zu Statten, doch war das immer
nur eine Ausnahme. Der Laub= und Strohhüttenbau aber reichte
für rauhere Tage nicht aus und an einem geeigneten Baracken=
material, besonders für die Dachconstructionen, mangelte es. Die
geringen, in den Dörfern gefundenen Vorräthe an geschnittenen
Brettern waren bald verbraucht.**) So stellten sich also selbst hier
manche Schwierigkeiten heraus, wenn auch die Truppen durch Ver=
wendung von Rasen und der lockeren Steingeschiebe, die mit Lat=
ten verbunden wurden, Abhülfe zu schaffen suchten. Die Boden=
verhältnisse erwiesen sich dabei keineswegs günstig. Der felsige
Untergrund in der Umgegend von Metz ließ das Wasser nicht
durchsickern, sondern hielt es in der fetten oberen Erdschicht zurück.
Diese glich daher bei anhaltendem Regen in den Lagern bald einem
Moraste, der, auch wenn wieder gutes Wetter eintrat, die Feuch=
tigkeit noch lange festhielt. Soweit sich in den Ortschaften Raum
vorfand, wurden die Truppen selbstverständlich dort untergebracht.
Dörfer und Gehöfte aber waren noch mit Verwundeten überfüllt.
Die Unterbringung konnte deshalb nur eine mangelhafte sein.

Mit der Evacuation der provisorischen Lazarethe im Bereiche
der Schlachtfelder hatte man sogleich energisch begonnen. Auch
hierfür wurden Rayons unter abgesonderten Directionen festge=

---

*) Am 23. September verfügte die Armee über 170 abessynische Brunnen,
   davon hatten erhalten:

$$\text{das 2. Armee=Corps } 45$$
$$\text{= 3. = = } 42$$
$$\text{= 10. = = } 8$$
$$\text{= 9. = = } 75.$$

**) Später versuchte das Ober=Commando diesem Mangel durch Requisitio=
   nen bei dem General=Gouvernement Lothringen abzuhelfen.

stellt, jedem Rayon aber die Evacuationslinie vorgeschrieben. Für den Transport nach den Evacuationspunkten Pont à Mousson und Rémilly erhielten die Fuhrenparks besondere Sammelplätze zuge= wiesen, auf denen sie eine Anzahl Fahrzeuge zu stationiren hatten. Bei der Schwierigkeit der Verbindungen, namentlich in das Mosel= thal hinab und von dort herauf, bei der Unzulänglichkeit des im Beginn des Feldzuges in Eile zusammengebrachten Wagenmaterials und der außerordentlich großen Zahl der Verwundeten konnten alle diese Maßregeln immer erst nach einiger Zeit thatsächlich wirksam werden.

Der Einfluß der Passivität, auf welche die Truppen in ge= wisser Weise hingewiesen blieben, war gleichfalls kein günstiger. Die anhaltende Beschäftigung der Mannschaften durch den Arbeits= dienst wurde wesentliches Bedingniß für die Erhaltung eines gu= ten Gesundheitszustandes. Verschiebungen der in der Cernirungs= linie stehenden Truppen von größeren Dimensionen hingegen muß= ten vermieden werden. Die Rücksicht auf die angeordneten öcono= mischen Maßregeln gebot es, die Truppen in den von ihnen ein= genommenen Rayons so lange als möglich zu belassen. Störte man sie in den begonnenen Einrichtungen, so war voraus zu sehen, daß diese dann überhaupt nicht zur Vollendung kamen. Bei der Ablösung eines Truppentheils durch den anderen erforderte schon die Verschiedenheit der Stärkeverhältnisse neue Detaildispositionen. Oefterer Wechsel schwächte auch jedenfalls das Interesse der Truppe für den wohnlichen Zustand der verschiedenen Oertlichkeiten. — Nach den so sehr erheblichen Verlusten der Schlachten bei Metz war außerdem die Heranziehung des Ersatzes von der größ= ten Wichtigkeit geworden. Die Schwierigkeit der Verbindung mit der Heimath, wie sie zur Zeit bestand, wirkte auch hierauf nach= theilig.

Daß für den Ersatz an Offizieren weitgreifende Maßregeln getroffen seien, hatte eine Mittheilung aus dem großen Haupt=Quar= tier bekannt gemacht.

Für die Ergänzung des Pferdematerials aus der Heimath geschahen vom Ober=Commando sofort selbstständig die nöthigen Schritte. Um auch aus den zeitweise unbrauchbaren Pferden für die Zukunft noch Nutzen ziehen zu können, wurde ein Depot in Pont à Mousson und Blénod errichtet, in welches von der gan= zen Armee solche Pferde zur Pflege abgeliefert werden konnten. —

Zur Beurtheilung aller dieser Verhältnisse scheint es zweck=
mäßig, darzulegen, wie sich seit dem 15. August die rückwärtigen
Verbindungen der Armee gestaltet hatten und in welchem Zustande
diese sich nun bei Beginn der Cernirung befanden. Können für
die Zeit vom 15. bis 19. August, in welcher die I. und II. Armee
noch nicht vereinigt waren, an dieser Stelle auch nur die Verhält=
nisse der II. Armee in Betracht gezogen werden, so ist doch vor=
auszusetzen, daß sich dieselben bei der I. Armee völlig ähnlich ge=
stalteten. Für beide Armeen begannen gleiche Schwierigkeiten und
die Lösung gleich großer Aufgaben.

Mit der Eröffnung der Eisenbahnlinie Saarbrücken=Rémilly
war freilich viel gewonnen.

Da indessen die sich rückwärts anschließende Rhein=Nahebahn
eingeleisig ist,*) so kam der Armee überhaupt nur die bei compli=
cirten Verhältnissen sehr geringe Leistungsfähigkeit der eingeleisigen
Bahnen zu Statten. Dann aber ist die Schwierigkeit der Ver=
bindung zwischen der Armee und jener Eisenbahnlinie leicht be=
greiflich, da alle Straßen sich mit den marschirenden Kolonnen
der Armee bedeckten. Dabei fingen jetzt sofort die ausgedehnten
Verwundetentransporte an, die alle Mittel völlig in Anspruch nah=
men. In Voraussicht solcher Ereignisse war schon am 15. August
befohlen worden, daß sämmtliche durch Eintreffen der Fuhrparks
resp. der Colonnen bei den Truppen disponibel werdenden requirir=
ten Wagen unter Begleit=Commando's nach Rémilly zu dirigiren
seien. Dort sollten sie den Organen der General=Etappeninspection
zur Verfügung gestellt werden, um deren Transportmittel zu ver=
mehren. Es liegt indessen auf der Hand, daß bei Verhältnissen,
wie sie in den Tagen vom 15. August an selbst bei den Truppen
herrschten, diese Maßregel nur sehr allmählig wirksam werden
konnte. Dazu kam, daß der gleichzeitig**) begonnene Bau der
Verbindungsbahn Rémilly=Pont à Mousson, der energisch geför=
dert werden sollte, die vorhandenen Wagen und Arbeitskräfte, wie
dies aus dem großen Haupt=Quartier befohlen war, in erster Linie
beschäftigte.

Mitten in die so sich häufenden Anforderungen trat nun die Ab=

---

*) Von Bingerbrück bis Neunkirchen.
**) Seit dem 14. August.

zweigung der Maas-Armee hinein, deren Etappenverhältnisse von denen der II. Armee völlig getrennt werden mußten. Schon am 20. August wurde die Bildung einer provisorischen aber völlig selbstständigen Etappeninspection der Maas-Armee angeordnet, für welche Inspection auch 4 Bataillone, 2 Escadrons der Etappen-Truppen abzugeben waren, so daß der General-Etappen-Inspection der II. Armee gleichfalls nur 4 Bataillone 2 Escadrons an Etappen-Truppen verblieben. Ein Ersatz für diesen Ausfall durch 4 Königlich Sächsische Landwehrbataillone stand freilich in Aussicht.

Die Disposition für die Cernirung von Metz verfügte ferner die Entsendung von 1 Landwehrbataillon 1 Escadron der Division Kummer als Etappen-Garnison nach Pont à Mousson.

Dann wurden die Fuhrenparks zwischen beiden Inspectionen getheilt, und so fiel die nothwendige Verminderung der Mittel augenblicklich mit der Steigerung der zu erfüllenden Ansprüche zusammen. Da der General-Etappen-Inspection nunmehr auch nur eine sehr geringe Truppenzahl zur Verfügung stand, so war ihr damit die Möglichkeit genommen, sich durch weitgehende Requisitionen wieder in Besitz genügender Transportmittel zu setzen. Wenn die Versorgung der Armee dennoch auch unter solchen Bedingungen nicht ernstlich gefährdet wurde, so ist dieses nur der außerordentlichen Thätigkeit aller dabei activen Behörden zuzuschreiben.

Die Truppen thaten zur Abhülfe der Uebelstände dadurch das Ihrige, daß sie aus ihren irgend disponibeln Wagen und den Armee-Corps-Parks Staffeln bildeten, welche in regelmäßigem Wechsel zwischen der Armee und den an der Eisenbahn eröffneten Hauptmagazinen verkehrten. Die Theile der I. Armee, welche östlich von Metz standen, eröffneten sich dabei vielfach directe Verbindung nach Saarlouis. Sie hatten dorthin den weiteren Weg, allein eine große und sonst nicht weiter in Anspruch genommene Straße zur Verfügung. Mit der jetzt eingetretenen Absonderung der Operationen nach dem Westen und gegen die in Metz eingeschlossene Armee, ergab es sich von selbst, daß die I. und II. Armee völlig auf die Linie Saarbrücken-Courcelles, die III. und Maas-Armee auf die Linie Weißenburg-Vendenheim-Lunéville-Nancy-Frouard angewiesen wurde,*) dies machte es zweckmäßig,

---

*) Die Eröffnung dieser Linie ist thatsächlich am 23. August erfolgt.

den Sitz der General=Etappen=Inspection nach Rémilly zu verlegen. Es hatte sich freilich herausgestellt, daß der dortige Bahnhof zum Etappen=Hauptort wenig geeignet sei, weil in Rémilly, einer Mittel= station ohne Bedeutung, nur wenige zur Magazinanlage passende Räumlichkeiten nahe der Bahn vorhanden waren, und die Schienen= lage zu geringe Dimensionen besaß. Es ließ sich indessen keine Aenderung treffen, da die Station Courcelles der I. Armee über= lassen werden mußte, Faulquemont aber, wo die Verhältnisse gün= stiger lagen, von der Cernirungs=Armee zu weit entfernt war. Als Etappen=Verbindungen innerhalb des Raumes, in dem sich die bei= den Armeen vor Metz befanden, wurde für die I. Armee zunächst die Straße Courcelles=Ars s. Moselle und weiter auf Gravelotte für die II. Armee die zwischen Rémilly, Corny und Gorze bestimmt. Späterhin benutzten alle auf der Nordseite von Metz lagernden Corps die Brücke von Hauconcourt und die Straße über Ennery, Vigy und Colligny zum Verkehr nach Rémilly.

Auch in Bezug auf die telegraphischen Verbindungen machte sich die Formation der Maas=Armee geltend, da die dem Ober= Commando bisher zugetheilte Abtheilung zu jener Armee übertrat.

Bis zum Eintreffen der als Ersatz neu formirten 5. verblieb jetzt nur die Telegraphenabtheilung der I. Armee vor Metz. Dies hatte jedoch, wie erwähnt, die schnelle Herstellung der nothwendigen Linien nicht gehindert.

VIII.

Die Ereignisse vor Metz bis zur Schlacht von Noisseville, (Doncourt, Malancourt).

Vom 23. bis 25. August.

Als die Armee vor Metz sich bis zum 23. August in ihren neuen Verhältnissen eingerichtet hatte, konnte daran gedacht wer= den, das im Rücken ihrer Aufstellung gelegene Terrain in weiteren Kreisen aufzuklären.

Die nördlichen Grenzdistricte Frankreichs mußten hierbei, da sie von den Operationen der beiden nach Westen vorrückenden Ar= meen nicht berührt wurden, in den Vordergrund treten. Entsatz= versuche konnte der Feind von dort her am leichtesten bewerkstelligen.

Daß man nicht klar darüber war, wie viel Truppen der Feind zur Zeit in diesen Festungen hatte, ist erwähnt worden. Eine Concentration von Streitkräften zu einem Versuche von dort her gegen die Armee vor Metz lag sehr wohl im Bereiche der Möglichkeit. Daß außerdem die schon im Frieden vorbereitete Bildung von Frei-Corps (Franctireurs) für alle Departements in Frankreich eingeleitet sei, hatte man durch Mittheilung aus dem großen Haupt-Quartier erfahren. Auf die Unternehmungen so organisirter Schaaren konnte die Nähe der Grenze nur ermuthigend wirken. Eine Cernirung, selbst eine dauernde Beobachtung der dort gelegenen festen Plätze blieb aber für die Armee zur Zeit unausführbar. Man mußte sich auf die Durchstreifung der nördlichen Districte beschränken. Nur für das nahe und wichtige Thionville war wenigstens eine Cernirung durch Cavallerie in der Disposition des 19. August vorgesehen worden. Eine Cavallerie-Brigade der 3. Reserve-Division rückte dorthin ab *) und am 25. August trat die Cernirung in Wirklichkeit ein. Zeitweise wurde dabei die Brigade durch Infanterie des in der Gegend von Saarburg sich versammelnden Detachements Bothmer unterstützt. Die Aufgabe war übrigens keine leichte, da das waldige Terrain der Umgegend von Thionville jede Beobachtung sehr erschwerte.

Nach Aubun le Roman hin war, wie erwähnt, 1 Regiment der 1. Cavallerie-Division entsendet worden. Dies Regiment meldete in Uebereinstimmung mit dem, was man bisher erfahren, daß Truppenmassen von Bedeutung dort nicht passirt seien.

Dagegen hatte bis zum Vormittage des 21. August auf der Eisenbahn Thionville-Montmédy-Sédan Verkehr geherrscht. Selbst ein Zug mit Verwundeten war angeblich noch am 20. von Thionville aus dort durchgefahren. Das Regiment zerstörte nunmehr die Bahn gründlich und streifte dann noch weiter nach Aumetz, ohne auf den Feind zu stoßen.

Eine ähnliche Mission übertrug das 10. Armee-Corps einer Escadron der 5. Cavallerie-Division (vom Husaren-Regiment Nr. 10), die bei der Annäherung an die Mosel gegen Nancy detachirt gewesen war. Diese Escadron hatte ihren Streifzug zwischen dem 12. und 21. August über Nancy und St. Nicolas zur oberen Mosel und Maas, dann in's Marnegebiet über Bar le Duc hin-

---

*) Mit 1 Landwehr-Bataillon,

aus und nach St. Dizier ausgedehnt. Von dort kehrte sie jetzt zum 10. Armee-Corps zurück. Natürlich war es zur Zeit nicht leicht, die Direction zur Cavallerie-Division genau anzugeben und General von Voigts-Rhetz behielt deshalb die Escadron unter seiner Verfügung. Demnächst detachirte er sie zur Luxemburgischen Grenze. Dort zerstörte sie die Eisenbahnverbindung zwischen Thionville und Luxemburg, stieß aber beim Bahnhof Hettange auf eine feindliche Besatzung. Später wandte sie sich gegen Longwy.

Am 24. August traf in Doncourt aus dem großen Haupt-Quartier die Nachricht ein, daß der Kaiser Napoleon sich angeblich in Rheims befinde, und man Nachrichten habe, wie in Metz stark auf einen Entsatz von dort her gerechnet würde. Das betreffende Schreiben wies nun auf die Bedeutung hin, welche damit die Bahnstrecke Thionville-Longuyon gewann. Der Kronprinz von Sachsen war zwar mit Zerstörung dieser Bahn beauftragt, allein auch die Cernirungs-Armee sollte derselben ihre Aufmerksamkeit zuwenden. War dies freilich schon geschehen, so entsendete der Prinz doch am 25. noch das bei der Armee verbliebene Zieten'sche Husaren-Regiment mit einem Pionier-Detachement nach Longuyon, um dort zu beiden Seiten des Ortes mehrere Brücken zu sprengen, und, wenn möglich, auch die Tunnel der Bahnlinie Thionville-Sédan zu zerstören. Der Streifzug sollte dann gegen Longwy ausgedehnt und möglichst ausführliche Nachricht über den Feind eingezogen werden. Der erhaltene Wink legte dem Ober-Commando auch die Wichtigkeit der Nordseite von Metz neuerdings nahe.

Immer mehr neigte das Ober-Commando zu der Ansicht, daß Marschall Bazaine die Richtung längs der Nordgrenze wählen werde, um sich nach dem Westen Frankreichs Bahn zu brechen. Die Schwerfälligkeit, welche die französische Armee bisher in ihren Bewegungen, zumal aber auch im Ersatz von Munition und Proviant bewiesen hatte, schien ihren Weg an die Festungen zu bannen.

Die Verlegung des 9. Armee-Corps nach Roncourt, Marange, Pierrevillers war, wie erwähnt, auch schon aus jener Anschauung gefolgt.

Die hervorragende Rührigkeit des Feindes auf der Nordseite von Metz, die dauernde feste Besetzung von Woippy und Maison rouge, während er sich im Süden der Festungen auffallend zurückhielt, bestärkte die einmal gefaßte Meinung.

Ohne Zweifel wurde das Verhalten der französischen Armee, —

wenngleich vielleicht noch unwillkürlich — durch die Absichten dictirt, die ihre Führer für die Zukunft hegten.

An die Möglichkeit einer Cooperation der Armeen Mac Ma= hon's und Bazaine's im Bereiche der Nordfestungen dachte man freilich noch nicht. Allein die Existenz dieser Festungen im Rücken der Cernirungsarmee hatte zu gleicher Zeit die Aufmerksamkeit derjenigen Persönlichkeiten in Frankreich erregt, welche zur Zeit be facto die feindlichen Heeresmassen im Großen leiteten, und so trafen Thatsachen und Vermuthungen bald aufeinander.

Die ferneren Mittheilungen aus dem großen Haupt=Quartier nahmen das Interesse der II. Armee bald im höchsten Maße in Anspruch.

Man war im Haupt=Quartier Doncourt unterrichtet worden, daß die Maas= und III. Armee die weiteren Operationen nach Westen mit der Intention fortsetzten, den Feind da, wo er Stand hielt, in Front und rechter Flanke anzugreifen und nördlich von Paris abzudrängen.

Nun wußte man eine französische Armee im Lager von Châ= lons. Dorthin sollten sich die aus dem Elsaß zurückkehrenden Corps, aber auch Neuformationen und einzelne Regimenter aus Paris, dem Westen und Süden Frankreichs, versammeln. Der Aufmarsch der III. und Maas=Armee gegen jenen Punkt in der Linie St. Ménéhould=Vitry le Français war befohlen und sollte sich am 26. vollziehen. Wie beim Vormarsch, so hatte auch dabei die Maas= Armee den rechten, die 3. Armee den linken Flügel innezuhalten.

Am 25. traf im Haupt=Quartier Doncourt die schon vom 24. datirte telegraphische Nachricht ein, daß Châlons vom Feinde geräumt sei. Es lag freilich nahe, daß Marschall Mac Mahon mit seiner nicht sehr fest zusammengefügten Armee der Schlacht ausweichen und auf Paris zurückgehen werde. Allein dies Er= eigniß war dennoch auch für die Armee vor Metz wichtig, weil jetzt die allgemeine Entscheidung des Feldzuges, die vor Paris ge= sucht wurde, näher gerückt schien. Das mußte gleichzeitig die Ent= schlüsse des Marschall Bazaine beschleunigen.

An demselben Tage, dem 25., aber regte sich auch der Gegner in Metz, der bis dahin in seinen Lagern verblieben und nur auf allen Fronten sehr thätig in der Arbeit an seinen Armirungswer= ken gewesen war.

Im Bois de Grimont, gegenüber der Division Kummer, wurden Bewegungen des Feindes wahrgenommen.

Zunächst vermuthete man, daß es sich dort nur um Errichtung von Verhauen handle.

Der 26. August.

Der Morgen des 26. August brachte indeffen schon ungleich wichtigere Meldungen der Observatorien. Im ganzen französischen Lager herrschte reges Leben. Auch auf dem linken Ufer bildeten sich Marschcolonnen, setzten sich in östlicher Richtung in Bewegung und begannen über die Mosel zu defiliren.

Colombey gegenüber, in dem Terrain nördlich von Grigy, formirten sich feindliche Truppenmassen aller Waffen und bald standen solche vor der Front des I. Armee=Corps in Position. Bedeutende Kräfte aber sammelten sich beim Fort St. Julien an der Straße nach Bouzonville und in und hinter dem Bois de Grimont. Hierher schienen sich die Hauptmassen des Feindes gewendet zu haben. Selbst an den Abhängen zur Mosel hinunter standen viele Truppen, anscheinend ein zweites Treffen der vorn aufmarschirten Corps. Starke Artillerie hielt noch auf der Straße zwischen dem Fort und der Stadt. Am linken Ufer aber waren die Lager verschwunden und nur unbedeutende Kräfte dort zurückgeblieben. Deutlich übersah man jetzt die aufgeführten neuen Retranchements, Schützengräben und Batterien.

Leichtes Geplänkel hatte sich seit dem Morgen vor der Front des ersten Armee=Corps entsponnen. Nach 11 Uhr aber wendete sich der Feind gegen die Aufstellung der 3. Reserve=Division in der Linie Malroy=Charly.

Man beobachtete dort drei feindliche Colonnen im Vormarsche. Bei Malroy begann das Tirailleurgefecht. Diese Nachrichten waren im Haupt=Quartier Doncourt bis 11½ Uhr Vormittags eingelaufen.

Die Bewegungen des Feindes machten zwar, wie vom rechten Moselufer her gemeldet wurde, zunächst den Eindruck einer größeren Recognoscirung, da sich an keiner Stelle die Offensive bestimmter aussprach. Man konnte indessen auch vor der Einleitung eines in großen Dimensionen beabsichtigten Durchbruch=Versuches stehen. Hegte der Feind keine ernsten Absichten, so würde er schwerlich das Gros seiner Armee in Bewegung gesetzt haben; denn dies brachte für ihn, namentlich da ungünstiges regnerisches Wetter eingetreten war, große Nachtheile in öconomischer Beziehung mit sich.

Der Cernirungsdisposition zu Folge hatten sich die, den bedrohten Punkten zunächst stehenden, Armee-Corps bereits nach Eingang der ersten sicheren Meldungen in Bewegung gesetzt.

General von Voigts-Rhetz zog sein Corps gegen die Mosel zusammen und schob einen erheblichen Theil derselben bei Argancy bereits auf das rechte Ufer hinüber. General von Manstein aber dirigirte bei dieser Nachricht die 25. Division zur Brücke von Hauconcourt und führte die 18. Infanterie-Division mit seiner Corps-Artillerie nach den Höhen westlich Marange an den Punkt, wo die Straße dorthin sich von der neugebauten Chaussee Roncourt-Pierrevillers abzweigt. Das 2. Armee-Corps war in die Positionen der Cernirungslinie eingerückt, hielt sich aber bereit, über diese hinaus in ein beginnendes ernstes Gefecht einzugreifen. Das 3. Armee-Corps concentrirte sich mit der 5. Infanterie-Division und der Corps-Artillerie bei St. Privat, mit der 6. Infanterie-Division bei Amanvillers. Auch vom rechten Ufer erfuhr man, daß das 1. Armee-Corps sich mit der 3. Reserve-Division in enger Verbindung hielte und diese zu unterstützen gewärtig sei.

Somit waren die nothwendigen Einleitungen für die Abwehr des Feindes auch ohne den Befehl des Ober-Commando's von den Truppen durchgeführt worden. Der Prinz aber faßte über den augenblicklichen Stand der Dinge hinaus denjenigen Gang der Operationen in's Auge, den er für den wahrscheinlichen hielt, falls dem Feinde der directe Durchbruch auf dem rechten Ufer gelingen sollte. Wie dieser Gang der Operationen gedacht wurde, ist bereits gesagt worden; und die Annahme, dem Marschall Bazaine könne vielleicht zunächst der Durchbruch möglich werden, lag nicht so fern; denn überall, wo er vor den preußischen Linien erschien, mußte er eine große Uebermacht für sich haben.

Seiner Königlichen Hoheit Entschlüsse für diesen Fall gingen dahin, die gesammte II. Armee nebst der 1. Cavallerie-Division für die Operationen im freien Felde verfügbar zu machen, nach Umständen auch das I. Armee-Corps am Feinde zu belassen, durch die übrigen Theile der I. Armee aber die Einschließung von Metz und der dorthin vielleicht zurückgeworfenen einzelnen Theile des Feindes völlig aufrecht zu erhalten.

Wenn nun auch die danach erlassenen Befehle nur theilweise

zur Ausführung kamen, weil der Feind seinen Plan aufgab, so finden sie doch hier ihren richtigen Platz, um so mehr, als sie mit den Operationen der nächsten Tage in innerem Zusammenhange stehen:

Um 1¼ Uhr Nachmittags ergingen von Doncourt folgende Befehle:

1. Das 3. Armee=Corps soll, sobald der Feind auf dem rechten Ufer mit Ernst zum Durchbruch schreitet, aus seiner Stellung St. Privat=Amanvillers links abmarschiren und sich auf dem linken Ufer vor Thionville dem Debouchiren des Feindes aus dieser Festung, sei es nach Luxemburg, sei es nach Longuyon, so lange entgegenstellen, bis zu seiner Unterstützung successive auch das 2., 9. und 10. Armee=Corps und die 1. Cavallerie=Division heranrücken.

2. Das 8. Armee=Corps setzt eine, durch Batterien verstärkte Infanterie=Brigade nach Amanvillers in Marsch, welche dort bereit ist, die Cernirungslinie des 2. Armee=Corps zu übernehmen, sobald Befehl dazu erfolgt.

3. Die 1. Cavallerie=Division rückt gleichfalls nach Amanvillers hin. —

Als diese Anordnungen getroffen waren, begab sich der Prinz nach Marange, um selbst den Oberbefehl über die, für den möglicherweise bevorstehenden Kampf bereit gehaltenen, Truppen zu übernehmen. Indessen auf dem Wege dorthin begegnete man schon den in ihre Lager zurückkehrenden Kolonnen des 3. Armee=Corps und die in Marange in den ersten Nachmittagsstunden eintreffenden Meldungen verringerten in der That die Aussichten auf ein Gefecht für diesen Tag.

Der Feind hatte seinen Vorstoß nicht wirklich ausgeführt, sondern verhielt sich wieder passiv.

Schon etwa um 1½ Uhr Nachmittags sah man seine Bivouaksfeuer am Bois de Grimont und dem Fort St. Julien und das Gefecht schwieg bis auf leichtes Tirailleurgeplänkel.

Auch die in Position gerückten Truppen der 3. Reserve=Division konnten abkochen. Es schien möglich, daß die außerordentliche Ungunst der Witterung, die gerade am Nachmittage eingetreten war, den Feind bewog, von seinem Vorhaben abzustehen; möglich aber blieb es auch, daß er den wirklichen Durchbruch von Hause aus für den nächsten Morgen beabsichtigte und seine Truppen heute nur zu diesem Zwecke habe aufmarschiren lassen.

Gegen 4 Uhr Nachmittags war noch immer Alles still und kein Engagement zu hören. Nur bei Malroy=Charly fielen hin und wieder vereinzelte Flintenschüsse. Daß der Feind nun noch zum ernsten Angriff schreiten werde, schien nicht wahrscheinlich. Allein ebenso ließ sich überjehen, daß die Ungewißheit der Situation sich bis zum Einbruche der Dunkelheit auch nicht heben werde.

Der Prinz ertheilte deshalb der nach Amanvillers entsendeten Brigade des 8. Corps, die dort schon eingetroffen war,[*] den Be= fehl, für die Nacht stehen zu bleiben. So konnte das 2. Armee= Corps in jedem Augenblicke disponibel gemacht werden. Nur die 1. Cavallerie = Division, deren Verbleiben bei Amanvillers nicht so wichtig erschien, durfte in ihr Lager bei St. Marcel zurück= kehren. An General von Manteuffel, dem, wenn es doch noch heute oder morgen in der Frühe zum Kampfe kam, zunächst die selbstständige Leitung des Gefechts zufiel, schrieb der Prinz aus Marange über seine Anschauung der Sachlage das Folgende:

„General von Kummer meldet von 1½ Uhr Nachmittags, daß der Feind im Bois de Grimont Bivouaksfeuer angemacht, wobei jedoch leichtes Tirailleur=Gefecht seit 4 Stunden fortbauere."

„Die Stärke des Feindes soll mehrere Corps betragen."

„In der Voraussetzung, daß Euer Excellenz in der Stellung Failly=Servigny, im Anschlusse an die Position Malroy=Charly des Generals Kummer sich befinden, kann ich, bevor die Situation sich weiter entwickelt, keine ferneren Directiven geben."

„Bei feindlichem Angriffe halten wir überall unsere vorberei= tete Cernirungsstellung fest. Das Gefecht auf rechtem Moselufer wird nach Bedarf aus dem 10. und demnächst vom 9. Corps unter= stützt werden."

„Weitere Maßnahmen lassen sich für jetzt nicht treffen."

Die Haltung des Feindes blieb übrigens auch derartig, daß General von Voigts=Rhetz, der sich in's Moselthal hinab begeben hatte, seine Truppen bereits in ihre Lager und Cantonnements rücken ließ und um 4½ Uhr selbst nach Marange zurückkehrte. Gegen Abend begab sich auch der Ober=Befehlshaber wieder nach seinem Haupt=Quartier Doncourt.

---

[*] 1 Infanterie=Brigade, 3 Batterien, 2 Escabrons unter General von Barnekow.

Die Berührung mit dem Feinde blieb freilich bis zur Dunkelheit bestehen. Bei Malroy entspann sich sogar kurz vor Abend noch einmal das Vorpostengefecht und die Division Kummer sah sich veranlaßt, mit stärkeren Abtheilungen die Nacht hindurch in ihrer Position zu verbleiben. General von Manteuffel aber schrieb von Ste. Barbe, Abends 8 Uhr 40 Minuten, daß die seinem Befehl unterstellten Truppen sich in der Linie Malroy-Charly-Failly-Servigny schlagen würden, und er unter Festhaltung der vorbereiteten Cernirungsstellung, zur eventuellen Unterstützung seines rechten Flügels die 3. Infanterie-Brigade an die Saarbrücker Straße herangezogen habe.

Er fügte dann noch hinzu, daß die Ueberlegenheit des ihm gegenüber stehenden Feindes nach allen Nachrichten eine sehr bedeutende sei, und, falls der Angriff wirklich stattfinden sollte, ein möglichst zeitiges Eintreffen der verheißenen Unterstützung erwünscht scheine.

Der 27. August.

Man war sonach noch immer nicht im Stande, zu bestimmen, ob der anbrechende Morgen der Armee eine Schlacht bringen würde oder nicht. Um 1 Uhr früh indessen berief eine neue Aufgabe erhebliche Theile der Armee vor Metz aus der Cernirungsstellung ab. Auch im Westen nahten entscheidende Momente heran. Es kam um jene Stunde aus dem großen Haupt-Quartier Bar le Duc, vom 26. August 12 Uhr Mittags datirt, die schriftliche Mittheilung an, daß die Maas-Armee und Theile der III. Armee unter möglichster Beschleunigung einen Rechtsabmarsch angetreten hätten.

Eingehende Nachrichten machten im großen Haupt-Quartier den Linksabmarsch der Armee des Marschalls Mac Mahon wahrscheinlich. Stärkere feindliche Kräfte waren bereits in der Gegend von Vouziers entdeckt worden. Eine solche Bewegung des Feindes konnte nur den Zweck haben, den rechten Flügel der nach Westen marschirenden Armeen zu umgehen und so zum Entsatze nach Metz zu marschiren.

Die Maas-Armee, sowie das 1. und 2. Bairische Corps, waren deshalb noch am 26. nach der Gegend von Damvillers hin in Marsch gesetzt worden, um jenem Versuche zuvorzukommen.

Die Trains hatten zurückbleiben müssen, die Corps sich auf 3 Tage mit Verpflegung versorgt. Alles dies bekundete, daß man Eile für geboten hielt.

Die Armee vor Metz betreffend, wurde nun Folgendes hinzu=
gefügt:

„Seine Majestät befehlen, daß von der Einschließungs=Armee
2 Armee=Corps detachirt und so dirigirt werden, daß sie unfehlbar
am 23. ebenfalls die Gegend von Damvillers=Mangiennes erreichen."

„Dem Ober=Commando wird anheimgestellt, die Anordnungen
so zu treffen, daß, wenn auch die Einschließung am rechten Mosel=
ufer vorübergehend aufgehoben werden müsse, jedenfalls ein Durch=
bruch des Feindes nach Westen verhindert wird."

Nähere Aufklärung erwartete man im großen Haupt=Quartier
von der schon am 26. gegen Vouziers vorgeschobenen Cavallerie
der Maas=Armee.

Diese Nachrichten ließen auch die bei Metz vom Feinde unter=
nommenen Bewegungen in einem andern Lichte erscheinen. Wäh=
rend man nur an einen isolirten Befreiungs=Versuch der Armee
Bazaine gedacht hatte, schien es sich jetzt um eine kombinirte Be=
wegung der beiden feindlichen Heere zu handeln.

Nun gestaltete sich das numerische Verhältniß der Cernirungs=
Armee zu dem eingeschlossenen Gegner durch die befohlene De=
tachirung nicht günstig. Nach Abgang des 2. und 3. Armee=Corps,
die man nach Westen zu verwenden beschloß, blieben vor Metz
noch zurück: 112,573 Mann Infanterie, 13,152 Pferde, 478 Ge=
schütze.*) Diese Truppenzahl konnte derjenigen, welche der Feind
zum Durchbruch zu verwenden vermochte, kaum noch überlegen
sein. Niemals aber war man der Natur der Sache nach im
Stande, selbst nur diese Kräfte an einem einzigen Punkte zu ver=
einigen. Es blieb stets die 7 deutsche Meilen lange Cernirungs=
linie zu bewachen.

Die der Armee in jener Zeit zugedachten Verstärkungen, wie
das Detachement des Generals von Bothmer und das 13. Armee=
Corps, waren in Wirklichkeit noch nicht vor Metz, sondern erst in
einiger Zeit dort zu erwarten.

Allein andererseits mußte es doch um jeden Preis verhütet
werden, daß eine starke feindliche Armee Metz nahe kam, um dem
Marschall Bazaine die Hand zu reichen.

Die Vorsicht gebot es nur, die beiden Corps so lange vor
Metz zurück zu halten, als es die Rücksicht auf rechtzeitiges Ein=

---

*) Die Offiziere sind in diese Ziffern nicht eingerechnet.

treffen an dem gestellten Ziel erlaubte. Der Weg von der Cerni=
rungsposition bis zur Linie Damvillers=Mangiennes betrug 8 resp.
7 Meilen. Diese Entfernung konnte bei der bedeutenden Marsch=
fähigkeit, welche die Truppen bisher stets bewiesen hatten, sehr
wohl bis zum 28. Abends zurückgelegt werden, wenn die abmar=
schirenden Corps nur noch im Laufe des Nachmittags antraten.

Die Weisung, wenn nöthig die Cernirung auf dem rechten
Ufer aufzugeben, um damit die Sicherheit gegen den feindlichen
Durchbruch in westlicher Richtung zu heben, konnte freilich unter
den Umständen, wie sie augenblicklich vorlagen, nicht befolgt wer=
den. Es mußte die Einschließung auch auf dem rechten Ufer, wo
der Feind kampfbereit vor den deutschen Linien stand, aufrecht
erhalten werden.

Das Regenwetter erschwerte am 26. Nachmittags und am 27.
früh die Beobachtung ganz außerordentlich. Der Morgen brachte
jedoch neue Meldungen. Diese besagten zwar, daß der Feind
sich dort auf der ganzen Front zurückgezogen und ein Gefecht sich
nicht engagirt habe, indessen glaubte man am Bois de Grimont
und beim Fort St. Julien weit mehr Truppen zu bemerken, als
sonst, auch Grigy und La Grange aux Bois waren in der Frühe
noch besetzt. Durch Gefangenenaussagen wurde kund, daß am 26.
die gesammte französische Armee concentrirt gewesen sei.

Um 9 Uhr Morgens ging man indeß im Haupt=Quartier
Doncourt an die Ausführung der Königlichen Befehle. Es kam
hierbei zu Statten, daß die am 26. nach Amanvillers beorderte
Brigade des 8. Armee=Corps dort zurückgehalten und die schnelle
Ablösung des 2. Armee=Corps darum möglich war.

Der Prinz ordnete Folgendes an:

1. Das 3. Armee=Corps bricht sogleich über Conflans auf,
muß heute noch mit dem größten Theil seiner Kräfte und dem
Haupt=Quartier Etain erreichen, und marschirt morgen auf Dam=
villers.

2. Das 2. Armee=Corps läßt sogleich seine Truppen erster
Linie durch die bei Amanvillers bivouakirende Brigade des 8. Corps
ablösen, setzt sich dann über Briey auf der Straße nach Mainville
in Marsch und hat denselben so einzurichten, daß die Tete heute
noch Mainville erreicht.

Morgen den 28. marschirt das Corps über Vaudoncourt und
muß die Gegend von Mangiennes erreichen. —

Das Zieten'sche Husaren-Regiment sollte sich dieser Bewegung von Longuyon aus anschließen und sich am 28. auf Stenay dirigiren.

Für beide Corps war in den Befehlen hinzugefügt, daß sie sich in der Ausführung dieser Anordnungen selbst dann nicht auf= halten lassen dürften, wenn sich am 27. bei Metz eine Schlacht engagirte.

Beide Corps sollten ihre Trains mitführen und am 28. in Damvillers die Befehle des Kronprinzen von Sachsen erbitten.

Der Abmarsch eines so starken Theils der Armee machte natürlich neue Anordnungen für die Cernirungs=Truppen nöthig. Auf dem linken Moselufer mußte auch die schon vorläufig schwach besetzte Stellung des 2. Corps durch stärkere Kräfte gesichert werden.

Der Prinz befahl in Folge dessen für die zurückbleibenden Corps:

„Seine Majestät der König haben gegen eine wahrscheinliche Concentration der feindlichen Armee Mac Mahon bei Vouziers eine Rechtsschiebung der Armee=Abtheilung des Kronprinzen von Sachsen, Königliche Hoheit, hinter die Maas über Dun und eine Verstärkung derselben durch die zwei Königlich Bayrischen Corps befohlen."

„Am 28. treffen die eben genannten Truppen bei Damvillers ein. Seine Majestät haben zur weiteren Verstärkung des Kronprin= zen von Sachsen zwei Corps der Cernirungs=Armee von Metz befohlen. Ich bestimme hierzu das 2. und 3. Armee=Corps, welche noch heute auf Briey und Etain abmarschiren und befehle hinsichts der Cernirung wie folgt:"

1. Das 10. Armee=Corps bleibt im Moselthale und hält sich bereit, unter Belassung schwacher Kräfte in seiner Position gegen Metz mit dem größten Theile über die geschlagenen Mosel= brücken die Division Kummer energisch zu unterstützen, wenn der Feind auf rechtem Moselufer nach Norden angreifen sollte.

2. Das 9. Corps hält sich bereit, auf meinen Befehl in der= selben Richtung zur Unterstützung zu marschiren.

3. Das 8. Armee=Corps besetzt die Cernirungslinie in dem bis jetzt vom 3. und 8. Corps eingenommenen Rayon. Die bei Amanvillers stehende Brigade unter General von Barnekow hat von mir bereits durch General von Fransecky Befehl erhalten,

13*.

die Vorposten des 2. Corps sofort abzulösen. Das Haupt-Quartier geht heut nach Amanvillers.*)

4. Die 1. Cavallerie-Division verlegt ihr Stabs-Quartier und ihr Lager nach Habonville.

5. Das 7. Armee-Corps detachirt sofort eine durch Artillerie verstärkte Infanterie-Brigade in der Richtung auf Laquenexy, welche nach den Umständen einzugreifen hat, wenn die bei Colombey gestern gemeldeten feindlichen Kräfte weiter marschiren sollten.

6. Das 1. Armee-Corps hat den Befehl erhalten, die Position nördlich Metz auf dem rechten Moselufer gegen feindlichen Angriff zu halten.

7. Der General von Steinmetz wird die weiteren Anordnungen auf dem rechten Moselufer dahin treffen, daß die Cernirung durch die 3. Cavallerie-Division soviel als möglich erhalten bleibt. —

Noch als diese Befehle expedirt wurden, um 9½ Uhr früh, traf aus dem großen Haupt-Quartier zu Clermont, datirt vom 26. August Abends 7 Uhr, telegraphisch die Weisung des General von Moltke ein:

„Die vorgeschriebene Truppenbewegung ist nicht vor Sonnabend den 27. Mittags anzutreten, bis dahin wird voraussichtlich Näheres bekannt sein."

Es war nun nicht vorauszusetzen, daß irgend ein Theil des 2. oder 3. Armee-Corps — wenn ihnen jetzt die Befehle zugingen — früher als um die Mittagsstunde würde aufbrechen können. Das Telegramm machte daher keine Aenderung nothwendig. Bald ward es von einem zweiten gefolgt:

Clermont, den 26. August Abends 11 Uhr.

„Feindliche Truppen aller Waffen bei Grand Pré. Dem schriftlichen Befehle gemäß haben 2 Corps der Armee bereits morgen (Sonnabend den 27.) auf Damvillers abzurücken und dort am Sonntag den 28. einzutreffen."

(gez.) von Moltke.

Dies Telegramm, das übrigens im Duplicat einging, zeigte, daß bei der III. und Maas-Armee keine Veränderung der Sachlage eingetreten sei, und daß man im großen Haupt-Quartier

---

*) Das 8. Armee-Corps behielt sein Haupt-Quartier in Gravelotte, da Amanvillers von Verwundeten überfüllt gefunden wurde.

Werth auf die pünktliche Ausführung der befohlenen Truppen=absendung lege.

Alle diese Anordnungen, welche der Ober=Befehlshaber an diesem Morgen getroffen, behielten die Möglichkeit des Durchbruchs auf dem rechten Ufer im Auge und als man um 10 Uhr Vormit=tags im Haupt=Quartier Doncourt Kanonendonner von Metz her vernahm, mußte man glauben, daß General von Manteuffel an=gegriffen werde. Es folgte nun zwar keine Meldung, die dies bestätigte, indessen die Erwartung des Ausfalls blieb doch bestehen.

Diese Erwartung veranlaßte auch den Ober=Befehlshaber, sein Haupt=Quartier nach Malancourt zu verlegen, wo er sich dem wahrscheinlichen Schauplatze der Ereignisse näher befand.

Der Tag verging indessen weiterhin ohne Gefecht; die Trup=pen führten die ihnen vorgeschriebenen Bewegungen aus, ohne daß dabei eine ernste Berührung mit dem Feinde stattfand.

Dieser verhielt sich ruhig und wenn auch das anhaltende Regenwetter die Beobachtung dauernd unsicher machte, so konnte man doch im Laufe des Tages wahrnehmen, daß die alten Lager im Bereiche der Forts mit unwesentlichen Veränderungen wieder bezogen seien.

Der Feind schien die Ausführung seiner Offensivpläne sistirt zu haben, wahrscheinlich, um sie unter günstigeren Verhältnissen wieder aufzunehmen. Wann dies geschah, das konnte wesentlich von den Ereignissen im Westen bei der III. und Maas=Armee, sowie von den Vorgängen im Rayon der nördlichen Grenzfestungen ab=hängen. Alle von dort her kommenden Nachrichten beanspruchten deshalb jetzt hervorragendes Interesse. In dem Landstriche von Thionville und Montmédy, der von den nach Westen operirenden Armeen freilich nicht berührt wurde, bewegten sich doch die dahin entsendeten Cavallerie=Detachirungen der II. Armee. Auch aus dieser Gegend standen demnach Berichte in Aussicht. Es war hier zunächst wichtig, die Stärke der verschiedenen Festungsbesatzungen zu ermitteln und dies gelang durch vielfach eingezogene Erkun=digungen. Man stellte fest, daß in Longwy und Montmédy nur ganz schwache Besatzungen lagen, von denen sich Offensivunterneh=mungen nicht erwarten ließen.

Dagegen fand man, daß selbst die Landbevölkerung von der neuen Wendung der feindlichen Operationen im Großen Kenntniß hatte.

Bei Longuyon sprach man allgemein davon, Marschall Mac Mahon werde in kurzer Zeit von Mézières her die Offensive ergreifen und die in Metz eingeschlossene Armee befreien.

Es herrschte großes Vertrauen zu dem Gelingen dieses Unternehmens; Anzeichen wirklich schon fühlbarer Bewegungen wurden indessen noch nirgends entdeckt.

Der 28., 29. und 30. August.

Die erste Nachricht, welche der 28. August (früh 3 Uhr) brachte, war folgendes Telegramm des Generals von Moltke an den Prinzen:

Erizé la Petite,*) den 27. Nachmittags 12 Uhr 15 Minuten.

„Großer Theil der feindlichen Streitkräfte stand nach soeben eingegangenen Nachrichten gestern Abend (also am 26.) noch bei Vouziers. Die Eurer Königlichen Hoheit aufgegebene Truppenbewegung braucht daher bis auf weiteren Befehl nicht angetreten zu werden."

Das 2. und 3. Armee-Corps waren nun in dem Augenblicke, in welchem dieses Telegramm eintraf, bereits um einen starken Tagemarsch gegen Westen hin von der Armee entfernt. Die Situation bei der III. und Maas-Armee blieb ja auch immer noch so gespannt, daß es unter Umständen erwünscht sein konnte, die beiden Corps zu schneller Vereinigung mit diesen Armeen bereit zu haben und der Zusatz „bis auf weiteren Befehl" gab der Annahme Raum, daß der soeben suspendirte Marsch später wieder aufgenommen werden könnte. Bei Metz war jetzt keine Gefahr im Verzuge; denn, wurde auch der Ausfall erwartet, so deutete momentan doch kein Zeichen seinen Beginn an. Ueberdies waren die Wege durch den in den letzten Tagen fortdauernden Regen grundlos geworden.

Der Marsch, der zum Theil erst am späten Nachmittage angetreten war, konnte für die Truppen des 2. und 3. Armee-Corps nicht ohne Anstrengung gewesen sein und hatte jedenfalls für beide Corps bis zum späten Nachmittage, resp. bis zum Abende gebauert.**) Eine sofortige Rückkehr erschien darum auch aus diesen

*) Endstation der hergestellten Telegraphenleitung an der Straße Bar le Duc-Clermont. Das Telegramm wurde bald auch schriftlich wiederholt.
**) Das 3. Armee-Corps war um 12 Uhr Mittags, die 3. Infanterie-Division um 2¼ Uhr Nachmittags, die 4. erst um 4 Uhr Nachmittags angetreten.

Gründen nicht günstig. Der Prinz entschloß sich deshalb, beide Corps in den Rayons, welche sie am Tage vorher erreicht hatten, zu belassen. Das 2. Armee-Corps erhielt den Befehl, bei Briey, das 3., bei Etain stehen zu bleiben. Dort konnten sie die weitere Entwickelung der Dinge im Westen abwarten. Wurde es nöthig, so waren sie ja durch einen Marsch in die Cernirungslinie zurück zu versetzen, oder man konnte sie leicht, wenn dem Feinde der Durchbruch gelang, nach Thionville hin verwenden.

Welcher Werth auf diese letzte Möglichkeit im Ober-Commando der II. Armee gelegt wurde, wird weiterhin noch erläutert werden.

Die telegraphische Verbindung mit dem großen Haupt-Quartier war in Gang; über Etain wurden dorthin noch Relais etablirt und man konnte somit bald auf fernere Mittheilungen rechnen, welche die Vorgänge im Westen noch genauer beurtheilen ließen.

Zunächst telegraphirte General von Moltke Folgendes:

Clermont, 28. 5 Uhr 20 Min. Vormittags.

„Nachdem hier nunmehr ausreichende Streitkräfte vereinigt, hat jede Absendung von dort zu unterbleiben.“

Dies Telegramm langte um 12¼ Uhr Nachmittags an, während eine Viertelstunde später eine neue vom 28. 5 Uhr 38 Min. datirte Depesche eintraf. Im großen Haupt-Quartier war nämlich inzwischen die durch Feldjäger übersendete schriftliche Meldung des Ober-Commando's angekommen, daß der Abmarsch des 2. und 3. Armee-Corps gegen Damvillers thatsächlich erfolgt sei, und demgemäß wurde nun der Befehl dahin genauer formulirt, daß diese Corps wieder zur Verfügung des Ober-Commando's vor Metz gestellt und zur II. Armee heranzuziehen seien.

Die Zweifel, welche so lange noch über ihre schließliche Verwendung hatten herrschen können, waren nun freilich gehoben.

Der Marschbefehl würde das 3. Corps bei Etain aber frühestens zwischen 2 und 3 Uhr Nachmittags getroffen haben. Auf Allarmirung der Truppen war gleichfalls Zeit zu rechnen. Der Regen währte fort, und es ließ sich voraussehen, daß das Corps immer erst in der Nacht, und abermals nach bedeutender Anstrengung bei Metz eintreffen konnte. Das 2. Corps hätte freilich den Befehl frühzeitiger erhalten und den kurzen Marsch zur Cernirungs-Armee noch bei guter Tageszeit ausführen können; vor der Festung war indessen auch jetzt, in der ersten Nachmittagsstunde, noch nichts von Bedeutung vorgefallen. Es schien freilich, als verstärkte der Feind seine Lager auf dem rechten Moseluser und bei den Vorposten plänkelte man dort, indessen es kam weder zu lebhaften Engagements, noch nahm man ernstere Bewegungen des Gegners wahr. Der Prinz gewann das Vertrauen, er würde der beiden Corps nicht so schnell bedürfen, daß ihr rechtzeitiges Heranziehen unmöglich werden könnte. Die Rücksicht auf ihre Schonung durfte daher in den Vordergrund treten.

Die beiden Corps verblieben deshalb heute noch in ihren Stellungen und erst am 29. früh um 9 Uhr wurde ihr Rück= marsch befohlen. Inzwischen war kurz zuvor der Befehl des gro= ßen Haupt=Quartiers hierzu auch schriftlich eingegangen.

Der Marsch, den das 2. und 3. Armee=Corps zurücklegten, blieb indeß nur ein kurzer. Es traten nämlich jetzt, wo das Ober=Commando der II. Armee über alle Corps der Armee vor Metz wieder selbstständig verfügte, und die Lage der Dinge hier für die Dispositionen allein maßgebend wurde, diejenigen Betrach= tungen nahe, die den Ober=Befehlshaber bereits in seinen Dispo= sitionen vom 26. Nachmittags geleitet hatten.

Wenn der Feind mit aller Kraft auf dem rechten Moseluser die Cernirung zu durchbrechen suchte und schnell handelte, so wurde es unmöglich, die auf dem linken Ufer stehenden Corps sämmtlich über die Moselbrücken hinweg noch zur rechten Zeit auf das Ge= fechtsfeld zu bringen. Es ließ sich vielmehr voraussehen, daß hier Kräfte disponibel bleiben würden, denen ein anderes Feld der Thätigkeit eröffnet werden mußte. Unterhalb Metz vermochte man das 10. Corps und wohl auch das 9. zur Unterstützung der auf dem rechten Ufer fechtenden Truppen heranzubringen. Oberhalb konnte das 7. Corps und vielleicht eine Division des 8. ebenso ein= greifen. Das 2. und 3. Corps, die sich in der zweiten Linie be= fanden, blieben dann aber noch verfügbar. Ihnen fiel deshalb passend die Aufgabe zu, sich dem Gegner, wenn es ihm gelang, die Cernirungslinie zu durchbrechen, bei seinem Weitermarsche an geeigneter Stelle vorzulegen, während die, dem Durchbruche zu= nächst stehenden Theile der Cernirungs=Armee sich unmittelbar an ihn hängten und seinen Marsch verzögerten. In erster Linie wurde hierbei in's Auge gefaßt, den Feind daran zu verhindern, daß er von Thionville gegen Longuyon auf das Plateau westlich der Mosel debouchirte, und dies wies auf die Gegend von Fon= toy hin, wo sich alsdann das 2. und 3. Corps dem Feinde pas= send entgegenstellen konnten.

Der Prinz beschloß deshalb, beide Corps nur bis an die Orne heranzuziehen und sie dort für den Abmarsch nach Fontoy bereit zu halten. An der Orne standen sie auch der Cernirungslinie nahe genug, um diese zu unterstützen, wenn der feindliche Stoß sich direct gegen Westen richtete, wo er freilich auf bedeutende Terrainschwierigkeiten traf.

Das Benehmen des Feindes am 26. August rief überdies die Ansicht hervor, daß es des Eingreifens der beiden Reservecorps nur bei dem letzten verzweifelten Befreiungsversuche der französischen Armee bedürfen werde. An jenem Tage hatte diese mit Langsamkeit ihre einleitenden Bewegungen vollzogen, keinen entschiedenen Versuch nach irgend einer Richtung hin unternommen, und dann stand sie von ihrem Plane ab, als sie die Einschließungs-Armee in Position, starke Artillerie aber in deren Front entwickelt fand. Für die Abwehr solcher nicht sehr energischen Versuche durch Truppenentfaltung in der vorbereiteten Cernirungslinie, reichten auch die dort ununterbrochen verbliebenen Corps völlig aus. Trat aber jene äußerste Kraftanstrengung des Feindes ein, so schien es immer erwünscht, einen Theil der Armee nicht an die Cernirungslinie gebunden, sondern frei in der Hand zu haben.

Der Prinz traf seine Dispositionen nun wie folgt:

1. Das 2. Armee-Corps bezieht in Briey und östlich davon mit dem Haupt-Quartier Auboué in der Art Ortschaftslager, daß es bei schneller Allarmirung zum sofortigen Abmarsch der Tete, sei es gegen Ste. Marie, sei es gegen Fontoy bereit ist.

2. Das 3. Armee-Corps nimmt in gleicher Weise Ortschaftslager ein mit der Queue in Conflans, der Tete in Doncourt, entsprechender Seitenausdehnung und dem Haupt-Quartier in Moncel Château. Die Maßregeln sollten dabei so getroffen werden, daß die Teten-Division binnen 3 Stunden nach dem Eintreffen des Befehls bei Amanvillers-St. Privat bereit stehen konnte.

Die Armee-Corps vollzogen diese Befehle im Laufe des Tages und nahmen mit ihren einzelnen Theilen folgende Stellungen ein:

1) Das 2. Armee-Corps mit der 3. Infanterie-Division bei Valleroy-Moineville mit der 4. zwischen Mouthier und Auboué, Corps-Artillerie Briey.

2) Das 3. Armee-Corps mit der 5. Infanterie-Division und der Corps-Artillerie bei Doncourt, mit starker Tête der 6. In-

fanterie-Division bei Conflans, der Rest dieser Division auf der Straße Conflans-Etain echelonnirt.

Für die Cernirungslinie trat dann am 30. insofern noch eine Veränderung hinzu, als der dem 8. Corps am 27. früh übertragene Rayon, der die früheren Antheile des 8. und 2. Corps umfaßte, für längere Dauer doch zu ausgedehnt erschien und in Folge dessen das Armee-Corps seinen linken Flügel statt in Norroy auf der Höhe von Saulny etablirte, das 10. Armee-Corps seine Frontlinie aber mit dem rechten Flügel bis dorthin verlängerte.

So standen nun alle Cernirungstruppen wieder bereit, um mit den gesammten Kräften der Armee Bazaine entgegen zu treten und sie in Metz fest eingeschlossen zu halten.

Ueber die feindlichen Lager bei Metz wurde von den Vor-posten auch an diesem Tage Nichts von Bedeutung gemeldet, nur recognoscirten östlich von Metz bei Grigy wiederholt höhere feind-liche Offiziere in Begleitung ihrer Stäbe das Terrain. Am Abend des 30. vernahm man in den Lagern der Festung viel Musik, ein Zeichen, das, den Gewohnheiten des Feindes nach, allerdings auf bevorstehende Unternehmungen deutete.

Die Aufmerksamkeit des Ober-Commando's wurde übrigens durch die nach Norden und Nordosten entsandten Detachements zunächst in Anspruch genommen.

Es ist deshalb von Interesse, die letzten Vorgänge in jenem Terrain kurz in's Auge zu fassen, ehe man der weiteren Ent-wickelung der Dinge bei Metz folgt.

Die vom 10. Armee-Corps ausgeschickte Escadron des 10. Husaren-Regiments war in den letzten Tagen nach Rédange und Audun le Tiche gestreift. Selbst gegen Esch hin knüpfte sie Be-ziehungen an und erhielt Kenntniß, daß aus dem Innern von Frankreich über Luxemburg und Thionville Verbindungen bestän-den. Gleichzeitig besagten Meldungen der vor Thionville stehen-den Cavallerie, daß während der letzten Nächte zwischen jener Festung und Metz Leuchtsignale gewechselt worden seien. Ohne Zweifel stand dies mit dem erwarteten Entsatzversuche im Zu-sammenhange. Im freien Felde zeigte sich der Feind auf dieser Seite allerdings nirgends, selbst vor Thionville fielen nur ganz unbedeutende Rencontres vor. Dagegen traf das weiter nach Westen dirigirte Zieten'sche Husaren-Regiment auf feindliche Truppen. Dieses Regiment hatte sich, dem 3. Armee-Corps zugetheilt, den Operationen nach Damvillers anschließen sollen. Es war, nachdem es am 27. bei Longuyon die Eisenbahn gründlich zerstört, auf Stenay marschirt, wo es im Verein mit sächsischer Cavallerie seit dem 28. stand.

Seine nach Martincourt vorgeschobenen Posten entdeckten auf dem rechten Maasufer bei Jnor stärkere Abtheilungen feindlicher Infanterie und Cavallerie. Westlich von Stenay war Beaufort besetzt. In der Nacht vom 29. zum 30. meldeten die Vorposten dann, daß sie das Fahren von Eisenbahnzügen auf der Linie Sédan=Montmédy vernommen hätten und am 30. früh wurde solcher Verkehr auch von Patrouillen thatsächlich bemerkt. Die Bahn war dabei durch den Feind gesichert; denn jene Patrouillen stießen bei Chauvancy les Montanges auf französische Cavallerie.

Man hielt es deshalb dort für nicht unmöglich, daß der Feind Truppen noch über Montmédy hinaus gegen Longuyon transportire und die Absicht hege, sich über Longuyon nach Thion= ville einen Weg zu eröffnen. Diese Ansicht wurde in Meldungen ausgesprochen, welche im Armee=Hauptquartier Malancourt um Mitternacht vom 30. zum 31. anlangten. Um das gesammte hierbei in Frage kommende Terrain zu überwachen, reichte die bei Audun le Tiche stehende Husaren=Escadron auf keinen Fall aus. Gegen diese Escadron versuchte der Feind am 30. schon einen Ueberfall. Nun hatte das Zieten'sche Husaren=Regiment, da die Operationen des 2. und 3. Armee=Corps gegen Westen hin auf= gegeben waren, gleichfalls Befehl, nach der Gegend östlich von Longuyon zurückzukehren und es befand sich am 30. im Marsche dorthin. Auch das aber genügte nicht völlig; denn es konnte leicht von Werth sein, bei Longuyon auch Infanterie und Artillerie verfügbar zu haben. Man war dann im Stande, einem dort anrückenden Gegner ernsteren Widerstand zu leisten, seinen Marsch zu verzögern und seine Stärke aufzuklären.

Am 31. August früh 8 Uhr befahl deshalb der Prinz dem 2. Armee=Corps, sofort ein Detachement von: 3 Bataillonen, 1 leichte Batterie und 1 Escadron auf Aumetz abrücken zu lassen. Dies Detachement sollte im Vereine mit dem ihm unterstellten Zieten'schen Husaren=Regiment die Gegend zwischen Longwy und Thionville überwachen und endgültige Aufklärung schaffen, ob jene Vermuthungen über dort begonnene Truppenbewegungen der Fran= zosen sich verwirklichten. Um gleichzeitig die Zugänge nach Thion=

ville direct zu sperren, erhielt das 9. Armee=Corps Weisung, 1 Bataillon nach Hayange zu dirigiren, das auch Beuvange sous St. Michel besetzt halten und mit den Cernirungs=Truppen vor Thionville Verbindung aufnehmen sollte. Beide Detachirungen traten ohne Verzug nach den ihnen bezeichneten Bestimmungs= orten an. Somit waren nach dieser Richtung hin alle Vorsichts= maßregeln getroffen, die sich bewerkstelligen ließen, ohne die Armee vor Metz erheblich zu schwächen. Eine Schwächung mußte in jener Stunde, 8½ Uhr Morgens, um so mehr vermieden werden, als man im Haupt=Quartier Malancourt vom rechten Moselufer her lebhaftes Feuer hörte.

Die Ereignisse in der Cernirungslinie treten von nun an wieder völlig in den Vordergrund.

IX.
Die Schlacht von Noisseville
am 31. August und 1. September.
Der 31. August.

Die Observatorien meldeten während der Morgenstunden des 31. August wiederholt und übereinstimmend, daß in allen Lagern von Metz rege Bewegung herrsche.

Der starke Nebel in der Frühe erschwerte zwar die Beobach= tung; allein man nahm doch wahr, daß die Zelte auf dem linken Ufer verschwanden und sich hier wieder Marsch=Colonnen formirten, welche nach dem rechten Ufer abmarschirten. Durch die Fern= röhre ließ sich dabei unterscheiden, daß auf Geschützprotzen und Munitionskarren Fourage geschnürt, und die Bagage anscheinend für eine länger dauernde Operation vorbereitet wurde.

Das Gefecht auf dem rechten Moselufer, das freilich vor= läufig nur matt fortwährte, hatte schon um 7¼ Uhr früh mit leichtem Geplänkel begonnen.

Es konnte indeß bald kaum noch ein Zweifel herrschen, daß es sich um ein größeres Unternehmen des Feindes handle. Die Anzeichen, welche man an den Tagen vorher wahrgenommen, die Terrain=Recognoscirungen feindlicher höherer Führer, schienen also keine Zufälligkeiten gewesen zu sein.

Wie am 26. August, so formirten sich auch heute wieder starke feindliche Massen auf den Höhen zwischen dem Fort St. Julien und der Stadt Metz. Dorthin defilirten unausgesetzt dichte Colonnen über die Brücken der Insel Chambière und die Truppen-Aufstellungen dehnten sich fort und fort aus. Dann setzte sich der Feind auch zum Angriff in Bewegung. Hierbei schlug er mit starken Colonnen aller Waffen, soweit man es beobachten konnte, die beiden Hauptrichtungen auf der Chaussee nach Bettlainville, sowie durch das Ravin von Vallières und Vantoux in der Richtung gegen Noisseville ein. In der zuletzt bezeichneten Direction bewegten sich besonders bedeutende Massen und es schien, als ob der Angriff vornehmlich den Positionen des 1. Armee-Corps gelten sollte.

General von Manteuffel hatte auch bereits dem Ober-Commando der I. Armee, datirt von 8 Uhr 10 Minuten, aus Ste. Barbe telegraphisch gemeldet:

„Auf feindlicher Seite große Bewegung; starke Colonnen bedecken die Straße Metz-Bellecroix. 18 Geschütze hinter Bellecroix sichtbar, etwa 10 Escadrons marschiren zwischen Vantoux und der Straße Metz-Poix gegen Ste. Barbe. Es ist allarmirt."

Die Corps der I. Armee und die 3. Cavallerie-Division waren in Folge dessen bereits durch jenes Ober-Commando avertirt, die Meldung aber sogleich nach Malancourt weitergesendet worden. Hier traf später, um 10 Uhr, auch ein directes Telegramm des Generals von Manteuffel ein, und dieses besagte:

Ste. Barbe 9 Uhr 20 Min. Vorm.

„Der Feind entwickelt zwischen den Straßen Metz-Saarlouis und Metz-Poix anscheinend seine ganze Armee, das 1. Corps hat seine Positionen besetzt."

Die Ansicht, daß ein großer Ausfall bevorstände, erhielt damit ihre Bestätigung.

Nach Analogie der am 26. August von den Cernirungs-Truppen getroffenen Maßregeln hatte sich auch heute das 10. Corps bereits zum rechten Ufer hin in Marsch gesetzt, wobei es seine Positionen im Moselthal nur mit geringen Kräften festhielt. Dem 9. Armee-Corps aber war schon um 8½ Uhr befohlen worden, die 25. Division bei Pierrevillers, die 18. nebst der Corps-Artillerie bei Roncourt zu concentriren. Um 9½ Uhr, als über ben Ernst der Dinge kein Zweifel mehr war, hatte der Prinz dann noch Folgendes befohlen:

1) Das 2. Armee-Corps concentrirt sich zwischen Auboué und Briey und hält sich zum Abmarsch bereit. Ob dieser auf Fontoy oder St. Privat erfolgt, bleibt weiterem Befehl vorbehalten.

2) Das 3. Armee-Corps marschirt sogleich nach St. Privat ab. Dort stand es für alle Fälle bereit. Es konnte sowohl die Cernirungslinie im Westen von Metz verstärken, als auch nach dem Gefechtsfelde abrücken, oder über Moyeuvre la Grande dem 2. Armee-Corps folgen.

Die für jetzt nöthigen und möglichen Dispositionen waren getroffen und der Ober-Befehlshaber begab sich um 10¼ Uhr nach dem Horimont bei Fêves.

Von diesem hochgelegenen Punkt aus übersah man das Terrain, in welchem die Cernirungs-Armee stand, völlig. Ste. Barbe und die Orte, die in der Front des 1. Armee-Corps und der 3. Reserve-Division lagen, ließen sich deutlich erkennen.

Alle Bewegungen des Feindes, sein Defiliren über die Moselbrücken, das noch fortdauerte, seinen Aufmarsch gegen die bedrohten Positionen der Cernirungs-Armee und seine Angriffs-Dispositionen in den großen Zügen vermochte man genau zu verfolgen.

Von Marange aus hatte man auch mit den Corps der Armee telegraphische Verbindung.

Es erwies sich bald, daß heitere Witterung vorausgesetzt, der Horimont der günstigste, ja ein sehr glücklich gewählter Aufstellungs-Punkt für den Ober-Befehlshaber sei. Auch als der Kampf sich im Verlaufe des Tages weiter entwickelte, verblieb Prinz Friedrich Carl daher dort. Wohl hätte Seine Königliche Hoheit sehr füglich durch einen schnellen Ritt, wie den vom 16. August, auch hier den Kampfplatz erreichen, das Commando übernehmen und die Schlacht von Noisseville commandiren können. Jedenfalls sind triftige Gründe für den Prinzen entscheidend gewesen. Einen derselben sprach Seine Königliche Hoheit schon am 31. August und dann später noch wiederholt im Kreise seiner Offiziere aus. Er hegte die Absicht, dem General von Manteuffel die Ehre eines solchen Sieges voll und ganz zu überlassen, und nur für den Fall einzutreten, daß der Durchbruch gelang.

Ehe zur Darstellung der nun folgenden Begebenheiten ge=
schritten wird, ist es am Platze, die Aufstellung der in erster Linie
engagirten Truppen zu überblicken, so weit sie im Detail bis 11
Uhr Vorm. dem Ober=Commando bekannt geworden war.

1) Die 3. Reserve=Division (Kummer) hielt in der Linie
Malroy=Charly.

2) Vom 1. Armee=Corps standen: die 1. Infanterie=Division
in der Position Failly=Servigny, die Corps=Artillerie dahinter;
von der 2. Infanterie=Division war die 3. Brigade nebst 2 Bat=
terien, (von General von Manteuffel nach der Saarbrücker Straße
in die Höhe von Puche heranbeordert), nach Retonfay gerückt, *)
die 4. hielt die Position der Division bei Ars Laquenexy.

3) Die 3. Cavallerie=Division war im Begriff, nach Retonfay
zu rücken, um dort das Terrain zwischen den beiden Chausseen
von Metz nach Saarlouis und Saarbrücken zu decken. (Sie traf
um 1½ Uhr Nachmittags bei Puche ein.)

Der Cernirungs=Disposition entsprechend führte General von
Manteuffel den Ober=Befehl über alle diese Truppen.

Als fernere Unterstützung für das Gefecht in dieser Aufstellung
waren am rechten Flügel hinter der Position der Division von
Kummer, die für den Abmarsch nach dem rechten Ufer disponibel
gemachten Theile des 10. Armee=Corps verfügbar.

Gegen den linken Flügel kam dann bald außer der 3. Caval=
lerie=Division noch die auf Befehl des Ober=Commando's vom 27.
Vormittags 9 Uhr an die Seille detachirte Infanterie=Brigade
des 7. Armee=Corps **) heran.

Diese Brigade stand von Beginn des Kampfes in der Gegend
von Pouilly verfügbar. Sie hatte bis zum Gefechtsfelde noch
einen Marsch von 2 Meilen zurückzulegen, war aber, in Folge
einer von der 2. Infanterie=Division ihr zugekommenen Nachricht be=
reits zwischen 9 und 10 Uhr Vormittags aufgebrochen. Von den
übrigen, noch nicht nach dem Gefechtsfelde beorderten Truppen
der Cernirungs=Armee befanden sich:

1) Das 9. Armee=Corps, dem Befehl von 8½ Uhr Morgens

---

*) Ein Bataillon der Brigade blieb in Frontigny zurück.

**) Die 28. Infanterie=Brigade, 1 Escadron des Westphälischen Husaren=
Regiments Nr. 8, 2 Batterien des Westphälischen Feldartillerie=Regiments
Nr. 7 unter General von Woyna.

entsprechend, mit der 25. Division bei Pierrevillers mit der 18. und der Corps-Artillerie bei Roncourt.

2) Das 3. Armee-Corps befand sich von Doncourt und Conflans her im Anmarsche nach der Gegend von St. Privat, die es etwa um 1 Uhr Nachmittags erreichte.

3) Das 8. und das 7. Armee-Corps, dies letzte mit Ausnahme der gegen den linken Flügel des 1. Armee-Corps betachirten Brigade, hielten ihre Cernirungs-Positionen inne.*)

Die über den Aufmarsch des Feindes am rechten Ufer eingegangenen Nachrichten bestätigte der Augenschein vollständig.**) Auf dem linken Ufer bei Plappeville und am St. Quentin herrschte die tiefste Ruhe. Die Zeltmassen waren zum großen Theil verschwunden. Drüben aber gewahrte man die harrenden feindlichen Massen, die sich fort und fort noch durch die vom linken Ufer dahin ziehenden Truppen mehrten. Auf der ganzen vom General von Manteuffel commandirten Front stand man sich kampfbereit gegenüber. Vor dem Centrum dieser Front, (d. h. vor der Position Failly-Servigny) aber verhielt sich der Feind auffallend passiv. Er schien dort das Wirksamwerden irgend einer andern Bewegung abwarten zu wollen, ehe er zum ernsten Angriff schritt. Auf den beiden Flügeln hatte sich dagegen der Kampf entsponnen.

Man bemerkte ein Gefecht bei Colombey. In der That waren dort die Vorposten der 4. Infanterie-Brigade von bedeutender Uebermacht angegriffen und bis in die Stellung Aubigny Château-Ars Laquenexy-Mercy le Haut, zurückgedrängt worden. Diese Position zu nehmen, gelang den Franzosen indessen nicht.

Die Division Kummer aber befand sich im leichten Geschützkampfe.

---

*) Siehe Seite 195 resp. 169.

**) Auf französischer Seite marschirten in erster Linie auf: das 3. Corps zwischen der Straße nach Saarlouis und dem Wäldchen von Metz, das 4. à cheval der Straße nach Ste. Barbe links neben dem 3., das 6. von Villers l'Orme bis zur Mosel. Hinter dieser ersten Linie etablirten sich: Das 2. Corps zwischen Ferme Bellecroix und den Höhen auf dem rechten Ufer des Ravins von Vallières, das Garde-Corps, bis Artillerie-Reserve und das Cavallerie-Corps vorwärts des Fort St. Julien, am Bois be Grimont und an den Abhängen gegen die Mosel hin. Hinter der Armee am rechten Ufer, sowie auf der Insel Chambière fuhren die Trains, Bagagen ꝛc. auf.

Um 10½ Uhr hatte feindliche Cavallerie und Artillerie deren Aufstellung recognoscirt und General von Kummer seine Artillerie gegen die heranrückenden Truppen in Thätigkeit gebracht. Er bewog dieselben auch schon zwischen 11 und 12 Uhr wieder zurückzugehen. Doch nahm das Fort St. Julien das Feuer auf und bewarf die Position Malroy-Charly mit schweren Granaten. Auf den übrigen Theilen der bedrohten Front fielen nur vereinzelte Schüsse.

Aehnlich den Vorgängen des 26. zeigte sich auch jetzt noch in dem Auftreten des Feindes wenig Energie. Mit dieser Beurtheilung stimmten die vom rechten Ufer kommenden Nachrichten überein.

Das Defiliren französischer Massen über die Mosel dorthin dauerte indessen fort. Die Kräfte, welche der Feind entwickelte, wuchsen zu bedeutend an, als daß man es für wahrscheinlich halten durfte, er werde auch heute unverrichteter Sache wieder umkehren. Seine Königliche Hoheit der Prinz hielt vielmehr Vorsicht für geboten und beorderte noch weitere Verstärkungen nach dem rechten Ufer. Er ertheilte zu diesem Behufe um 11 Uhr 53 Min. an die 25. (Großherzoglich Hessische) Division sofort Befehl, von Pierrevillers nach Hauconcourt abzumarschiren, dort die Mosel zu überschreiten und sich zur Disposition für General von Kummer, resp. General von Manteuffel südlich Antilly aufzustellen.

Bald nach Erlaß dieser Anordnung, etwa um 12 Uhr Mittags, gewahrte man von der Spitze des Horimont aus, daß überall, so weit die beiden Armeen bis jetzt in Gefechtsberührung gekommen waren, eine Feuerpause eintrat. Die Franzosen hielten in ihren unsicheren Vorwärtsbewegungen inne und fingen allgemein an, abzukochen. Meldungen vom 1. Armee-Corps und der Division Kummer bestätigten dies später. Auch in den deutschen Linien wurde darum abgekocht.

Um 1½ Uhr blieb gleichfalls noch Alles still, nur das Defiliren der vom linken nach dem rechten Ufer hinüber ziehenden feindlichen Truppen währte unausgesetzt fort. Daß der Feind noch in später Nachmittagsstunde zum Angriff schreiten würde, war deshalb unwahrscheinlich, weil ein so weit hinausgeschobener Beginn des ernsten Kampfes für ihn ungünstig schien. Seine Aufgabe war es, die ihm direct gegenüber stehenden deutschen Truppen entscheidend zu schlagen, und dann noch sofort die Einleitung zum

Abmarsche von Metz zu treffen. Die Stunden mußten an dem gewählten Entscheidungstage deshalb kostbar für ihn sein. Nach dieser Betrachtung gewann man den Eindruck, als habe der Feind in der That nicht den 31. August, sondern den 1. September für seinen ernsten Angriff ausersehen, und es war aus Rücksicht auf die Schonung der für den Kampf bereitgestellten Truppen erforderlich, die Corps der Armee bei Zeiten davon zu unterrichten, und ihnen zu bezeichnen, was vor der Hand zu thun sei. Es wurden deshalb vom Horimont aus um 1½ Uhr telegraphisch folgende Befehle befördert:

1. Das 3. Armee-Corps kocht ab und wird voraussichtlich die Nacht bei St. Privat zubringen. Die 1. Cavallerie-Division verbleibt in ihren Lagern bei Habonville.

2. Vom 9. Armee-Corps kocht die 18. Division und die Corps-Artillerie bei Roncourt ab. Beide Theile werden voraussichtlich die Nacht hindurch dort belassen werden. Die 25. Division hält sich ferner bis zum 1. September bei Antilly verfügbar.

3. Das 2. Armee-Corps kann in seine am 30. eingenommene Aufstellung zurückkehren.

4. Das 10. Armee-Corps hat, wenn im Laufe des Nachmittags nichts vorfällt, in seine Stellung zurückzukehren.

Inzwischen war durch eines der vom Ober-Commando der I. Armee eingehenden Telegramme (siehe v. Schell, Operationen der I. Armee) um 12½ Uhr Mittags auch bekannt geworden, daß der im Heranmarsche zur Armee vor Metz befindliche Großherzog von Mecklenburg in Saarbrücken sei und das erste Echelon seines Corps am 1. September, wie befohlen, die Nied erreichen werde.

Diese Nachricht hatte Prinz Friedrich Carl gleichfalls telegraphisch um 1½ Uhr dahin beantwortet, daß der Großherzog von den Vorgängen bei Metz in Kenntniß zu setzen sei. Der Heranmarsch dieses Corps konnte möglicher Weise für den weiteren Verlauf der Kämpfe wichtig werden.

Die auf dem rechten Ufer eingetretene Gefechtspause dauerte in der That noch stundenlang fort, und es schien, als würde eine Aenderung der Dispositionen nicht nöthig werden. Um 4 Uhr Nachmittags aber, als man die Entwickelung eines ernsthaften Kampfes kaum noch für wahrscheinlich hielt, begann das Gefecht von Neuem.

Das Fort St. Julien feuerte wieder und eine größere Batterie, welche der Feind südlich dieses Werkes an der Chaussee nach Ste. Barbe etablirt hatte, betheiligte sich an der Kanonade. Vom Horimont aus sah man, daß die Batterien des 1. Corps aus der Linie Failly = Servigny bald antworteten, daß sie selbst avancirten und kurz nach Anfang des Feuers durch neu vorgezogene Batterien unterstützt wurden.*) Auch die Division Kummer griff mit zwei Batterien nördlich Failly in den Geschützkampf ein. Das Feuer gewann dabei eine außerordentliche Lebhaftigkeit und endete nach wenig mehr als einstündiger Kanonade damit, daß die im freien Felde stehenden französischen Geschütze zum Schweigen gebracht wurden. Schon um 5 Uhr glaubte man die Artillerie = Linie des 1. Armee=Corps neuerdings vorgehen zu sehen.**)

Nun aber setzten sich feindliche Infanterie = Massen in Bewegung, vornehmlich auf der Straße Metz=Bellecroix und im Ravin von Vallières und Vantoux. Bei Noisseville und in dem Terrain südlich davon gegen Flanville hin entwickelte sich das Gewehrfeuer anscheinend heftig. Der Feind hatte ohne Zweifel dort seinen Vorstoß begonnen, den er auch durch starke Artillerieentwicklung unterstützte. Daß er dabei langsam Fortschritte machte, war augenscheinlich. Die in die Gegend von Noisseville vorgerückten Batterien des 1. Armee = Corps begannen in eine Aufstellung weiter rückwärts überzugehen. Allein noch immer schien man sich in der Einleitung der Schlacht, nicht in der Entscheidung selbst zu befinden. Der Feind hatte fast seine ganze Armee nunmehr auf das rechte Ufer gezogen. Auch jetzt noch dauerte das Defiliren der auf dem linken Ufer bisher zurückgebliebenen Reste fort. Die Truppenmassen auf den Höhen südlich des Forts St. Julien und an den beiden Straßen nach Ste. Barbe und Bouzonville, augenscheinlich das Gros der Armee, standen unbeweglich. Sie wurden noch nicht gebraucht, um den Durchstoß auszuführen, wenn das Gefecht sich jetzt auch, gegen 6 Uhr Nachmittags, über die ganze

---

*) Die Corps = Artillerie des I. Armee = Corps, welche die in erster Linie engagirten Batterien der 1. Infanterie = Division unterstützte und auf den Flügeln respective in den Intervallen dieser schon feuernden Artillerie Position nahm.

**) Ein allgemeines Avanciren jener Artillerie fand um diese Zeit nicht statt; die Bewegungen einzelner Batterien müssen den Eindruck hervorgerufen haben.

Front des 1. Armee-Corps ausdehnte, und der Geschützkampf wieder lebhafter wurde. Man sah die große Artillerie-Linie des 1. Armee-Corps in der Position Failly-Servigny unbeweglich in wohlunterhaltener, mit Ruhe geführter Kanonade begriffen. Auch vor der Division Kummer hatte sich das Feuergefecht seit der Nachmittagspause mäßig entwickelt und spann sich langsam fort.

So etwa stand der Kampf noch um 6¼ Uhr. Die Zurückhaltung, welche der Feind mit seinen Hauptkräften noch immer beobachtete, legte, trotzdem er die Schlacht begonnen hatte, auch jetzt noch die Vermuthung nahe, er werde erst am folgenden Tage den wirklichen Durchbruch-Versuch unternehmen. Daß er dabei seine Anstrengungen hauptsächlich gegen den linken Flügel der unter General von Manteuffel vereinigten Truppen richten würde, war als sicher vorauszusetzen. Schon der Umstand, daß die deutsche Schlachtlinie dort keine unmittelbare Anlehnung an die übrigen Corps der Cernirungs-Armee besaß, mußte dem Angriffe naturgemäß eine solche Richtung geben.

Prinz Friedrich Carl benachrichtete den General von Manteuffel von der soeben dargelegten Anschauung sogleich schriftlich wie folgt:

„Nach genauen diesseitigen Beobachtungen hat der Feind den größten Theil seiner Kräfte unter St. Julien nach dem rechten Ufer defiliren lassen. Die von hier aus beobachtete Heftigkeit des Gefechts steht hiermit nicht im Verhältniß.“

„Sollte der Feind die Fortsetzung des Gefechts für morgen beabsichtigen, so könnte er gegen Euer Excellenz linken Flügel seinen Hauptstoß richten. Falls dies von Euer Excellenz angenommen wird, stelle ich anheim, die 25. Division von Antilly hinter den linken Flügel noch heute heranzuziehen und mir dies telegraphisch und durch Ordonnanz-Offizier zu melden. Ich dirigire dann bis morgen früh 6 Uhr den übrigen Theil des 9. Corps nach Antilly.“

Bald nach Abgang dieses Schreibens bemerkte man indessen, daß das Gefecht auf dem deutschen linken Flügel heftiger wurde. Das Gewehrfeuer nahm zu, die Batterien schossen lebhafter. Der Kampf schien sich dabei hauptsächlich um das Dorf Servigny zu drehen. Auch weiter südlich stand ein Ort in Flammen (Aubigny-Château.) Man nahm an, daß auch dort gefochten werde.

Noch um 7 Uhr schien der Kampf vor der Hauptstellung

Failly=Servigny zu stehen. Wenn auch die Abenddämmerung und der dichte Pulverdampf, der sich über das Schlachtfeld lagerte, die genaue Beobachtung von Einzelheiten erschwerte, so sah man doch, daß die Artillerie=Linie des 1. Armee=Corps beharrlich in ihren Positionen feststand und nicht wich. Auch das Infanterie= gefecht dehnte sich über die ganze Front aus. Poix und Failly schienen jetzt gleichfalls angegriffen zu werden.

Daß General von Manteuffel die 25. (Hessische) Division gegen seinen linken Flügel heranbeordern werde, schien gewiß. Aus Meldungen des Generals von Kummer erfuhr man, daß die 3. Landwehr=Division bereits mit Cavallerie und Artillerie nach Ste. Barbe befohlen sei. Der Prinz beschloß deshalb die Ver= wendung des ganzen 9. Armee=Corps in der Weise eintreten zu lassen, wie es schon beabsichtigt war.

Um 7½ Uhr schrieb er in Folge dessen an General von Man= stein: „Das Gefecht gegen General Manteuffel in der Linie Failly= Noisseville ist jetzt noch sehr lebhaft, scheint aber auf der Stelle zu bleiben. Jedenfalls bedarf General von Manteuffel morgen ganz früh der Unterstützung bei erneuertem Angriff. Euer Excel= lenz sollen deshalb mit dem übrigen Theil des 9. Corps unter Mitnahme der Munitions=Colonnen und Zurücklassung des Trains sich mittelst Nachtmarsches über Marange, Hauconcourt nach Ste. Barbe begeben und dem General von Manteuffel Ihr Eintreffen melden.“

Noch immer vermochte man die weißen Dampflinien der beiden feindlichen Fronten Vany=Nouilly und Failly=Servigny genau zu unterscheiden. Als es stärker dunkelte, gewahrte man dann das Aufblitzen des Gewehrfeuers und konnte an den einzelnen Feuergruppen die Stellen erkennen, wo die angegriffenen Dörfer der Position des 1. Armee=Corps lagen. Auch gegen die Front des General von Kummer hin dehnte sich das Feuer aus. Das Gefecht blieb aber auch jetzt noch auf derselben Stelle stehen, und gegen 9 Uhr Abends schien es beendet. Der Prinz sandte telegraphisch dem General von Manteuffel und seinen Truppen den Glückwunsch zu der bewiesenen standhaften und erfolgreichen Ausdauer, auch schrieb er persönlich an den siegreichen General.

Am Abende des 31. begab er sich in sein Hauptquartier Malancourt zurück. Auf dem Wege dorthin begegnete das Ober=

Commando den Colonnen des 9. Armee-Corps, die sich nach dem rechten Moselufer hin in Bewegung gesetzt hatten.

Die Beobachtungen, welche man vom Horimont aus über den Kampf gemacht, ergaben in der That ein richtiges Bild von seinem Hergange.

Der Feind hatte nach Beendigung der ersten einleitenden Kanonade, welche der langen Mittagspause folgte, mit bedeutend überlegenen Kräften den linken Flügel, der Hauptstellung des 1. Armee-Corps angegriffen. Dieser Flügel war, wie erwähnt, durch die von Courcelles s. Nied zunächst nach der Saarbrücker Straße dann nach Retonfay heranmarschirte 3. Infanterie-Brigade verlängert worden und der Kampf wogte hier in dem Terrain Servigny-Noisseville-Montoy-Flanville und Retonfay mit großer Lebhaftigkeit hin und her, bis er gegen 9 Uhr Abends, auch vom Standpunkte des 1. Armee-Corps aus gesehen, für beendet gelten mußte. Die Truppen erster Linie blieben indessen unter dem Gewehr; die 3. Landwehr-Division wurde von Ste. Barbe näher an die Schlachtstellung herangezogen. Theile derselben hatten bereits in das Gefecht eingegriffen. Die Absicht des Feindes, den linken Flügel der hier kämpfenden preußischen Truppen zu umfassen und dann die Schlachtlinie des General von Manteuffel aufzurollen, war dabei bald erkannt worden und die gegen Einbruch der Dunkelheit begonnenen feindlichen Frontalangriffe längs der Straße nach Ste. Barbe auf Poix und Failly, sowie das Vorbringen gegen die Division Kummer hatten hierüber nicht getäuscht.

Die eingetretene Ruhe war aber nur eine Pause, denn in der Nacht auf den 1. September um 1 Uhr 40 Minuten ging im Hauptquartier Malancourt eine Depesche des Generals von Manteuffel ein, die aus Ste. Barbe vom 1. September früh 12 Uhr 30 Minuten datirte. Dieselbe besagte im Eingange:

„Die Franzosen haben nächtlichen Ueberfall auf Failly-Servigny-Noisseville gemacht. Ostpreußische Kolben und Bajonnette haben gesiegt. Wir halten die Position" u. s. w.

Der Feind hatte übrigens in diesen letzten Kämpfen bedeutende Kräfte entwickelt, auf der Saarbrücker-Straße auch noch weiter als bisher ausgegriffen, den deutschen linken Flügel umfaßt und diesen zum Zurückgehen gezwungen.

Der 1. September.

Der Morgen des 1. September fand das 1. Armee-Corps und die dieses direct unterstützenden Truppen in der Stellung Failly-Servigny-Château Gras-Petit Maris. Die Division Kummer hielt mit der ihr zugehörigen Linien-Brigade die alte Position inne, während die nach Ste. Barbe abmarschirte 3. Landwehr-Division durch die 25. Division ersetzt worden war. General von Manteuffel hatte diese letzte Division am 31. August noch nicht nach Ste. Barbe herangezogen.*)

Das 10. Armee-Corps lagerte, den Weisungen des Prinzen gemäß, während der Nacht in seinen Stellungen am linken Mosel-ufer. Die Vorsicht gebot es ohnehin, das Moselthal auch hier sicher zu schließen, und man zog es vor, das Armee-Corps die Strecke über die Moselbrücken am andern Morgen nochmals zurück-legen zu lassen, als daß jener Weg nach Thionville ohne genü-gende Ueberwachung blieb. In ihren schon eingerichteten Lagern und Cantonnements fanden die Truppen auch für die kurze Ruhe bessere Unterkunft.

Die gegen den linken Flügel des General von Manteuffel am 31. heranmarschirende 28. Infanterie-Brigade hatte während der Mittagspause bei Courcelles f. Nied bereit gestanden und dort abgekocht. Im Verlaufe des Nachmittagsgefechts war sie noch in das Terrain von Laquenexy herangezogen worden,**) kam indessen nicht mehr zur Action und brachte die Nacht nördlich Courcelles zu.

Von den übrigen Truppen der Cernirungs-Armee war das 2. Armee-Corps, wie erwähnt, in seinen Lagern an der Orne ver-blieben. Das 3. Corps bivouakirte während der Nacht mit der 5. Infanterie-Division bei Ferme Marengo, mit der 6. bei Batilly, mit der Corps-Artillerie bei St. Ail, das Haupt-Quartier in St. Privat. Das 7. und 8. Corps befanden sich in ihren alten Posi-tionen, das 9. sich mit dem gesammten Reste, der am 31. noch am linken Ufer verblieben war, auf dem Nachtmarsche zum rechten hinüber. Dieser Marsch war in hohem Grade beschwerlich; beson-ders verursachte die steilgeböschte Passage über Marange in's Mo-selthal hinab viele Schwierigkeiten.

Als es Tag wurde, bedeckte dichter Nebel das Land. Für den Feind konnte das nur von Vortheil sein und es war deshalb

---

*) Die 50. Infant.-Brigade hatte Aufstellung am Bois be Failly genommen.
**) Eine Batterie unter Bedeckung einer Compagnie Infanterie nach Frontigny.

um so wahrscheinlicher, daß man heute vor dem ernsten Durch=
bruchversuche stand.

Von 6 Uhr Morgens ab hatte sich auch der Kampf in der
That von Neuem mit Lebhaftigkeit entsponnen. Eine Pause trat
dann ein, doch begann das Gefecht gegen 8 Uhr wieder.

Auf den Observatorien hörte man dabei, den eingegangenen
Meldungen zufolge, heftiges Geschütz= und Mitrailleusen=Feuer,
das vom Schlachtfelde des verflossenen Tages herübertönte. Was
im tiefgelegenen Thale vorging, war man freilich nicht im Stande
zu beobachten. Soviel stand indessen fest, daß an den Forts
Plappeville und St. Quentin noch immer tiefe Ruhe herrschte
und die französischen Lager dort nicht wieder etablirt worden
waren.

Die höher gelegenen Theile der Abhänge traten aus dem
Nebel hervor und ließen sich übersehen. Zelte wurden wie am
Tage zuvor dort nur wenige entdeckt; es konnte allein die für die
Forts bestimmte Besatzung darin lagern.

Das bestätigte zur Genüge die Aussicht auf die energische
Fortsetzung der Schlacht durch den Feind.

In demselben Augenblicke aber, wo hier die Entscheidungs=
stunde schlug, vernahm man bei Malancourt auch von Westen her
fernen Kanonendonner. Wenngleich nur matt, so war der Ton
doch so deutlich zu hören, daß eine Täuschung nicht obwalten
konnte. Man vermochte sogar das Abnehmen und Heftigerwerden
jenes Feuers zu unterscheiden. Oft schien es, als träfen die Schall=
wellen mehrerer Geschützexplosionen zusammen.

Ueber die Ursache hierfür wurde als das Wahrscheinlichste
die Vermuthung aufgestellt, daß in der Nähe von Montmédy
ein Engagement von Theilen der nach Westen operirenden Armeen
stattfinde und dabei die Festungsartillerie eingriff, deren stärkere
Detonationen trotz der größeren Entfernung bis hierher zu hören
seien. Daß auch dort im Westen gefochten werde, mußte auf alle
Fälle in diesem Augenblicke von hohem Interesse sein; denn es
klärte sich dadurch immer mehr auf, daß die Anstrengungen der
in Metz eingeschlossenen französischen Armee nicht isolirt seien,
sondern im engen Zusammenhange mit den Bewegungen des
Marschalls Mac Mahon stünden. Man hat in Wirklichkeit
zu Malancourt, während rechts der Mosel die Schlacht von Noisse=
ville geschlagen ward, drei Stunden hindurch in der Ferne den

Kanonendonner der beginnenden Schlacht von Sédan gehört (bei 12 deutschen Meilen Luftlinienabstand.) Die Detonationen waren von 6½—9½ Uhr früh deutlich zu vernehmen.*)

Auf beiden entscheidenden Operationsfeldern wurde um den Sieg gerungen.

Es mußte dem Feinde in der That gelungen sein, irgend eine Verbindung durch die Vorpostenlinie der Cernirungs-Armee hindurch anzuknüpfen und eine Nachricht aus dem Innern Frankreichs zu erhalten.**)

Ein Spion war bereits vom 10. Armee-Corps ertappt und kriegsrechtlich erschossen worden. Bei der Ausdehnung der Vorpostenkette, welche damals sogar in der Nacht an einigen Stellen (3. Cavallerie-Division) nur von Cavallerie gebildet werden konnte, über eine Länge von mehr als 6 deutschen Meilen im schwierigsten Terrain lag die Möglichkeit nahe, daß es Landesbewohnern trotz aller Wachsamkeit unserer Leute gelingen könne, sich nach Metz hindurchzuschleichen. Andere Mittel, so das Auswerfen verkorkter Flaschen die man in der Mosel gegen Thionville hinabschwimmen ließ, wurden von der Festung vielfach versucht. Dieser Weg war indessen bei Beginn der Cernirung durch im Strome ausgespannte Netze coupirt worden und am 31. August früh fischte man bei Malroy eine solche Depesche auf, welche Folgendes enthielt: „Den 29. August, 9 Uhr Abends".

Mr. Turnier!

„Depesche erhalten. Schicken Sie uns Nachrichten, was weiter zu melden ist. Schicken Sie Nachrichten, Sie könnten deren haben."

Bemerkt sei hierbei, daß die Adresse auf den Commandanten von Thionville, Oberst Turnier lautete, auf dessen Thätigkeit und Mitwirkung für die Aufrechterhaltung der Verbindung zwischen den beiden französischen Feld-Armeen also in jenen Tagen von Metz aus entschieden und mit Sicherheit gerechnet wurde.

Mittheilungen durch Leuchtsignale von Thionville aus waren

---

*) Im Haupt-Quartier Malancourt wurde, als das Ober-Commando sich wieder nach dem Horimont begab, ein Offizier zurückgelassen, der über den Fortgang des im Westen hörbaren Kampfes seine Beobachtungen an den Prinzen zu melden hatte.

**) Am 30. August hatte Marschall Bazaine bekanntlich die vom 22. datirte Benachrichtigung des Marschall Mac Mahon über den Aufbruch der bei Châlons vereinigten Armee nach dem Norden erhalten.

selbstverständlich auf keine Weise zu verhindern und über Zeitbe=
stimmungen, an denen vorher verabredete Dinge geschehen sollten,
konnte Bazaine ohne Zweifel unterrichtet sein.

Daß die Cernirung von Thionville durch die waldige Um=
gebung der Festung in hohem Grade erschwert wurde, ist bereits
gesagt. Bei der Schwäche der cernirenden Truppen konnte sie
ohnehin nur eine sehr lockere sein.

Man nahm also an, daß der Marschall von dem Linksab=
marsche Mac Mahon's wenigstens im Allgemeinen Kenntniß habe.
In der Lage, in welcher er sich befand, mußte das ihn aber an=
treiben, das Aeußerste zu seiner Befreiung aus der Einschließung
zu versuchen.

Bessere Chancen, wie die Cooporation der einzigen französi=
schen Armee, die noch das freie Feld hielt, konnten für ihn un=
möglich eintreten und der Moment war gekommen, wo er Alles
auf eine Karte setzen mußte.

Solchem entschlossenen Versuche gegenüber blieben die nu=
merischen Verhältnisse der Cernirungs=Armee sehr ungünstig.
In der augenblicklichen Lage, wo der Feind den Vortheil der
Ueberraschung und des schnellen rücksichtslosen Handelns freilich
nicht wahrgenommen hatte, konnte im äußersten Falle doch im
Laufe des 1. September nur das 1., 9., 10. Armee=Corps wohl
eine Division nebst der Corps=Artillerie des 3., eine Division nebst
der Corps=Artillerie des 7. Armee=Corps, die 3. Reserve=Division
und die 3. Cavallerie=Division d. h. laut Stärkenachweisung
„88393 Mann Infanterie 8962 Pferde 418 Geschütze"*)
auf der ganzen durch Ausfall bedrohten 1½ Meilen langen Linie
von Colombey bis Malroy zur Wirksamkeit gebracht werden. Die
numerische Ueberlegenheit des Feindes, der zum Ausfall immerhin
120 bis 140,000 Mann verfügbar zu machen vermochte, wurde
aber bedrohlich, da der Natur der Sache nach ihm die Initiative
im Gefecht selbst zufiel.

Der Armee vor Metz waren in der That auch Verstärkungen
durch das bei Saarburg sich versammelnde Detachement Bothmer,
sowie durch das neu formirte Armee=Corps unter dem Großherzog
von Mecklenburg**) zugedacht worden.

---

*) Die Offiziere sind in die angegebenen Ziffern nicht eingerechnet.
**) Siehe Seite 211.

Beide Truppen-Corps aber hatten bis zu dieser Stunde noch nicht eintreffen können. *)

*) Schon am 24. August war dem Ober-Commando durch General von Moltke die Mittheilung gemacht worden, in den nächsten Tagen werde General von Bothmer mit dem Infanterie-Regiment Nr. 65, den Land-wehr-Regimentern 28 und 68, dem 4. Reserve Husaren-Regimente und 1 Reserve-Batterie, in Summa also mit 7 Bataillonen, 4 Escadrons, 6 Geschützen bei Saarburg eintreffen und er trete dort unter die Be-fehle des Prinzen Friedrich Carl. General von Bothmer wurde des-halb sofort der Befehl gesendet, sich über Sierk, Metzerwiffe nach Vigy in Marsch zu setzen.

Dieser Befehl wurde am 25. August wiederholt und die Aufmerk-famkeit des Generals dabei auf die Möglichkeit eines Unternehmens gegen Thionville hingelenkt. Der mit Ueberbringung dieses Befehls ab-gesandte Feldjäger traf den General von Bothmer noch nicht in Saar-burg, deponirte aber das ihm mitgegebene Schreiben auf dem dortigen Landrathsamte. Hierüber wurde am 28. ein Telegramm an den General nach Cöln gesendet. Bis zum 30. August waren indessen noch keine Nachrichten im Haupt-Quartier Malancourt darüber angelangt, ob der Vormarsch des ganzen Detachements schon hatte angetreten werden können. Nur Theile seiner Infanterie, die bei Königsmacker und Rébange standen, schlossen sich inzwischen, wie erwähnt, an die Cernirungs-Truppen vor Thionville an.

Am 30. wurde für den General von Malancourt aus abermals eine Wiederholung der ihm ertheilten Befehle, nebst dem Hinweis auf die Verhältnisse bei Thionville nach Königsmacker gesendet, da man Sicher-heit hatte, daß dieses Schreiben ihn unzweifelhaft treffen müßte. Am 31. ging dann Meldung des Generals aus Saarburg ein, daß er dort am 30. Abends mit seinem Stabe eingetroffen sei und daselbst seine Truppen bis auf das bei Metzeresch und Königsmacker stehende In-fanterie-Regiment Nr. 65 versammelt gefunden habe. Der General fügte hinzu, daß der für ihn in Königsmacker eingetroffene Befehl, nach einigen Stunden in seine Hand gelangen werde.

Der 29. August hatte ferner, da das betreffende Telegramm, vom 26. datirt, sich verspätete, aus dem großen Haupt-Quartier die erste Nachricht über die Unterstellung des unter dem Großherzoge von Mecklenburg formirten Armee-Corps gebracht. Dieses Corps war der I. Armee einverleibt worden und der Prinz ersuchte den General von Steinmetz, es bei Les Etangs zu concentriren. Dort stand es passend, um als General-Reserve für die Cernirungs-Truppen des rech-ten Ufers zu dienen. Es ist in der Darstellung des 31. August gesagt worden, daß das 1. Echelon dieses Corps am 31. August an der Nied erwartet werden konnte. Die Lücke, welche in der Cernirunglinie zwi-schen dem 1. und 7. Corps bestand und die immer nur, so weit als

Jetzt am 1. September kam um 7⅓ Uhr früh von der I. Armee die wiederholte Benachrichtigung, daß das 1. Echelon vom Corps des Großherzogs von Mecklenburg noch im Laufe des Tages bei Pont à Chauffy ankommen würde.

Das konnte, wie erwähnt, für die nächste Zukunft behufs Unterstützung der auf dem rechten Moselufer cernirenden Truppen wichtig werden. Ob es indessen möglich war, diese Truppen schon am 1. September zum Eingreifen in den Kampf zu bringen, schien natürlich noch sehr fraglich.

Prinz Friedrich Carl war um 8 Uhr 10 Minuten Morgens zu Pferde gestiegen, um sich nach dem Horimont zu begeben. Etwa um 8½ Uhr bei Bronvaux erhielt er eine Depesche des 10. Armee-Corps, daß das Gefecht wieder mit Heftigkeit geführt werde. Geschütz und Mitrailleusen-Feuer war deutlich zu hören. Er sandte daher dem 3. Armee-Corps mündlichen Befehl, eine durch Artillerie verstärkte Infanterie-Division sofort nach Mézières zu dirigiren. Dort sollte sie zu seiner Disposition stehen.

Auf dem Horimont empfing der Ober-Befehlshaber dann um 8⅓ Uhr die erste telegraphische Meldung des Generals von Manteuffel. Diese lautete:

Ste. Barbe, den 1. September, 7 Uhr 35 Minuten.

„Melde, daß ich gegen sehr überlegene Kräfte im heftigen Feuer stehe."

(gez.) von Manteuffel.

Der Prinz ertheilte nun sofort an General von Voigts-Rhetz den Befehl, mit allen entbehrlichen Kräften des 10. Armee-Corps zu den Moselübergängen abzurücken, um nach Umständen in das Gefecht drüben eingreifen zu können.

Wie dort die Dinge lagen, ließ sich zunächst vom Standpunkte des Ober-Befehlshabers nicht unterscheiden. Man nahm nur durch das Gehör wahr, daß der Kampf in der That sehr heftig sei. Bald aber schwand der Nebel und ließ das Schlacht-

---

möglich, durch die 3. Cavallerie-Division gefüllt worden war, beabsichtigte man durch die Brigade Bothmer zu schließen, die sich dort möglichst bemonstrativ in fortificirter Position hinter der Cavallerielinie placiren sollte. Auf eine solche Verwendung, falls das Ober-Commando vor Metz eine einfache Beobachtung Thionville's für ausreichend erachtete, hatte auch das Schreiben des großen Haupt-Quartiers vom 24. hingewiesen.

feld, wie am Tage zuvor, deutlich übersehen. Das Gefecht spielte im Wesentlichen an denselben Plätzen ab, auf denen es am Abende des 31. August geendet. Um Noisseville wurde mit besonderer Heftigkeit gestritten, General von Manteuffel hatte starke Artillerie gegen den Ort in's Feuer gebracht, auch südlich desselben gegen Flanville und Coincy hin fand ein lebhaftes Engagement statt. Nach der Stärke und Ausdehnung des Geschützkampfes zu urtheilen, mußte man annehmen, daß dort auch schon das 9. Armee-Corps betheiligt sei. Die ganze Front des 1. Corps über Servigny und Poix hinweg nach Failly zu, stand gleichfalls im Feuer. Selbst am Bois de Failly und in der Front der Division Kummer hatte dies begonnen. Es schien demnach geboten, die verfügbaren Unterstützungen zeitig nach dem Gefechtsfelde heranzuführen. Der Feind hielt noch immer bedeutende Truppenmassen am Fort St. Julien disponibel, und diese konnten keine andere Aufgabe haben, als diejenige, den endlichen Ausschlag zu geben.

Um 9¼ Uhr wurden deshalb vom Horimont aus folgende Telegramme befördert:

1. An General von Zastrow, Ars sur Moselle.

„Ich würde es für angemessen halten, wenn Euer Excellenz nach Lage des Gefechts östlich von Metz dorthin mit dem größten Theil des 7. Corps aufbrächen, falls die Dispositionen, welche General von Steinmetz getroffen, nicht dadurch gekreuzt werden. Eine Brigade würde in der Cernirungslinie vorläufig genügen. Die Reserve des 8. Armee-Corps wird überdies etwas rechts geschoben werden und kann vielleicht weiterhin Ihre ganze Cernirungslinie ablösen. Von hier ist bei Noisseville heftiges Gefecht des 1. und 9. Corps zu sehen."

(gez.) Friedrich Carl.

2. Die an General von Zastrow gerichtete Weisung wurde dem General von Goeben mitgetheilt und hinzugefügt:

„Nachstehendes Telegramm geht soeben an General von Zastrow ab, Euer Excellenz wollen sich demnach rechts mit den Reserven ausdehnen, da auf dem linken Ufer Alles ruhig."

(gez.) Friedrich Carl.

Um 9½ Uhr folgte schriftlich:

An General von Kummer, Olgy.

„Da nach diesseitiger Uebersicht auf dem feindlichen linken Flügel das Gefecht nur schwach ist, wollen Euer Excellenz mit allen Truppen abmarſchiren und ſich dem General von Manteuffel zur Verfügung ſtellen, ſobald die Teten=Brigade des 10. Corps in Ihrer Stellung zur Ablöſung eintrifft. Ich empfehle Eile."

(gez.) Friedrich Carl.

Der mit dieſem Befehle zum General von Kummer abgeſen= dete Offizier ſollte ſich auch bei General von Voigts=Rhetz melden und dieſem den Inhalt des Schreibens mittheilen.

Somit waren nun wohl genügende Kräfte für die Entſchei= dung verfügbar gemacht. Als eine letzte Reſerve konnte dann noch die nach Méziéres beorderte Diviſion des 3. Armee=Corps verwendet werden.

Nach Abgang dieſer Befehle änderte ſich übrigens das Bild der Schlacht ſo, daß man leicht ermeſſen konnte, der dem General von Kummer geſandte Befehl würde unausführbar werden.

Es hatte den Anſchein, als ob der Feind ſeine Angriffe nun wirklich verſtärke. Der Kampf aber wurde hierbei nicht allein in der Gegend von Failly=Servigny, ſondern auch bei Rupigny ernſter. Von beiden Seiten führte man dort Offenſivſtöße, die ſich durch lebhafteres Feuergefecht markirten. Dann folgte etwa um 11 Uhr eine weitere Action an der Chauſſee Metz=Ste. Barbe. Der Feind ſchien durch einen überlegenen Angriff auf die Dörfer Poix und Servigny eine Entſcheidung herbeiführen zu wollen. Man ſah, wie ſich franzöſiſche Infanteriemaſſen in mehreren Treffen dorthin in Bewegung ſetzten, und das deutete auf die Abſicht des Feindes, ſeine Anſtrengungen gegen den deutſchen linken Flügel durch einen bis Ste. Barbe hin durchgeführten Frontalangriff zu unterſtützen. Immer mehr gewann Prinz Fried= rich Carl die Ueberzeugung, daß der Kampf am heutigen Tage entſcheidend ſei. Am Fort St. Julien hielten auch jetzt noch feind= liche Maſſen. Sobald dieſe ſich nach vorwärts in Bewegung ſetzten, hing, wie man annahm, der Ausgang weſentlich von dem Eingreifen des drüben auf deutſcher Seite noch ganz intacten 10. Armee=Corps ab. Ein Vorgehen der franzöſiſchen Armee längs der Moſel hielt dabei der Oberbefehlshaber erſt dann für wahr= ſcheinlich, wenn es dem Feinde gelungen, den linken Flügel des General von Manteuffel zu werfen. Sollte aber die Armee Ba= zaine den Durchbruch ausführen, ſo blieb der Entſchluß beſtehen, ſich derſelben mit dem 2. und 3. Armee=Corps weſtlich Thionville

vorzulegen, während sich ihr Alles, was auf dem rechten Mosel=
ufer schlug, unter dauerndem Gefechte anhängte.

Von dieser Anschauungsweise ließ der Prinz die Generale
von Manteuffel und von Voigts=Rhetz durch einen Generalstabs=
Offizier unterrichten und hinzufügen, daß die Tete von dem Armee=
Corps des Großherzogs gegen den Kampfplatz hin im Anmarsche
sei,*) das 7. Armee=Corps sich aber zum größten Theile auf dem
rechten Moselufer südlich und südöstlich von Metz befände.

Um 11 Uhr, gerade als das Gefecht so lebhaft war, traf
auch die 5. Infanterie=Division im Moselthale bei Mézières ein,
ihr schloß sich die Corps=Artillerie an. Die 6. Infanterie=Divi=
sion ersetzte sie in ihren Positionen bei Ferme Marengo.

Die Heftigkeit des feindlichen Angriffs zeigte sich indessen
wenig nachhaltig. Schon um 11½ Uhr wurde das Feuer auf=
fallend matter, und um 12 Uhr Mittags schwieg es fast völlig.
Wie am Tage zuvor begann der Feind abzukochen.

Die deutschen Truppen hatten abermals ihre Stellungen be=
hauptet; die Artillerie=Linien bezeichneten das deutlich.

Nach Analogie der Ereignisse vom 31. August war die Ruhe
beim Feinde mit völliger Beendigung der Kämpfe durchaus noch
nicht gleichbedeutend. Ein Zurück=Defiliren nach dem linken Ufer
fand noch nicht statt; die Truppen beim Fort St. Julien waren
unbeweglich geblieben. Der Kampf konnte sich abermals nach
einer Mittagspause erneuern, und deutscherseits mußte der Still=
stand des Gefechts benutzt werden, um gleichfalls alle noch mög=
lichen Vorbereitungen für die Fortsetzung zu treffen. Des Feindes
Bestreben, den linken Flügel des Generals von Manteuffel zu
umfassen, hatte sich durch mehrere Versuche wieder gekennzeichnet.
Dort fehlte es dabei immer noch an Unterstützung durch einen
großen und geschlossenen Schlachtkörper, der mit energischem Ein=
greifen von Süden her den in Umfassungs=Manövern begriffenen
Feind selbst in der Flanke und im Rücken bedrohte.

Bisher konnte in dieser Weise nur die 28. Infanterie=Bri=
gade wirklich thätig sein. Das Nachrücken des ganzen 7. Corps
wurde nunmehr zur dringenden Nothwendigkeit. Auf dem deut=
schen rechten Flügel, wo auch jetzt noch rechts der Mosel das 10.

---

*) 4 Bataillone dieses Corps trafen um Mittag bei Château = Gras ein,
3 vorwärts Pont à Chauffy.

Armee = Corps, links die 5. Infanterie=Division intact bastand, war hingegen vor der Hand keine Gefahr.

Von diesen Gesichtspunkten aus ergingen daher um 1 Uhr Nachmittags folgende Befehle:

1. An den General von Alvensleben II.

„Obgleich das Gefecht schweigt, sind die feindlichen Reserven bis jetzt nicht im Zurückgehen. Sollte der Feind, wie gestern, nach dem Abkochen das Gefecht erneuern wollen, so ist eine Unter= stützung unseres linken Flügels südlich Noisseville das Wichtigste. Diese rechtzeitig zu bringen, ist das 7. Corps am meisten bereit."

„Es soll deshalb das 8. Corps zur Ablösung des 7. mit 3 Brigaden sich à cheval der Mosel oberhalb der Festung setzen, 1 Brigade aber in der Stellung von Jussy bis Châtel belassen."

„Den jetzigen linken Flügel des 8. Corps von der Schlucht von Châtel bis zum Berge nördlich Saulny übernimmt sogleich die 6. Infanterie=Division."

(gez.) Friedrich Carl.

2. An General von Goeben wurde dem Vorstehenden noch hinzugefügt:

„Euer Excellenz wollen diese Ablösung und den Abmarsch nach dem Moselthale möglichst beeilen, damit das ganze 7. Corps in ein Nachmittagsgefecht östlich Metz heute noch eingreifen kann."

3. An den General von Zastrow verfügte der Prinz, nach Mittheilung der in den beiden ersten Befehlen enthaltenen Dis= positionen:

„Das 7. Armee = Corps hat, sobald die Ablösung einzutreffen beginnt, in der Richtung auf Mercy le Haut abzumarschiren, um je nach Umständen heute noch in ein Nachmittagsgefecht entschei= dend einzugreifen."

Als diese Anordnungen eben getroffen waren, kamen auch vom rechten Moselufer her über den glücklichen Ausgang der Vormittags = Gefechte die ersten Nachrichten, die bereits einige Details vom Verlaufe des Kampfes gaben. Zunächst traf um 1 Uhr 30 Minuten Nachmittags folgendes Telegramm ein:

Ste. Barbe 12 Uhr 55 Minuten Nachmittags:

„Franzosen auf der ganzen Linie zurückgeworfen. 18. Divi= sion sehr glücklich bei General von Kummer, 25. nur mit Artillerie bei Retonfay engagirt gewesen, 49. Brigade, jetzt in Noisseville,

50. bei Ste. Barbe, Corps-Artillerie auch bei Ste. Barbe, 18. Division bei General Kummer in Charly. Bitte um Befehl."

(gez.) von Manstein.

Dies Telegramm ließ ersehen, daß in dem eben beendeten Gefechte nicht nur eine gelungene Defensive gegen überlegene feindliche Kräfte, sondern ein positiver tactischer Erfolg zu erblicken sei. Daß damit auch die endliche Entscheidung schon gegeben war, durfte man dennoch auch jetzt nicht ohne Weiteres voraus= setzen. Von einem entschlossenen und durch die allgemeine strate= gische Lage der kämpfenden Parteien auf rücksichtsloses Handeln hingetriebenen Gegner mußte man nach einem ersten Mißlingen noch neue Anstrengungen erwarten.

Der Prinz antwortete dem General von Manstein daher telegraphisch Folgendes:

„So lange der Feind, wie bis jetzt, mit seinen Hauptkräften außerhalb der Festung bleibt, ist ein Nachmittags= oder Abend= gefecht möglich. Alle Truppen bleiben deshalb, wie bis jetzt ver= theilt, stehen. Leere Munitions=Colonnen sind sogleich nach Faul= quemont*) zu senden.

(gez.) Friedrich Carl.

General von Fransecky erhielt nun in Vervollständigung der erlassenen Dispositionen um 2 Uhr folgenden Befehl:

„Der feindliche Angriff auf rechtem Moselufer ist heute Vor= mittag überall siegreich abgeschlagen. Jetzt schweigt das Gefecht, der Feind geht aber noch nicht in die Lager zurück. Um für ein Nachmittags=Gefecht vorbereitet zu sein, habe ich die Cernirungs= Linie des linken Ufers verdünnen müssen, das 2. Corps soll deshalb eine Infanterie=Division noch heute nach Amanvillers vor= senden, welche als Reserve der Cernirungs=Linie von Châtel bis Saulny dient."

(gez.) Friedrich Carl.

Gleichzeitig um 2 Uhr traf eine kurze schriftliche Gefechts= Relation des Generals von Kummer ein, welche bestätigte, daß dort das Gefecht des Morgens gegen überlegene feindliche Kräfte

---

*) Der Reserve=Munitionspark der Armee war von Hernly, wo er zuerst etablirt worden, auf Anordnung der Linien=Commission A (Hannover) aus technischen Gründen nach Forbach zurückgezogen worden. Dort aber stand er zu weit von der Armee entfernt und wurde daher auf Weisung des Ober=Commando's nach Faulquemont vorgeschoben.

zunächst defensiv geführt worden sei, dann aber mit einer glücklichen Offensive geendet hätte.

Trotz dieser günstigen Nachrichten hielt man im Ober-Commando daran fest, alle irgend disponibeln Verstärkungen nach dem
Gefechtsfelde zu dirigiren, respective sie dort zu belassen, so lange
es sich nicht entschieden aussprach, daß der Feind in seine alten
Lager zurückkehrte und alle Absichten auf Erneuerung des Kampfes aufgab.

Aus der nächsten schriftlichen Meldung, die, vom General
von Voigts-Rhetz gesandt, um 2¼ Uhr den Ober-Befehlshaber
traf, ging schon hervor, daß nicht allein alle Orte bis Noisseville
südlich, um welche sich der Kampf gedreht hatte, sondern auch
darüber hinaus Montoy und Colombey von den deutschen Truppen
besetzt seien. So war die Cernirungs-Linie momentan wieder
ebensoweit vorgeschoben, als bei Beginn der Gefechte am 31. August.

Der Prinz erwiderte dem General von Voigts-Rhetz um
2¾ Uhr:

„Da feindliche Infanterie-Massen noch außerhalb der Festung
stehen und abkochen, so ist die Möglichkeit eines Nachmittagsgefechts nicht ausgeschlossen. Die Truppen des 10. Corps sollen
deshalb in ihren gegenwärtigen Aufstellungen bis 5 Uhr Nachmittags stehen bleiben. Schweigt um 5 Uhr jedes Gefecht, so
kann der Rückmarsch über die Mosel angetreten werden. Sollte
der Feind heute außerhalb der Festung stehen bleiben und morgen
früh das Gefecht auf rechtem Ufer erneuern, so muß das 10.
Armee-Corps beim ersten Kanonenschuß wieder in die jetzt eingenommene Stellung abrücken.“

(gez.) Friedrich Carl.

Der Feind wurde nun vom Horimont aus weiterhin aufmerksam beobachtet. Es handelte sich darum, zu entscheiden, ob man
für den Kampf vorbereitet bleiben sollte, oder den Cernirungs-
Truppen Ruhe gönnen durfte.

Die französischen Massen auf dem rechten Ufer standen noch
unbeweglich, sie bedeckten dort das ganze Plateau des Forts
St. Julien von der Mosel bei Châtillon bis hinüber zum Grunde
von Vantoux, sowie die Höhen an der Ferme Bellecroix südlich
jenes Ravins. Noch war das Gros der feindlichen Armee am
rechten Ufer in der Hand des Marschall Bazaine, um gegen einen

Punkt der deutschen Cernirungs = Linie mit concentrirten Kräften abermals vorzugehen.

Von 2½ Uhr ab indessen bemerkte man, daß diese Armee über die Mosel nach dem linken Ufer zurückzudefiliren begann. Es kam darauf an, ob die beobachtete Bewegung fortdauern werde. War dies der Fall, so stand man am Ende der mit dem 31. begonnenen Kämpfe. Durch einen Rückmarsch nur zu täuschen, schien für den Feind unmöglich. Aus zweimal wiederholter Er= fahrung mußte er wissen, daß der Uferwechsel innerhalb des Lagers der Cernirungs = Armee Zeit genug ließ, sich auf den Ausfall vorzubereiten und ihm mit genügenden Kräften zu begegnen.

Als um 3 Uhr vom General von Steinmetz die Bestätigung der guten Nachrichten kam, die man im Einzelnen direct vom rechten Ufer her bekommen, so daß auf seine Anordnung auch das 7. Armee = Corps vorläufig an der Seille halten sollte, dauerte der Rückmarsch der Franzosen noch fort.

Man war jetzt in der Lage, das 9. Armee=Corps zu avertiren, daß es am 2. September in seine alte Stellung zurückkehren könne. Das Hauptquartier sollte sich noch am 1. wieder in Montois la Montagne etabliren.

Die bei Mézières bereit stehenden Theile des 3. Armee=Corps aber erhielten mündlich die Weisung, wenn bis 4½ Uhr kein Schuß gefallen wäre, wieder in die Aufstellungen der letzten Nacht einzu= rücken.

In der That dauerte die Ruhe und der Abzug des Feindes vom rechten nach dem linken Ufer fort, keine Stockung, keine Um= kehr wurde bemerkt. Immermehr gewann Seine Königliche Hoheit der Ober = Befehlshaber die Ueberzeugung, daß man am Schluß der feindlichen Durchbruchs = Versuche stehe, obgleich die äußerste An= strengung die man erwartet, nicht eingetreten war, der Feind auch heute nicht alle seine Kräfte gebraucht hatte. Man erfuhr ferner durch den nach dem Kampfplatze entsendeten Offizier, daß General von Manteuffel in seiner Position noch die 1. Infanterie=Division, die 3. Landwehr=Division und die 25. Division versammelt hielt; nur die 3. Infanterie=Brigade, die stark gelitten, war nach Cour= celles s. Nied in ihr Bivouak zurückgezogen. Die 4. Infanterie= Brigade stand noch in der Position bei Ars Laquenexy. Auch die Corps=Artillerie des 1. und 9. Armee = Corps wußte man auf dem Schlachtfelde. Bei Charly stand die 18. Infanterie=Division ferner bereit, und das Eintreffen von Truppen des Großherzogs von Mecklenburg erhöhte gleichfalls die Sicherheit für die Cernirungs=linie. Um 4½ Uhr ging bei dieser Sachlage an General von Fran=secky der Befehl ab, daß die Infanterie=Division des 2. Armee=Corps, welche auf Amanvillers beordert war, daselbst bivouakiren solle und am 2. September voraussichtlich den Befehl zur Rückkehr nach Auboué erhalten werde.

Erhebliche Theile des Feindes waren nun schon auf das linke Ufer zurückgekehrt; die Bewegung dorthin aber unter den fran=zösischen Truppen immer allgemeiner geworden. Die Schlacht konnte als beendet gelten.

In großen Zügen nochmals zusammengefaßt, waren die Ereig=nisse auf dem rechten Ufer in folgender Weise verlaufen:

Der Kampf hatte des Morgens mit einer Offensive begonnen, welche General von Manteuffel durch seinen linken Flügel von Château=Gras aus gegen Noisseville unternahm. Dort entspann sich das erste lebhafte Gefecht, das allgemein auf den Observa=torien gehört und dann gemeldet worden war.

Der Feind leistete diesem ersten Angriff hartnäckigen und überlegenen Widerstand, der nicht überwunden werden konnte. Es entwickelte sich in dem Terrain von Noisseville ein hin= und her=wogendes Feuergefecht.

Noch etwa um 8 Uhr wiederholte Angriffe, welche sich gleich=falls durch das wieder stärker werdende Getöse des Feuers deut=lich hatten unterscheiden lassen, erreichten ihr Ziel nicht, die fran=zösische Besatzung hielt das brennende Dorf mit Zähigkeit fest.

General von Manstein war bereits am Morgen um 4 Uhr in Ste. Barbe eingetroffen und es wurde nun die Heranziehung der 25. (Großherzoglich Hessischen) Division nebst der Corps=Artillerie des 9. Armee=Corps angeordnet. Die 18. Infanterie=Division sollte den General von Kummer unterstützen.

Die Teten=Brigade der Hessischen Division mit 5 Batterien und die Hessische Cavallerie trafen um 8½ Uhr bei Ste. Barbe ein.

Das Herannahen frischer Kräfte auf dem Schlachtfelde ließ einen neuen Versuch gegen Noisseville möglich erscheinen; doch be=schloß General von Manteuffel den Erfolg desselben zunächst durch überlegene Artillerie=Entwickelung völlig sicher zu stellen. Er ent=

faltete dem Dorfe gegenüber in Summa 78 Geschütze, so daß der Geschützkampf bald mit der Niederlage des Gegners endete.

In diese Kämpfe griff nun von Süden her auch die in der Frühe von Courcelles herbeigeeilte 28. Infanterie=Brigade ein. Sie setzte sich nach kurzer lebhafter Kanonade in den Besitz zunächst von Flanville, dann von Coincy.

Im Begriff auf Befehl des Generals von Manteuffel noch näher an den linken Flügel seiner Position nach Retonfay heran= zurücken, verwickelte sie ein starker feindlicher Offensivstoß in ein Gefecht an der Saarbrücker Straße.*)

Das Erscheinen aller dieser gleichzeitig und concentrisch gegen Noisseville dirigirten Streitkräfte, sowie das heftige deutsche Artille= riefeuer schienen den Feind in seiner Haltung erschüttert und zum Aufgeben jenes Dorfes bewogen zu haben.

Als zwischen 10 und 11 Uhr der Infanterie=Angriff (unter Theilnahme von einer Brigade der 3. Landwehr=Division) wieder begann und die Weinberge östlich Nouilly, von denen her die Fran= zosen jenen Angriff mit Erfolg flankirten, gesäubert waren, zeigte sich der Widerstand in Noisseville selbst nur noch schwach und um 11½ Uhr ward dies Dorf nach unerheblichem Gefechte in Besitz genommen.

In seinem Centrum, der Position Failly=Servigny gegenüber, hatte sich der Feind während dieser Kämpfe auffallend passiv ge= zeigt. Auf seinem linken Flügel dagegen ergriff er etwa um 9 Uhr Morgens seinerseits die Offensive. Der Vorstoß richtete sich dabei gegen Failly und die Positionen des Generals von Kummer bei Rupigny und auf den Höhen des Bois de Failly.

Die Hessische Division war nun freilich um jene Zeit schon nach dem Gefechtsfelde des 1. Armee=Corps abmarschirt. Seit 6 Uhr indessen stand die 18. Infanterie=Division bei Charly und am Bois de Failly. Mit Theilen dieser Division vereinigt, hatte General von Kummer den Stoß abgewiesen und dann die Gegen= offensive bis zur Linie Vany=Chieulles durchgeführt.

Alle diese Kämpfe aber waren da, wo sie nicht durch die Offen=

---

*) Jedenfalls die Division Fauvart=Bastoul vom 2. französischen Corps, welche ihre Positionen an der Saarbrücker Straße einmal geräumt hatte und dann auf höheren Befehl wieder in dieselben vorging, nun aber auf die herangerückte 28. Infanterie=Brigade stieß.

sive der deutschen Truppen in Gang gebracht wurden, mehr aus der einfachen tactischen Berührung der beiden Armeen, als aus bestimmt ausgesprochenen Bestrebungen des Feindes entstanden.

Als man im deutschen Centrum, etwa gleichzeitig mit den lebhaftesten Momenten der eben erwähnten Kämpfe, gegen 10¼ Uhr, bemerkte, daß von den vorwärts des Forts St. Julien stehenden Massen sich bedeutende Theile in zwei Treffen formirten, und gegen die Linie Poix=Servigny vorrückten, glaubte man auch dort den entscheidenden Schlag erwarten und sich auf dessen Abwehr vorbereiten zu müssen.

Allein der Angriff gestaltete sich in der That nur zu einem wenig entschlossenen Avanciren in das deutsche Artilleriefeuer hinein. Nur an einzelnen Punkten kam's zum Infanteriegefecht, bis der Feind dann den Rückzug gegen das Fort St. Julien antrat. Kurz nach 11½ Uhr konnte die Schlacht als beendet gelten.

Auch bei Mercy le Haut hatten sich feindliche Massen gezeigt, das Schloß genommen, wieder geräumt, abermals besetzt und dann von Neuem im Laufe des Nachmittags den Rückmarsch angetreten.

Um Mittag des 1. September waren auf deutscher Seite bei Château=Gras und Pont à Chauffy auch die ersten Bataillone des Großherzogs von Mecklenburg eingetroffen, die Brigade Woyna trat deshalb den Rückmarsch nach Pouilly an, die 3. Cavallerie=Division hatte auf Befehl des General von Steinmetz schon am Morgen ihre früheren Stellungen wieder eingenommen.

Die Totalverluste sämmtlicher im Kampfe gewesenen deutschen Truppen betrug in den Gefechten beider Tage:

100 Offiziere 2890 Mann 250 Pferde. Davon fielen auf das 1. Armee=Corps

84 Offiziere, 2218 Mann, 225 Pferde.

X.

Die Ereignisse vor Metz
nach der Schlacht von Noisseville (Corny).
Der 2. September.

Der Morgen des 2. September bestätigte, daß der Feind für jetzt von seiner Offensive abstand. Die französische Armee war in ihre alten Lager zwischen den Forts von Metz zurückgekehrt und dort herrschte auffallende Ruhe. Nur in Defensivmaßregeln zeigte

man sich thätig. Es wurde an den Armirungswerken bei Plappeville und dem Fort St. Quentin rege gearbeitet.

Von Malancourt aus erhielt daher die am Tage zuvor nach
Amanvillers abgerückte Infanterie-Division des 2. Armee-Corps
directen Befehl, zum Corps nach Auboué zurückzukehren. Alle übrigen Truppen, die während der Schlacht ihre Cernirungspositionen
verlassen, hatten wie bekannt, bereits seit dem 1. September
Weisung zur Rückkehr und führten diese im Laufe des 2. September aus.

Der Ausgang der Schlacht von Noisseville aber schien geeignet, die Lage der Armee vor Metz völlig zu ändern.

Ohne Zweifel war der große Ausfall der eingeschlossenen
Armee, der in beiden Heeren bisher mit Ungeduld erwartet wurde,
vorüber und von den Cernirungstruppen glücklich bestanden, dabei
aber deren Lage im Gefecht von Hause aus keine günstige gewesen.

Die nach dem Gefechtsfelde deutscherseits herankommenden
Verstärkungen langten zunächst vornehmlich auf einem Flügel und
zwar auf dem weniger bedrohten an. Bis nach den entscheidenden
Punkten der Gefechtslinie hatten sie hinter der Front einen nicht
unbeträchtlichen Marsch zurückzulegen. Durch das Regenwetter
der letzten Tage waren ferner die fortificatorischen Vorbereitungen
der Cernirungsposition sehr gehemmt, Geschützemplacements und
Schützengräben vielfach wieder unbenutzbar geworden.

Den Nachtheil, den der Feind tactisch durch seine Offensive
gegen, ihn in einer Position erwartende, Streitkräfte in den Kauf
nehmen mußte, hatte er durch, in der Dunkelheit geführte, Angriffe
auszugleichen gesucht. Bedeutende numerische Ueberlegenheit stand
ihm zur Seite. Dennoch war es gelungen, die Ausfall-Armee
wieder unter die Kanonen der Festung zurückzuweisen.

Die Möglichkeit, nach irgend einem Punkte der Cernirungslinie hin die disponibeln Unterstützungstruppen heranführen zu
können, ehe der Widerstand der ersten Linie gebrochen wurde, war
erprobt. Die Zuverlässigkeit der permanent angeordneten Beobachtung des Feindes hatte sich gleichfalls bewährt, und der Feind
schien durch die Muße, welche er sich in seinen einleitenden Bewegungen gelassen, zu beweisen, daß er über die Schärfe dieser
Beobachtung kein annähernd richtiges Urtheil besaß.

War jetzt der Erfolg auf deutscher Seite gewesen, so durfte
man dies auch für die Zukunft hoffen. Der Gegner blieb von

allen Mitteln, sich zu kräftigen, abgeschnitten; das gestaltete seine Lage täglich schwieriger, und das Mißlingen des ersten, in großartigen Dimensionen unternommenen Versuchs konnte nicht ohne nachtheiligen Einfluß auf Truppen und Führer vorübergehen. Verglich man die Kampfweise der französischen Armee am 16., 18. August und in der eben beendeten Schlacht, so bezeichneten diese 3 Epochen eine Abnahme der Energie in ihren Actionen, die am auffallendsten das Artilleriegefecht documentirte. Ein Erlahmen der Spannkraft durch die bisherigen blutigen Kämpfe schien eingetreten zu sein. Das Verhalten der französischen Artillerie konnte daraus hergeleitet werden, daß diese Waffe ein Gefühl von der Ueberlegenheit ihres Gegners gewonnen hatte, oder daß bereits Munitionsmangel für die Feldgeschütze eingetreten sei.

Jedenfalls brauchte die französische Armee mehrere Tage, um sich zu retabliren.

Daß aber im Westen, von woher sie allein auf eine Mitwirkung von außen rechnen durfte, gleichfalls die Entscheidung nahte, war bereits kund geworden. Der Abend des 1. September hatte dem Hauptquartier in Malancourt die Nachricht von dem am 30. August bei Beaumont erfochtenen Siege des Kronprinzen von Sachsen gebracht.

In seinem hierauf bezüglichen Schreiben aus Buzancy vom 31. früh 8 Uhr theilte General von Moltke ferner die das große Hauptquartier leitenden Absichten mit. Diese gingen darauf hinaus, den Feind auf einen möglichst engen Raum zwischen der Maas und der belgischen Grenze zu beschränken.

Danach waren dort für den 31. über die Maas=Armee und III. Armee im Großen folgende Dispositionen getroffen worden: „Das 12. und Garde=Corps (welche vom 30. zum 31. in der Nähe von Beaumont bivouakirten) gehen früh 6 Uhr bei Létanne und Pouilly auf das rechte Ufer der Maas und auf Douzy resp. Carignan=Sachy. Das 4. Corps folgt über Mouzon."

„Die III. Armee rückt gleichfalls auf der Strecke Mézières= Rémilly bis an, eventuell über die Maas."

Der Weg an der Nordgrenze entlang über Montmédy, Longwy=Thionville gegen Metz hin, war der feindlichen Entsatz= Armee dadurch bereits von starken deutschen Kräften verlegt.

Nach der Schlacht von Beaumont konnte man es als sicher voraussetzen, daß die Armee Mac Mahon's von nun an in weiter

Entfernung von Metz würde zurückgehalten werden. Von keiner andern Seite her aber nahte der hier eingeschlossenen Armee ein Entsatz.

Sobald der Marschall Bazaine über diese neue Lage unterrichtet war, fielen für ihn alle Bedingungen fort, welche seinen Versuch, nach Norden durchzubrechen, veranlaßt hatten. Seine eigenen Entschlüsse mußten dann für ihn allein maßgebend sein. Subjectiv vom Standpunkte des Oberbefehlshabers in Metz geurtheilt, hatte der Ausfall nach Süden stets die meisten Chancen für sich. Dort traf der Marschall, wenn es ihm gelang, sich zu befreien, am schnellsten die rückwärtigen Verbindungen der deutschen Heere. Er hatte genügenden Raum vor sich, um der Verfolgung auszuweichen und konnte durch Wiedereröffnung der Verbindungen mit Straßburg und den Festungen des südlichen Elsaß oder auch mit Toul und Langres für seine Armee am ehesten eine neue Basis gewinnen. Tactisch konnte es nicht ungünstig erscheinen, daß man bei einem Durchbruch auf dem rechten Ufer moselaufwärts mit schneller Wegnahme der Brückenzugänge den Fluß zwischen die ausfallenden Colonnen und die Cernirungstruppen des linken Ufers zu legen vermochte.

Unter dem Schutze der Forts Queleu und St. Privat konnte der Feind bei Nacht seine Kräfte außerhalb der Festung zu solchen Unternehmungen auch versammeln. Nach der Westseite hin hatte er immer die langen und schwierigen Bergdefileen den linken Moselthalrand hinauf zurückzulegen, die jetzt durch Verhaue und andere fortificatorische Maßregeln gesperrt waren. Aus diesen Defileen heraus die Armee zum Abmarsche zu entwickeln, war schwierig und zeitraubend.

Alles das sprach für die Wahrscheinlichkeit, daß auf der Südseite von Metz die nächste tactische Entscheidung zu erwarten sei. Das Unbehagen, welches die zwischen den Forts eingeschlossenen Truppen dort mit der Zeit empfindlich fühlen mußten, drängte dabei zu neuen Versuchen.

Daß aber dem Marschall Bazaine irgend eine Mittheilung über die neue Lage der Dinge in nächster Zeit zukommen werde, war nicht ausgeschlossen. Auch für die Cernirungsarmee schienen deshalb neue Anordnungen geboten.

Die Truppen im Süden und Südosten mußten verstärkt werden, jedes Corps aber in der neuen Stellung sich wiederum eine, feiner Stärke angemessene Defensivposition fortificatorisch herrichten. In dieser sollte ein jedes, wie die früheren Dispositionen es forderten, mit dem unbedingten Vertrauen auf die Unterstützung von beiden Flügeln her auch gegen große feindliche Ueberlegenheit schlagen. Für den Fall feindlicher Angriffe gegen Nachbarcorps gab die Erfahrung von Noisseville an die Hand, die eigene Stellung mit geringen Kräften festzuhalten, mit allen disponiblen Reserven und möglichst zahlreicher Artillerie aber nach dem Gefechtsfelde abzumarschiren.

Bei der großen räumlichen Ausdehnung der Cernirungslinie auf dem rechten Ufer waren Lücken zwischen den Aufstellungen der einzelnen Corps unmöglich zu vermeiden, allein man konnte diese für die strenge Ueberwachung des Terrains zur Genüge durch Cavallerie füllen. Da nun für die neuen Anordnungen auch über die Brigade Bothmer und das Corps des Großherzogs von Mecklenburg verfügt werden durfte, so gestalteten sich jetzt auch die numerischen Verhältnisse der Armee vor Metz weit günstiger. Der Oberbefehlshaber entwickelte daher in seinen, am 2. September, Vormittags 10 Uhr, erlassenen Dispositionen für die fernere Cernirung von Metz die soeben dargelegten Anschauungen. Er sprach es aus, daß die in den letzten Tagen eingetretenen Ereignisse, nämlich:

1) die siegreiche Schlacht von Beaumont;
2) die siegreiche Schlacht des Generals von Manteuffel bei Noisseville

die Lage der Armee geändert hätten und folgende neue Anordnungen bedingten:

„Die I. Armee übernimmt die Cernirung auf rechtem Moselufer und auf linkem Moselufer die Strecke von Ars sur Moselle bis zur Ruine von Châtel und stellt sich ungefähr in folgender Weise auf:"

„Die Division Kummer behält ihre jetzige Stellung Malroy-Charly, Stabsquartier: Olgy. Ob die Landwehr-Division und einige Batterien als Reserve etwas weiter links zu schieben sind, wird der Erwägung anheimgestellt."

„Das 1. Armee-Corps, dessen Hauptquartier Ste. Barbe bleibt, concentrirt sich durch Heranziehung der 2. Infanterie-Division in den gestern ruhmvoll vertheidigten Stellungen und dehnt seinen linken Flügel nunmehr soweit aus, daß die Chaussee Metz-Pont à Chaussy-Saarbrücken unter dem Feuer einer starken zu etablirenden linken Flügel-Batterie liegt.

„Das Armee-Corps des Großherzogs von Mecklen=
burg, Königl. Hoheit, wird nach seiner Concentrirung in einer Defen=
sivstellung sich fortificiren, welche die Bahnlinie Courcelles=Rémilly
deckt und die Straßen Metz=Solgne=Straßburg dem Feinde direct
verschließt."

„Genauere Recognoscirungen werden ergeben, ob in der
Gegend von Mercy=le=Haut eine diesen Bedingungen entsprechende
Stellung sich findet. Durch die Cavallerie dieses Corps ist eine
dichte Cernirungslinie nach rechts hin zur Verbindung mit dem
1. Armee=Corps zu ziehen."

„Eine vom 7. Corps zu detachirende durch Artillerie ver=
stärkte Infanterie=Brigade nimmt eine zu befestigende Stellung
in der Nähe der Seille, sichert einen Uebergangspunkt über diesen
Fluß fortificatorisch und dient der 3. Cavallerie=Division
(Graf Gröben) zum Soutien, welche eine dichte Cernirungslinie
vom Corps des Großherzogs von Mecklenburg, Königl. Hoheit,
bis Frescaty unterhält."

„Das 7. Armee=Corps behält vorläufig seine bisherigen
Positionen à cheval der Mosel oberhalb Metz besetzt, wird jedoch
bei einem Vorstoß des Feindes in südlicher Richtung zum sofor=
tigen Abmarsch nach der Seille hin disponibel gehalten, sobald
seine Ablösung im Mosel=Thal durch die Reserve=Division des
8. Corps eintritt."

„Das 8. Armee=Corps besetzt die Strecke der Cernirungs=
linie von der Schanze über Jussy incl. bis zur Ruine von Châtel
incl. und hält seine Corps=Artillerie und eine Infanterie=Division
so in Reserve, um sie sofort nach rechts hin in das Mosel=Thal
zur Besetzung der dortigen Position verwenden zu können."

„Das Obercommando der I. Armee wird hiernach für
diese Armee die näheren Anordnungen befehlen und je nach dem
Eintreffen des Corps des Großherzogs von Mecklenburg an seinem
jetzigen Sammelpunkte an der Nied=Française den Zeitpunkt be=
stimmen, wenn die vorbefohlene Aufstellung und Truppenvertheil=
ung eintreten kann, wobei Eile jedoch geboten erscheint."

„Die 1. Cavallerie=Division (Hartmann) bezieht heut
noch Lager in der Gegend von Jouaville, deren Lage durch das
Vorhandensein von Wasser bedingt wird. Divisions=Stabsquartier
Jouaville."

„Das 3. Armee=Corps hält seit gestern mit einer Infan=

terie=Division die Cernirungslinie besetzt vom Eisenbahn=Thale bei Châtel incl. über das Plateau von Plappeville und Saulny bis zum Berge nördlich Saulny incl."

„Der übrige Theil des 3. Corps wird heute rückwärts dieser Linie so in Lager verlegt, daß eine rechtzeitige Unterstützung ge=sichert und der Wasserbedarf der Truppen ermöglicht wird. Die am weitesten rückwärts gelegenen Lager des 3. Armee=Corps dür=fen sich nicht über Habonville hinaus nach Westen ausdehnen."

„Das vom Corps zu wählende Hauptquartier ist zu melden."

„Das 10. Armee = Corps behält seine jetzige Aufstellung im Mosel=Thale, rechts Anschluß an das 3. Corps, Hauptquartier Marange."

„Das 9. Armee=Corps kehrt heute vollständig in seine al=ten Aufstellungen bei Pierrevillers=Roncourt=Malancourt=Montois und bis zur Orne rückwärts zurück und behält sein Hauptquartier in Montois la Montagne."

„Das 2. Armee = Corps verbleibt bei Auboué= (Haupt=quartier) Briey, hat jedoch, je weiter Se. Majestät der König mit der Armee sich nach Westen entfernt, immer mehr seine Front dorthin zu nehmen, um die Cernirungs=Armee vor Metz gegen Unternehmungen feindlicher Abtheilungen aus nordwestlicher und westlicher Richtung zu decken."

„Armee=Hauptquartier bleibt in Malancourt."

„Die Aufgabe der Cernirungstruppen der ersten Linie bleibt hinfort in noch erhöhterem Grade immer festere Einbauung in den Vertheidigungs=Positionen, immer breiteres Vorschieben der In=fanterie = Patrouillen zur steten Belästigung und Einschüchterung des Feindes auf der ganzen Linie, immer sicherere Abschließung der Festung zur Verhinderung jeder Communication."

Besonders wurde dann noch auf das Herannahen des Herb=stes und die damit erwachsende Nothwendigkeit hingewiesen, dem Baracken= und Hüttenbau, sowie der Anlage fester Communicatio=nen Aufmerksamkeit zu widmen. Diese Arbeiten dienten gleichzeitig zur Beschäftigung der disponiblen Mannschaften.

Die Heranziehung der Brigade Bothmer nach Metz schien seit dem Ausgange der Schlacht bei Noisseville nicht unumgänglich nothwendig. Durch Allerhöchste Cabinetsordre vom 22. August war sie ursprünglich zur Cernirung von Thionville bestimmt. Diese Kräfte konnten in der engen Einschließung jener Festung auch

nun ihre beste Verwerthung finden, denn die sichere Absper=
rung derselben von der Außenwelt war immer von großem Vor=
theil. Nachrichten über die Vorgänge in Frankreich konnten von
dort her stets am leichtesten der Armee Bazaine's zugeführt wer=
den. Die Armee vor Metz war damit auf der Nordseite auch im
Rücken mehr gesichert und vermochte ferner ihre nach Thionville
entsendeten Detachirungen wieder zu sich heranzuziehen.

Zu allen weiterhin gegen Norden und Nordwesten nöthig wer=
denden Detachirungen stand die Brigade Bothmer nach ihrem Ein=
treffen vor Thionville gleichfalls bereit. Auch dies war wichtig.

General von Bothmer war zur Zeit in Perl.*) Er erhielt
nun den Befehl, Thionville einzuschließen und die dort schon ste=
henden Truppen der Armee vor Metz abzulösen. Nur eines der
zur Division Kummer gehörigen Cavallerie=Regimenter sollte ihm
auch künftig verbleiben.

Noch e i n e Rücksicht war nöthig geworden.

Versprengte aus der Schlacht von Beaumont konnten den
Weg an der Nordgrenze nach Thionville hin eingeschlagen haben, und
man mußte wenigstens schwache Kräfte damit beauftragen, solche
Schaaren von Unternehmungen abzuhalten.

Das vom 2. Armee=Corps am 31. zur Sicherung und Auf=
klärung in den Rayon der französischen Nordfestungen entsendete
Detachement, commandirt von Oberstlieutenant von Lobenthal,
war an diesem Tage über Anmetz auf Crunes marschirt, hatte
dort die Vereinigung mit dem Zieten'schen Husaren = Regiment
bewerkstelligt und am 1. September sich weiter gegen Longwy be=
wegt.**) Es sollte nun am 2. nach Longuyon marschiren und
den Raum von dort bis zur belgischen Grenze unter Mitverwen=
dung der Zieten'schen Husaren überwachen. Der 1. Cavallerie=
Division aber wurde befohlen, am 2. früh ein Cavallerie=Regi=
ment über Fléville gegen die Linie Longuyon=Damvillers mit

---

*) Das ihm am 30. nach Königsmacker zugesendete Schreiben hatte den
General am 31. August getroffen, und er marschirte nun am 1. Sep=
tember nach Perl. Dort hielten Verpflegungsschwierigkeiten und Ver=
zögerung im Transporte von, dem Detachement noch mangelnden, Aus=
rüstungsstücken ihn auch am 2. September fest.

**) Auch dieses Detachement hörte bei Bréhain la Cour den Kanonen=
donner von Sédan.

der gleichen Aufgabe zu entsenden,*) ein anderes Regiment **) mit 2 reitenden Geschützen aber nach Etain zu stationiren. Der Raum nordöstlich Verdun mußte nämlich im Interesse der von Beaumont kommenden Verwundetentransporte gegen Unternehmungen geschützt werden, welche von der Besatzung jener Festung leicht auszuführen waren. Diesen Cavallerie-Detachements diente die vom 2. Armee-Corps zur Bedeckung der Corps-Artillerie nach Briey verlegte Infanterie passend zum Soutien.

Vor Thionville waren bisher, wie bekannt, die von dort nach Westen führenden Straßen durch Besetzung von Hayange und Beuvange sous St. Michel schon direct gesperrt worden. Mit der Ankunft des Detachements Bothmer vor der Festung vergrößerte sich die Sicherheit gleichfalls noch bedeutend.

Der 3. und 4. September.

Die Ausführung der neuen Cernirungs-Disposition hatte noch am Nachmittage des 2. September begonnen und wurde nun am 3. September fortgesetzt.

Auf dem rechten Moselufer mußte im Rayon der 1. Armee freilich, wie es auch vorgesehen war, noch ein Provisorium eintreten, da das Corps des Großherzogs von Mecklenburg an der Nied erst am 6. September völlig versammelt sein konnte. Um dem 1. Armee-Corps das engere Aneinanderschließen seiner Truppen indeß schon jetzt möglich zu machen, ordnete General von Steinmetz an, daß die 2. Infanterie-Division in ihrer Stellung bei Ars Laquenexy durch die bereits eingetroffenen Truppen des Großherzogs abgelöst würde. Die 3. Cavallerie-Division wurde nach Cuvry links gezogen und etablirte die ihr aufgetragene Cernirungslinie, welcher die seit der Schlacht von Noisseville wieder nach Pouilly zurückgekehrte 28. Infanterie-Brigade als Soutien diente.

Auf dem linken Ufer zog das 3. Armee-Corps, das nun definitiv in die erste Linie trat, die 5. Infanterie-Division und die

---

*) Diesen Auftrag ertheilte die Division dem Ulanen-Regiment Nr. 12, welches am 8. September zu der mittlerweile nach Feh auf dem rechten Moselufer abgerückten Division zurückkehrte.

**) Ulanen-Regiment Nr. 9, das später zu dem Detachement Bothmer übertrat, welches sich vor Verdun legte.

Corps = Artillerie *) nach der Gegend östlich Vernéville und nahm dort sein Hauptquartier.

Das durch sein Eindoubliren rechts zusammengeschobene 8. Corps behielt das bisherige Hauptquartier Gravelotte.

So waren nun schon weit mehr Kräfte als zuvor nach der Südseite disponirt. Zunächst beobachtete man dort noch kein An= zeichen, das auf einen bevorstehenden Kampf deutete.

Am 3. schien es dagegen, als treffe der Feind Vorbereitun= gen, um dort mit seiner Cavallerie isolirt durch eine der Lücken in der Cernirungslinie hindurch das Freie zu gewinnen.

Unwahrscheinlich war es nicht, daß die französischen Heerführer danach trachteten, sich dieser Waffe, deren Unterhalt in der Festung natürlich schnell sehr beschwerlich werden mußte, zu entledigen. General von Steinmetz hatte ein solches Ereigniß bereits in's Auge gefaßt und die 3. Cavallerie=Division mit der Weisung versehen, wenn es dazu käme, sofort zur nachdrücklichsten Verfolgung der französischen Reiterei aufzubrechen.**) Der Prinz aber stellte nun dem General von Steinmetz noch 3 Cavallerie=Regimenter und die disponible Artillerie der 1. Cavallerie=Division zur Verfügung.***) Diese Truppen sollten sogleich nach Ars sur Moselle abrücken. General von Steinmetz dirigirte sie von dort nach Fey.

Die Cernirung von Thionville durch das Detachement Bothmer vollzog sich erst im Laufe des 4. September.

Mittlerweile aber veränderte sich die Lage der Armee im Gro= ßen wieder. Man hatte im Hauptquartier Malancourt die Nachricht von der Katastrophe von Sédan, der Gefangennahme des Kaisers und der Armee Mac Mahon's erhalten. An demselben Tage, an welchem die Waffenentscheidung vor Metz geliefert wurde, waren auch dort im Westen die Würfel gefallen.

Am 2. Mittags schon trafen aus dem großen Hauptquartier

---

*) Die 6. Infanterie=Division stand bekanntlich bereits seit der Schlacht von Noisseville in der Cernirungslinie.

**) Um jene Division, der es ganz an leichter Cavallerie gebrach, durch ihre Zusammensetzung selbstständiger zu machen, sollten ihr ein leichtes Cavallerie=Regiment des 7., ein solches vom Corps des Großherzogs von Mecklenburg beigegeben werden.

***) Ein Cavallerie=Regiment (Ulanen Nr. 4) blieb noch für den Relaisdienst 2c. bei Jouaville zurück. Dasselbe rückte am 6. September bei der 1. Cavallerie=Division wieder ein.

Nachrichten in Malancourt ein, daß der Sieg von Beaumont bedeutender gewesen sei, als man zuerst angenommen, und daß bereits am 31. die Teten der deutschen Truppen an mehreren Punkten die Maas erreicht, theilweise sogar überschritten hätten. Gegen den Versuch der feindlichen Armee, am rechten Maasufer von Sédan gegen Mézières abzumarschiren, sollte ein Vorstoß über Donchery, das sich am 31. schon in deutschen Händen befand, am 1. in der Frühe beginnen.

Vom Verlauf der Schlacht an diesem Tage und der Capitulation von Sédan brachte jetzt der, mit den Vereinbarungen über die Gefangenen-Transporte vom großen Hauptquartier betraute Generalstabs-Offizier detaillirtere Angaben. Er überreichte dem Prinzen ein Exemplar des Capitulations-Protokolls.

Zuvor hatte man nur von Pont à Mousson her unbestimmtere Privatnachrichten erhalten. Das am Abende der Schlacht von Sédan dem Ober-Commando von Metz zugesendete Telegramm war dagegen in Malancourt damals noch nicht eingetroffen.

Die Kriegsgefangenschaft des Kaisers und die Vernichtung der letzten Armee von Bedeutung, über welche Frankreich im freien Felde verfügte, ließ die Möglichkeit eines Entsatzes für das in Metz eingeschlossene Heer völlig schwinden. Die Aufgabe der Cernirungs-Armee war damit für die Zukunft bedeutend vereinfacht. Welche Wirkung die Ereignisse von Sédan auf die Entschlüsse des Marschall Bazaine selbst üben würden, blieb indeß abzuwarten.*)

Nahe lag es, zu vermuthen, daß der feindliche Ober-Befehlshaber, wenn ihm Nachricht zukam, durch eine verzweifelte Anstrengung versuchen werde, die Waffenehre Frankreichs zu retten und dessen Schicksal günstig zu wenden.

Soweit man damals die allgemeine Lage der kriegführenden Parteien übersah, mußte man die letzte entscheidende Epoche des Kampfes für gekommen halten; denn die III. und Maas-Armee befanden sich bereits im Vormarsch auf Paris. Es schien auch für den Marschall Bazaine der äußerste Termin zum Handeln nahe bevorzustehen, wenn er überhaupt mit seiner Armee auf den Gang der Ereignisse im Großen zu influiren gedachte. Erhöhte Aufmerksamkeit der Vorposten und stete Gefechtsbereitschaft der Truppen, sowie die feste Abschließung von Metz waren jedenfalls geboten.

*) Die Mittheilung von dem Vorgefallenen an den eingeschlossenen Feind behielt der Ober-Befehlshaber sich vor.

Die neue Wendung der Dinge legte dem Ober=Commando zwei Erwägungen nahe, welche es in der gefaßten Anschauung wesentlich bestärkten.

Das Regiment des Kaisers Napoleon war durch dessen Abführung nach Deutschland beseitigt. Jedes neue Gouvernement, das nun die politische Leitung · in Frankreich übernahm, befand sich im Norden des Landes unter dem Drucke der Invasion.

Im Süden aber bot sich, abgesehen von Paris, auch nur der Boden, auf welchem sich der fernere Widerstand gegen die deutschen Heere im Großen zu organisiren vermochte. Man hielt es deshalb für nicht unwahrscheinlich, daß jenes Gouvernement in ' nächster Zeit seinen Sitz nach dem Süden verlegen werde. Das Bestreben, dort eine Feldarmee aufzustellen, mußte ihm aber den Wunsch nahe legen, die Truppen Bazaine's zu sich heranzuziehen. Kam diesem Marschall daher ein Befehl der künftigen Obergewalt zu, so war es voraussichtlich der, nach Süden sich Bahn zu brechen.

Die großen Gefangenen=Transporte, die in den nächsten Tagen auf dem Wege nach Deutschland die Mosel oberhalb Metz passiren mußten, konnten ihm nur den Anlaß zu einem Unternehmen in derselben Richtung geben. Alles das verlegte immer mehr den Schwerpunkt der Cernirung nach der Südseite von Metz. — — —

Vorerst ist es nun nothwendig, die durch die Gefangenen=Transporte erforderten Anordnungen in's Auge zu fassen.

Diese Transporte wurden für die Armee zunächst von Bedeutung. Die Verpflegung so großer und unvorhergesehen durch den Rayon der Cernirungs=Truppen marschirender Colonnen, sowie deren Escortirung waren nicht ohne Schwierigkeiten. Dann aber fiel der Rücktransport auf den schon so stark in Anspruch genommenen Eisenbahnlinien in eine Epoche, in der die Verproviantirung der Armee vor Metz bereits durch Betriebsstockungen auf jener Linie gefährdet schien.[*]

Die Kriegsgefangenen sollten in 2 Colonnen auf Rémilly und Pont à Mousson dirigirt und dabei in Tages Echelons von je 10,000 und einzelnen Transporten von je 2000 Mann zurückgeführt werden. Diese Transporte waren in Etain vom 3. Nachmittags ab, in Pont à Mousson vom 5. Nachmittags ab durch

---

[*] Es wird hierauf seiner Zeit im Detail eingegangen werden.

Truppen der Armee vor Metz zu übernehmen. Wenn Alles ohne Verzögerungen von Statten ging und wirklich täglich auf den beiden Wegen zusammen 20,000 Mann befördert wurden, so beanspruchte doch der gesammte Transport 5 volle Tage. Im Speciellen übernahm auf der nördlichen Route die Escorte von Etain bis Gorze das 2. Armee=Corps, von Gorze bis Verny das 8., von dort bis zur Eisenbahnstation Rémilly das Corps des Großherzogs von Mecklenburg. Nach Rémilly wieder wurde ein Detachement der Division Kummer entsendet, das daselbst den Dienst übernahm.

Auf der südlichen Linie, wo sich die Verhältnisse in soweit einfacher gestalteten, als in Pont à Mousson der Eisenbahntransport unmittelbar begann, wurden disponible Etappen=Truppen der I. Armee und Infanterie vom Corps des Großherzogs von Mecklenburg mit dem Escortedienst beauftragt.

In Wahrheit erwies sich die Marschfähigkeit der Kriegsgefangenen weit geringer, als man angenommen hatte. Von den der Schlacht von Sédan vorangegangenen Strapazen erschöpft, vermochten schon die ersten Transporte nicht die ihnen vorgeschriebenen Etappen zu erreichen. Die sich steigernden Verspätungen, Anhäufungen an einzelnen Punkten und andere Unregelmäßigkeiten machten namentlich die ausreichende Verpflegung der Gefangenen unmöglich. Die Märsche aber dauerten noch bis zur Mitte des Monats September fort.

Die Etappenstraße bis Sédan mußte natürlich bei solchen Verhältnissen gehörig gesichert werden. Außer den Gefangenen war auch das große erbeutete Armeematerial zurückzuschaffen. Die Festung Verdun gewann hiermit eine erhöhte Bedeutung. Auf die Nothwendigkeit ihrer Einschließung wurde vom großen Hauptquartier hingewiesen.

Das Detachement Lobenthal, welches bei Longuyon stand, ohne daß auch jetzt dort irgend eine Berührung mit feindlichen Kräften stattfand, war zum 4. September nach Damvillers beordert worden.

Das über Fléville hinaus gegen die Linie Longuyon=Damvillers streifende Regiment der 1. Cavallerie=Division stand in jenem Terrain gleichfalls verfügbar. Die Zieten'schen Husaren konnten deshalb jetzt aus dem Verbande der Armee vor Metz entlassen werden, um sich wieder der 6. Cavallerie=Division und somit dem Vormarsche gegen Paris anzuschließen.

Diese Anordnungen hatte man noch am 3. September Abends getroffen. Am 4. Vormittags entschloß sich der Ober = Befehlshaber dann, die Brigade Bothmer der Cernirung von Thion= ville zu entheben und für die Zwecke im Westen verfügbar zu machen. Die Besetzung von Sédan mit 4 Landwehr=Bataillonen war nämlich neben der Sicherung der Etappenlinie gegen Verdun dem Ober=Commando gleichfalls aufgetragen.

Für die Erfüllung der beiden Aufgaben erschienen die Kräfte der Brigade Bothmer gerade ausreichend. Es wurde deshalb ihre Ablösung vor Thionville durch die Cavallerie = Brigade Strantz *) wieder verfügt. Ein Bataillon der Division Kummer sollte gleich= falls von nun ab an der Cernirung von Thionville theilnehmen.

General von Bothmer aber erhielt Befehl, seine 4 Landwehr= Bataillone nach Sédan in Marsch zu setzen, für diesen Platz einen Commandanten zu ernennen, die Etappenorte Stenay und Dam= villers aber mit je 2 Compagnien fest zu besetzen. Mit dem Reste seines Detachements, d. h.

2 Bataillonen,
1 Batterie,
dem Reserve=Husaren = Regiment,

sollte er die Sicherung gegen Verdun übernehmen. Das gegen diese Festung hin entsendete Detachement der 1. Cavallerie = Division (1 Cavallerie=Regiment und 2 Geschütze) wurde ihm dabei unterstellt. Somit verfügte er dort über 2 Bataillone, 8 Eskadrons, 8 Ge= schütze. Er übernahm ferner den Oberbefehl in dem von Trup= pen seiner Brigade besetzten Territorium und wurde beauftragt, sich, wenn möglich, Verdun's zu bemächtigen.

Dies waren die in Folge der Ereignisse von Sédan getrof= fenen Maßregeln. Sie zehrten im Ganzen nicht unbedeutende Kräfte auf; denn es standen:

1. In Sédan:	4 Bataillone		
2. Bei Damvillers, resp.			
über Fléville hinaus:	3 Bataillone,	5 Eskadrons,	6 Geschütze,
3. Gegen Verdun:	2 Bataillone,	8 Eskadrons,	8 Geschütze,
4. In Pont à Mousson:	3 Bataillone,	1 Eskadron,	
5. In Rémilly:	3 Bataillone,	1 Eskadron,	
In Summa:	15 Bataillone,	15 Eskadrons,	14 Geschütze.

*) Diese Brigade gehörte bekanntlich zur Division Kummer.

16*

Hierzu traten noch diesür die Linie Etain=Gorze=Verny=Rémilly nothwendigen Begleit=Commando's der Gefangenen=Transporte. Diese Commando's wurden in ihrer Stärke derartig bemessen, daß auf je 100 Gefangene 10 Mann Infanterie, 1 Cavallerist mit dem dazugehörigen Personal an Offizieren und Unteroffizieren kamen.

Alles in Allem fiel somit, abgesehen von der Cernirung von Thionville, an Infanterie und Cavallerie etwa die Stärke eines Armee=Corps für die unmittelbare Verfügung des Ober=Commando's zum Gesechte aus.

Diese Schwächung der Armee an Zahl mußte durch erhöhte Aufmerksamkeit ausgeglichen werden. Fast unaufhörliches Regen= wetter, dichter Nebel an den Vormittagen machte dabei die Be= obachtung von den Observatorien unsicher und verursachte gleich= zeitig den bivouakirenden Truppen große Beschwerden.

Am 4. Nachmittags nun, also zu einer Zeit, wo die eben für die Gefangenen=Transporte 2c. getroffenen Anordnungen sich gerade in ihrer Entwickelung befanden, meldeten die Beobachtungsposten auffallende Bewegung in den feindlichen Lagern.

Vom 5. bis 8. September.

Am 5. früh war die Aussicht auf Metz und das Moselthal freilich abermals durch den Nebel verdeckt, allein man hörte doch viel Geräusch, Trommel= und Hornsignale in den Lagern. Wagen= gerassel, und bald darauf das Marschiren größerer Truppenmassen, theilweise unter Musikbegleitung, wurde deutlich unterschieden. Frei= lich konnte nicht genau bestimmt werden, wohin sich diese Bewe= gungen richteten. In der Stunde von 7 bis 8 Uhr früh aber schien sich wieder ein allgemeines Abrücken des Feindes nach Osten auf das rechte Ufer herauszustellen, wenigstens schloß man so aus dem Getöse. Die Meldungen der verschiedenen Observatorien stimmten dabei überein, und ein Zweifel an ihrer Berechtigung durfte nicht obwalten.

Die Dispositionen zur Abwehr des Ausfalls mußten deshalb wieder getroffen werden.

General von Voigts=Rhetz hatte dem Ober=Commando schon auf die feindlichen Bewegungen bezügliche Meldungen gesendet.

Das 10. Armee=Corps war also jedenfalls avertirt.

Der Prinz seinerseits befahl um 8 Uhr, daß das 9. Corps sich mit seinen Divisionen an den bekannten Concentrationspunkten Pierrevillers und Roncourt aufstellen, die Corps=Artillerie sich aber zum Abmarsche bereit halten sollte.

Mit weiteren Dispositionen wartete man die nächsten 2 Stunden hindurch. Als in dieser Zeit indessen nur Bestätigungen der ersten Allarmnachrichten kamen, wurden um 10 Uhr noch folgende Anordnungen getroffen:

1. Das 8. Armee=Corps rückt sogleich mit einer Infanterie= Division und der Corps=Artillerie nach dem Moselthale ab, um dort das 7. Armee=Corps völlig freizumachen. Die andere In= fanterie=Division bleibt, bis eine Ablösung durch das 9. Armee= Corps erfolgt, in der Cernirungslinie stehen.

2. Das 7. Armee=Corps concentrirt sich nach seinem rechten Flügel hin.

3. General von Manteuffel hat seine Truppen bereit zu halten.

Dieser Stand der Dinge blieb nun unverändert. Der Feind griff nicht an. Die weiter eingehenden Meldungen und Nachrichten ließen die Aussicht auf einen Kampf für heute wieder schwinden.

Da sich indessen die Truppen zum Theile schon einmal in Bewegung fanden, so erschien es zweckmäßig, die beabsichtigte Ver= schiebung der Cernirungsarmee im Großen sogleich einzuleiten und noch stärkere Kräfte auf der Südseite der Festung zusammen= zuziehen. Um 11½ Uhr erließ der Prinz deshalb folgende weiteren Befehle:

1. Vom 9. Armee=Corps rückt die 25. (Großherzoglich Hessische) Infanterie=Division noch heute in Lager bei Montois la Montagne, Malancourt und Roncourt. Der Rest des Corps marschirt sogleich auf Gravelotte, wo das Hauptquartier zu nehmen ist.

2. Das 8. Armee=Corps ist mit seiner Reserve=Division bereits in Bewegung zur Ablösung des 7. Armee=Corps. Es nimmt sein Hauptquartier in Ars sur Moselle.

3. Das 7. Armee=Corps zieht sich an der Seille zu= sammen. Für Herstellung ausreichender Uebergänge über diesen Fluß ist Sorge zu tragen.

4. Die Ablösung der Vorposten des 8. Corps in der Cer= nirungslinie von der Ruine von Châtel bis zur Höhe von Jussy durch das 9. Armee=Corps erfolgt so, daß der Feind den Wechsel

der Truppen keinenfalls bemerken kann. Danach ist in beider=
seitigem Einvernehmen die Ablösungszeit festzustellen.

Nach geschehener Ablösung rückt der zurückgebliebene Theil
des 8. Corps ebenfalls nach dem Moselthale ab.

5. Das 2. Corps bleibt vorläufig stehen, ebenso alle andern
Corps. —

Diese Bewegungen begannen nun sogleich. Das 7. Armee=
Corps wählte dabei sein Hauptquartier in Verny.

Inzwischen dauerte um Mittag die Ruhe beim Feinde fort und,
als dann um dieselbe Zeit auch die Luft sich klärte, nahm man
wahr, daß er nur überall, auch auf der Ostseite von Metz,
sehr thätig an seinen Fortificationen arbeitete. Dieser Zustand
währte bis zum späten Nachmittage hin. Um 5¾ Uhr meldete
indessen eines der Observatorien, der Feind marschire mit Colonnen
aller Waffen gegen Vorny. In der That fanden dort auch solche
Bewegungen statt. Meldungen vom Ober=Commando der I. Armee
und dem 1. Armee=Corps besagten, daß General von Manteuffel
sich noch gegen Abend veranlaßt gesehen, in Position zu rücken,
während der Großherzog von Mecklenburg mit seinen Truppen
auf Ars Laquenexy dirigirt sei. Bedeutende feindliche Massen
sollten auf Lauvallier anmarschiren und das Verhalten des Feindes
sich wie am 31. August gestalten. Der Oberbefehlshaber ließ des=
halb General von Voigts=Rhetz noch ein Avertissement zukommen,
er möge sich mit den Truppen des rechten Ufers in Verbindung
setzen. Es kam jedoch auch jetzt nicht zum Gefecht und, wurden
auch östlich von Metz für die Nacht noch besondere Vorsichtsmaß=
regeln getroffen, so kehrten im Uebrigen doch alle Truppen in
ihre Stellungen zurück.

Die Nacht verging ohne Störung, auch am Morgen war in
Metz Alles ruhig. Man übersah, daß es sich in der Festung wohl
nur um Lagerveränderungen oder einen allgemeinen innern Dienst
gehandelt habe.

Die Truppenbewegungen in der Cernirungsarmee vor Metz,
die am 5. begonnen hatten, wurden daher am 6. weiter fortgesetzt.

Jetzt fielen auch die Gründe fort, welche bisher die Belassung
des 2. Armee=Corps an der Orne verursacht hatten. Die Ge=
fangenen=Transporte von Sédan waren in Gang gebracht und es
blieb dort also keine Gefahr mehr zu befürchten. Selbst von ver=

sprengten französischen Truppen meldeten die gegen Westen ent=
sendeten Detachirungen nichts.

Das 2. Armee=Corps sollte daher am 7. mit einer Infanterie=
Division über Gorze bis hart an die Mosel rücken, dort auf dem
linken Ufer lagern und die Orte Gorze, Novéant, Arnaville be=
legen, der Rest des Corps aber in dem Raume St. Marcel=
Rézonville=Vionville Lager und Cantonnements beziehen. Haupt=
quartier: Gorze.

Das Corps behielt somit seine Reservestellung und konnte,
wenn sich der Vorstoß des Feindes nach Norden nun doch noch
einmal wiederholte, mit einer Infanterie=Division und der Corps=
Artillerie nach einem Marsche von 4½ Meile den wichtigen Punkt
Fontoy immer noch vor dem Feinde erreichen. Diese Truppen
mußten dann dort so lange den Feind aufhalten, bis genügende
Verstärkungen folgten.

Ferner wurde nun auch das noch bei Jouaville verfügbar
gebliebene Regiment der 1. Cavallerie=Division zum Gros dieser
Division nach Fey heranbeordert.

So stand jetzt die I. Armee mit Ausnahme der südlich Metz
hart am linken Ufer befindlichen Theile des 8. Armee=Corps gänz=
lich rechts der Mosel.

Auf der Südseite aber waren von Laquenexy bis Ars sur
Moselle und Vaux hin ihre Hauptkräfte, nämlich:

das Corps des Großherzogs von Mecklenburg,
das 7. Armee=Corps,
das 8. Armee=Corps,
die 1. und 3. Cavallerie=Division
verfügbar.

Das 2. Armee=Corps aber vermochte nach Verlauf von 2 bis
3 Stunden mit der Têten=Division, nach Verlauf von 6 Stunden
mit seinen gesammten Kräften in eine Schlacht südlich Metz ein=
zugreifen. Diese konnte daher in der jetzigen Lage mit 8 In=
fanterie=, 2 Cavallerie=Divisionen und den Corps=Artillerien von
3 Armee=Corps*), also jedenfalls mit genügenden Kräften ge=
schlagen werden.

Weiterhin hielten dabei das 9. und 3. Armee=Corps die

*) Das Corps des Großherzogs von Mecklenburg hatte keine Corps=
Artillerie.

Defileen des linken Moselthalrandes besetzt. Die 25. Infanterie-Division wurde noch am 6. nach Gravelotte zum 9. Armee-Corps herangezogen, damit dieses Corps wieder ganz in sich vereinigt war. Auf der Nordseite stand links der Mosel immer noch das 10. Armee-Corps in seiner vorbereiteten Position, rechts die Division Kummer und das 1. Armee-Corps. Im Osten blieb in der Cernirungsstellung zwischen dem linken Flügel des 1. Corps und der Gegend von Laquenexy freilich auch bei der gegenwärtigen Kräftevertheilung eine Lücke von einer deutschen Meile, die nur durch Cavallerie gefüllt war, indessen lag im Augenblicke dort auch keine Gefahr vor.

Als diese neuen Anordnungen, an welche sich die entsprechenden Veränderungen für die Gefangenen-Transporte knüpften, a m 7. S e p t b r. durch den dem 2. Armee-Corps aufgetragenen Marsch durchgeführt waren, verlegte Seine Königliche Hoheit der Ober-befehlshaber das Armee-Hauptquartier gleichfalls auf die Südseite der Cernirungslinie nach Corny.

Beim Feinde herrschte fortdauernd Ruhe; sein Verhalten blieb streng passiv. Auf der ganzen Front rund um Metz arbeitete er thätig an seinen Fortificationen. Nirgends machte er bemerkens-werthe Detailunternehmungen gegen die Vorposten der Ein-schließungsarmee. Er versperrte nur den deutschen Patrouillen alle Annäherungswege durch besetzte Verbarrikadirungen.

Beide Armeen litten in diesen Tagen sehr unter dem an-haltenden Regenwetter. Beim Feinde kennzeichnete sich das deut-lich durch Wechsel und Veränderungen in den einzelnen Lager-plätzen. Die tiefgelegenen Partien wurden dabei geräumt und die Zelte, wo es anging, an den Abhängen hinauf wieder etablirt. Hörte man auch in den Lagern wiederholt viel Musik, Signale und Lärm wie am 5. September, so schlossen sich dem doch keine Truppenbewegungen an, und es gewann bald den Schein, als wolle man in der Festung die Mannschaften nur zerstreuen und über das Mißliche ihrer Lage leichter hinwegführen.

Am 7. September wurden der feindlichen Armee französische Kriegsgefangene von Sédan als Ersatz für ausgelieferte deutsche Soldaten übergeben, die während der Schlachten des August in Feindeshand gefallen waren. Später erwies sich, daß durch diese Mannschaften die ersten Nachrichten über die Ereignisse von Sédan nach Metz gelangt sind, die Abschließung ist also damals schon eine vollständige gewesen.

Die Verhältnisse waren für die Cernirungs=Armee natürlich ähnlich ungünstig, wie für den Feind. Der Regen verwandelte die Bivouaks in Sumpfstrecken, welche man sich vergeblich mühte, durch Anlage von provisorischen Pflasterungen oder durch Abgrabungen wieder trocken zu legen. Der Laubhüttenbau reichte nicht mehr aus, um auch nur einigen Schutz zu gewähren. In dem un= aufhörlichen Unwetter diese Hütten fortdauernd zu verbessern, bot natürlich große Schwierigkeiten. Seit der Schlacht von Noisseville und dem Bekanntwerden der Ereignisse von Sédan befanden sich die Truppen ferner in der steten Hoffnung auf eine neue tactische Entscheidung oder einen Wechsel der gesammten Kriegslage, der auch für sie Veränderungen mit sich führen mußte. Das konnte natürlich auf die Arbeiten an den Lagereinrichtungen, die nur bei längerem Stehenbleiben an demselben Punkte wirklich zu verwerthen waren, nicht vortheilhaft wirken. Die letzten Tage hatten, wie bekannt, ohnehin für einen erheblichen Theil der Armee unver= meidliche Bewegungen mit sich geführt und den Truppen den Gedanken an noch fernere Verschiebungen, die demnächst folgen könnten, nahe gelegt.

So kamen viele Umstände zusammen, welche die materielle Existenz der Armee vor Metz gerade jetzt im höchsten Grade un= behaglich machten.

Am 8. September ordnete deshalb auch ein Tagesbefehl an, daß alle Truppen, soweit es irgend noch anging und tactische Rücksichten es erlaubten, unter Dach und Fach zu bringen seien. Dies wurde unabweisliche Nothwendigkeit; denn bei den heftigen Regengüssen der letzten Tage waren z. B. die bivouakirenden Truppen des 3. Armee=Corps, wie dasselbe am 9. meldete, ge= zwungen, 2 Nächte hintereinander stehend im Wasser zuzubringen. Daß dabei Erkrankungen in größerer Anzahl nicht ausbleiben konnten, ist selbstredend.

Die Leichenhügel aber zerstörte der Regen wieder vollständig, und die Reste der in dem steinigen Boden der Schlachtfelder nur nothdürftig verscharrten Cadaver von Menschen und Thieren machten die Luft von Neuem ungesund. Es sei hier erwähnt, daß noch am 14. September sich das General=Commando des 9. Armee= Corps gezwungen sah, dieser Einflüsse halber seine Verlegung von

Gravelotte in's Moselthal nachzusuchen.*) Alle Anstrengungen für Desinfection und Reinigung der Häuser, die fast sämmtlich zum Lazareth gedient hatten, erwiesen sich als ohnmächtig gegen Ansteckungen und das Umsichgreifen von Krankheitsfällen. Der Dienstbetrieb begann ernstlich unter diesem Uebel zu leiden.

Daß mit solchen ungünstigen Momenten auch gerade Schwierigkeiten in der Verpflegung der Truppen zusammentreffen mußten, erhellt schon aus der Rücksicht auf den Zustand, in welchen jetzt der Regen alle Straßen versetzte. Andererseits litt, wie erwähnt, der Eisenbahnbetrieb durch die Gefangenen-Transporte und anderweitig eingetretene Hemmungen.

Auf alle diese Verhältnisse, ohne welche sich die Lage der Cernirungsarmee auch in tactischer Beziehung nicht richtig beurtheilen läßt, wird seiner Zeit näher eingegangen werden.

Der Oberbefehlshaber sah zunächst das geeignete Mittel, diese Schwierigkeiten zu überwinden und die Truppen vor der Apathie zu bewahren, welche sich als Folge solcher Zustände leicht einstellt, in der Belebung des kleinen Krieges. Der Armeebefehl vom 6. enthielt die hierauf bezüglichen Anordnungen. Der Feind sollte auf der ganzen Linie andauernd belästigt und darin die größte Thätigkeit entwickelt werden. Um Aufschlüsse über die Verhältnisse in der Festung zu erhalten, wurde es besonders wichtig, Gefangene zu machen. Diese sollten sofort in das Hauptquartier abgeliefert werden.

Dann wurde auf die Umwandelungen der Hütten- in Barackenlager Bedacht genommen. Die I. Armee hatte sich durch Requisitionen im Moselthale zum Theile mit den hierzu nöthigen Brettervorräthen versorgt, der II. Armee indessen bot sich bisher auf dem hochgelegenen Plateau des linken Moselufers nicht die gleiche Möglichkeit. Es fehlte dort an Fabriken und Sägemühlen. Der Prinz ersuchte darum das General-Gouvernement von Lothringen, in dem ihm unterstellten Bezirke Vorräthe von Brettern aufzubringen. Große Geschäfts-Etablissements, wie in Saargemünd, von denen man Leistungen hoffte, existirten dort genug. Das aufgetriebene Material sollte per Bahn nach Courcelles oder Novéant für Moselle dirigirt, hier aber von den Truppen in Empfang genommen werden.

---

*) Es ging mit Genehmigung des Oberbefehlshabers alsbann nach Ars sur Moselle.

In ihren Rayons, wurden aber die Corps angewiesen, gleichfalls Alles zu requiriren, was an Brettern aufzutreiben war. Freilich ließ sich schon jetzt voraussehen, daß auch diese Maßregeln, der nöthigen Transporte halber, geraumer Zeit bedürfen würden, auch vermochte man von vornherein nicht zu bestimmen, welchen Erfolg sie haben könnten. —

An die offensiven Maßnahmen gegen den eingeschlossenen Feind mußte sich auch der Versuch reihen, seine Lager durch Artillerie zu beunruhigen. Von verschiedenen Punkten der Cernirungslinie aus schien dies auf Entfernungen von 5000 Schritt und darunter möglich.

Am 8. September ordnete ein Armeebefehl das zu solchem Zwecke Nöthige an.

Die geeignetsten Plätze zur Etablirung von Batterien wurden vom Ober-Commando darin namhaft gemacht, andere blieben von den Armee-Corps selbst zu wählen. Am 9. des Abends um 7 Uhr sollten an den recognoscirten Stellen Sechspfünder-Batterien aufgefahren, von jedem Geschütz etwa 12 Schuß gethan, dann in die Dunkelheit hinein das Feuer noch langsam fortgesetzt werden.

Die Tageshelle war natürlich zu vermeiden, da die ungedeckten Feldbatterieen sich nicht einem Kampfe mit der schweren feindlichen Artillerie aussetzen durften.

Die Forts Plappeville und St. Quentin sollten dabei vorübergehend durch Batterien des 3., 9. und 8. Armee-Corps beunruhigt werden, um ihre Thätigkeit gegen die aufgefahrene Artillerie der Cernirungs-Armee zu stören.

Bis zu dem festgesetzten Zeitpunkte hatten die Corps Muße für ihre Recognoscirungen, respective noch nothwendige Vorbereitungen. Da übrigens von Seiten des Feindes während der Beschießung leicht ein Ausfall zu gewärtigen war, so befahl der Prinz, die Truppen bereit zu halten, um einem solchen Unternehmen zu begegnen.

Die Aufmerksamkeit des Ober-Commando's der I. Armee wurde dann ferner auf das Fort St. Privat gelenkt, das, im Bau begriffen, möglicherweise durch einen nächtlichen Angriff wegzunehmen war. Gelang dies, so mußten freilich der Eroberung des Werks noch in der Nacht die fortificatorischen Maßregeln für dessen Behauptung folgen. Auch Reserven waren dann bereit zu stellen, um feindliche Wiedereroberungsversuche zurückzuweisen. Solche Ver-

fuche konnten gegen Morgen nicht ausbleiben. Eine nähere Recog=
noscirung seitens der I. Armee sollte selbstverständlich erst über
die Chancen entscheiden, welche das Unternehmen überhaupt hatte,
ehe man wirklich an die Ausführung ging.

Vom 9. bis zum 13. September.

In der Nacht vom 8. auf den 9. September waren von den
Vorposten glückliche Unternehmungen ausgeführt worden. Auf der
Ostseite gelang es, einen feindlichen Posten aus dem Gehöfte
Bellecroix zu vertreiben. Auf der Nordseite wurde eine französische
Feldwache bei Maison rouge überfallen und zum Theil gefangen
genommen.

Im Laufe des Tages folgten dann die Vorbereitungen für
die Beschießung und diese selbst begann zu der befohlenen Stunde.
Allein die Witterung vereitelte einen Erfolg. Abermals herrschte
Sturm und Regen, so daß an ein Beobachten der Schüsse nicht
zu denken war. Auf dem Observatorium des Mont St. Blaise,
wohin sich der Oberbefehlshaber begeben hatte, um der Beschießung
beizuwohnen, vermochte man kaum den Schall des Geschützdonners
zu vernehmen. In dem aufgeweichten Boden blieben auch wohl
die Granaten ohne zu crepiren stecken.

Die Unternehmung gegen das Fort St. Privat erwiesen die
detaillirteren Ermittelungen der I. Armee als unthunlich. Es war
daher hiervon Abstand genommen worden.

Der Feind erwiderte das Feuer vereinzelt aus Festungs=
geschützen, doch auch dies blieb wirkungslos. — — —

Der 9. September hatte unterdessen der Armee vor Metz
abermals eine Veränderung gebracht. Ein aus dem großen Haupt=
quartier Rheims vom 8. Mittags 12 Uhr datirtes Schreiben ent=
hielt den Befehl Seiner Majestät zur Verwendung des Corps unter
dem Großherzoge von Mecklenburg in den occupirten französischen
Provinzen. Das Corps sollte den Landstrich, der zwischen der
Armee vor Metz und den gegen Paris operirenden Heeresmassen
lag, sowie die Verbindungen dieser letzteren sichern, etwa aus=
brechende Volksaufstände niederhalten, dann aber auch die Weg=
nahme von Toul bewirken.

Gegen diese, für die Eröffnung der Bahnverbindung nach
Paris zu so wichtige Festung hatten bisher nur 3 Etappen=Bataillone
der III. Armee, 1 Eskadron, 1 Pionier=Compagnie disponibel

gemacht werden können. Seit dem 3. September waren vor Toul ferner die in Marfal genommenen schweren Geschütze unter Begleitung von 2 preußischen Festungsartillerie = Compagnien eingetroffen. Hiermit aber konnte eine Ueberlegenheit gegen die Festungs = Artillerie nicht erreicht werden und die Heranziehung preußischer Geschütze aus Mainz war vorbereitet.

Der Großherzog sollte nun die zur Zeit vor der Festung stehenden Kräfte, mit Ausnahme der Festungs = Artillerie ablösen und eine seiner Divisionen dorthin verwenden, die andere aber auf Rheims und Châlons in Marsch setzen, diese beiden Städte mit starken Garnisonen versehen und das Land von mobilen Colonnen durchstreifen lassen. Die Brigade Bothmer wurde dem Großherzoge dabei unterstellt.

Diese neue dem Corps des Großherzogs zuertheilte Aufgabe schien um so wichtiger, als thatsächlich schon Nachrichten vorlagen, daß eine Beunruhigung der nach Westen führenden Etappenlinien in Aussicht stände.

Bei Langres sammelte sich angeblich ein Corps von Mobilgarden mit der Bestimmung, zum Entsatze von Toul vorzurücken. Auch vom General = Gouvernement Lothringen waren wiederholt Meldungen über Aufregung in der Landbevölkerung eingetroffen, und ihm Etappen = Truppen der II. Armee zur Verfügung gestellt worden.*)

Der Ober = Befehlshaber bestimmte deshalb sogleich Folgendes:

1. Das Armee = Corps Seiner Königlichen Hoheit des Großherzogs setzt sich morgen am 10. September nach Pont à Mousson in Marsch.**)

2. Die Vorposten des Corps bleiben morgen noch stehen, werden erst morgen Abend bei einbrechender Dunkelheit abgelöst und folgen am 11. September dem Armee = Corps.

3. Zur einstweiligen Ausfüllung der in der Cernirungslinie entstehenden Lücke ist 1 Infanterie = Brigade des 7. Corps mit der Artillerie morgen entsprechend rechts, 1 Infanterie = Brigade des 1. Corps mit Artillerie entsprechend links zu schieben.

---

*) Es wird hierauf weiter unten, bei der Abhandlung über die rückwärtigen Verbindungen der Armee näher eingegangen werden.

**) In Pont à Mousson sollte das Bataillon vom Corps des Großherzogs, das zur Zeit neben Etappen = Truppen der II. Armee dort noch stand, auch ferner daselbst verbleiben.

4. Der dichte Abschluß der Festung gegen Ein= und Aus=
schleichen einzelner Personen muß unter allen Umständen erhalten
bleiben. — —

Die Brigade Bothmer schied nun gleichfalls aus dem Ver=
bande der Armee. Diese Brigade war am 7. vor Verdun ein=
getroffen, hatte am 8. die Cernirung auf dem rechten, am 9. auf
dem linken Ufer der Maas vollzogen. Ein Handstreich auf die
Festung erwies sich indessen als unausführbar, da nähere Recog=
noscirungen ergaben, daß die Enceinte überall sturmfrei war.
General Bothmer wurde jetzt davon unterrichtet, daß er ferner
den Befehlen des Großherzogs von Mecklenburg unterstellt sei.
Das bei seinem Detachement nebst 2 Geschützen noch befindliche
Regiment der 1. Cavallerie=Division wurde natürlich gleichzeitig
zur Armee vor Metz zurückberufen. Bis zu seinem Eintreffen sollte
1 Cavallerie=Regiment vom Corps des Großherzogs bei Metz
verbleiben.*)

Für die Cernirungs=Armee im Allgemeinen aber wurden nun,
da das abmarschirende Corps für die Dauer durch stärkere Kräfte
ersetzt werden mußte, wiederum neue Dispositionen nothwendig.

In der Nacht von 10. zum 11. rückten die Vorposten
vom Corps des Großherzogs aus ihren Stellungen fort. Am 11.
September sollten demnach folgende Anordnungen durchgeführt
werden:

1. Die 25. (Großherzoglich Hessische) Division
übernimmt die Cernirungsstrecke von Jussy bis zur obern Mosel
und verlegt die Hauptkräfte in das Moselthal nach Ars und Vaux.

2. Das 2. Armee=Corps belegt Rézonville sehr stark und
giebt für den fechtenden Theil die rückwärtsgelegenen Cantonnements
Mars la Tour und Bruville auf.

3. Das 8. Armee=Corps rückt ganz auf das rechte Mo=
selufer und wählt dort sein Hauptquartier.

4. Das ganze 7. Armee=Corps ist auf das rechte Seille=
ufer zu ziehen und ein Theil desselben ist nach Peltre zu detachiren.

Diese Verlegung des 7. Armee=Corps schien nach Beschaffen=
heit des Terrains und, da die Inundation der Seille, die zu den
Defensivmaßregeln der Festung gehörte, nur bis Magny südlich

---

*) Das Regiment folgte am 15. September dem Armee=Corps.

reichte, angängig. Weiter aufwärts waren zahlreiche Uebergänge über die Seille vorhanden.

5. Das Ober=Commando der I. Armee hat zu ent= scheiden und anzuordnen, eine wie starke Abtheilung des 1. Armee= Corps in südlicher Richtung zur Deckung von Courcelles zu deta= chiren sein wird.

6. Die Cavallerie ist zur engsten Verbindung dieser einzelnen Aufstellungen zu verwenden. Ein solcher dichter Abschluß wird um so wichtiger, nachdem seit gestern Ueberläufer aus der Festung zu kommen beginnen. — —

Am 12. September sollten ferner das Ulanen=Regiment Nr. 9 und die beiden reitenden Geschütze, die vorübergehend der Bri= gade Bothmer zugetheilt gewesen, bei Fey eintreffen und von dort durch die 1. Cavallerie=Division herangezogen werden.*)

Dann wendete der Prinz sein Augenmerk nochmals auf die Unterkunft der Truppen und fügte den Befehlen in dieser Bezie= hung noch hinzu:

„Alle Anstrengungen sind jetzt dahin zu richten, daß das an= dauernd schlechte Wetter für uns nicht zur Calamität werde."

„Es ist deshalb jedes Dach zur Unterkunft zu benutzen, so daß die Vorposten von Zeit zu Zeit abgelöst werden und ihre Sachen unter Dach am Feuer trocknen können."

„Gesicherte, ausreichende Verpflegung, fester Wille und die Ueberzeugung, daß der Feind noch mehr leidet, wie wir — wie die Aussagen der Gefangenen bezeugen — wird uns auch diese Prüfung überwinden lassen."

„Allgemein können die Trains und Munitionscolonnen weiter rückwärts unter Dach und Fach gebracht werden."

Auf diesen Punkt immer von Neuem zurückzukommen, wurde unerläßlich; denn die materielle Lage der Cernirungs=Truppen erheischte zur Zeit ernstliche Sorge. Der Krankenabgang wurde zahlreich und das Ausbrechen einer Epidemie mußte befürchtet werden.

Da man jetzt fernere Detachirungen von Belang nicht gut er=

---

*) Das Regiment wurde gleichzeitig mit dem Transport der für die II. Armee bestimmten Beutepferde von Sédan verwendet. Es übernahm die Pferde von einem Commando der 4. Cavallerie=Division in Dun und brachte dieselben nach Conflans, woselbst eine Vertheilung an die Armee=Corps stattfand.

warten burfte, so konnte man auch annehmen, daß in nächster Zeit
keine Veränderung der Aufstellungen nöthig sein würde. Das
begünstigte die Truppen entschieden in ihrer Thätigkeit für Quar=
tier= und Lagereinrichtungen.

Am 11. September vollzogen sich die am 10. befohlenen Be=
wegungen, und da die neuen Stellungen in der That längere Zeit
bestehen blieben, so scheint es zweckmäßig, sie noch einmal kurz zu
recapituliren.

Vom 12. Septbr. ab stand die Cernirungs=Armee wie folgt:

Truppen 1. Linie.
A. Rechtes Moseluser.

I. Armee, Hauptquartier Jouy aux Arches.

1. Division Kummer, Stabsquartier Olgy.
Cernirungslinie: Malroy=Charly.
2. 1. Armee=Corps, Hauptquartier Ste. Barbe
Cernirungslinie: Failly=Noisseville, Ars Laquenexy.
3. 7. Armee=Corps, Hauptquartier Verny.
Cernirungslinie: Mercy le Haut=Peltre=Marly s. Seille.
4. 8. Armee=Corps, Hauptquartier Jouy aux Arches.
Cernirungslinie: Marly s. Seille=Frescaty bis zur Mosel gegen=
über Vaux.

B. Linkes Moseluser.
II. Armee, Hauptquartier Corny.

1. 9. Armee=Corps, Hauptquartier Gravelotte.*)
Cernirungslinie: Vaux=Jussy bis zur Ruine von Châtel.
2. 3. Armee=Corps, Hauptquartier Vernéville.
Cernirungslinie: Von Châtel bis zur Höhe nördlich Saulny.
3. 10. Armee=Corps, Hauptquartier Marange.
Cernirungslinie: Höhe nördlich Saulny=Villers les Plenois=
Semécourt=Amelange Ferme zur Mosel unterhalb
Metz.

Reserven.

1. 2. Armee=Corps, Hauptquartier Gorze, davon:
die 3. Infanterie=Division im Moselthale bei Gorze=Novéant
Corny,
die 4. Infanterie=Division und Corps=Artillerie: Rézonville=St.
Marcel.

*) Vom 14. September ab in Ars sur Moselle.

2. die 1. Cavallerie=Division Fey und Umgegend,

3. die 3. Cavallerie=Division an der Seille.

Die Vorpostenlinie wurde etwa durch folgende Punkte bezeichnet:

A. Auf dem rechten Moselufer.

Die Mosel oberhalb Malroy, Rupigny, Villers l'Orme, (Höhe), östlich Nouilly, la Planchette, vorwärts Colombey, (Waldparcelle), südwestlich Colombey, la Grange aux Bois, Télégraphe de Mercy le Haut, Westlisiere von Peltre und Crépy, St. Thiébault Ferme, Wäldchen unterhalb Marly am rechten Seilleufer, la Papétrie, Frescaty, Schnittpunkt der Chaussee Jouy=Metz und der Eisenbahn nordöstlich Tournebride, Moselufer gegenüber Baux.

B. Linkes Ufer.

Vorwärts Baux, Jussy, Ostlisiere von Rozérieulles, erste Mühle südlich Châtel, Ostlisiere des Bois de Châtel, durch das Bois de Vigneulles, Saulny, Villers les Plenois, le Point du Jour, südlich Kalembourg, Ladonchamps, Petite Maxe, Moselufer unterhalb Metz. Die Vorpostenlinie hatte demnach eine Ausdehnung von circa 6, die Cernirungslinie eine solche von über 7 deutsche Meilen.

Auf dieser Linie standen die feindlichen Vorposten den unsern in Distancen gegenüber, die zwischen 400 und 1500 Schritt variirten.

Detachirt:

1 Bataillon, 8 Eskadrons zur Cernirung von Thionville.

XI.

Die materielle Lage
und die rückwärtigen Verbindungen der Armee
vor Metz während der Cernirung.

Bis zum 15. September.

Gegen Ende des Monats August und zu Beginn des Monats September erreichten die Schwierigkeiten, welche auf den rück=wärtigen Verbindungslinien der Armee vor Metz zu überwinden waren, ihren Höhepunkt. Zunächst langte in dieser Epoche die Leistungsfähigkeit der eingeleisigen Rhein=Nahe=Bahn nicht aus, um den großen Anforderungen, welche plötzlich an die Communi=cationen der vor Metz stehenden Armeen mit der Heimath gestellt wurden, zu genügen. Die von den nun bei Metz stabil verbleibenden 7 Armee=Corps, 1 selbstständigen Division, 2 Cavallerie=Divisionen auf den heimischen Bahnen herangezogenen, mit Proviant=Vor= räthen beladenen Wagen liefen alle auf den gegen Saarbrücken (St. Johann) mündenden Bahnstrecken concentrisch zusammen. Bei dem natürlichen Bestreben der einzelnen Behörden, der Lieferanten und der vielen zur Armee mit Liebesgaben 2c. beförderten Privat= personen, die von ihnen geführten Transporte auf alle Weise möglichst weit vorwärts zu bringen, mußten jene Bahnstrecken bald überfüllt sein. Noch am 5. September standen beispielsweise auf der Rhein=Nahe=Bahn 600, der Pfalzbahn 560, der Rheinbahn 155, der Ludwigsbahn 650, der Strecke St. Johann=Courcelles 357, in Summa also 2322 Eisenbahnwagen, welche allein der II. Armee gehörten und einen Inhalt von etwa 348,300 Centner Proviant repräsentirten. Dazu kamen noch — zumal auf der in die Berechnung nicht hineingezogenen Saarbrücker Eisenbahn — eine große Anzahl von, den Corps 2c. der I. Armee gehörigen Wagen.

Betriebsstockungen mußten dabei um so mehr eintreten, als auf den Endstationen Herny, Rémilly und Courcelles die gleich= zeitige Entladung und Rücksendung großer Wagenmassen aus Mangel an Arbeitskräften und wegen örtlicher Hindernisse nicht möglich war.

Daß die Station Rémilly zum Etappenhauptort der II. Armee hatte gewählt werden müssen, obschon sie sich nur wenig dazu eignete, ist bereits gesagt worden. Herny wurde als die nächst= zurückgelegene Station in Aushülfe hinzugenommen. Beide Bahn= höfe aber besaßen nur 2 Verkehrsstränge und Weichen, keine todten Stränge für das Entladen von Eisenbahnzügen. Das Terrain erlaubte auch nur in Rémilly die Erbauung eines provisorischen todten Stranges, welcher zur Entladung bestimmte Wagen auf= nehmen konnte. Die Feldeisenbahn=Abtheilung Nr. 1 hatte einen solchen Strang dort sofort hergestellt.

Ferner fehlte es auf beiden Bahnhöfen an irgend genügendem Raume für das sichere Unterbringen der entladenen Vorräthe. Ein kleiner in Herny vorhandener Bahnschuppen reichte nur für ganz geringe Quantitäten hin. Der Versuch, durch Privatunternehmer die Erbauung von Speicherbaracken zu bewirken, mißglückte. Es kam dabei in Zeit von 5 Tagen nur eine Baracke von 100' Länge,

30′ Breite für das Magazin Rémilly zu Stande, welche höchstens
für den 8. Theil der dort vorhandenen Vorräthe Unterkunft gab.
Die Masse derselben mußte dem Verderben ausgesetzt werden, denn
der Regen strömte in jenen Tagen fast unaufhörlich. Das Bedecken der aufgestapelten Ballen mit großen getheerten Leinwands-
plänen schaffte dabei wenig Nutzen, da die Feuchtigkeit vom Boden
her Brod, Mehl, Salz, Getreide ꝛc. fußhoch durchdrang. Die
Benutzung in der Nähe gelegener größerer Gebäude verbot aber
wieder der zur Zeit herrschende gänzliche Mangel an einem, der
General-Etappen-Inspection der II.Armee gehörigen Fuhrenpark,
welcher die Proviantmassen hätte bewegen können.

Durch die Gestellung der Wagen für die im Bau begriffene
Eisenbahn Rémilly-Pont à Mousson und seit der Abtretung eines
Parks für die Maas-Armee war jener General-Etappen-Inspection
der größte Theil ihrer anfänglich zusammengebrachten Fuhren
genommen worden. Trotz der größesten Bemühungen, im Lande
durch Requisitionen einen neuen Park zusammenzubringen, konnte
hierbei keine zunächst genügende Abhilfe geschafft werden. Es
fehlte dazu an der nöthigen Cavallerie; denn der General-Etappen-
Inspection stand augenblicklich nur eine einzige Eskadron zur
directen Verfügung *) und auch diese hatte durch viele Detachirungen
und anstrengenden Dienst in ihrem Pferdestande dermaßen gelitten,
daß die aufgetriebenen Fahrzeuge nicht mit Bedeckung versehen
werden konnten. Vielfach erreichten solche Fahrzeuge daher ihren
Bestimmungsort nicht. Vorüberziehende Truppentheile, zur Armee
reisende Offiziere, Couriere, Beamte, Johanniter-Ritter ꝛc. requirirten für ihren augenblicklichen Bedarf zahlreiche Wagen, und
ähnlich ging es oft mit denjenigen, welche vom Etappen-Hauptort
zur Armee einzeln entsandt werden mußten, dann aber leer zurückkehrten. Der Bedarf an Fuhren war selbstredend überall sehr
groß, der Mangel aller Orten gleich fühlbar. Momentan un-
beschäftigte Fahrzeuge wurden daher stets als ein willkommener
Fund begrüßt. Jedes einzelne der Fahrzeuge aber auch nur durch
1 Mann begleiten zu lassen, erwies sich bei der Schwäche der
Etappentruppen als nicht ausführbar. Natürlich mußte bei dieser
häufig unregelmäßigen Benutzung das Material schnell leiden und
die Leistungsfähigkeit sinken. Bei den aus französischen Land-

---

*) Eine Eskadron war nach Pont à Mousson, später nach Nancy detachirt.

strichen requirirten Fuhrleuten war selbstredend auch noch die Un=
lust zu Leistungen, sowie der Hang, zu entwischen, durch schärfere
Bewachung zu überwinden.

So ward es der General=Etappen=Inspection auch unmöglich,
erhebliche ankommende Proviant=Bestände direct per Achse den
einzelnen Corps=Magazinen zuzuschieben.

Aehnliche Verhältnisse, wie zu Rémilly und Herny, herrschten
auch in Courcelles sur Nied, wenngleich dort die Lage insofern
günstiger war, als die leeren Eisenbahnwagen gegen Peltre hin
vorgeschoben werden konnten, auch der General=Etappen=Inspection
der I. Armee ein Fuhrenpark zur Verfügung stand. Dieser Armee
fiel indeß die Gestellung von täglich 100 Wagen behufs Errichtung
eines Magazins in Etain für die Maas=Armee zu.

Alle diese Uebelstände übertrugen sich hemmend auf die Ent=
ladung des ankommenden Proviants. Das eine als Besatzung für
Rémilly disponible Landwehr=Bataillon war durch anstrengenden
Dienst, Detachirungen, Patrouillen rc. meist auch nicht im Stande,
die hierzu nöthigen Arbeitskräfte herzugeben. Das langsame Ent=
laden aber wirkte auf den Betrieb der zur Armee führenden Bahnen
zurück.

Seit 6 Wochen befanden sich daneben die gesammten Betriebs=
beamten der Eisenbahnen Tag und Nacht in der unausgesetztesten, auf=
reibenden Thätigkeit; alle personellen Kräfte waren vom Dienste über=
bürdet und auch dieser Umstand mag sich geltend gemacht haben.

Ferner ließ es sich unmöglich erwirken, daß die einzelnen
Sorten Proviant in derjenigen Reihenfolge ankamen, wie sie bei
den Truppen gerade gebraucht, respective gewünscht wurden. An
dem einen Artikel herrschte häufig Ueberfluß, während es am andern
mangelte. Oft kam auf dem Transporte im Regenwetter bereits
verdorbener Proviant an den Magazinpunkten an, der dort durch
die Entladung nur Mühe ohne Nutzen verursachte.

Die Maßnahmen, welche die General=Etappen=Inspection zur
Beseitigung aller dieser Hemmnisse selbst traf oder veranlaßte,
waren folgende:

Zunächst wurden zur Entleerung der mit Proviant beladenen
auf den oben genannten Bahnen stehenden Wagen 2 große Con=
centrations=Magazine zu Bingerbrück und Neunkirchen errichtet.

In Bingerbrück sollten alle auf den Strecken von diesem Orte
gegen Cöln, Mainz rc. rückwärts, — in Neunkirchen alle auf den

Strecken Bingerbrück=Neunkirchen, Homburg=Neunkirchen, Schiffers=
dorf=Homburg rückwärts stehenden Waggons entladen werden.

In diesen Concentrations=Magazinen war es Absicht, allen
bereits verdorbenen Proviant aus den Zügen zu entfernen, alle
für den Betrieb unerläßlich nothwendigen Wagen zu entladen und
dann die übrigen in Proviantzüge zu rangiren, welche die ver=
schiedenen Specialitäten im Tagesbedarf der Armee enthielten. 4 solcher
Züge, jeder ungefähr, doch nicht über 100 Achsen stark, sollten
dann täglich nach Herny = Rémilly = Courcelles entsendet werden.
Da die Armee vor Metz für den Tag in runder Summe 19000
Centner Proviant und Fourage, also etwa 130 beladene Eisen=
bahnwagen brauchte, so konnte ein solcher Nachschub als auf alle
Fälle ausreichend betrachtet werden, selbst wenn, wie dies in
Wirklichkeit noch geschah, die Maas=Armee sich aus den Beständen
der Armee vor Metz versorgte, resp. für diese Armee Proviant=
bestände von Metz aus vorgeschoben wurden.

In die Ausführung dieser Maßnahmen fielen nun aber die
Transporte der Gefangenen von Sédan hemmend hinein. Zur
Beförderung der 5 Tages=Echelons à 2000 Mann, welche auf der
Linie von Rémilly rückwärts instradirt werden sollten, mußte auf
dem kleinen Bahnhofe von Hause aus ein leeres Wagenmaterial
bereit gehalten werden, das diesen fast völlig stopfte. Nun blieben
die ersten Transporte, wie erwähnt, aus und auch später langten
sie in unregelmäßiger Stärke und oft nicht pünktlich an. Da nun
in Folge dessen die Abgangszeiten der Gefangenenzüge nicht inne=
gehalten werden konnten, so war der beabsichtigte völlig geregelte
Verkehr vorerst unausführbar.

Die möglichste Verbesserung der Anlagen der Endstationen
nahm die General=Etappen=Inspection gleichfalls in die Hand. Es
wurden zu Rémilly zwei große bis dahin zur Unterbringung von
Arbeitern der Verbindungsbahn Rémilly=Pont à Mousson benützte
Baracken (jede 20' breit, 50' lang) als Magazinbaracken aufgestellt,
gleichzeitig auch der Ankauf des Materials für die Erbauung einer
100' langen, 40' breiten Baracke in Rémilly und eines ähnlichen
Baues in Herny betrieben.

Ferner wurde die Aufspeicherung von Proviant in geeigneten
festen Gebäuden in der Nähe der Bahn vorgenommen. Diese
Maßregel konnte inzwischen ausgeführt werden, da sich durch Ver=
mittelung der rheinischen Behörden im Regierungsbezirk Trier auf

dem Requisitionswege eine größere Anzahl Fuhren beschaffen ließ. 100 Wagen sollten von nun an den Verkehr zwischen den festen Magazingebäuden und den Bahnhöfen dauernd unterhalten.

Zur Aufstellung eines größeren Fuhrenparks, der es erlaubte, von den Etappen = Endpunkten aus der Armee diejenigen Vorräthe zuzuschieben, deren schnelle Verwerthung durch die Truppen ent= weder nothwendig oder zweckdienlich erschien, wurden von der Etappen = Intendantur Agenten in die Gegend von Erfurt entsandt. Sie sollten dort 2400 Wagen miethen und womöglich per Bahn nach Rémilly dirigiren, während andere Agenten nach der Gegend von Mannheim und Worms geschickt wurden, weil auch dort an= geblich Wagen zu haben waren.

Dann wurde es nothwendig, die Ladeplätze an den Bahnhöfen, namentlich an dem von Rémilly, durch Abgrabungen und Pflaste= rungen wieder einigermaßen fahrbar zu machen. Jene Plätze hatten sich bei dem vielfachen Wagenverkehr und dem anhaltenden Regen= wetter in grundlose Moräste verwandelt, in welchen Menschen, Thiere und Fahrzeuge kaum noch fortzukommen vermochten. Unter den geschilderten Verhältnissen war es nicht möglich, den verdorbenen Proviant, namentlich Brode 2c., weit fortzuschaffen und derselbe vermehrte, nahebei weggeworfen, bald in bedeutenden Massen den Bodenschlamm.

Die der General = Etappen = Inspection zugetheilte 1. mobile Festungs= Pionier= Compagnie des Bataillons Nr. 5, der die noth= wendigen Arbeiten übertragen wurden, traf in Rémilly erst am 8. September ein, und dann ohne jede Ausrüstung an Schanz= zeug 2c., das auch durch Requisition nicht so schnell, als wün= schenswerth, ersetzt werden konnte.

Erst gegen Mitte des Monats, als die Gefangenen= Trans= porte in regelmäßigere Bahnen kamen, konnten durch die an= gestrengteste Thätigkeit aller auf den Verbindungen arbeitenden Behörden diese vielen Uebelstände und Schwierigkeiten wenigstens zum Theile beseitigt werden.

Vielfach half sich die Armee = Intendantur auch noch durch Heranziehung von Proviant über Nancy= Ars sur Moselle. Die III. und Maas = Armee konnten die Linie Weißenburg= Nancy, die ihnen bekanntlich überwiesen war, zunächst nicht be= nutzen. Beide Armeen hatten sich auf ihrem rapiden Vormarsche sehr bald von dem Etappen=Endpunkt Nancy so weit entfernt, daß

die Colonnen nicht mehr zum Empfange von Verpflegungsbedürf=
nissen zurückgeschickt werden durften. Bis zum Falle von Toul
mußte die Linie Weißenburg=Nancy für die III. und Maas=Armee
nahezu ohne Bedeutung bleiben, und erst, wenn diese Festung ge=
nommen, vermochte sie denselben wieder zu nützen. Bei der oben
dargelegten Sachlage in den rückwärtigen Verbindungen der II.
Armee hatte das Ober = Commando dieser Armee kein Bedenken
getragen, schon im Monat August die zeitweilige Ueberlassung der
Linie Weißenburg=Nancy im großen Hauptquartier zu erbitten.
Zudem war jene Linie ebenso von Proviantzügen belastet, wie
Saarbrücken = Courcelles. Hunderte von beladenen Wagen ver=
stopften die Bahnhöfe, und die Magazine in Nancy waren gleich=
falls mit Lebensmitteln aller Art überfüllt. Die hier unnütz lagern=
den Vorräthe gingen dem sicheren Verderben entgegen, der Bahn=
betrieb drohte dort ebenso zu stocken, wie auf den Linien der
II. Armee.

Noch ehe die erbetene Entscheidung eintraf, zog deshalb die
Intendantur der II. Armee so viel Waggons, als in Ars sur Moselle
und Novéant irgend entladen werden konnten, dorthin heran und
fuhr mit Einrichtung der Magazine an diesen Orten, sowie Aus=
nutzung der Linie Weißenburg=Nancy so rastlos fort, daß bis zum
Falle von Toul der Verpflegungsbedarf für mindestens 2 Armee=
Corps auf einige Monate hier herangebracht worden ist.

Diese Maßregel hat wesentlich dazu beigetragen, die Cer=
nirungs=Armee vor Mangel zu schützen. Es wurden aber dadurch
auch gleichzeitig kolossale Lebensmittelbestände vor dem Verderben
bewahrt und die Linie Weißenburg = Nancy so frei gemacht, daß
sie, um dies hier vorgreifend zu erwähnen, später sofort in un=
behinderten Betrieb für die III. und Maas=Armee treten konnte,
als Toul gefallen war. — — — —

Das 10. Armee=Corps setzte übrigens innerhalb seines Rayons
und für seinen Bedarf später noch die Eisenbahnlinien Mézières=
Moyeuvre und Mézières=Bronvaux in Betrieb.

Nicht allein die oben dargelegten Verhältnisse, sondern vor
Allem auch die mangelhafte Verbindung zwischen den Armee=
Corps und den Etappen=Hauptorten erschwerten übrigens die Ver=
sorgung der Armee.

Die Fuhrparks der Corps litten, wenngleich sie natürlich besser zusammengehalten und beaufsichtigt werden konnten, doch an ähnlichen Mängeln, als der Park der General-Etappen-Inspection. Das Wagen- und Pferdematerial kam ungemein herunter. Die Wege, welche diese Parks zurückzulegen hatten, waren zudem verhältnißmäßig weit. Sie betrugen für die Parks des 10. und 9. Armee-Corps, welche über die Brücke von Hauconcourt, Ennery, Antilly, Vigy, Colligny, Sanry sur Nied, Rémilly nach Herny fuhren, auf welchen Ort sie seit dem 3. September zum Empfange angewiesen wurden, 7 respective 8 Meilen, für das 3. und 2. Armee-Corps, die von demselben Tage ab auf Rémilly verwiesen waren, nicht viel weniger. Die Parks der beiden letzten Corps benutzten dabei den Weg über Ars oder Gorze nach Corny, Fey, Pournoy la Chétive, Sillegny, Verny, Goin, Vigny, Buchy, Béchy.

Die genannten Straßen, die in dieser Zeit nicht nur von langen Wagenreihen, sondern auch von den Gefangenenzügen bedeckt waren, geriethen, da Ausbesserungsbauten selbstverständlich fortfielen, in den allerschlechtesten Zustand. Stockungen, Kreuzungen ꝛc. ließen sich gar nicht vermeiden, und so dehnte sich die Marschzeit auf die Dauer mehrerer Tage aus. Da die Aufsicht und Controlle doch nur eine geringe sein konnte, die Fuhrleute aber natürlich aus Interesse für Pferde und Wagen mit möglichst kleiner Ladung davonzukommen suchten, die Tragfähigkeit meist schon sehr gering war, so standen die transportirten Quantitäten zur aufgewendeten Kraft in keinem Verhältniß.

Bei dem herrschenden Regenwetter verdarb viel Material, namentlich häufig das Brod, noch auf dem Transport, während alsbann die Truppen die Ankunft unbrauchbaren Materials den Etappen- und Intendantur-Behörden zur Last legten. Erst als der Park der Etappen-Inspection die Corps wesentlich unterstützte, alle Verhältnisse bei der Stabilität in der Aufstellung der Cernirungs-Armee sich regelten und das Wetter sich besserte — gleichfalls etwa um die Mitte September — gestalteten sich auch diese Verhältnisse günstiger.

Trotzdem die Errichtung und Erhaltung der Verpflegungs-Stationen für die Kriegsgefangenen-Transporte bis nach Etain und Damvilliers hin in dieser Zeit der Armee gleichfalls zur Last fielen, trotzdem der Ausbruch der Klauenseuche und Rinderpest die Versorgung mit Fleisch erschwerte, wurde doch von der Mitte des Monats September ab die Verpflegung eine andauernd gute und

sie bot selbst eine reichliche Abwechselung. Ergiebige Weinrequi=
sitionen im General=Gouvernement Lothringen kamen daneben den
Truppen sehr zu Statten. Das allein erhielt fernerhin einen er=
träglichen Gesundheitsstand in der Armee, der sonst bei dem an=
strengenden Dienst, dem vielen Bivouakiren und der allgemein
schlechten Unterkunft nicht möglich gewesen wäre. Die Zahl der
in der Armee vorkommenden Erkrankungen hatte in dem letzten
Drittheil des Monats August 8 Procent der Kopfstärke betragen,
sie stieg zu Beginn des Monats September auf 10 Procent und
blieb im stetigen Wachsen. Zum Glück trug wenigstens keine Krank=
heit einen epidemischen Character an sich, selbst die am häufigsten
vorkommende Ruhr, von der sich zeitweise sehr weit verbreitete
Spuren zu zeigen begannen, trat nicht bösartig auf. Der sogenannte
Kriegstyphus blieb ganz aus.

Die Unterbringung respective Evacuation der Kranken und
Verwundeten aber hielt noch immer sehr schwer, noch immer waren
die Dörfer in der Umgebung von Metz durch sie überfüllt. Erst
bis zum 10. September gelang es, mit Aufstellung von 200 Betten
in Pont à Mousson, von 4000 Betten in Nancy eine Abhülfe im
größeren Maßstabe zu schaffen.

Auch die Unterkunftsverhältnisse der Armee hatten nur eine
unwesentliche Verbesserung erfahren. Die Bretter= und Dachpappen=
Requisitionen im General=Gouvernement Lothringen ergaben keine
hinreichenden Resultate, wenn schon für die Armee auch einzelne
größere Transporte von Brettern in Ars zur Moselle anlangten.
Die in dieser Beziehung zu überwindenden Uebelstände blieben
fortdauernd die schlimmsten.

Zur Sicherung der rückwärtigen Verbindungen verfügte die
General=Etappen=Inspection der II. Armee seit der Abzweigung
für die Maas=Armee über im Ganzen 8 Bataillone, 2 Eskadrons,
welche sich auf 12 besetzte Orte westlich bis Gorze und Thiaucourt,
südlich bis Château Salins, östlich bis Saargemünd = Saarbrück
und nördlich bis zur Bahnlinie Saarbrück=Courcelles vertheilten.

Hin und wieder wurden die Etappen=Garnisonen durch Nach=
richten von der Bildung von Franctireurbanden allarmirt.

So mußte am 30. August von der Garnison Pont à Mousson
1 Eskadron auf telegraphischen Befehl des Ober=Commandos nach
Nancy entsendet werden, am 31. ebendorthin 1 Landwehr=

Bataillon.*) Der General=Gouverneur von Lothringen hatte näm=
lich um Ueberweisung etwa disponibler Etappentruppen gebeten,
da die unruhige Haltung der Bevölkerung die Anwesenheit einer
stärkeren Garnison — zumal in Nancy -- nothwendig machte.
Am 8. September erhielt das Ober=Commando, wie dies schon
früher angeführt wurde, durch den General=Quartiermeister der
Armee telegraphisch die Nachricht, daß sich bei Langres angeblich
ein Corps von 5000 Mann Mobilgarden versammelt habe, welches
zum Entsatze von Toul bestimmt sei. An demselben Tage bestätigte
der General=Gouverneur von Lothringen diese Nachricht gleichfalls
telegraphisch und fügte hinzu, daß die Aufregung der Bevölkerung
im Zunehmen sei, die Etappenstraße von Nancy über Vaucouleurs
nach Bar le Duc immer unsicherer werde. Er stellte an das Ober=
Commando dementsprechend von Neuem das Ersuchen um Ueber=
weisung von Verstärkungen behufs Verwendung gegen Süden hin.
In Folge dessen erhielt die Etappen = Commandantur=Pont à
Mousson abermals Befehl, 1 Bataillon, 1 Eskadron nach Nancy
zu entsenden, während die General=Etappen=Inspection für Ersatz
dieser Truppen in Pont à Mousson sorgen sollte. Eine Verstärkung
der Etappentruppen um je 2 Compagnien zu 200 Mann pro
Bataillon aus überzähligen Mannschaften der Ersatz= und Besatzungs=
Bataillone, sowie um 2 Eskadrons, welche aus überzähligen Mann=
schaften der Ersatz=Eskadrons formirt werden sollten, war durch
Allerhöchste Cabinetsordres vom 23. August und vom 4. September
in Aussicht gestellt.

Vor der Hand theilte das Ober = Commando der General=
Etappen=Inspection die eine zur Gefangenenbewachung in Rémilly
stehende Eskadron der Division Kummer für die Zeit bis zum
Eintreffen jener verheißenen Verstärkungen zu. Die General=
Inspection sollte dadurch in die Lage versetzt werden, die beab=
sichtigten Requisitionen an Fuhren ꝛc. ausgiebiger zu betreiben.
Weitere Unterstützungen durch Truppen der Armee, so namentlich
an Pionier=Detachements, welche der General = Etappen=Inspection
von wesentlichem Nutzen gewesen wären und die zur Abhülfe
mancher Uebelstände am Etappenhauptort und in den Communi=

---

*) Die Etappen=Garnison von Pont à Mousson bestand zur Zeit aus
2 Bataillonen 1 Eskadron Etappentruppen der II. Armee,
1 „ 1 „ Landwehrtruppen der Division Kummer.

cationen hätten beitragen können, vermochte das Ober=Commando nicht zu gewähren. Jede Schwächung der Cernirungstruppen erschien unstatthaft. — Die Pionier=Bataillone aber hatten mit Verstärkung der Vertheidigungs=Positionen in der Cernirungslinie vollständig zu thun.

XII.

Die Ereignisse vor Metz von der Mitte bis gegen Ende September 1870.

Das Wasserbau-Project von Argancy.

Während der Tage, in welchen sich die am 10. September nach dem Abmarsche des Corps unter dem Großherzoge von Mecklenburg*) erlassene neue Cernirungs=Disposition vollzog, war bei dem Feinde in Metz vollkommene Ruhe eingetreten. An keiner Stelle zeigte die französische Armee eine offensive Thätigkeit. Ihre Vorposten verhielten sich dauernd passiv. Von deutscher Seite wurden dagegen, namentlich zur Nachtzeit, immer häufiger Unternehmungen ausgeführt und der kleine Krieg hatte hier in der That Leben gewonnen. An einzelnen Punkten, auf welchen man sich besonders nahe gegenüberstand, so auf der Südseite von Metz bei der Papéterie, bei Frescaty und an dem Damme der Eisenbahn Pont à Mousson=Metz, ging es vornehmlich lebhaft zu. Hin und wieder gelang es dabei, dem Feinde Gefangene abzunehmen.

Die Folgen davon zeigten sich zunächst in noch strengerer Zurückhaltung des Gegners, der seine vorgeschobenen Posten fast auf der ganzen Linie für die Nachtzeit näher an die Festung heranzog. An manchen Stellen standen die äußersten Posten in der von ihm fortificirten Linie selbst.

Seit dem 11. September räumte der Feind, sobald die Dunkelheit eintrat, auf der Nordseite das Terrain von Villers l'Orme und Nouilly, südlich ließ er Magny völlig unbesetzt und auf der Nordseite am linken Ufer betraten seine Patrouillen das Bois de Woippy, das sie früher regelmäßig besucht hatten, jetzt auf längere

---

*) Durch Allerhöchsten Befehl vom 12. September wurde die Bezeichnung: „13. Armee=Corps" für dieses Corps eingeführt.

Zeit nicht mehr. Die reguläre Vorpostenstellung des Feindes etablirte sich dort in der Linie St. Eloy-Thury.

Dabei aber herrschte die Thätigkeit in den Armirungsarbeiten der Festung fort. Auf allen Fronten entstanden zwischen den Forts Anschlußlinien, aus Schützengräben und Batterie-Emplacements gebildet. Auch rückwärtige Communicationen, an einzelnen Stellen selbst Positionen zweiter Linie, wurden begonnen.

Die Unternehmungen der deutschen Vortruppen, die ihm kleine Verluste beigebracht hatten, machten den Feind übrigens bald aufmerksamer. Es gelang schon in den folgenden Tagen nicht mehr, ihn zu überraschen.

Während dieser Zeit stellte sich bei den deutschen Vorposten allgemein das Verlangen nach einer anderen Infanterieschußwaffe heraus. Für die Tageszeit befanden sich die Patrouillen in der üblen Lage, daß sie in dem Augenblicke, wo sie die schützenden Deckungen verließen, Feuer bekamen, ohne dies vorerst beantworten zu können. Der Gegner sparte seine Munition durchaus nicht und auch seine Schießausbildung resp. die Trefffähigkeit des Chassepot- gewehres erwies sich dabei bedeutender, als man angenommen hatte. Die französischen Patrouillen dagegen schweiften ungestört bis auf 1000† an die Posten der Cernirungslinie heran. In dieser begann man sich einzelner auf den Schlachtfeldern genommener Chassepotgewehre, welche nebst Munition hier und dort mitgeführt worden waren, zu bedienen. Feindliche Mannschaften und Offiziere, die wohl im Vertrauen auf die geringe Tragweite des Zündnadel- gewehrs sich gerade bei Tage dreist exponirten, wurden damit in Respect gehalten. Das that bald seine Wirkung und auch der Gegner schien das weiterreichende bedrohlichere Feuer als eine auffallende Erscheinung zu betrachten. Wiederholt gewahrte man, daß, wenn eben aus der deutschen Postenlinie ein Schuß mit dem Chassepotgewehr gefallen war, drüben einzelne Leute vorsichtig aus den Deckungen herbeischlichen, um nach dem in den Boden ein- gefallenen Geschoß Nachgrabungen zu halten. Ohne Zweifel wollten sie sich überzeugen, welch' eine Neubewaffnung in der preußischen Armee begonnen hätte, da sie fühlten, ein anderes als das Zünd- nadelgewehr sich gegenüber zu haben.

Ohne daß für jetzt ein Befehl des Ober-Commandos gegeben wurde, suchten die Mannschaften der Feldwachen sich mit den weittragenden Gewehren und entsprechender Munition immer besser zu verforgen, um daraus Nußen für ihre kleinen Engagements zu ziehen, ja bei Tournebride am Eisenbahndamm fand später*) eine Patrouillen=Unternehmung mit dem ausgesprochenen Zwecke statt, dem Feinde die begehrten Waffen abzunehmen.

Daß über die grobe Visireinrichtung und immerhin nicht ge= nügende Treffsicherheit des Chassepotgewehres dabei auch von dem gemeinen Soldaten geklagt wurde, war indeß ein Zeichen, daß Unklarheiten im Urtheil über den Werth einer Schußwaffe über= haupt hier nicht vorlagen, sondern richtiger Weise nur die Trag= weite des französischen Gewehrs geschätzt wurde.

Diese Umstände mußten jetzt und auch späterhin die Aufmerk= samkeit des Ober=Commando's in Anspruch nehmen.

Am 23. September entschloß sich dasselbe — um Chassepot= gewehre in größerer Zahl im Vorpostendienst in Anwendung bringen zu können — einen Antrag auf Uebersendung von 200 solcher Gewehre mit 10,000 Patronen nach Novéant, von 600 Gewehren mit 30,000 Patronen nach Ars aus der in Mainz lagernden Kriegs= beute, an das Kriegsministerium zu stellen.

Die General=Etappen=Inspection erhielt die Weisung, 500 der gesammelten Chassepots für die I. Armee nach Courcelles zu dirigiren.

Diese Gewehre leisteten für die Folge gute Dienste.

Neben diesen Ereignissen bei den Vorposten kamen in größerem Maßstabe auch Veränderungen in der Unterbringung der feind= lichen Armee vor. Es schien, als wolle der Gegner seine Bivouaks auf allen Seiten der Festung näher an die Werke heranziehen, die weiter vorgeschobenen Zeltmassen verschwanden, die rückwärts ge= legenen zeigten sich dafür dichter und enger. Bei Plappeville wurde ein Lager abgebrochen und, soweit man beobachten konnte, südlich Lorry devant Metz wieder errichtet.

Das auffallend zurückhaltende streng defensive Benehmen des Feindes stand im Widerspruche zu dem, was man nach den letzten großen Ereignissen erwartet hatte. Demgemäß stellte sich nun auch eine andere Anschauung über die von den französischen Heerführern gehegten Absichten heraus.

Schon in der Schlacht von Noisseville hatte der Feind zwar seinen Angriff mit vollem Ernst und großer Bravour durchgeführt — allein nicht seine ganze Armee aufs Spiel gesetzt. Freilich

---

*) In der Nacht vom 22. auf 23. September (vom Infanterie=Reg. Nr. 68).

konnte man sich dies bisher noch erklären. Der Aufmarsch zur Schlacht hatte der französischen Armee zu viel Zeit gekostet, der nur den Durchbruch einleitende Kampf schon zu erheblichen Kraftaufwand. Hiernach wollte Marschall Bazaine damals — auf eine unsicher gewordene Aussicht hin — seine Armee wohl nicht einer erschütternden Katastrophe aussetzen. Auch wenn er die Kraft des letzten Mannes aufbot und so die ganze Armee zu einem einzigen Schlage gleichsam verbrauchte, schien der Sieg für ihn nicht gewiß. In diesem berechtigten Zweifel konnte sein Zaudern begründet gewesen sein.

Jetzt, nachdem nahezu 14 Tage vergangen, ohne daß der Durchbruchsversuch erneuert worden war, während alle Verhältnisse sich für die französische Armee schwieriger gestalteten, änderte sich die Beurtheilung. Von der Wiederaufnahme der Offensive im größeren Stil schien der Feind Abstand nehmen zu wollen. Für eine solche schwanden ihm auch die Mittel.

Daß die Pferde der feindlichen Armee schnell herunterkamen und an Zahl schmolzen, nahm man aus Beobachtung der Weideplätze mit Sicherheit wahr. Die Beweglichkeit hätte jetzt schon nur noch eine sehr geringe sein können.

Am 13. September legte das Ober-Commando der Armee vor Metz dem General von Moltke die im Hauptquartier Corny herrschende Ueberzeugung in folgenden Worten dar:

„Die feindliche Armeeleitung in Metz hat, die Vergeblichkeit offensiver Versuche und die Unmöglichkeit weiteren Operirens im freien Felde beim Mangel an kräftigen Pferden einsehend, den Beschluß gefaßt, die Ereignisse abzuwarten, Metz als die stärkste Festung Frankreichs zu halten und die Armée du Rhin für spätere Eventualitäten in Frankreich zu erhalten.‟

Wenn man sich in die Lage der französischen Heerführer versetzte, vermochte man die Gründe für eine solche Wahl zu finden. Isolirt, ohne Nachricht vom Stande der Dinge im übrigen Frankreich, konnten sie zur Zeit nicht übersehen, welchen Nutzen augenblicklich der gewaltsame Durchbruch schaffen, oder welchen Schaden jetzt die Zertrümmerung der Armee Bazaine für Frankreich im Großen herbeiführen würde. Die hieraus folgenden Bedenken mochten dadurch gestärkt werden, daß kein französisches Entsatzheer in der Nähe war, um die ausbrechende Armee, die jedenfalls ihre Trains und fast ihre gesammte Artillerie im Stiche lassen mußte, zu unterstützen und durch Herbeiführung des nöthigen Materials wieder operationsfähig zu machen.

Vorerst erschien das Verbleiben der Armee Bazaine unter dem sicheren Schutze der Forts von Metz unbequemer, als Durchbruchs= versuche. Es ist schon gesagt worden, daß man in der Cernirungs= Armee solchen Versuchen, zumal seit der Schlacht von Noisseville, mit unbedingtem Vertrauen entgegensah. Jetzt aber wünschten Offiziere und Soldaten der Cernirungs=Armee sie herbei, denn jeder unglückliche große Ausfall des feindlichen Heeres schien das Ende der Cernirung näher bringen zu müssen. Selbst, wenn der Durchbruch gelang, so hielt man deutscherseits den Untergang der Armee Bazaine im freien Felde für gewiß und für näher bevor= stehend, als wenn sie in der Festung verharrte.

Das Ober=Commando freilich hielt den einen Zweck fest im Auge, mit der Armee auch Metz gleichzeitig zu Falle zu bringen.

Daß dies Ereigniß noch nicht so bald zu erwarten sei, darüber gab man sich indeß keinen Illusionen hin. Der oben angeführte Bericht vom 13. September enthielt in dieser Beziehung Folgendes:

„Sind die Pläne des Feindes richtig erkannt, so müssen sie darauf begründet sein, daß die Vorräthe in Metz noch für längere Monate der Armee zu leben gestatten und dies wird hier auch deshalb für wahrscheinlich gehalten:

1. weil der ganze Offensiv=Feldzug Napoleons auf die Metzer Magazine basirt war, und

2. weil es ganz kopflos sein würde, wollte Bazaine die vor= handenen Vorräthe, wenn sie spärlich wären, durch die Armee aufzehren lassen, deren eintägige Verpflegung den Fall der Festung mathematisch genau immer um eine Woche beschleunigen muß. (Die Kriegsbesatzung = 14,000 Mann, die Armée du Rhin 7 × 14,000 Mann.*)"

Am 12. September erfuhr das Ober=Commando freilich durch Aussagen von Gefangenen und Civilpersonen, die aus der Stadt hatten entweichen wollen, daß Pferdefleisch in die Verpflegung der französischen Armee bereits seit mehreren Tagen durch regelmäßige Vertheilungen aufgenommen worden war, indessen mochte das eine Maßregel sein, welche man in der Festung nur ergriffen hatte, um die andern noch vorhandenen Lebensmittel zu schonen. Die große

---

*) Bekanntlich war die Armée du Rhin noch bedeutend stärker.

Anzahl der eingeschlossenen Pferde konnte dort unmöglich lange ernährt werden und die Verminderung empfahl sich darum auf alle Fälle. Der Beginn des Mangels war daraus nicht ohne Weiteres zu folgern.

Aus dieser Betrachtung ging für die Cernirungs-Armee die Nothwendigkeit hervor, sich in Zukunft nicht allein auf das Ab- warten vor der Festung zu beschränken.

Vorerst gipfelten freilich alle Interessen in dem Eintreffen der deutschen Haupt-Armee vor Paris und in den Ereignissen, welche diesem Vorgange folgen mußten. Es genügte, wenn man so lange die Armée du Rhin eingeschlossen hielt und sie verhinderte, in der Entscheidung irgendwie aufzutreten. War jene Entscheidung erreicht, so trat dann die Frage nahe, was gegen Metz zu thun sei. Sollte Straßburg gefallen, auch Toul genommen sein, so konnte vielleicht zur ernsthaften Belagerung geschritten werden. Allein bei der immerhin bedeutenden Stärke der Festung und der ganz ab- normen Ziffer der dort verfügbaren Infanterie-Besatzung mußte diese hartnäckig und verlustreich werden. Der Feind gewann Ge- legenheit, seine ganze, jetzt zur Unthätigkeit verdammte Armee in Detailgefechten, welche er auf sorgfältig vorbereiteten Gefechts- feldern führte, zu verwerthen.

Das wären für diese Armee geeignete Umstände gewesen, in vortheilhaften und hartnäckigen Engagements für die Rettung der Waffenehre Frankreichs dasjenige zu thun, was die öffentliche Meinung in Frankreich von dem übrig gebliebenen Reste des alten kaiserlichen Heeres verlangte. Ein Vergleich mit den ähnlichen Anstrengungen, welche Preußen in der Vertheidigung seiner Festungen 1807 (Colberg, Danzig rc.) gemacht, lag hier nahe.

War deutscherseits die Belagerung aber einmal begonnen, so durfte sie nicht wieder unterbrochen werden, selbst wenn sie bis in den Winter hinein dauerte.

Auch Deutschlands Waffenehre wäre engagirt gewesen. Eine reiche Zahl von Gründen militärischer und politischer Natur hätte die Durchführung des einmal angefangenen Unternehmens erheischt.

Für den Friedensschluß wäre der Besitz von Metz immer un- entbehrlich gewesen.

Dadurch wurde es geboten, die Lösung der schwierigen Frage durch andere Mittel und Wege, als eine reguläre Belagerung zu suchen. Das Ober-Commando faßte in Folge davon den Gedanken einer Anstauung der Mosel ins Auge. Wenngleich die großen Schwierigkeiten eines solchen Unternehmens auch von Hause aus einleuchteten, so bot sich doch kein anderes, das eine Aussicht auf Erfolg besaß. Gelang es, die tiefgelegenen Theile des Moselthales und damit die Hauptstrecken der feindlichen Lager unter Wasser zu setzen und die Communicationen zwischen den beiden hochgelegenen Thalrändern zu unterbrechen, so mußte die Situation der großen zwischen den Forts eingepferchten Menschenmassen bald eine unerträgliche werden. Ein Wechsel der Lagerplätze wurde damit nahezu unmöglich. Man zwang die Truppen, auf denselben Stellen dauernd zu verbleiben. Diese stabilen Bivouaks wären schnell in den übelsten Zustand gerathen, namentlich wenn das Regenwetter sich wieder für längere Zeit einstellte. Möglich war es auch, daß man die in der Stadt-Enceinte gelegenen bombensicheren Räume, von denen man annahm, daß sie als Pulver- und Proviant-Magazine dienten, unter Wasser zu setzen vermochte.

Nach der Karte und der ersten Terrain-Besichtigung zu urtheilen, schien ein Staudamm vom Bois de Woippy bis Olgy durch das Moselthal bereits zu genügen, um eine Ueberschwemmung herbeizuführen, welche selbst die niedrig gelegenen Stadttheile unter Wasser setzte. Detaillirte Untersuchungen und Nivellirarbeiten konnten natürlich erst über die Ausführbarkeit des Unternehmens entscheiden, auch mußte für dasselbe die Genehmigung des großen Hauptquartiers nachgesucht werden, da zur Bauausführung die energische Mitwirkung der heimathlichen Behörden nöthig wurde.

Mit dem hierbei zunächst berührten General-Gouvernement der Rheinprovinzen setzte sich der Oberbefehlshaber direct in Verbindung. Die Detail-Ermittelungen begannen dann sogleich, da auch die Einwilligung des großen Hauptquartiers zu dem Versuche eintraf. Anfangs schien es, daß die Verlegung des Staudammes weiter stromabwärts nach Argancy eine erhebliche Verminderung der Arbeit ergeben würde; denn man fand, daß die Ferme Amelange bei Mézières bereits 18 Fuß über dem mittleren Wasserspiegel der Mosel läge und danach vielleicht schon ein von dort nach Argancy hinübergezogener Damm genügen würde, um das gesteckte Ziel zu erreichen und beispielsweise selbst die Pulverfabrik von Metz unter Wasser zu bringen.

Bald aber ergaben die vorgenommenen Nivellements auf der in Rede stehenden Moselstrecke ein viel bedeutenderes Gefälle, als man vorausgesetzt hatte. Man ermittelte $1\frac{1}{2}$ Fuß pro 200 Ruthen Strombahn, also 15 Fuß auf die deutsche Meile.

Das ganze Projekt konnte nur dann als nützlich betrachtet werden, wenn die Durchführung der nothwendig werdenden Arbeit kürzere Zeit in Anspruch nehmen sollte, als diejenige Epoche betrug, die man für das äußerste mögliche Maß im Ausharren der eingeschlossenen Armee betrachtete.

Die nothwendigen Bedarfsanschläge und Arbeitsberechnungen wurden nun energisch fortgesetzt. Sie ergaben indessen immer mehr für den nothwendig werdenden Bau riesige Dimensionen. Die Krone des Staudammes hätte 40', der Ueberfall 37' über den mittleren Wasserspiegel der Mosel bei Argancy gelegt werden müssen. Ein Steinbau würde dabei noch die geringsten Abmessungen ergeben haben, doch auch dieser erforderte im Flußbette selbst neben der angeführten Höhe 357' Sohlenbreite bei 24' Kronenbreite und eine Länge von 107 Ruthen. Dazu kam im trockenen Moselthale eine Erdanschüttung von 20' Höhe, im Durchschnitt 14' Kronenbreite, doppelter Anlage und 980° Länge.

Für das Stauwehr im Flusse wären allein 69,376 Schachtruthen Bruchsteine, für den Damm im Thale 81,688 Schachtruthen Auftragungsmasse nothwendig geworden.

Die Bruchsteine, von denen mindestens die Hälfte eine Schwere von je 2 Centner haben mußte, konnten freilich aus den Steinbrüchen bei Marange passend entnommen werden und da die Wege von dort ins Thal hinab sich in schlechtem Zustande befanden, so war es Absicht, sogleich an die Verlängerung des von den Steinbrüchen nach Mézières im Moselthale führenden Schienenstranges zu gehen. 300 technisch geübte Arbeiter konnten in den Brüchen Verwendung finden. Je nach Dringlichkeit der Arbeiten waren ferner 2—6000 Mann zu Hülfeleistungen nothwendig. Die Herstellung der großen Anzahl von Faschinen, welche der Dammbau erforderte, war sogleich den Argancy zunächst stehenden Truppen aufgetragen worden.

Die Vorarbeiten, Berechnungen und Ermittelungen über Beschaffung der technischen Arbeitskräfte und der nöthigen Geräthschaften konnten indessen erst gegen Ende des Monats September völlig durchgeführt sein. Der Erfolg des ganzen Unternehmens aber erwies sich nur als möglich, nicht als sicher, die angestellten Berechnungen basirten auf durchaus normalen Verhältnissen im

Wasserstande, wie man sie in dieser Jahreszeit kaum erwarten durfte. Zudem hatte es der Feind in der Hand, durch Schleusen= spiel den Wasserstand wechseln zu lassen. Eine Anlage weiter ober= halb gegen die Festung, die eine geringere Höhe des Staudammes ergeben hätte, bot keine wesentlichen Vorzüge im Großen und konnte leichter durch den Feind gestört werden. Der Fortschritt des ganzen Werkes aber blieb bedingt durch das Vorschreiten der Arbeiten in den Steinbrüchen, die sich nach Urtheil der Sachver= ständigen nur soweit ausbeuten ließen, als sie bereits aufgeschlossen waren. Daraus ergab sich im Minimum eine Zahl von 115 Arbeitstagen. Ohne Zweifel reichte die Ausführung in den Winter hinein, der die Arbeiten vielleicht ganz verhinderte. Daß die in Metz eingeschlossene Armee aber so lange werde existiren können, hielt man auch bei den ihr günstigsten Annahmen nicht für wahr= scheinlich. So schwer es freilich war, auf eine Pression gegen die Festung nach dieser Richtung zu verzichten, so wurde mit Be= ginn des October dennoch endgültig von dem Projecte Abstand genommen.

Vorfälle in der Cernirungslinie.

Vom 15. bis 26. September.

Am 15. September wurde durch Allerhöchste Cabinetsordre der Oberbefehlshaber der I. Armee, General der Infanterie von Steinmetz zum Generalgouverneur in Posen ernannt. Damit traten auch die Corps der I. Armee unter den direkten Befehl des Prinzen Friedrich Carl, der nun in operativer Beziehung den unmittelbaren Oberbefehl über sämmtliche Corps der Armee vor Metz übernahm, wenngleich der Stab des Ober=Commando's der I. Armee mit seinem Personal bestehen blieb.

Die Ruhe beim Feinde dauerte fort, wurden auch oft lebhafte Bewegungen in seinen Lagern wahrgenommen. Am 14. September versammelten sich fast sämmtliche französische Truppen in der Fe= stung. Man erkannte indessen bald, daß es sich dort nur um einen innern Dienst, vielleicht um die Mittheilung einer Proclamation, oder um eine Wahl u. s. w. handelte.

Bewegungen von Umfang traten daher auch bei der Cerni= rungsarmee in dieser Epoche nicht ein. Die Truppen ewannen

vielmehr Zeit, ihre Lagereinrichtungen und die fortificatorische Ver=
stärkung der Positionen zu vervollständigen.

Hierbei stellte es sich heraus, daß Veränderungen im Detail
der Truppenaufstellungen an einzelnen Punkten wünschenswerth
seien.

Zunächst erschien der Raum zwischen Mosel und Seille südlich
von Metz durch die Aufstellung des 8. Armee=Corps, die fort=
schreitenden Terrainverstärkungen und die günstige, weit vorgescho=
bene Placirung der Zwölfpfünder=Batterien bald so gesichert, daß die
1. Cavallerie=Division, welche bisher in der Gegend von Fey lagerte,
aus diesem Raume heraus auf das rechte Seilleufer verlegt wer=
den konnte. Dort stand sie dem 7. Armee=Corps, das nicht so günstig
situirt war, wie die Truppen zwischen Mosel und Seille, näher,
konnte auch leichter gegen den linken Flügel des I. Armee=Corps
herangezogen werden, sobald bei demselben die Nothwendigkeit
einer Unterstützung eintrat.

Die Division erhielt daher Befehl, am 16. September auf das
rechte Seilleufer abzurücken. Dort wies ihr das General=Commando
des 7. Armee=Corps, dem sie in Bezug auf Unterkunft und Ver=
pflegung unterstellt war, Cantonnements und Lagerplätze in und
bei Buchy, Béchy, Luppy, Vasse und Haute Beux, Silly, Pontoy,
Solgne, Ancy les Solgne zu. Das Divisions=Stabsquartier ging
nach Buchy.

Dann wurde eine Regelung im Anschlusse des linken Flügels
vom 1. und des rechten vom 7. Armee=Corps nothwendig.

Das 1. Armee=Corps hatte seit dem Abrücken des Großherzogs
von Mecklenburg mit seinem linken Flügel die Stellung von Ars
Laquenexy wieder eingenommen. Dagegen wählte das 7. Armee=
Corps für seinen rechten Flügel (26. Infanterie=Brigade) nicht die
Position Mercy le Haut = Peltre, sondern bereitete die ernsthafte
Vertheidigung weiter rückwärts auf dem hierzu vortheilhaften
Höhenzuge vor, der nördlich Frontigny und Chesny quer über die
Metz=Straßburger Chaussee hinwegzieht.

Dadurch war der linke Flügel des 1. Armee=Corps außer
Zusammenhang mit der übrigen Cernirungslinie und konnte im
Gefecht vom Feinde leicht umfaßt werden. Die Stellung des 1.
Armee = Corps war ferner noch immer eine sehr ausgedehnte.
General von Manteuffel hatte diese Umstände in einem am 14.
September in Corny eingegangenen Schreiben näher auseinander=

gelegt und das Ersuchen gestellt, das 7. Armee-Corps möge zur Sicherung der Straße Metz-Laquenexy ausdrücklich angewiesen werden. Es wurde nunmehr für die I. Armee eine theilweise Abänderung der Aufstellung befohlen. Das 8. Armee-Corps, welches mit seinem rechten Flügel am linken Seilleufer bei Marly stand, sollte fürder auch den rechts der Seille gelegenen Theil dieses Dorfes besetzen, das 7. Armee-Corps aber seinen rechten Flügel bis Ars Laquenexy einschließlich ausdehnen und somit auch die Straße nach Courcelles s. Nied decken.

Das 7. Armee-Corps hatte dann freilich eine ausgedehntere und schwierigere Front zu sichern. Es standen ihm indessen bei Courcelles auch noch die disponibeln Etappen-Truppen der I. Armee als Gefechtsreserve für seinen rechten Flügel zur Verfügung. Die General-Etappen-Inspection der I. Armee wurde dementsprechend angewiesen, 2 Bataillone, 1 Batterie, welche sie zur Zeit bei Novéant und St. Blaise postirt hatte, nach Courcelles zu verlegen.

Auf diese Weise war das 1. Armee-Corps in der Lage, seinen linken Flügel bei Colombey-Aubigny Château aufzustellen und so seine Front zu kürzen. Dabei aber blieb ihm der Auftrag, hinter diesem linken Flügel eine starke Reserve bereit zu halten, mit welcher es, wenn nöthig, das 7. Armee-Corps zu unterstützen vermochte. Diese Unterstützung sollte das 1. Armee-Corps besonders in's Auge fassen, denn immer schien es jetzt wahrscheinlicher, der Feind werde den Versuch machen, auf den Straßen nach Delme und Nomény auszubrechen, als in direct östlicher Richtung. Man nahm daher an, daß das 7. Armee-Corps den nächsten Stoß der französischen Armee würde auszuhalten haben. Die Unterstützung desselben durch eine Division des 8. Armee-Corps war mit der Besetzung von Marly rechts der Seille gleichfalls vorbereitet.

Diese Anordnungen wurden am 17. September Nachmittags 2 Uhr getroffen*) und ihre Ausführung am 18. in keiner Weise vom Feinde gestört. Alles blieb ruhig. Auf deutscher und französischer Seite arbeitete man thätig an den Defensivlinien und Communicationen. Nur kleine Rencontre's der Infanterie-Patrouillen fanden statt. Hin und wieder wurden die Arbeiten durch Feuer gestört.

Die Gefangenen, die man in dieser Zeit machte, und auf-

---

*) Das General-Commando des 7. Armee-Corps ging von Verny nach Chérizey.

gegriffene Civilperfonen aus Metz zeigten in ihrem Zuftande noch
keine Spuren beginnenden allgemeinen Elends und ihre Aussagen
über die in der Stadt und Festung aufgespeicherten Vorräthe diver=
girten bedeutend, so daß es unmöglich war, Klarheit über diesen
wichtigen Punkt zu gewinnen. Nur daß die Theuerung in der
Stadt bereits eine sehr große sei, ging mit Bestimmtheit aus den
Verhören hervor.

Es erwies sich deshalb als unmöglich, mit einiger Aussicht
auf annähernd richtige Resultate Berechnungen darüber anzustellen,
wie lange der Feind in Metz noch werde bestehen können.

Die Armée du Rhin hatte, mit Ausnahme der Corps des
rechten Flügels (1. und 7., bald auch des 5.) seit Beginn ihres
Aufmarsches an der Grenze aus den Magazinen von Metz gelebt.
Es ließ sich selbst mit Bestimmtheit annehmen, daß die Filial=
Magazine Saargemünd und Forbach aus denselben gespeist worden
seien. Requisitionen im Lande hatten französischerseits in nennens=
werthem Umfange nicht stattgefunden. Von jenen zuerst auf=
gespeicherten Beständen, zu denen dann noch das reglementarische
sechsmonatliche Approvisionement der Festung zu rechnen war, hatten
über 150,000 Mann seit 2 Monaten gelebt.

Das wäre der einzige Anhalt gewesen, um den im französischen
Heerlager jetzt noch vorhandenen Rest von Proviant=Vorräthen ab=
zuschätzen, wenn man genauere Daten darüber erhielt. Wie viel
Proviant aber vor der Kriegserklärung resp. nach derselben bis
zur Cernirung der Festung in Metz hineingebracht worden war,
konnte man unmöglich wissen. Es fehlten hierüber alle sicheren
Angaben. In jener Zeit hoffte man, daß bei einer schnellen Ein=
nahme von Paris unter den Papieren des französischen Kriegs=
ministeriums möglicherweise solche noch gefunden werden könnten.
Ohne derartige nähere Ermittelungen blieben alle Annahmen aber
völlig unsicher.

Immer mehr gewann man die Ueberzeugung, daß die Cer=
nirungs=Armee sich auf ein längeres Aushalten vor Metz unter
allen Umständen gefaßt machen müsse. Der Oberbefehlshaber
wandte daher von Neuem in den Armee= und Tagesbefehlen seine
Aufmerksamkeit der Vervollkommnung der Lagereinrichtungen zu.

Blieb man auch über die voraussichtliche Dauer der Cernirung
im Unklaren, so machte indeß doch die Kenntniß von den in Metz
herrschenden Zuständen wesentliche Fortschritte.

Während und nach der Schlacht von Noisseville hatte das 1. Armee=Corps sehr eingehende Erkundigungen über die Lage der eingeschlossenen Armee angestellt. Bei dieser war, wie man durch mehrere zusammentreffende Aussagen erfuhr, die Stimmung schon damals keine gute. Die mangelhafte Vorbereitung des Krieges, die schwankende Leitung in den ersten Operationen, das anscheinend zögernde Verhalten des Marschall Bazaine hatten das Vertrauen schon allgemein erschüttert. Dem Marschall machte man in den französischen Lagern einen Vorwurf daraus, daß er nicht in der Nacht vom 31. August auf den 1. September versucht habe, abzu= marschiren.

Auch aus der ersten Epoche des Krieges, zumal über die Un= ordnungen, welche bei der Mobilmachung der französischen Armee geherrscht, wurde Einiges bekannt. Es erwies sich z. B. aus auf= gefundenen Verpflegungsrapporten, daß ein Theil der für die jetzt in Metz stehenden Truppen bestimmten Reserven diese nicht erreicht habe. Bisher bestand hierüber in der Armee vor Metz noch keine sichere Kenntniß.

Die Verstimmung bei den französischen Offizieren und Soldaten gegen einzelne höhere Führer, die Ueberzeugung vom schlechten Ende ihrer Sache, die offen ausgesprochen wurde und die selbst in ironischem Spott ihren Ausdruck fand, warf wichtige Schlaglichter auf die inneren Zustände in der Armée du Rhin.

Ferner war schon festgestellt, daß es seit einiger Zeit in der Festung an Kaffee, Salz und gutem Trinkwasser mangele, und daß man Moselwasser filtrire, um es zu trinken. — —

In den letzten Tagen hatte sich dem Ober=Commando ein neues werthvolles Mittel zur Orientirung geboten. Zahlreiche Corre= spondenzen aus Metz und von der Armée du Rhin kamen in seine Hand.

Zunächst war es von Metz aus wiederum mehrfach versucht worden, durch Flaschen und Blasen, welche Privatbriefe enthielten, und die man die Mosel hinabschwimmen ließ,*) eine Com= munication mit der Außenwelt anzubahnen. Vier solcher Sen= dungen waren aufgefangen worden. Seit den ersten Tagen nach der Schlacht von Noisseville sah man ferner fast täglich über Metz

*) Die erste Correspondenz dieser Art war bekanntlich zur Zeit der Schlacht von Noisseville aufgefangen worden.

kleine Ballons aufsteigen und es gelang, einige davon nach ihrem
Niederfallen zu finden. Der erste ging dem Ober=Commando am
11. September aus dem Kreise St. Wendel zu, und man erfuhr
aus den darin gefundenen Briefen, daß der Feind seit dem 1. oder
2. September dies Communicationsmittel erprobe. In den nächsten
Tagen folgten aus dem Bereiche der Cernirungs=Armee zwei andere
Ballons. Einer derselben war mit der Aufschrift versehen:

La personne, qui trouvera le paquet emporté par le
présent ballon est instamment priée de mettre à la poste les
dépêches qu'il contient.

Ballon No. 11.

Metz, 12. 7bre 1870. 13 grammes 68 lettres (Bündel).

Alle 3 Ballons gemeinsam enthielten über 10,000 Briefzettel,
auf Seidenpapier geschrieben, ohne Enveloppe bündelweise zu=
sammengeschnürt.

Bald ließ sich feststellen, daß diese Bündel nach Truppenver=
bänden gesammelt seien, wie man es natürlich vermuthet hatte,
und, nachdem einmal Klarheit in das Labyrinth der vielen ver=
schiedenen Angaben gebracht worden war, konnten aus scheinbar
sehr unwesentlichen Momenten werthvolle Details gewonnen werden.
Viele der Schreiber gaben ihre Adressen an, die sich nicht allgemein
auf die französischen Feldlager von Metz, sondern auf die einzelnen
Plätze der Corps, Divisionen, selbst kleinerer Truppenverbände
bezogen. Die Bezeichnungen Plappeville près Metz, Camp de
Lorry, de Plantières, sous St. Julien u. s. w. waren wieder=
holt angeführt. Die Namen der einzelnen Commandanten in den
Forts und ähnliche noch nicht bekannte Angaben wurden ferner
gefunden.

Der Inhalt der Schreiben selbst war meist übereinstimmend
und scheinbar nichtssagend, da die gesammte Correspondenz vor der
Beförderung jedenfalls behördlicher Controlle unterlag, welche die
sachlich wichtigen Notizen zweifelsohne unterdrückte. Dennoch ver=
rieth sich auch hier Manches.

Zunächst sprach aus fast allen Briefen eine Resignation und
Ergebung in das gefallene Loos, welche deutlich bekundete, daß in
den Reihen der Armee die treibende Kraft für die Befreiung, so=
wie für die Action überhaupt nicht lag. Darauf ward völlig ver=
zichtet. Nur ein einziger Brief — der eines Arztes — sprach die
feste Hoffnung aus, daß ein großer mit allen Kräften unternommener

Ausfall dem gegenwärtigen Zustande bald ein Ende machen werde. Die übrigen enthielten nur die Versicherung, daß es der Armee zwischen den Forts von Metz gut ginge und sie sehr wohl im Stande sei, sich so lange zu behaupten, bis Frankreich neu gesammelt, seine Kräfte wiedergefunden habe und herbeieile, den Kreis der Cernirungs=Armee zu sprengen.

Einer dieser Briefe, der ganz unverhohlen solche Anschauungen darlegte, sagte z. B.:

„Qu'il vous suffie pour l'instant de savoir, que ma santé est bonne, que nous sommes bloqués assez étroitement et que cette situation peut durer jusqu'au moment, où les forces réunies de la France pourront lutter contre les masses énormes que l'Allemagne a jetées sur nous."

Selbst diejenigen Briefe, welche die Lage am günstigsten darstellten, sprachen nicht von dem Versuch eines Durchbruchs:

„Dans tous les cas sachez, que je me porte bien et surtout que l'armée cernée ici par des forces supérieures depuis 19. jours (der Brief datirt: Metz, den 5. September 1870) est dans de bonnes conditions sanitaires et suffisamment approvisionnée et est dans d'excellentes dispositions morales."

Viele der Briefe bekundeten eine förmlich sentimentale Anschauung der Verhältnisse, die wenig zur Lage der Armee paßte. Verzweifelte Energie und rücksichtslose Entschlüsse hätten sie allein retten können.

Die Initiative für die Selbstbefreiung der französischen Armee blieb somit allein den Entschlüssen der Feldherren überlassen. Das war für die Beurtheilung der Lage der Cernirungs=Armee wichtig. Was man hier erfuhr, stimmte überein mit dem Verhalten der feindlichen Vortruppen, von denen man, wenn die Armee selbst das belebende Element des Widerstandes gewesen wäre, eine weit energischere Thätigkeit hätte erwarten müssen. Bei jeder Gelegenheit zeigte sich drüben streng defensives Verhalten. So fand am 18. September diesseits beim 10. Armee=Corps zur Uebung der Truppen eine Allarmirung statt, und sofort schickte man sich in den französischen Lagern an, die Abwehr eines vermeintlichen Angriffs vorzubereiten. Truppen setzten sich von Metz her zu den Vorposten hin in Bewegung. Diese wurden sogar für die Nacht verstärkt und legten außerordentliche Wachsamkeit an den Tag.

Aehnliches fand am 21. statt, als in den Linien des 1. Armee=

Corps stärkere Abtheilungen zu einem inneren Dienst versammelt wurden. Der Feind kanonirte resultatlos gegen Servigny und Noisseville, um die Versammlungen zu stören, die er wohl für eine Concentration zum Angriff hielt. Gleichzeitig allarmirte er auf dem rechten Ufer seine Truppen. Danach schien man sogar in der Festung allgemein mehr einen gewaltsamen Angriff zu befürchten, als die eigene Offensive ins Auge zu fassen.

Ferner ergaben jene Briefe, daß die Abschließung von Metz durch die Cernirung eine vollständige gewesen sei. Nachrichten von der Außenwelt waren dort im Wesentlichen nur durch die im Tausche ausgelieferten Gefangenen in weitere Kreise gedrungen. Ein so glückliches Resultat hatte man, da bekanntlich Theile der Cernirungslinie bei Tag und bei Nacht nur durch Cavallerie bewacht werden konnten, selbst im Hauptquartier des Prinzen Friedrich Carl kaum erwartet.*)

Die Notizen über die materiellen Zustände in Metz waren ohne Zweifel der amtlichen Censur zum Opfer gefallen; dennoch gelang es, auch hierüber Einiges festzustellen: Um diese Zeit bildete Pferdefleisch schon ausschließlich die Fleischportionen der Armee. Ein Pfund anderen Fleisches kostete bereits 3 Francs und auch die übrigen Lebensmittel standen so hoch im Preise, daß man die Theuerung als eine ganz abnorme bezeichnen konnte. —

Es begannen jetzt übrigens auch die Versuche des Feindes, Fouragirungen in kleinen Dimensionen vorzunehmen. Schon seit mehreren Tagen zeigten sich vorwärts der französischen Postenkette unbewaffnete feindliche Mannschaften, um auf dem Felde Kartoffeln und Gemüse auszunehmen. Landleute und selbst Frauen betheiligten sich daran und dieses Treiben steigerte sich bald, als die deutschen Vorposten, aus der begreiflichen Scheu, auf Unbewaffnete zu feuern, demselben nicht entgegentraten. Daran schlossen sich feindlicherseits Unternehmungen, um aus den zwischen den Vorposten gelegenen Ortschaften alles für die Ernährung der Armee Nutzbare fortzuführen. So besuchten kleinere Abtheilungen das Dorf Magny zu wiederholten Malen, um dort noch vorhandene Vorräthe zu requiriren.

Freilich konnten die Subsistenzmittel, die der Feind sich auf solche Weise verschaffte, nicht von Bedeutung sein, indessen es galt

*) Mit Sicherheit sind die Ereignisse von Séban in Metz erst am 13. September bekannt geworden. Siehe Anhang.

doch, ihm alle Mittel und jede Erleichterung seiner Lage zu be=
nehmen. Dann aber mußte die unvermeidliche Folge dieser Toleranz
eine allmälig beginnende Inactivität im Vorpostendienste sein, wie
sie den Intentionen des Oberbefehlshabers widersprach. Nach An=
schauung des Prinzen Friedrich Carl war es nothwendig, den Feind
in steter Spannung zu erhalten. Die kleinen Unternehmungen der
Patrouillen durften nicht aufhören, wenn sie auch durch die jetzt
erhöhte Wachsamkeit der französischen Vorposten auf die Nacht und
auf die zu dieser Zeit meist sehr nebligen Morgenstunden beschränkt
wurden.

Am 21. September gab daher Prinz Friedrich Carl nach=
stehenden Befehl:

Hauptquartier Corny, den 21. September 1870.

„Es ist zu meiner Kenntniß gekommen, daß zwischen den beider=
seitigen Vorposten vom Feinde das Ausnehmen der Kartoffeln in
einem Umfange betrieben wird, der wesentlich für den Unterhalt
der cernirten Armee beitragen muß und daß eine Störung des
Feindes in dieser Arbeit seitens unserer Vorposten unterbleibt.
Dieses Verfahren entspricht nicht meinen Intentionen, es ist viel=
mehr mein bestimmter Wille, daß der Vorpostendienst in aller
Schärfe betrieben werde und daß Unterlassungen — die, auf beider=
seitigem stillschweigenden Einverständniß beruhend, in früheren
Kriegen bei dauernden Vorposten=Aufstellungen vorgekommen sind,
— nicht geduldet werden. Die Verhältnisse vor Metz bedingen,
daß der Feind in steter Spannung erhalten, und zu diesem Zwecke
unsererseits größere Activität entwickelt werde."

„Es gehört hierzu die Beunruhigung der feindlichen Vorposten
durch regen Patrouillengang und wird sich trotz der nahen gegen=
seitigen Aufstellung immer noch, — namentlich bei Nacht oder Nebel
— Gelegenheit zu kleinen Unternehmungen bieten, die den Feind
einschüchtern und Gefangene einbringen."

„Ich habe zur Belohnung derjenigen, welche sich bei solchen
Unternehmungen hervorthun, den Armee=Corps eine Anzahl eiserner
Kreuze zugewiesen. Die weit tragenden Gewehre des Feindes,
welche bei jenen Gelegenheiten in unseren Besitz gelangen, können
— einzelnen guten Schützen gegeben, — vortheilhaft verwerthet
werden." . . . . . . Der General der Cavallerie
(gez.) Friedrich Carl.

Plötzlich änderte der Feind selbst sein Verhalten und zeigte — seit Wochen zum ersten Male — wieder eine offensive Thätigkeit. Am Morgen des 22. September fanden kleine Rencontres der Patrouillen an verschiedenen Punkten statt, ohne daß es zu ernsteren Berührungen kam. Vormittags 11¾ Uhr begann der Feind aus Fort St. Julien die Dörfer Servigny, Noisseville und die Brasserie von Noisseville zu beschießen. Truppenbewegungen wurden bei den Forts St. Julien und Bellecroix bemerkt, feindliche Infanterie-Colonnen rückten in südlicher Direction vor, während kleine Abtheilungen sich auf Noisseville und Servigny-Poix wendeten. Mittags 1 Uhr gingen gegen die Positionen des 1. und 7. Armee-Corps stärkere Kräfte vor, griffen zunächst die Punkte la Grange aux Bois, Mercy le Haut und Peltre an und verdrängten die dort stehenden deutschen Posten. Gleichzeitig wurde vom Fort Queleu aus und von 2 Feldbatterieen das Terrain rückwärts der deutschen Vorpostenlinie mit schweren und leichten Granaten beworfen. Die Truppen des 7. Armee-Corps nahmen ihre Vertheidigungs-Positionen ein. Es kam indessen nicht zum ernsten Angriff, der Feind blieb vielmehr in der genommenen Linie stehen und begann nach 4 Uhr Nachmittags wieder den Rückzug.*)

In größerer Ausdehnung hatten zu derselben Zeit noch vor der Front des 1. Armee-Corps Berührungen mit dem Feinde stattgefunden.

Dieses Armee-Corps, sowie die Division Kummer wurden allarmirt und General von Manteuffel zog Truppen der letzten Division hinter die Stellung des 1. Armee-Corps heran, um gleichzeitig mit stärkeren Kräften eine Unterstützung des 7. Armee-Corps von Ogy aus bewerkstelligen zu können.**) So vorbereitet, erwartete man auch hier den ernsteren Angriff. Auch hier aber blieb derselbe aus. Den Ort Colombey, welchen die 2. Infanterie-Division, als vor ihrer eigentlichen Gefechtslinie gelegen, räumte, besetzte der Feind indessen.

Ferner fanden Demonstrationen gegen Noisseville und Villers l'Orme statt. Den letzten Ort gaben die Vorposten des 1. Corps auf.

Alle diese Bewegungen des Feindes begleitete Fort St. Julien

---

*) Peltre und Merch le Haut wurden bereits nach etwa einstündiger Besetzung wieder geräumt.
**) 3 Brigaden des 1. Corps besetzten die Cernirungs-Positionen, 1 hielt sich bei Ogy bereit.

mit dem Feuer seiner schweren Artillerie, das sich vornehmlich gegen Servigny richtete. Auch gegen Malroy wurden einige Granaten geworfen.

Etwas vor 5 Uhr Nachmittags zog der Feind hier gleich= falls ab.

La Grange aux Bois und das Ravin von Lauvallier hielt er am längsten besetzt, auch bemerkte man, daß er bemüht war, in den von ihm erreichten Gehöften zu fouragiren. Um 5 Uhr Nachmit= tags waren indessen alle Positionen, die der Feind im Laufe des Tages occupirt hatte, wieder in den Händen der deutschen Vor= truppen, und das Feuer schwieg fast auf der ganzen Linie.*) Nur

---

*) Der Indépendant de la Moselle vom 24. September brachte über die Ereignisse des 22. folgenden Bericht:

Nous recevons les renseignements suivants, sur ce qui s'est passé du coté de Lauvallières le 22. septembre:

Le 22. septembre, au matin, le maréchal Bazaine était informé par un brave habitant de Lauvallières, qui était parvenu à sortir des lignes ennemies et à arriver jusqu'à Metz, que le village de Lauvallières était abondamment pourvu de paille et de fourrages. Le maréchal résolut immédiatement de faire une perquisition chez M. M. Les Prussiens. En effet, vers midi, les forts de Queleu et de St. Julien commençaient, avec leurs pièces à longue portée, à troubler le calme, dont jouissaient nos ennemis depuis une huitaine de jours. Ces frais d'artillerie avaient pour but, surtout de la part du fort de Quelcu, de masquer le mouvement qu'on se proposait de faire sur Lauvallières. Vers une heure et demie, quelques compagnies des chasseurs à pied s'avancèrent en tirail-leurs, depuis la ferme de Belle-Croix jusqu'aux hauteurs de Van-toux sur la gauche. Trois régiments d'infanterie les suivaient à courte distance, également échelonnés en tirailleurs.

Devant cette démonstration l'ennemi resta muet; alors vinrent prendre position, à deux cents mètres en avant de la ferme Belle-Croix deux batteries, l'une de pièce de 4, l'autre de mitrailleuses, deux régiments de dragons, rangés en éventail, devaient protéger les batteries. Cent charriots et quelques compagnies de muletiers se dirigeaient alors sur Lauvallières, précédés de quelques compagnies de ligne. On entra dans le village presque sans coup férir, et, pendant que nos charriots allaient charger les fourrages, j'ai pu voir les Prussiens, tant infanterie que cavalerie, décamper au plus vite du village, se repliant sur Sainte-Barbe où sont établies leurs batteries. Nos charriots chargèrent sans être trop inquiétés. Par-ci, par-là, quelques coups de fusil venaient seuls se mêler aux vois mâles de Quelen et de St. Julien. Le chargement du four-

um den Befitz von Nouilly ſtritten die beiderſeitigen Patrouillen noch
ferner. Zur Nacht wurde auch der vorgeſchobene Poſten Villiers
l'Orme vom 1. Armee = Corps wieder eingenommen. Der Ober=
befehlshaber hatte ſich um 3½ Uhr auf das Obſervatorium St.
Blaiſe begeben. Von dort aus ließ ſich beſtimmt erkennen, daß
das Gefecht nur den Character einer Fouragirung trage. Die
großen Lager um Metz ſtanden unbeweglich. Beim Fort St.
Quentin — alſo in einer dem Gefechtsfelbe abgewandten Richtung
— ſchien eine partielle Allarmirung ſtattgefunden zu haben.

Da nicht nur das 1. und 7. Corps, ſondern auch die 1. Ca=
vallerie=Diviſion und Theile des 3. und 9. Armee=Corps allarmirt

---

rage a duré ainsi jusque vers 4 heures et demie. A ce moment
seulement quelques escadrons de cavalerie prussienne se décidaient
à sortir du village de Sainte - Barbe, et à venir, escortant deux
batteries d'artillerie, prendre position sur la droite de la route de
Boulay. Leur tir assez habilement dirigé, faisait pleuvoir une
grêle d'obus sur la ferme de Belle - Croix. Ces projectiles n'ont
heureusement blessé personne.

Au même moment, quelques colonnes d'infanterie prussienne,
sortant aussi du village de Sainte-Barbe, s'avancèrent vers Lauvallières. Elles furent reçues par nos tirailleurs, couchés à plat
ventre dans les vignes. Une vive fusillade s'engagea, qui dura à
peu près une demie heure.

Au moment où la cavalerie et l'artillerie prussienne, quittant
Sainte-Barbe, s'avançaient sur la route de Boulay, deux coups de
canon, partis du Fort St. Julien, sont venus donner en plein dans
les groupes ennemies. J'ai pu, grâce à ma longue-vue, vérifier le
ravage, que ces deux projectiles, habilement lancés, ont fait dans
les rangs des Prussiens. Vers cinq heures fusillade et canonade
s'éteignaient sensiblement; seule, l'artillerie prussienne se faisait
encore entendre.

J'ai pu pendant toute l'action constater la présence de notre
brave général Changarnier, qui s'est tenu dans le village de Lauvallières, sur lequel les Prussiens dirigeaient leurs feux, non seulement tout le temps, qu'à duré la razzia, mais même longtemps
après le départ du dernier mulet et du dernier charriot. Je
l'apercevais très distinctement lorgnant les batteries ennemies.
A cinq heures et demie tout était fini et nos soldats rentraient
tous dans leurs campements respectifs, tenant leur fusil d'une
main et soutenant de l'autre une botte de fourrage, placée sur
leur épaule. A moins la journée ne sera - t - elle pas écoulée sans
rapporter une trophée. P. Vidal.

worden waren, so erhielten die Corps telegraphische Nachricht da=
rüber, welche Anschauung man von dem Character der feindlichen
Bewegungen hegte und daß der Feind um 4½ Uhr den Rückzug
begonnen habe.

Die Verluste waren überall sehr gering. Sie betrugen im
Ganzen 1 Offizier 42 Mann.

General von Manteuffel hatte für die Nacht die einmal heran=
gezogenen Truppen der Division Kummer bei Ste. Barbe zurück=
gehalten, da die Erneuerung des Kampfes am 23. September
möglich blieb.

Am Morgen aber war alles ruhig; nur Patrouillen=Unter=
nehmungen hatten während der Nacht stattgefunden.*) Jene Truppen
wurden daher jetzt in ihre alten Stellungen zurückgesendet.

Am Nachmittage des 23. von 4 Uhr ab wiederholten sich in=
dessen ähnliche Ereignisse, wie am 22., nur richtete der Feind seine
Unternehmung diesmal vornehmlich gegen die Front der Division
Kummer.

Fort St. Julien eröffnete das Feuer, dann gingen stärkere
Colonnen auf der Chaussee Metz=Bettlainville vor, während gleich=
zeitig andere Abtheilungen auf der Straße Metz=Ste. Barbe, über
Mey und im Grunde von Vantour gegen Nouilly hin avancirten.
Wagen folgten denselben, und ohne Zweifel beabsichtigte der Feind
wieder eine Fouragirung.

Besonders lebhaft wurde am 23. Rupigny angegriffen, der
Angriff indeß abgeschlagen. Dann folgte ein Artilleriekampf, von
der Division Kummer mit ihren 6 Batterien, vom Feinde mit dem
schweren Geschütz des Forts St. Julien und bei demselben auf=
gestellten Feldbatterien geführt.

Aus Villers l'Orme belogirte der Feind die dort postirte Feld=
wache abermals. Er dirigirte dann längs der Chaussee nach Ste.
Barbe einen Schützenschwarm gegen Failly, ging aber nicht weiter
gegen die Positionen des 1. Armee=Corps vor, da dieses sogleich

*) So überfiel an der Chaussee Metz=Jouy aux arches eine Offizierpatrouille
des 8. Armee=Corps (vom Infanterie=Regiment Nr. 68) die feindliche
Feldwache, welche sich an jener Straße, etwa 600† von der preußischen
Vorpostenlinie entfernt, in einem Hause etablirt hatte, nahm ihr 3 Ge=
fangene und 3 Chassepotgewehre ab, zündete das in dem Gebäude um=
herliegende Lagerstroh an und kehrte ohne Verlust zurück.

bei seinem Erscheinen starke Artillerie entwickelte. *) Auch im Grunde von Vantoux kam es nicht zum Infanteriegefecht, auch dort hielt das Granatfeuer den Feind in Respect und bewog ihn bald zur Umkehr.

---

*) Der Indépendant de la Moselle brachte über diesen Vorgang in seiner Nummer vom 26. September folgende Darstellung:

Le 23. le fourrage devait se faire à Vany, à un Kilomètre de la route de Bouzonville.

Parmi les troupes désignées pour protéger les fourrageurs se trouvait la 4e Division du 3e corps.

La 2e brigade, composée des 80e et 85e avait pris les armes à 3 heures et demie, et a tenu bravement tête à l'ennemi jusqu'à 8 heures du soir.

En avant de la brigade, se trouvait la compagnie franche, formée d'hommes du 80e et 85e et commandée par le capitaine Gosse du 85e, qui s'est déployée en tirailleurs en présence des Prussiens, avec un entrain et un sang-froid admirables, afin d'explorer le village de Villers l'Orme, et d'en déloger un détachement prussien qui l'occupait. Cette compagnie a eu 2 tués et 5 blessés.

Au moment, où les trompes de la 4e division ont regagné leurs bivouacs, l'artillerie prussienne a fait pleuvoir sur elle une grêle de boulets et de mitraille, mais la 4e division a opéré sa retraite avec tant d'ordre et de calme que le maréchal Le Boeuf a adressé au général, commandant cette division, une lettre de félicitations, lettre qui a été lue à la troupe.

Le 85e a eu dans cette affaire 18 blessés, dont 2 très grièvement.

Pendant l'action et au moment où les batteries ennemies faisaient un feu nourri, un soldat du 85e, le nommé Leroux, soldat de première classe, rapportait derrière les lignes 6 fusils, appartenants aux blessés du régiment. Tout à coup cet homme est renversé par un obus à quelques pas et en présence du maréchal Le Boeuf, ce brave soldat, contusionné et meurtri, se relève, se tâte, reprend avec le plus grand sang-froid les 6 fusils, dispersés autour de lui, et continue tranquillement son chemin.

Le maréchal Le Boeuf, témoin de tant de bravoure et de calme, a remis 40 francs au colonel du 85e pour le soldat Leroux, en attendant une autre récompense.

Quand le colonel a félicité Leroux, en lui donnant une poignée de main, et lui disant que, meurtri comme il l'était, il aurait bien pu ne s'occuper que de lui; ce brave militaire lui a repondu tranquillement: „Que voulez-vous, mon colonel, je ne pouvait pourtant laisser ces fusils aux Prussiens.“

Mit Sonnenuntergang gingen die französischen Truppen auf allen Punkten wieder unter den Schutz der Forts zurück, von den Batterien des 1. Armee = Corps lebhaft beschossen. Cavallerie= Patrouillen folgten ihnen bis zur Höhe des Bois de Grimont. Dann war auf dieser Seite die Berührung der beiderseitigen Vor= truppen für heute beendet.

Auf der Straße Metz=Vettlainville unternahm der Feind in= dessen nach Sonnenuntergang noch einen Vorstoß mit Cavallerie. Auch dieser wurde durch Artilleriefeuer aufgehalten.

Bei Rupigny war das Gefecht etwas lebhafter gewesen, als die Engagements am Tage zuvor. Im Ganzen aber brachte auch der 23. den Cernirungstruppen nur einen Verlust von 45 Mann an Todten und Verwundeten.

Außer dem 1. Armee=Corps und der Division Kummer hatten auch das 10. und 7. Armee=Corps, sowie die 1. Cavallerie=Division ihre Truppen allarmirt, um bereit zu sein, wenn etwa eine Unter= stützung nöthig würde.

Vom 10. Armee = Corps waren sogar starke Kräfte auf das rechte Moselufer hinübergegangen *) und hinter der Division Kummer in Reserve aufgestellt worden. Für die Nacht kehrten sie zum größeren Theil auf das linke Ufer zurück, doch beließ General von Voigts=Rhetz eine Infanterie=Brigade rechts des Flusses bei Argancy, um sie für den kommenden Morgen sogleich zur Ver= fügung zu halten. Der Rest des Corps sollte am 24. um 5 Uhr früh zum Ausrücken bereit sein.

Der folgende Morgen (24. September) zeigte indessen bald, daß von diesen Vorsichtsmaßregeln Abstand genommen werden konnte. Schien es auch, als hätten sich die feindlichen Lager am rechten Ufer vergrößert und fand auch östlich und südlich von Metz eine lebhaftere Berührung der beiderseitigen Vorposten statt, so fiel doch nichts vor, was auf den Beginn eines ernsteren Kampfes

---

Les franctireurs de Metz ont été très exposés au feu á Grimont L'un deux Ms. Vaillant, a reçu la mort des braves, et la balle qui l'a atteint a blessé à la main son voisin, Ms. Menisse.

*) 5 Bataillone, 1 Escadron der 19. Infanterie=Division über Argancy, 5 Bataillone, 1 Escadron der 20. Infanterie=Division, sowie die Corps= Artillerie über Hauconcourt. Seine Excellenz der commandirende General begab sich persönlich nach dem rechten Moselufer auf die Höhe östlich Argancy.

deutete. Die bei Argancy bereit gehaltene Infanterie=Brigade des
10. Armee=Corps rückte in ihre Lager und Cantonnements wieder ein.
Die Gefechte beider Tage hatten, wie bereits erwähnt, über=
einstimmend den Character größerer Fouragirungen getragen. Des
Feindes Thätigkeit in den von ihm zeitweise occupirten Gehöften,
aus welchen er Stroh resp. ungedroschenes Getreide wegführte,
war am 23. genau beobachtet worden. Die preußischen Vorposten
hatten sich diese Bestände für den eigenen Bedarf reservirt und
obgleich sie seit Wochen davon zehrten, so war bei der geringen
Anzahl von Mannschaften, welche überall nur zur Besetzung der
Oertlichkeiten verwendet werden konnten, nicht alles consumirt, son=
dern noch Reste vorhanden gewesen.

Diese Fouragirungen, welche früher feindlicherseits nicht ver=
sucht worden waren, schienen doch zu beweisen, daß das Abnehmen
der Lebensmittel bei der eingeschlossenen Armee fühlbar würde,
und man dort ernstlich daran zu denken begann, die vorhandenen
Subsistenzmittel auf solche Weise wenigstens etwas wieder zu ver=
mehren.

Dann aber dachte Marschall Bazaine jedenfalls daran, seine
Armee durch dergleichen Detailunternehmungen in Thätigkeit und
Spannung zu erhalten. Dies Streben ist in dem bekannten Erlaß
des Marschalls ausgesprochen, welchen das 1. Armee=Corps einem
in seine Hände gekommenen Exemplare des Courier de la Moselle
entnahm, und in welchem Bazaine die Art und Weise klarlegt, in
der, nach seiner Anschauung, die eingeschlossene Armee der Cer=
nirungstruppen Herr werden könne.

Der Marschall sagte darin unter Anderem etwa Folgendes:
„Das Erste, was man zu diesem Zwecke thun muß, ist, den
Feind zu belästigen, für ihn dasjenige zu sein, was die Leute sind,
die im Circus den Stier aufregen und ermüden, ihn auf unvorher=
gesehene Weise nach allen Richtungen der Windrose anzugreifen.
Dies läßt sich mit leichten Colonnen thun, die niemals eine Schlappe
erleiden werden, da sie ja stets eine sichere Zuflucht hinter die
Mauern unserer Festungswerke haben.“

„„Diese Art von offensiven Recognoscirungen,“ sagt Vauban,
„werden noch den Vortheil haben, die vom Feinde besetzten Stellen
und seine Stärke kennen zu lernen; sie werden das Mittel liefern,
ihm Proviant und selbst Kanonen zu nehmen. Sie werden die
Thätigkeit und den guten Humor unserer Truppen erhalten und

sie die mit dem Kriege unzertrennlichen Uebel vergessen machen, endlich auch die Disciplin unter ihnen leichter aufrecht erhalten.""

„Um solche Resultate zu erzielen, ist es nothwendig, daß sich unsere Soldaten daran gewöhnen, oft die Nacht zum Tage zu machen und sich ohne unzählbare Wagenmenge zu bewegen. Es ist endlich nothwendig, daß sie sich mit einer großen Anzahl Patronen und einem Stückchen Bisquit in ihren Taschen in Bewegung setzen lernen, ohne jede sonstige Vorbereitung, da sie ja niemals lange von ihren Lagern abwesend sein werden."

„Es ist endlich nothwendig, daß die auf Vorposten stehenden Truppen auf's Sorgfältigste den Wachdienst üben, damit sie nicht etwa überrascht werden."*)

Aehnliche Ereignisse wie die der letzten Tage blieben danach zu erwarten.

Der 24. September verging zwar auch weiterhin ruhig, ebenso der 25. und 26. Am 25. fouragirte das 1. Armee = Corps sogar ungestört das Dorf Nouilly aus. Allein es traten in dieser Epoche neue Momente hinzu, die es wahrscheinlich machten, daß der Marschall Bazaine jetzt im großen Maßstabe versuchen würde, sich von Neuem zu verproviantiren.

Hierbei ist es nothwendig, einen Blick auf die Verhältnisse vor Thionville, Longwy, Montmédy, Verdun und Toul zu werfen, wie sich dieselben zur Zeit gestaltet hatten.

XIII.

Die Vorgänge
im Rücken der Armee von Metz bei Thionville, Longwy, Montmédy, Verdun und Toul.

Seit dem Abrücken der Brigade Bothmer nach Verdun, das am 4. September befohlen worden war, standen vor Thionville

---

*) Schließlich wurde der Armee noch das Studium militärischer Schriften, wie der kleinen Hefte des Marschall Bugeaud, des General Brack und sogar der geheimen Instructionen König Friedrich des Großen empfohlen, und dann zum Schluß gesagt: „Alles in Allem das Wichtigste ist, möglichst viel Zeit zu gewinnen; denn hier heißt es, wie in England, Zeit ist Geld."

bekanntlich nur die von der Division Kummer nebst einem Bataillon dorthin detachirten 2 Reserve = Cavallerie = Regimenter des General= major von Stranz.

Für die Einschließung der von schwierigem Terrain umgebenen Festung waren diese Kräfte freilich nur schwach, allein es konnten unter den vor Metz herrschenden Verhältnissen, namentlich mit Rücksicht auf die geringe Ueberlegenheit an Zahl, über welche die Cernirungsarmee gegen den Marschall Bazaine nur verfügte, stär= kere Truppenmassen unmöglich disponibel gemacht werden.

Wenngleich dreiste Patrouillen = Unternehmungen, welche auch von dem zur Zeit der Schlacht von Noisseville gegen Thionville entsendeten Bataillon*) des 9. Armee = Corps ausgeführt worden waren, ungefährdet bis an den Hauptwall der Festung gelangten, so erwiesen sich doch Versuche, den Platz durch Handstreich zu nehmen, bei der im Ganzen regen Wachsamkeit der Besatzung als unthunlich.

Das Cernirungs=Detachement mußte sich deshalb auf die Ein= schließung beschränken. General von Stranz nahm dabei sein Stabs= quartier in Bertrange.

Da der Besatzung die Schwäche der Einschließungstruppen an Infanterie unmöglich auf die Dauer verborgen bleiben konnte, so begann dieselbe bald ihrerseits mit Infanterie = Unternehmungen vorzugehen.

Am 6. September war deshalb schon dem 10. Armee = Corps aufgegeben worden, dem General von Stranz einige Compagnien Infanterie zur Verfügung zu stellen, die so verwendet werden sollten, daß sie gleichzeitig zur Rückendeckung des 10. Armee=Corps und zur Stärkung der Cernirung von Thionville zu dienen ver= mochten.

Dadurch konnte die Besatzung auf dem besonders coupirten linken Moselufer, wohin General von Stranz von seinen Truppen nur ein sehr kleines Detachement Infanterie zu entsenden vermochte, wenigstens an weiteren Expeditionen verhindert werden.

Noch am 6. war durch Cavallerie der Garnison am rechten Ufer eine Expedition bis Königsmacker unternommen worden, dort hatte man die preußischen Telegraphenbeamten vertrieben und auf dem Rückwege in Basse Ham einige zu ihren Truppentheilen mar=

---

*) Jägerbataillon Nr. 9. — Siehe Seite 204.

schirende Reconvalescenten zu Gefangenen gemacht. An mehreren Stellen waren dabei die Vorposten des Detachements Stranz durch kleine Ausfälle engagirt und gleichzeitig die Fähre von Uckange, welche den Verkehr zwischen den Cernirungstruppen beider Ufer vermittelte, von der Festung aus mit Granaten beworfen worden. Auch die Bevölkerung schien regen Antheil an diesen Beunruhigungen nehmen zu wollen; denn in den Waldungen von Moyeuvre links der Mosel und von Valmestroff rechts der Mosel wurden berittene Freischärler bemerkt.

In ihren Defensiv-Vorbereitungen hatte die Besatzung gleichfalls eine erhöhte Thätigkeit begonnen, wahrscheinlich in Folge der während der letzten Zeit in der Umgegend der Festung stattgehabten Truppendurchzüge,*) welche für Anzeichen einer bevorstehenden Belagerung gehalten worden waren.

Am Morgen des 13. September fand abermals ein kleines Vorpostengefecht statt, das durch eine am Abend des 12. vorangegangene Beschießung von Jütz Haute aus der Festung eingeleitet worden war. Am 19. entspann sich ein Engagement bei Beymerange.

Diese Gefechte führten freilich keine nennenswerthen Verluste herbei; sie waren mehr Beunruhigungen der Vorposten, als ernstgemeinte Angriffe, indessen bewiesen sie, daß der Feind dort immer unternehmender werde. Der Verkehr zwischen der Festung und dem Lande konnte gleichfalls nicht völlig abgesperrt werden, und es war zu constatiren, daß zwischen der Besatzung und der Außenwelt noch eine ziemlich rege Verbindung bestand. Aushebungen von Mobilgardisten durch Emissaire der Garnison fanden angeblich statt. Vom 10. Armee-Corps wurden im Bois de Coulange sogar verlassene Lagerstätten gefunden und abermals bewaffnete Reiter angetroffen.

Am 20. war ferner eine von Sierk nach Antilly dirigirte und nur von 1 Unteroffizier 6 Mann escortirte Wagencolonne der Division Kummer in Königsmacker überfallen und ein Theil der Fahrzeuge von der Garnison in die Festung geschafft worden, ehe das von Kuntzig herbeieilende Detachement der Cernirungstruppen es verhindern konnte.

Erschienen diese Vorfälle auch an sich unbedeutend, so mußten

---

*) Brigade Bothmer.

sie doch den Feind auf die Dauer zu weiteren Beunruhigungen der diesseitigen Truppen ermuthigen. Am 23. befahl daher das Ober-Commando, daß die Division Kummer das Detachement Strantz um ein zweites Landwehr-Bataillon verstärke. Sollte es nöthig erscheinen, so war General von Manteuffel angewiesen, auch noch 1 Cavallerie-Regiment jener Division für General von Strantz disponibel zu machen.

Diese Verstärkung schien jetzt angängig, weil die Rückkehr der nach Rémilly detachirten Theile der Division zur Armee nahe bevorstand.*)

Das Bataillon rückte auch bereits am 24. nach Thionville ab. Schon in der Nacht vom 24. zum 25. September aber nahmen die Durchbrechungen der Cernirung dieser Festung größere Dimensionen an.

Die Verbindungswege von Thionville nach dem Luxemburgischen waren von dem Cernirungs-Detachement nicht besetzt, sondern nur beobachtet worden.

Diesen Umstand machte sich der Feind zu Nutze, um die früher zerstörte Bahnlinie nach Luxemburg eilig wieder herzustellen und per Bahn von dorther Vorräthe an Lebensmitteln nebst Schlachtvieh in die Festung überzuführen.

Dem Ober-Commando gingen die ersten Nachrichten hiervon durch Deutsche aus dem Luxemburgischen, sowie durch Meldungen der preußischen Grenzstationen zu.

Die Patrouillen des Cernirungs-Detachements waren auf das Fahren eines Eisenbahntrains aufmerksam geworden, und nach Hettange Grande geeilt, kamen dort indessen erst an, als der betreffende Zug auf der Rückfahrt vorüber war.

Allgemein coursirten dabei in der Bevölkerung Nachrichten, der Transport sei für Metz bestimmt und ein neuer Durchbruchsversuch des Marschall Bazaine nach Thionville stände bevor, durch welchen er sich die Verbindung mit dieser Festung zu eröffnen und seine Armee frisch zu verproviantiren gedenke. Auch glaubte man Leuchtsignale wahrgenommen zu haben, welche zwischen Metz und Thionville gewechselt würden.

Die mit dem ganzen Vorfall gleichzeitig eingetretene Zer-

---

*) Der Befehl an die General-Etappen-Inspection zur Rücksendung dieser Truppen erfolgte am 25. September.

ſtörung der Telegraphen=Verbindungen von Luxemburg gegen die
preußiſche Grenze hin, bewies jedenfalls, daß es ſich nicht um einen
zufällig geglückten Verſuch, ſondern um ein größeres vorbereitetes
Unternehmen gehandelt habe, dem jedenfalls noch weitere ähnliche
Expeditionen folgen ſollten. Das General=Gouvernement der Rhein=
provinzen hatte bereits ſeine Aufmerkſamkeit auf dieſe Ereigniſſe
gelenkt, welche es zweifelhaft erſcheinen ließen, ob die Neutralität
von Seiten Luxemburgs in zufriedenſtellender Weiſe beobachtet würde.

Mit Hülfe einer vom 1. Armee=Corps dem Detachement von
Strantz zur Verfügung geſtellten Pionier=Compagnie wurde die
Eiſenbahnlinie Thionville=Luxemburg jetzt gründlich zerſtört.

Das am 24. vor Thionville als Verſtärkung eingetroffene
Bataillon ſetzte den General von Strantz in die Lage, wenigſtens
die Verbindungen nach Deutſchland gegen die Unternehmungen der
Feſtungsbeſatzung zu ſichern. Das Bataillon wurde nach Baſſe
Ham und Königsmacker dirigirt.

Nicht die Beſatzung von Thionville allein aber zeigte ſich in
dieſer Epoche thätig, ſondern auch die von Longwy unternahm
eine größere Expedition gegen ein Requiſitions=Detachement des
3. Armee=Corps. Ein Theil dieſes Detachements in der Stärke
von 1 Compagnie, 1 Zug Dragoner hatte am 20. das 2 deutſche
Meilen von Longwy entfernte Dorf Arrancy ausfouragirt und
übernachtete dort unter Anwendung aller Vorſichtsmaßregeln, die
Cavallerie in Allarmquartieren, die Infanterie in Abtheilungen
von je 6—10 Mann auf die Häuſer im Orte vertheilt.

Am 21. um 4½ Uhr früh wurden die ausgeſtellten Poſten
durch franzöſiſche Linientruppen und mit Bajonnetgewehren bewaff=
nete Blouſenmänner angegriffen. Im ſchnell ausgeführten Anlauf
gelang es dem Feinde, in den Ort einzudringen und einige Ge=
fangene zu machen, doch wurde er durch die mittlerweile geſammelte
Compagnie wieder vertrieben und dann von den Dragonern leb=
haft verfolgt. Das Detachement hatte dabei einen Verluſt von
33 Mann;*) der Feind ließ 21 Todte und Verwundete, 7 Ge=
fangene zurück.

Durch die Beſatzung von Montmédy wurde am 17. September
Nachmittags 4 Uhr eine von Damvillers nach Stenay marſchirende
halbe Compagnie Landwehr überfallen, ſo daß ſie 1 Todten 8 Ver=
wundete und 30 Gefangene, darunter den Compagnieführer, verlor.

---

*) Davon 26 vermißt.

Auch vor Verdun kam es zu Gefechten zwischen der Garnison und dem die Festung blockirenden Theile der Brigade Bothmer. Dieser hatte am 15. unter geringem Verluste*) ein mehr= stündiges Feuergefecht gegen Truppen der Garnison geführt, die in der Stärke von etwa 6 Compagnien Linientruppen einen Aus= fall machten. Für den 18. erwartete General von Bothmer auf erhaltene Nachrichten hin einen Ausfall von größeren Dimensionen. Er ersuchte deshalb noch in der Nacht vom 17. zum 18. das in Etain zur Besorgung der von Sédan kommenden Gefangenen= Transporte stationirte Detachement des 2. Armee=Corps (10 Com= pagnien des Infanterie=Regiments Nr. 61, 6 Züge Dragoner unter Oberstlieutenant Weyrach) um Unterstützung. Das 2. Armee=Corps hatte dies Detachement in Etain belassen, da noch Gefangene er= wartet wurden. Augenblicklich konnte indessen darüber frei ver= fügt werden, weil am 16. und 17. September die Transporte ausgeblieben waren. Es brach deshalb sofort, nachdem es die bezügliche Nachricht durch General von Bothmer erhalten, um 1½ Uhr früh von Etain auf und traf noch in der Nacht vor dem über 2½ Meile entfernten Verdun ein. Die Garnison der Festung begann in der That um 5½ Uhr früh ihren Ausfall, den sie durch Geschütz= feuer von allen Fronten einleitete. Nach 1½ stündiger Kanonade aber stand sie, ohne Ernsthaftes versucht zu haben, von dem Unter= nehmen ab. Auch das Detachement des 2. Armee=Corps kehrte dann nach Etain zurück, woselbst es um 12 Uhr Mittags des 18. September wieder eintraf.

General von Bothmer hielt eine Verstärkung seines Detache= ments an Infanterie für dringend geboten, wenn dasselbe nicht einem Echec ausgesetzt sein sollte. Er besaß Nachrichten, daß sich die Besatzung der Festung durch, auf den Transporten entwichene französische Gefangene bedeutend verstärkt habe und dem gegenüber erschienen die Cernirungstruppen allerdings numerisch sehr schwach. Eine dauernde Verstärkung konnte indessen jetzt nur von dem Armee=Corps des Großherzogs von Mecklenburg ausgehen. Die Armee vor Metz vermochte zur Zeit nicht, neue Detachirungen ein= treten zu lassen. General von Bothmer wurde deshalb darauf hingewiesen, das Gefecht, wenn der Feind wirklich überlegen er= schien, in angemessener Entfernung von der Festung anzunehmen.

---

*) 5 Todte, 6 Verwundete (darunter 1 Offizier), 2 Vermißte.

Mit dem Großherzoge von Mecklenburg aber, der sein Haupt=
quartier in Rheims hatte, setzte sich das Ober=Commando dieser
Verhältnisse halber in Verbindung. Eine Verstärkung erhielt das
Detachement Bothmer übrigens bald durch die unter dem 13. Sep=
tember Allerhöchsten Orts befohlene Abgabe von Etappentruppen
der I. Armee.*) 2 Bataillone, 3 Eskadrons, 1 Batterie dieser
Truppen passirten am 21. bei Corny die Mosel und trafen dem=
nächst vor Verdun ein.

Diese Verstärkung war um so nothwendiger geworden, als
dem Detachement Bothmer mittlerweile auch die Sicherung der
stabilen Telegraphenlinie um Verdun herum aufgetragen wurde
und sich dadurch die Verhältnisse für dasselbe in der That auf's
Aeußerste schwierig gestalteten.

Am 24. September sahen sich die Cernirungstruppen sogar
noch einmal genöthigt, das Commando aus Etain, wie am 18.,
zum Heranmarsch nach Verdun aufzufordern. Diesmal war in=
dessen der Ausfall, welcher die Aufforderung veranlaßt hatte, bereits
vorüber, als die Verstärkungen vor der Festung eintrafen. Am
24. ertheilte das Ober=Commando, da die Gefangenen=Transporte
aufgehört hatten, dem 2. Armee=Corps Befehl, die in Etain stehende
Abtheilung zum Corps heranzuziehen. Dieser Befehl gelangte
noch am 24. vor Verdun in die Hände des Detachementsführers
und wurde am 25. ausgeführt.

Von der Räumung von Etain erhielten sowohl der Großherzog
von Mecklenburg, als auch das Detachement vor Verdun Kenntniß.

Damit schließen die Beziehungen des Ober=Commando's zu
der Cernirung von Verdun ab.**)

Am 23. war nach 8stündiger Beschießung auch Toul unter=
legen und somit die wichtige Eisenbahnlinie von Frouard gegen
Paris hin eröffnet.

---

*) Es war die Abgabe aller Etappentruppen bis auf 3 Bataillone und
1 Eskadron befohlen. In Folge dessen machte die General=Etappen=
Inspection sogleich die oben genannten Truppen verfügbar. Von Pont
à Mousson resp. Nancy setzten sich demnächst 2 andere Etappen=Bataillone
der I. Armee in Bewegung, so daß in Summa 4 Bataillone, 3 Es=
kadrons, 1 Batterie zum Detachement Bothmer übertraten.

**) Die weitere Darstellung der Belagerung von Verdun siehe in: „Adolph
Goetze, die Thätigkeit der deutschen Ingenieure und technischen Truppen
im deutsch=französischen Kriege 1870/71."

XIV.
Die Ereignisse vor Metz vom 27. September bis zum 15. October.

Der 27. September.

Während die Vorgänge bei Thionville die Aufmerksamkeit des Ober = Commando's der Cernirungs = Armee seit der Schlacht von Noisseville zum ersten Male wieder auf die Nordseite der Cernirungslinie hinlenkten, begann am 27. September auf der Südostseite ein Gefecht, welches bald größere Dimensionen annahm, als die Engagements der letzten Tage.

Zwischen 9 und 10 Uhr Vormittags trafen im Hauptquartier Corny verschiedene Meldungen ein, daß aus dem Fort Queleu eine lebhafte Kanonade unterhalten werde und in jener Richtung auch Infanteriegefecht hörbar sei.

Auf die ersten Nachrichten hin entsandte das Ober=Commando einen Generalstabs = Offizier nach dem Observatorium auf dem Mont St. Blaise. Dieser Offizier meldete alsbald zurück:

St. Blaise, 9 Uhr 50 Minuten früh 27. 9. 1870.

„Fort Queleu feuert stark in der Richtung auf Peltre. Eine französische Feldbatterie ist von diesem Fort aus auf der Metz=Straßburger Straße vorgegangen, steht an dieser Straße — ungefähr an dem Punkte Télégraphe de Mercy — und feuert ebenfalls nach Peltre und darüber hinweg, scheinbar gegen die Position Frontigny = Chesny."

„2—3 Bataillons feindlicher Infanterie begleiteten die avancirende Feldbatterie und dirigirten sich, unter Zurücklassung einer Bedeckung bei dieser, in die Waldparzellen um la Grange aux Bois, welches Etablissement in Brand zu sein scheint. (Das im Walde gelegene Landhaus.)"

„In und um Plantières massirt sich feindliche Infanterie — wohl eine Division stark — und verschwindet in den Grund von Belletange hinein."

„Diesseits ist noch keine stärkere Truppenentwicklung zu bemerken."

„Die großen Lager der französischen Corps sind zwar belebt, aber gefüllt, so daß es sich um einen wohl ernstgemeinten, aber nur partiellen Ausfall gegen die Front des 7. Corps handelt."

„Soeben brennt auch Mercy le Haut."

Mit der Einleitung dieses Angriffs gleichzeitig war von Metz ein Eisenbahnzug gegen Peltre vorgefahren. Als derselbe Crépy erreichte, konnte man selbst vom Mont St. Blaise aus deutlich wahrnehmen, daß aus den Waggonfenstern gegen den Ort Crépy gefeuert wurde.

Ohne Zweifel hatte der Feind in jenem Train Infanterie gegen die linke Flanke der angegriffenen Position herangebracht.

Die französischen Ausfall = Colonnen handelten übrigens sehr schnell, kein Zögern war sichtbar. Nur ihre Artillerie bewegte sich, wohl aus Rücksicht für das Pferdematerial, sehr langsam.

Auch über diese Wahrnehmungen erhielt das Ober=Commando Meldung.

Die erste Nachricht vom 7. Armee=Corps, gegen dessen Front sich der feindliche Vorstoß, wie erwähnt, vornehmlich richtete, datirte 10 Uhr Vormittags und besagte:

„Der Feind greift die diesseitige Stellung bei Mercy le Haut mit Infanterie, Artillerie und Mitrailleusen an."

Dem Ober=Commando der I. Armee, dessen Drahtverbindung mit dem 7. Armee = Corps gerade unterbrochen war, sowie dem General von Goeben, für den die Ereignisse beim 7. Armee=Corps das meiste Interesse hatten, da er zunächst dieses Armee = Corps unterstützen konnte, wurde jene Meldung sogleich im Wortlaut mitgetheilt.

Nach den Erfahrungen der letzten Tage durfte man annehmen, daß der Feind abermals eine Fouragirung vorhabe und Prinz Friedrich Carl hatte daher schon bei dem Eintreffen der ersten Meldungen und noch ehe die oben erwähnten Details, wie die Benutzung von Eisenbahntrains durch den Feind, im Hauptquartier Corny bekannt war, den commandirenden Generalen des 1. und 7. Armee = Corps folgendes Telegramm gesandt:

Corny, den 27. September, Vormittags 10 Uhr.

„Der Feind scheint einen Ausfall gegen Peltre und über Borny einzuleiten. Ich befehle, daß der Feind an der Ausfouragirung der Dörfer und Gehöfte verhindert werde."

(gez.) Friedrich Carl.

Es schien erwünscht, solchen Versuchen des Feindes ein für alle Mal ein Ziel zu setzen. Wenn auch die materielle Ausbeute bei demselben keine irgend nennenswerthe sein konnte, so mußte doch berücksichtigt werden, daß das Gelingen von dergleichen kleinen Unternehmungen die Moral einer jeden Truppe hebt und ihre Ausdauer steigert.

Noch um 11 Uhr Vormittags erließ der Ober=Befehlshaber daher folgenden Armeebefehl:

Corny, den 27. September 1870, Vormittags 11 Uhr.

„Die Gefechte am 22. und 23. b. Mts. nordöstlich Metz sind vom Feinde mit dem Zweck von Fouragirungen unternommen worden und hat der Feind aus Ortschaften, die vor resp. in unserer äußersten Vorpostenlinie gelegen sind, Fourage zurückgeführt."

„Es ist mein Wille, daß dem Feinde jede Gelegenheit, seine schwindenden Vorräthe zu vermehren, entzogen werde und bestimme ich daher:

„Daß aus all' denjenigen Ortschaften, welche vorwärts der Vertheidigungslinie der Corps — sowohl innerhalb unserer Vor= posten, als auch in erreichbarer Nähe vor denselben — gelegen sind, die Bestände von Pferden, Vieh, Fourage und Lebensmitteln zurückgeführt, resp. wenn dies unausführbar sein sollte, vernichtet werden."

„Manche dieser Bestände werden für den eigenen Bedarf der Truppen von Nutzen sein, so das event. auszudreschende Getreide, als Lagerstroh für die Vorposten."

„Ich mache die Herren Truppen = Commandeure darauf auf= merksam, daß jede Vermehrung der Vorräthe in Metz die Dauer der Cernirung um Wintertage verlängert — abgesehen davon, daß es der Thatkraft einer Armee nicht entspricht, feindliche Unter= nehmungen dieser Art zuzulassen."

Der General der Cavallerie.

(gez.) Friedrich Carl.

Inzwischen hatte das Gefecht seinen Fortgang genommen. Das Gewehrfeuer bei Peltre war lebhafter geworden. Von der Höhe von Jussy, datirt 10 Uhr 15 Minuten, kam folgende Meldung:

„Man beobachtet deutlich zwischen Plantières und Queleu, so= wie vorwärts gegen Grigy zu größere Colonnen, das Bivouak zwischen Montigny und der Stadt, sowie die Bivouaks bei St. Julien scheinen allarmirt, — viel Staub. — Das Feuer aus Fort Queleu läßt nach. Auf der Südseite der Stadt ist alles ruhig."

Dann folgte ein kurzes Schreiben vom General = Commando des 8. Armee=Corps:

„General von Sperling *) meldet ¼10 Uhr, daß ein Eisenbahn=
zug mit 2 Locomotiven in der Richtung auf Peltre vorgegangen
sei,**) daß von Quelen her starkes Geschützfeuer, vom Grunde bei
Peltre her starkes Infanteriefeuer gehört werde.‟

„Vom St. Blaise wird gemeldet, daß Quelen in der Richtung
auf Peltre feuere, daß Peltre zu brennen scheine.‟

„Ich habe vorläufig dem General = Lieutenant von Barnekow
zu Cuvry Befehl ertheilt, die Reserve = Brigade nebst Cavallerie
und 2 Batterien zu sofortigem Aufbruch bereit zu halten, sich, so=
fern er noch nicht bestimmte Nachrichten habe, solche durch starke
Cavallerie = Patrouillen zu schaffen. Ich habe ihn autorisirt event.
mit jenen Truppen die Seille nach eigenem Ermessen zu über=
schreiten und in das Gefecht einzugreifen.‟

„Ich warte weitere bestimmte Meldungen ab, bevor ich defini=
tive Entschlüsse fasse.‟

H. = Q. Jouy, den 27. September 1870,
10 Uhr 40 Minuten Vorm.

(gez.) von Goeben.

Die in der Cernirungsstellung des 7. Corps angegriffenen
Orte la Grange aux Bois und Mercy le Haut hatten von unseren
Feldwachen geräumt werden müssen, da sich der erste feindliche
Vorstoß mit bedeutender Ueberlegenheit gegen diese beiden Punkte
wendete. La Grange aux Bois wurde bei der Räumung in Brand
gesteckt, damit der Feind sich dort nicht festzusetzen vermöge.

Gleich darauf war der vom Observatorium St. Blaise aus
beobachtete, durch eine Geschütz= und eine Mitrailleusen=Batterie
unterstützte Angriff auf Peltre gefolgt. Der Feind hatte thatsächlich
von den Weinbergen am Télégraphe de Mercy her den Ort in der
Front mit mehreren Bataillonen angegriffen, während gleichzeitig
ein feindliches Bataillon auf einem Eisenbahntrain bis etwa nach
Crépy herangekommen war, dort debarkirte und von der Südseite
her gegen das Dorf vorging.***)

---

*) General von Sperling, Chef des Generalstabes der I. Armee, war durch
Allerhöchste Cabinetsordre vom 6. September 1870 für die Dauer der
Abwesenheit des erkrankten Generalmajors von Wedell mit der Führung
der 29. Infanterie=Brigade beauftragt worden.

**) Siehe Seite 299.

***) Der Indépendant de la Moselle vom 4. und 5. October brachte über
diese Vorgänge folgenden, dem „Voeu‟ entnommenen Bericht, der ab=

Das in Peltre stehende Bataillon des 7. Armee=Corps räumte vor diesem combinirten Angriffe unter lebhaftem Gefechte, welches sich hartnäckiger gestaltete, als es der Aufgabe entsprach, den Ort

gesehen von seinen Uebertreibungen in der Schilderung der Kämpfe einige interessante Daten enthält:

Un 1er convoi parti de la gare de Metz, portait une batterie de mitrailleuses et s'était arrêté à la hauteur du bois de la Basse Bevoye, une batterie avait pris position sur un mamelon voisin. Le 2e convoi, suivi d'une locomotive de secours et conduisant le 12e chasseurs, et des compagnies franches de nos régiments, s'arrêta à Peltre et nos soldats s'emparèrent après une assez vive résistence du château de Crépy; puis ils franchirent au pas de course une plaine d'une centaine de mètres qui conduit de la gare au village dont les défenseurs s'étaient retranchés dans le vaste couvent des soeurs de la Providence; quoiqu'exposé au feu de l'ennemi qui tirait des maisons et des murs crénelés, ils ne brûlèrent pas une amorce. Ils firent quelques pertes, deux officiers furent atteints.

Mais l'élan fut irrésistible. Bientôt ces braves gens escaladaient l'obstacle, couronnaient la crête du mur et tombaient comme la foudre sur les Prussiens... .... On fit là une centaine de prisonniers, la plupart Westphaliens.

Tandis que les Français du convoi tournaient ainsi la position, des détachements du 97e, du 34e régiment de ligne l'attaquaient de front par les vignes et les jardins. Ces détachements s'étaient portés pendant la nuit vers Grigy, et, dissimulés par un mamelon dont la pente est sensible après les dernieres maisons du village, ils s'étaient massés dans le contre-bas, qui n'est distant de Peltre que de douze à quinze cents mètres. Au premier coup de canon, parti de Queuleu, signal de l'attaque, ils s'étaient lancés en avant et avaient combiné leur action avec l'offensive hardie des troupes, venues par la voie de fer. Le village fut enlévé et presque tous ses défenseurs capturés. ....

Une personne, témoin du combat sur une hauteur voisine, n'a vu fuir qu'une demi-douzaine de uhlans. Les troupes qui executèrent ce coup de main appartiennent à la brigade Lapasset, qui a été réunie au troisième corps. Pendant l'action, le 32e de ligne et le 3e bataillon de chasseurs à pied formaient la réserve sur la droite, près de Magny.

Dans le même moment, les 90e et 69e de ligne attaquaient le château de Mercy et s'en emparaient. L'entreprise était moins facile qu'on ne pourrait le croire. Le château était fortement

und ging auf die südlich gelegene Waldlisiere zurück, die zu der vorbereiteten Vertheidigungsstellung des Armee-Corps gehörte. Auch des Punktes Colombey bemächtigten sich französische Abtheilungen, die dorthin durch das waldige Terrain von la Grange aux Bois vorgingen, trotzdem von Ars Laquenexy und von südlich Coincy her Batterien des 7. und 1. Armee-Corps das Dorf beschossen. Im Ravin von Colombey entspann sich ein leichtes Infanteriegefecht.

Um 10 Uhr Morgens waren ferner von Bellecroix aus gegen Noisseville und die Brasserie feindliche Infanteriemassen demonstrirend vorgegangen, ohne sich hier jedoch bis auf Infanterieschußweite der besetzten und fortificirten Position zu nähern.

Die Forts Quelen und St. Julien bewarfen auch diese Stellung lebhaft mit schweren Granaten.

So waren auf dem rechten Moselufer vom 7. Corps Theile der 13. Infanterie-Division, ferner die Vortruppen des 1. Armee-Corps mit dem Feinde in Gefechtsberührung getreten, der Rest beider Corps hatte die fortificirten Cernirungspositionen besetzt. Weiter südlich hielt sich vom 8. Armee-Corps die durch Artillerie und Cavallerie verstärkte Reserve-Brigade der 16. Infanterie-Division zur Unterstützung bereit. Auf der Nordseite hatte die Division Kummer allarmirt.

Man erwartete, daß dem ersten schnellen und erfolgreichen feindlichen Vordringen ein ernsterer Angriff folgen werde. Allein dieser blieb aus. Der Feind brach schon um 11½ Uhr das Gefecht ab und begnügte sich damit, die besetzten Dörfer und Gehöfte

---

barricadé, les fenêtres avaient reçu un blindage de traverses de bois qui laissaient dans leurs intervalles juste la place d'un canon de fusil. Après une première décharge, une trentaine de nos hommes munis de haches attaquaient sous le feu les fenêtres et les portes, et finissaient par se frayer un passage. Une scène de carnage commença. Refoulés en combattant de chambre en chambre, les défenseurs du château et un certain nombre d'officiers prussiens payèrent leur résistance de leur vie. Quelques-uns purent, dit-on s'échapper pendant l'attaque mais beaucoup ne voulant pas se rendre se réfugièrent dans les caves, où l'incendie les fit périr. On trouva dit-on un colonel blessé dans l'armoire. Mais bientot d'immenses gerbes de flamme s'échappaient du château et à onze heures cette belle demeure s'écroulait avec fracas.

auszufouragiren.*) Auch brannte er das Schloß Mercy le Haut vollends aus, vernichtete damit eines der Observatorien**) und zündete die von dem dort abgezogenen Posten verlassenen Stroh= hütten an.

Die deutschen Batterien hielten dabei die vom Feinde ein= genommenen Orte unter lebhaftem Feuer, das die Forts St. Julien und Queleu resultatlos erwiderten.

Bei seinem Abzuge brachte der Feind zunächst seine Feld= batterien in den Bereich der Forts zurück, die ihr Feuer langsam fortsetzten, um die Infanterie zu decken.

Nachmittags zwischen 2 und 3 Uhr nahmen die preußischen Vortruppen ihre alten Stellungen wieder ein und die in Bereitschaft gehaltenen Reserven kehrten in ihre Lager und Cantonnements zurück. Dies melbeten das 7. und 8. Armee=Corps.

Das Ober=Commando hatte übrigens schon um die Mittags= zeit durch den auf dem Observatorium Mont St. Blaise statio= nirten Offizier folgende Nachricht erhalten:

Beobachtungsposten St. Blaise, den 27. September,
11 Uhr 55 Minuten Vormittags.

„Die französische Feldbatterie südöstlich Queleu ist auf Queleu zurückgegangen. Von la Grange aux Bois und Mercy le Haut sind die feindlichen Truppen in der Stärke von 7—8 Bataillonen im Rückzuge auf Queleu begriffen. Aus der Gegend von Borny kehrt eine französische Wagencolonne zurück."

„Fort St. Julien beginnt in nördlicher Richtung zu feuern."

„Peltre brennt nicht mehr."

Um 1 Uhr 36 Minuten Nachmittags war im Hauptquartier, Corny dann nachstehende Meldung des 7. Armee=Corps eingegangen. die von Chérisey aus per Draht befördert worden war:

Frontigny, 27. 9. 1870, 12¾ Uhr Nachmittags.

„Peltre besetzt. Vor diesseitiger Stellung kein Gefecht mehr. Beim 1. Armee=Corps noch Geschützfeuer."

(gez.) von Unger,***) Oberst.

---

*) Auch zwischen Magny und den feindlichen Lagern verkehrten Maulthier Transporte.

**) Die Beobachtungen wurden später von einem Baume bei dem aus= gebrannten Schlosse fortgesetzt.

***) Chef des Generalstabes des 7. Armee=Corps.

Zwischen 1 und 2 Uhr Nachmittags folgte dann die schrift=
liche Meldung eines zweiten vom Ober=Commando nach dem Obser=
vatorium auf dem Mont St. Blaise gesandten Generalstabsoffiziers:
St. Blaise, den 27. September 1870, 1¼ Uhr Nachm.

„Fouragirung scheint beendet, Colonnen von mehreren Ba=
taillonen im Zurückgehen von Colombey auf Borny und Queleu."

„La Planchette (wie es scheint) brennt. Eine Batterie von
uns bis vor einer halben Stunde im Feuer von westlich Montoy
aus."

„Zwischen Queleu und Grigy ein französisches Bataillon auf=
gestellt (in Reserve)."

„Aus den Lagern von Plantières, St. Julien, sowie Vallières
Truppen nicht abgerückt, auch nicht unter Waffen."

„Bis jetzt wenige Fahrzeuge gesehen, die zurückgefahren."

„In Direction Woippy Rauch."

„St. Julien und Queleu schweigen jetzt."

Prinz Friedrich Carl, vom Stande der Dinge auf diese Weise
rechtzeitig orientirt, hatte weitere Dispositionen als die angeführten
nicht getroffen.

Auch auf dem linken Moselufer hatte indeß das Feuer be=
gonnen, auch dort unternahm der Feind einen ähnlichen Ausfall,
wie östlich und südöstlich Metz.

Aus Marange, batirt von 12 Uhr 23 Minuten Nachmittags,
hatte General Voigts=Rhetz an Prinz Friedrich Carl gemeldet:

„Feind rückt mit 5000 Mann über St. Eloy gegen meine
Vorposten vor."

Das Vordringen schwächerer Abtheilungen des Feindes aus
den Lagern nördlich von Metz gegen St. Eloy hin war schon um
etwa 11½ Uhr von dem Observatorium auf dem Horimont aus
beobachtet worden. Eine Viertelstunde später debouchirten von
St. Eloy her 4 französische Colonnen, deren Stärke man auf un=
gefähr je 1000 Mann schätzte. Das 10. Armee=Corps wurde nun
allarmirt und nahm seine vorbereiteten Stellungen ein.

Um 12¼ Uhr erfolgte dann französischerseits ein Angriff auf
das Dorf la Maxe, während diese Action durch Batterien bei
Woippy, St. Eloy an der Mosel und durch die Artillerie des Forts
St. Julien unterstützt wurde.

Die Vorposten des 10. Armee=Corps zogen sich, erhaltener
Instruction gemäß, auf die Gefechtsstellungen des Corps zurück

und räumten vor der feindlichen Uebermacht zunächst Petite Maxe und Franclonchamps. Der Feind folgte bis zur nördlichen Lisiere dieser Orte und feuerte auf die abziehenden Feldwachen. Sein Versuch bis les Grandes Tapes vorzubringen, wurde zurückgewiesen. Auch das Schloß Labonchamps räumte der dort aufgestellte schwache Unteroffizierposten. Die in Ste. Agathe liegende Feldwache vertrieb der Feind durch mehrere vom Bois de Woippy aus vor-gehende Compagnien. Dann besetzte er weiterhin Bellevue, nach-dem der dortige Posten einen ersten Angriff abgeschlagen, darauf aber seinen Rückzug ebenfalls bewerkstelligt hatte.

Mit diesen Vorgängen links der Mosel gleichzeitig war auf dem rechten Ufer gegen die Division Kummer demonstrirt worden. Im Bois de Grimont erschienen feindliche Infanterie-Abtheilungen, freilich ohne etwas Ernsthaftes zu unternehmen. Das Fort St. Julien warf auch gegen Malroy-Charly hin einige Granaten. Weiter drang der Feind auch auf dieser Seite nicht vor.

Die in ihre Stellungen eingerückte Artillerie des 10. Corps, vereinigt mit der Zwölfpfünder-Batterie der Positionen von Semé-court und durch Batterien der Division Kummer vom rechten Ufer her wirksam unterstützt, hatte mittlerweile gegen die feindlichen Colonnen ein lebhaftes Feuer begonnen, das allein schon deren weiteres Avanciren verhinderte.

Auch hier nördlich von Metz fouragirte der Feind, wenigstens hatte er Fahrzeuge mitgeführt. Im Laufe des Nachmittags sah man diese in verhältnißmäßig starker Gangart, also, da sie mit schwachen Pferden bespannt waren, wohl nicht stark beladen, zu den Lagern von Metz zurückkehren.

Schon um 3¼ Uhr verschwanden auch die feindlichen Truppen wieder, welche die Fouragirung gedeckt hatten. Zu dem schnellen Aufgeben der genommenen Orte waren sie ohne Zweifel gleichfalls durch die Wirkung des deutschen Artilleriefeuers bewogen worden. Schloß Labonchamps wurde preußischerseits zunächst wieder besetzt. Von 3 Uhr 30 Minuten aus Marange datirt, meldete Gene-ral von Voigts-Rhetz an den Oberbefehlshaber telegraphisch:

„Nach kurzer Fouragirung geht der Feind zurück; meine Vor-posten gehen in die alte Stellung vor."

Somit war auch nördlich Metz das Gefecht für heute beendet. Dasselbe hatte übrigens selbst das preußische 3. Armee-Corps allarmirt, welches sich zur Unterstützung des 10. Armee = Corps bereit hielt.

Die großen feindlichen Lager blieben wie am Vormittage, so auch am Nachmittage ruhig. Eine Gefahr zeigte sich fernerhin an keiner Stelle. Auch auf dem linken Moselufer rückten die Truppen, welche in Bewegung gewesen, in ihre Cantonnements und Lager wieder ein.

Nur am Abende fielen noch vom Fort Quelen aus vereinzelte Schüsse.

Um dem Feinde die Objecte für seine Fouragirungs = Unternehmungen so schnell als möglich gänzlich zu entziehen, steckten die Vortruppen übrigens noch im Laufe des Nachmittags und Abends die zwischen den beiderseitigen Stellungen gelegenen Orte la Maxe, Colombey, das Gehöft von la Horne und Peltre*) in Brand.**) Im letzteren Orte war, wie dies die angeführten Meldungen zeigten, schon während des Gefechtes Feuer ausgebrochen und hatte einen Theil der Gebäude zerstört.

Die Verluste der Cernirungstruppen betrugen an diesem Tage 11 Offiziere 352 Mann, davon 1 Offizier 157 Mann vermißt, die zum größten Theile in Peltre im hartnäckigen Häusergefechte gefangen in Feindes Hand gerathen waren.

Auch des Feindes Einbuße konnte nach der Zahl der von ihm auf den verschiedenen Gefechtsfeldern zurückgelassenen Todten zu urtheilen nicht unerheblich sein.***)

Am Nachmittage dieses Tages fand übrigens auch bei Thionville ein Ausfall im Moselthale statt. Der Feind vertrieb dort den Posten des Cernirungs=Detachements, welcher vorwärts Daspich stand und wandte sich auch gegen Maison neuve. Dann aber wurde er durch die dahinter stehenden Abtheilungen wieder gegen die

---

*) Dies Dorf wurde von nun an von den diesseitigen Vorposten aufgegeben.

**) Aehnliche Demolirungen wurden auch in der nächsten Zeit fortgesetzt. In Metz nahm man den Feuerschein der brennenden Ortschaften wahr und deutete sich dies Zeichen auf eigenthümliche Weise; denn aufgefangene Ballonbriefe sagten: „man hoffe auf baldige Befreiung; denn die Preußen bereiteten beim Herannahen des Winters ihren Abzug damit vor, daß sie ihre Vorräthe und leider dabei auch Schlösser und Dörfer in Brand setzten."

***) 11 Offiziere 372 Mann, Bazaine, l'armée du Rhin.

20 *

Festung zurückgeworfen und bis zur Vorstadt Beauregard verfolgt. Der Feind verlor dabei Gefangene verschiedener Regimenter, so daß man wohl mit Sicherheit annehmen konnte, daß die eigentliche Garnison durch Reconvalescenten, Ranzionirte u. s. w. thatsächlich verstärkt sei.

Irgend ein Anzeichen, welches auf den Zusammenhang der Unternehmungen von beiden Festungen aus hätte schließen lassen, war nicht vorhanden. Die Truppenzahl, welche die Garnison von Thionville außerhalb der Festungswerke zu entwickeln vermochte, war natürlich auch eine viel zu unbedeutende, um mit ihrem Vorbringen weiter gehende Absichten als die augenblickliche Beunruhigung der Cernirungstruppen verbinden zu können.

Die Ereignisse des 27. September konnten die Erwägung nahe legen, ob es von Vortheil sei, die Einschließung der feindlichen Armee dadurch noch enger zu machen, daß man selbst unter Gefecht starke Vortruppen näher an die Werke der Festung heranschob.

Jedenfalls entzog man dabei dem Gegner Terrain für den Wechsel seiner Lager, Weideplätze für den noch vorhandenen Theil seiner Pferde und machte seine Situation noch schwieriger und unbequemer. Von der nicht unbeträchtlichen Anzahl von Ortschaften, die zwischen der fortificirten Cernirungslinie und den Forts von Metz lagen, konnte ein Theil wohl noch besetzt werden.

Allein das Resultat, das man dabei zu erreichen hoffen durfte, war immerhin ein sehr geringfügiges.

Schon lag auch selbst die fortificirte Cernirungslinie unter dem Geschützfeuer der Forts. Die durch die numerische Stärke des Feindes bedingte, fortdauernde tactische Bereitschaft der Cernirungstruppen ließ sich kaum noch mit den öconomischen Rücksichten vereinigen.

Man durfte es sich auch nicht verhehlen, daß man auf dem Gebiete des kleinen Krieges einen in hohem Grade tüchtigen Gegner vor sich habe. Die letzten Gefechte erwiesen es deutlich, daß die französische Armee in dem gegenwärtigen Stadium des Kampfes sich auf einem ihr mehr sympathischen und ihrer Eigenheit mehr entsprechenden Boden befand, als während des vorangegangenen Operations- und Schlachtenkrieges. Das Lagerleben, kleine sorgfältig und systematisch vorbereitete Unternehmungen, ohne jede sich daran knüpfende weitere Combination, das Streben nach einem leichten schnellen Erfolge, mag dessen Bedeutung auch mehr der

Schein des Sieges als ein reeller Vortheil sein, das waren die Erbtheile, welche die französische Armee aus ihrem Feldleben mitbrachte und die sie hier zu verwerthen begann.

Die Anspannung der Vorposten war eine bedeutende; man durfte sie nicht noch vermehren, wenn nicht Erlahmen und Uebermüdung allgemein eintreten sollte. Trotz des seit einigen Tagen herrschenden guten Wetters war der Krankenstand der Armee erheblich gestiegen, Ruhr und Typhusfälle kamen, wenngleich glücklicherweise nicht epidemisch, vor und wie ungünstig trotz aller auf die Verbesserung der materiellen Lage der Armee verwandten Mühe die Zustände bei einzelnen Theilen der Cernirungstruppen waren, das ließ sich aus einer Mittheilung der 18. Infanterie = Division vom 19. September ermessen. Schon damals lagerten die Truppen dieser Division seit 14 Tagen ohne Stroh nur in Laubhütten, die gegen die Unbilden der Witterung keinen Schutz mehr gewähren konnten. Auf dem Plateau von St. Hubert und den dicht rückwärts gelegenen Ortschaften der Schlachtfelder waren Bretter schon seit geraumer Zeit nicht mehr aufzutreiben. Weitgehende, bis auf volle Tagemärsche ausgesandte Requisitions = Commando's hatten gleichfalls keine nennenswerthen Resultate mehr aufzuweisen, und die immer näher heranrückende rauhe Jahreszeit steigerte noch die Nothwendigkeit, Abhülfe zu schaffen.

Wie erwähnt, bestand kein irgend sicherer Anhalt, nach welchem beurtheilt werden konnte, wie lange die eingeschlossene Armee würde existiren können. Möglich war's, daß die Katastrophe bald eintrat, möglich schien's aber auch, daß sie sich noch Monate lang hinausschob.

Sah man auch, wie die Pferdeheerden zwischen den Forts rapide schmolzen, wurden die Nachrichten, daß einzelne Nahrungsmittel in der Stadt und in den Lagern schon ganz mangelten,*) stets von

---

*) Interessant war in dieser Beziehung eine Nummer des Indépendant de la Moselle vom 15. September, welche dem Ober=Commando schon damals zuging. Sie enthielt an ihrer Spitze folgenden Artikel:

Conseil municipal de Metz.

Séance extraordinaire du 14. septembre 1870.

Le Conseil était convoqué pour s'occuper de la question alimentaire.

Les résolutions suivantes ont été prises: La source salée, qui existe dans la tannerie du sieur Sendret sera utilise pour la salaison du pain nécessaire à la ville de Metz, et pour la confection du bouillon dans les hôpitaux et établissements militaires. L'ana-

Neuem wiederholt, so entdeckte man doch auch jetzt immer noch keine Spuren wirklicher Noth. Die Klagen der Gefangenen, ent= weichender Einwohner u. s. w. richteten sich lediglich gegen die nun freilich ganz abnorme Theuerung, die übrigens erklärlich war.

An das Ober=Commando trat daher die Forderung heran, auch die Fortführung der Cernirung bis in den Winter hinein in Betracht zu ziehen.

Ohne Zweifel hätte der Winter alle Schwierigkeiten, die sich schon jetzt bei der Cernirungs=Armee herausstellten, bedeutend er= höht, das Bivouakiren ohne Stroh wäre namentlich auf den hoch= gelegenen Plateaus des linken Moselthalrandes zur Unmöglichkeit geworden. Die Truppen noch enger in den jetzt schon stark belegten Cantonnements zusammenzubrängen, war aus Rücksicht auf den Gesundheitszustand der Mannschaften nicht angängig. Eine solche Maßregel hätte den Krankenstand der Armee unzweifelhaft noch bedeutend gesteigert. Die Ortschaften selbst enthielten ausnahmslos Lazarethe und trotz der großen Anstrengungen, die fortdauernd für

---

lyse, qui en a été faite par M. l'ingénieur des mines, y a fait re- connaître 3 pCt. de sel. L'acide chlorhydrique existant à Metz sera utilisé par les soins de M. M. Demoget et Géhin pour être converti en sel marin, lequel sera livré à, la consommation civile.

L'administration s'est préoccupée de l'augmentation rapide du prix de la viande de cheval.

L'établissement d'une taxe sur cette viande offre de grandes difficultés en raison du choix considérable à établir entre les différentes parties de l'animal; cependant on espère du général commandant la place, un ordre établissant une taxe.

L'administration militaire, de son coté, livre journellement à la boucherie civile, un certain nombre de chevaux, de manière à amener une concurrence efficace entre ceux qui, jusqu'ici, avaient eu le monopole de ces boucheries.

Depuis le 28 août l'autorité militaire, cédant aux observations de l'autorité civile, a livré des farines, provenant de ses maga- sins, aux boulangers, qui fournissent la troupe. Le Conseil émet le voeu que M. le général commandant veuille bien prendre un ordre de réquisition par lequel toutes les farines et tous les blés existant chez les particuliers à Metz soient acquis pour le compte de la ville, qui livrerait aux meuniers et aux boulangers, aux prix de 36 francs l'hectolitre, le blé, et de 46 à 48 francs la farine, suivant qualité; ce qui permettrait de ne fabriquer à l'avenir q'une seule qualité de pain, qui serait vendu à la consommation, moyennant 46 centimes le kilog., prix inférieur au prix actuel.

die Desinfection gemacht wurden, waren sie fast durchweg un=
gesund geworden.

Vermehrte der Winter alle diese Uebelstände, so erschien es
kaum möglich, den Ausbruch einer Epidemie zu verhüten.

Man dachte deshalb an das einzige Mittel, welches die Lösung
dieser Frage möglich machte, nämlich an eine Erweiterung des
Cernirungsgürtels.

Damit wäre freilich dem Feinde freiere Ausdehnung seiner
Truppen gestattet worden. Er vermochte neue Lager zu etabliren
und die alten bereits übel zugerichteten Plätze zu räumen. Es lag
indessen in der Macht der Cernirungs = Armee, den Landstrich, der
so der eingeschlossenen Armee überlassen werden mußte, durch
Demolirung der Ortschaften und Wegführung alles für eine Armee
Benutzbaren in einen Zustand zu bringen, daß dort dem Feinde
keine Hülfsmittel in die Hand fielen. Diese für das Land freilich
harte Maßnahme würde unabweislich gewesen sein.

Die cernirenden Corps hätten alsdann so placirt werden
können, daß sie durch fortificirte Positionen die von Metz ausgehen=
den Hauptstraßen sperrten. Von dem unmittelbaren Anschlusse dieser
Positionen aneinander konnte dabei abgesehen werden; denn die
Sicherheit der Einschließung schien immer nicht gefährdet, so lange
ein jedes Corps nur dem ausbrechenden Gegner mit allen Kräften
und in dem festen Vertrauen auf die Unterstützung durch die Neben=
Corps Widerstand leistete. Dann konnte trotz der erhöhten Schwierig=
keit doch die nöthige Zeit für die Concentrirung großer Massen
gewonnen werden.

Sicher war es, daß der Feind sein Pferdematerial bald gänz=
lich oder doch bis auf ein verschwindendes Minimum verloren
haben würde. Seine Bewegungen konnten deshalb in Zukunft nur
langsam sein. Auch vermochte er nicht mehr, seine Angriffe durch
Artillerie genügend vorzubereiten und die Ueberlegenheit des deut=
schen Geschützfeuers würde deshalb um so mehr ihre große Wir=
kung auf die vorgehenden Colonnen ausgeübt haben.

Endlich wurde auch der Raum, welchen der feindliche Angriff
von den Lagern bis zu den deutschen Stellungen zurückzulegen
hatte, größer und so wuchs für die Cernirungs = Armee die Muße,
sich auf die Abwehr vorzubereiten.

Je weiter von der Festung entfernt, mit desto größerer Aus=
sicht auf positive Resultate vermochte man zu schlagen. Es leuchtet

ein, daß ein Echec, den die französische Armee um einen Tages=
marsch entfernt von den schützenden Forts erlitt, weit nachtheiligere
Folgen für sie gehabt hätte, als das Mißlingen eines Angriffs
gegen die jetzige Cernirungslinie.

Freilich hatte man den Nachtheil in Kauf zu nehmen, daß der
Feind über mehr Zeit und Terrain verfügte, um sich zu entwickeln.
Auch konnte das weitere Abbleiben der Cernirung von der Festung
ihm zu dem Versuche Anlaß geben, im freien Felde zu capituliren
und Metz selbst auf diese Weise noch für eine Zeit lang zu retten.
Allein die Vortheile, welche die Erweiterung der Einschließung
unter den vorausgesetzten Umständen hätte haben müssen, über=
wogen nach der Anschauung des Ober=Commando's doch bei Weitem
diese Bedenken.

Ein ferneres wesentliches Hinderniß für das Gelingen des
Durchbruchs nach Einnahme der Winter=Cernirungsstellung wäre
übrigens auch die Kürze der Wintertage geworden. Die französische
Armee mußte unmittelbar hintereinander und an ein und dem=
selben Tage dasjenige Armee = Corps, welches sie angriff, völlig
schlagen, und darauf womöglich noch einen Marsch zurücklegen.
Vertheilte sie die Lösung dieser Aufgabe auf zwei Tage, so schwanden
von vornherein die Chancen für das Gelingen. Der zweite Gefechts=
tag brachte immer schon genug Kräfte heran, um den Feind mit
Gewalt wieder unter die Kanonen der Festung zurückzutreiben.
Die Erfahrungen von Noisseville konnten für eine so angeordnete
Winter=Cernirung als Analogie gelten; denn wenn für die nach
dem bedrohten Punkte heranrückenden Verstärkungen die Wege auch
größer wurden, so waren doch weiter rückwärts von Metz wieder
die Querverbindungen zwischen den großen Straßen besser, als
hinter der gegenwärtigen Stellung.

Unstreitig vermochten in größerer Entfernung von Metz die
Truppen sich in einem weit schlagfertigeren Zustande zu erhalten, als
es möglich war, wenn die jetzigen Lager und Cantonnements bei=
behalten wurden. Auch die Requisitionen konnten nach der Rück=
wärtsverlegung tiefer in's Land hinein vorgetrieben werden. Zwar
mußte naturgemäß für die Winteraufstellung auch die Vorposten=
linie eine ausgedehntere werden, als bisher, allein der Dienst in
derselben hätte sich erheblich leichter gestaltet. Die Berührung mit
dem Feinde würde ohne Zweifel eine weit weniger gespannte ge=
worden sein, als wie sie zur Zeit bestand. Damit wich auch der

fortwährende Bereitschaftszustand, der für die Dauer so aufreibend wirkte. Daß die Abschließung der Festung in einer Weise, welche ihr auch fernerhin jede irgend b e d e u t e n d e Communication mit der Außenwelt benahm, durchzuführen war, stand außer Zweifel. Reger Patrouillengang hätte die eng zusammenhängenden Posten= ketten vollständig ersetzt. In der größeren Entfernung von der Festung vermochte die Armee hierbei auch ihre zahlreiche Cavallerie besser zu verwerthen, als bisher, und die am meisten angegriffene Infanterie zu schonen.

Blieben nur die Hauptstraßen gesichert und dem Feinde gesperrt, so war sein Entkommen immer zu verhindern. Operationen außer= halb der großen Straße hätte der Zustand der französischen Truppen und der Winter verboten. Die Zeit schien nicht allzufern zu. sein, wo die Armee Bazaine ohne Artillerie, Cavallerie, Colonnen und Trains keine operationsfähige Masse mehr sein werde.

Vom 28. September bis zum 1. October.

Mit dem eben dargelegten Gedanken einer weiter von der Festung entfernten Aufstellung der Cernirungstruppen für die Zu= kunft stimmten die Wünsche überein, welche das General=Commando des 3. Armee=Corps schon jetzt in einer am 28. September dem Ober=Commando eingereichten Auseinandersetzung vorlegte.

Es wurde dort beabsichtigt, die Cantonnements und Lager des Corps vor der Hand noch unter Festhaltung der vorderen Cer= nirungslinie Châtel=Saulny rückwärts bis zur Orne auszudehnen. Tactisch erschien es jetzt, wo die erste Cernirungslinie nach fort= dauernder fortificatorischer Verstärkung gegen Durchbruchsversuche kleinerer feindlicher Abtheilungen völlige Sicherheit bot, vortheil= haft, die Hauptvertheidigungslinie des Corps auf den Höhenzug Montigny la Grange = Amanvillers = St. Privat la Montagne zu verlegen. Weder auf dem Plateau von Plappeville, noch an der Straße Saulny = Marengo = Ferme war das Terrain so gestaltet, daß man feindlichen Durchbruchsversuchen im großen Style mit Aussicht auf erhebliche positive Erfolge entgegentreten konnte. Es fehlte dort an dem Raum zur einheitlichen Verwendung starker Kräfte; die Wirkung des Nachbar=Corps auf des Feindes Flanken war gleichfalls durch das Terrain ausgeschlossen. Es wurde somit unmöglich, den ausbrechenden Gegner gründlich zu schlagen. Für einen Kampf mit entscheidenden Resultaten war das Plateau von

Montigny la Grange bis St. Privat immer ein geeigneteres Ge=
fechtsfeld, als die vordere Cernirungsposition. Da diese, wie
erwähnt, nun vollendet war, so konnte auch an die Vorbereitung
des weiter rückwärts gelegenen Schlachtfeldes gegangen werden.

Der Oberbefehlshaber erwiderte, daß er mit diesen ihm von
dem General=Commando des 3. Armee=Corps vorgetragenen An=
schauungen vollständig übereinstimme.

Er genehmigte auch schon jetzt, den ihm dabei gemachten Vor=
schlägen entsprechend, eine weitläufigere Unterbringung der Trup=
pen des Corps, damit dasselbe den immer bringender werdenden
öconomischen und hygienischen Rücksichten besser nachkommen konnte.
Es sollte das Corps indessen die Rücksicht auf die ihm gestell=
ten Aufgaben:

1. Die Truppen so zur Hand zu haben, daß ein Durchbruch
des Feindes sicher verhindert werde.

2. Gegen solche Versuche bei den Neben=Corps durch mög=
lichst starke Detachirungen wirksam mit einzugreifen, auch ferner
im Auge behalten.

Natürlich wurde an die wirkliche Ausführung der Wintercer=
nirung, wie sie weiter oben angedeutet worden ist, zur Zeit noch
nicht gedacht. Es unterblieben alle Schritte zur thatsächlichen Ein=
leitung, um so mehr, als in jenen Tagen gerade schönes Wetter
eingetreten war.

Beim Feinde herrschte am Morgen des 28. September
Ruhe. Zwar war die Berührung der beiderseitigen Vorposten
lebhafter als sonst. In der Nacht hatten die Vortruppen des 8.
Armee=Corps*) eine Expedition nach Maison rouge oberhalb Metz
nahe der Mosel unternommen und das dort gelegene Schloß in
Brand gesteckt, weil von dort aus die Vorposten der Cernirungs=
linie mehrfach belästigt worden waren. An verschiedenen Punkten
fanden ferner Allarmirungen statt, auch wurden die am 27. im
Gefecht gewesenen Truppen vom frühen Morgen an in Bereitschaft
gehalten, — indessen kam es nicht zum Ausrücken.

Selbst an seinen Schanzarbeiten war der Feind weniger thätig
als sonst; nur der Bahnlinie Metz=Peltre schien er seit dem gestri=
gen Gefecht erhöhte Aufmerksamkeit zugewendet zu haben; denn

---

*) Vom Infanterie=Regiment Nr. 68.

man bemerkte, daß jene Strecke von Civilperſonen unter Militär=
bedeckung recognoscirt wurde.

Die Vortruppen der Cernirungsarmee ſetzten dabei an mehre=
ren Stellen die Demolirung der vor der Front gelegenen Ortſchaf=
ten fort, ohne hierbei beläſtigt zu werden. Nur einige ſchwere
Granaten warf der Feind von den Forts gegen verſchiedene Punkte
der Cernirungsſtellung. Ganz denſelben Verlauf nahm der 29. September. Par=
tielle Allarmirungen und Patrouillengefechte fielen vor, doch folgte
keine ernſthafte Action. Vom Fort Queleu aus warf der Feind
Granaten gegen die deutſchen Batterieſtellungen bei Pouilly.

Der 29. brachte indeſſen dennoch eine neue wichtige Nachricht,
die ſowohl vom 1., als auch vom 10. Armee=Corps in's Haupt=
quartier Corny gemeldet wurde. Der Feind war weſtlich des Fort
St. Julien mit Erbauung einer Brücke über die Moſel beſchäftigt
und hatte zur Sicherung dieſes Baues die vorliegenden Orte ſtär=
ker als gewöhnlich beſetzt.

Ueber die Nordſpitze der Inſel Chambière hinweg, dicht neben
jener erſten Brücke, entſtand ein anderer Uebergang, der einem
Damme ähnlich ſah und für eine mit Erde beſchüttete Floßbrücke
galt. Weiter gegen die Stadt hin führten vom linken Ufer nach
der Inſel Chambière gleichfalls 3 kleinere dicht neben einander
gelegene Kriegsbrücken, die man erſt ſeit kürzerer Zeit bemerkte.
Dies Streben, ſeine Communication zwiſchen den beiden Moſel=
ufern nördlich von Metz zu verbeſſern, deutete darauf hin, daß der
Feind aus den Erfahrungen ſeiner erſten Ausfallverſuche die Noth=
wendigkeit, ſich ſchneller auf einem Ufer concentriren zu können,
erkannt habe, und daß er nun die Vorbereitungen für eine neue
Offenſive beginne.

In Verbindung mit den auffallenden Vorgängen bei Thion=
ville ſelbſt, ſchien dieſer Umſtand zu beweiſen, daß der Feind trotz
der Ungunſt der Verhältniſſe im Allgemeinen an ſeiner Idee feſt=
halte, nach Norden hin durchzubrechen. Der Oberbefehlshaber
machte die Corps durch folgenden Armeebefehl darauf aufmerkſam.

Corny, den 29. September 1870.

„Ich habe Veranlaſſung, die Armee=Corps der Cernirungs=
armee für die nächſte Zeit ganz beſonders auf ein alertes Bereit=
halten der Truppen hinzuweiſen, gegen feindliche Verſuche, ſich

burchzuschlagen, respective nach Außen die Verbindung mit Zufuh=
ren, etwa von Thionville her, sich zu erkämpfen."

„Die commandirenden Herrn Generale wollen mit ihren
Nebencorps die Modalitäten der Unterstützung für jeden einzelnen
Fall nochmals im Voraus genau verabreden und feststellen."

Der General der Cavallerie
(gez.) Friedrich Carl.

Am Abende und in der Nacht zum 30. wechselten die beiden
Festungen abermals Leuchtsignale; dies erregte die Aufmerksam=
keit der Cernirungstruppen natürlich noch mehr.

General von Manteuffel hatte für die Nacht sogar seinen
rechten Flügel verstärkt und stellte am frühen Morgen seine Corps=
Artillerie bei Ste. Barbe bereit. Es wurde indessen noch keine
Bewegung des Feindes wahrgenommen. Die Forts Plappeville
und St. Quentin feuerten übrigens in den ersten Morgenstunden
heftig gegen die Cernirungspositionen. Fort St. Quentin warf 72
schwere Granaten nach der Vergecke von Jussy und in das eng
gebaute Vaux hinein, ohne indessen irgend Schaden anzurichten.
Im Uebrigen blieb der Feind am 30. völlig ruhig.

Die letzten Tage ließen die Lage der Cernirungsarmee von
Neuem verändert erscheinen. Zu der Nachricht von dem Falle von
Toul war am 28. Morgens die von der in der Frühe erfolgten
Capitulation von Straßburg gekommen. Hatte man es während
der ganzen Epoche seit der Katastrophe von Sédan für wahrschein=
lich gehalten, daß der Marschall Bazaine versuchen werde, mit
seiner Armee in der Richtung nach Süden hin das freie Feld zu
gewinnen, um in Südfrankreich den Krieg weiter fortzusetzen oder
sich vielleicht unter Entsetzung von Straßburg im Elsaß zu behaup=
ten, so fiel diese Annahme nun natürlich fort.

Seitdem Toul und Straßburg sich in deutscher Hand befan=
den, hatte dies Project seine besten Chancen verloren.

Prinz Friedrich Carl glaubte ferner, daß Marschall Bazaine
als Großoffizier des Kaisers, für die im Süden Frankreichs herr=
schenden extremen Parteien unmöglich Sympathieen hegen, er da=
her auch keine vorherrschende Neigung besitzen könne gerade dort=
hin durchzubrechen.

Der Oberbefehlshaber nahm daher an, daß es dem Mar=
schall als Ziel vorschwebe:

1. Den Fall der Festung Metz zu verhüten.

Bei der Ungewißheit, in der er sich befand:

2. Die Armée du Rhin für spätere Wendungen der Dinge möglichst intact zu erhalten.

Diesen Zielen hätte es entsprochen, seine Armee bald von der Festung zu trennen, da jeder Tag längeren Verweilens den Fall von Metz um eine Woche beschleunigte. Wie erwähnt, war aber die Armée du Rhin zur Zeit schon durch den Zustand ihres Pferde= materials zu weiteren Operationen unfähig. Es blieb ihr daher nur noch die Möglichkeit, mit energischen Durchbruchsgefechten Thionville und dann die nahe Grenze neutralen Gebietes zu er= reichen. Der Marschall mochte auch rechnen, dort sympathische Aufnahme zu finden und der Kriegsgefangenschaft zu entgehen.

Auf diese Weise hätten sich allein jene beiden, eben bezeichne= ten Zwecke erreichen lassen, trotzdem sie völlig divergirten.

Die Vorgänge in Luxemburg, die Versuche zur Verprovian= tirung von Thionville,*) die Vermehrung der Moselbrücken nörd= lich von Metz und die immerhin berechtigte Annahme, daß in Metz wenigstens ein Mangel schon fühlbar sei, unterstützten die gemachten Voraussetzungen und bewogen den Oberbefehlshaber, den Schwer= punkt in der Cernirungsaufstellung zunächst wieder nach der Nord= ostseite zu verlegen.

Freilich waren die öconomischen Nachtheile, die jede größere Veränderung in der Aufstellung der Armee mit sich führte, bedeu= tend, allein so gewichtige Erwägungen, wie die eben angeführten, durften dennoch nicht unberücksichtigt bleiben.

Der Prinz machte deshalb in einem besonderen Schreiben die commandirenden Generale der Cernirungs=Armee mit seinen An= schauungen vertraut und erließ dann nachstehenden Armeebefehl:

H.=Q. Corny, den 30. September Nachmittags 2 Uhr.

„Mit Bezug auf die den commandirenden Herren Generalen heute mitgetheilte Darlegung der Situation bestimme ich Folgendes:

„Das 10. Armee=Corps rückt auf das rechte Moselufer

---

*) Das Detachement Strantz hatte jetzt die Eisenbahnlinie Thionville= Luxemburg an verschiedenen Stellen gründlich zerstört. Von Perl aus entdeckte man indessen auch in Mondorf eine Art Zwischendépot für den Proviant=Transport von Luxemburg nach Thionville und belegte die daselbst vorhandenen Vorräthe mit Beschlag.

in die Aufstellung Malroy=Charly, welche bisher die Division Kummer innehatte. Hauptquartier Antilly."*)

„Die Rayons des 10. und 1. Corps werden durch die Linie Sanry les Vigy = St. Hubert, welche Ortschaften dem 1. Corps gehören, begrenzt. Die Begrenzung der Gefechts = und Vorposten= aufstellungen festzustellen, bleibt der Vereinbarung beider Corps überlassen."

„Die Division Kummer, die von jetzt ab unter Befehl des Generals von Voigts=Rhetz tritt, rückt auf das linke Mosel= ufer in die bisherige Aufstellung des 10. Armee=Corps, welche rechts nur bis Norroy (incl.) auszudehnen ist und über Amelange Ferme zur Mosel läuft. Die Landwehr=Division ist in die erste Linie zu nehmen, die Linien=Infanterie=Brigade als Reserve bei Mézières aufzustellen, wo auch das Divisions=Stabsquartier zu nehmen."

„Das vom 10. Armee=Corps zur Rückendeckung gegen Thion= ville an die Orne detachirte Bataillon verbleibt vorläufig dort und meldet an die Division Kummer. Zur weiteren Verbindung mit der Division Kummer ist Seitens des 10. Corps ein Moselüber= gang in der Höhe von Talange herzustellen."

„Das 1. Armee=Corps verkürzt seine bisherige Cerni= rungslinie derart, daß der linke Flügel bei Montoy (excl.) Anschluß an das 7. Armee=Corps nimmt."

„Die Grenze der Rayons des 1. und 7. Armee=Corps bildet die Linie Montoy=Flanville und die Straße nach Saarbrück, die genannten und die an dieser Straße liegenden Orte gehören dem 7. Corps."

„Die Cavallerie=Division Hartmann wird dem 1. Armee=Corps attachirt und ist durch besonderen Befehl bereits heute nach les Etangs und nächste Umgegend dislocirt."

„Das 7. Armee=Corps erhält die Cernirungslinie Montoy (incl.). — Ars Laquenexy (incl.). Hauptquartier Ogy." **)

„Eine Infanterie=Division und die Cavallerie sind so zu dis= lociren, daß sie nach rechts hin schnell verwendbar sind."

„Die Grenze zwischen 7. und 8. Corps bildet die Straße

---

*) Ging nach Rugy.
**) In Ogy konnten nur die Branchen des General=Commando's unter= gebracht werden, dieses selbst ging nach Puche.

Ars Laquenexy-Rémilly, die daran gelegenen Orte gehören dem 7. Corps."

„Das 8. Armee-Corps erhält im Anschluß an das 7. Armee-Corps die Cernirungslinie bis zur Seille unterhalb Marly; Marly und die vor diesem Orte auf rechtem Seille-Ufer gelegenen Waldparzellen werden vom 2. Armee-Corps besetzt. Im Uebrigen bildet die Seille die Grenze zwischen 8. und 2. Armee-Corps. Hauptquartier Mécleuves."*)

„Das 8. Armee-Corps hat seine Reserven nach dem rechten Flügel hin zu bislociren. Die bei Orly in Batterie stehenden 10 Zwölfpfünder verbleiben dort. Dagegen sind die anderen dem 8. Corps überwiesenen Zwölfpfünder in der vom Corps nunmehr einzunehmenden Aufstellung zu verwenden."

„Die Cavallerie-Division Graf Gröben bleibt dem 8. Armee-Corps attachirt und ist à cheval der Straße Metz-Straßburg zu bislociren."

„Das 2. Armee-Corps rückt in die bisherige Aufstellung des 8. Armee-Corps zwischen Seille und Mosel, besetzt die auf rechtem Seille-Ufer gelegenen Theile von Marly und die zwischen Marly und Magny liegenden Waldparzellen und dehnt sich links über die Mosel bis einschließlich Ars und Vaux aus. H.-Q. Jouy aux Arches."

„Das 9. Armee-Corps übernimmt die Cernirungslinie von der Höhe von Jussy incl. bis zur Ruine von Châtel incl.; die in erster Linie nicht verwendete Infanterie-Division ist auf Gorze-Rézonville, die Corps-Artillerie bei Gravelotte-Rézonville zu bislociren. H.-Q. Gorze."**)

„Das 3. Armee-Corps hat seine Cernirungsfront links bis Norroy exclusive auszudehnen. Im Uebrigen hat das Corps sich so zu bislociren, daß es mit einer Infanterie-Division und der Corps-Artillerie, namentlich nach links hin, schnell in ein Gefecht eingreifen kann."

„Mein Hauptquartier geht am 2. October nach Pange, das vom 7. Corps mit einem Bataillon zu belegen. Der Stab des Ober-Commando's der I. Armee nimmt am 2. Quartier in Maizeroy."

*) Ging nach Chérizey.
**) Ging nach Novéant.

„Die in Vorstehendem angeordneten anderweitigen Aufstellungen treten morgen am 1. October derart ein, daß die Vorposten der abrückenden Corps und der Division Kummer so lange in ihrer Aufstellung bleiben, bis die ablösenden Corps in die Aufstellung eingerückt sind. Die Corps und die Division Kummer haben die Details der Ablösung zu ordnen und hierbei den Gesichtspunkt steter Gefechtsbereitschaft festzuhalten. Die dem Feinde sichtbaren Märsche sind in die allerfrühesten Morgenstunden zu verlegen."

Der General der Cavallerie
(gez.) Friedrich Carl.

Da auf der Nordseite der Cernirungslinie eine verhältnißmäßig nur schwache Cavallerie disponibel war, so erging vor Erlaß dieser allgemeinen Dispositionen ein besonderer Befehl, welcher die 1. Cavallerie=Division nunmehr dem 1. Armee=Corps unterstellte. Die Division sollte noch am 30. September nach der Gegend von les Etangs abrücken und dort enge Cantonnements beziehen.

Diese Anordnung gab General von Manteuffel Veranlassung, am 30. Abends 6¾ Uhr telegraphisch im Hauptquartier anzufragen, ob er den General von Hartmann mit 1 Cavallerie=Brigade, 1 reitenden Batterie nach Thionville detachiren und nur die andere Brigade der 1. Cavallerie=Division als Reserve für das 1. Armee=Corps zurückhalten dürfe. Der Oberbefehlshaber ertheilte diesem Vorschlage sogleich seine Zustimmung. Hielt man beim 1. Armee=Corps einen Theil der Cavallerie=Division für dort nicht unbedingt nothwendig, so war zur Zeit die festere Einschließung von Thionville für denselben eine sehr zweckmäßige Verwerthung.

Am 1. October rückte General von Hartmann in Folge dessen mit 3 Cavallerie=Regimentern, 1 Batterie nach Thionville ab und übernahm daselbst von nun an den Oberbefehl über die gesammten Cernirungstruppen; das Detachement des General von Strantz wurde ihm unterstellt.

Es sei hier hinzugefügt, daß sich die Verhältnisse von Thionville für die Folge noch günstiger gestalteten, da am 1. October aus dem großen Hauptquartier auf einen früheren Antrag des Ober=Commando's hin 2 Bataillone der Garnison Saarlouis für die Cernirung von Thionville zur Verfügung gestellt wurden.*) Das

---

*) Der betreffende Antrag war von Seiten des Ober=Commando's der I. Armee in Anregung gebracht worden.

Ober-Commando ersuchte die Commandantur von Saarlouis, die beiden Bataillone nach Königsmacker zu dirigiren. Dort trafen sie am 4. October ein, nachdem am 3. October eben wieder ein Aus= fall stattgefunden hatte, den der Feind mit 1 Bataillon und 1 Zug Cavallerie auf der Nordseite unternahm. Damit wuchs die Stärke des Cernirungs=Detachements von Thionville auf 4 Batail= lone, 20 Eskadrons *) und 1 Batterie. Diese Streitkräfte erschie= nen nunmehr genügend, um die Festung völlig gegen die Außen= welt abzusperren und den Unternehmungen ihrer Besatzung für die Dauer ein Ziel zu setzen.

Am 1. October vollzogen sich auch die übrigen Veränderungen in der Aufstellung der Cernirungstruppen.

Das 10. Armee=Corps nahm dabei sein Hauptquartier in Rugy statt in Antilly,

das 7. in Puche statt in Ogy,

das 8. in Chérizey statt in Mécleuves,

das 9. in Novéant statt in Gorze.

Alle diese Abänderungen der Bestimmungen des Armeebefehls wurden nothwendig, weil die vom Ober=Commando den Armee= Corps als Hauptquartiere zugewiesenen Orte von Ruhr= und Typhuslazarethen überfüllt, keine irgend genügende Unterkunft boten. Die Bestimmung zweier anderer Hauptquartiere hatte aus demselben Grunde schon während Erlaß des Armeebefehls geän= dert werden müssen.

Auch die später beabsichtigte Verlegung des Armee=Haupt= quartiers nach Pange, die der neuen Aufstellung der Cernirungs= truppen entsprach, mußte, da auch in jenem Orte gleiche Verhält= nisse herrschten, aufgegeben werden. Das Armee=Hauptquartier ver= blieb in Corny.

In der zweiten Dekade des Monats September hat der Bestand der Lazarethkranken 19 pCt. der Kopfstärke der Armee betragen. An Neuerkrankungen zeigte sich gegen die erste Dekade ein Zuwachs von 2 pCt. Dieser Zuwachs war seitdem leider im Steigen geblie= ben und, hatten sich unter jenen 19 pCt. auch mehr als die Hälfte Verwundete aus den Schlachten vor Metz befunden, so konnte

---

*) Hierzu kam noch 1 Bataillon des 10. Armee=Corps. 1 Escadron vom Detachement von Strantz war noch seit dem 20. August in Pont à Mousson stationirt und von dort nach Nancy entsendet; ihre Rückkehr zum Detachement stand gegen die Mitte (10.) October bevor.

man zur Zeit mit Sicherheit annehmen, daß der Krankenstand der Armee, jene Verwundeten nicht eingerechnet, sich auf 15 pCt. der Kopfstärke belief. Unter den Neuerkrankungen zeigten sich 27 pCt. Ruhrfälle, 12 pCt. gastrisches Fieber und Typhus, auch Skorbut kam vereinzelt vor. Die Lage der Armee wurde, da trotz des guten Wetters die Nächte kalt waren, mit der Zeit immer schwieriger, nur die andauernd gute Verpflegung ermöglichte das Aushalten vor der Festung und die Erhaltung tactischer Tüchtig= keit. Die schlechten Unterkunftsverhältnisse aber, der Hauptmangel, unter dem die Truppen litten, blieben dieselben. Diesen Umstand ganz zu beseitigen, erschien thatsächlich unmöglich.

Die Bewegungen am 1. Oktober wurden durch den Feind nicht ernstlich gestört.

Nur am frühen Morgen gegen 5 Uhr unternahm er einen partiellen Ausfall gegen die Vorposten des 9. und die daran stoßen= den Posten des 3. Armee=Corps vorwärts Châtel. Mehrere Bataillone brachen dort aus der Schlucht zwischen den Forts Plappeville und St. Quentin hervor, drängten die preußischen Feldwachen zurück und avancirten bis in die Waldlisiere des Bois de Châtel hinein. Die herbeieilenden Replis aber vertrieben sie daraus schnell wieder und brachten ihnen durch nachgesandtes Schnellfeuer Verluste bei. Die angegriffenen Vortruppen des 9. Armee=Corps verloren 5 Todte 14 Verwundete.

Dies Gefecht hatte freilich Theile des 9. und 3. Armee=Corps alarmirt, während sich Theile des 2., die gerade im Begriff waren, die Cantonnements und Lager zu wechseln, als sie die be= treffenden Nachrichten erhielten, bereit machten, in das Gefecht einzugreifen, wenn dieses größere Dimensionen annehmen sollte. Man gewann indessen bald die Ueberzeugung, daß der Feind nichts Ernstliches beabsichtige und noch im Laufe des Vormittags kehrten die alarmirten Truppen des 9. und 3. Armee=Corps zu ihren alten Plätzen zurück, die des 2. setzten die Ausführung der Dis= position vom 30. fort.

Nur die Forts St. Quentin und Plappeville warfen Grana= ten nach den Orten im Moselthal südlich und nördlich von Metz.

Vom 2. bis 6. October.

Mit Rücksicht auf die in der nächsten Epoche folgenden Kämpfe im Moselthale nördlich von Metz ist es hier am Platze, die Betrach=

tungen darzulegen, welche den Tausch zwischen dem 10. Armee=
Corps und der Division Kummer veranlaßt hatten.

Die gesammten Veränderungen in der Aufstellung der Cerni=
rungsarmee waren, wie erwähnt, daraus hervorgegangen, daß
man es nunmehr für wahrscheinlich hielt, der nächste Durchbruchs=
versuch der eingeschlossenen Armee werde sich nach Norden richten.
Im Speziellen war hierbei aber noch zu entscheiden, ob der
Feind auf der Sohle des Moselthales, am linken Ufer oder rechts
des Flusses in mehr nordöstlicher Richtung seine Versuche unter=
nehmen werde. Ein Vorgehen in nordwestlicher Richtung führte
auf einen der stärksten Theile der Cernirungsposition. Diese Rich=
tung war, da sich Séban in unsern Händen befand, für den Feind
ohnehin nicht günstig. Ein solcher Fall konnte darum als völlig
unwahrscheinlich von der Betrachtung ausgeschlossen werden.

Im Moselthale selbst, also in der direct nördlichen Richtung,
hatte die französische Armee ein ebenes, freies für die Concentra=
tion großer Truppenmassen unläugbar bequemes Terrain inne,
das auch dem Debouchiren starker Colonnen kein irgend wesentliches
Hinderniß bereitete. Allein die fortificirte Position in der Cer=
nirungslinie, welche sie dort erstürmen mußte, nämlich die von
Semécourt=Amelange Ferme, lag im Moselthale weit rückwärts.
Die angreifenden Truppen hatten von der Linie Woippy=St. Eloy=
Thury, wo sie ihre schützenden Deckungen verließen, bis zu jener
Position einen Weg von über ½ deutsche Meile zurückzulegen. Sie
kamen dabei, sobald sie die Linie Ladonchamps=Maxe passirt hat=
ten, auf einer völlig freien Ebene in das Kreuzfeuer der auf den
beiden hohen Thalrändern postirten preußischen Batterien. Von
Semécourt her vermochte die 12=Pfünderbatterie, im Laufe des
Gefechtes durch Batterien des 3. Armeecorps verstärkt, gegen sie
zu wirken, vom rechten Ufer her die Artillerie des 10. Armee=Corps.
In der Front blieben dann die 6 Batterien der Division Kummer
zur direkten Unterstützung der Vertheidigung verfügbar.

Der Einwirkung auf beide feindliche Flanken durch die Ar=
tillerie wäre aber im entscheidenden Augenblicke gerade auch der
Gegenangriff der herbeigeeilten Infanterie des 3. resp. 10. Armee=
Corps gefolgt, wobei das 3. Armee=Corps seinen Vorstoß gleich=
falls gegen des Feindes Flanke richten konnte, während das 10.
als Reserve für die Frontvertheidigung auftrat.

Die zurückgezogene Lage der früher vom 10. Armee=Corps

21*

eingerichteten Positionen Semécourt-Amelange machte sich hierin vortheilhaft geltend und bei der Sparsamkeit, die in der Verwendung der Kräfte der Cernirungsarmee herrschen mußte, durfte ein solcher Umstand nicht ungenutzt bleiben.

Dieser Umstand schien es gleichzeitig zu gestatten, die Landwehrtruppen der Division Kummer in die erste Linie zu ziehen und die Linien-Brigade dieser Division, welche bisher ausschließlich den Vorpostendienst versehen hatte, als Reserve zurückzunehmen.

Wurde wirklich die ernste Gegenwehr auf diese rückwärtige Linie beschränkt, so genügten die Kräfte der Division Kummer völlig, den Durchbruch zu verhindern. Bei den nun folgenden Kämpfen hat der Feind seinen Angriff in Wirklichkeit auch nicht bis zu jener Position durchgeführt, sondern er wurde jedesmal schon vor derselben zurückgewiesen.

Nur durch die Aufstellung der Division Kummer im Moselthale wurde aber das 10. Armee-Corps für das rechte Ufer verfügbar, so daß, wenn sich auf diesem Ufer nördlich von Metz die Schlacht erneuerte, 3 volle deutsche Armee-Corps (das 10., 1. und 7.) nebst 1 Cavallerie-Brigade der 1. Cavallerie-Division dort vereinigt werden konnten.

Zunächst richtete der Feind indessen seine partiellen Angriffe gegen die weit vorgeschobenen Posten der Division Kummer. Diese Division hatte sich entschlossen, ihre Vorpostenlinie im Allgemeinen ebenso zu etabliren, wie dieselbe zuletzt, seit der Demolirung von la Maxe, vom 10. Armee-Corps inne gehalten worden war,*) nämlich in der Linie Villers les Plenois-Ladonchamps-les Grandes Tapes bis zur Mosel', gegenüber der oberhalb Olgy gelegenen Mühle.

Villers les Plenois wurde vom 1. ab durch das 3. Armee-Corps übernommen und die Division Kummer besetzte dann mit 2 Landwehrbataillonen die Waldparcellen nördlich des Bois de Woippy, sowie die Orte Bellevue, St. Remy, les Petites- und les Grandes Tapes. Ueber diese Linie hinaus wurden nach Ste. Agathe und Ladonchamps schwache Feldwachen vorgeschoben.

Zur direkten Unterstützung dieser ersten Linie dienten dann

---

*) Doch reichte der rechte Flügel der Vorposten der Division Kummer, wie es im Armeebefehl vorgesehen war, nur bis Norroy.

2 andere zwischen derselben und der fortificirten Cernirungslinie etablirte Bataillone.

Vom 10. Armee-Corps waren bis zur völligen Uebernahme der Vorpostenaufstellung durch die Division Kummer noch 2 Jägercompagnien dort zurückgelassen worden.

In der Nacht zum 2. October bald nach Mitternacht griff der Feind die nur 16 Mann starke Feldwache bei Labonchamps an und warf sie auf St. Remy zurück, auch die Feldwache von Ste. Agathe mußte abziehen. Bald darauf ging er weiter gegen St. Remy vor, das von 1 Landwehr-Compagnie besetzt war. Seine Angriffe wurden indessen abgewiesen, obgleich jene Compagnie einmal für kurze Zeit aus dem Orte zurückgegangen war.

Inzwischen wurde das Lager hinter der Vorpostenstellung allarmirt. Die Besatzung von St. Remy erhielt zunächst eine Verstärkung von 3 Compagnien.

Das Gefecht schwieg indessen und es schien, als wolle der Feind sich mit der Festhaltung der beiden von ihm besetzten vorgeschobenen Posten begnügen.

Etwa um 5 Uhr Morgens aber wurde wiederum St. Remy und das von einem Bataillon besetzte Bellevue angegriffen. Der Feind brachte dabei jetzt auch eine Mitrailleusenbatterie in's Feuer, konnte indessen weder Bellevue noch St. Remy — wohin noch 4 Compagnien zur Verstärkung der angegriffenen Landwehrtruppen dirigirt worden waren, — fortnehmen.

Es kam von diesem Momente ab zum stehenden Feuergefecht, doch gelang es einer Compagnie, etwa um 7 Uhr Morgens den Feind aus Ste. Agathe wieder zu verdrängen und den Ort neuerdings zu besetzen.

Das Gefecht wurde nun zwar schwächer, währte indessen fort, so daß General von Kummer abermals die. engagirten Truppen durch 1 Landwehrbataillon, das nach Bellevue hineingezogen wurde, unterstützte.

Seit 5½ Uhr Morgens griff auch die 12-Pfünderbatterie nördlich Semécourt in den Kampf ein, von 9 Uhr ab durch eine zu der Division Kummer gehörige Batterie unterstützt, die auf der Anhöhe südlich Semécourt auffuhr. Gleichzeitig um 9 Uhr erhielt eine andere Batterie der Division Befehl, in das Gefecht einzugreifen und durch ihr Feuer die Wiedereroberung von Labonchamps vorzubereiten. Diese Batterie nahm Stellung bei les Tapes und beſchoß mit guter Wirkung das Schloß. Der Feind hatte ſeine Angriffe durch Geſchützfeuer aus dem Fort Plappeville und den unterhalb deſſelben angelegten Batterien begleitet. Er concentrirte nun, nachdem kurz zuvor das Gefecht faſt geſchwiegen hatte, ſein Feuer von den Forts und beſonders aus Geſchützaufſtellungen bei St. Eloy gegen die zuletzt aufgetretene preußiſche Batterie und zwang ſie um 10¼ Uhr nach ½ſtündigem lebhaften Kampfe zum Abzuge.

Um ｜10 Uhr griff auch eine der Jäger=Compagnien des 10. Armee=Corps in das wieder weiter geführte Infanteriegefecht ein und dieſes dauerte mit wechſelnder Lebhaftigkeit noch bis 11 Uhr Vormittags; dann erloſch es. Nur einzelne Schüſſe wurden noch ferner gewechſelt.

Die Artillerie ſetzte von beiden Seiten mit mehr oder minder großen Pauſen die Kanonade bis zum Abend fort.*)

---

*) Der Indépedant de la Moselle brachte am 4. und 6. October über dieſes Engagement folgende Notizen:

Dimanche (den 2. October) vers deux heures du matin, deux bataillons du 25e de ligne, commandés par le général Gibon, ont surpris de nouveau Ladonchamps, et ont tué ou fait prisonnier le détachement prussien, qui s'y trouvait; vers 8 heures du matin les Prussiens établirent aux Petites-Tapes une batterie qui chercha à canonner Ladonchamps; elle fut immédiatement demolié par nos pièces de 12, tirant de St. Eloy.

Pendant ce temps, deux compagnies du génie étaient venues renforcer les bataillons du 25e, et avaient établi à Ladonchamps des défenses provisoires, qui permirent aux nôtres de repousser avec avantage une vigoureuse offensive prussienne venant de St. Remy.

En même temps une autre batterie prussienne, établie près de Bellevue, chercha à faire pleuvoir des obus sur Ladonchamps, sans que son tir obtint des résultats satisfaisants; aucun de nos hommes n'y fut blessé.

C'est donc seulement dans la fusillade du matin que nous avons eu une centaine de blessés, parmi lesquels ce trouveraient le lieutenant-colonel, qui a malheureusement succombé hier matin; nous avons aussi à regretter la perte d'un chef de bataillon, tué dans cette affaire..............................

Voici quelques détails complémentaires sur l'affaire du 2, à Ladonchamps:

Vers minuit, toutes les compagnies d'éclaireurs volontaires de

Der anfangs vom General von Kummer beabsichtigte Versuch, das Schloß Ladonchamps wiederzunehmen, erschien bei näherer Recognoscirung nicht rathsam, eine absolute Nothwendigkeit dafür lag auch nicht vor; die Division stand deshalb davon ab.

Durch das Granatfeuer geriethen übrigens des Abends noch die Orte St. Remy und Franclonchamps in Brand, so daß der erste von seiner Besatzung geräumt werden mußte.

Der Verlust der engagirt gewesenen preußischen Truppen belief sich auf 5 Offiziere 129 Mann.*)

Durch dies Gefecht war auch die 5. Infanterie-Division schon in der Nacht allarmirt worden und um 8 Uhr stellte General von Alvensleben II. 1 Infanteriebrigade und 2 Batterien bei Marengo Ferme zur Unterstützung des General von Kummer bereit. Das Ober-Commando, welches hiervon Nachricht erhielt, forderte auch den General von Voigts-Rhetz auf, die fechtenden Truppen, wenn nöthig, zu unterstützen, indessen kamen alle diese für die Verstärkung designirten Abtheilungen nicht mehr zur Verwendung. Der Gang des Gefechts machte es dem 10. Armee-Corps selbst nicht möglich, durch Artillerie-Feuer vom rechten Ufer her mitzuwirken, da sich seinen Batterien kein passendes Object bot.

Auch dieses Mal waren Fahrzeuge den Angriffscolonnen des Gegners gefolgt, wenigstens sah man vom Observatorium Saulny aus im Laufe des Vormittags Wagen vom Gefechtsfelde nach Metz zurückkehren. Ihre Ladung aber schien nur in Verwundeten zu bestehen.

---

la division, appuyées par le 25e de ligne, enlevèrent Ladonchamps. Deux heures après, deux compagnies par régiment de la quatrième division du 6e corps, en armes, allèrent comme travailleurs établir les ouvrages de défense nécessaires à Ladonchamps. A 6 heures du matin, sur l'ordre du général commandant la 4e division, les trois bataillons du 70e de ligne se portèrent sur le champ de bataille; il y étaient à 7 heures. L'un d'eux occupa la ferme de Saint-Agathe, les deux autres passèrent en première ligne pous relever les compagnies d'éclaireurs et une partie du 25e. Ces deux bataillons restèrent dans cette position jusqu'à midi et demi, heure à laquelle les travaux de défense étaient assez complèts, pour garder Ladonchamps avec peu de monde. Le troisième bataillon, qui était à Sainte-Agathe, ne fut relevé qu'à 11 heures du soir. Dans cette affaire, le 70e a eu trois officiers blessés, huit hommes de troupe tués et trente-cinq blessés.

*) Der Feind verlor 9 Offiziere 87 Mann. Bazaine l'armée du Rhin.

Ob daher auch heute der Feind eine Fouragirung im Sinne gehabt und nur nicht zu deren Ausführung gekommen war, erschien vor der Hand zweifelhaft.*) Für möglich mußte man es auch halten, daß er die Ablösung des 10. Armee = Corps im Mo= selthale durch Landwehrtruppen bemerkt und geglaubt hatte, gegen diese mit Leichtigkeit tactische Erfolge erringen zu können. Diese Ansicht hatte sich freilich als irrig herausgestellt.

Auf der Südwest= und Südseite war übrigens gleichfalls auf beiden Seiten die Artillerie in Thätigkeit gewesen. Lebhafter als bisher hatten die Geschütze des Mont St. Quentin und der bei Montigny neu errichteten Emplacements gegen die Cernirungsposi= tion südlich Metz gefeuert. Bis in die Gegend der Auberge Polka hin schlugen die Granaten ein, die Stellungen von Tournebride, Frescaty und Orly Ferme wurden auf gleiche Weise beunruhigt. Die 12= Pfünder=Batterie der Cernirungsposition auf der Höhe von Jussy warf dafür 140 Granaten nach Ste. Ruffine hinein. Der Ort gerieth in Brand, wenn auch das Feuer in den massiven Gebäuden keine Nahrung fand und daher nur verhältnißmäßig ge= ringen Schaden anrichtete.

Der Feind hatte somit am 2. October außerordentliche Reg= samkeit an den Tag gelegt.

Seine Versuche gegen die Cernirungstruppen glichen an die= sem Tage freilich mehr Unternehmungen des kleinen Krieges, als ernstgemeinten Angriffen. Indessen gerade das ließ die Wieder= holung ähnlicher Vorgänge voraussehen.

Wirklich zeigte er sich am 3. früh auf der Nordseite und zwar abermals am linken Ufer besonders thätig, so daß der Ober= befehlshaber nunmehr die Möglichkeit weiterer Detailangriffe des Feindes gegen die Division Kummer in's Auge faßte und dem General von Voigts=Rhetz schriftlich seine Ansicht aussprach, daß für solche Fälle die Positionen des 10. Armee=Corps und der Division Kummer völlig als ein Ganzes betrachtet werden sollten. Nach der Herstellung des dritten Moselüberganges bei Talange, die im Armeebefehl vom 30. September angeordnet worden war, befand sich das 10. Armee=Corps auch in der Lage, schnell und

---

*) Thatsächlich ist es Absicht des Feindes gewesen, sich im Hinblick auf demnächst zu unternehmende Durchbruchsversuche gegen Thionville in Labonchamps festzusetzen.

mit hinreichenden Kräften die im Moselthale am linken Ufer fech=
tenden Truppen zu unterstützen. Die neue Brücke wurde im Laufe
des 3. October vollendet.

Der General schob daher auch noch keinen Theil seines Corps
auf das linke Moselufer hinüber, was Prinz Friedrich Carl in
dem eben erwähnten Schreiben seinem Ermessen anheimgestellt
hatte. General von Alvensleben II. erhielt Mittheilung von dem
Schreiben des Prinzen und setzte sich in Folge dessen mit General
von Voigts=Rhetz über die Unterstützung der Division Kummer in
Verbindung. Auf Anerbieten des Generals von Alvensleben über=
ließ diese Division dem 3. Armee=Corps. vom 4. an die Besetzung
der Ortschaften Marange, Fêves, Norroy, Bronvaux und der dazu
gehörigen vereinzelten Gehöfte. Dort konnte nun die 9. Infanterie=
Brigade mit 2 Batterien untergebracht werden, um fernerhin jeder=
zeit zum Eingreifen in ein Gefecht im Moselthale bereit zu sein,
während verhältnißmäßig gute Straßen es ihr trotz des schwierigen
Terrains möglich machten, andererseits auch die dem 3. Armee=
Corps zufallende Gefechtsposition in kürzester Frist zu erreichen.
Somit schien thatsächlich für die Sicherheit der Cernirung im
Moselthale jede Schwierigkeit gehoben.

Am 3. October zeigte sich übrigens der Feind im Allgemeinen
sehr thätig. Von den Forts Plappeville und St. Quentin, sowie
von den neuen Werken der Südfront aus bewarf er die erreich=
baren Theile der Cernirungslinie mit schweren Granaten. Von
St. Quentin aus schlugen dabei Geschosse auf eine Entfernung von
7700 Schritt in den Ort Ars sur Moselle ein. Augenscheinlich
war dort der Bahnhof als Ziel genommen worden. 1 Mann
wurde hierbei getödtet, 1 Offizier, 1 Arzt, 4 Mann verwundet.*)

Die Batterien der Cernirungslinie erwiderten das Feuer durch
Bewerfen der auf der West= und Südseite gelegenen vom Feinde
besetzten Orte, wie Scy, Longeau und St. Ruffine.

Gegen Mittag hatte es dann abermals den Anschein, als
wolle der Feind seine Angriffe gegen die Division Kummer fort=
setzen.

Im Lager von Devant les Ponts nahm man Truppen=
bewegungen wahr, am Ostabhange des Mont St. Quentin wurden
Zelte abgebrochen und gegen 12 Uhr bemerkte man feindliche Ab=

---

*) Zum Theil in einem im Orte gelegenen Lazarethe.

theilungen, die sich von den Lagern aus gegen die Vorpostenlinie der Division in Bewegung setzten.

Die Vorbereitungen für die Abwehr eines neuen Angriffs wurden getroffen. Dieser kam indessen nicht zur Ausführung, sondern nur die Batterien bei Semécourt wechselten mit den französischen Artilleriestellungen von Woippy und St. Eloy einige Schüsse. Dagegen machte der Feind Anstalten, sich in Ladonchamps dauernd festzusetzen. Es entstanden dort Schützengräben, Batterie-Emplacements und von Maison rouge her ausgehende Approchen. Auch am 3. October waren wiederum Raketensignale zwischen Metz und Thionville gewechselt worden.

Am 4. traf dann in Corny durch General von Moltke die telegraphische Mittheilung ein, daß man im großen Hauptquartier Nachrichten habe, es würden auf französischem Gebiete Proviantvorräthe gesammelt, welche, für die Armee des Marschall Bazaine bestimmt, auf belgischen Bahnen nach Thionville geschafft werden sollten. Alles das machte das Bevorstehen großer Ausfälle auf der Nordseite von Metz immer wahrscheinlicher.

Gerade im Hinblick auf diese Möglichkeit war es nun geboten, daß bei den Truppen völlige Klarheit darüber herrschte, welche Positionen nach der neuen Aufstellung der Cernirungs-Armee dauernd behauptet werden sollten. Der Prinz legte daher den commandirenden Generalen der Cernirungs-Armee seine Anschauungen in folgendem Armeebefehl ausführlich dar:

Corny, den 4. October 1870.

„Die Ausfallgefechte der letzten Tage trugen den übereinstimmenden Character, daß der Feind mit großer Uebermacht, durch seine nahen Forts unterstützt, sich entwickelte und einzelne Punkte unserer Vorpostenlinie umfassend angriff und wegnahm."

„Auch nachdem die feindlichen Divisionen oder Brigaden sich nach einigen Stunden wieder zurückgezogen hatten, sind die angegriffenen Oertlichkeiten zum Theil im Besitz der feindlichen Vorposten verblieben, weil die diesseitigen commandirenden Herren Generale diese Punkte fernerhin zu besetzen, nicht für vortheilhaft und wünschenswerth hielten. Auf diese Weise hat in den letzten Tagen unsere Vorpostenlinie dauernd Terrain verloren, bei Peltre, bei la Maxe, bei Ladonchamps."

„Abgesehen davon, daß je weiter unsere Vorpostenlinie von der Festung entfernt genommen wird, auch ihr Umfang um so größer wird, müßte sie dadurch, wenn weiter so verfahren würde, in immer größere Nähe an die fortificatorische Cernirungsstellung gerathen. Die Zeit, die uns zum Bereitstellen unserer Truppen bleiben muß, würde immer geringer, hiermit die Pflege öcono= mischer Rücksichten durch weitläufigere Dislocation uns immer mehr verloren werden. Außerdem erweitert sich der Bereich des Feindes und er gewinnt, wenn nicht Vorräthe in den Oertlichkeiten, so doch Feldfrüchte und größere Strecken zur Pferdeweide."

„Ich bestimme deshalb, daß die commandirenden Herren Generale in sorgfältige Erwägung ziehen, welche Vorpostenlinie sie nunmehr innehalten wollen und über die getroffene Wahl an mich berichten."

„Erfolgt hierauf ein überlegener feindlicher Angriff, so wird es ganz richtig sein, wenn die Vorposten, ohne sich einem Echec auszusetzen, sobald dieser Angriff ausgesprochen ist, sich seitwärts abziehen und unsere Stellung demaskiren. Geht der Feind aber nicht weiter vor, so muß die alte Vorpostenstellung wieder ein= genommen werden. Es ist nicht zu gestatten, daß der Feind sich dort dauernd einniste. Die Mitwirkung unserer zahlreichen über= legenen Feldartillerie wird uns hierbei von wesentlichem Nutzen sein. Die herannahende schlechte Jahreszeit macht es uns zur Pflicht, an einigermaßen erträgliche Unterkunft wenigstens des größten Theils unserer Truppen zu denken. Wenn sich hierdurch die Bereitschaft zur Beziehung unserer Gefechtsstellung vermindert, so ist die Abhülfe darin zu suchen, daß in diesen Stellungen feste, sturmfreie Punkte geschaffen werden, in denen einzelne Bataillone mit Geschütz sich auch gegen überlegenen Angriff so lange behaupten müssen, bis die hinterwärts liegenden Truppen heraneilen."

„Hierzu wird bei jedem Armee=Corps der Bau einiger ge= schlossener, sturmfreier Schanzen, oder die sturmfreie Ein= richtung passender Oertlichkeiten nöthig werden, — bis jetzt trugen unsere Fortificationen einen anderen Character, sie hatten mehr vortheilhaft vorbereitete Gefechtsfelder uns zu schaffen, zur Absicht. Ich stelle deshalb jetzt einen neuen Gesichtspunkt hin, nach welchem, sobald die Unterkunftsarbeiten einigermaßen vollendet, die Truppen in recht lebhafte Thätigkeit zu versetzen sind."

„Ich will den Berichten der commandirenden Herren Generale entgegensehen, welche Arbeiten nach dieser Richtung hin in Angriff genommen werden sollen, wobei ich noch bemerke, daß binnen sechs

Wochen der gefrorene Boden uns weitere Erdarbeiten verbieten kann."

Der General der Cavallerie.

(gez.) **Prinz Friedrich Carl.**

Der 4. October verging ohne ernsteres Engagement. Der Feind setzte die Beschießung verschiedener Punkte der Cernirungs=position resultatlos fort. Hin und her kam es ferner zu Patrouillen=Engagements. Schüsse wurden auf allen Fronten gewechselt. Dem Feinde gelang es, in dem Waldterrain nordwestlich Ars Laquenexy eine Feldwache des 7. Armee=Corps zu überfallen, die dabei einen Verlust von 1 Verwundeten, 9 Vermißten hatte.

In Magny machten preußische Patrouillen zur Nachtzeit einen interessanten Fund. Sie brachten nämlich ein dort affichirtes Placat des Moselpräfecten mit, demzufolge der Preis des Pferdefleisches auch für die Bewohner des Weichbildes von Metz auf:

10 Centimes für parties basses,
50 „ „ parties moyennes,
1 Franc „ viande de choix

pro Kilogramm festgestellt wurde.

Man nahm also in Metz auch bereits den Handelsverkehr mit Pferdefleisch unter Controlle, — jedenfalls ein Zeichen, daß man Mangel hieran in nicht allzuferner Zeit voraussah.

Nach den Gefangenenaussagen betrug in der Festung die Portion für den Mann ¾ Pfund Pferdefleisch und ¾ Pfund Brod. Salz war angeblich gar nicht mehr vorhanden und in Folge davon zahlreiche Erkrankungen an Magenleiden vorgekommen.

Auch der 5. und 6. October trugen den gleichen Character, wie der 4. Von beiden Seiten waren die Batterien thätig und Patrouillen stießen auf allen Fronten aufeinander, so daß Geschütz= und Gewehrfeuer sich in vereinzelten Schüssen tagüber fortspann. In der Nacht vom 5. zum 6. machte das 8. Armee=Corps den Versuch, Magny zu demoliren, wo nach Beobachtungen des Obser=vatoriums St. Blaise noch immer Maulthier=Transporte des Feindes verkehrten und auch von Einwohnern auf Patrouillen geschossen worden war.

Es gelang zwar, den Ort anzuzünden, auch die Bahnlinie Metz=Peltre abermals zu zerstören, doch fand auch hier in den massiven Gebäuden das angelegte Feuer keine Nahrung, so daß es nicht weiter um sich griff.

Am 6. ging es lebhafter zu. Die Werke der Festung warfen

im Ganzen während dieses Tages 362 Granaten gegen die Cer= nirungsstellungen, ohne irgend einen nennenswerthen Erfolg. Nur schwere Batterien des 9. Armee=Corps, die aus vorbereiteten Em= placements Lessy, Longeau und Scy beschießen sollten und von den Forts Plappeville und St. Quentin zum Ziel genommen wurden, hatten einen Verlust von 3 Offizieren, 7 Mann an Verwundeten.*) Dabei war der Feind gleichzeitig noch immer sehr thätig in der Vervollständigung seiner Defensivlinien, namentlich auf der Nord= seite der Festung.

Als am 6. zwischen 11 und 1 Uhr Mittags die Batterien bei Semécourt abermals das Schloß Ladonchamps bewarfen, ant= worteten außer den Forts bereits 2 in Ladonchamps selbst etablirte Geschütze. Dann schritt der Feind jetzt auch an die Wiederher= stellung der großen Eisenbahnbrücke bei Longeville, die seit dem 15. August zerstört war.

Die Rührigkeit, welche der eingeschlossene Gegner in diesen letzten Tagen gezeigt hatte, und die im grellen Contraste zu seinem früheren Verhalten stand, schien darauf hinzudeuten, daß feindliche Unternehmungen im großen Style bevorstünden. Immer mehr drängten auch die Umstände auf die Entscheidung hin. Deutlich verfolgte man auf den Obervatorien, wie die Pferdeheerden, welche zwischen den Forts der Festung weideten, immer kleiner wurden. Die Grasnarben und die Vegetation der Aecker war dort nahezu schon verschwunden. Die Zahl der zu den Abbatoirs getriebenen Thiere vergrößerte sich, wie man gleichfalls wahrnahm, mit jedem Tage. Nach kurzer Zeit mußte die Ernährung der Pferde unmög= lich werden, und dann waren die Chancen für einen großen Aus= fall, welcher der feindlichen Armee den einzig möglichen Rettungs= weg bot, verloren.

Wurde so auch die Aufmerksamkeit der Cernirungstruppen völlig in Anspruch genommen, so änderte dies doch nichts daran, daß sie vor der Hand noch in völliger Inactivität ihre Kräfte ver= zehren und in gewissem Sinne unthätig der Entscheidung entgegen= harren mußten. Seitdem sich die practische Unausführbarkeit des Moselbauprojectes von Argancy erwiesen hatte, war jede Aussicht geschwunden, gegen Metz selbst in irgend einer Art angriffsweise

---

*) Bei einer gleichzeitig gegen Lessy ausgeführten Patrouillen = Unter= nehmung blieb vom 9. Corps 1 Mann todt, 7 verwundet. 1 Portepee= fähnrich wurde auf Vorposten gefangen.

vorzugehen. Daß es nicht zweckmäßig sei, die Cernirungs- und Vorpostenlinie unter Gefechten näher an die Werke der Festung heranzuschieben, war bekanntlich schon außer Zweifel.

Auch eine durch Theile des Stabes vom Ober-Commando der I. Armee am 30. September und 1. October vorgenommene Recognoscirung ergab nichts Anderes, sondern kam auf das gleiche Resultat hinaus. Es durfte daran nicht mehr gedacht werden.

Was zur Zeit von der Armee vor Metz geschehen konnte, um gleichzeitig mit der Erfüllung ihrer Hauptaufgabe und über diese hinaus für die Beschleunigung der allgemeinen Entscheidung mitzuwirken, war vielleicht eine Belagerung und Wegnahme von Thionville.

Die Armee Bazaine hatte so standhaft das Bestreben gezeigt, in der Richtung gegen Thionville durchzubrechen, daß man annehmen durfte, ihr mit dem Falle dieser Festung eine Hoffnung zu nehmen, an welcher sie mit größerer Zuversicht hing, als an irgend einer anderen.

Befand sich die Armee vor Metz im Besitze von Thionville, so vereinfachte sich auch ihre eigene Lage bedeutend. Ihre rückwärtigen Verbindungen, ihre Verpflegung und Versorgung wäre erleichtert und sie vielleicht in Stand gesetzt worden, 1 Armee-Corps für die Operationen im Innern von Frankreich disponibel zu machen.

Als am Nachmittage des 4. October die beiden Bataillone des Infanterie-Regiments Nr. 72 in Königsmacker eintrafen, wurde die Einschließung von Thionville vollständig.

General von Hartmann, am 1. October in Metzerwisse angekommen, hatte seine Dispositionen für die Cernirung so getroffen, daß ein Detachement unter Generalmajor von Lüderitz (2 Bataillone des Regiments Nr. 72, 8 Eskadrons) auf der Nordseite, das andere Detachement unter Generalmajor von Strantz (2 Bataillone Landwehr, 1 Bataillon des 10. Armee-Corps*), 7 Eskadrons**) auf der Südseite die Cernirung übernehmen sollte. 4 Eskadrons,

---

*) Das Bataillon war vom 10. Armee-Corps laut ihm ertheilten Befehl vom 6. September als Rückendeckung und zur Unterstützung der Cernirung von Thionville detachirt worden.

**) Später nach Rückkehr der nach Pont à Mousson-Nancy detachirten Eskadron 8 Eskadrons.

1 reitende Batterie verblieben in Reserve *) auf der Südost=
seite.

General von Hartmann gewann nun durch nähere Recognos=
cirungen die Ueberzeugung, daß es vielleicht möglich sei, Thion=
ville durch eine Beschießung mit schwerem Belagerungsgeschütz zur
Capitulation zu zwingen. Die wohl nicht sehr zuverläffige, bunt
zusammengewürfelte Garnison, von welcher bisher nur wenig ernste
Ausfälle gemacht worden waren, schien keine besondere Garantie
für einen hartnäckigen Widerstand und energische Unterstützung des
Commandanten zu gewähren, die Wohlhabenheit der Stadt gleich=
falls ein Resultat für das Bombardement zu verbürgen. Auf den
beiden Moselthalrändern fanden sich nach sachkundiger Ermittelung
günstig gelegene Positionen für das Etabliren der Batterien, zu=
mal auf dem hohen linken Rande.

Diese Beschießung mit Feldgeschütz zu beginnen, schien nach
den Erfahrungen von Toul nicht rathsam. Ein solcher nicht durch=
schlagender Versuch konnte nur die Moral der Besatzung heben.
Sollte gegen die Festung vorgegangen werden, so mußte dieses
sogleich mit voller Energie geschehen, damit man schnell zu einem
Resultate kam.

Das Ober=Commando stimmte mit dieser Anschauung, welche
General von Hartmann am 6. October früh schriftlich dargelegt
hatte, überein, nur hielt man es nicht für sicher, daß einfaches

---

*) General von Hartmann hatte für die vor Thionville vereinigten Truppen
folgende Ordre be bataille aufgestellt:
1. gemischte Brigade.
2 Bataillone 4. Thüringischen Infanterie=Regiments Nr. 72,
1. Pommersches Ulanen=Regiment Nr. 4,
2.   „   „   „   Nr. 9.
2. gemischte Brigade.
2. Bataillon combinirten Niederschlesischen Landwehr=Regiments Nr. 18|46
   (Sprottau),
3. Bataillon 2. combinirten Posen'schen Landwehr=Regiments Nr. 58|59
   (Ostrowo),
2. Bataillon Oldenburgischen Infanterie=Regiments Nr. 91,
2. schweres Reserve=Reiter=Regiment.
3. Reserve=Husaren=Regiment.
Reserve.
Cüraffier=Regiment Königin (Pommersches) Nr. 2,
1. reitende Batterie Ostpreußischen Feldartillerie=Regiments Nr. 1.
Sanitäts=Detachement.

Bombardement genügen werde. Man glaubte, sich jedenfalls auf die Durchführung einer energischen Schnellbelagerung vorbereiten zu müssen. Die sämmtlichen, für eine solche nothwendigen Mittel aber war die Armee nicht im Stande herzugeben. Hauptsächlich handelte es sich dabei um die für die Belagerung nöthige Infanterie, welche für jetzt von den um Metz liegenden Corps nicht abgetreten werden konnte. Nur die vor Thionville schon stehenden Bataillone wären fernerhin dort geblieben, auch die Cavallerie, die selbst für die Belagerung völlig ausgereicht hätte. Das Ober-Commando beabsichtigte ferner, den General von Hartmann mit der Oberleitung der Belagerung zu betrauen, sowie die leitenden Kräfte für das Artillerie- und Ingenieurfach zu stellen, an Material aber noch 12 der gezogenen Zwölf-Pfünder, an Truppen 1 Compagnie Festungs-Artillerie und einige Pionier-Compagnien disponibel zu machen.

Auch für die durch den Zweck erforderten Moselbrücken hätten die bei der Armee vorhandenen Mittel ausgereicht.

60 schwere Geschütze und Mörser, 5 Festungs-Artillerie-, einige Pionier-Compagnien, sowie noch 8 Landwehr-Bataillone aus den heimischen Festungen erschienen für die Zusammensetzung des Belagerungs-Corps außerdem nothwendig. Dieses Corps würde übrigens zur Heranschaffung alles nöthigen Materials, der Munition ꝛc. in Saarlouis die natürliche und beste Basis gefunden haben. Das Ober-Commando nahm an, daß möglicherweise nach dem Falle von Straßburg dort die erforderlichen Mittel frei geworden seien, um Thionville zu belagern.

Es fragte sich übrigens zunächst, ob das ganze Unternehmen mit den Absichten Seiner Majestät des Königs vereinbar sei. Deshalb wurden am 6. October die bezüglichen Anträge schriftlich an das große Hauptquartier befördert.

Der 1. Ingenieur-Offizier vom Stabe der I. Armee, Generalmajor von Biehler, wurde inzwischen mit der genaueren Recognoscirung von Thionville beauftragt.

Der General, der, wie hier vorgreifend dargelegt wird, am 9. über die Resultate dieser Recognoscirung ausführlich berichtete, gab Details an, welche die im Ober-Commando gewonnene Anschauung bestätigten. Er betrachtete die Festung als völlig sturmfrei. Das Mauerwerk schien gut zu sein, die Artillerie-Ausrüstung dagegen verhältnißmäßig gering.

Die Stärke der Besatzung wurde auf:

900 Mann Linientruppen,
3000 „   Mobilgarde,
1000 „   Nationalgarde,
   1 Eskadron Cavallerie und
   1 Detachement Festungs=Artilleristen

angegeben.

Auch Generalmajor von Biehler fand trotz des in der un=
mittelbaren Nähe der Festung völlig ebenen Terrains auf 1500
bis 2000 Schritt Entfernung vom Hauptwalle sehr günstige Ar=
tillerie=Stellungen, zumal auf dem linken Ufer bei Château Serre
und Beymerange. Er empfahl mehrtägige Beschießung, welcher,
wenn sie ohne Erfolg blieb, die beschleunigte förmliche Belagerung
auf dem Fuße folgen müsse, und erachtete im Ganzen 50 — 60
schwere Geschütze für erforderlich. Als das günstigste Angriffs=
object erschien dabei der nordwestlichste Theil der Stadtbefestigung
auf dem linken Ufer.

Zur ferneren Einleitung des Unternehmens gelang es auch
noch, 12 Landwehr=Compagnien verfügbar zu machen, welche bei
der I. Armee über den durch den Allerhöchsten Erlaß vom 13.
September festgestellten Etat an Etappentruppen (3 Bataillone
1 Eskadron) überzählig waren.*) Diese Compagnien wurden zu
dem Detachement vor Thionville dirigirt, trafen dort am 11. Oc=
tober ein und wurden theils im Süden, theils im Norden der
Festung dislocirt, 1 Compagnie bildete die Besatzung von Sierk.

Am 12. October traf indessen schon die Entscheidung aus dem
großen Hauptquartier ein, der zufolge es nicht zweckmäßig erschien,
schon jetzt die Belagerung von Thionville zu beginnen. Es waren
zunächst Verdun, Soissons und die Festungen im Ober=Elsaß zu
bezwingen und erst der Fall von Metz selbst konnte die Mittel,
gegen Thionville vorzugehen, verfügbar machen. Somit mußte
auch auf dieses Project verzichtet werden.

---

*) Nach Abgabe derjenigen Truppen, welche die General=Etappen=Inspection
der I. Armee über einen Etat von 3 Bataillonen, 1 Eskadron auf fran=
zösischem Boden überzählig gehabt, an das Detachement vor Verdun,
standen derselben noch in Sierk, Trier, sowie 12 andern heimathlichen
Etappenorten 2 Landwehr=Bataillone zur Verfügung. Sie erhielt deßhalb
jetzt die Weisung, eine gleiche Stärke von 2 Bataillonen für die festere
Einschließung von Thionville herzugeben.

Der 7. October.

Am Morgen des 7. October dauerte die Ruhe beim Feinde noch fort, indessen meldete doch General von Voigts-Rhetz in einem von 9 Uhr Morgens datirten Schreiben, daß die fortificatorischen Arbeiten des Feindes bei Ladonchamps und Ste. Agathe*) wohl eine größere Bedeutung hätten, als nur die Sicherung dieser beiden Oertlichkeiten für die Vorpostenstellung. Es schien vielmehr, als sollten die errichteten Werke eine neue Basis für den Versuch des Durchbruchs gegen Norden schaffen. General von Voigts-Rhetz hatte sich schon zu einem Ueberfall gegen beide Punkte für die kommende Nacht entschlossen und hoffte dadurch wenigstens die feindlichen Arbeiten wieder zerstören und die Baulichkeiten in einen solchen Zustand versetzen zu können, daß es dem Feinde künftig erschwert würde, sich darin einzunisten. Eine dauernde Wieder= besetzung und Behauptung von Ste. Agathe und Ladonchamps war freilich bei den Stärkeverhältnissen der Division Kummer nicht räthlich und deshalb auch nicht beabsichtigt.

Zur Vorbereitung für das projectirte nächtliche Unternehmen begann um Mittag die Zwölf=Pfünder=Batterie bei Semécourt abermals das Schloß Ladonchamps zu beschießen.

Bald indessen änderte der Feind sein Verhalten und es schien in der That, als habe er seine Offensive im Moselthale gegen Norden nur sorgfältig vorbereiten wollen.

Um 1 Uhr 20 Minuten Nachmittags avancirten von der ganzen Linie Bois de Woippy=Ste. Agathe=Ladonchamps=Maxe her feind= liche Colonnen, deren Stärke man auf 3—4 Brigaden schätzte, gegen die Vorposten der Division Kummer. Bedeutende Infanterie= Reserven, von Feldbatterien und selbst etwas Cavallerie begleitet, folgten zu beiden Seiten der großen Chaussee Metz=Thionville bis über Maison rouge hinaus.

Die Orte Bellevue, St. Remy, les Petites und les Grandes Tapes wurden hierauf schnell und mit Uebermacht angegriffen, während Fort St. Julien durch Feuer aus schwerem Geschütz mit= wirkte.

Alle 4 Orte gingen nach 1½ stündigem Gefecht, das bei Belle=

---

*) Dies Gehöft war nach dem Gefecht vom 2. October nicht wieder besetzt worden, da sich Ladonchamps in Feindes Hand befand. Am Abende des 2. hatte auch das brennende St. Remy zeitweise aufgegeben werden müssen, da der Aufenthalt darin unmöglich wurde.

oue besonders lebhaft und heftig war, verloren und der Feind
machte von den Besatzungen der 3. Landwehr = Division über 500
Mann zu Gefangenen. Diese Kämpfe aber gaben den Batterien
der Division Kummer Zeit, ihre Stellungen einzunehmen. Ebenso
begann vom rechten Ufer her die Artillerie des 10. Armee=Corps,
bei Semécourt die Zwölf=Pfünder=Batterie ihre Thätigkeit gegen
die feindlichen Angriffscolonnen, die nun ein lebhaftes Kreuzfeuer
auszuhalten hatten. Die Batterien der Front verhinderten durch
präcises Schießen, daß der Feind zwischen den von ihm genommenen
Orten hervor debouchirte; die Batterien der beiden Flanken faßten
die feindlichen Reservemassen und brachten dieselben bald zu einer
rückgängigen Bewegung.

Damit wurde die Gegenoffensive der Cernirungstruppen ein=
geleitet.

Wohl in der Voraussicht, daß diese Gegenoffensive der ersten
Action folgen werde und, um die den angegriffenen Truppen be=
nachbarten Corps zu beschäftigen, demonstrirte der Gegner mit
Infanterie und 2 Batterien auch direct gegen die Front des 10.
Armee=Corps auf dem rechten Ufer.

Ueber diese Bewegung machte General von Voigts-Rhetz tele=
graphische Meldung in das Hauptquartier Corny.

Hier wußte man bereits, daß die Division Kummer im hefti=
gen Gefechte gegen feindliche Ueberlegenheit stünde. Durch den
Commandeur dieser Division hatte der Oberbefehlshaber um 2 Uhr
20 Minuten Nachmittags folgende telegraphische Meldung erhalten:

„General von Senden *) meldet um 1 Uhr 20 Minuten:
Starke Infanterie = Colonnen haben sich auf den rechten Flügel
unserer Vorpostenstellung geworfen und angegriffen. Batterie in
Position beginnt zu feuern. Die Jäger in Kalembourg **) alarmirt.
Von Woippy her noch Colonnen im Anmarsch.“

Mézières, den 7. 10. 1870, 1 Uhr 50 Minuten.

(gez.) von Kummer.

Die eben erwähnte Meldung des General von Voigts = Rhetz
war in Rugy um 3 Uhr Nachmittags aufgegeben, traf um 3 Uhr
20 Minuten in Corny ein und lautete:

---

*) Commandeur der 3. Landwehr=Division.

**) Brandenburgisches Jäger=Bataillon Nr. 3.

22*

„Division Kummer steht im heftigen Infanteriegefecht und auch Division Kraatz*) ist mit Infanterie und Artillerie angegriffen."

(gez.) von Voigts=Rhetz.

Danach ließ sich zur Genüge übersehen, daß es sich um ein ernsteres Gefecht handele, als bei den letzten Unternehmungen des Feindes.

Um nun den General von Voigts=Rhetz trotz der Bedrohung der Position Charly=Malroy in die Lage zu setzen, daß er, wenn nöthig, starke Kräfte auf das linke Moselufer hinüberführen konnte, erhielt General von Manteuffel um 3 Uhr 45 Minuten telegraphisch folgenden Befehl:

„General von Kummer steht im Gefecht; ebenso General von Kraatz angegriffen. Ich ersuche Euer Excellenz, Unterstützung nach rechts hin marschiren zu lassen, damit 10. Armee=Corps eine Division links der Mosel verwenden kann."

(gez.) Friedrich Carl.

General von Voigts=Rhetz wurde von dieser Anordnung gleich= zeitig durch folgendes Telegramm in Kenntniß gesetzt:

„General von Manteuffel ist angewiesen, nach rechts hin zu unterstützen; es muß deshalb eine Division des 10. Corps links der Mosel — wenn nöthig — verwandt werden."

(gez.) Friedrich Carl.

Nun hatte der Feind seine Demonstrationen zwar auch gegen die Front des 1. Armee=Corps gerichtet und auf der Linie Villers l'Orme = Nouilly ein Tirailleurgefecht engagirt. Allein sein Ver= halten war hier, ebenso wie dem 10. Armee=Corps gegenüber, so wenig bestimmt und energisch, daß die beiden commandirenden Generale schnell seine Absicht, nur zu beschäftigen, durchschauten, ihn von Artillerie in Schach halten ließen und die Unterstützung der Division Kummer ohne Zögern in's Werk setzten.

General von Manteuffel entsendete die 2. Infanterie=Brigade und das Ostpreußische Küraffier=Regiment Nr. 3 (Graf Wrangel) nach Charly. General von Voigts=Rhetz hatte, schon ehe die Befehle des Ober=Commando's und die Unterstützungstruppen des 1. Corps bei ihm eintrafen, bald nach Beginn des Gefechts die 38. Infanterie= Brigade (von Webell) auf das linke Ufer nach Amelange Ferme hinübergeschoben.

---

*) Die 20. Infanterie=Division.

Die seit dem 4. October rechts neben der Division Kummer am Abhange des hohen Moselthalrandes cantonnirende 9. Infanterie-Brigade*) (vom 3. Armee-Corps) war schon bei Beginn des Gefechts alarmirt worden. Auch ihre Vorposten hatte der Feind angegriffen. Sie concentrirte sich in Folge dessen bei Norroy. General von Alvensleben II., der über diese Vorgänge schon bis 2 Uhr Nachmittags zu Vernéville verschiedene Meldungen erhalten, versammelte das übrige 3. Armee-Corps bei St. Privat-Amanvillers.

Um 3 Uhr 45 Minuten telegraphirte ihm Prinz Friedrich Carl:

„General von Kraatz ist auch angegriffen.**) Wenn Euer Excellenz eine Reserve-Division bei Amanvillers für nöthig halten, ist mir schleunigst zu melden."

Um 3 Uhr 50 Minuten erhielt der Prinz ein Telegramm des General von Voigts-Rhetz aus Rugy, abgesandt um 3 Uhr 30 Minuten:

„Feind hat Grandes Tapes genommen, greift Petites Tapes an. Observatorium meldet: Im Lager allgemein Vormarsch gegen Linie Woippy-Eloy."

Weitere Unterstützungen für die engagirten Truppen wurden trotzdem entbehrlich.

Zwar erwiderte später um 6 Uhr 21 Minuten General von Alvensleben auf den Befehl des Prinzen:

„Da um 5 Uhr 25 Minuten das Gefecht auf dem rechten Moselufer lebendiger wird, ist die Heranziehung einer Reserve-Division wünschenswerth, um Division Kummer eventuell disponibel zu machen. Das Gefecht bei Woippy scheint einzuschlafen."

Indessen war Seine Königliche Hoheit darüber orientirt, daß der Feind rechts der Mosel nichts Ernstliches unternommen habe und daß sich dort auch das 7. Armee-Corps zu einer Unterstützung des 1. bereit hielt, neue Dispositionen erfolgten daher für jetzt noch nicht.

Die auf beiden Flügeln der Division Kummer zur Wiedereroberung der verlorenen Vorpostenstellung disponibel gemachten

---

*) 9. Infanterie-Brigade, 4 Eskadrons, 2 Batterien.

**) Siehe die Depeschen des Generals von Voigts-Rhetz Seite 336.

Kräfte, b. h. rechts die Brigade Conta,*) links die Brigade Wedell**) genügten vollkommen, um ihre Aufgabe zu erfüllen.

Gegen 4 Uhr Nachmittags begann der Gegenangriff.

Während im Centrum die 3. Landwehr=Division wieder vor= zugehen anfing, griffen in der Ebene des Moselthales rechts neben ihr 2 Bataillone von der Linien=Brigade der Division Kummer (von Blankensee), links 2 Bataillone der herbeigeeilten 38. Infan= terie=Brigade (von Wedell) auf den Flügeln kräftig ein.

Die übrigen Bataillone der Brigaden von Blankensee und von Wedell folgten im 2. Treffen.

Dieser Frontalangriff wurde gleichzeitig durch einen Vorstoß der 9. Infanterie=Brigade (von Conta) von Norroy her gegen des Feindes linke Flanke auf das Wirksamste unterstützt. Mit Einbruch der Dunkelheit waren nach heftigem Gefechte die Orte Bellevue, St. Remy, les Tapes und Franclonchamps wieder genommen, während die 9. Infanterie=Brigade in sehr lebhaftem Kampfe die Waldparzellen und ein Gehöft westlich Bellevue nahm, dann aber noch das vom Feinde energisch vertheidigte Bois de Woippy er= oberte.

So waren, als der Abend hereinbrach, alle Punkte wieder im Besitze der Cernirungstruppen, die vor dem Gefechte in ihrer Hand gewesen. Das Schloß Ladonchamps hielt der Feind mit bedeuten= den Kräften fest. Angriffe, welche Theile der Brigade Blankensee nach 7 Uhr Abends noch gegen diesen Punkt einleiteten, wurden aufgegeben, als man die Stärke der zur Vertheidigung heran= gezogenen französischen Truppenmassen erkannte.

Da außerdem das Schloß, von theilweis nassen Gräben um= geben, im höchsten Grade vertheidigungsfähig war, so wurde von weiteren Versuchen gegen dasselbe überhaupt Abstand genommen.

Unterdessen hatte auf dem rechten Ufer beim 1. Armee=Corps sich das Tirailleurgefecht in der Linie Villers l'Orme=Nouilly leb= hafter gestaltet, doch ging feindliche Infanterie nicht weiter vor, da General von Manteuffel in der Front seiner Aufstellung Failly= Montoy 10 Batterien entwickelte.

Auch das 7. Armee=Corps war in Position gerückt und griff mit 4 Batterien aus der Gegend von Montoy her in den Kampf ein.

---

*) Vom 3. Armee=Corps.
**) Vom 10. Armee=Corps.

Um 6½ Uhr Abends schwieg hier auf dem rechten Ufer das Gefecht, an welchem sich Fort Queleu wieder mit seinen schweren Geschützen betheiligt hatte.

Ohne Zweifel trug der Kampf dieses Tages einen weit ernsteren Character, als alle Gefechte seit der Schlacht von Noisseville. Man schätzte die Streitkräfte, die der Feind auf dem linken Moselufer den Stellungen der Cernirungstruppen gegenüber entwickelte, auf nahe an 20,000 Mann.*) Unter Anderem waren während des Kampfes Gefangene beider Garde-Divisionen gemacht worden. Des Feindes Absichten schienen demnach weitergehende gewesen zu sein, wie an den letzten Gefechtstagen des September und am 2. October. Man konnte damals annehmen, daß der Angriff des 7. October bezweckt habe, die Cernirungslinie für den wirklich in Aussicht genommenen Durchbruch im großen Maßstabe an jener Stelle zu erschüttern oder die Aufmerksamkeit der Cernirungstruppen durch diesen lebhaften Vorstoß irre zu führen.

Das Verhalten der Franzosen hatte trotz der unläugbaren Energie des ersten Anlaufs nicht den Eindruck gemacht, als faßten sie dies Gefecht für einen Entscheidungskampf auf. Ein beträchtlicher Theil der bei Woippy und Maison rouge verfügbar gestellten Reserven war nicht gebraucht worden. Die Demonstrationen auf dem rechten Moselufer trugen nur einen lässigen, wenig energischen Character, der nicht über die wahre Bedeutung dieser Unternehmungen täuschen konnte.

Schon der Umstand, daß die französischen Truppen während des Gefechts die Tornister nicht angelegt hatten, ließ mit Sicherheit schließen, daß es sich an diesem Tage um einen Durchbruchsversuch nicht handelte.

Dabei folgten auch heute wieder Wagen, — diesmal in der Anzahl von etwa 400 — den Truppen auf das Gefechtsfeld, als sei eine Fouragirung beabsichtigt, sie kehrten indessen schon zu früher Stunde, leer und im Trabe, theilweis außerhalb des Weges, zurück.

Ließen sich die Absichten des Gegners somit auch nicht durchschauen, so stand doch jedenfalls fest, daß, wenn er nunmehr den Entschluß zum Durchbruche gefaßt hatte, die entscheidende Action erst noch folgen werde.

---

*) General von Kummer nahm sogar eine noch erheblich stärkere Ziffer an Siehe Seite 344.

Beim Ober=Commando war man während der Nachmittags=
stunden über den Gang des Gefechtes und die Lage der Dinge,
wie sie dargestellt worden ist, durch 29 Telegramme der Obser=
vatorien und Truppenführer genau unterrichtet worden.*)

Schon um 6 Uhr 10 Minuten hatte General von Kummer
von Mézières aus Folgendes telegraphisch gemeldet:

„Um 1 Uhr griff mich der Feind mit sehr überlegenen Kräften
— über 30,000 Mann — an; nahm Bellevue, St. Remy, Tapes.
Das Gefecht kam zum Stehen und ging ich sofort mit meinen dis=
poniblen Kräften zum Angriff über. General Voigts=Rhetz unter=
stützte mich und hoffe ich alle diese Orte und Labonchamps im
Laufe der Nacht wieder zu nehmen."

Eine Depesche des General von Alvensleben II. aus Verné=
ville von 7 Uhr 55 Minuten Abends besagte:

„Gefecht auf allen Punkten beendet. Feind zurückgeworfen.
5. Division bleibt stehen, besetzt, wenn nicht neuer Angriff erfolgt,
die alte Vorpostenlinie, patrouillirt im Bois de Woippy. Unter=
stützung durch eine Division bei Amanvillers nicht mehr nöthig."

Aus Rugy von 8 Uhr Abends telegraphirte General von
Voigts=Rhetz:

„Die Tapes, Remy und Bellevue sind wieder genommen. Um
Labonchamps wird um ein halb acht Uhr noch gekämpft. Die
ganze 19. Division ist auf linkem Moselufer."

Von Abends 9 Uhr meldete General von Kummer dann:

„Frühere Stellung wieder eingenommen und behauptet. Ver=
such auf Labonchamps gemacht, aber nicht gelungen."

Vom Mont St. Blaise, wohin sich der Oberbefehlshaber be=
geben, konnte man die Vorgänge östlich Metz auch genauer ver=
folgen und eine Anschauung über deren Character gewinnen.

General von Voigts = Rhetz hatte, wie aus seiner eben an=
geführten Depesche hervorgeht, die Möglichkeit der Wiederauf=
nahme des Gefechts im Auge behaltend, noch am 7. October die
19. Infanterie=Division ganz auf das linke Ufer hinübergeschoben.
Für den Morgen des 8. October waren selbst sämmtliche Truppen

---

*) Eine ganz gleiche Anzahl meist telegraphischer Meldungen hatte Prinz
Friedrich Carl während der Gefechte des 27. September erhalten.

des 10., 1. Armee-Corps und der Division Kummer angewiesen, sich in ihren Lagern und Cantonnements zum Ausrücken bereit zu halten.

Daß Aehnliches beim 3. Armee-Corps angeordnet sein würde, setzte das Ober-Commando voraus.*)

Die Aussagen der am 7. gemachten Gefangenen stellten die Fortführung des Kampfes in bestimmte Aussicht, da es in Metz an Lebensmitteln mangele. General von Voigts-Rhetz, General von Kummer meldeten hierüber telegraphisch.

Die nothwendigsten Maßregeln für die erste Abwehr des vom Feinde etwa wieder aufgenommenen Angriffs waren, wie eben dargelegt, auch getroffen.

Um ferner die nachhaltige Durchführung des Kampfes vorzubereiten, sandte das Ober-Commando noch um 11 Uhr Abends zunächst dem 9. Armee-Corps folgenden Befehl:

„Nach späteren Telegrammen steht Fortsetzung des feindlichen Angriffs gegen Division Kummer morgen früh in Aussicht."

„Seine Königliche Hoheit befehlen daher, daß die 25. (Großherzoglich Hessische) Division morgen früh 7 Uhr nebst der Corps-Artillerie bei Gravelotte und Rézonville bereit stehe."

„Die Truppen sollen sich darauf einrichten, dort, wenn ihre Verwendung nicht erforderlich wird, später abzukochen."

Bald darauf (um 11 Uhr 20 Minuten Abends) ging vom 3. Armee-Corps Meldung über die für den 8. October dort getroffenen Dispositionen ein:

Vernéville, 11 Uhr 20 Minuten Abends.

„Heute Kampf mit schweren Verlusten. Wird voraussichtlich morgen wieder beginnen. Die 9. Brigade mit 2 Batterien steht von 5 Uhr früh ab bei Norroy bereit, das ganze übrige Corps von 5¼ Uhr bei Marengo Ferme und Amanvillers. Feind schlägt sich, wie man hört, um seine Subsistenz. Um 8 Uhr wird Woippy durch 6 Zwölf-Pfünder beschossen werden."

(gez.) von Alvensleben.

Die Verluste des 7. October waren nicht unbedeutend gewesen, wie dies durch den heftigen Kampf um Oertlichkeiten leicht erklärt wird.

---

*) Siehe Seite 345 weiter unten.

Es verloren:

1. Die Division Kummer .... 44 Offiziere 1190 Mann,
(incl. 627 Vermißte, von denen indeß ein
erheblicher Theil todt oder verwundet war).

2. Die engagirten Truppen des 10. Ar=
mee=Corps .... 12 „ 187 „

3. Die Brigade Conta vom 3. Armee=
Corps .... 12 „ 277 „

4. Die Vorposten des 1. Armee=Corps 4 „ 48 „

5. Verschiedene andere Truppentheile ... — „ 5 „

Summa: 72 Offiziere 1707 M.*)**)

*) Der Verlust des Feindes beziffert sich auf: 61 Offiziere 1193 Mann.
Bazaine, l'armée du Rhin.

**) Ueber das Gefecht vom 7. October brachte der Indépendant de la
Moselle vom 11. nachstehenden Bericht. Derselbe war freilich lückenhaft,
da bem Anschein nach eine amtliche Censur Theile der Darstellung ge=
strichen hatte, enthält aber doch manches Interessante. Die pomphafte
Uebertreibung in der Darstellungsweise ist auch hier freilich characte=
ristisch. Irrige Nachrichten, wie die Angabe, daß eine preußische Artillerie=
bespannung erbeutet worden sei, sind der oben gegebenen Relation
entsprechend zu berichtigen. In der Stadt Metz war übrigens — wie
aus andern Zeitungsnachrichten hervorgeht — das falsche Gerücht ver=
breitet, man habe nicht nur eine Artilleriebespannung, sondern sogar
eine Batterie genommen. An der Spitze des betreffenden Journals
standen folgende Worte:

Les suppressions que l'on remarque aujourd'hui dans nos colonnes ont été faites hier à 10 heures du soir, et sont cause du retard
de notre tirage.

Der Bericht selbst lautete:

Metz, le 11. Octobre 1870.

Bataille de Ladonchamps.

A l'époque où la guerre était faite par des armées et non par
des hordes immenses d'hommes, se ruant sur un pays pour le
dévaster, la journée du 7. octobre eût été considérée comme une
bataille sérieuse. Dans un demi-cercle de 12 kilomètres, plus de
200 canons ont tonné. Jamais dans aucune action antérieure la
fusillade n'a été plus terrible, plus incessante. Depuis une semaine, les Prussiens semblaient apporter un acharnement singulier
à la reprise du château de Ladonchamps. Les obus pleuvaient
dans les bosquets et sur les toitures de cette charmante habitation.
Ladonchamps est en effet situé à quelques centaines de mètres
de la voie ferrée; des massifs boisés, qui l'entourent on peut envoyer une grêle de balles sur les cavaliers français qui mènent

Am frühen Morgen des 8. October um 5½ Uhr lief in Corny eine Meldung des General von Kummer ein:

paître leurs chevaux sur les bords de la Moselle, ou qui viennent récolter au milieu des champs ....
.... des sacs de betteraves ou de pommes de terre
....
Le génie a établi des fortifications passagères autour de ce castel gothique, et cette précaution a rendu tout coup de main impossible de la part de l'ennemi.

Le 7. octobre, les voltigeurs finissaient à peine leur repas lorsque les clairons sonnèrent l'appel de la brigade. Depuis plusieurs jours il y avait des bruits de poudre et de combat dans l'atmosphère. Cette sonnerie subite annonçait clairement qu'on allait marcher; l'action ne manquerait pas d'être sérieuse ....
.... ce ne seraient plus quelques escarmouches d'avant-postes, comme les jours précédents. Il faut avoir assisté au départ d'une colonne française, pour apprécier véritablement la bravoure chevaleresque de nos soldats.

On était au camp, chacun se livrait à une occupation différente; le clairon sonne, l'appel se fait entendre, la fin de la journée va se passer au milieu des balles et des obus; vite on saisit le fidèle chassepot, et on jette un dernier coup d'oeil sur son uniforme; on parte comme pour une revue: si l'on revient ce sera fièrement et en grande tenue...... Les rangs se forment. L'ordre est donné de marcher......on s'avance rapide et silencieux: mais on sent qu'un frémissement guerrier agite les poitrines de ces hommes vaillants ......quoi qu'il arrive, ils sont français et ils sauront le prouver à l'ennemi...
....
.... Les Prussiens...........................
s'apercevant d'un mouvement offensif de notre part, se hâtèrent de déployer une artillerie nombreuse. A Semécourt, ils avaient construit des épaulements étagés, ils y avaient installé plusieurs batteries pour foudroyer Ladonchamps. A Fêves, à Amelange, à Argancy, ils démasquent encore des canons, toujours des canons. Leurs bouches embrasées vomissent des obus dans toutes les directions. De notre côté, nous répondons vigoureusement.. ....
.... Des nuages de fumée blanche obscurcissent l'air, tandis qu'on est étourdi par le bruit imposant de la canonnade. Saint-Julien mèle sa voix puissante à cet effroyable concert de détonations incessantes et de sifflements lugubres.

Cependant notre infanterie n'est pas arrêtée par cet ouragan

„General von Blankenſee *) meldet, daß er 4¾ Uhr dieſelben Leuchtſignale von Fort St. Julien aufgehen ſah, wie bei· der

de fer et de feu. Du reste, les obus sont aussi dangereux à 3000 mètres qu'à 1000.

. . . .
. . . .

Près de la Moselle, il y a là deux fermes, les Grandes et les Petites Tapes. Nos soldats prennent le pas accéléré et arrivent bientôt en face de ces bâtiments occupés et fortifiés par les Prussiens. Les balles pleuvent . . . . . . mais l'élan est donné. Les chassepots répondent . . . . . . puis les Français négligent de faire feu, et, franchissant les barricades, pénétrant dans la cour et dans la maison, la baïonnette au bout du fusil, ils restent maîtres de la position. Le 57e et le 58e de la landwehr de Posen sont à peu près anéantis.

Aux Grandes Tapes, il se passe un fait étrange qui parait incompréhensible aux spectateurs éloignés de cette attaque furieuse. On voit nos troupes charger; leur élan est irresistible. Elles sautent les fossés, escaladent les murs, rien ne peut les arrêter; on a lieu d'espérer qu'elles se sont emparées de la ferme; mais, soudain, elles reviennent en arrière, à 200 mètres environ des bâtiments; elles se reposent un instant, puis elles repartent avec une nouvelle impétuosité. Deux fois nos soldats exécutèrent cette manoeuvre inusitée. Une anxiété poignante avait gagné tous les témoins d'un spectacle si émouvant. . . . . . . Sont - ils repoussés, sont-ils repoussés? . . . . . . se demandait-on. Puis, on n'aperçut plus, devant les Tapes, que des groupes immobiles, dont quelques colonnes se détachèrent pour prendre la route de Metz. C'étaient des prisonniers. . . . . . . Voici ce qui était arrivé: A mesure que les Prussiens mettaient bas les armes dans la cour, dans la maison, dans les servitudes, nos braves soldats les conduisaient hors du centre de l'action les confiaient à une compagnie de réserve; mais eux-mêmes, pour ne pas perdre un instant de la lutte, retournaient bien vite au milieu de leurs camarades, qui combattaient dans la ferme.

Un jeune prêtre de Versailles, M. l'abbé Lancier, aumônier volontaire, se trouvait au camp des voltigeurs, lorsque sonna la marche de la brigade; il voulut l'accompagner au danger. Il était près des Tapes lorsqu'elles furent emportées de vive force par les nôtres, et, s'abritant de son mieux derrière un mur, il distribuait à nos blessés les secours et la religion . . . .
. . . . , ...

De tous côtés il y avait des engagements semblables; les Prus-
*) Commandeur der, der Diviſion von Kummer zugetheilten Linien=Infanterie=Brigade.

Schlacht von Noisseville." Um 8 Uhr früh nahm Fort St. Julien das Feuer gegen die Positionen des 1. Armee-Corps wieder auf.

siens étaient repoussés sur tous les points. Ici, les chasseurs à pied ramenaient des chevaux d'artillerie encore tout harnachés et tout équipés:...

En même temps, une diversion énergique était opérée sur la rive droite de la Moselle. Les Prussiens durent apporter un certain amour-propre dans le déploiement de leur artillerie. De Servigny à Noisseville, ce ne fut bientôt qu'une ligne de feu. Les coups se succédaient avec une rapidité inouïe. Je ne crois pas que le 31. sept. il soit tombé une plus grande quantité d'obus aux alentours de Mey et de Nouilly. Nos soldats avançaient en tirailleurs et répondaient aux boulets par les balles. On sait quelle terreur les artilleurs prussiens ont de nos chassepots. Le fort des Bordes et quelques pièces de Saint-Julien répondaient vaillamment aux canons de l'ennemi; mais, chez les nôtres, c'était surtout la fusillade qui vraiment était terrible.

De même, que dans la plaine de Thionville, les régiments rentrèrent dans leurs lignes à la tombée de la nuit..............
....

Pendant que l'infanterie combattait et gagnait du terrain, nos hommes, la pioche à la main, fouillaient le sol pour faire la récolte des pommes de terre et des betteraves. Les obus venaient en aide pour remuer les sillons, mais nos cuirassiers et nos chasseurs se fussent très-agréablement passés de ces sortes d'auxiliaires. Heureusement, l'espace occupé par un homme est bien restreint; les obus atteignent rarement leur but, quand les travailleurs sont disséminés, et c'est avec joie qu'on a pu constater comme résultat de tir que, le 7. octobre, 512 projectiles envoyés par les batteries ennemies n'ont tué que deux Français.

Le soir à sept heures, les Prussiens, tout étonnés qu'on leur eût abandonné les positions qu'ils n'avaient su défendre dans la journée, tentèrent de reprendre Ladonchamps. On croyait l'action terminée, au moins pour ce jour là. Quelques jeunes gens s'avancèrent jusqu'au château, dans le but humanitaire de ramener des blessés, s'il s'en trouvait encore. Parmi eux, je parlerai seulement du docteur Ward, membre de l'internationale de Londres.

Un officier qui était près de la barricade, leur affirma q'on entendait les gémissements d'un blessé; mais les engagea à ne pas s'aventurer en allant à son secours, car les Prussiens envoyaient des balles dans cette direction. Cependant, ces messieurs suivirent la tranchée, cherchant à parvenir jusqu'au malheureux dont on entendait le lamentable appel. Ils allaient sortir du fossé profond, dans lequel ils cheminaient courbés, lorsqu'une sentinelle leur fit signe de se coucher, en murmurant tout bas:

Gleichzeitig damit sah man von diesem Fort mehrere Bataillone Infanterie, von Artillerie begleitet, nach dem Bois de Grimont

„Voici les Prussiens......" En même temps, le blessé se plaignit douloureusement. Le docteur Ward dit: „Messieurs n'avancez pas, ce blessé vient de laisser échapper un gémissement particulier à l'homme qui souffre et qu'on relève...... Il ne s'était pas trompé, les Prussiens, au même moment, se précipitaient vers la barricade, en poussant des hurrahs! formidables...... Il y eut, à la fois, attaque de cavalerie et d'infanterie. Accueillis par une grêle de balles, ils renouvelèrent trois fois leur tentative audacieuse; mais trois fois ils vinrent se briser contre nos fortifications passagères, défendues énergiquement. Un régiment de ligne étant venu renforcer le poste avancé de Ladonchamps, les Prussiens renoncèrent à leur entreprise.

L'ennemi a dû perdre un grand nombre des siens dans cette attaque nocturne, car les nôtres, abrités par des talus, tiraient dans des masses épaisses, et il est inadmissible que les Prussiens ne fussent pas venus en force imposante pour tenter ce coup de main.

Le lendemain, je voulus voir l'emplacement de ce dernier combat. J'avais pour compagnons les mêmes jeunes gens qui, la veille, avaient été sur le point de payer de leur vie leur dévouement envers les blessés. Les obus pleuvaient de nouveau sur Ladonchamps. Plusieurs artilleurs avaient été atteints près de leurs pièces. Nous ne pûmes parvenir jusqu'à la barricade si funeste la veille aux Prussiens.

Notre course ne fut pas inutile, toutefois, car nous ramenâmes deux pauvres écloppés que nous conduisîmes à l'ambulance de Devant-les-Ponts...... Là, nous dûmes nous arrêter pour laisser passer un bien triste convoi. Trois cercueils sortaient de la gare; sur chacun d'eux il y avait une épée...... C'étaient des officiers que leurs soldats et leurs frères d'armes conduisaient au champ du repos...... Derrière eux, venait encore une quatrième victime du combat de la veille. Celui-là était un simple chasseur à pied...... Comme ses chefs, il était porté par des soldats, mais ostensiblement, en grand uniforme, le visage seul voilé. On eût dit qu'on le ramenait de la bataille......

Salut à vous, nobles fils de la France, si cruellement éprouvée; votre sang, glorieusement versé, n'aura pas été vainement répandu; vos noms seront répétés avec fierté par vos proches et par vos concitoyens. Longtemps, hélas! on se souviendra des jours de deuil que nous traversons, où la patrie fut tant abaissée; on se souviendra aussi de ceux qui moururent alors pour la sauver!......   G. d'Aviau de Piolant.

abrücken. Auch im Ravin von Vallières und gegen Lauvallier zu avancirten feindliche Abtheilungen.

So schien es fast, als stände man wirklich vor dem Wieder=beginn des Gefechtes.

Nun hatte General von Kummer an General von Voigts=Rhetz gemeldet, die 3. Landwehr=Division zählt nach den Kämpfen des 7. October und nach Abzug der Detachirungen nur noch 2—3000 Mann in der Front. Auf kräftige Mitwirkung dieser Division, wenn der Kampf sich erneuerte, war daher für den heutigen Tag unmöglich zu rechnen. Stärkere Unterstützung schien dort dringend nothwendig und wenn auch der Feind sich zuerst auf dem rechten Moselufer geregt, so beließ doch General von Voigts=Rhetz die ganze 19. Infanterie=Division auf dem linken Ufer.

Damit konnte auch die Landwehr=Division aus ihrer Stellung unmittelbar am Feinde abgelöst werden.

Sie übernahm die für die Rückendeckung des Corps nöthigen Entsendungen und löste auch das an der Orne vom 10. Armee=Corps für eine Unterstützung der Cernirungstruppen von Thion=ville belassene Bataillon ab, das, mit Genehmigung des Ober=Commando's, zum Armee=Corps wieder einrückte.

General von Schwarzkoppen postirte ferner die eine seiner Infanterie=Brigaden zwischen Mézières und der Mosel so, daß dieselbe jederzeit bereit war, wieder nach dem rechten Moselufer abzurücken, wenn dort Verstärkung nöthig wurde.

General von Manteuffel ließ, wie am 7. October, auch am 8. früh eine Brigade seines Corps nach Charly marschiren und zog an seine eigenen Positionen die Reserven näher heran. Das 7. Armee=Corps war gleichfalls ausgerückt.

Das Ober=Commando, welches über diese Vorgänge telegra=phisch Kenntniß erhielt, entschloß sich, analog der am 7. Abends für das 9. Armee=Corps gegebenen Bestimmung auch auf dem rechten Ufer eine größere Reserve für die Stellungen des 1. und 10. Corps verfügbar zu machen und befahl durch Telegramm dem General von Zastrow, sobald das Gefecht beim 1. Armee=Corps ernsthaft werde, mit 1 Infanterie=Division und der Corps=Artillerie zur Unterstützung dorthin abzumarschiren. Das 8. Armee=Corps sollte sich dafür rechts schieben. General von Goeben wurde dem entsprechend avertirt.

Der Feind ging indessen aus seinen unbestimmten Demon=

strationen nicht zu wirklichen Angriffen über, sondern verhielt sich ruhig. In den großen Lagern wurde keinerlei Bewegung wahrgenommen, selbst dann nicht, als die Batterien bei Semécourt die Beschießung von Labonchamps langsam wieder aufnahmen. Der Feind erwiderte dies Feuer allein durch Granaten, die er nach les Petites=Tapes warf. Mittags rückte das 7. Armee=Corps wieder in seine Lager und Cantonnements ein, und da auch um 1 Uhr Nachmittags noch kein Anzeichen auf bevorstehende größere Unternehmungen hinwies, befahl der Prinz um diese Stunde die Rückkehr der 25. (Großherzoglich Hessischen) Division, die wie erwähnt, durch Befehl vom 7. Abends bei Gravelotte=Rézonville bereit gestellt war. Die vom 1. Armee=Corps dem 10. zur Verfügung gestellten Truppen verblieben noch bis gegen Abend bei Charly und kehrten dann zu ihrem Corps zurück.*)

Auch in den nächsten Tagen hielt die Ruhe an. Der Feind arbeitete immer nur thätig an der Vervollkommnung seiner äußeren Vertheidigungslinien und nutzte seine schwere Artillerie durch Bewerfen verschiedener Punkte und der belegten Ortschaften in der Cernirungslinie aus. Vorzüglich nahm er neu begonnene fortificatorische Arbeiten zum Zielobject. Patrouillen=Unternehmungen von beiden Seiten führten zu kleineren Engagements. Diese brachten hier und dort Verluste mit sich, welche sich durchschnittlich für die Woche auf circa 50 Mann bezifferten.**)

Die Demolirung der vor den Vorpostenlinien gelegenen Orte setzten die Cernirungstruppen fort, so bei Lauvallier und Peltre, das diesseits für die Dauer geräumt worden war. Magny hielt der Feind jetzt wieder besetzt.

In den Tagen vom 9. bis zum 12. ging es dabei auf der Nord= und Südfront besonders lebhaft zu, doch that das Artilleriefeuer der Forts meist gar keinen oder nur sehr geringen Schaden. Von 36 schweren Granaten, welche das Fort St. Quentin am 9. gegen das im Bau begriffene Feldwerk von Orly Ferme warf, wurden nur 2 Mann in der Nähe getroffen; in die Schanze selbst fiel nicht ein einziges Geschoß.

Am 10. bewarf der Feind abermals vom St. Quentin und

---

*) Das Ober=Commando wurde am Vormittag allein durch 15 Telegramme ausführlich über die Vorgänge beim Feinde unterrichtet.

**) Die Verluste der größeren in der Darstellung besonders erwähnten Gefechte nicht mit eingerechnet.

den Batterien der Südfront bei Montigny und bei le Sablon her den Schanzenbau bei Orly. Dorthin war die Mehrzahl der 126 schweren Granaten, die an diesem Tage von jenen 3 Werken verfeuert wurden, gerichtet. Das 2. Armee=Corps hatte dabei 5 Verwundete; vollendete indessen das begonnene Feldwerk und ar= mirte es am Abende durch eine schwere Feldbatterie. Auf der Nordfront waren die feindlichen Batterien bei St. Eloy vornehm= lich thätig.

Die Zwölfpfünder=Batterien der Cernirungslinie antworteten ge= legentlich durch Beschießung der erreichbaren Ortschaften innerhalb der französischen Linien und derjenigen weit vorgeschobenen feind= lichen Werke, in welchen sich stärkere Truppenabtheilungen sehen ließen.

Am 8. October hatte auch das Regenwetter wieder begonnen und versetzte schnell alle Wege in einen sehr schlechten Zustand. Der Feind schien dabei in gleicher Weise zu leiden, wie die Cernirungs= truppen.

Am 9. brach er eines der Zeltlager am Abhange von Fort Plappeville ab, und errichtete ein neues Lager auf der Südseite bei der Lünette d'Arçon. Am 12. folgten abermalige Verände= rungen in den Lagern auf der Westseite, trotzdem am 11. der Re= gen aufgehört hatte.

Am 12. selbst begann plötzlich auf der Westseite von Metz, wie wenn dort beim Feinde ein höherer Befehl wirkte, nach einer achttägigen Ruhepause lebhaftere Berührung der Patrouillen, von denen den Tag über vielfach geplänkelt wurde. Auf der Ostseite beschoß am Vormittage das 7. Armee=Corps auf Anordnung des Ober=Commando's die feindlichen Lager bei Vallières mit Feld= geschütz.*) Es glückte anscheinend, sie zu beunruhigen, denn sie wurden alarmirt und die Zelte später weiter zerstreut errichtet. Leichtes Tirailleurgefecht entspann sich während der Beschießung bei den Vorposten des 7. und 1. Armee=Corps und von Mittag

---

*) Das Ober=Commando hatte das 7. Armee=Corps auf ein von fran= zösischer Seite bei Borny neuerdings weit vorgeschobenes Lager, das vom Observatorium des Mont St. Blaise aus beobachtet worden war, aufmerksam gemacht. Dies Lager konnte jedoch von den Positionen des 7. Armee=Corps her gar nicht gesehen werden. Dagegen ergab sich, daß das feindliche Lager bei Vallières auf 5—6000 Schritt Ent= fernung von zwei Stellen aus durch Granaten zu erreichen sei.

ab nahmen die Forts St. Julien, Les Bottes und Queleu das Feuer auf, ohne ein Resultat zu erzielen.

In der Nacht vom 12. und 13. fanden wieder weitergehende Patrouillen=Unternehmungen statt. Das 8. Armee = Corps führte eine solche bei Peltre und am Bois de l'Hopital aus, das 2. Armee=Corps gegen Maison rouge oberhalb Metz.

Bei dieser letzt erwähnten Expedition gingen 2 Compagnien des Infanterie=Regiments Nr. 21 vor, fanden Maison rouge aber leer. Dann wandten sie sich gegen das östlich davon gelegene Haus, das der Feind früher besetzt gehalten; allein auch dies zeigte sich völlig verlassen. Dagegen gelang es, einen in der Nähe stehenden französischen Sicherheitsposten von 4 Mann zu überraschen, 2 Mann davon zu tödten, die beiden andern gefangen fortzuführen.

Der Feind, der hierdurch alarmirt wurde, gab von dahinter gelegenen Schützengräben her Feuer und da der gerade aus den Wolken hervortretende Mond die Nacht plötzlich erhellte, so hatten die vorgegangenen Compagnien noch einen Verlust von 1 Offizier 6 Mann verwundet, 1 Mann vermißt.

Der Feind hatte seine Forts und die provisorischen Werke der äußeren Defensivlinie nun wohl völlig armirt und sparte seine Munition nicht. Er bewarf überall die Cernirungspositionen und die Ortschaften, in denen er Truppen wußte. Das ging auch in den folgenden Tagen bis zum 15. October so fort, wenngleich der 13., 14. und 15. October schon erheblich ruhiger verliefen, als die Tage zuvor. Dabei arbeitete er stets noch an dem Aus= bau seiner vorgeschobenen Werke. Auf der Nordseite bei Ladon= champs und St. Agathe zeigte er sich hierin so thätig, daß dort bei den Cernirungstruppen seit dem 12. October die Anschauung entstand, man werde sich zur Aufnahme des Geschützkampfes vor= bereiten müssen, wenn der Feind nicht Terrain gewinnen sollte. Mit Rücksicht hierauf war schon an der Chaussee östlich Semécourt eine Batterie von vier 12=Pfündern erbaut, und armirt, die 6= Pfünder=Batterie bei Semécourt verstärkt und durch angelegte Hindernisse gesichert worden. Südlich Mézières wurde seit dem 12. October gleichfalls eine Feldschanze für 6 Geschütze und 300 Mann vertheidigungsfähig; am 13. sollte dieselbe gänzlich vollen= det sein.

In solcher Weise waren die letzten Tage vergangen, ohne daß

es zu irgend einem ernsteren Engagement gekommen wäre. Von beiden Seiten belästigte man sich, so weit es anging, durch Artilleriefeuer und verstärkte aller Orten die fortificatorischen Anlagen, die um diese Zeit auf deutscher und französischer Seite in der That zu formidabeln Positionen wurden.

Die Cernirungsarmee hatte begreiflicherweise kein Interesse, die Offensive aufzunehmen, für die französische war diese jetzt mehr denn je das letzte Rettungsmittel. Dennoch blieben die Franzosen völlig passiv.

Allmälig änderte sich nun auch die Ansicht, welche man im Ober-Commando vor Metz über die Bedeutung des Gefechts vom 7. October hegte. Jetzt war es ja erwiesen, daß es nicht die Einleitung großartiger Durchbruchsversuche hatte sein sollen, sondern lediglich ein Engagement, das, aus schwankenden Entschlüssen des Feindes entstanden, nicht im Zusammenhang mit weit gehenden Combinationen stand.

Für einen Fouragirungsversuch hatte der Feind dabei starke Kräfte entfaltet, um aber eine taktische Entscheidung von Bedeutung herbeizuführen, das Gefecht nicht weit genug durchgeführt. Bis zu der für die energische Vertheidigung eingerichteten Position im Moselthale, war er überhaupt nicht vorgedrungen. Vor der Entwickelung der preußischen Artillerie in dieser Position hatte er mit seinem Angriff inne gehalten.

Das machte den Eindruck, als ob die französischen Heerführer selbst kaum noch an die Möglichkeit glaubten, die Cernirungslinie durchbrechen und das Freie gewinnen zu können. Man hatte wohl mehr der Waffenehre halber und um die Moral der eingeschlossenen Truppen zu heben, bataillirt, als bestimmt ausgesprochene Zwecke verfolgt. Wie man den Character des Marschall Bazaine beurtheilte, stimmte dieses Verfahren auch völlig zu dessen Eigenthümlichkeiten. Eine heroische Apathie, die er oft genug vor den Kugeln seiner Feinde bewiesen, ist es immer mehr gewesen, was man an ihm bewunderte, als gerade die Schnelligkeit, Klarheit und Kühnheit des Entschlusses.

Zwei wichtige Umstände traten hinzu, welche diese Anschauung bestätigten.

Marschall Bazaine hatte früher nur einmal um Information über die politische Lage Frankreich's gebeten, da er durch ausgelieferte Kriegsgefangene die allgemeine Nachricht besitze, daß sich in Paris ein neues Gouvernement gebildet, von dem er weder die Zusammensetzung, noch die Tendenzen kenne. Dies geschah am 16. September. Am 17. September früh wurde das betref= fende Schreiben durch kurze Mittheilung des in Paris Vorgefalle= nen und Zusendung eines französischen Zeitungsblattes beantwortet, welches die organischen Decrete der neuen Regierung enthielt.

Nunmehr that er in der gegenwärtigen Epoche die ersten Schritte zur Anknüpfung von Verhandlungen, indem er mit Ge= nehmigung Seiner Majestät des Königs seinen ersten Abjutanten, den General Boyer, am 12. October in das große Hauptquartier Versailles entsendete. Der Gang der sich aus dieser Mission er= gebenden Verbindungen wird später kurz verfolgt werden.

Vor der Hand hatten alle diese Schritte, wie auch die bekannte diplomatische Episode des Herrn Régnier — die hier übergangen werden kann, weil sie weder von der Initiative der Armee vor, noch von der Armee in Metz ausging — nur ein geringes Interesse. Im Hauptquartier Corny war man nach wie vor fest entschlossen, an den zwei Bedingungen festzuhalten: „Kriegsgefangenschaft der Armée du Rhin, Uebergabe der Festung Metz" und es lag auf der Hand, daß Marschall Bazaine diese Bedingungen nur im Augenblicke der höchsten Noth acceptiren würde. Ungünstigere konnten ihm niemals gestellt werden, ließ er es selbst auf jenen äußersten Moment ankommen. Die Armee vor Metz aber kam mit jedem Tage, der jetzt verstrich, ihrem Ziele erheblich näher. Sie hatte keinerlei Interesse an irgend einem schnellen Ueberein= kommen, brachte der 12. October auch gleichzeitig eine Entscheidung des großen Hauptquartiers, der zufolge auf die beabsichtigte Be= lagerung von Thionville verzichtet werden mußte, und sahen sich die Cernirungstruppen auch fernerhin an defensives Zuwarten ge= bunden.

Der 15. October sollte, obschon er ohne Gefechte hinging, doch für die Geschichte der Cernirung von Metz bedeutsam werden. Zum ersten Male wurden feindliche Mannschaften in größerer An= zahl von den Vorposten der Cernirungsarmee eingebracht. Bisher waren solche Leute nur vereinzelt aus den Metzer Lagern herüber gekommen. An diesem Tage aber ließen sich auf allen Fronten französische Soldaten der verschiedenen Waffengattungen und Trup= pentheile beim Kartoffel= und Gemüsesuchen auf dem Felde in einer Weise gefangen nehmen, welche die Absicht, dem längeren

Verharren in der Festung zu entgehen, kaum verkennen• ließen. Dies Symptom war an sich schon von großer Bedeutung. Die Aussagen der Gefangenen, mit denen ein gründliches Examen vorgenommen wurde, vervollständigten die Kenntnisse, welche man von der Lage der feindlichen Armee besaß, sehr erheblich, und ergaben, daß in Metz die Verpflegung nur noch aus Pferdefleisch, Brod, wenigem Kaffee, Rum und Wein bestände, sowie daß selbst diese Lebensmittel täglich knapper würden. Ueber die taktische Verwendbarkeit der feindlichen Truppen und die Stärkeverhältnisse der einzelnen Cadres divergirten die Aussagen natürlich bedeutend, indessen gaben sie doch in ihrer Gesammtheit ein Bild, das man wohl für in seinen großen Zügen völlig richtig halten dürfte. Danach nahm man an, daß schon jetzt viele feindliche Batterien nur noch je 2 bespannte Geschütze zählten und daß auch diese von den kraftlosen Pferden nicht mehr anders als im Schritt bewegt werden konnten.

Diese Angabe stimmte mit den von den Observatorien aus gemachten Beobachtungen überein.

Die bei der französischen Artillerie disponibel werdenden Bedienungsmannschaften der nicht mehr bespannten Geschütze, sowie die unberittenen Cavalleristen wurden mit Gewehren bewaffnet und im Infanteriedienst verwendet.

Daß das Zusammenschmelzen der Cavallerie jedenfalls noch bedeutender fortgeschritten war, als das der Artillerie, ließ sich mit Sicherheit annehmen, wenn auch über die Stärke der pro Eskadron noch berittenen Mannschaften sehr abweichende Zahlenangaben gemacht wurden. Ohne Zweifel bestanden darin auch Verschiedenheiten zwischen den einzelnen Corps und Divisionen. Rechnete man, daß im Durchschnitt noch $\frac{1}{3}$ der Mannschaften mit diensttauglichen Pferden versehen sei, so war diese Annahme entschieden sehr hoch gegriffen.*)

---

*) Die Angaben der Gefangenen liefen zu jener Zeit darauf hinaus, daß die Eskadrons noch circa 15 bis 20, bei den Chasseurs d'Afrique 25 bis 30 Pferde zählten, bei einzelnen Regimentern sollten nur die Offiziere noch beritten sein. Die Reserve-Artillerien hatten angeblich pro Batterie 1 Section d. h. 2 Geschütze bespannt; die Geschütze der Divisions-Artillerien sollten bereits sämmtlich in das Arsenal abgeliefert, per Division aber noch je 1 Mitrailleusen-Batterie mit 2 bis 4 Pferden Bespannung für das Geschütz vorhanden sein.

Interessant blieben die Schilderungen über die inneren Zu=
stände der französischen Armee, wenngleich selbstverständlich der
größere Theil der Aussagen nicht als baare Münze zu nehmen
war, da sie von dem moralisch am tiefsten stehenden Theile des
feindlichen Heeres kamen.

Allgemein sprachen die Gefangenen von Demonstrationen, welche
die Mobilgarde und die Civilbevölkerung vor der Wohnung des
Marschall Bazaine vorgenommen hätten und daß die Folge davon ein
Kriegsrath der Marschälle gewesen sei. Auch war die Errichtung
der Republick der Armee durch Tagesbefehl bekannt gemacht worden.

Das Vertrauen zwischen Führern und Soldaten schien außer=
dem erschüttert zu sein. Klagen über die Führung, mangelhafte
Vorbereitung des Krieges u. s. w. wurden laut. Daß Manifesta=
tionen selbst von einem Theile der Truppen in der Festung, wenn
auch nicht von denen der Feldarmee möglich wurde und die Be=
völkerung dabei Partei ergriff, ließ die Zustände in einem düste=
ren Lichte erscheinen. Ein Blatt des Indépendant de la Moselle
vom Datum des 15. October wurde am nächsten Tage (dem 16.
October) beim 3. Armee=Corps einem der Gefangenen abge=
nommen und bestätigte jene Angaben.

Das Journal klagte zunächst über das rapide Hinsterben der
Pferde in Folge der ungünstigen Witterungsverhältnisse, indessen
seien die Befürchtungen, daß dadurch die Dauer des Widerstandes
in Metz erheblich reduzirt werden würde, übertrieben. Die Ver=
minderung der Rationen, die Recherchen bei der Einwohnerschaft,
welche die Behörden angestellt, hätten diese in den Besitz einer Quan=
tität Nahrungsmittel gesetzt, die ziemlich groß wäre, obgleich die
militairischen Gesetze es verböten, sich näher darüber auszusprechen.
Dann ward hinzugefügt:

„il existe encore à Metz d'autres ressources: des sons,
des issues, de la drèche, les pailles des paillasses, au moyen
desquelles on peut nourrir les chevaux.“

„Prolonger la défense de la ville, est un point de la dernière importance,“ etc.

Zum Schlusse hieß es, nachdem Massena's Beispiel der Ver=
theidigung von Genua citirt worden war:

„Rassurons donc les timorés, repussons les pusillanimes.
Hésiter serait une lâcheté, faiblir serait une trahison.“*)

---

*) In seinem Wortlaute hieß der Artikel folgendermaßen:

Das klang traurig genug trotz der patriotischen Declamationen am Schluſſe. Der weiter unten in einer Beleuchtung der Situation hinzugefügte Troſt, daß die nicht berittenen Cavalleriſten jeden=falls vortreffliche Infanteriſten werden würden, konnte wohl kaum erheblich in's Gewicht fallen.

Der Ernſt der Lage in der Feſtung aber wurde noch beſſer durch einen Erlaß des Commandanten, General Coffinières, ge=kennzeichnet, durch welchen bereits die Brodvorräthe rationirt wur=den.*)

Metz, le 15. Octobre 1870.

Les intempéries de ces derniers jours, en causant la mort d'un assez grand nombre de chevaux, ont fait craindre à quelques personnes une notable réduction dans la durée possible de la résistance de Metz. Ces craintes sont heureusement exagérées. La diminution des rations, les deman-des faites aux habitants par l'autorité ont mis celle-ci en posses-sion d'une quantité de denrées assez grande, et que nous nous ab-stenons d'indiquer, parceque les lois militaires ordonnent un com-plet silence sur ce point. Il existe encore à Metz d'autres res-sources: des sons, des issues, de la drèche, les pailles des pail-lasses, au moyen desquelles ont peut nourrir les chevaux.

Prolonger la défense de la ville, est un point de la dernière impotance. Paris est bloqué depuis le 19. septembre, c'est-à-dire depuis 25 jours, et si nous ne connaissons pas l'importance des com-bats, livrés sous ses murs, nous savons que plusieurs ont été heu-reux pour nos armes; que la France toute entière se lève; le chemin de fer qui approvisionne l'armée prussienne est coupé; (?) et cette armée souffre beaucoup; dans l'Allemagne un parti puissant sou-pire après la paix. Bien des choses peuvent donc nous faire espé-rer. D'ailleurs, des négociations se poursuivent sans doute pour amener cette paix désirée. L'assemblée nationale doit être réunie et ainsi tombent les prétextes, mis en avant par le roi Guillaume. Dans de telles circonstances, Metz, la Lorraine seront le prix de la persévérance. Notre devoir, un devoir impérieux, est de résister jusqu'au bout, d'user la patience de nos adversaires. C'est en mangeant à Gênes jusqu'à son dernier morceau de pain, que Masséna a rendu son nom immor-tel, et facilité la campagne de Marengo. Cet exemple ne doit pas être mis en oubli. Nous avons la ferme confiance, qu'il sera imité par les chefs de l'armée; et les habitants de Metz sont résolus à tout souffrir plutôt que de se rendre.

Rassurons donc les timorés, repoussons les pusillanimes. Hési-ter serait une lâcheté faiblir serait une trahison.

*) Dieſe Publication lautete:
Arrêté concernant la confection et la vente du pain.

Ein Schlaglicht auf die sanitairen Verhältnisse in Metz warf auch die Sterbeliste des 14. October, welche 24 beerdigte Civilpersonen aufführte.

In den Spalten des Journals spukte schon das Wort „Capitulation", das man bisher weder deutscherseits dem Feinde gegenüber geäußert, noch das man mit der Mission des General Boyer oder irgend einem Schritte des Marschall Bazaine in Verbindung

Le Général de division, commandant supérieur de la place: Prenant en considération les difficultés de la situation et la nécessité de ménager les ressources en grains, dont dispose la ville de Metz, à l'effet de prolonger la défense de cette place importante dans l'intérêt du pays,

Arrête:

A partir du dimanche 16. octobre courant, il ne sera fabriqué qu'une seule sorte de pain de boulange; il sera confectionné avec une farine, composée de toutes les parties du blé (farine et son). Ce pain sera vendu à raison de 45 centimes le kilogramme.

Chaque boulanger recevra journellement la quantité de farine, qui lui sera allouée proportionellement à la population qu'il sera appelé à servir.

La ration journalière pour chaque habitant ou résidant temporaire est fixée, savoir:

A 400 grammes pour les adultes;
A 200   „   „   „ enfants de quatre à douze ans;
A 100   „   „   „   „   de un à quatre ans.

Ces rations seront délivrées chez les boulangers, sur la présentation d'une carte, portant le timbre de la mairie et indiquant avec le nom du boulanger le nom du rationnaire ainsi que la quantité de rations, qui lui est attribuée. Il est interdit à tous boulangers, autres que celui désigné sur la carte, de remettre du pain au porteur; il leur est également interdit d'en délivrer une quantité supérieure à celle indiquée.

La carte, après livraison du pain, sera rendue à la personne qui l'aura présentée.

Le pain sera confectionné avec soin et dans des conditions satisfaisantes de cuisson.

Les contraventions aux dispositions précédemment arrêtées seront rigoureusement constatées et poursuivies.

Le général de division, commandant supérieur de la place
de Metz
F. Coffinières.

Das Journal fügte diesem Erlaß die Bemerkung hinzu:

„C'est une mesure excellente et qui aurait dû être déja prise, il y a un mois."

zu bringen vermochte. Es war mehrfach ausgesprochen ober angedeutet, freilich begleitet von energischen Protestationen, die indeſſen über bekannte Phraſen nicht hinausgingen, wie:

„Courage donc et patience! A bas toutes ces mesquines considérations! A bas toutes les querelles intestines! Oublions pour le moment nos vieilles rancunes! Que tous les partis s'unissent pour la cause commune, et proférons tous ensemble le seul cri à présent national: Vive la France!"

An ſachlichen Vorſchlägen fehlte es ganz; ſelbſt das Verlangen nach einem großen allgemeinen Ausfall und energiſchen Selbſtbefreiungsverſuchen wurde nirgends ausgeſprochen. Dies Letzte erſchien beſonders bezeichnend für die in der Bevölkerung und in der Armee von Metz herrſchende Stimmung.

Ohne eine Erklärung zu geben, warum es geſchähe, brachte das Journal ferner zwei kleine Artikel, deren Schärfe augenſcheinlich gegen die in Metz commandirenden Marſchälle und Generale gerichtet war:

Extrait des règlements militaires.

Responsabilité des commandants de place.

„Les lois militaires condamnent à la peine capitale tout commandant, qui livre sa place, sans avoir forcé l'assiégeant à passer par les travaux lents et successifs des sièges, et avant d'avoir repoussé au moin un assaut au corps de la place sur des brèches praticables."

„Dans la capitulation, le commandant ne se sépare jamais de ses officiers ni de ses troupes; il partage le sort de la garnison, après, comme pendant le siège; il ne s'occupe, que d'améliorer la situation du soldat, des malades et des blessés, pour lesquels il stipule toutes les clauses d'exception et de faveur, qui lui est possible d'obtenir."

„Tout commandant, qui a perdu une place est tenu de justifier sa conduite devant un conseil d'enquête."

Der Sinn dieſer Ausführung war inſofern unklar, als es ſich hier um eine förmliche Belagerung gar nicht handelte. Wie aber die Einſchließungsarmee zu einer förmlichen Belagerung gezwungen werden könnte, wenn ſie eine ſolche nicht unternehmen wollte, wie der Commandant einen Sturm auf practicable Breſchen abſchlagen ſollte, wenn ſolche weder gelegt wurden, noch der Gegner daran dachte, einen Sturm zu verſuchen — dieſe Fragen blieben offen.

Augenscheinlich hatte man in Metz bereits ein bunkles Gefühl von dem nahenden Ende des Widerstandes und strebte unwillkürlich danach, bei Zeiten die Verantwortlichkeit auf die Militairbefehls= haber zu wälzen.

Der zweite Artikel lautete:

„Hier, sur la place d'armes, on a pavoisé d'un drapeau la statue du maréchal Fabert et on a posé sur sa tête une cou- ronne d'immortelles."

„Nous reproduisons ici les paroles adressées par l'illustre Fabert à Louis XIV., et qui sont inscrites sur sa statue à Metz:"

„Si pour empêcher qu'une place,
„Que le roi m'a confiée
„Ne tombat au pouvoir de l'ennemi
„Se fallait mettre à la brêche
„Ma personne, ma famille et tout mon bien
„Je ne balancerais pas un moment à le faire."

Mehr als offenes Eingeständniß, daß die Wahrscheinlichkeit der Capitulation von der Bevölkerung bereits in's Auge gefaßt werde, sprachen diese Recitationen dafür, wie hoffnungslos die Eingeschlossenen in die nächste Zukunft blickten. — —

Auch Andeutungen über die Manifestation der Nationalgarden= Offiziere vom 13. October, über die man durch die Gefangenen Einiges gehört, waren im „Indépendant" enthalten. Jene Aus= sagen wurden der Hauptsache nach bestätigt.

Der Maire der Stadt hatte am 13. October im Namen der „édiles de Metz" eine Abresse an General Coffinières mit der Bitte gerichtet, dieselbe auch dem Marschall Bazaine mitzutheilen. Sie begann mit den Worten:

Monsieur le général.

„La démarche faite auprès de vous par les officiers de la garde nationale u. f. w.*)

---

*) Vollständig lautete die Abresse:

Monsieur le général.

La démarche faite auprès de vous par les officiers de la garde nationale a été inspirée par leur sérieuse résolution de s'associer énergiquement à la défense de la ville.

La garnison, à qui appartient cette défense, peut compter sur

Auch an die Armee richtete die Nationalgarde von Metz, die am 15. October den Dienst an den Thoren und in den Forts übernahm, eine Ansprache, welche das Journal als eine adresse toute confraternelle bezeichnete.

Das Bild, welches der Inhalt dieses Blattes im Verein mit den Gefangenenaussagen vor den Augen des objectiven Beurtheilers entrollte, rechtfertigte die Ueberzeugung, die man in den letzten Tagen über den Stand der Dinge im Hauptquartier Corny gewann, und die in einem, am 15. October Abends 6 Uhr 45 Minuten an den General von Moltke gerichteten Telegramm ausgesprochen ist, „daß man in Corny aus vielen kleinen Symptomen übereinstimmend die Katastrophe von Metz für sehr nahe bevorstehend hielte."

Eine Reihe blutiger Schlachten, in denen sie mit aufopfernder Hingebung gefochten, hatte der Armee Bazaine dennoch nur Mißgeschick gebracht und sie zuletzt einer verzweifelten Lage entgegengeführt. Jedermann in dieser Armee sah als deren unverschuldetes Ende nun wohl die Waffenstreckung mit Sicherheit voraus und mochte diese schon als die unvermeidliche Fügung stärkerer Gewalten ansehen, der man sich mit Resignation ergeben müsse. Daß eine solche Stimmung der Truppen nicht ohne Einfluß auf die Entschlüsse ihrer Führer bleiben konnte, war mit Sicherheit anzunehmen.

l'ardent concours d'une population incapable de faiblesse, quoiqu'il arrive.

Les communs efforts de l'une et de l'autre garderont jusqu'aux dernières extrémités, à la France, sa principale forteresse, et aux Messins une nationalité, à laquelle ils tiennent comme à leur bien, le plus cher.

Le Conseil municipal se fait l'intreprète de la cité tout entière, il ne peut se défendre d'exprimer son douloureux étonnement de la tardive connaissance, que lui est donnée par votre lettre de ce jour seulement, des ressources en subsistance sur lesquelles le commandant supérieur peut compter pour assurer la défense de la place.

La population en subira néanmoins les conséquences avec courage; elle ne veut, sous aucune forme, assumer la responsabilité d'une situation qu'il ne lui a pas été donné de connaître, ni de prévenir.

Nous vous prions, Monsieur le Général, de faire parvenir à Monsieur le maréchal Bazaine cette expression de nos sentiments·

Il se résument dans le cri de:

„Vive la France!"

XV.

Die rückwärtigen Verbindungen und die materielle Lage der Armee vor Metz in der Zeit vom 15. September bis zum 15. October.

In die oben bezeichnete Epoche fiel zunächst die neue Rege= lung der gesammten Etappenverhältnisse, welche den mit der Zeit völlig veränderten Verhältnissen der deutschen Armeen entsprach.

Gemäß den Allerhöchsten Befehlen vom 13. September, welche in Corny am 19. desselben Monats eintrafen, hatte die Sicherung der Etappenlinien, insoweit dieselben im Bereich der eingesetzten General = Gouvernements liefen, grundsätzlich fernerhin von diesen zu erfolgen. Die Armeen sollten den Gouvernements hierzu einen Theil ihrer Etappentruppen abtreten.

Es fiel rechts der Mosel diese Sicherung den General=Gou= vernements von Elsaß und Lothringen zu, wobei indessen die von dem Verwaltungsbezirke des General = Gouvernements Lothringen zu dem des General = Gouvernements Elsaß übergetretenen Arron= dissements Saarburg, Château Salins, Saargemünd, Metz und Thionville natürlich auch ferner dem letztgenannten Gouvernement zufielen.

Die Sicherung und Fortführung der Verbindungen zwischen der Mosel, der Belgischen Grenze und der Linie Mézières = Réthel= Rheims und Epernay (einschließlich Besetzung der drei letztgenannten Orte) ging auf das Armee=Corps Seiner Königlichen Hoheit des Großherzogs von Mecklenburg=Schwerin, dem auch das zu ver= stärkende Detachement Bothmer unterstellt war, der Art über, daß die Bahnlinie Nancy=Châlons vollständig gesichert war.

Westlich der Linie Réthel = Rheims = Epernay = Vitry hatten die Maas= und die III. Armee mit den ihnen ferner verbleibenden Etappentruppen die Sicherung so zu übernehmen, daß die Linie Dormans=Meaux von der III. Armee besetzt wurde.

Nachdem inzwischen die Erhöhung der Etappentruppentheile auf die Stärke von 6 Compagnien und 6 Eskadrons per Bataillon beziehungsweise Cavallerie = Regiment angeordnet worden, waren von den Etappentruppen der II. Armee 4 Bataillone 2 Eskadrons dem General=Gouvernement von Lothringen, seitens der I. Armee

bis auf 3 Bataillone 1 Eskabron alle Etappentruppen dem Detache=
ment des General=Lieutenant von Bothmer zu überweisen. Mit
dem Rest der Etappentruppen der I. unb II. Armee sollten nach
wie vor die Communicationen der Armee vor Metz gebeckt werden,
während das General=Gouvernement Elsaß dieser Sorge enthoben
ward.

Die General=Etappen=Inspection der II. Armee übergab in
Folge dessen dem General=Gouvernement von Lothringen von den
ihr bisher unterstellten Etappentruppen:

4 Königlich Sächsische Bataillone, jedes zu 4 Compagnien,
1 Preußisches Bataillon von 6 Compagnien unb
2 andere Preußische Compagnien,*)

an Infanterie also in Summa 24 Compagnien, 2 Eskadrons.

Mit den ihr verbleibenden 4 Bataillonen (à 6 Compagnien),
2 Eskadrons, 1 mobilen Festungs=Pionier=Compagnie hielt sie
weiterhin die Orte Saarbrück, Forbach, St. Avold, Faulquemont,
Herny, Rémilly unb Pont à Mousson besetzt, vorläufig auch noch
Groß=Tenquin, bis dort Ablösung eintraf. Später wurde in Folge
der weiterhin angeführten Befehle vom 7. October auch Courcelles
sur Nied besetzt.

Die General=Etappen=Inspection der I. Armee entsendete von
ihren Etappentruppen zum General von Bothmer vor Verdun im
Ganzen:

4 Bataillone,
3 Eskadrons,
1 schwere Reserve=Batterie.

Von den übrigen Besatzungstruppen bislocirte sie einige Com=
pagnien nach Boulay, einige waren auf inländischen Etappen ver=
theilt unb der gesammte Rest kam nach der Gegend von Cour=
celles sur Nied, wo er bekanntlich auch als Gefechts=Reserve für
den rechten Flügel des 7. Armee=Corps biente. Später in Folge
der Befehle vom 7. October wurden die Truppen aus der Gegend
von Courcelles nach Herny unb Umgegend verlegt, der Sitz der
General=Etappen=Inspection nach Vatimont.

---

*) Diese letztangeführten 8 Compagnien, ursprünglich zur Augmentirung
der Etappenbataillone der Maas=Armee auf je 6 Compagnien bestimmt,
mußten später dorthin abgegeben werden, wofür abermals 1 Bataillon
à 6 Compagnien von den Etappentruppen der II. Armee an das
General=Gouvernement von Lothringen abgegeben wurde.

So war die Wirksamkeit der General=Etappen=Inspectionen freilich räumlich beschränkt worden, doch verblieben ihnen auch ferner alle auf die Verbindung mit der Heimath Bezug habenden Verpflichtungen.

Die General=Etappen=Inspection der II. Armee hatte übrigens zu Beginn des Monats October mehrfach Nachrichten erhalten, daß in Folge der Aufreizungen von Agenten der französischen Regierungs= delegation in Tours und des Pariser Gouvernements zahlreiche junge Männer auch in Elsaß und in Lothringen ihre Heimath ver= ließen, um an der nationalen Landesvertheidigung Theil zu nehmen. Zumal in den waldreichen Grenzdistricten bei Saaralbe und Saar= union sollten sich angeblich ganze Schaaren solcher Leute bewaffnet umhertreiben. Um solchem Unfug zu steuern, setzte sich die In= spection mit den General=Gouvernements von Elsaß und Loth= ringen in Verbindung und entsandte dann ein Streifdetachement von 1 Compagnie Infanterie, 35 Pferden von Saargemünd über Saaralbe, Saarunion, Bourg Altroff, Saareburg, Lützelburg, Saverne, Bouxviller, Ingweiler, Keskastel in's Land hinein. Dies Detachement nahm überall die vorhandenen Waffen in Beschlag, traf indessen nirgends Freischaaren, sondern fand vielmehr ent= gegenkommende Aufnahme durch die Bevölkerung. Die Conscrip= tionspflichtigen, welche allerdings früher die Heimath verlassen hatten, um sich nach Epinal zu begeben, waren inzwischen, nach= dem Straßburg gefallen, freiwillig wieder in ihre Heimath zurück= gekehrt.

Am 23. September erfuhren die rückwärtigen Verbindungen der Armee vor Metz insofern eine Veränderung, als die Feldeisen= bahn Rémilly=Pont à Mousson fertig wurde, nachdem seit der ersten Einleitung der Arbeit 40 Tage verflossen waren.

Der Betrieb und die Verwaltung dieser Bahn fiel den Etappen= behörden der II. Armee zu.

Die 5 Meilen lange Strecke hatte übrigens in zum Theil waldigem Bergterrain die größten Terrainschwierigkeiten zu über= winden gehabt. Sie besaß Curven bis zum Minimalradius von 50^0 und auf dem ersten $\frac{1}{2}$ Meile langen Theile zwischen Rémilly und Kalkofen Steigungen im Verhältnisse $1:38$. Der scharfen Biegungen halber konnten allein 4 rädrige Locomotiven Verwen= dung finden, die von Rémilly nach Kalkofen nur Züge von 3—5 Wagen zu befördern im Stande waren, während auf der letzt=

genannten Station stärkere Trains von 10—12 Wagen combinirt
und durch eine Locomotive nach Pont à Mousson befördert wurden.
Bis zum 28. September gingen täglich nur 2, später täglich 4
Züge für Personen= und Güterverkehr hin und zurück. Ein 5.
Zug war nothwendig, um Material zum Nachfüllen schadhaft werdender
Bahnstrecken 2c. zu transportiren. Von einem Verkehr zur Nacht=
zeit mußte aus Rücksicht für die Sicherheit Abstand genommen
werden.

So konnten nur etwa 4000 Centner Proviant pro Tag über
Pont à Mousson nach Novéant und Ars sur Moselle herangeführt
werden, doch war auch das umsomehr eine erhebliche Hülfe für
die Armee vor Metz, als auf die weitere Mitbenutzung der Bahn=
linie über Nancy ganz verzichtet werden mußte.

In Folge der veränderten Verbindungsverhältnisse trat vom
7. October an eine neue Vertheilung der Empfangsstationen ein.

Die I. Armee wurde auf Herny, wenn nöthig unter Mit=
benutzung von Faulquemont, angewiesen und ihr auch die Errich=
tung eines Magazins in Boulay, das von Saarlouis vorgeschoben
werden konnte, anheimgestellt. Dieser Armee verblieb ferner aus=
schließlich die Landetappenlinie Herny=Saarlouis.

Das 2. Corps sollte sich auf das Magazin von Courcelles,
das 3. auf Ars sur Moselle und wenn nöthig Rémilly, das 9. sich
auf Novéant basiren, das 10. Armee=Corps mit der Division
Kummer auf Courcelles.

Diesen Verhältnissen, welche auch der neuen zu Beginn des
October eingetretenen Dislocation der Cernirungs=Armee angepaßt
waren, entsprach es ferner, daß der Sitz der General=Etappen=
Inspection der I. Armee (bisher in Bazoncourt) verlegt und dieser
Inspection Nachschub und Dienstbetrieb der Linie Neunkirchen=Cour=
celles übertragen wurde. Der General=Inspection der II. Armee
verblieb Nachschub und Betrieb auf den Strecken von Rémilly nach
Nancy und Ars sur Moselle.

Der Bahnhof Ars sur Moselle mußte, da der Feind ihn vom
Mont St. Quentin aus mit Granaten bewarf, am 8. October
geschlossen werden, erst am 15. October konnte er wieder in Be=
nutzung kommen.

Trotz dieser kleinen Hemmnisse, trotz einzelner an die Armee
gestellter extraordinairer Anforderungen, wie Errichtung eines

Magazins für die Maas-Armee in St. Mihiel blieb die Verpflegung der Truppen vor Metz eine anbauernd gute.

Die Sperrung der deutsch-französischen Grenze für den Trans-port von Rindvieh machte es nothwendig, Conserven-Fleisch und Dauerfleisch versuchsweise in Anwendung zu bringen.

Mit beiden Verpflegungsmitteln wurden trotz vereinzelter Klagen der Truppen im Allgemeinen sehr gute Resultate erzielt. Dies war um so günstiger, als die Beschaffung von Schlachtvieh durch Requisitionen in den schon so sehr ausgesogenen Landstrichen rund um Metz ihre großen Schwierigkeiten hatte.

Die Aufnahme von Proviant, der ein verhältnißmäßig geringes Volumen einnimmt, in die Verpflegung, führte eine Entlastung der immer noch auf's Aeußerste in Anspruch genommenen Eisen-bahnen mit sich. Ferner wurden dabei die großen Verluste ver-mieden, welche der Transport lebenden Vieh's stets mit sich bringt.

Da nun die Viehkrankheiten und die dementsprechenden Durch-fuhrverbote anbauerten, so schritt die Armee-Intendantur zur Er-richtung von Fabriken, welche Dauerfleisch in großer Menge her-zustellen vermochten. Die erste dieser Fabriken in Berlin sollte täglich 120,000 Portionen liefern, die zweite in Mainz pro Tag 150 Stück Rindvieh verarbeiten. Natürlich wurde nicht daran gedacht, solche Nahrungsmittel ausschließlich zu verwenden, sondern sie sollten nur als Aushülfe und Abwechslung dienen.

Auch die Verwendung von Preßheu für die Pferde wurde mit Erfolg versucht, da der Transport an Rauhfourage wegen der sich mehr und mehr ausbreitenden Rinderpest untersagt worden war. Die Armee-Corps wurden ferner zu dem Versuche angewiesen, durch Ankauf von den Bewohnern des occupirten Landes Stroh und Heu zu erlangen. Zu diesem Behufe sollten sie die Einlieferungs-orte, sowie die Preise bekannt machen, welche bei freiwilliger Ein-lieferung gezahlt würden und die Androhung hinzufügen, daß wieder Requisitionen ausgeführt werden müßten, wenn der Ankauf kein genügendes Resultat ergeben würde. Der Preis für den Centner Heu wurde dabei auf 4 Francs, der für den Centner Stroh auf 4½ Francs festgesetzt. Der Preis für das Heu mußte in der Folge bald auf 6 Francs erhöht werden.

Die in den occupirten französischen Landestheilen eingesetzten deutschen Civilbehörden beschwerten sich übrigens öfters über die Anwendung des Requisitionsverfahrens. Die Berechtigung dieser

Klagen erkannte das Ober-Commando selbstredend völlig an, allein das Gebot der Nothwendigkeit forderte jenes Verfahren, so lange nicht irgend ein Auskunftsmittel gefunden würde. Ein solches schlug das Ober-Commando selbst den General-Gouvernements vor, indem es sie ersuchte, wennmöglich die Anlage von Magazinen für die einzelnen Corps der Armee in's Werk zu setzen.

Sollte es den Civilbehörden gelingen, durch freihändigen Ankauf diese Magazine dem vorher bestimmt angegebenen Bedarf der Truppen entsprechend zu füllen, so erklärte sich das Ober-Commando gern bereit, die Truppen alsdann nur aus diesen Magazinen empfangen zu lassen und ihnen jede eigene Eintreibung auf dem Requisitionswege zu untersagen.

Für den herannahenden Winter leitete alsbann das Ober-Commando die Beschaffung von eisernen Oefen ein, soweit diese für die nicht heizbaren Räume, welche von Truppen belegt waren, nothwendig wurden.

Im Ganzen stellte sich später ein Bedarf von etwa 1050 solcher Oefen heraus. Die General-Gouvernements von Elsaß und Lothringen wurden ersucht, das nöthige Brennmaterial, namentlich Steinkohlen, durch Requisition zu beschaffen. Auch die Beschaffung von Kapuzen rc. durch die Ersatztruppentheile wurde vom Ober-Commando den Truppen der Armee anheimgestellt.

Trotz aller Fürsorge aber hob sich der Krankenstand dennoch stets. In der zweiten Dekade des Monats September schon hatte die Zahl der Lazarethkranken 19 Procent, die der Neuerkrankungen 12 Procent der Kopfstärke der Armee betragen. Von den Neuerkrankungen waren dabei nahezu ein Drittheil Ruhrfälle (27 pCt.).

In der letzten Dekade des Monats September erreichte die Zahl der Neuerkrankungen im Durchschnitt bei der II. Armee 11 Procent, die Verwundeten nicht eingerechnet. Die Ruhrfälle nahmen dabei ein wenig ab, gastrisches Fieber und Typhus stiegen. Am letzten September zählten die Lazarethe der Armee in Summa schon 20 Procent der gesammten Kopfstärke an Kranken, davon entfielen freilich allein 9 Procent auf Verwundete.

Um der Verbreitung von Ruhr, Typhus u. s. w. nach Möglichkeit vorzubeugen, verfügte Seine Königliche Hoheit der Oberbefehlshaber am 5. October, daß in den von Truppen belegten Orten unter allen Verhältnissen die Ansammlung solcher Kranken vermieden werden solle. Die ungesäumte Ueberweisung derselben an die rechtzeitig und der Cernirungslinie möglichst fern, von jedem Corps in seinem Rayon zu etablirenden Feldlazarethe wurde den Truppen zur Pflicht gemacht. Die Lazarethe wieder sollten für rechtzeitige Evacuation sorgen, um Ueberfüllungen zu vermeiden, zumal jetzt für die Fortschaffung der noch auf dem linken Mosel=ufer liegenden Verwundeten, selbst für den Transport sehr schwer Verletzter in Novéant treffliche Eisenbahn=Lazarethwagen zur Ver=fügung standen.

Auf Sauberkeit in den Quartieren, Desinfectionen ꝛc. wies das Ober=Commando immer von Neuem hin.

An dem ungünstigen Gesundheitszustande in der Armee trugen übrigens nach wie vor die schlechten Unterkunftsverhältnisse vor Metz die Hauptschuld.

Es bivouakirten beispielsweise vom 2. Armee=Corps, das durch=aus nicht am ungünstigsten situirt war, zu Mitte des Monats October:

9 Bataillone fast ganz, —
5 Bataillone,
4 Batterien,
1 Proviant = Colonne,

aber völlig in den Baracken, respective Hüttenlagern.

Aehnlich lagen die Verhältnisse bei allen andern Corps. Von den nominell in den Ortschaften untergebrachten Truppentheilen campirten auch stets viele Mannschaften, aus Mangel an Raum in den Gebäuden, im Freien.

XVI.

Die Ereignisse vor Metz vom 16. bis zum 25. October.

Trotz der bereits traurigen Zustände der feindlichen Armee in Metz durfte man die Möglichkeit noch bevorstehender, ernster Kämpfe doch nicht aus dem Auge verlieren. Das gebot die Vor=sicht, die man bis zum letzten Augenblicke bewahren mußte. Schien es doch fast, als müsse schließlich die Verzweiflung, die sichere Aus=sicht auf Capitulation und Kriegsgefangenschaft die feindliche Armee trotz der vielen entgegenstehenden Ueberlegungen aus der Festung heraus und mit allen noch verfügbaren Kräften gegen die deutschen Linien treiben.

Mittlerweile hatten sich die Corps der Cernirungsarmee auch sämmtlich, dem Armeebefehle vom 4. October entsprechend, neuerdings für eine bestimmte Position entschieden, die gegen jeden Ausfall auf's Hartnäckigste gehalten werden sollte. Wie es der eben erwähnte Armeebefehl anordnete, waren dabei geschlossene, zum Theil sturmfreie Schanzen in den einzelnen Fronten erbaut, andere in der Ausführung begriffen, andere noch projectirt.

Es kam um diese Zeit die Cernirungsaufstellung gewissermaßen zum endlichen Abschlusse, so daß eine weitere Verstärkung der Defensivlinien, auch abgesehen von den Verhältnissen, die augenscheinlich schon beim Gegner herrschten, kaum noch zweckdienlich erschien.

Irgend erhebliche Aenderungen traten nicht mehr ein und es ist darum wohl angemessen, die Stellung der Armee und die Vertheilung der Kräfte auf die verschiedenen Fronten hier noch einmal kurz zu überschauen.

Der augenblickliche Zustand hatte sich aus dem, am 1. October von den Truppen durchgeführten Armeebefehl vom 30. September, den Anordnungen des 4. October, sowie den seit dem 1. October noch eingetretenen Detailveränderungen ergeben.

Die jetzt gemachten Angaben aber lassen, was die relative Stärke und Dichtigkeit der einzelnen Theile der Cernirungslinie anbelangt, auch über frühere Epochen ein Urtheil fällen.

Die Aufstellung der Cernirungsarmee war um die Mitte des Monats October folgende:

1. Armee-Corps.

Stärke: 25 Bataillone,
       3 Pionier-Compagnien,
       8 Eskadrons,
     84 Geschütze.

Vorposten:

Ausdehnung 5000 Schritt. Nördlich Villers l'Orme schlossen sich die Vorposten an diejenigen des 10. Armee-Corps an, die Linie zog sich alsdann gegen den Grund von Nouilly, welcher Ort vor der Aufstellung lag und vorwärts der Dörfer Servigny und Noisseville, über die Straße Saarlouis hinaus bis hart östlich Lauvallier, das gleichfalls vor der Front blieb.

24*

Vertheidigungs-Stellung:

Ausdehnung 5500 Schritt.

Die in der Vertheidigungs-Stellung liegenden Dörfer Failly, Poir, Servigny, Noisseville und die an der Straße von Saarlouis liegende Brasserie von Noisseville waren zur Vertheidigung hergerichtet, vorwärts und zwischen jenen Orten Geschütz-Emplacements erbaut.

Das 1. Armee-Corps beabsichtigte, in zweiter Linie 3 Schanzen anzulegen und zwar:

eine nördlich der Straße nach Saarlouis zwischen Château Gras und der Brasserie zur Bestreichung des Grundes Vantour-Nouilly,

eine auf der Höhe südlich Bremy,

eine auf der Höhe westlich des Bois de Failly.

Dislocirung:

Rechter Flügel: 1. Infanterie-Division.

Hiervon in vorderster Linie:

		9 Bataillone,	— Geschütze,	1 Eskadr.,
um ¼ Meile Marsch zurück:	3 „	24 „	— „
„ ¾ „ „ „	1 „	— „	2 „
„ 1 „ „ „	— „	— „	1 „

13 Bataillone, 24 Geschütze, 4 Eskadr.

Linker Flügel: 2. Infanterie-Division.

Hiervon in vorderster Linie:

		3 Bataillone,	— Geschütze,	— Eskadr.,
um ¼ Meile Marsch zurück:	6 „	12 „	— „
„ ½ „ „ „	3 „	12 „	— „
„ 1 „ „ „	— „	— „	2 „
„ 1¼ „ „ „	— „	— „	2 „

12 Bataillone, 24 Geschütze, 4 Eskadr.

Corps-Artillerie:

um ½ Meile Marsch zurück: 36 Geschütze.

2. Cavallerie-Brigade der 1. Cavallerie-Division, attachirt dem 1. Armee-Corps.

Marsch zur Concentrirung bei Ste. Barbe:

½ Meile	....	4 Eskadrons,
1 „	....	8 „

12 Eskadrons,

zur Concentrirung bei Vigy:

am Ort .... 4 Eskadrons,

¼ Meile 4   „

¾ „   4   „

12 Eskadrons.

7. Armee-Corps.

Stärke: 25 Bataillone,

3 Pionier-Compagnien,

8 Eskadrons,

84 Geschütze.

Vorposten:

Ausdehnung: 6000 Schritt. Rechter Flügel — Mühle nördlich la Planchette. Von dort vorwärts la Planchette und Colombey über la Grange aux Bois bis zu dem Holze westlich Ars-Laquenexy.

Vertheidigungs-Stellung:

Die Vertheidigungs-Stellung, welche die Ausdehnung von 5000 Schritt hatte, wurde bezeichnet durch die Ortschaften Montoy, Coincy, Aubigny Château, Ars Laquenexy. Die Ortschaften waren zur Vertheidigung eingerichtet, und befanden sich in der Stellung 4 Emplacements für je 6 Geschütze.

Neuerdings waren zwei sturmfreie, geschlossene Erdwerke — das eine 400 Schritt nördlich Coincy, das andere 600 Schritt östlich Aubigny — erbaut worden, deren jedes für 2 Compagnien und 6 Geschütze berechnet.

In zweiter Linie war das Dorf Flanville zur Vertheidigung eingerichtet.

Dislocirung:

Eine Infanterie-Division lag in erster, die andere in zweiter Linie. Die Divisionen wechselten, zur Zeit stand in vorderer Linie:

die 14. Infanterie-Division.

Hiervon in vorderster Linie:

	Bataillone	Geschütze	Eskadr.
	10 Bataillone,	6 Geschütze,	1½ Eskadr.,
um ¼ Meile Marsch zurück	2 „	18 „	— „
„ ½ „ „ „	— „	— „	2½ „
	12 Bataillone,	24 Geschütze,	4 Eskadr.

13. Infanterie-Division.

Hiervon:

um ¼ Meile Marsch zurück 1 Bataillon, — Geschütze, — Eskadr.,
„ ½ „ „ „ 3 „ 18 „ — „
„ ¾ „ „ „ 7 „ 6 „ 1 „
„ 1 „ „ „ 1 „ — „ 3 „
„ 1¼ „ „ „ 1 „ — „ — „

13 Bataillone, 24 Geschütze, 4 Eskadr.

Corps=Artillerie:

um 1½ Meile Marsch: 36 Geschütze. *) Bei einer Concentrirung der in zweiter Linie stehenden Division und der Corps=Artillerie nach dem rechten Flügel kommen (als Concentrirungspunkt Maison isolée angenommen) nachstehende Entfernungen in Betracht:
mit weniger als ¼ M. Marsch 1 Bataillon, — Geschütze, — Eskadr.,
„ ¼ Meile Marsch .... 1 „ 18 „ — „
„ ½ „ „ .... 6 „ 6 „ 2 „
„ ¾ „ „ .... 4 „ 36 „ — „
„ 1 „ „ .... 1 „ — „ 2 „

13 Bataillone, 60 Geschütze, 4 Eskadr.

8. Armee-Corps.

Stärke: 25 Bataillone,
3 Pionier=Compagnien,
8 Eskadrons,
90 Feldgeschütze,
10—12pfündige Festungsgeschütze.

Vorposten:

Ausdehnung: 10,000 Schritt. Vom Walde westl. Ars Laquenexy über Mercy le Haut zur Route Metz = Straßburg — Ancien=Moulin. Nordlisière des bois de l'Hopital — St. Thiébault Fe. — Weinberg nördlich davon zu den Buschparcellen unterhalb Marly (rechtes Ufer), wo der Anschluß an das 2. Armee=Corps stattfand.

Vertheidigungs=Stellung:

Die 10,000 Schritt messende Vertheidigungslinie von Ars Laquenexy bis zur Seille bei Pouilly war durch Herstellung von Schützengräben längs der Waldlisièren, durch Anlage von Batterien südlich der „Chapelle" (zwischen Mercy le Haut und Ars Laquenexy), vorwärts Frontigny (12 Feldgeschütze) und bei Cheval

---

*) Daß mehrere Batterien in die Emplacements und Schanzen eingefahren waren, ist bei dieser Entfernungs=Berechnung außer Betracht gelassen.

Rouge (10 — 12=Pfünder), sowie durch Fortificirung der Dörfer Chesny und Pouilly verstärkt worden. Durch die Waldungen süd= lich Ars Laquenexy und bois be l'Hopital führten hergerichtete Communicationen.

Es lag in der Absicht des 8. Corps, Mercy le Haut und die Höhe 1000 Schritt nördlich des bois be Pouilly (Karte 220) durch Anlage von Verschanzungen in die Vertheidigungs=Stellung hinein= zuziehen, wodurch diese verkürzt und dem Feinde die Entwickelung erschwert wurde.

Dislocirung:

Rechter Flügel: 15. Infanterie=Division.

	Bataillone	Geschütze	Eskadr.
In vorderster Linie......	3½	—	—
um ¼ Meile Marsch zurück —	„	—	„ 1 „
„ ½ „ „ „	3½	— „	1 „
„ ¾ „ „ „	4¼	24 „	2 „
„ 1 „ „ „	2	— „	— „
	13 Bataillone,	24 Geschütze,	4 Eskadr.

Die von dieser Division in zweiter Linie stehende Brigade er= reichte den Concentrationspunkt auf rechtem Flügel — beispiels= weise Courcelles sur Nied — wie folgt:

mit ¾ Meile Marsch........	2 Bataillone,
„ 1 „ „	2 „
„ 1¼ „ „	2 „
	6 Bataillone.

Linker Flügel: 16. Infanterie=Division.

	Bataillone	Geschütze	Eskadr.
In vorderster Linie.......	7½	12	2
mit ¼ Meile Marsch zurück	4 „	12 „	— „
„ ½ „ „ „	½ „	— „	2 „
	12 Bataillone,	24 Geschütze,	4 Eskadr.

Corps=Artillerie:

mit ½ Meile Marsch........	6 Geschütze,
„ ¾ „ „	12 „
„ 1 „ „	6 „
„ 1¼ „ „	18 „
	42 Geschütze.

Entfernungen zur Concentrirung der Corps=Artillerie bei Cour= celles sur Nied:

1 Meile	6	Geſchütze,
1¼ „	6	„
1½ „	12	„
1¾ „	18	„

42 Geſchütze.

3. Cavallerie=Diviſion.

Stärke: 16 Eskabrons, 6 Geſchütze.

Dislocirung:

Für Concentrirung kamen folgende Entfernungen zur Sprache:

Nach linkem Flügel — Verny —

¼ Meile Marſch	7 Eskabrons,		
½ „ „	1 „		
1½ „ „	4 „	6 Geſchütze,	
2 „ „	1½ „		
2¼ „ „	2½ „		

16 Eskabrons, 6 Geſchütze.

Nach dem Centrum — Pontoy —

¾ Meile Marſch	— Eskabrons,	6 Geſchütze,
1 „ „	9 „	
1¼ „ „	4½ „	
1½ „ „	2½ „	

16 Eskabrons, 6 Geſchütze.

Nach rechtem Flügel — Sorbey —

½ Meile Marſch	— Eskabrons,	6 Geſchütze,
1 „ „	4 „	
1½ „ „	8 „	
1¾ „ „	4 „	

16 Eskabrons, 6 Geſchütze.

2. Armee-Corps.

Stärke: 25 Bataillone,

3 Pionier=Compagnien,

8 Eskabrons,

84 Feldgeſchütze,

10—12pfündige Feſtungsgeſchütze.

Vorpoſten:

Ausdehnung 9000 Schritt. Der Anſchluß an die Vorpoſten des 8. Corps fand an den Buſchparcellen unterhalb Marly — auf

rechtem Seilleufer statt. Diese Büsche waren von den Vorposten
des 2. Corps besetzt.

Die Vorpostenlinie lief demnächst über la Papéterie — vor=
wärts Augny — Waldparcelle südlich Frescaty — Frescaty —
vorwärts Tournebride — zur Mosel, und auf linkem Ufer vor=
wärts Vaux.

Vertheidigungs=Stellung:
Rechter Flügel Marly, zur Vertheidigung eingerichtet.

Durch Batterie = Emplacements oberhalb Marly auf linkem
Seilleufer hatte man die Flankirung eines gegen die Front des
8. Armee=Corps gerichteten Angriffs vorbereitet.

Die Vertheidigungs=Stellung des 2. Corps war verstärkt durch
Anlage von Batterie=Emplacements vorwärts des von Marly zur
Chaussee Metz=Pournoy la Chétive hinüber führenden Weges für
12 Feldgeschütze, durch eine sturmfreie geschlossene Schanze zwischen
jener Chaussee und Augny (6 Feldgeschütze und 1 Compagnie),
durch Emplacements nordöstlich Augny (12 Geschütze), Fortificirung
des Dorfes Augny, durch eine mit 10 — 12 = Pfündern armirte
(sturmfreie) Batterie südlich Orly, eine geschlossene Schanze bei
Orly Ferme (für 6 Feldgeschütze und 1 Compagnie), sowie Em=
placements westlich Orly (6 Geschütze) und hart vorwärts Jouy
(12 Geschütze). — Polka Fe. hatte das Corps gleichfalls zur Ver=
theidigung eingerichtet, die Eisenbahnbrücke über die Mosel nörd=
lich Ars durch Tambour gesichert.

Auf dem linken Ufer der Mosel lagen vorwärts Ars Geschütz=
Emplacements. Von diesen Fortificationen waren die beiden ge=
schlossenen Werke erst in der ersten Hälfte des October durch das
2. Armee=Corps angelegt worden.

Dislocirung:
Rechter Flügel: 3. Infanterie=Division.
Stellung: Marly=Augny.

In vorderster Linie:.... 11½ Bataillone, 24 Geschütze, — Eskadr.,
um ¼ Meile Marsch zurück 1 „ — „ 1 „
„ ½ „ „ „ — „ — „ 3 „
12½ Bataillone, 24 Geschütze, 4 Eskadr.

Linker Flügel auf dem rechten Moselufer: Augny
excl. — zur Mosel,

von der 4. Infanterie=Division:

In vorderster Linie ...... 6¼ Bataillone, 12 Geschütze, — Eskadr.,
um ¼ Meile Marsch zurück 2 „ — „ 1 „
„ ½ „ „ „ — „ — „ 2 „
„ ¾ „ „ „ 1 „ — „ — „

9¼ Bataillone, 12 Geschütze, 3 Eskadr.

Auf dem linken Moselufer: Ars Vaux,
von der 4. Infanterie=Division:

In vorderster Linie ..... 3¼ Bataillone, 12 Geschütze, 1 Eskadron.

Corps=Artillerie:
in vorderster Linie, und zwar in den Werken von
Augny und Orly .... 12 Geschütze,
um ½ Meile Marsch zurück .... 12 „
„ ¾ „ „ „ .... 12 „

36 Geschütze.

9. Armee-Corps.

Stärke: 23 Bataillone,
3 Pionier=Compagnien,
12 Eskadrons,
90 Feldgeschütze,
10—12pfündige Festungsgeschütze.

Vorposten:
Ausdehnung 5000 Schritt. Juffy=Rozérieulles=Châtel. Vor=
wärts Châtel hatte das Corps als Stützpunkte für die Vorposten
innerhalb deren Aufstellung Verschanzungen hergestellt.

Vertheidigungs=Stellung:
Ausdehnung 6000 Schritt.
Plateau über Juffy=Rozérieulles bis zur Schlucht von Châtel.
Der Höhenrand war durch Geschütz=Emplacements und Schützen=
gräben zur Vertheidigung eingerichtet. Ueber Juffy standen zwei
Zwölfpfünder in erst kürzlich erbauter, eingedeckter Batterie. Die
Geschütze waren dabei der 1000 Schritt westlich liegenden Batterie
entnommen, die hiernach noch eine Armirung von 8 Geschützen besaß.

Das Dorf Rozérieulles war verbarrikadirt — Châtel zur Ver=
theidigung eingerichtet. Als Abschluß der vorwärts des Dorfes
Châtel angelegten Verschanzungen aber hatte man in neuester Zeit
ein Emplacement für 1 Compagnie Infanterie auf der nordöstlich
des Dorfes gelegenen Kuppe (in der Südspitze des Bois de Châtel)

vollendet. Dies Emplacement war zunächst bestimmt, den auf jen=
seitigem Höhenrande etablirten Vorposten einen Halt zu geben.

Dislocirung:

Die 18. Infanterie=Division gab die Vorposten und
war zur Vertheidigung der Stellung bestimmt.

Von ihr standen:

in vorderster Linie 12½	Bataillone,	18 Geschütze,	1 Eskadr.,
um ½ Meile Marsch zurück ¼	„	— „	1 „
„ ¾ „ „ „ —	„	— „	1 „
betachirt auf Entfernung			
von 3¾ Meilen........ ¼	„	6 „	1 „
13	Bataillone,	24 Geschütze,	4 Eskadr.

Die Truppen der 25. (Großherz. Hessischen Division)
hatten für Concentrirung bei Rézonville zurückzulegen:

keinen Marsch............. 3	Bataillone,	6 Geschütze,	1 Eskadr.,
½ Meile „ 2	„	18 „	— „
1 „ „ 4	„	12 „	5 „
1½ „ „ 1	„	— „	1 „
2½ (betachirte) ....—	„	— „	1 „
10	Bataillone,	36 Geschütze,	8 Eskadr.

Die Corps=Artillerie — 30 Geschütze — lag concentrirt bei
Gravelotte und konnte sonach mit ¼ Meile Marsch das Plateau
von Moscou erreichen.

3. Armee=Corps.

Stärke: 25 Bataillone,
     3 Pionier = Compagnien,
     8 Eskadrons,
    84 Feldgeschütze,
   10—12pfündige Festungsgeschütze.

Vorposten:

Ausdehnung 8000 Schritt. Schlucht von Châtel — längs der
Ostlisière des Bois de Châtel — über das Plateau von Plappe=
ville durch das Bois de Vigneulles — über Saulny — und Villers
les Plesnois bis Point du jour. Der Vorpostenlinie war Halt
gegeben durch Verhaue und Schützengräben. Die in der Vor=
postenlinie gelegenen Ortschaften Saulny und Villers les Plesnois,
sowie die, letzterem Ort vorliegende Ziegelei hatte das Corps zur
Vertheidigung eingerichtet.

Als Stütze für die Vorposten = Aufstellung waren auf dem Plateau von Plappeville bereits früher die Gehöfte St. Vincent und St. Maurice fortificirt, nahe südlich letzteren Ortes eine sturm= freie Schanze erbaut worden.

Eine Neuanlage wurde vom 3. Armee = Corps in Herstellung eines Blockhauses jetzt ausgeführt, welches an der Chaussee St. Privat=Saulny lag, dort, wo der von Plesnois heranführende Weg diese trifft.

Vertheidigungs = Stellung:

Einem in größerem Maßstabe geführten Angriffe des Feindes beabsichtigte das 3. Armee = Corps auf dem Plateau Montigny la Grange=Amanvillers = St. Privat la Montagne (Ausdehnung von 5000 Schritt) entgegenzutreten.

In dieser Stellung, und zwar in einer auf der Höhe nord= westlich Amanvillers hergerichteten sturmfreien Redoute, standen die dem 3. Corps zugewiesenen 10 — 12 = Pfünder in Batterie.

Dislocirung:

Rechter Flügel: 6. Infanterie = Division.

	Bataillone	Geschütze	Eskadr.
In der Vorposten=Aufstel= lung Châtel bis Bois de Vigneulles einschließlich	3 Bataillone,	— Geschütze,	— Eskabr.,
in der Vertheidigungs=Stel= lung	3 „	24 „	— „
mit ½ Meile Marsch zurück	3 „	— „	— „
„ ¾ „ „ „	2 „	— „	2 „
„ 1 „ „ „	— „	— „	1 „
„ 1¼ „ „ „	¼ „	— „	1 „
„ 1½ „ „ „	¼ „	— „	— „
„ 1¾ „ „ „	¼ „	— „	— „
„ 2½ „ „ „	¼ „	— „	— „
	12 Bataillone,	24 Geschütze,	4 Eskabr.

Linker Flügel: 5. Infanterie = Division.

10. Infanterie = Brigade (Vorposten Saulny):

	Bataillone	Geschütze	Eskadr.
in der Vorposten=Aufstellung	2 Bataillone,	— Geschütze,	— Eskabr.,
„ „ Vertheidigungs=Stel= lung	2¾ „	6 „	1 „
mit ¼ Meile Marsch zurück	1¼ „	6 „	— „
„ ¾ „ „ „	— „	— „	2 „
	6 Bataillone,	12 Geschütze,	3 Eskabr.

9. Infanterie=Brigade (Vorposten Villers les Plesnois):
Die 9. Infanterie=Brigade hatte die Bestimmung, event. in ein auf linkem Ufer im Moselthal engagirtes Gefecht einzugreifen und war hiernach dislocirt:

in der Vorposten=Aufstellung 1½ Bataillone, — Geschütze, — Eskadr.,
„ „ Bereitschafts=Stellung 5 „ 12 „ — „
mit ¼ Meile Marsch zurück ½ „ — „ 1 „

7 Bataillone, 12 Geschütze, 1 Eskadr.

Die Vertheidigungs=Stellung des Corps: St. Privat ꝛc. er= reichten die Truppen der Brigade mit einem Marsch von ¾ Meilen.

Corps=Artillerie:
Die Vertheidigungs=Stellung erreichten:

mit ½ Meile Marsch........ 30 Geschütze,
„ ¾ „ „ .... 6 „

36 Geschütze.

10. Armee=Corps und die Division Kummer.

Stärke: 10. Armee=Corps:
25 Bataillone,
3 Pionier=Compagnien.
8 Eskabrons,
84 Feldgeschütze,
10—12pfündige Festungsgeschütze.

Division Kummer.
15 Bataillone
excl. 3, welche nach Thionville detachirt waren,
1 Pionier=Compagnie,
8 Eskabrons
excl. 8, welche nach Thionville detachirt waren.
36 Geschütze.

Vorposten:
Ausdehnung 11,000 Schritt.

Auf linkem Ufer (7000 Schritt): Le Point du jour bei Plesnois — Waldparcellen nördlich des Bois de Woippy — St. Catherine — Bellevue — St. Remy — Grandes Tapes zur Mosel gegenüber der Mühle oberhalb Olgy.

Auf rechtem Ufer (4000 Schritt): vorwärts Malroy — Rupigny — über Vany bis gegen Villers l'Orme im Anschluß an das 1. Armee=Corps.

Vertheidigungs=Stellung:

Auf linkem Ufer: Stellung Fèves — Semécourt — Mé=
zières — Amelange Fe. zur Mosel (7000 Schritt). Die Stellung,
welche sich sehr für Entwickelung einer starken Artillerie eignete,
sowohl von Fèves = Semécourt, als auch durch Flankiren vom
rechten Moseluser her, und in welcher dem entsprechend zahlreiche
Geschütz=Emplacements (so bei Fèves, Semécourt, nördlich und
südlich dieses Ortes, bei Mézières und Amelange) hergerichtet und
10—12=Pfünder in Batterie gestellt waren, hatte in neuester Zeit
noch eine Verstärkung durch Anlage von drei Schanzen erfahren.
Zwei derselben lagen vorwärts Mézières, eine hart östlich Ame=
lange, jede mit 6 Geschützen armirt. Vor der Front der Stellung
von Semécourt bis östlich der Straße Metz = Thionville war als
Annäherungs=Hinderniß ein Drahtgeflecht hergestellt.

Auf rechtem Ufer: In der Stellung — Malroy=Charly=
Bois de Failly (4000 Schritt) — waren neue sturmfreie Werke
nicht angelegt worden, als Annäherungs=Hindernisse auch hier, und
zwar von westlich der Chaussee Metz=Antilly bis westlich Charly,
Drahtverwirrungen hergerichtet.

Die Verbindung zwischen beiden Moselufern bestand zur Zeit
durch vier Brücken, deren eine bei Argancy, zwei bei Hauconcourt,
eine unterhalb Talange gelegen.

Dislocirung:

Linkes Moseluser: 19. Infanterie=Division und
Division Kummer:

in vorderster Linie	17 Bataillone,	60 Geschütze,	2 Eskadr.,	
mit ¼ Meile Marsch zurück	4 „	— „	— „	
„ ½ „ „ „	3 „	— „	8 „	
„ 1 „ „ „	— „	— „	2 „	
„ 1½ „ „ „	1 „	— „	— „	

25 Bataillone, 60 Geschütze, 12 Eskadr.

Rechtes Moseluser: 20. Infanterie = Division und
1 Bataillon der Division Kummer:

in vorderster Linie	12 Bataillone,	24 Geschütze,	— Eskadr.,	
1 Meile Marsch zurück	1 „	— „	— „	
¼ „ „ „	— „	— „	4 „	

13 Bataillone, 24 Geschütze, 4 Eskadr.

Corps-Artillerie:

Es erreichten die Stellung Argancy-Olgy:

ohne Marsch .... 18 Geschütze,

mit ¼ Meile Marsch .... 18 „

36 Geschütze,

resp. die Stellung Malroy-Charly:

mit ¼ Meile Marsch .... 36 Geschütze. *) **)

Am 17. October konnte man die Rückkehr des in das große Hauptquartier Versailles abgereisten französischen General Boyer erwarten.

Welchen Bescheid dieser General für seinen Feldherrn mit-bringen werde, wußte man in Corny nicht, indessen ließ sich leicht voraussehen, daß derselbe ein unbefriedigender sein müsse. Mög-licherweise stellte dieser Bescheid den Marschall bereits der Unmög-lichkeit gegenüber, die Armee und Festung von Metz zu retten und es wurden ihm jetzt die Augen über seine Lage geöffnet. Uebersah man nach dem, was man letzthin von den in Metz herrschenden Zuständen erfahren, auch klar, wie schwer es dem Marschall werden müsse, jetzt noch seine Armee zu kräftigen Angriffen gegen die deut-schen Positionen zu führen, so war ein solcher Act der Verzweiflung doch zu gewärtigen. Zögerndes Verhalten, schwankende Entschlüsse werden oft durch eine so ernste Alternative gebrochen und jeder Tag konnte die Krisis bringen. Die Vorsicht gebot es, darauf vorbereitet zu sein, namentlich aber den einzelnen Corps für die letzte Epoche der Cernirung noch einmal Klarheit über das zu geben, was ihnen für den Fall des Angriffs oblag.

---

*) Beim Herannahen der schlechten Jahreszeit beabsichtigte das 10. Armee-Corps die Herstellung einer stehenden Moselbrücke, wobei mit Genehmi-gung des Ober-Commando's, den Gutachten der beauftragten Ingenieur-offiziere entsprechend, Entreprise zu Hilfe genommen werden sollte. Für die Verbesserung der zur Zeit grundlosen Communicationen im Mosel-thale war es Absicht des Ober-Commando's, dem 10. Armee-Corps noch 1—2 Pionier-Compagnien zur Verfügung zu stellen.

**) Die Differenz der Stärkeberechnung und der Angabe für die Verwen-bung in der Vertheidigungsposition bei der Zahl der Bataillone des 10. Corps und der Division Kummer (statt 40 nur 38) liegt darin, daß bei zwei Landwehr-Regimentern der Division Kummer nach dem Gefecht vom 7. October aus je zwei Bataillonen ein Bataillon formirt wor-ben war.

Prinz Friedrich Carl erließ deshalb am 16. October folgenden Armeebefehl:

H.=Q. Corny, den 16. October 1870.

„Es hat den Anschein, als wenn die entscheidenden Tage für die Armee vor Metz jetzt herannahten."

„Der feindliche Oberfeldherr wird möglicherweise am morgenden Tage seinen Entschluß fassen, und, falls er das Durchschlagen wählt, schnell handeln.".

„Ich weise deshalb die Armee=Corps auf genaueste Wachsamkeit und Beobachtung aller Vorkommnisse beim Feinde hin. Je mehr aber das neblige Wetter die Beobachtung erschwert, desto mehr müssen von morgen ab die Truppen bereit gehalten werden, um schnell die Gefechtsstellung einzunehmen."

„Erfolgt nach irgend einer Seite ein Angriff des Feindes mit größeren Kräften, so haben die Vortruppen, ohne sich Verlusten auszusetzen, sich auf die Gefechtsstellung unter Demaskirung der Batterien in jetzt schon festzustellenden Richtungen zurückzuziehen, die Corps aber haben ihre Stellungen bis zum letzten Mann zu vertheidigen."

„Die nicht angegriffenen Corps werden das Gefecht auf ihren Flügeln genau beobachten, um mit einer Division und der Corps=Artillerie, nach dem Feuer marschirend, dort einzugreifen. Es ist weiter die Möglichkeit nicht ausgeschlossen, daß in der feindlichen Armee Uneinigkeit ausbricht und daß einzelne Corps = Chefs nach verschiedenen Seiten zur Rettung der Waffenehre durchzubrechen suchen, während der andere Theil der Armee in Metz zurückbleibt; um so mehr ist es nöthig, daß die Corps sich folgende Vorschriften gegenwärtig halten:"

„Jedes Corps weist die Angriffe auf seine Front hartnäckig „zurück;

„Jedes Corps hält die Cernirung auf seiner Linie bis auf „einen weiteren Befehl aufrecht."

„Der General=Lieutenant von Hartmann wird sich von Thionville aus, wenn sich Gefechte nördlich Metz engagiren sollten, über deren Gang orientirt halten und bereit sein, unter Aufrechthaltung der leichten Cernirung von Thionville durch Landwehr=Bataillone, mit dem größten Theil seiner Truppen, wahrscheinlich auf linkem Moselufer entsprechend einzugreifen. Die 25. Infanterie=Division nebst der Corps=Artillerie des 9. Corps ist von morgen früh ab zur schnellsten Concentration, wenn ein Befehl dazu ergehen sollte, bereit zu halten."

. . . .

Der General der Cavallerie
(gez.) Friedrich Carl.

Da es, wie erwähnt, am 15. October in Corny bekannt ge= worden war, daß in Metz Demonstrationen bereits stattgefunden hatten und größere Unruhen unter der Bevölkerung leicht aus= brechen konnten, wenn die Hungersnoth eintrat, so mußte man darauf gefaßt sein, daß Schaaren von Einwohnern den Versuch machen würden, durch die Vorpostenlinien der Cernirungsarmee hindurch in's Freie zu gelangen.

Der Armeebefehl vom 16. October erinnerte deshalb zum Schluß daran, daß die Vorposten nochmals besonders zu instruiren seien, solche Versuche nöthigenfalls durch Waffengewalt zurück= zuweisen. Man mußte verhüten, daß die Zahl der Consumenten in der Festung sich vorzeitig vermindere, die Entscheidungsstunde sich damit aber länger hinausschiebe.

Mit Bezug auf die Anordnungen des Armeebefehls ist ferner noch zu erwähnen, daß General von Hartmann, dessen Detachement bekanntlich aus Truppen verschiedener Verbände bestand, schon am 15. October dem Ober=Commando direct unterstellt worden war.*)

Einzelne Ueberläufer der französischen Armee wurden übrigens auch ferner noch angenommen, denn nur auf diese Weise konnte man täglich immer genauere Kenntnisse über die Zustände in der

---

*) General von Hartmann zog am 17. in Folge der ihm gewordenen Wei= sung, „für den Fall von Kämpfen nördlich Metz, dort einzugreifen", den größeren Theil seiner Truppen nach der Südseite der Cernirung von Thionville zusammen. Schwierig wäre für ihn die Vereinigung seines ganzen Detachements gewesen, da die Communication zwischen den beiden Moselufern nur durch die Fähre von Uckange vermittelt wurde. Die Concentration am 17. fand deshalb auch auf den beiden Mosel= ufern getrennt statt, während General von Voigts=Rhetz, der auf der Nordseite vor Metz commandirte, die Unterstützung auf dem linken Ufer, namentlich die Besetzung der Ornlinie vor Allem für wichtig hielt und den General von Hartmann hierzu mit Weisung versehen hatte. Auf seine Anfrage, ob er durch einen Marsch über Talange seine Truppen auf das linke Ufer zusammenziehen solle, befahl Prinz Friedrich Carl diesem General, vorläufig sein Detachement auf beiden Ufern zu be= lassen.

Festung und über die Absichten der feindlichen Befehlshaber sammeln.*)

Die Activität des Feindes nahm in diesen Tagen dabei immer mehr und mehr ab. Ganz vereinzelt kamen Zusammenstöße der Patrouillen vor, und nur die Forts warfen hin und wieder Granaten gegen die Cernirungslinie. Am 17. October feuerten die Werke von les Bottes und Queleu einige Schüsse gegen die Linien des 1. und 7. Corps, sonst herrschte bei den Vorposten eine Ruhe, wie sie seit Beginn der Cernirung kaum zu irgend einer andern Zeit eingetreten war. Der Feind verhielt sich ganz passiv. Ohne Zweifel übten die Gerüchte von schwebenden Verhandlungen, welche wohl bis in die Masse des französischen Heeres gedrungen waren, ihren Einfluß. Am Nachmittage dieses Tages kehrte General Boyer aus dem großen Hauptquartier Seiner Majestät zurück und wurde zu den feindlichen Vorposten geleitet.

Welche Bedeutung man im Hauptquartier Corny diesem Augenblicke beimaß, ist schon ausführlich dargelegt worden.

Auf der Süd- und Westseite von Metz wurden auch noch im Laufe des 17. Lagerveränderungen wahrgenommen, ferner bemerkte man Bewegungen von Cavallerie von einem Moselufer zum andern. Zwei Ballons stiegen am Morgen von Metz auf, am Abende sah man eine Anzahl Raketen. Die Pferdeschlächtereien arbeiteten außergewöhnlich lange.

Bei Thionville unternahm der Feind thatsächlich einen Ausfall, der länger währte, als es hier sonst der Fall gewesen. Die ausfallenden Truppen, welche in der Stärke von 3 Bataillonen, und 1 Eskadron, 1 Batterie auftraten und die sich in zwei getrennten Colonnen gegen Beymerange und gegen Maison rouge (bei Hettange Grande) wendeten, führten das Feuergefecht von $5\frac{1}{2}$ Uhr früh bis $10\frac{1}{2}$ Vormittags, ehe es gelang, sie wieder in die Festung zurückzuwerfen.

Ereignisse von Bedeutung aber blieben aus.

Die Ruhe vor Metz dauerte fort. Am 18. früh kanonirten zwar die Forts Plappeville und St. Quentin gegen die 12 Pfünder Batterie auf der Höhe von Jussy, doch hatte diese Batterie

---

*) Auch das 3. Armee-Corps wurde übrigens für den Fall, daß seine Unterstützung im Moselthale nördlich Metz noch einmal nöthig werden sollte, mit specieller Weisung versehen.

das Feuer durch eine dem vorangegangene Beschießung der Dör=
fer Ste. Ruffine und Scy herausgefordert. Alle Anzeichen von
beginnenden Bewegungen in den feindlichen Lagern, die an diesem
Tage, wie am 19. hin und her von den Observatorien gemeldet
wurden, waren nicht von Ausfallverfuchen gefolgt. Am 20. ver=
hielt sich die eingeschlossene Armee so passiv, daß kein Schuß fiel.
Auf allen Feldern und um die Forts von Metz bemerkte man in=
dessen zahlreiche Mannschaften der feindlichen Armee, die sich mit
Kartoffeln= und Gemüsesuchen beschäftigten.

Deserteurs stellten sich gleichfalls mehrfach bei den Vorposten
ein. Sie schilderten die Lage der Armee in Metz immer trüber.
Schon war nach ihren Angaben die Verpflegung der Leute
unter ein erträgliches Minimum gesunken und die Einsicht, daß die
Katastrophe nahe bevorstände, schien in Metz bereits allgemein die
Gemüther zu beherrschen.

Das patriotische Pathos der Metzer Zeitungsblätter, die man
bei den Ueberläufern fand, konnte darüber nicht täuschen. Unter
Anderem fiel dem Ober=Commando in diesen Tagen auch die Num=
mer des Indépendant de la Moselle vom 16. October in die
Hände, welche die Antwort des General Coffinières auf die weiter
oben erwähnte Abresse des Municipalraths brachte. Diese Ant=
wort enthielt folgende bemerkenswerthe Stellen:

„Tout ce qu'il sera humainement possible de faire, nous
le ferons sans aucune hésitation. Mais je vous prie de dire
à vos administrés que, pour atteindre ce résultat, désiré par
tous, il faut surtout le calme, qui caractérise les gens fermement résolus, et qu'il importe de rester unis, en évitant avec
soin tout ce qui pourrait ressembler à l'indiscipline, à la
sédition et aux vaines déclamations; il importe surtout d'ex-
clure la politique de nos préoccupations, parce que la politique et un dissolvant, qui ne peut que troubler l'harmonie
qui doit régner parmi nous."

„Un gouvernement de fait existe en France, il a pris
le titre de gouvernement de la défense nationale; nous devons
reconnaître ce gouvernement et attendre les décisions, qui
seront prises par l'Assemblée constituante, élue par le pays.
En attendant sa décision, nous devons nous railler au cri,
que vous poussez vous-même:

„Vive la France!"

„Vous me dites que la population a été péniblement surprise d'apprendre que les ressources en subsistance étaient
très-limitées. Il était cependant facile, de se rendre compte
que lorsqu'une population civile et militaire de 230,000 âmes
a tiré pendant deux mois tous ses vivres d'une place comme
Metz, il ne doit plus rester, que de faibles ressources."

„Du reste je n'ai jamais fait mystère de cette situation
des subsistances; la réduction de la ration de l'armée, les
recensements faits en ville, les mesures prises, pour assurer
le service de la boulangerie et les conversations, que j'ai
eues, soit avec Monsieur le Maire, soit avec divers habitants
de la ville démontrent suffisament l'épuisement progressif de
nos vivres."

„Il serait d'ailleurs inutile de récrimer sur le passé et de
rejeter la responsabilité sur les uns ou sur les autres."

„Envisageons courageusement la situation, telle qu'elle
est, et comme vous le dites avec beaucoup de raison, subis-
sons en les conséquences avec énergie, et avec la ferme
résolution d'en tirer le meilleur parti possible.

Le général de division, commandant supérieur de la
place de Metz   F. Coffinières.

Trotz aller seiner Bemühungen, zu ermuthigen, glaubte auch
der Commandant der Festung — wie diese Antwort leicht errathen
ließ — selbst nicht mehr an einen glücklichen Ausgang. Das zu
erfahren, war für das Ober=Commando der Cernirungsarmee
immerhin wichtig.

In dieser Armee konnte sich jetzt der Entschluß, bis zum Ende
auszuharren, ohne dem Feinde die geringsten Concessionen zu
machen, nur noch befestigen. Man wünschte zu Corny keinerlei
andere Lösung als die einfache militairische Capitulation des Geg=
ners. Jeder Tag, um den die große feindliche Armee jetzt weiter
darbte, war nun ein bedeutender Gewinn; denn trotz der dürftig=
sten Portionen, die man vertheilen mochte, wurden dabei doch die
Festungsmagazine geleert. Zehrte man in Metz am letzten Stücke
Brod, so war man dort gezwungen, die vom Ober=Commando
der Cernirungsarmee gestellten Bedingungen als Gesetz anzunehmen,
da dann das eingeschlossene Heer kaum noch die Kraft zum ehren=
vollen Verzweiflungskampfe haben konnte.

In diesem Sinne wurde am 19. October auch von Corny aus

in das große Hauptquartier Seiner Majestät nach Versailles be=
richtet.

Auffallend war in der Antwort des General Coffinières, außer
dem Bilde, das er — vielleicht unwillkürlich — von der in der Fes=
tung herrschenden Stimmung entrollte, noch die Angabe von 230,000
Menschen als die Zahl der Consumenten in Metz. Die Stadt
hatte an der Einschließung etwa 56,000 Einwohner gezählt, zu
denen freilich noch die der Vorstädte, sowie der in die Festung
geflüchteten Landleute gerechnet werden mußten. Subtrahirt man
dies von jener Zahl, so blieb für die Stärke der eingeschlossenen
Armee dennoch eine Ziffer übrig, die man bisher nicht für möglich
gehalten hatte. Das Ergebniß der Capitulation sollte in dieser
Beziehung noch mehr überraschen.

Am 21. October näherten sich auch bereits französische Sol=
daten, Tücher schwenkend, den Vorposten der Cernirungsarmee und
gaben an, es sei ihnen der Eintritt einer Waffenruhe mitgetheilt.
Selbstverständlich wurden diese Leute, die sich in ganzen Schaaren
einstellten, zurückgewiesen. Gefangene und vereinzelte Ueberläufer,
welche man annahm, sagten übereinstimmend aus, für den 24.
October sei ihnen der Ausmarsch der ganzen Armee angekündigt
und die Festung Metz sollte weiterhin durch die Garde mobile
vertheidigt werden.

Wenn auch hin und her Patrouillen sich noch gegenseitig be=
schossen, und die beiden Armeen täglich einige Verluste hatten, so
streiften doch diese Verhältnisse fast schon an eine factisch einge=
tretene Waffenruhe.

Das mußte die Vermuthung nahe legen, der Feind werde,
um die Festung vielleicht noch für einige Zeit zu retten, bis auf
einen kleinen, zur Garnison bestimmten Kern zu freiwilliger Auf=
lösung seiner Armee schreiten oder diese Auflösung doch ihren Gang
gehen lassen. Die Observatorien meldeten wiederholt Versammlun=
gen in den feindlichen Lagern. Möglicherweise bereitete sich eine
Waffenstreckung der französischen Mannschaften vor, die von der
Unerträglichkeit ihrer Lage getrieben, ohne höheren Befehl hierin
selbst die Initiative zu ergreifen beabsichtigten. Die größten Schwie=
rigkeiten konnten daraus für die Cernirungstruppen entstehen, der
Abschluß der Katastrophe, der Fall der Festung Metz, erheblich ver=
zögert werden. Der Prinz erließ deshalb nach Bekanntwerden jener
Vorgänge am 21. folgendes Schreiben an die sämmtlichen com=

mandirenden Generale der Armee: „Euer Excellenz theile ich mit, wie die eingehenden Nachrichten es als möglich erscheinen lassen, daß der Feind das Schicksal der Festung von dem der Armee trennen möchte."

„Es sollen deshalb von heute Abend an nirgends mehr Ueberläufer angenommen werden. Auch größere Haufen oder aber ausmarschirende unbewaffnete Truppenkörper sind mit Waffengewalt zurückzuweisen."

„Jedem Armee-Corps bleibt jedoch überlassen, durch Gefangene oder Annahme einzelner Deserteure, die wie bisher sogleich hierher zu liefern sind, sich täglich in Kenntniß über den Stand in der Festung zu erhalten."

Der General der Cavallerie
(gez.) Friedrich Carl.

Von dem wesentlichen Inhalte dieses Schreibens wurde Abends 6½ Uhr den Corps-Commandeuren auch telegraphische Mittheilung gemacht.

Der Bestand an Pferden schmolz in der Festung rapide, man sah deutlich, daß diese Thiere sich auf den vollkommen abgeweideten Bodenflächen gegenseitig verfolgten, und sich Mähnen und Schweifhaare vom Leibe rissen. Ganze Heerden, die im jämmerlichen Zustande und vielfach jene Spuren der höchsten Noth tragend sich den Vorpostenlinien näherten, wurden schon aus Rücksicht auf Vermeidung von Rotzansteckungen stets in den Bereich der Festung zurückgetrieben.

Ohne Zweifel stand die Hungersnoth und das Schwinden der letzten Subsistenzmittel in Metz unmittelbar vor der Thüre.

Die französische Armee hörte damit auf, ein gefährlicher Gegner zu sein. In dem Harren auf eine glücklichere Wendung der allgemeinen Kriegslage, auf das Nahen einer Unterstützung von Außen her, hatte sie unmerklich die Zeit verstreichen lassen, in der sie ihre schwierige militairische Aufgabe noch hätte erfüllen können.

In der letzten Hälfte des October war weder ihre tactische Beweglichkeit, noch der innere Halt und Gehalt danach angethan, den Erfolg für den Versuch eines gewaltsamen Durchbruchs sicherzustellen.

Ob derselbe, wäre er früher unternommen worden, der Armée du Rhin ein glücklicheres Loos gebracht, oder ob das Gelingen des Durchbruchs gerade ihren Untergang beschleunigt hätte, muß freilich dahin gestellt werden. Die Gründe für diese Ansicht haben wir früher schon entwickelt.

An einen Erfolg glaubten — die numerische Ueberlegenheit der Cernirungsarmee zudem weit überschätzend, — mit wenig Ausnahmen, die Eingeschlossenen jetzt wohl durchweg nicht mehr. Aller der Zeichen, aus denen diese resignirte Ergebung sprach, ist seiner Zeit Erwähnung geschehen. Immer war nur von „Ausharren" die Rede.

Hier finde noch als Beleg ein Artikel des „Indépendant" vom 24. October seinen Platz, der damals wohl kaum hätte erscheinen dürfen, wenn er nicht mit der allgemeinen Strömung übereingestimmt haben würde. Er lautete:

Metz, le 23. octobre 1870.

Monsieur le rédacteur!

En présence des bruits, qui ont circulé ces dernier jours en ville, il n'est point sans intérêt de chercher à préciser aussi nettement que possible la situation actuelle :

Deux grands faits se présentent d'abord qui sont l'investissement de Metz et celui de Paris.

Le blocus de Metz ne peut se comprendre, maintenu si rigoureux en présence de notre nombreuse armée, que par une force soutenue autour de nos murs d'au moins deux cents mille Prussiens.

Paris avec ses nombreux forts et sa vaste enceinte, doit en nécessiter le double, soit quatre cent mille.

Ajoutons que pour maintenir leurs communications entre Metz et Paris, contenir les populations envahies de l'Alsace, de la Lorraine et de la Champagne assiéger ou surveiller les places fortes de Montmédy, Longwy, Thionville, Belfort et quelques autres, les Prussiens emploient encore cent mille hommes, disséminés par groupes sur cette longue étendue nous arriverons au total de sept cent mille Allemands, actuellement sur le sol français, chiffre considérable, qui n'a de rapport dans l'histoire des guerres, qu'avec les antiques invasions des barbares, se ruant sur l'empire romain.

A ces sept cent mille Prussiens, harcelés chaque jour et fatigués par cette rude campagne, qu'avons-nous à opposer?

Metz a cent mille défenseurs, la fleur et la gloire de

l'armée, cent mille braves, résolus avec les habitants à se défendre jusqu'à la dernière extrémité.

Paris compte au moins trois cent mille combattants, pouvant tenir facilement leurs cadres au complet en se recru-
tant dans le sein de son immense population et nous savons
que les efforts énergiques de ces trois cent mille soldats
maintiennent vigoureusement la défense de la capitale et
ont déjà fait subir à l'ennemi plusieurs défaites importantes.

Eh bien que le reste de la France, population
encore intacte. de 30 millions d'habitants, ait
seulement fait l'effort de lever une armée de secours de trois cent mille hommes, et notre situation est sauvée.

Qu'ils se dirigent sur Metz ou sur Paris, ces
trois cent mille Français, prenant les Prussiens
à revers, feront lever le siège de l'une ou de
l'autre de ces deux villes, détruiront ou affaibliront
énormément l'armée prusienne assiégeante, la forceront à la
retraite et dès lors les Allemands obligés de concentrer rapidement leurs forces lèveront d'eux-mêmes sièges et blocus
de nos autres forteresses, pour attendre et combattre la grande armée française, rendue à l'activité el livrer une de ces
mémorables batailles, qui décident du sort des nations.

Tout se résume donc à ceci, c'est qu'une armée
française de secours de 300 mille hommes déblo-
que Metz ou Paris.

Le déblocus de l'une de ces deux villes entraine les deux
à la fois. L'un est la conséquence de l'autre et la face des
affaires changera de suite complètement.....................

Et vous illustres orateurs de la tribune française trou-
vez vos accents les plus purs, les plus éloquents, pour exal-
ter la vaillance de nos soldats entraîner les tièdes, décider
les indifférents. Ouvriers et campagnards, vous tous les
enfants de la France volez à notre secours.... .....

Un garde nationale.

So also sah man die Lage an — Frankreich möge kommen
und seine eingeschlossenen Vertheidiger befreien.

Die materielle Lage der Cernirungsarmee hielt man im
französischen Feldlager jedenfalls für weit günstiger, als sie es in
Wirklichkeit war. In allen Gliedern dieser Armee wirkte freilich

in jenen letzten Tagen vor Metz mächtiger als je zuvor der feste Entschluß, unerschütterlich auszuhalten.

Das Vertrauen auf den vollständigen Triumph ward jetzt schon durch die Einsicht belebt, daß die noch bevorstehenden Schwierigkeiten verschwindend klein wären gegen das, was man bereits glücklich hinter sich hatte. Das in den Augusttagen vergossene Blut, die Mühen und Strapazen der seitdem vergangenen zwei Monate sollten ihre Früchte erst in dem Augenblicke tragen, wo die feindliche Armee waffenlos vor den Siegern defilirte.

Die Beschwerden, welche die Aufrechterhaltung der Cernirung mit sich brachte, aber wuchsen noch.

Wieder waren bei dem von Neuem eingetretenen Regenwetter Straßen und Bivouaksplätze völlig grundlos geworden. Alle Communicationen wurden von Tage zu Tage schwieriger. Der hohe Wasserstand bedrohte schon jetzt ernstlich die von der Armee erbauten Moselbrücken.

Später am 26. October meldete das 10. Armee-Corps in der That auch, daß die Brücke von Talange durch die hochgehenden Fluthen zerstört worden sei. Ebenso kam vom Detachement vor Thionville die Nachricht, die Brücke von Königmacker sei völlig unpassirbar geworden und zu Ende des Monats riß der Strom den bei Pont à Mousson für die Eisenbahn von Rémilly erbauten Uebergang fort, nachdem mittlerweile durch die Capitulation die Verbindung über Metz frei geworden war und jene Brücke glücklich bis zum Ende ihren Zweck erfüllt hatte.

Die Jahreszeit schritt schnell vorwärts, die Tage und Nächte wurden kalt regnerisch und stürmisch. Ein großer Theil der Armee bivouakirte noch immer in Laub und Bretterhütten. Die Requisitionen an Material für den Barackenbau hatten bei Weitem nicht ausreichende Resultate gehabt. Die Heranschaffung von Dachpappe, eisernen Oefen ꝛc. aus der Heimath oder den Generalgouvernements Elsaß und Lothringen war, wie erwähnt, angeordnet. Bei den fortdauernden starken Transporten von Material, Proviant, von Ersatz, Verwundeten und Kranken aber, welche auf allen, in den Bereich der Armee führenden Eisenbahnlinien ununterbrochen anhielten, war auf ein schnelles Eintreffen dieser Mittel nicht zu rechnen.

An Lagerstroh fehlte es seit geraumer Zeit überall, trotzdem als Aushülfe selbst der freihändige Ankauf in Feindesland auf

Anordnung des Ober-Commando's von den Armee-Corps betrieben werden sollte und gute Preise gezahlt wurden.*)

Nach anstrengenden Tagen legten sich Offiziere und Soldaten zur kurzen Nachtruhe, die häufig durch Allarm und Bereitschaft gestört wurde, in den feuchten Bodenschlamm nieder. Die Cantonnements hatten durch die dauernde Ueberfüllung in ihrer Bewohnbarkeit schon erheblich gelitten, und wurden der Mehrzahl nach gern gemieden.

Die Erwartung und die Anspannung blieben dabei unausgesetzt bestehen und zehrten die Kräfte der Armee allmälig auf. Der Gesundheitszustand war zu Beginn des Monats October immer bedenklicher geworden. Die Transporte der täglich in die Heimath oder nach rückwärts gelegenen Lazarethen abgehenden Kranken wuchs stetig.

Eine Besserung der Verhältnisse, welche diese Erscheinung hervorriefen, aber stand nicht zu erwarten. Die gegen Mitte des Monats October eintretende geringe Verminderung der Erkrankungen konnte nicht in's Gewicht fallen, weil die Schwankungen fortdauerten.

Da die militärärztlichen Geschäfte für die gesammte Armee vor Metz in den Händen des Generalarztes der II. Armee centralisirt worden waren, so ließen sich jetzt über den Gesundheitszustand der ganzen Armee leichter einheitlichere Ermittelungen anstellen. Leider zählte die Armee vor Metz nach dem Abschluß des 10. October nicht weniger als 50,372 Lazarethkranke, darunter 19,387 Verwundete.**) In der Zeit vom 1.—10. October hatte ein Abgang im Krankenstande um 20,449, ein Zuwachs von 19,596 Mann stattgefunden. Die Ruhr hatte sich vermindert, gastrisches Fieber und Typhus sich vermehrt. Cholera, Kriegstyphus und Scorbut blieben aus. Zum Glück für die Armee hatte bis jetzt noch keine Krankheit einen ausgesprochen epidemischen Character angenommen.

Wenn die Armee bei solchen Verhältnissen nicht in ihrer tactischen Verwendbarkeit litt, so war dies hauptsächlich der andauernd guten Verpflegung zu verdanken, die sich reichliche Abwechselung

---

*) Die Heranschaffung von Stroh und Heu aus der Heimath mußte der herrschenden Rinderpest halber unterbleiben.

**) Diese zum bei Weitem größten Theile noch aus den Schlachten vom 14., 16., 18. August, dem 31. August und 1. September.

zur Aufgabe machte. Sehr gute Dienste leistete dabei der kräftige rothe Landwein, der auf höheren Befehl nur gekocht verwendet werden sollte.

Die Armee vor Metz befand sich, wenn sie nur kein Opfer scheute, doch immer in der Möglichkeit, allen Schwierigkeiten zum Troß, länger auszuharren und ihre Aufgabe zu lösen. Der Feind dagegen sah sich jetzt der absoluten Unmöglichkeit gegenüber. Die Spuren davon wurden täglich deutlicher.

Am 22. October näherten sich den Vorposten der Cernirungs= armee auf der Nord= und Westseite wiederum unbewaffnete Trupps feindlicher Soldaten in der Stärke bis zu 150 Mann. Sie gaben, als man sie zurückwies, abermals, wie am 21. October, durch Zeichen und Rufe zu verstehen, daß ihnen bekannt geworden sei, es fänden keine Feindseligkeiten mehr statt. Auch an diesem Tage wieder wurde von den angenommenen Ueberläufern allgemein der 24. October als der Termin bezeichnet, zu welchem die Armée du Rhin Metz verlassen werde.

Auf allen Feldern suchten aufgelöste Schaaren feindlicher Sol= daten nach Kartoffeln, Gemüse und Wurzeln. Nur auf der Süd= und Ostseite wechselten Patrouillen einige Schüsse miteinander.

Ganz gleiche Erscheinungen trug der Verlauf des 23. October an sich. Unbewaffnete Franzosen kamen bereits so offen und in größeren Schaaren zu den Vorposten, daß es nun wirklich den Anschein hatte, als fände dies Verfahren die Billigung der feind= lichen Heerführer; die vorgeschobenen Posten innerhalb der fran= zösischen Linien zeigten sich schon schwächer besetzt, als bisher, die feindlichen Patrouillen hielten sich ganz zurück. In den großen Lagern sah man immer häufigere Versammlungen beträchtlicher Menschenmassen.

Die jetzt wohl allgemein verbreitete Kunde von stattfindenden Verhandlungen that ihre Wirkung.

Am 19. October hatte General Boyer Metz in der Richtung gegen die Luxemburgische Grenze abermals verlassen. Dies mochte nicht unbekannt geblieben sein.

In der Nacht zum 24. aber traf im Hauptquartier eine Depesche des Norddeutschen Bundeskanzlers zur Weiterbeförderung an Mar= schall Bazaine ein, aus welcher hervorging, daß auf einen Erfolg der von dem General geführten Unterhandlungen nicht mehr ge= rechnet werden könnte.

Diese Combinationen zur Lösung der Dinge bei Metz waren somit beendet.

Zu existiren vermochten die eingeschlossenen Truppen ohne Zweifel nicht länger; der nächste Tag konnte daher schon die letzte Entscheidung bringen. War nun freilich daran nicht mehr zu denken, daß die französische Armee noch einmal nach Durchbrechung der Cernirungslinie die Operationen im freien Felde wieder auf= zunehmen im Stande sei, so trat jetzt doch eine Epoche ein, in der man annehmen mußte, sie werde versuchen, wenigstens das Schick= sal der Festung von dem ihren zu trennen und Metz für Frankreich noch auf einige Zeit hin zu erhalten. Gelang es den feindlichen Heerführern, bei einem Ausfall den Cernirungsgürtel so zu er= weitern, daß die Truppen außerhalb der Festung capituliren konnten, dann hatten sie in der Lage, in welcher sie sich einmal befanden, immerhin viel gewonnen.

Um 6½ Uhr früh am 24. October richtete Prinz Friedrich Carl daher an die 7 commandirenden Generale und den General von Hartmann ein telegraphisches Avertissement und erinnerte an Bereitschaft und Wachsamkeit. Das Fraternisiren zwischen den Vor= posten, das der Feind begonnen hatte, sollte inhibirt werden.

So erwartete man die Entschließung des Marschall Bazaine.

Gleichfalls am 24. October, um 8½ Uhr Morgens traf aus dem großen Hauptquartier folgende Depesche ein:

Versailles, den 23. October Nachmittags 1 Uhr 30 Minuten.

„Seine Majestät befehlen den Bahntransport einer Infanterie= Division des 2. Armee=Corps nach Nanteuil sur Marne. Vom Cavallerie=Regiment vorläufig nur eine Eskadron zu fahren. Linien= Commission Nancy hat Weisung zur Anordnung des Transportes. Ein Generalstabs=Offizier sogleich nach Nancy zur mündlichen Ver= einbarung zu senden, Schreiben unterwegs."

(gez.) von Moltke.

Die nöthigen Anordnungen für den Transport, soweit sie vom Ober=Commando der Armee vor Metz auszugehen hatten, wurden sogleich getroffen und mündlich dem 2. Armee=Corps um 11 Uhr Vormittags die nöthigen Befehle übersendet.

Bei den Detail=Anordnungen für den Transport wurde noch im Auge behalten, daß der kommende Morgen wohl einen Kampf bringen könnte, wenn der Feind nach dem Fehlschlagen seiner diplomatischen Bemühungen im letzten Augenblick noch das Glück der Waffen versuchte. Demnach wurden die abrückenden Truppen, so lange es ohne den Transport zu verzögern möglich war, nahe der Cernirungslinie zurückgehalten. Sie standen so gleichzeitig bereit, in den Kampf einzugreifen oder, wenn alles still blieb, nach dem Einschiffungsorte Pont à Mousson abzumarschiren.

Diese Station mußte gewählt werden, da die näher gegen Metz gelegenen kleinen Bahnhöfe dem Verladen von Truppen zu bedeutende Schwierigkeiten in den Weg legten.

Im Speciellen erließ Seine Königliche Hoheit der Oberbefehls= haber um 11 Uhr Vormittags folgende Anordnungen:

„Auf Befehl Seiner Majestät des Königs soll eine Infanterie= Division des 2. Armee=Corps von der Cavallerie derselben zunächst nur 1 Eskadron, 1 Infanterie=Munitionscolonne, 1 Artillerie= Munitionscolonne, 1 Proviantcolonne nach Nanteuil sur Marne abrücken."

„Nähere Befehle über Instradirung per Bahn werden folgen. Entsendet wird die 4. Infanterie=Division. — Die zunächst vor Metz zurückbleibenden 3 Eskadrons des 11. Dragoner=Regiments werden der 3. Cavallerie=Division attachirt."

„In Rücksicht darauf, daß morgen ein Gefecht stattfinden könnte, sind bezüglich Instradirung und Gefechtsbereitschaft folgende Anordnungen zu treffen:

„Die 8. Infanterie=Brigade soll zunächst befördert werden. Das 1. Echelon morgen Nachmittags 1 Uhr, voraussichtlich in der Stärke von 3 Bataillonen (Reg. Nr. 61). Am 26. wird das In= fanterie=Regiment Nr. 21 befördert werden, das morgen früh auf Vorposten durch die 3. Infanterie=Division abgelöst werden soll. Die 7. Infanterie=Brigade soll ganz auf das linke Moselufer rücken, von ihr die 1. Linie (Bauy) verstärkt werden. Die Dörfer Ancy, Dornot, le Chêne, Rougeville werden für Unterkunft auf dem linken Ufer zur Disposition gestellt."

„Die Besetzung von Marly rechts der Seille wird morgen früh 7 Uhr durch das 8. Armee=Corps erfolgen, so daß die Seille die Grenze bildet zwischen dem 8. und 2. Corps."

„Die Corps=Artillerie des 2. Corps soll näher an die vordere Linie bislocirt werden."

„Nach Ausführung dieser Befehle wird die 3. Division in erster Linie stehen, die 7. Infanteriebrigade auf dem linken Ufer

mit 3 Bataillonen in Vaux, mit 3 Bataillonen in Ars und rück=
wärts, die 8. Infanteriebrigade in und bei Jouy, sowie in Corny".*)

General von Fransecky wurde ferner ersucht, sich betreffs der
Dislocirung seiner Truppen auf dem linken Moselufer ꝛc. mit
General von Manstein in Verbindung zu setzen.

Es sei hier hinzugefügt, daß diese Anordnungen des Ober=
Commando's in der Folge in sofern eine Abänderung erlitten, als
sich aus Eisenbahntechnischen Gründen am 25. die Transporte noch
nicht bewerkstelligen ließen, diese vielmehr erst am 26. Nachmittags
2 Uhr 12 Minuten beginnen konnten. Der Fahrplan wurde dem
2. Armee=Corps am 25. zugestellt, das danach mit dem succefsiven
Abmarsche der einzelnen Truppentheile aus der Cernirungsstellung
begann.

Am 24. um 1 Uhr Nachmittags erließ Prinz Friedrich Carl
ferner folgenden Armeebefehl:

„Morgen früh um 7 Uhr stehen sämmtliche Truppen der Cer=
nirungsarmee in ihren Gefechtsstellungen und rücken erst wieder
ein, wenn der Vormittag ruhig verläuft".

Der General der Cavallerie.

(gez.) Friedrich Carl.

Generallieutenant von Hartmann sollte am 25. die Reserven
des Cernirungs=Detachements vor Thionville, auf dem linken Ufer
oberhalb der Festung versammeln, zahlreiche Cavallerie aber zur
Verwendung auf der nördlich der mittleren Orne gelegenen Pla=
teau bereit halten.

Die 3. Cavallerie=Division wurde ferner noch am 24. in das
Moselthal (Novéant=Arnaville) herangezogen, um eventuell am 25.
das Plateau links der Mosel erreichen zu können. Das 9. Armee=
Corps sollte die erste Linie bei Jussy durch 2 Bataillone der 25.
(Großherzoglich Hessischen) Division verstärken.

Diese letzten Maßregeln hatten ihren Grund in der von vie=
len Ueberläufern gemachten Angabe, die eingeschlossene Armee
werde in südwestlicher Richtung (über Vaux und Gravelotte) eine
verzweifelte Anstrengung machen, um zu entkommen.

---

*) Am 26. October früh war die Ausführung dieser Anordnungen beim
2. Armee=Corps soweit gediehen, daß die Vorposten bis auf Vaux ganz
von der 3. Infanterie=Division eingenommen waren, am 27. besetzte
diese Division auch Vaux.

Die Abwehr des Feindes und auch die Verfolgung einzelner vielleicht sich durchschlagender Theile war in dieser Weise hinlänglich vorbereitet.

Der 24. October verging übrigens in tiefster Stille. Anstalten für die Waffenentscheidung wurden im Bereich der Festung auch heute nicht bemerkt. Der Feind begann sogar z. B. bei Woippy seine äußeren Werke zu desarmiren und die Geschütze nach Metz hineinzuschaffen. Auf den Wällen des Forts St. Privat zeigten sich die Posten völlig ungedeckt.

Am Nachmittag wurde einem Gefangenen die Nummer des Indépendant de la Moselle vom 24. abgenommen, aus welcher bereits weiter oben (Seite 392) der Leitartikel wiedergegeben worden ist. Das Blatt enthielt viel Bemerkenswerthes; unter Anderem einen Bericht über die Sitzung des Munizipalraths von Metz, die am 22. stattgefunden hatte. Die dabei gepflogenen Verhandlungen erklärten die beim Feinde auch jetzt herrschende Ruhe vollkommen.

Der Bericht war mit folgenden Worten eingeleitet:

„La séance du Conseil municipal de samedi (22) à été portée hier à la connaissance du public par le „Journal de Metz". Nous n'avons plus à en retarder la publication."

„Malgré le triste aveu, qu'elle renferme, nous ne perdrons pas confiance; un jour, une heure peuvent complètement changer la situation!"

Das sagte genug.

In der Sitzung selbst war General Coffinières erschienen und hatte den Vorsitz geführt. Gegenstand der Berathung war die Requisition und der Ankauf der im Privatbesitze befindlichen Pferde, da die Armee für die Ernährung der Stadt deren keine mehr herzugeben vermochte. Auch die Brodvorräthe neigten sich schnell dem Ende zu.

Bei der Interpellation eines Herrn Prost „ob auf die Ankunft einer Hülfsarmee zu hoffen sei" hatte der General erklärt, daß es die Pflicht eines Platzkommandanten wäre, so lange als möglich Widerstand zu leisten, auch wenn jene Aussicht fortfiele.

„Frage man ihn aber um seine persönliche Meinung — fügte er dabei hinzu — so müsse er antworten, daß man mit Recht nicht auf Entsatz rechnen dürfe."

Zum Schluß hatte sich General Coffinières von dem Muni-
cipalrath mit folgenden Worten verabschiedet:

„Dans un très-petit nombre de jours toutes nos ressources seront épuisées; nous n'avons pas, il est vrai, subi un
siège regulier, grâce à la présence de l'armee, mais cette
armée a combattu autour de nous, comme la garnison de la
place l'aurait fait dans un siège, et notre situation est
aujourd'hui au point de vue des approvisionnements ce qu'elle serait à la fin de la lutte." *)

---

*) Der Bericht lautete:

Conseil municipal de Metz.

Séance du 22. Octobre 1870.

Aujourd'hui, à l'éntrée de la séance, le Conseil a reçu la visite
de M. le général Coffinières, accompagné de plusieurs officiers, faisant
partie du Comité d'approvisionnement. M. le général ayant accepté
la présidence de la réunion a fait connaître le but de sa visite; il
a voulu, dit-il, exposer nettement au Conseil, quelle est, au point de
vue de l'alimentation, la situation de la ville; les distributions de
pain ne pourront plus être faites à la garnison et à la population,
que pendent un très-petit nombre de jours; — quant aux chevaux,
l'armée n'en donnant plus comme elle la fait jusqu'ici, la garnison
sera obligée de recourir à ceux qu'elle possède. Les habitants de la
ville en possèdent aussi un certain nombre, et M. le général a voulu
s'entendre avec le Conseil sur la meilleure voie à suivre pour les faire
entrer dans la consommation. Des observations diverses sont pro-
duites par MM. Prost, Bouchotte, de Bouteiller, Moisson et Bastien
M. le général, faisant observer que le prix d'aquisition des chevaux
de luxe n'étant plus en harmonie, avec le tarif imposé à la ville, on
propose de faire payer la difference par l'Etat. Cette idée ne parut
pas admissible à M. le général Coffinières, qui ne croit pas, que
l'Etat doive supporter les frais de l'alimentation des citoyens; suivant
lui ce serait à la ville à règler cette différence.

Les réquisitions sont d'ailleurs, en cette matière, assez difficiles,
et M. le général pense qu'il y aurait lieu de se borner à provoquer
la mise en vente de ces animaux. C'est à cette idée, que l'on s'arrête provisoirement. Le Conseil décide aussi que la question finan-
cière sera réservée, c'est-à-dire qu'on examinera plus tard à qui, de
l'Etat ou de la ville, incombera le jugement. La difficulté résultant
du maintien du tarif, et pour éviter que la ville et la garnison ne
se fassent concurrence sur le marché, une commission spéciale sera
chargée de présider aux achats. M. le général demande alors au
Conseil ce qu'il pense d'un bruit, qui est parvenu jusqu' à lui, à savoir: qu'il y aurait en ville chez les particuliers, des approvisionne-

Auf den Bericht folgte dann die Anführung der von dem Commandanten getroffenen Maßnahmen. Es war dies die Niedersetzung einer Commission, welche im Innern der Stadt und in den, mit dieser gemeinsam cernirten, Vorstädten die Requisitionen der im Privatbesitz befindlichen Pferde, sowie die Feststellung der Entschädigungssummen zu besorgen hatte.

Ferner brachte das Blatt, aus dem „Voeu national" abgedruckt, eine Art Abschied an die Armée du Rhin, der mit den Worten begann:

„L'armée qui est devant Metz, va quitter ses cantonnements. Demain peut-être elle sera partie pour une destination encore inconnue." *)

ments cachés pour un temps considérable; le Conseil répond unanimement, qu'il résulte des recherches faites, qu'il n'y a plus chez les particuliers, que quelques provisions de ménage insignifiantes, quand il s'agit de la nourriture de 120,000 hommes, qui composent la ville et les forts. M. de Bouteiller fait remarquer à M. le général que si ont dit en ville que les particuliers cachent des approvisionnements, on dit aussi, que l'autorité militaire en a conservé d'importants, et notamment dans la caserne du génie. M. le général, répondant à cette observation, dit que la commission, dont les membres l'accompagnent et dont M. le Maire de Metz fait partie, a fait un inventaire très-exact de ce que contiennent les magasins militaires; que c'est d'après ces renseignements qu'il à parlé; que si dans la ville, quelque citoyen voulait faire lui-même une vérification, les magasins lui seraient immédiatement ouverts.

M. le général, répondant ensuite à une question de M. Prost, sur le point de savoir si nous pouvons espérer une armée de secours, dit qu'en dehors de toute possibilité de ce genre, le devoir du commandant d'une place est de résister tant que cela est possible, mais que si on lui demande son opinion personelle, il répond qu'il n'a aucune raison pour espérer un secours.

Après cet échange d'observations, M. le général prend congé du Conseil; il exprime de nouveau, en se retirant, la pensée qui l'a amené dans son sein; il a voulu bien préciser la situation, qui nous est faite:

„Dans un très-petit nombre de jours etc. . . . .
. . . . ‚

*) Der Artikel heißt im Wortlaute:
    L'àrmée qui est devant Metz va quitter ses cantonnements. Demain peut-être elle sera partie pour une destination encore inconnue. Mais avant d'être séparés d'elle les habitants de Metz, qui l'ont vue à l'oeuvre pendant deux mois lui paient le tribut de leur gratitude

Dieſer tiefe Einblick in die Lage des Gegners erſchien beſon=
ders werthvoll, als gegen Abend des 24. October Marſchall Ba=
zaine in ſeinem und ſeiner Corps=Commandanten Namen den
Prinzen Friedrich Carl ſchriftlich bat, dem General Changarnier
eine Audienz zu gewähren. Wenn dies nun geſchah, nachdem die
Anſtrengungen des General Boyer zu keinem Reſultate geführt, ſo
konnte es ſich nur noch um einfache militäriſche Capitulation han=
deln, nicht mehr um diplomatiſchen Ausgleich. Damit aber ſtand
die Cernirungs=Armee an dem Ziele, das ſie ſeit dem 19. Auguſt,
allen Hinderniſſen zum Trotz, unwandelbar erſtrebt hatte.

XVI.

Die Verhandlungen und die Capitulation
der Armée du Rhin

vom 25. bis 29. October.

General Boyer war, nachdem er mit Genehmigung Seiner
Majeſtät am 19. October Metz wieder verlaſſen hatte, nicht dort=

et de leur admiration. Ils ont été les témoins de sa constance, de
ses privations, de ses exploits, et ils en sont fiers devant la patrie
et devant l'histoire. Elle a tenu haut et ferme le drapeau de la
France, et sa valeur a justifié le prestige de nos traditions. C'est
amoindrie par le feu, mais invaincue, qu'elle quitte ce pays, qu'elle a
illustré par son héroïsme. Elle a livré devant nos murs trois grandes
batailles et tant de glorieux combats qui ont été pour elles des victoires. Borny et Rézonville sont des triomphes incontestés. A Saint-
Privat, moins de cent trente mille hommes en ont affronté, trois cent
cinquante mille, c'ést prouvé aujourd'hui, et cependant elle n'a pas
cédé un pouce de terrain dans cette mémorable et sanglante journée.
Ses légions ont campé fièrement sur le théâtre de cette lutte de gé-
ans. Dans nos désastres, elle a donc été la consolation de nos dou-
leurs et l'orgueil de notre patriotisme. Nous avons retrouvé en elle
cette vieille France militaire, qui a été la terreur et l'admiration de
l'Europe, et nous lui devons d'avoir gardé intact le renom de nos
armes. La ville de Metz, lui adresse ses adieux pleins d'effusion, car
entre elles deux il y avait le lien de la communauté des dangers
et des sacrifices; elle y joint ses remerciemens de coeur à coeur,
car en défendant notre chère France que nous aimons tant, elle a pu
encore la glorifier!

hin zurückgekehrt, das Scheitern seiner Bemühungen indessen durch die bereits erwähnte Depesche des Bundeskanzlers am 24. im Haupt-Quartier des Marschall Bazaine bekannt geworden.

Bedeutsam war, daß die französischen Heerführer sich des greisen General Changarnier bedienten, um die Waffenstreckung anzubieten. Die Autorität und die allgemeine Achtung, welche dieser würdige Veteran in Frankreich genoß, sollte ohne Zweifel den Eindruck mil-dern, welchen man im Lande bei der Nachricht von der Nieder-legung der Waffen durch die letzte Armee des Kaiserreichs erwartete. Die erbetene Audienz fand am 25. October, Vormittags 11 Uhr statt. Sie dauerte ¾ Stunden. General Changarnier ver-suchte dabei hartnäckig, wie man dies zunächst auch kaum anders erwartete, das Schicksal der Festung von dem der Armee zu tren-nen. Nur für die Armee allein beantragte er die Anknüpfung von Unterhandlungen. Ein solches Ansinnen wies Prinz Friedrich Carl, wenn auch mit aller persönlichen Rücksicht für den General, so doch auch mit Entschiedenheit zurück. Er bewilligte indessen die Zu-sammenkunft seines Chefs des Generalstabes mit einem General der französischen Armee. Diese Zusammenkunft ward auf denselben Abend um 6 Uhr festgesetzt und das Schloß Frescaty als Ort ge-wählt. Damit endete die erste Verhandlung.

In Frescaty traf der Chef des Generalstabes der Armee vor Metz den französischen Divisions-General de Cissey, der in höflicher aber schroffer Weise um Mittheilung der Bedingungen bat, unter denen die Armee capituliren könne. Diese wurden ihm, wie sie bekannt sind, bezeichnet.

Erneute Versuche seinerseits, Armee und Festung zu trennen, blieben erfolglos. Die Unterredung führte deshalb zu keinem Re-sultate, eine Basis für Fortsetzung der Verhandlungen wurde nicht gefunden, selbst eine erneute Zusammenkunft nicht verabredet. Nur die in den beiden feindlichen Armee-Haupt-Quartieren herrschenden Anschauungen waren aufgeklärt worden und dem Gegner volle Gewißheit gegeben, daß Seine Königliche Hoheit der Ober-Befehls-haber keine andere Grundlage für die Einigung annehmen werde, als die gleichzeitige Uebergabe von Armee und Festung.

Um nun für alle Fälle vorbereitet zu bleiben, erhielten daher des Abends um 8¾ Uhr die 7 Armee-Corps telegraphische Weisung, am 26. früh auf einen feindlichen Angriff gefaßt zu sein.

26*

Der Morgen des 26. fand die Cernirungs-Armee kampfbereit in ihren Positionen. Wie erwähnt, sollte gleichzeitig um Mittag dieses Tages die Einschiffung der 4. Infanterie-Division in Pont à Mousson beginnen. Die ersten Echelons setzten sich am Morgen dorthin in Marsch.

Die Entfaltung der gesammten Kräfte der Armee in ihren für den Kampf auf das Sorgfältigste vorbereiteten Positionen konnte unter allen Umständen auf den Feind nur eine günstige Pression ausüben.

Alles blieb drüben auch still.

Nachmittags um 3 Uhr ging dann ein Schreiben des Marschall Bazaine an Seine Königliche Hoheit den Ober-Befehlshaber im Haupt-Quartier Corny ein, welches den Ausdruck des Dankes für die dem General Changarnier gewordene Aufnahme und das An-suchen um Gestattung einer abermaligen Unterredung der General-stabs-Chefs beider Armeen enthielt.

Als Basis wurden nun auch französischerseits die am 25. dem General de Cissey mitgetheilten Bedingungen angenommen und dem Prinzen Friedrich Carl die Bestimmung von Ort und Stunde für die Conferenz anheimgestellt.

In Folge dessen trafen der französische Divisions-General Jarras und General-Major von Stiehle Abends um 6 Uhr im Schloß Frescaty zusammen und begannen nach Austausch der Voll-machten die Verhandlungen.

Da die Grundlagen für diese, nämlich die Uebergabe der fran-zösischen Armee und Festung, von vorn herein schon angenommen waren, so handelte es sich nunmehr hauptsächlich um die Detail-Bestimmungen.

General Jarras legte im Auftrage des Marschall Bazaine hierbei großen Werth darauf, daß den kriegsgefangenen französischen Offizieren gestattet würde, ihre Degen zu behalten. Er betonte diese Bestimmung als eine Ehrensache der französischen Armee. Ein Königlicher Befehl, welcher am 21. October dem Ober-Com-mando durch kriegsministerielles Rescript mitgetheilt worden war, beschränkte nun das Recht der Ober-Befehlshaber hierin und ord-nete an, daß feindliche Offiziere, die eine solche Vergünstigung er-fahren hätten, Seiner Majestät namhaft gemacht werden sollten.

Es mußte daher die Annahme jener Bedingung verweigert werden. General von Stiehle sagte es indessen zu, Seiner Königlichen Hoheit dem Prinzen Vortrag hierüber halten zu wollen. Die Verhandlungen wurden darauf hin durchgeführt und das Protokoll zur Begutachtung für die beiden Vollmachtsgeber entworfen. Die Capitulation von Sédan gab dabei die Richtschnur für die einzelnen Bestimmungen ab. Am 25. noch hatte ein Schreiben des General von Moltke, das vom 23. datirte, im Hinblick auf das Nahen der Katastrophe bei Metz genehmigt, daß die Normen jener Verhandlung, die Entlassung feindlicher Offiziere gegen schrift= lich gegebenes Ehrenwort eingeschlossen, auch bei Metz festgehalten werden dürften. Mündlich gab General Jarras nun die Stärke der in Metz befindlichen Truppen inclusive der Offiziere auf 150,000 Mann an. Diese Ziffer, in welche angeblich die Kranken bereits eingerechnet waren, erwies sich am 27. October als erheblich zu gering. Dann wurden Paragraphen festgestellt, welche das Privat= vermögen der Capitulirenden sicherten, sowie die Verhältnisse der Stadt Metz und ihrer Einwohner klärten. Diese Bestimmungen, welche keinen speziell militärischen Charakter trugen, wurden in eine, der Capitulationsurkunde angefügte, Beilage zusammengefaßt. Diese Beilage erhielt jedoch gleiche Kraft und Geltung wie die Urkunde. Die Ratifikation des Vertrages sollte am 27. Nachmit= tags 5 Uhr stattfinden, die Uebergabe respective der Ausmarsch der kriegsgefangenen Armee am 28.

Diese Verhandlungen hatten bis tief in die Nacht hinein fort= gedauert. Erst gegen Morgen des 27. October traf General von Stiehle im Haupt=Quartier Corny ein und hielt sofort Seiner Königlichen Hoheit dem Prinzen Vortrag über den Ausgang der Verhandlungen. Seine Königliche Hoheit genehmigte das Geschehene.

Dann wurde am 27. October etwa um 4 Uhr früh *) an des Königs Majestät über die stattgehabten Verhandlungen und deren Ergebniß die Kriegsgefangenschaft der Armée du Rhin — telegraphisch Meldung erstattet, wobei Prinz Friedrich Carl die Bitte aussprach, den kriegsgefangenen Offizieren die Degen lassen zu dürfen.

Vertraulich wies der Prinz gleichzeitig das militärische Mit= glied der Linien=Commission Saarbrück an, sich auf bevorstehende große Gefangenen=Eisenbahn=Transporte vorzubereiten. Der Trans=

---

*) Das Telegramm ging per Ordonnanz = Offizier nach Pont à Mousson ab und wurde dort um 5 Uhr 30 Minuten aufgegeben.

port selbst sollte nach Weisung des großen Haupt-Quartiers vom 23. (Eingang in Corny am 25.) auf den beiden Linien Saarlouis-Trier-Call-Cöln und über Courcelles-Saarbrück nach Deutschland hinein stattfinden, die Regelung von der Linien-Commission Saarbrück vorgenommen werden, und diese sich mit den andern in Frage kommenden Linien-Commissionen in Verbindung setzen. Die Armee-Intendantur aber hatte in Voraussicht dieser Ereignisse bereits die nöthigen Dispositionen für die Verpflegung der kriegsgefangenen Truppenmasse und die Versorgung der Einwohnerschaft von Metz getroffen.

Bereits am 27., Morgens 9 Uhr 45 Minuten, traf die nachgesuchte Genehmigung Seiner Majestät des Königs ein, daß die kriegsgefangenen Offiziere ihre Degen behalten dürften. Der Chef des Generalstabes theilte dies, sowie die Fassung des Artikels 3, dem General Jarras mit. Artikel 3 behandelte die Formalitäten der Waffenniederlegung der feindlichen Armee. Sein Wortlaut sollte erst festgestellt werden, nachdem General v. Stiehle dem Prinzen Friedrich Carl über die von französischer Seite ausgesprochenen Forderungen Vortrag gehalten hatte.

Am Nachmittage fand dann zur festgesetzten Stunde die Schluß-Conferenz in Frescaty statt.

Es war am Tage zuvor von französischer Seite gewünscht worden, daß die capitulirende Armee mit Feldzeichen und Waffen aus der Festung defiliren und dann das Gewehr strecken sollte. Diesen Punkt behandelte der eben erwähnte Artikel 3, für welchen Prinz Friedrich Carl auch den vom Gegner gemachten Vorschlag annahm. Gleichfalls auf Verlangen des französischen Bevollmächtigten wurde die Bestimmung nun indessen geändert. Im Interesse der leichteren Aufrechterhaltung der Ordnung, um unruhige Auftritte beim Niederlegen der Waffen zu vermeiden, beantragte man jetzt französischerseits die Entwaffnung der Truppen innerhalb der Festung und den Ausmarsch ohne Waffen. Da es sich hierbei überhaupt um eine Form handelte, welche lediglich die Courtoisie gegen einen braven, dem Geschick erliegenden Feind betraf, so wurde kein Anstand genommen, auch auf diese Abänderung einzugehen. Dann erklärte der französische Bevollmächtigte, daß der 28. October der capitulirenden Armee zur Regelung der Comptabilités noch dringend nothwendig sein werde, daher ein Aufschub des Ausmarsches auf den 29. unerläßlich erschiene.

Dieser Aufschub wurde gleichfalls bewilligt und die nähere

Bestimmung für den Ausmarsch in die Beilage des Protokolls aufgenommen.

Um 10 Uhr Abends am 27. fand die Unterzeichnung des Protokolls statt.

Nach Rückkehr des General von Stiehle in das Haupt=Quartier Corny wurde alsdann folgende Depesche an des Königs Majestät befördert:

Corny, den 27. October, 11 Uhr Abends.

„Heute Abend 10 Uhr im Schlosse Frescaty Capitulation durch General von Stiehle abgeschlossen. Am 29. werden 173,000 Mann *) mit 3 Marschällen und über 6000 Offizieren kriegsgefangen und Forts wie Festung Metz von uns besetzt."

(gez.) Friedrich Carl.

Die Aufgabe der Cernirungs=Armee war erfüllt.

Ein Heer, so stark wie dieses, hatte bis dahin noch niemals das Gewehr gestreckt. Die blutigen Tage des August, die Schlacht von Noisseville und das standhafte Ausharren vor der Festung trotz aller Schwierigkeiten und Gefahren trugen jetzt ihre Früchte. Die Trophäen, welche am 14., 16. und 18. August den siegreichen Truppen entgangen waren, — da es dem Feinde gelang, nach seiner Niederlage sich durch kurze Märsche der Verfolgung zu entziehen und den Schutz der Festungswerke zu erreichen — fielen jetzt der Cernirungs=Armee in die Hand.

Prinz Friedrich Carl richtete an diese nunmehr folgenden Armee=Befehl:

„Soldaten der I. und II. Armee!"

„Ihr habt Schlachten geschlagen und den von Euch besiegten Feind in Metz 70 Tage umschlossen, 70 lange Tage, von denen aber die meisten Eurer Regimenter an Ruhm und Ehre reicher, keiner sie daran ärmer machte! Keinen Ausweg ließet Ihr dem tapferen Feind, bis er die Waffen strecken würde!"

„Heute endlich hat diese Armee von noch voll 173,000 Mann, die beste Frankreichs, über 5 ganze Armee=Corps, darunter die Kaiser=Garde, mit 3 Marschällen von Frankreich, mit über 50 Generalen und über 6000 Offizieren capitulirt und mit ihr Metz, das niemals zuvor genommen."

„Mit diesem Bollwerk, das wir Deutschland zurückgeben, sind

*) Darunter 16,000 Kranke und Verwundete.

unermeßliche Vorräthe an Kanonen, Waffen und Kriegsgeräth dem Sieger zugefallen."

„Diesen blutigen Lorbeer, Ihr habt ihn gebrochen durch Eure Tapferkeit in der zweitägigen Schlacht bei Noisseville und in den Gefechten um Metz, die zahlreicher sind, als die es rings umgebenden Oertlichkeiten, nach denen Ihr diese Kämpfe benennt."

„Ich erkenne gern und dankbar Eure Tapferkeit an, aber nicht sie allein. Beinahe höher stelle ich Euren Gehorsam und den Gleichmuth, die Freudigkeit, die Hingebung im Ertragen von Beschwerden allerlei Art. Das kennzeichnet den guten Soldaten."

„Vorbereitet wurde der heutige, große und denkwürdige Erfolg durch die Schlachten, die wir schlugen, ehe wir Metz einschlossen, und — erinnern wir uns dessen in Dankbarkeit — durch den König selbst, durch die mit Ihm abmarschirten Corps und durch alle diejenigen Kameraden, die den Tod am Schlachtfelde starben, oder ihn sich durch hier geholte Leiden zugezogen. Dies ermöglichte erst das große Werk, das Ihr heute mit Gott vollendet sehet, nämlich daß Frankreichs Macht gebrochen ist. Die Tragweite des heutigen Ereignisses ist unberechenbar."

„Ihr aber, Soldaten, die zu diesem Ende unter meinen Befehlen vor Metz vereinigt waret, Ihr geht nächstens verschiedenen Bestimmungen entgegen."

„Mein Lebewohl also den Generalen, Offizieren und Soldaten der I. Armee und der Division Kummer und ein „Glückauf" zu ferneren Erfolgen."

Allgemein hatte bei der Capitulation die große Ziffer der Kriegsgefangenen überrascht. Der Feind erwies sich numerisch stärker, als wie man jemals geglaubt hatte.

Die gesammte Armee vor Metz zählte laut Stärke-Nachweis vom 27. October an Combattanten incl. der Offiziere, der Artillerie-Bedienung, der Pioniere, nur:

4050 Offiziere, 167,338 Mann, 642 Geschütze.*)

---

*) Die höheren Stäbe und Trainsoldaten sind nicht in die Berechnung gezogen. Ebenso ist hier selbstredend das vor Thionville stehende Detachement nicht eingerechnet.

Bei der hessischen Division und der 2. Cavallerie-Brigade fehlen in den betreffenden, dem Obercommando eingereichten Nachweisungen die Offiziere. Sie sind in der oben gegebenen Ziffer 4050 jedoch nach Schätzung in runder Summe eingerechnet worden.

In Metz fiel zugleich Frankreichs größester Waffenplatz, dessen Besitz für einen Deutschland befriedigenden Schluß des Krieges absolute Nothwendigkeit war.

Daß mit Metz ein enormes Kriegsmaterial in die Hände der deutschen Armee gerathen werde, sah man voraus.

Es belief sich nach den später erfolgenden Feststellungen auf:

57 Adler,

622 Feldgeschütze,

876 Festungsgeschütze,

72 Mitrailleusen,

137,420 Chassepotgewehre,

123,326 andere Gewehre, Hinter- und Vorderlader,

sowie reiches Kriegsmaterial aller Art.

Der Kaufpreis für diesen Erfolg, d. h. die Verluste der preußischen Armee vor Metz während der 70 Tage der Cernirung vom 19. August ab betrugen:

1) Vor dem Feinde geblieben:

2 Stabsoffiziere, 34 Offiziere, 729 Mann.

2) An Wunden gestorben:

3 Stabsoffiziere, 19 Offiziere, 394 Mann.

3) An Krankheit verstorben:

2 Generale, 3 Stabsoffiziere, 39 Offiziere, 1054 Mann.

Im Ganzen hatte die Armee während der Cernirung also an Todten:

2 Generale, 8 Stabsoffiziere, 92 Offiziere, 2177 Mann

eingebüßt.

Verwundet wurden außerdem:

12 Stabsoffiziere, 148 Offiziere, 3410 Mann.

Vermißt, inclusive der Gefangenen, welche wieder ausgewechselt worden waren:

8 Offiziere, 1136 Mann.

Freilich stehen auch die Verluste der Augustschlachten in enger Beziehung zu den jetzt errungenen Erfolgen, so daß man sie billig mit hinzurechnen muß. Dafür aber war nun auch die letzte der Armeen, welche der Feind bei Beginn des Feldzuges zum Kampfe aufgestellt, vernichtet. 7½ deutsche Armee-Corps aber wurden frei, um den neu aufgestellten Streitkräften des Feindes entgegenzutreten und mitzuwirken bei den großen Entscheidungen, deren Mittelpunkt nun Paris wurde. Das am 25. in Corny eingegangene Schreiben aus dem großen Haupt-Quartier hatte bereits die allgemeinen Anordnungen für die weitere Verwendung der hier disponibel werdenden Heeresmassen getroffen. Zunächst erwuchs diesen aus der Uebernahme, der Bewachung und Abführung der großen kriegsgefangenen Armee aber eine bedeutende Last. Den Befehlen des großen Haupt-Quartiers entsprechend, fiel diese zumal der I. Armee zu.

Schon ehe der formelle Abschluß der Capitulation stattgefunden hatte, war auf Grund des am 26. festgestellten Entwurfes am 27. October, Nachmittags 3 Uhr, ein Armee-Befehl erlassen worden, welcher die für die Uebernahme der Kriegsgefangenen nöthigen wesentlichsten Anordnungen traf. Speciell wurde dabei vom Ober-Commando der Armee vor Metz die Regelung aller Verhältnisse bei Metz und vor Thionville dem General von Zastrow mit dem 7. Armee-Corps und der von nun an diesem Corps attachirten Division Kummer übertragen, General von Kummer aber zum Commandanten von Metz ernannt.

Mit Bezug auf die Transporte der Kriegsgefangenen gingen ferner der Linien-Commission Saarbrücken nunmehr die erforderlichen Bestimmungen zu.

Auf der nördlichen Linie wurden für den Fußmarsch die Etappen Les Etangs, Boulay, Tromborn, Saarlouis festgestellt, auf der südlichen die Station Courcelles als Haupt-Einschiffungspunkt bezeichnet.

Von Courcelles aus sollten täglich 5 Züge, die je 2000 Mann fortführten, abgelassen werden, und am 30. die ersten Echelons sich auf der Route Pange-Marange-St. Avold-Forbach-Saarbrück in Bewegung setzen, um, sobald die Vorbereitungen für den regelmäßigen Fortgang der Transporte beendet waren, auf einer der Stationen, die der Fußmarsch berührte, eingeschifft zu werden. Diese Verbindung von Fußmarsch und Bahntransport war so lange anzuwenden, bis der letztere volle Regelmäßigkeit erreichte. Die Offiziere der französischen Armee mußten selbstredend von Metz aus mit der Bahn nach Deutschland befördert werden. Die Regelung der Verpflegung von Gefangenen und Eskorten übernahm, den allgemeinen Anordnungen entsprechend, das 7. Armee-Corps, bei welchem zur Zeit auch der größte Theil der Colonnen und Fuhrparks disponibel war. Diesem Corps fiel es zu, sich mit der Commandantur in Saarlouis und Saarbrück, sowie mit der Linien-

Commission Saarbrück in Verbindung zu setzen. Alle Maßregeln sollte das Corps dabei im Verein mit der General-Etappen-Inspektion der I. Armee ergreifen.

Der Aufschub, welchen der Ausmarsch der französischen Armee durch die Abänderungen der Ratifikations-Conferenz erlitt, veränderte die im Armee-Befehl vom 27., Nachmittags 3 Uhr, gegebenen Zeitbestimmungen um 24 Stunden, und ließ die mit Bezug auf die Waffenstreckung außerhalb der Festung in dem Befehl enthaltenen Sätze fortfallen. Bei Feststellung der Detail-Bestimmungen, welche sich auf die Uebernahme der Festung und der feindlichen Armee bezogen, hatte das Ober-Commando folgende Hauptgesichtspunkte innegehalten:

Die Uebernahme der ganzen feindlichen Armee an einem Punkte erschien unthunlich, obgleich es mit Rücksicht auf die Fortschaffung der Kriegsgefangenen sehr erwünscht gewesen wäre, diese von Hause aus auf der Ostseite von Metz zu versammeln. Die Vereinigung so colossaler Menschenmassen auf einem und demselben Bivouaksfelde hätte die Aufrechterhaltung der Ordnung, sowie die regelmäßige Verpflegung nahezu unmöglich gemacht — jedenfalls auch noch viele andere Inconvenienzen herbeigeführt; denn naturgemäß blieb ein großer Theil der Kriegsgefangenen hier noch dauernd beisammen.

Desgleichen ließ sich nicht die Uebernahme der ganzen Festung von Metz und deren Sicherung zu derselben Stunde bewerkstelligen. Dazu wären starke Kräfte nöthig gewesen, die alsdann mit den Franzosen gemeinsam innerhalb der Werke gestanden hätten, so daß leicht Conflicte von Bedeutung herbeigeführt werden konnten.

Daraus ergab sich die Nothwendigkeit, die Forts durch kleine, aber mit Artillerie versehene Detachements zu sichern, alle Vorsichtsmaßregeln — wie das Aufsuchen etwa vorhandener Minenleitungen von rückwärts her — zu treffen und damit die Festung und die kriegsgefangene Armee gleichsam erst in die Gewalt des Siegers zu bringen. Sobald die preußischen Fahnen von den Forts herabwehten, durfte man den Ausmarsch beginnen lassen, der dann jedoch durch alle Thore gleichzeitig seinen Weg zu nehmen hatte, wenn dies auch für den demnächst folgenden Transport Schwierigkeiten mit sich brachte.

Diejenigen Befehle, welche danach in Bezug auf die Ueber-

nahme der kriegsgefangenen Armee und der Festung Metz ꝛc. am
29. October in Geltung blieben, waren folgende:

1) Die Forts werden am 29. Mittags 12 Uhr besetzt, jedes
durch 2 Bataillone, einen Zug einer schweren Batterie ohne Mu=
nitionswagen, 100 Mann Artillerie mit zahlreichen Offizieren und
einem Pionier=Detachement.

Es sind derart zu besetzen:

Fort St. Quentin von der 18. Infanterie=Division.
   = Plappeville vom 3. Armee=Corps.
   = St. Julien   = 1.   =   =
   = Queleu   = 8.   =   =
   = St. Privat von der 25. (Großh. Hess.) Division.

Gleichzeitig besetzt das 7. Armee=Corps mit einem Bataillon
die Porte Mazelle der Stadt=Befestigung. Zwei Stunden vor der
Besetzung — also Vormittags 10 Uhr — sind Seitens der vor=
genannten Armee=Corps resp. Divisionen je 1 Artillerie=Offizier mit
einigen Unteroffizieren, sowie je 1 Ingenieur=Offizier mit einigen
Pionier=Unteroffizieren in die betreffenden Forts vorauszusenden,
welche die Pulver=Magazine übernehmen und etwaige Minen=Lei=
tungen von rückwärts aufsuchen und zerstören. Von diesen Offi=
zieren ist an die zum Einrücken in die Forts bestimmten Truppen
Meldung in Betreff der Sicherheit zurückzusenden.

2) Nachmittags 1 Uhr, am 29. October, beginnt dann der
Ausmarsch der französischen Armee Corpsweise geordnet, unter
Commando ihrer Offiziere, den Bestimmungen der zum Capitu=
lations=Protokoll hinzugefügten Beilage entsprechend. *)

Die Corps werden empfangen durch diesseits in angemessener
Entfernung aufgestellte Truppen. Darauf treten die französischen
Offiziere aus und es kehren dieselben unter Beibehaltung ihrer Degen
resp. ihrer Pferde nach Metz zurück, während die kriegsgefangene
Mannschaft unter Commando ihrer Unteroffiziere in Bivouaks=
Plätze zu führen ist, wohin Seitens der betreffenden Corps schon
vorher Verpflegung und Holz herangeschafft sein muß. Die Corps
übernehmen die Bewachung der Kriegsgefangenen bis dahin,
daß deren Abmarsch auf Saarlouis resp. Saarbrück erfolgt.

3) Die in Vorstehendem erwähnten Anordnungen sind auszu=
führen:

*) Siehe Anhang I.

in Betreff des 6. französischen Corps bei Labonchamps durch das
10. Armee=Corps; —

in Betreff des 4. französischen Corps bei St. Maurice durch das
3. Armee=Corps; —

in Betreff des Garde=Corps bei Tournebride *) durch das
2. Armee=Corps; —

in Betreff des 2. französischen Corps bei Thiébault durch das
8. Armee=Corps; —

in Betreff der Garnison von Metz bei Grigy durch das
7. Armee=Corps;**) —

in Betreff des 3. französischen Corps bei Fe. Bellecroix durch das
1. Armee=Corps. —

4) Die Gangbarmachung der Wege für den Ausmarsch der französischen Truppen ist sofort durch Pioniere ec. in Angriff zu nehmen. —

An diese Maßnahmen schlossen sich sogleich diejenigen Dislocations=Veränderungen für die II. Armee, welche mit dem Frei= werden der bisher vom Feinde occupirten Orte im Bereiche der Forts und der Vorstädte von Metz nunmehr zweckdienlich und möglich wurden.

5) Das 2. Armee=Corps rückt am Vormittage des Capitula= tionstages mit den auf dem linken Moseluser dislocirten Truppen in den Rayon auf dem rechten Ufer und kann nach vollständiger Been= bigung des Ausmarsches der Franzosen die Vorstadt Montigny belegen.***)

Ebenso wird dem 8. Armee=Corps Magny f. S., bem 10. Armee=Corps Woippy zur Belegung überwiesen.

Die 18. Infanterie=Division belegt, nachdem das französische Garde=Corps durch Longéville defilirt ist, diesen Ort sowie Moulins les Metz, Longeau und St. Ruffine.

6) Bezüglich Einnahme der Vorposten=Aufstellung um Metz,

---

*) Sollte anfangs bei Orly stattfinden.
**) Ursprünglich sollte das 2. französische Corps bei Grigy durch das 7., die Garnison von Metz bei Thiébault, durch das 8. Armee=Corps übernommen werden, doch fand noch die oben angeführte Abänderung statt.
***) Diese Vorstadt ward mit 1 Bataillon der 3. Infanterie=Division besetzt. Soweit es nicht zur Gefangenbewachung diente, cantonirte das Corps in Marly, Augny, Jouy, Corny und den kleinen dazwischenliegenden Fermen.

wie solche zur Verbindung der besetzten Forts am 29. nöthig wird, haben die commandirenden Herren Generale in Verbindung zu treten.

Am 28. October setzte sich das Obercommando dann noch mit dem Kriegsministerium in Verbindung, soweit dies für die Weiterbeförderung der Gefangenen=Transporte über Saarbrücken und Saarlouis nach rückwärts nothwendig wurde. Die General= Etappen=Inspectionen der beiden vor Metz stehenden Armeen aber erhielten die Weisung, den Requisitionen des 7. Armee=Corps für Verpflegung der Gefangenen u. s. w. Folge zu geben.

Die Wiederherstellung der Eisenbahnstrecke Metz=Courcelles, sowie der Strecke Metz=Ars s. Mosel begann sogleich.

Für die erste Versorgung der Stadt Metz vereinbarte die Armeeintendantur die nothwendigen Maßnahmen mit den städti= schen Behörden.

Mit diesen noch auf die Capitulation von Metz und die Ueber= nahme der feindlichen Armee bezüglichen Anordnungen gingen be= reits die Einleitungen für die ferneren Operationen, der nun frei werdenden Streitkräfte Hand in Hand. Der Armeebefehl vom 27. Nachmittags 3 Uhr enthielt bereits die ersten, dem entsprechen= den Befehle. Auf dieselben wird weiter unten im Zusammen= hange mit dem Abmarsche der wieder getrennten I. und II. Ar= mee näher eingegangen werden. Der Eisenbahntransport der 4. Infanterie=Division von Pont à Mousson nach Nanteuil dauerte fort, und sollte fahrplanmäßig am 2. November beendet sein.

Auf die in der Nacht vom 27. zum 28. October Sr. Ma= jestät dem Könige erstattete Meldung, über die am 27. erfolgte Ratification des Capitulations=Protokolls erhielt Prinz Friedrich Carl am 28. October Mittags folgende Antwort:

Versailles, den 21. October.

„Ich habe die in der Nacht eingetroffene Meldung der Voll= ziehung der Capitulation von Metz abgewartet, bevor Ich Dir Meinen herzlichsten Glückwunsch, sowie Meine Anerkennung für die Umsicht, Ausdauer und zu den Siegen ausspreche, die Deiner Führung, während der langen und beschwerlichen Einschließung der Bazaine'schen Armee in Metz gebührt. Die gleiche Anerken= nung zolle Ich Deinen braven Armeen, die durch Tapferkeit und Hingebung einen Erfolg herbeiführten, wie er kaum in der Kriegs= geschichte dagewesen ist."

„Die Ereignisse vor Metz sind unvergängliche Ehrentage und Glanzpunkte der Armee."

„Du hast dies Anerkenntniß zur Kenntniß der Truppen zu bringen. Um Dich und die Armee für so große Leistungen zu ehren, ernenne Ich Dich hierdurch zum Generalfeldmarschall, welche Auszeichnung Ich gleichfalls Meinem Sohne, dem Kronprinzen verleihe." (gez.) Wilhelm.

Am 29. October nun vollzog sich die Uebergabe, und der Ausmarsch der kriegsgefangenen Armee aus Metz in der stipu-lirten Art und Weise*).

Seine Königliche Hoheit der Prinz Friedrich Carl begab sich bei dieser Gelegenheit mit seinem Stabe zum 2. Armee = Corps nach Tournebride, um dort dem Ausmarsche des französischen Garde = Corps beizuwohnen. Dorthin war auch der General der Infanterie von Manstein beschieden worden.

Bald nach 12 Uhr Mittags, wehten auf den Wällen die preu-ßischen Fahnen.

Das Wetter war trübe und regnerisch wie seit längerer Zeit, der Boden weich, die Straßen grundlos.

Schon seit dem Vormittage erschienen von Metz her lange Reihen von Fuhrwerken der Landleute, die vor der Cernirung nach Metz geflüchtet gewesen, oder durch die feindliche Armee dort-hin mitgeführt worden waren. Die Pferde befanden sich durch-weg im traurigsten Zustande, von allen Spuren der Noth ge-kennzeichnet. Fußgänger strömten gleichfalls aus den Thoren. Auf allen Straßen fand lebhafter Verkehr statt.

Einzelne Soldaten schlossen sich diesen Leuten bereits an, wur-den indessen von der Gensdarmerie der Cernirungs = Armee ange-halten und gesammelt.

Die geschlossenen Colonnen der Kriegsgefangenen erschienen dann zwischen 1 und 2 Uhr Nachmittags.

Wenn man berücksichtigt, was diese nun entwaffnete Armee an Strapazen und in den Lagern von Metz an Leiden aller Art durchgemacht hatte, wenn man die Lage in Betracht zieht, in wel-

---

*) Am 28. hatte Prinz Friedrich Carl dem Marschall Bazaine noch mit-getheilt, daß er bereit sei, den General Changarnier als nicht zur krieg-führenden Armee gehörig anzuerkennen, daß er den General daher auch nicht als kriegsgefangen ansehe und daß dessen Abreise auf neu-trales Gebiet nichts im Wege stände.

cher fie sich jetzt befand, so muß man der Haltung, die fie be=
wahrte, alle Anerkennung zollen.

Die höheren Befehlshaber hielten sich vom Ausmarsch zurück.*)
Die Colonnen marschirten indessen in guter Ordnung. Nur bei
der Artillerie und den Trains hatten die tactischen Verbände sich
gelöst. Die Mannschaften zeigten eine ernste, dem Augenblicke an=
gemessene Stimmung. Unter den defilirenden Truppen des Garde=
Corps nahm man nur zwei Betrunkene wahr. Die Disciplin wurde
nirgends verletzt, das Einrücken in die abgesteckten Bivouaks
ging ohne Störung von Statten und bei der Trennung von Offi=
zieren und Mannschaften nahm man Scenen wahr, die auf ein
enges und durch gegenseitige Achtung begründetes Verhältniß schlie=
ßen ließen.

Auch die äußere Erscheinung der Leute war gut, die Beklei=
dung eine vortreffliche.**)

Die Führer der französischen Colonnen übergaben den preu=
ßischen commandirenden Generalen Stärkerapporte. Der seit Mit=
tag installirten Commandantur von Metz gingen die namentlichen
Listen der Offiziere zu, welche in der Festung zurückblieben, sowie
ein Verzeichniß ihrer Pferde und Burschen. Ebenso wurden die
nach dem Wortlaute des Protokolls von der Gefangenschaft aus=
geschlossenen Civilbeamten der Armee und ihre Diener namhaft
gemacht. Den Stärkerapporten zufolge sind übergeben worden:

1) Bei Ladonchamps 24,027 Mann des 6. französischen Corps
Canrobert und der Cavallerie=Division Forton.***)

2) Auf dem Plateau von St. Maurice 22,192 Mann des 4.
französischen Corps Ladmirault.

3) Bei Tournebride 24,145 Mann des Garde=Corps Desvaux.

4) Bei St. Thiébault Ferme 29,000 Mann des 2. franzö=
sischen Corps Frossard, sowie der Division Laveaucoupet und der
Brigade Lapasset.

***

*) Das Garde=Corps führte z. B. der erst vor Kurzem zum Brigade=Ge=
neral beförderte General Giraud, vorher Commandeur des Garde=
Zouaven=Regiments.
**) Die Wahrnehmungen wurden durch Seine Königliche Hoheit den Ober=
Befehlshaber speciell am Garde=Corps bei Tournebride gemacht; doch
nach Aussage der Herren commandirenden Generale war es überall ebenso.
***) Die Cavallerie=Division du Barail war aufgelöst und mit der Division
Forton vereinigt worden.

5) Bei Grigy 14,068 Mann Mobilgarde und Garnison=Trup=
pen von Metz (ausgenommen die Division Laveaucoupet).

6) Bei Bellecroix 31,546 Mann des 3. französischen Corps
(Leboeuf).

In Summa 144,978 Mann. Hierzu sind die 6000 feindlichen
Offiziere, von denen eine große Zahl 2 und mehr Leute zur Be=
dienung bei sich behalten hatten, die Zahl der in der Festung be=
findlichen Kranken und Verwundeten hinzuzurechnen. In der Stadt
und den Lagern war außerdem noch eine große Menge von Leu=
ten der Truppen=Verbände entweder zurückgeblieben, oder dort zu=
rückgelassen worden. Die Straßen von Metz zeigten sich nach der
Uebergabe noch dermaßen von französischen Soldaten überfüllt,
daß die preußischen Uniformen zwischen denselben als vereinzelt
völlig verschwanden. Diese Mannschaften der feindlichen Armee
wurden in den nächsten Tagen von der Commandantur zu Metz
gesammelt und den Gefangenen=Transporten angeschlossen.

Die vom General Jarras bei den letzten Verhandlungen an=
gegebene Ziffer von 173,000 Mann für die Gesammtstärke der
capitulirenden Armee war deshalb ohne Zweifel als richtig anzu=
sehen.

Seine Königliche Hoheit der Feldmarschall wohnte dem De=
filiren des feindlichen Garde=Corps bis zum Herankommen des die
Queue bildenden Garde=Zouaven=Regiments bei, welches, als das
zuverlässigste, bis zuletzt die Eingänge zur Festung besetzt gehabt
hatte. Alsdann begab er sich in sein Haupt=Quartier Corny
zurück, woselbst Marschall Bazaine bereits vorher eingetroffen
war. Nach der hierauf stattfindenden Unterredung ritt der Mar=
schall mit seinem Stabe noch in der Nacht nach Pont à Mousson,
um von dort per Bahn nach seinem Bestimmungsort Cassel ab=
zureisen.

In Metz herrschte nach dem Einzuge der deutschen Truppen
völlige Ruhe. Die Bevölkerung verhielt sich still, obgleich es kurz
vor der Uebergabe an tumultuarischen Auftritten in den Gassen
nicht gefehlt hatte.

Zwischen der preußischen Garnison und der Bevölkerung, so=
wie den zahlreichen französischen Soldaten, welche noch längere
Zeit dort verbleiben mußten, ehe sie nach und nach fortgeschafft
wurden, stellte sich im Allgemeinen zunächst ein gutes Einverneh=
men heraus. Man ging an einander v o r ü b e r, ohne sich zu stö=

ren; vielfach sah man selbst französische Soldaten den Siegern bereitwillig als Führer dienen.

In der Stadt Metz nahm man im großen Ganzen wenig Spuren überstandener Leiden wahr. Um so furchtbarere Zustände aber zeigten sich in den Vorstädten außerhalb der Stadt-Enceinte und in den Lagern zwischen den Forts, wo die französische Armee die 70 Tage der Cernirung hindurch hatte existiren müssen.

Die Baulichkeiten waren dort zum großen Theile zerstört, die Gärten und Anlagen vernichtet, die Zäune und Einfriedigungen verschwunden. Von Vegetation fand man keine Spur mehr. Alles, selbst die Rinde von den Bäumen, hatten die hungernden Pferde abgenagt. Viele von diesen Thieren sah man im jammervollsten Zustande zwischen den Häusern und Mauern völlig regungslos den Hungertod erwarten, andere schon halb zusammengebrochen, auf dem Hintertheil sitzend. Vom Hunger getrieben leckten viele den Schlamm vom Boden. Eine große Anzahl Thiere hatten die ausmarschiren= den Truppen, im Geschirr der Packkarren 2c. angespannt, ihrem Schicksal überlassen, so daß sie nun vor den Fahrzeugen eines nach dem andern niedersanken. Sie zusammenzutreiben und so zu erhal= ten zeigte sich deshalb unmöglich, weil die meisten bereits viel zu entkräftet waren, um sich noch bewegen zu können. Der Boden der Lagerplätze aber glich durchweg grundlosen übelriechenden Sumpfstrecken, in welchen Menschen, Pferde und Fahrzeuge fußtief einsanken. Der fette Boden, der auf felsigem, undurchlassendem Untergrunde liegt, hatte sich völlig in eine zähe breitartige Masse verwandelt, die seit geraumer Zeit jedenfalls schon den Offizieren und Soldaten der feindlichen Armee als Lagerstatt gedient hatte. Von Stroh war nirgends mehr eine Spur zu entdecken. Auch in diesem Morast lagen überall, kaum von dem allgemeinen Grau des Bodens sich abhebend, die Cadaver gefallener Pferde, sowie Ma= terial und Ueberreste jeder Art. Auch einzelne Soldatenleichen erblickte man dort. Die Unglücklichen waren hier wohl kurz vor dem Ausmarsche verendet und nicht mehr bestattet worden. Man begriff, daß die Armee, die bei schlechter Verpflegung so lange auf diesen Stätten zugebracht hatte, nicht weiter auszuharren vermochte. Geradezu erstaunlich scheint dabei der gute Gesundheitszustand, in dem sich die Armee noch befand. Es stellten sich übrigens in den Reihen der Kriegsgefangenen schon bei dem Wiederbeginn kräf= tigerer Verpflegung vor ihrer Einschiffung auf der Eisenbahn sehr zahlreiche Todesfälle und Erkrankungen ein. Viele Mannschaften mußten in die Lazarethe von Metz zurückgebracht werden. Es ist bekannt, daß sich in den heimathlichen Gefangenen=Depots gerade unter den französischen Soldaten der Armee von Metz eine beson= ders große Sterblichkeit herausstellte.

Ein eigenthümliches Zeichen von Abhärtung oder schon begon= nener Gleichgültigkeit gegen das eigene Loos war es dabei, daß die Offiziere und die vereinzelten Mannschaften der französischen Corps auch jetzt noch nach der Capitulation und trotzdem die Thore der Festung geöffnet standen, auf ihren alten Bivouaks= Plätzen verblieben, bis sie von dort abgeholt und in die Stadt ge= bracht wurden. Aus eigenem Antriebe suchten sie, trotz der furcht= baren Zustände in ihrer nächsten Umgebung, kein anderes Unter= kommen. Auch am 1. November konnte man noch sehen, wie z. B. in den Casernen des Fort Moselle französische Soldaten die ver= scheidenden Pferde schlachteten, um sie zu verzehren, obgleich das Magazin auf dem Bahnhofe zur Verpflegung der Leute geöffnet und Alles gethan worden war, um sie zu versorgen und zu den regelmäßigen Proviant=Vertheilungen heranzuziehen. Diese Um= stände bekundeten genugsam, daß die feindliche Armee in der That an Hingebung und Ertragen von Beschwerden Großes geleistet hatte und es nicht geringfügige Leiden gewesen waren, denen sie endlich erlag.

XVII.

Ereignisse vor Thionville, Verdun und im Rayon der französischen Nordostfestungen während der letzten Epoche der Cernirung von Metz.

Ueben dem Transport der 4. Infanterie=Division nach Paris hatte die Armee vor Metz die letzten Tage vor der Uebergabe be= reits benutzt, um die bisher aufgeschobenen Maßnahmen zur Er= füllung der ihr gewordenen Nebenaufgaben zu ergreifen.

Zunächst ist hier der Verhältnisse im Rayon der französischen Nordfestungen, namentlich der Ereignisse vor Thionville, Erwähnung zu thun. Vor dieser Festung hatten in der ganzen Epoche seit dem 17. October unbedeutende Scharmützel der Cernirungstruppen

27 *

und der Garnison stattgefunden. Mit Vortheil bediente sich das Cernirungs-Detachement dabei einer Anzahl von 100, ihm vom Ober-Commando zugewiesenen Chassepotgewehre, die, wie vor Metz, nach Art von Wallbüchsen zum Beunruhigen der feindlichen Patrouillen, Ablösungen und fortificatorischen Arbeiten verwerthet wurden.

Engagements von Bedeutung fielen nicht vor.

Die Beunruhigungen im Rücken des Detachements begannen übrigens wiederum.

Zu Beginn und noch um die Mitte des Monats October, streiften die Cavallerie-Patrouillen des Generals von Hartmann bis nach Longuyon, ohne dort, oder auf dem Wege dahin, irgend eine Spur feindlicher Expeditionen von den besetzten Nordfestungen her zu finden.

Auch die Bevölkerung verhielt sich friedfertig und still.

Am 19. aber meldete General von Hartmann in's Haupt-Quartier Corny, daß durch ein Detachement von 2 Eskadrons, welches er gegen Longuyon und Longwy entsendet, die Anwesenheit bewaffneter Banden zwischen Longwy und Thionville entdeckt worden sei. Offizier-Patrouillen, die von Bréhain weiter vorgingen, hatten in den Wäldern Feuer bekommen, Verluste gehabt und Frei-Corps entdeckt, deren Stärke man auf 60 bis 70 Mann schätzte. Seit dem 14. October schon besaß das Ober-Commando durch die Commandantur von Saarlouis Nachricht, daß sich bei Longwy angeblich ein französisches Truppen-Corps aus Versprengten der bei Sédan zertrümmerten Armee, aus Mobilgarden und Freischärlern bilde.

Legte man diesen Anzeichen vom Aufflackern des Volkswiderstandes auch keine besondere Bedeutung bei, so stand es doch außer Frage, daß die neue Regierung Frankreichs verzweifelte Anstrengungen machte, um die Erhebung der gesammten Nation in Gang zu bringen. Man durfte diese Meldungen daher nicht unberücksichtigt lassen.

General von Alvensleben II., sowie General von Hartmann, erhielten schon damals, am 14. October, Benachrichtigung über die von der Commandantur von Saarlouis gemachte Mittheilung. Auch bei General von Alvensleben II. lagen Meldungen vor, daß überall Aushebungen im Landvolke stattfänden. Er hatte deshalb die bezügliche Proclamation Seiner Majestät des Königs, welche

die Conscription in den occupirten französischen Landestheilen auf=
hob, wiederholt bekannt machen und gleichzeitig eine gründliche
abermalige Entwaffnung auch über den Rayon des Corps hinaus
vornehmen lassen. Damit eine Controlle über die Bevölkerung
möglich war, mußten die Maire's namentliche Verzeichnisse ihrer
Ortsangehörigen einreichen.

Um diesen Maßnahmen Nachdruck zu verleihen und die Ent=
waffnung gründlich zu betreiben, hatte das 3. Armee=Corps ein
Detachement von 2 Compagnien auf Wagen und 1 Eskadron nach
der Gegend von Fresnes und Etain entsendet. Die Cooperation
mit General von Hartmann war dabei durch Absendung eines
Generalstabs=Offiziers in dessen Stabs=Quartier Haute Guénange
angebahnt worden.

Auch General von Hartmann beabsichtigte, sobald sich nur die
Verhältnisse bei Metz geklärt haben würden, größere Expeditionen
in die unruhigen Districte. Prinz Friedrich Carl benachrichtigte
ihn am 20. October, daß vor Metz in den nächsten Tagen Kämpfe
von großer Bedeutung nicht erwartet würden und der General
beschloß hierauf am 21. 1 Bataillon (vom Infanterie=Regiment
Nr. 72) gegen Longwy=Longuyon in Marsch zu setzen, welches sich
mit den dort schon befindlichen 2 Eskadrons vereinigen sollte. *)
Daß bei der Armee vor Metz selbstständig die Belagerung von
Thionville in's Auge gefaßt worden war, dies Unternehmen jedoch
auf höhere Entscheidung hin, bis zum Falle von Metz verschoben
werden mußte, ist erwähnt worden.

Am 22., als man die Katastrophe bei Metz schon heran=
nahen fühlte, ging nunmehr in Corny durch General von Moltke
die telegraphische Nachricht ein, daß der Großherzog von Mecklen=
burg in den nächsten Tagen Mézières angreifen werde und es
darum wünschenswerth sei, wenn durch das Ober=Commando der
Armee vor Metz der Angriff auf Thionville eingeleitet würde.
Das Kriegs=Ministerium hatte Weisung, den Requisitionen an
schwerem Geschütz, Festungs=Artillerie und Festungs=Pionieren Folge
zu geben.

---

*) Das Detachement gelangte bis Habange; seine von dort vorgeschickten Pa=
trouillen fanden vom Feinde nichts, am 25. kehrte es zu den Cernirungs=
truppen vor Thionville wieder zurück, da es in Folge des Armee=Befehls
vom 24. October dorthin berufen war. — Gleichzeitig hiermit sandte das
3. Armee=Corps 1 Bataillon, 4 Eskadrons, 2 Geschütze über Etain vor.

Dem entsprechend wurde telegraphisch an das Kriegs = Ministerium der Antrag gestellt:

26 gezogene kurze 24 = Pfünder,
14 50 pfündige Mörfer,
9 25 pfündige Mörfer,
3 Festungs = Artillerie = Compagnien.
6 Festungs = Pionier = Compagnien*)
mit möglichster Schnelligkeit nach Saarlouis instradiren zu wollen.

Die vor Metz befindlichen 50 schweren Zwölfpfünder nebst den dazu gehörigen Festungs=Artillerie=Compagnien konnten diesen Belagerungspark, wie man voraussah, bald verstärken. Dann aber hatte Prinz Friedrich Carl schon am 14. October im großen Haupt = Quartier die Heranschaffung von 10 langen stählernen 24 = Pfündern von Straßburg her beantragt. Dieselben trafen nebst 2 Festungs = Artillerie = Compagnien am 23. in Novéant ein. Die 24 = Pfünder waren bestimmt gewesen, Repressalien für die fortwährenden Beunruhigungen der in der Cernirungslinie gelegenen Orte durch das Festungsgeschütz der Forts zu üben und die von den Franzosen belegten Dörfer, die erreichbaren Vorstädte und vor Allem die Lagerplätze zwischen den vorgeschobenen Werken unter Granatfeuer zu nehmen. Ihre große Tragweite schien einen Erfolg in bestimmte Aussicht zu stellen. Auch diese Geschütze, die zunächst freilich an die 4 Corps, welche die Süd= und Westseite von Metz umschlossen, (das 8., 2., 9., 3.) vertheilt wurden, waren nach dem Falle von Metz gegen Thionville zu verwenden. Genauere Berechnungen wurden dem Kriegs = Ministerium schriftlich am 23. October eingereicht. Somit war nunmehr die Einleitung getroffen, um wenigstens unmittelbar nach dem Falle von Metz die Belagerung von Thionville vornehmen zu können.

Daß die Infanterie von der bei Metz dann frei werdenden Armee abzugeben sein würde, war selbstverständlich. — —

Auch die Beziehungen zu dem Belagerungs=Detachement vor Verdun hatten, trotz dessen formeller Trennung vom Verbande der Armee vor Metz, nicht aufgehört. Den Befehl über das vor

---

*) Mit Rücksicht auf die als nahe bevorstehend erwartete Capitulation von Metz, welche technische Truppen auch für die Belagerung von Thionville frei machen mußte, ward vor der Hand nur diese Zahl von Festungs= Pionier= resp. Festungs = Artillerie = Compagnien erbeten, eine Nachforderung für alle Fälle dagegen vorbehalten.

Verdun, in Sédan u. f. w. stehende Detachement, zu welchem, wie bekannt, auch die vor Verdun stehenden Truppen gehörten, hatte an Stelle des durch Allerhöchste Cabinetsordre*) zum Commandeur der 13. Infanterie-Division ernannten General-Lieutenants von Bothmer**) General-Major von Gayl übernommen.

Auf Antrag dieses Generals wurden zunächst 4 Munitions-Colonnen laut Befehl des Ober-Commando's vom 13. October nach Verdun dirigirt, da dort ein Bombardement der Festung in Aussicht genommen war. Die Detonationen dieses Bombardements, das am 13. noch begonnen hatte, hörte man in Corny in der Nacht vom 14. auf den 15. October, sowie am 15. selbst deutlich. Hauptsächlich waren 58 erbeutete französische Geschütze schweren Kalibers in Thätigkeit gebracht, indeß kein Resultat erzielt worden. — Hier wie zuvor bei Toul wiederholte sich die Erfahrung, daß es nicht möglich sei, durch Verwerthung des genommenen feindlichen Materials über die französische Festungs-Artillerie eine Ueberlegenheit zu gewinnen, wie sie sich bei dem Erscheinen von preußischem Festungs-Geschütz vor den belagerten Plätzen sofort herausstellte.

Dann schien es, als sollten auch die Truppen des Generals von Gayl durch die Regungen des feindlichen Volks-Widerstandes in den nördlichen Grenzdistrikten berührt werden. Das Ober-Commando erhielt aus glaubwürdiger Quelle Nachricht, daß man französischerseits mit Hülfe der Einwohnerschaft sowie unter Mitwirkung der Garnison von Montmédy einen Ueberfall auf Sédan beabsichtige. Das zahlreiche, dort noch lagernde Kriegsmaterial der Armee Mac Mahon's konnte den Feind wohl zu einem solchen Versuche reizen. Dies Material wäre für die beginnende National-Bewaffnung von großem Werthe gewesen. Angeblich sollte sich ein französischer General bereits verkleidet in der Stadt Sédan befinden, um dort das Unternehmen einzuleiten.

Für alle Fälle erhielt General von Gayl hierüber schriftliche Nachricht, das General-Gouvernement Rheims telegraphische Mittheilung. General Gayl beantwortete die bezügliche, ihm gemachte Mittheilung durch ein noch vom 23. datirtes Schreiben, das Tags

---

*) Dieselbe ging in Corny am 11. October ein.
**) Der bisherige Commandeur der 13. Infanterie-Division, General-Lieutenant von Glümer erhielt für den erkrankten General von Beyer das Commando der großherzoglich badischen Feld-Division.

darauf im Haupt=Quartier Corny einging. Er hatte bereits 1 Ba=
taillon, 2 Eskadrons gegen Montmédy detachirt, um Expeditionen
des Feindes von dieser Festung aus nach Sédan zu verhüten und
Munitions=Transporte, welche von dort her nach Verdun beordert
waren, zu schützen. Von der Vergeblichkeit eines Bombardements
überzeugt, wollte der General zu einem abgekürzten regelmäßigen
Angriff gegen die Festung schreiten, bedurfte hierzu aber einer
Verstärkung an Infanterie und erbat diese von dem Prinzen
Friedrich Carl, da sie vom 13. Armee=Corps*) nicht gewährt wer=
den konnte. Auch an Pionieren fehlte es ihm gänzlich. Der Prinz
beschloß, diese Unterstützung, sobald die Entscheidung vor. Metz
eingetreten sein würde, nach Verdun abrücken zu lassen. Am
27. folgte dann noch ein Telegramm des General von Moltke,
welches besagte, daß General Gayl der Verstärkung an Infanterie
zu bedürfen scheine und wenn möglich, ein Regiment der I. Armee
dorthin zu schicken sei.

Es blieb in der Folge indessen bei Sédan Alles ruhig und
man übersah bald, daß die dem Ober=Commando gewordenen War=
nungen auf einer Täuschung basirt hatten, oder der Feind, über
die Aufmerksamkeit der Garnison unterrichtet, von seinem Vorhaben
abstand.

So lagen die Dinge vor Thionville, Verdun und in dem Ter=
rain gegen Longwy, Montmédy, Sédan ꝛc. hin beim Eintritt der
Capitulation von Metz.

XVIII.

Die rückwärtigen Verbindungen
und die materielle Lage der Armee vor Metz
während der Zeit vom 15. October bis zum Aufbruche der
Armee zu den weiteren Operationen nach der Capitulation.

Die Verpflegung der Armee verblieb auch in dieser Epoche
eine gute. Der Schutz der Mannschaften gegen die herannahende
rauhe Jahreszeit beanspruchte dagegen vornehmlich die Aufmerk=
samkeit des Ober=Commando's.

Außer den eisernen Oefen wurde soweit nothwendig und mög=

---

*) Großherzog von Mecklenburg=Schwerin.

lich, für wollene Bekleidungsstücke, wasserdichte Decken ꝛc. gesorgt, die Beschaffung von Pelzen für die Vorposten und die der Witterung exponirten Feldwachen — einschließlich der Etappen-Truppen — in die Wege geleitet.

Die Bemühungen, gedeckte Unterkunftsräume zu beschaffen, setzte man fort, um eine Besserung im Gesundheits = Zustande der Armee herbeizuführen.

Dann begannen die Vorbereitungen mit Bezug auf die ferneren Operationen der jetzt bei Metz stehenden Truppen.

Zunächst war für die mit der Eisenbahn abrückende 4. Infanterie=Division zu sorgen, um so mehr, als am 24. October ein Schreiben des General=Intendanten darauf aufmerksam machte, daß deren Subsistenz bei dem Eintreffen in Nanteuil s. Marne nicht völlig gesichert erschiene. Das 2. Armee=Corps erhielt daher Weisung, der Division aus seinem Fuhrenpark 150 beladene Wagen, deren größter Theil Hafer führte, mitzugeben. Dann nahmen die Truppen unmittelbar in den Eisenbahnwagen Schlachtvieh und Proviant für circa 6 Tage mit.

Die Fuhrenparks der II. Armee waren übrigens außerdem durch neuerdings erfolgte Abtretung von 400 Wagen an die Maas-Armee geschwächt worden und es schien unbedingt nothwendig, dieselben wieder zu vermehren. Auch der sehr heruntergekommene Pferdestand blieb im Hinblick auf nun bald folgende anhaltende Märsche bedenklich. Außer an der Heranschaffung der Lebensmittel, hatten alle Fuhren noch an dem Transport von Stroh, Brettern, Oefen, Kohlen, Decken und Bekleidungsstücken gearbeitet und ihre Kräfte waren in Folge dessen über die Maßen angestrengt worden, jetzt aber nahezu erschöpft.

Die General=Gouvernements von Elsaß und Lothringen wurden nun ersucht, der II. Armee je 200 Wagen zu stellen; denn es schien zweckmäßig, jedem Corps dieser Armee mindestens noch 100 Wagen zuzuführen. Zur Verbesserung der Bespannung erhielten die Corps Weisung, selbst alles Nöthige zu thun. Sie sollten durch freihändigen Ankauf in der Heimath unverzüglich die geeigneten Pferde beschaffen, um die unbrauchbar gewordenen Thiere auszutauschen. Die General=Etappen=Inspection erhielt wieder Befehl, alle von ihr jetzt aufgemietheten Fuhrwerke — 2700 an der Zahl — mit der Eisenbahn heranzuziehen und diesen Transport nach Kräften zu beschleunigen.

Was die General=Commando's der Armee sonst an Vorberei=
tungen für nothwendig erachteten, wurden sie aufgefordert, dem
Ober=Commando zu melden.

Zum Theil griffen mit dem Tage der Capitulation von Metz
die Verpflegung und der Transport der Kriegsgefangenen, die
Versorgung der Stadt, sowie die Fortschaffung des von der Cer=
nirungs=Armee benutzten, jetzt aber nicht mehr verwendbaren Ma=
terials aller Art, störend in diese Thätigkeit ein. Was mit Bezug
auf die Capitulation und die Kriegsgefangenen=Transporte durch
das Ober=Commando angeordnet wurde, ist bereits dargestellt
worden.

Diese letzten Tage vor dem Falle der Festung waren für die
Etappen=Behörden und die gesammte Militär=Verwaltung äußerst
schwierige gewesen.

Der üble Zustand der Wege von den Stellungen der Trup=
pen zu den Empfangsstationen der Hauptlinie Neunkirchen=Cour=
celles ist bekannt. Dabei trafen jetzt die Transporte, welche in
Rücksicht auf den immerhin doch noch möglichen längeren Aufent=
halt vor Metz noch nicht ausgesetzt werden durften, wie die von
Brettern, Dachpappen, Oefen, Steinkohlen, wasserdichter Leinewand,
wollenen Decken, Hemden, Stroh und Heu zusammen mit den, in
Voraussicht der nahenden Katastrophe, welche die Zahl der Con=
sumenten plötzlich auf das Doppelte steigern mußte, ergriffenen Maß=
nahmen, eine Extra=Verpflegung für 200,000 Menschen mußte in
der Zeit, die der Capitulation unmittelbar voranging, bereit ge=
halten werden.

Dazu kam noch, daß die Dispositionen zu treffen blieben,
um die Armee=Corps für den Fall des nahe bevorstehenden Weiter=
marsches in's Innere von Frankreich in eine Lage zu bringen, die
ihnen gestattete, die Proviantbestände der Fuhrenparks und Colon=
nen an ihren Marschlinien zu ersetzen. Diese Linien konnten da=
mals nur der Wahrscheinlichkeit nach festgestellt werden.

Die eben erwähnte Abtretung von Wagen an die Maas=Armee,
die Sorge für die 4. Infanterie=Division, trafen gleichfalls in die=
selbe Epoche.

Als dann die Capitulation erfolgte, verpflegten 6 Corps aus
ihren eigenen Vorräthen die kriegsgefangenen Truppenmassen.
Drei dieser Corps, welche der II. Armee angehörten, nämlich das
2., 3. und 10., holten sich hierfür Ersatz in Ars, Metz und Courcelles.

Sehr kam es dabei der Armee=Verwaltung zu Statten, daß die Eisenbahn=Verbindung von Ars nach Metz schon am 30. October, die von Courcelles nach Metz einige Tage darauf eröffnet werden konnte.

Der Stadt wurde sofort nach der Uebergabe ein mit Ver= pflegungs=Gegenständen beladener Fuhrpark, eine Hammelheerde und am 30. October ein Extrazug zur Verfügung gestellt, welcher die vom Maire vorzugsweise als wünschenswerth bezeichneten Ar= tikel, namentlich Brob, Mehl, Salz, Fleisch und Stroh — für die Kranken — sowie Desinfectionsmittel enthielt.

Für den weiteren Vormarsch sollte sich das 2. Armee=Corps in Ars und Pont à Mousson mit 14tägigen Beständen versehen. Das 3., 9. und 10. Corps wurden angewiesen, ihre mitgeführten Vorräthe in: Ars=Novéant, Commercy=Bar le Duc, Pont à Mousson=Toul und demnächst südlich der Linie Frouard=Paris in Joinville, St. Dizier und Neufchâteau zu ergänzen.

Es sei hier im Anschlusse gesagt, daß diese Projecte sich sämmtlich in der Folge realisirten, trotzdem die Bahnlinie Blesme= Joinville erst hergestellt und daher bei dem Nachschub Fuhrwerk stark zur Aushülfe benutzt werden mußte. Alle Armee=Corps pas= sirten später die Linie Troyes=Chaumont mit vollbeladenen Fuhren= parks.

Die General=Etappen=Inspection hatte dabei jedem Armee= Corps 200 mit Hafer beladene Wagen zugeführt, 1200 andere Wagen der Inspektion sollten noch an die Corps zur Vertheilung gelangen, da die breite Front, in welcher die Armee marschirte, einen regelmäßigen von den Etappenbehörden geleiteten Nachschub per Achse nicht mehr möglich machte, respective ihn doch unzweck= mäßig erscheinen ließ.

Es war ohne Zweifel sehr wichtig, daß sich die Corps stets mit reichen Vorräthen versorgt hielten, obgleich die Truppen beim Marsche zum größten Theile aus dem Lande zu leben vermochten; denn sobald jetzt ein Stillstand eintrat, mußten die Schwierigkeiten bei Ernährung der Truppen sehr große werden, da die Verbindung mit der Heimath jedenfalls ganz abriß. Selbst nach Herstellung derjenigen zerstörten Bahnstrecken, welche für den Vormarsch zur mittleren Loire etwa benutzt werden konnten, mußten — wie sich voraussehen ließ — die Nachschubs=Verhältnisse doch recht ungünstig bleiben.

Die II. Armee hatte später die Bahnstrecke Saarbrücken-Metz mit der I., die Strecke Frouard-Blesme mit der III. und der Maas-Armee zu theilen. Die weitere Fortsetzung Blesme-Chaumont-Nuits-Tonnerre-Sens-Fontainebleau-Nemours-Montargis ꝛc. war kaum durch die verfügbaren Etappentruppen zu sichern und mußte zudem noch mit Betriebsmitteln in Gang gesetzt werden, welche erst aus der Heimath heranzuziehen waren. Mit Rücksicht auf die Perspective, welche sich hier bot, beabsichtigte das Ober-Commando auch schon zu Beginn des Monats November, den Armee-Corps Anweisung zu ertheilen, die Vermehrung ihrer Kriegskassenbestände einzuleiten, damit alles Nöthige, was der Armee nicht nachzuschaffen war, gegen Baarzahlung gekauft werden könnte. Diese Absicht der Armee-Intendantur sollte durch Maueranschlag in den französischen Distrikten, welche der Vormarsch berührte, bekannt gemacht und die Taxen für Brod, Fleisch, Speck, Kaffee, Gemüse, Salz, Wein, Bier, Branntwein, Cigarren, Taback, Hafer, Heu, Stroh, Roggen- und Weizenmehl, sowie die Geldentschädigung für nicht verabfolgte Portionen (1 Fr. 50 Cent.) und Pferderationen (1 Fr. 25 Cent.) normirt werden. Bei der Androhung, daß nach den Gesetzen des Krieges die Requisitionen wieder aufgenommen werden würden, falls die Bewohner sich weigerten, zu jenen Sätzen ihre Waare zu liefern, dachte man an die Präfekten, Unterpräfekten, Maires und die sonst Autorität besitzenden Personen, die Aufforderung zu erlassen, im Interesse des Landes darauf hinzuwirken, daß der gutwillige Verkauf des für die Armee Nöthigen stattfinde. Vorerst fanden diese Maßnahmen noch nicht die Billigung der General-Intendantur. In der Folge ergaben sich bei gelegentlicher Anwendung dieses Systems die allergünstigsten Resultate.

XIX.

Abmarsch von Metz und Einleitung der weiteren Operationen.

Während die Verhandlungen vor Metz schwebten, wurden, wie erwähnt, die ersten Anordnungen getroffen, um die Armeen, welche bisher hier vereinigt gewesen waren, so schnell als möglich ihren neuen Bestimmungen entgegen zu führen. Es kam, wenn

Metz gefallen war, darauf an, Frankreich schnell fühlen zu lassen, daß es nun über 160,000 Feinde mehr zu bekämpfen habe, die so lange durch die letzte kaiserliche Armee gefesselt worden waren.

Es wurde deshalb auch ganz von einer Ruhe für die Truppen abgesehen. Diesen mußte, nach dem, was sie durchlebt, schon der Marsch in breiter Front und in frischen, noch nicht vom Kriege ausgesogenen Landstrichen eine wesentliche Erholung sein.

General von Moltke hatte durch sein Schreiben, das, vom 23. datirt, am 25. in Corny eingegangen war, in großen Zügen die Aufgaben bezeichnet, welche Seine Majestät den einzelnen Theilen der Armee vor Metz. für die weitere Fortsetzung des Krieges zugedacht hatte.

Dieses Schreiben bildete für die nun vom Ober=Commando getroffenen Maßregeln die Grundlage. Es enthielt folgende Bestimmungen:

„Die I. Armee (1., 7., 8. Corps, 3. Reserve=Division) und 3. Cavallerie=Division erhält den Auftrag, Metz zu besetzen, Thionville und Montmédy zu belagern, die kriegsgefangene Armee zunächst zu bewachen und durch die Landwehr=Truppen abführen zu lassen."*)

„Eine Rückkehr der letzteren steht zunächst nicht zu erwarten, da die Bewachung in der Heimath momentan nicht anders hergestellt werden kann. Eine spätere Heranführung anderer Landwehr=Bataillone bleibt vorbehalten."

„Auf Herstellung der Eisenbahnlinie Metz=Thionville=Mézières ist schon jetzt Bedacht zu nehmen und wird die Feldeisenbahn=Abtheilung Nr. 1 (jetzt in Rheims) der I. Armee zur Verfügung gestellt."

„Die Königliche Eisenbahndirection zu Saarbrücken hat bereits Anweisung erhalten, sich auf die in und bei Metz nöthigen Herstellungen vorzubereiten und würde seiner Zeit hierfür zu requiriren sein."

„Die I. Armee wird im Uebrigen in der Stärke von mindestens 2 Armee=Corps auf eine Linie St. Quentin=Compiègne — und zwar mit der Tête unverzüglich nach Abschluß der Capitulation abrücken."

---

*) Diese Landwehrtruppen reichten, wie sich im Laufe der Transporte erwies, nicht aus. Es mußten vielmehr noch beträchtliche Abtheilungen der dem General von Zastrow unterstellten Linientruppen zu gleichem Dienst verwendet werden.

„Die II. Armee (2., 3., 9., 10. Armee-Corps und 1. Cavallerie-Division) hat schleunigst in der allgemeinen Richtung über Troyes an die mittlere Loire abzurücken. Die durch Telegramm bereits per Eisenbahn voraus zu befördernde Infanterie-Division wird seiner Zeit wieder zum Corps stoßen*), das 14. Armee-Corps aber die linke Flankendeckung des Vormarsches der II. Armee gegen Lyon bilden."

„Beide Armeen marschiren in breiter Front behufs leichterer Verpflegung und möglichst zu beschleunigenden Vorrückens." — —

Somit divergirten die der I. und der II. Armee vorgeschriebenen Wege vollständig, der I. schien die Deckung der Belagerung von Paris gegen den Norden Frankreichs und dessen allmälige Unterwerfung, der II. die Besiegung des vom Kriege noch unberührten Südens zuzufallen.

Derjenigen Anordnungen, welche sich auf die Regelung der Verhältnisse bei Metz durch die I. Armee bezog, ist schon gedacht worden.**) Der mehrfach erwähnte Armeebefehl des Obercommando's der II. Armee vom 27. enthielt nun aber ferner noch folgende Anordnung:

„Die 1. Cavallerie-Division (Hartmann) rückt am 29. d. M. nach Briey und Gegend. Die noch beim 1. Armee-Corps befindliche Brigade ist von diesem Corps in den Rayon der Division zu dirigiren."

„Das Commando vor Thionville ist vom Generallieutenant von Hartmann dem bei den dort verbleibenden Truppen nächst-ältesten Herrn General zu übergeben." — Dieser Befehl blieb aufrecht erhalten, trotzdem die Capitulation sich um 24 Stunden hinausschob.

Am 27. October Abends ertheilte ferner Prinz Friedrich Carl durch den Generalstabschef des 8. Armee-Corps der 3. Cavallerie-Division mündlichen Befehl, bereits am 28. auf Etain abzumarschiren. (Die der Division zeitweilig attachirten 3 Eskadrons Dragoner No. 11, zur 4. Infanterie-Division gehörig, traten zum 2. Armee-Corps zurück.)

Die 1. Cavallerie-Division sollte bei den ferneren Operationen der II., die 3. der I. Armee voraufmarschiren.

Ferner wurde es jetzt möglich, die beabsichtigte Unterstützung

---

*) Die 4. Infanterie-Division, zum 2. Armee-Corps gehörig.
**) Siehe Seite 410.

des vor Verdun stehenden Detachements unter General von Gayl eintreten zu lassen.

Am 28. rückten:

das Infanterie-Regiment Nr. 60,*)

das Jäger-Bataillon Nr. 8,

2 Sappeur-Compagnien des Pionier-Bataillons Nr. 8, zunächst nach Arnaville und Gegend ab, um am 29. und 30. über Hannonville und Haudiomont zum Cernirungs-Detachement vor Verdun weiter zu marschiren. General von Gayl hatte auf das am 23. October an ihn beförderte Schreiben, welches ihn von der in der Gegend von Sédan herrschenden Unsicherheit in Kenntniß setzte, mit dem Ersuchen um Unterstützung geantwortet. Die Verstärkung kam ihm daher jedenfalls sehr willkommen, sollte sie auch nur so lange gewährt werden, bis das 8. Armee-Corps im Vormarsch gegen Westen bei Verdun vorüberkam. Alsdann sollte dieses Corps die von ihm detachirten 4 Bataillone, 2 Sappeur-Compagnien wieder zu sich heranziehen.

Der 28. October brachte weiterhin die durch allerhöchste Kabinetsordre vom 27. erfolgte Ernennung des Generals von Manteuffel zum Oberbefehlshaber der I. Armee.

Diese Armee schied somit nun aus dem Verbande der Seiner Königlichen Hoheit dem General-Feldmarschall Prinzen Friedrich Carl unterstellten Truppen.

Seine Königliche Hoheit übernahm den Oberbefehl über die künftige II. Armee, die nun aus den 4 zum Verbande dieser Armee seit Beginn des Feldzuges gehörenden Armee-Corps und der von der I. Armee übertretenden 1. Cavallerie-Division bestand.

Mit dem 29. aber wurden alle Truppen der Armee mit Ausnahme der 1. und 3. Cavallerie-Division durch die Uebernahme der

---

*) Am 8. September war durch Telegramm des General-Gouvernements von Coblenz, sowie durch Mittheilung des Ober-Kommando's der I. Armee im Hauptquartier Corny bekannt geworden, daß des Königs Majestät beim 8. Armee-Corps einen Austausch mehrerer Infanterie-Regimenter befohlen hatten. Es sollten damals miteinander wechseln:

1. Das beim Armee-Corps befindliche Infanterie-Regiment Nr. 72 mit dem in Saarlouis stehenden Infanterie-Regiment Nr. 70.

2. Das beim Armee-Corps befindliche Infanterie-Regiment Nr. 67 mit dem in Mainz stehenden Infanterie-Regiment Nr. 68.

3. Das beim Armee-Corps befindliche Infanterie-Regiment Nr. 60 mit dem der Brigade Bothmer zugetheilten Infanterie-Regiment Nr. 65.

Gefangenen oder durch Besetzung der Festung und ihrer Forts zu=
nächst gebunden. Der Abmarsch konnte daher mit weiteren Theilen
der Armee nicht begonnen werden, bis Einleitungen getroffen waren,
um die Corps wieder frei zu machen.

Die französischen Kriegsgefangenen sollten dem entsprechend
je nach dem Ablaufen der Transporte auf der Ostseite von Metz
successive dort hinüber geschoben werden, so daß das am weitesten
östlich stehende 7. Armee=Corps die letzten Nachschübe erhielt. Dies
Corps verblieb dann, wie erwähnt, bei Metz und Thionville. Daß
die Begleit=Commando's zunächst von den Landwehren der Division
Kummer gegeben würden, hatte der Befehl Seiner Majestät des
Königs bestimmt.*)

Wenn nun auch vom 30. ab täglich 20,000 Gefangene auf
den beiden Transport=Linien zusammen abrückten, so mußte es,
da rund 150,000 gesunde Gefangene ohne Offiziere übernommen
waren, doch immer zum Mindesten 8 Tage währen, bis alle Armee=
Corps frei wurden.

Zunächst kamen hiezu freilich die Corps der II. Armee, doch
konnten auch diese mit ihren Têten=Divisionen den Marsch nicht
vor dem 2. November antreten.

Von der I. Armee hoffte man die Têten=Division des 8. Corps,
welches Direction auf Compiègne erhielt, am 4., die des 1., wel=
ches auf St. Quentin marschiren sollte, am 5. November in Bewe=
gung setzen zu können.**)

Der ad 1 und 2 befohlene Austausch fand auch bis zum 11. September
thatsächlich statt, dagegen schien es räthlich, den Tausch zwischen den Re=
gimentern 60 und 65 damals, wo das letztgenannte Regiment mit der
Brigade Bothmer vor Verdun stand, noch auszusetzen, bis diese Brigade
und das 8. Armee=Corps sich gelegentlich mehr näherten. Hierzu war
durch das Ober=Commando der I. Armee die Genehmigung Seiner Majestät
des Königs erbeten worden.

Jetzt, wo durch die Unterstützung des Detachements vor Verdun sich die
erwartete günstige Gelegenheit traf, wurde der befohlene Tausch ausgeführt.
Das Regiment 60, dem abmarschirenden Detachement einverleibt, sollte
für das Regiment 65 zu den Truppen des General von Gayl übertreten,
dieses letztere Regiment aber beim Vorübermarsch des 8. Armee=Corps
zu diesem einrücken. In der bis dahin verstreichenden Zeit konnte das
ganze jetzt vom 8. Armee=Corps entsendete Detachement (also 4 Bataillone,
2 Pionier=Compagnien zur Belagerung von Verdun kräftig mitgewirkt haben).

*) Siehe Seite 429 und Anmerkung daselbst.

**) Am 31. October Abends erhielt das Obercommando der I. Armee aus dem

Am 29. wurde ferner Folgendes befohlen, um die Corps der II. Armee von Metz zu lösen und sie in die neuen Operations=Richtungen hinüberzuführen.

1) Das 9. Armee=Corps belegt noch am 29. den vom 2. Corps geräumten Ort Ars sur Moselle. Am 30. October rückt es in Marsch=Quartiere mit der Tête nach Woël=St. Benoit en Woèvre, die Queue bis einschließlich Mars la Tour=Buxières. Hauptquartier St. Benoit. Der weitere Vormarsch wird auf St. Mihiel erfolgen, wo voraussichtlich Ruhe eintritt.**)

2) Das 3. Armee=Corps dehnt sich am 30. nachdem das 9. Armee=Corps die Quartiere auf dem linken Moselufer bis zur Linie Mars la Tour=Buxières, diese Orte ausgeschlossen, geräumt, bis zur Mosel oberhalb Metz aus und belegt speciell Ars sur Moselle und Moulins.

3) Die 1. Cavallerie=Division (General ·von Hartmann) setzt den Vormarsch gegen die Maas fort und belegt am 30. den Rayon zwischen den Straßen Hannonville au Passage=Harville, Harville=Saulx en Woèvre, Saulx en Woèvre=St. Maurice sur les Côtes, St. Maurice=Woël=Latour en Woèvre. Stabsquartier Hannonville au Passage.

Auch die Belegung anderer vom 9. Corps geräumter Orte bleibt überlassen.

Der spätere Vormarsch des 3. Corps geht auf Waville, resp. Pagny.

---

großen Hauptquartier telegraphisch den Befehl, eine Division des I. Armee=Corps schleunigst abrücken zu lassen, „um eventuell auch zur Unterstützung des vor Mézières stehenden Detachements verwendet zu werden." Um die Ausführung dieses Befehls möglich zu machen, stellte Prinz Friedrich Carl dem General von Manteuffel Truppen der II. Armee behufs Gefangenen=Bewachung zur Verfügung. In Folge dessen rückte die 1. Infanterie=Division am 2. November nach Woippy und vom 3. ab über Briey, Stenay, le Chêne auf Rethel. Die übrige I. Armee zog sich successive in's Moselthal hinein und brach von dort am 7. November zu den Operationen gegen Westen auf. (Siehe Graf Wartensleben, Operationen der I. Armee unter General von Manteuffel.)

**) Da nach den Anordnungen des 27. die Forts St. Quentin und St. Privat bei ihrer Uebernahme durch Abtheilungen des 9. Corps besetzt worden waren, so wurde der Commandant von Metz, General von Kummer, ersucht, diese Abtheilungen durch Detachements der ihm zur Verfügung stehenden Truppen abzulösen, damit das 9. Corps sich am 30. mit allen Kräften in Marsch setzen könne.

Diese Bewegungen wurden am 30. October ausgeführt.

Mit dem 30. October begannen auch die Kriegs=Gefangenen= Transporte auf den beiden festgesetzten Linien über Saarlouis und über Saarbrücken.

Daß die im letztgenannten Ort stationirte Linien=Commission die bezüglichen Weisungen empfangen hatte, ist bekannt. Da nun auf jeder Linie täglich 10,000 Mann befördert wurden, so fand im Osten von Metz an jedem Tage eine Abnahme von in Summa 20,000 Mann statt.

Ein gleich starker Zufluß konnte also von den Lagern westlich, südlich und nördlich der Festung dorthin in Bewegung gesetzt werden.

Die hierauf bezüglichen Befehle an die Truppen waren noch am 29. October erlassen worden.

Danach sollten täglich 10,000 Mann aus dem beim 3. Armee= Corps etablirten Lager in das des 10. Armee=Corps bei Labon= champs, von diesem eine gleiche Anzahl täglich in das Lager bei Noisseville abgeliefert werden. In gleicher Weise waren auf der Südseite von Metz beim 2. Armee=Corps täglich 10,000 Mann in das Gefangenen=Lager beim 8. Corps rechts der Seille überzuführen.

Auf diese Art wurden zunächst außer dem 9. Armee=Corps und den Cavallerie=Divisionen, am 1. November das 3. und 2., am 3. das 10. Armee=Corps gänzlich frei. Am 30. October be= gannen gleichzeitig die Transporte der zahlreichen gefangenen Of= fiziere vom Bahnhof Metz unter Benutzung der Route über Nancy. Nur wenig Offiziere hatten die Entlassung aus der Kriegsgefan= genschaft gegen schriftlich gegebenes Ehrenwort angenommen.

Die Anordnung dieser Transporte war nicht ohne Schwierig= keit. Zunächst mangelte es an Organen zur schnellen und pünkt= lichen Mittheilung der betreffenden Bestimmungen.

Diese mußten meist durch Maueranschlag veröffentlicht werden. Dann aber fehlte es natürlich zur Zeit an ausreichendem Eisen= bahnpersonal und an den geeigneten Betriebsmitteln für die ab= zulassenden Züge.

Es stellte sich bald die Nothwendigkeit heraus, auch für die Offiziere Güterwagen zu benutzen, so daß diese veranlaßt werden mußten, sich selbst mit Stühlen ꝛc. zu versehen. Das führte na= türlich insofern Inconvenienzen herbei, als zur Einrichtung jener Wagen auch noch andere Möbel herangeschafft wurden, der ver=

hältnißmäßig enge Bahnhof bald überfüllt war und die Verla=
bung sich verzögerte. Da den französischen Offizieren die Erhal=
tung ihres Privat=Eigenthums zugesichert war, so bemühten sich die
Eisenbahn=Behörden nach Kräften, den Transport der, jenen Offi=
zieren gehörigen Pferde, welche nicht gut in Metz zurückgelassen
werden konnten, mit den abgehenden Zügen zu ermöglichen.
Die Abfahrtzeiten verschoben sich dabei natürlich erheblich und
das ganze Arrangement des Transportes wurde für die wenig
zahlreichen leitenden Kräfte zu einer außerordentlich anstrengenden
Arbeit.

Schließlich löste sich indessen Alles, ohne daß irgend eine ernste
Störung vorfiel. Schon am 31. October konnte ein regel=
mäßiger Abgang der Züge bewerkstelligt werden. Den französischen
Offizieren muß bei dieser Gelegenheit nachgerühmt werden, daß
sie trotz vieler Unbequemlichkeiten, die ihnen aus den erwähnten
mißlichen Verhältnissen erwuchsen, Alles thaten, um zu deren He=
bung und zur Beschleunigung der Transporte beizutragen.*)

Am 30. wurden ferner noch alle Anordnungen getroffen, welche
in Bezug auf die bei Metz bleibenden Kranken, das Material ꝛc.
nothwendig waren.

1) Durch Zurücklassen der erforderlichen Zahl von Feldblaza=
rethen war seitens der Corps die Pflege jener Kranken und Ver=
wundeten sicher zu stellen. Durch Evacuirung resp. Concentration
derselben jedoch dafür zu sorgen, daß jedes Corps mit wenigstens
5 Feldblazarethen abrückte.

2) Die in den Batterien der Cernirungs=Linie etablirten 12=
und 24=Pfünder nebst den dazu gehörigen Festungs=Artillerie=Com=

---

*) Einige der Offiziere, wahrscheinlich wohl der Garnison der Festung Metz
angehörig, wurden übrigens von ihrer Familie begleitet, die natürlich wie=
der männliche und weibliche Bedienung mitnahm. Auf diese Weise entfal=
tete sich in dem Bahnhofs=Gebäude das bunteste Bild, das sich unter solchen
Verhältnissen denken läßt. Der Perron füllte sich mit Geräthschaften aller
Art und förmlichen Ameublements. Selbst Vogelbauer mit Papageien ꝛc.
kamen dabei zum Vorschein. Da es sich indessen mit den Interessen des
Eisenbahn=Betriebs vereinigen ließ, namentlich an Güterwagen in Metz
eine völlig hinreichende Zahl erbeutet war, so wurden seitens der Eisenbahn=
Behörden dem Transport dieser Gegenstände keine Schwierigkeiten in den
Weg gelegt, — eine Rücksicht, die dem überwundenen Feinde gegenüber
wohl genommen werden durfte.

pagnien wurden dem General von Zastrow, behufs Verwendung bei der Belagerung von Thionville, zur Verfügung gestellt.

3) Die noch im Gebrauch befindlichen Chassepotgewehre und Wallbüchsen sollten an die Commandantur von Metz, Röhrenbrunnen, wollene Decken, sowie alles Uebrige in der Cernirungs-Linie verwendete Material, dessen Mitnahme unmöglich war, an die nächste Eisenbahnstation abgeliefert werden. Die Weiterführung des Materials nach den heimischen Depots fiel dann der General-Etappen-Inspection zu.

4) Die Obfervatorien wurden aufgehoben.

General-Lieutenant von Löwenfeld, bisher Infpecteur der Reserve-Corps bei Berlin und Glogau, war durch eine am 30. in Corny eingehende Allerhöchste Cabinets-Ordre zum Gouverneur von Metz ernannt worden und die Beziehungen der II. Armee zu dieser Festung löften sich nunmehr gänzlich.

Am 30. ging ferner über Pont-à-Mouffon von der Etappe Clermont die telegraphische Meldung ein, daß bei Beauzée an der Etappenstraße zwischen St. Mihiel und Clermont ein Bauernaufstand ausgebrochen, Brücken gesprengt und die Telegraphen-Leitung zerftört seien, sowie, daß Poft und Colonnen zwischen St. Mihiel und Clermont nicht mehr verkehren könnten.

Seine Königliche Hoheit der Feldmarschall ertheilte daher nun am 30. für den ferneren Abmarsch der II. Armee von Metz folgende Befehle:

1) „Das 9. Armee-Corps hat morgen (den 31.) den Vormarsch bis St. Mihiel (Hauptquartier) fortzusetzen und überschreitet mit Theilen die Maas. Die Dislocirung auf dem linken Ufer bleibt dem Armee-Corps überlassen."

„Rechts der Maas bildet die Straße St. Maurice-Deuxnouds aux Bois-Lamorville-Maizey die Grenze zwischen dem 9. Armee-Corps und der 1. Cavallerie-Division (Hartmann)."

„Das 9. Armee-Corps hat indeffen als Bedeckung der Cavallerie die dieser zugewiesenen Orte Deuxnouds, Dompierre aux Bois, Rouvrois, Lacroix und Seuzey mit Infanterie (etwa je eine Compagnie) zu belegen."

„Die Ausdehnung in südlicher Richtung bleibt dem Corps überlassen; die Queue muß bis zur Straße St. Maurice-Vigneulles-Heudicourt aufschließen."

„Nach Meldung der Etappe Clermont en Argonne ift bei

Beauzée an der Etappenstraße zwischen St. Mihiel und Clermont ein Bauernaufstand ausgebrochen, durch welchen die Verbindung auf dieser Etappenstraße unterbrochen worden ist."

Das 9. Armee=Corps entsendet daher am 1. November ein Truppen=Detachemennt nach Beauzée, welches dort mit allen Mitteln des Krieges die Ordnung nachhaltig wieder herzustellen hat."

„Die übrigen Truppen des 9. Armee=Corps haben am 1. November Ruhe."

„Am 2. November hat das 9. Armee=Corps mit den Têten Pierrefitte=Villotte devant St. Mihiel, mit der Queue St. Mihiel zu erreichen, Hauptquartier Rupt devant St. Mihiel."

„Am 3. November erreicht das Corps Bar le Duc (Hauptquartier) und Gegend. Die auf Beauzée zu detachirende Truppen=Abtheilung ist, nachdem dort die Ordnung hergestellt, nach Bar le Duc zum Corps heranzuziehen."

2) „Das 3. Armee=Corps, welches in Gemäßheit gestrigen Befehls heute 10,000 Kriegsgefangene an das Lager bei Labonchamps abführt und den Rest der Gefangenen — 12,192 Mann morgen dorthin zu überweisen hat, tritt morgen am 31. October den Vormarsch zunächst bis an die Maas an."

„Am 31. October haben die Têten des Corps Rembercourt sur Mad und Vandières zu erreichen, die Queue bis Gravelotte=Ars heranzuziehen, Haupt=Quartier Novéant.

„Am 1. November marschirt das Corps mit den Têten bis Richecourt=Flirey, mit der Queue Rembercourt sur Mad=Vandières und kann Pont à Mousson an diesem Tage vom Corps belegt werden. Hauptquartier Thiaucourt."

„Am 2. November hat das Corps Commercy zu erreichen und dort sein Hauptquartier zu nehmen. Die weitere Dislocirung ist dem Corps anheimgestellt, mit der Maßgabe, daß die Queue bis zur Linie Essey=Flirey heranzuziehen ist."

„Am 3. November hält das Corps Ruhe."

„Der weitere Vormarsch wird wahrscheinlich auf Ligny befohlen werden."

3) „Die 1. Cavallerie=Division setzt morgen, den 31. October, den Vormarsch bis zur Maas fort und nimmt auf dem rechten Ufer dieses Flusses unterhalb St. Mihiel Marsch=Quartiere. Es stehen ihr, im Anschluß an das 9. Armee=Corps

die Ortschaften Spada, Lamorville, Deurnoubs aux Bois, Rou=
vrois, Lacroix sur Meuse, Seuzey, Dompierre zur Verfügung,
Stabsquartier Lacroix."

„Am 1. November hat die Division Ruhe."

„Am 2. und 3. November marschirt die Division in der
Direction Bar le Duc weiter vor und wird am 3. November
nordwestlich dieses Orts bislocirt werden." -

Mit Rücksicht auf die aus der Gegend von Beauzée gekom=
menen Nachrichten über dort angeblich ausgebrochene Unruhen
wurde noch bestimmt, daß am 2. und 3. November das 9. Armee=
Corps die Dislocirung der 1. Cavallerie=Division nach Lage jener
Verhältnisse und wenn nöthig, unter gemischter Belegung der Ort=
schaften durch Infanterie und Cavallerie regeln sollte.

Diese Anordnungen schlossen die möglichst größte Beschleuni=
gung des Abmarsches in sich.

Um dem 3. Armee=Corps die Ausführung des ihm gewordenen
Befehls möglich zu machen, mußte am 30. die Commandantur von
Metz ersucht werden, am 31. in der Frühe die vom 3. Armee=
Corps gestellte Besatzung des Forts Plappeville ablösen zu lassen.

Gebunden waren bis dahin noch das 2. und 10. Armee=Corps.
Diese Corps erhielten erst am 31. October ihre Marsch=Befehle.
Dieselben enthielten Folgendes:

1) „Das 2. Armee=Corps soll morgen, am 1. November,
den Vormarsch auf Commercy beginnen und zwar morgen auf dem
linken Moselufer die Têtes bis Waville=Pagny vorschieben. Die
Belegung von Quartieren auf dem rechten Moselufer ist morgen
noch zulässig.*) Das Hauptquartier des 2. Corps bleibt morgen
in Jouy."

„Am 2. November räumt das 2. Armee=Corps das rechte
Moselufer. Die Têtes sind an diesem Tage bis Euvezin=Limey
vorzuschieben, die Queue bis einschließlich Bayonville=Prény=Villers
sous Prény, das Hauptquartier ist in Thiaucourt zu nehmen."

„Am 3. November hat das Armee=Corps Ruhe."

2) „Das 10. Armee=Corps, welches am 30., 31. October
und 1. November je 10,000 Kriegs=Gefangene an das Lager von
Noisseville abführt, hat den Rest — etwa 15,200 Mann — am

---

*) Um Collisionen zu vermeiden, sollte das Corps erst um 9 Uhr Vormittags
die Mosel überschreiten, das 3. Armee=Corps bis dahin abmarschirt sein.

2. November dem Lager von Noisseville zu überweisen, gleichzeitig hiermit die eintägige Verpflegung für diejenige Anzahl (5200 Mann), auf welche seitens des 1. Armee-Corps nicht gerechnet ist."

„Am 2. November tritt das 10. Armee-Corps den Vormarsch auf Toul an und zwar haben an diesem Tage die Têten des Corps Arnaville (auf linkem Ufer), Marieulles-Sillegny (auf rechtem Ufer der Mosel), die Queue Ars (auf linkem Ufer) Augny-Marly (auf rechtem Ufer) zu erreichen. Das Hauptquartier ist in Jouy aux Arches zu nehmen."

Auf diese Weise wurde auch der Abmarsch des 10. Corps, soweit es in der Möglichkeit stand, gefördert.*) Freilich ließ sich am 2. November noch nicht das ganze 10. Armee-Corps in Bewegung setzen.

Es hatte nämlich inzwischen auch die I. Armee Befehl zur Beschleunigung ihres Abmarsches erhalten**) und General von Manteuffel wollte dem entsprechend die 1. Infanterie-Division auch bereits am 2. November antreten lassen. Auf seinen mündlichen Antrag mußte darum das 10. Armee-Corps Weisung erhalten, eine gemischte Brigade für die Zwecke der Gefangenen-Bewachung dem 1. Armee-Corps zu überweisen.

Diese Brigade sollte die am 2. November dem 1. Armee-Corps zu überliefernden 15,200 französischen Mannschaften nach Ste. Barbe escortiren und dort zur Disposition des 1. Corps verbleiben, bis die Kriegsgefangenen fortgeschafft waren.

Erst dann vermochte sie dem Abmarsche der II. Armee zu folgen.

General von Voigts-Rhetz bestimmte zum Zurückbleiben die 40. Infanterie-Brigade (von Diringshofen) nebst 1 Batterie, 1 Escadron und setzte sich dann dem Befehle gemäß mit dem gesammten Reste seines Corps am 2. November in Bewegung.

Am 2. November hatte somit bis auf einen kleinen Theil die II. Armee die weiteren Operationen nach Frankreich hinein

---

*) Beim 10. Armee-Corps befand sich noch seit dem 19. August die Königlich Sächsische Ponton-Colonne, deren Material in der Brücke von Hauconcourt eingebaut war. Schon am 22. October hatte das Königliche Sächsische Corps durch Vermittelung des großen Hauptquartiers die Rückgabe des Trains nachgesucht, die sich damals aber nicht bewerkstelligen ließ. Jetzt sollte dieser Train mit der I. Armee seinen Marsch nach Westen antreten, um wieder zum Corps-Verbande zurückzukehren.

**) Siehe Anmerkung auf Seite 432.

begonnen. Die befohlenen Märsche vollzogen sich ohne jede Stö=
rung, selbst die angeblich aufrührerischen Landstriche von Beauzée
zeigten sich beim Eintreffen des dorthin entsendeten Detachements
völlig ruhig, die Municipal=Behörden entgegenkommend und Ge=
waltmaßregeln völlig überflüssig.

Das Detachement konnte sich am 4. November dem 9. Corps
in der Gegend von Bar le Duc wieder anschließen.

Die II. Armee fuhr so ungehemmt fort in der Ausführung
des ihr gewordenen Auftrages „schleunig in der allgemeinen Rich=
tung über Troyes an die mittlere Loire abzurücken."

In der Nacht vom 1. auf den 2. November war nun aus
dem großen Hauptquartier beim Ober=Commando der II. Armee
folgendes Telegramm eingetroffen:

„Von disponiblem Transport der 4. Infanterie=Division ha=
ben die beiden Munitions=Colonnen auszufallen. Dagegen befeh=
len Seine Majestät anzuschließen den Transport der 3. Division,
exclusive 3 Bataillone und exclusive noch 3 Escadrons zur Be=
deckung der in der Richtung über Sézanne per Fußmarsch zu diri=
girenden Corps Artillerie und aller Trains. Nur die allernöthig=
sten Verpflegungs= und Sanitäts=Anstalten per Bahn mitnehmen.
Vereinbarung mit von hier angewiesener Linien=Commission Nancy."

(gez.) von Moltke.

Das 2. Armee=Corps erhielt dem entsprechend am 2. Novem=
ber die abändernden Befehle, machte in dem ihm für diesen Tag
zugewiesenen Rayon (Hauptquartier in Thiaucourt) mit den zu
embarkirenden Truppen Halt und begann am 3. November zu
Pont à Mousson die Einschiffung nach Nanteuil. Auf dem Land=
wege über Sézanne marschirten:

   3 Bataillone,

   6 Escadrons,

   die ganze Corps=Artillerie,

   7 Munitions=Colonnen,

   1 Pionier=Compagnie mit dem leichten Feldbrückentrain,
die Ponton=Colonne, sowie der Rest der übrigen Colonnen und
die Trains, soweit sie nicht per Bahn befördert wurden.

Diese Truppen setzten am 4. den Marsch fort und dirigirten
sich auf der Straße über Bar le Duc und Fère Champenoise auf
Sézanne, woselbst sie am 13. November eintreffen sollten.

Somit war nun das ganze 2. Armee=Corps aus dem Ver=

bande der II. Armee geschieden. Bei den weiteren Operationen verfügte diese also nur noch über das 3., 9., 10. Armee-Corps und die 1. Cavallerie-Division.

Die letzten Tage vor Metz hatten zwar große freudige Ereignisse, aber ebenso große Anstrengungen für die Armee mit sich geführt. Das Auseinanderwirren der 400,000 Mann der beiden sich bis dahin gegenüberstehenden Armeen, welche der Tag der Capitulation durcheinander geworfen hatte; die Versorgung und Verpflegung so großer Massen, der dabei gleichzeitig beginnende concentrische Vormarsch der Armee-Corps, dies allgemeine Durcheinanderschieben von großen Marsch-Colonnen mußten den Truppen Strapazen und Entbehrungen bringen. Sie hatten viel unter Waffen gestanden, starken Wachdienst gethan, schwierige Märsche ausgeführt und waren vorher, während der Epoche der Entscheidung, stets im Bereitschafts-Zustande gewesen.

Dabei dauerten Sturm und kaltes Wetter fort. Die Baracken, an welchen begreiflicher Weise in dieser Zeit keine Verbesserungen mehr vorgenommen worden waren, gingen völliger Auflösung entgegen.

In den Lagergassen stand das Wasser zollhoch, der Boden und namentlich alle nicht chaussirten Wege waren grundlos.

Die Kranken-Rapporte hatten schon für die 2. Dekade des Monats October 18 $\frac{ }{ }$ der Kopfstärke ergeben. Im Ganzen hatte um diese Zeit die gesammte Armee vor Metz 58,994 Mann im Lazareth, darunter noch 19,379 Verwundete. Diese Zahlen hatten sich in der letzten Dekade des October nur noch erheblich vergrößert. Der Gesundheits-Zustand in der Armee hätte jetzt bei längerem Verbleiben vor Metz ernstere Besorgnisse erregen können.

Dauerte die Ungunst der Witterung daher auch fort, so wendeten die Truppen doch in bester Stimmung, sich wie von einem schweren Druck erlöst fühlend, Metz den Rücken.

Seit 70 Tagen betraten sie zum ersten Male wieder frische Quartiere, die noch nicht durch Gefechte und andauernde Ueberfüllung devastirt waren. Die Corps konnten sich in behaglicher Breite ausdehnen, Alles kam unter Dach und Fach und der aufreißende Vorpostendienst nahm ein Ende.

Dem Auge aber boten sich neue Landschaften dar; der Anblick der Schlachtfelder mit ihren Brandstätten und dem vegetationslosen, zertretenen Boden verschwand.

Man athmete auf und sah frohen Herzens den weiteren Ereignissen entgegen.

Von der Bedeutung der Neubewaffnungen in Frankreich, von
den Schwierigkeiten, welche noch zu überwinden waren, konnte
man unmöglich jetzt schon eine richtige Vorstellung haben.

Scheinbar lag Mittel- und Süd-Frankreich völlig offen vor
den Marschkolonnen der siegreichen II. Armee, und im Herzen
Frankreichs glaubte man die Winterquartiere beziehen zu können.

Zum Schluß finde hier der Armee-Befehl seinen Platz, welchen Seine Majestät der König unter dem 28. October aus Versailles an die im Felde stehenden Deutschen Heere richtete.

Dieser Armee-Befehl ging dem Ober-Commando in Corny
am 31. October früh zu und wurde an demselben Tage den vor
Metz stehenden Truppen bekannt gemacht. Er lautete:

„Soldaten der verbündeten deutschen Armeen!"

„Als wir vor drei Monaten in's Feld rückten gegen einen
Feind, der uns zum Kampf herausgefordert hatte, sprach Ich Euch
die Zuversicht aus, daß Gott mit unserer gerechten Sache sein
würde. Diese Zuversicht hat sich erfüllt. Seit dem Tage von
Weißenburg, wo Ihr zum ersten Male dem Feinde entgegentratet,
bis heute, wo ich die Meldung der Kapitulation von Metz erhalte,
sind zahlreiche Namen von Schlachten und Gefechten in die Kriegsgeschichte unvergänglich eingetragen worden. Ich erinnere an die
Tage von Wörth und Saarbrücken, an die blutigen Schlachten
von Metz, an die Kämpfe bei Sédan, Beaumont, bei Straßburg
und Paris 2c., jeder ist für uns ein Sieg gewesen. Wir dürfen
mit dem stolzen Bewußtsein auf diese Zeit zurückblicken, daß noch
nie ein ruhmreicherer Krieg geführt worden ist und Ich spreche
es Euch gern aus, daß Ihr Eures Ruhmes würdig seid. Ihr
habt alle die Tugenden bewährt, die den Soldaten besonders zieren: den höchsten Muth im Gefecht, Gehorsam, Ausdauer, Selbst-
verläugnung bei Krankheit und Entbehrung."

„Mit der Kapitulation von Metz ist nunmehr die letzte der
feindlichen Armeen, welche uns beim Beginn des Feldzuges entgegen traten, vernichtet worden. Diesen Augenblick benützte Ich,
um Euch Allen und jedem Einzelnen vom General bis zum Soldaten, Meinen Dank und Meine Anerkennung auszusprechen. Ich
wünsche Euch Alle auszuzeichnen und zu ehren, indem Ich heute
Meinen Sohn, den Kronprinzen von Preußen, und den General

der Cavallerie, Prinzen Friedrich Carl von Preußen, die in dieser Zeit Euch wiederholt zum Siege geführt haben, zu General-Feldmarschällen befördere. Was auch die Zukunft bringen möge — Ich sehe dem ruhig entgegen; denn Ich weiß, daß mit solchen Truppen der Sieg nicht fehlen kann, und daß wir unsere bis hierher so ruhmreich geführte Sache auch ebenso zu Ende führen werden."

H.-Q. Versailles, den 28. Oktober 1870.

gez. Wilhelm.

Anhang I.

Protokoll
der Verhandlungen über die Capitulation von Metz
am 27. Oktober 1870.

Zwischen den Unterzeichneten, dem Chef des Generalstabes der preußischen Armee vor Metz und dem Chef des Generalstabes der französischen Armee in Metz, alle beide mit Vollmacht versehen von: Seiner Königlichen Hoheit dem General der Cavallerie Prinzen Friedrich Carl von Preußen und von Seiner Excellenz dem Oberbefehlshaber Marschall Bazaine ist nachstehende Uebereinkunft abgeschlossen:

Erster Artikel.
Die unter dem Befehl des Marschalls Bazaine stehende französische Armee ist kriegsgefangen.

Zweiter Artikel.
Die Festung und die Stadt Metz mit allen Forts, dem Kriegsmaterial, den Vorräthen aller Art und allem Staatseigenthum wird der preußischen Armee in dem Zustande übergeben, in welchem es sich im Augenblick der Unterzeichnung dieser Uebereinkunft befindet. Die Forts St. Quentin, Plappeville, St. Julien, Quelen und St. Privat, sowie das Thor Mazelle (Straße nach Straßburg) werden am Sonnabend den 29. October Mittags den preußischen Truppen übergeben. Um 10 Uhr Morgens desselben Tages werden Artillerie- und Ingenieur-Offiziere mit einigen Unteroffizieren in die genannten Forts hineingelassen, um die Pulvermagazine in Besitz zu nehmen und etwaige Minen unschädlich zu machen.

Dritter Artikel.
Die Waffen, sowie das ganze Kriegsmaterial der Armee, bestehend in Fahnen, Adlern, Kanonen, Mitrailleusen, Pferden,

Kriegskassen, Militär=Fahrzeugen, Munition u. s. w. wird in Metz und in den Forts an eine von Herrn Marschall Bazaine eingesetzte Militär=Kommission überliefert, um unmittelbar danach an preußische Kommissaire übergeben zu werden.

Die unbewaffneten Truppen werden regimenter= oder korps= weise rangirt und in militärischer Ordnung an die Plätze geführt, welche für jedes Corps bezeichnet werden.

Die Offiziere kehren dann allein unter der Bedingung in das Innere des verschanzten Lagers oder nach Metz zurück, daß die= selben hierdurch auf ihr Ehrenwort verpflichtet sind, Metz nicht ohne Befehl des preußischen Commandanten zu verlassen.

Die Truppen werden dann durch ihre Unteroffiziere auf die Bivouaksplätze geführt.

Die Soldaten behalten ihre Tornister, Effekten und Lager= gegenstände (Zelte, Decken, Kochgeräthschaften u. s. w.)

Vierter Artikel.

Alle Generale und Offiziere, sowie die Militär=Beamten mit Offiziersrang, welche schriftlich ihr Ehrenwort abgeben, bis zum Schluß des gegenwärtigen Krieges nicht gegen Deutschland zu kämpfen und auch auf keine andere Weise gegen seine Interessen zu handeln, werden nicht kriegsgefangen.

Die Offiziere und Beamten, welche diese Bedingung an= nehmen, behalten ihre Waffen und ihr persönliches Eigenthum.

Um den Muth anzuerkennen, den die Armee, wie die Garni= son während der Dauer des Feldzuges gezeigt haben, wird außer= dem denjenigen Offizieren, welche die Kriegsgefangenschaft wählen, erlaubt, ihre Degen oder Säbel mit sich zu nehmen, sowie all' ihr persönliches Eigenthum.

Fünfter Artikel.

Sämmtliche Militär=Aerzte bleiben in Metz zurück, um für die Verwundeten zu sorgen, sie werden gemäß der Genfer Konvention behandelt werden. Dasselbe findet statt mit dem Personal der Hospitäler.

Sechster Artikel.

Erörterungen über einzelne Punkte hauptsächlich in Betreff der städtischen Interessen sind in einer hier angeschlossenen Beilage behandelt, welche dieselbe Gültigkeit hat, wie das gegenwärtige Protokoll.

Siebenter Artikel.

Jeder Artikel, welcher Zweifel herbeiführen könnte, wird stets zu Gunsten der französischen Armee ausgelegt werden.

Verhandelt im Schloß Frescaty, den 27. October 1870.

gez. v. Stiehle.   gez. Jarras.

Beilage.

Art. 1.

Die der Armee oder der Festung angehörenden höheren und niederen Civil-Beamten, welche sich in Metz befinden, können abziehen, wohin sie wollen, und Alles mit sich nehmen, was ihnen gehört.

Art. 2.

Niemand, er gehöre der Nationalgarde an, oder sei Einwohner der Stadt, oder in dieselbe geflüchtet, soll wegen politischer oder religiöser Ansichten, wegen etwaiger Betheiligung an der Vertheidigung, oder wegen Hülfsleistungen, die er der Armee oder der Garnison geleistet, belästigt werden.

Art. 3.

Die in der Stadt verbliebenen Kranken und Verwundeten sollen jede Pflege erhalten, die ihr Zustand erheischt.

Art. 4.

Die Familien, welche Seitens der Garnison in Metz zurückgelassen werden, sollen nicht belästigt werden und können, wie die Civilbeamten, gleichfalls frei abziehen, mit Allem, was ihnen gehört.

Die Mobilien und Effekten, welche die Mitglieder der Garnison in Metz zu lassen genöthigt sind, sollen weder geplündert, noch konfiszirt werden, sondern deren Eigenthum verbleiben. Es soll denselben freistehen, diese Sachen innerhalb eines Zeitraums von sechs Monaten, vom Friedensschluß oder ihrer Entlassung aus der Gefangenschaft an abholen zu lassen.

Art. 5.

Der Oberbefehlshaber der preußischen Armee übernimmt die Verpflichtung, jede Schädigung der Einwohner an ihren Personen oder Gütern zu verhindern.

Es wird in gleicher Weise das Vermögen des Departements, der Gemeinden, Handels- oder anderer Gesellschaften, der Civil- oder geistlichen Körperschaften, der Armenhäuser oder Wohlthätig- keits-Anstalten unangetastet bleiben.

Es soll in keiner Weise in die Rechte eingegriffen werden, welche am Tage der Kapitulation nach den gültigen französischen Gesetzen die Körperschaften oder Gesellschaften, ebenso wie Privat- personen gegenseitig auszuüben haben.

Art. 6.

Es wird zu dem Ende im Speziellen festgestellt, daß alle Lokalverwaltungen, sowie die vorerwähnten Gesellschaften oder Körperschaften diejenigen Archive, Bücher, Papiere, Sammlungen und Dokumente aller Art behalten sollen, die sich in ihrem Besitze befinden.

Auch die Notare, Advokaten und anderen richterlichen Beam- ten sollen ihre Archive und ihre Urkunden oder Depositen behalten.

Art. 7.

Die dem Staate gehörenden Archive, Bücher und Papiere sollen im Allgemeinen in der Festung bleiben, und es sollen beim Friedensschlusse alle diejenigen dieser Documente, welche die an Frankreich zurückfallenden Landestheile betreffen, Frankreich zurück- gegeben werden.

Die reglementsmäßigen ausstehenden Beträge, welche zur Berichtigung der Rechnungen nothwendig sind, oder zu Rechts- streitigkeiten, zu Rückforderungen Seitens dritter Personen Anlaß geben können, sollen in den Händen derjenigen Beamten oder Agenten bleiben, welchen sie gegenwärtig anvertraut sind, die Be- stimmungen des vorstehenden Paragraphen erhalten hierdurch eine Ausnahme.

Art. 8.

In Betreff des Ausmarsches der französischen Truppen aus ihren Bivouaks, wie Artikel 3 des Protokolls ihn festsetzt, wird in folgender Weise verfahren werden:

Die Offiziere werden ihre Truppen auf die Punkte und in den Richtungen führen, die nachfolgend angegeben sind.

Dort angekommen, werden sie dem preußischen Truppen-Kom- mandeur den Stand der Truppen, die sie führen, übergeben, wo- nach sie das Kommando an die Unteroffiziere abgeben und sich zurückziehen.

Das 6. Korps und die Cavallerie-Division Forton verfolgen die Straße von Thionville bis Labonchamps.

Das 4. Korps zwischen den Forts St. Quentin und Plappeville auf der Straße nach Amanvillers ausrückend, wird bis zu den preußischen Linien geführt.

Die Garde, die allgemeine Artillerie-Reserve, die Genie-Kompagnie und der Equipage-Train des großen Hauptquartiers nehmen, auf dem Eisenbahndamm passirend, die Straße nach Nancy bis Tournebride.

Das 2. Korps mit der Division Laveaucoupet und der Brigade Lapaffet, die dazu gehören, rückt auf der Straße nach Magny-sur-Seille aus und hält bei der Meierei St. Thièbault.

Die Mobilgarde von Metz und alle anderen Truppen der Garnison, außer der Division Laveaucoupet, rücken auf der Straße nach Straßbourg bis Grigy.

Endlich rückt das 3. Korps auf der Straße nach Sarrebrück bis zur Meierei Belle-croix.

Verhandelt im Schloß Frescaty, den 27. October 1870.

gez. v. Stiehle.   gez. Jarras.

Anhang II.

Die nachstehend angeführten französischen Befehle, Verord=
nungen, sowie Notizen aller Art, sind den während der Cernirung
von Metz in dieser Stadt erscheinenden Zeitungen entnommen.
Wie es in der Darstellung der Einschließung erwähnt wor=
den ist, gerieth eine Anzahl dieser Blätter bereits vor der Kapitulation in die Hände des Ober=Commando's der Armee vor Metz
und die darin enthaltenen Nachrichten gaben einen werthvollen
Beitrag zur Beurtheilung der bei den Belagerten herrschenden
Zustände. Nach dem Falle der Festung setzte sich das Ober=Com=
mando durch Vermittelung der Commandantur in den Besitz eines
Exemplars des Indépendant de la Moselle*) und eines Exem=
plars des erst zur Zeit der Einschließung entstandenen „Journal
de Metz".**)
Sind auch viele der hier zusammengestellten Auszüge nicht
militärischer Natur, so werfen dieselben doch characteristische Schlag=
lichter auf die gerade herrschenden Zustände, Auffassungen und
Stimmungen. Sie dürften deshalb für eingehenderes Studium
der Geschichte der Cernirung von Metz nicht ohne Interesse sein.
Man kann ihnen hier, wo die Armee dauernd in der engsten
Verbindung mit der Stadt und ihrer Bevölkerung blieb, auch wohl
eine größere Bedeutung zumessen, als sonst den von Journalen
über kriegerische Ereignisse gebrachten Mittheilungen.
Uebergangen sind absichtlich die zahlreichen Angaben aus den
großen Schlachten, da dieselben seitdem auch von französischer
Seite genugsam authentisch und ausführlich dargestellt worden
sind. Die Abhandlungen über die kleineren Engagements, die in
dem Rahmen jener Werke keinen oder nur geringen Platz gefun=
den haben, sind hingegen, soweit sie nicht der Text dieses Buches
als Anmerkungen gebracht, hier aufgenommen worden. Sie geben

---

*) Es fehlen darin einige Nummern aus dem Monat August.
**) Die Nummer 1 dieses Blattes erschien am 25. August.

manche intereſſante Einzelheit und, wenngleich ſie meiſt für die
franzöſiſchen Truppen in allzu günſtigen Farben geſchildert auch
vielfach mit irrthümlichen Angaben verſetzt ſind, doch ein lebendi=
ges Bild der Gefechte, von der gegneriſchen Seite her geſehen. Die
erfundenen Kriegsnachrichten, wie die über eine große ſiegreiche
Schlacht bei Etampes haben ohne Zweifel gleichfalls eine große
Rolle unter den die allgemeine Stimmung in Metz beherrſchen=
den Einflüſſen geſpielt.

22. Auguſt.*)

Ordre Général.

Officiers, sous-officiers et soldats de l'armée du Rhin,
vous venez de livrer trois combats glorieux dans lesquels
l'ennemi a éprouvé des pertes sensibles et a laissé entre nos
mains un étendard, des canons et 700 prisonniers.

La patrie applaudit à vos succès.

L'Empereur me délègue pour vous féliciter et vous assurer de sa gratitude. Il récompensera ceux qui ont eu le
bonheur de se distinguer parmi vous.

La lutte ne fait que commencer; elle sera longue et
acharnée, car quel est celui de nous qui ne donnerait la
dernière goutte de son sang pour délivrer le sol natal?

Que chacun de nous, s'inspirant de l'amour de notre
chère patrie, redouble de courage dans les combats, de résignation dans les fatigues et dans les privations.

Soldats,
N'oubliez jamais la devise inscrite sur vos aigles: Valeur et
discipline, et la victoire est assurée, car la France entière
se lève derrière vous.

Au grand quartier général du Ban-St. Martin,
le 20 août 1870.

Le maréchal de France, commandant en chef,
signé: B a z a i n e.

Pour ampliation: Le général de division, chef d'état-major

général, L. J a r r a s.

*) Das in der Ueberſchrift angegebene Datum iſt der Tag der Publikation
in den betreffenden Zeitungen. Die publicirten Erlaſſe ſelbſt tragen öf=
ters ein früheres Datum.

Ordre Général.

La maraude a pris une telle extension dans l'armée qu'il est urgent, pour son honneur, d'y mettre un terme en la réprimant énergiquement.

Le maréchal commandant en chef décide, en conséquence, que tout maraudeur surpris en flagrant délit, sera condamné à six mois de travaux dans une forteresse, sur la simple déclaration des agents de la force publique, et il entend qu'on assimile les traînards à cette catégorie de malfaiteurs.

M. le général grand-prévôt, ainsi que les prévôts du corps d'armée, prendront des mesures pour faire arrêter les délinquants, et rendront les agents de la force dont ils disposent, responsables des faits de maraude qui pourraient se produire à l'avenir sous leurs yeux.

Au grand quartier général du Ban-St. Martin,
le 20 août 1870.

Le maréchal de France, commandant en chef, Bazaine.

Pour ampliation: Le général de division, chef d'état-major général, L. Jarras.

———

Correspondance du quartier général, 20 août cinp heures du soir.

. . . .

Il est malheureusement vrai qu'avant hier certains régiments n'avaient pas encore reçu de munitions en quantité suffisante, et que sur plusieurs points on a eu à déplorer des paniques momentanées qui ont compromis l'issue de la journée et dont le contre-coup est venu jusqu'à nous pour semer un instant dans la ville des germes de défaillance bientôt étouffés; mais ce ne sont là que des accidents passagers, et on peut dire que l'ensemble du plan de l'ennemi pour la journée du 18 n'a pas réussi. Le corps du général Ladmirault, qui s'est battu de onze heures du matin à six heures du soir, en conservant ses positions, a pris deux canons, et son feu a fait horriblement souffrir les masses ennemies qui lui étaient opposées.

. . . .

En tenant autour de Metz, l'armée du maréchal Bazaine fait face à des nécessités stratégiques et politiques dont le bon sens public sera le meilleur juge. Nous complétons notre défense en quelque sorte sous le feu de l'ennemi. (L'Indépendant de la Moselle).

---

24. Auguſt.

Ville de Metz.

Le Maire fait connaître que par ordre de M. le Général de division commandant supérieur de la place, les cafés, cabarets, débits de vin et autres établissements du même genre, seront fermés à neuf heures du soir, à partir d'aujourd'hui, lundi 22 août.

Metz, le 22 août 1870.   Le Maire
Félix Maréchal.

Garde nationale sédentaire. — Artillerie.

Le colonel commandant supérieur des gardes nationales de Metz informe les habitants que l'artillerie de la garde nationale sédentaire de Metz va être immédiatement réorganisée. Deux cents gardes nationaux anciens artilleurs se sont déjà fait inscrire. On peut se présenter de même à l'hôtel de ville, au bureau de l'état-major de la garde nationale. Demain, à quatre heures, la liste d'inscription sera close et l'artillerie de la garde nationale sédentaire de Metz entrera de suite en fonction sur les remparts.

Metz, le 22 août 1870.   Le Colonel,
Laffite.

Garde nationale sédentaire.

Le colonel commandant des gardes nationales de Metz croit devoir porter à la connaissance des habitants que, conformément à la loi du 12 août 1870 (art. 2) et à la loi du 13 juin 1851 (articles 7 et 15).

Tout Français, âgé de vingt ans, est tenu au service de la garde nationale jusques et y compris l'âge de cinquante-cinq ans.

Peuvent être appelés à faire partie du service de la garde nationale, les étrangers admis à la jouissance des droits civils.

Metz, le 23 août 1870.   Le Colonel,
Laffite.

25. August.

M. Ad. Lang, capitaine des francs-tireurs de Frouard, reçoit des engagements pour sa compagnie, rue Nexirue, 14.

M. du C.
(Le Journal de Metz.)

---

27. August.

La ville de Metz contient pour 200,000 hommes de vivres pendant 60 jours.

(L'Indépendant de la Moselle.)

Appel des anciens militaires.

Le Général de division commandant supérieur de la place de Metz, prévient tous les anciens militaires de 25 à 35 ans, non mariés ou veufs sans enfants, appelés sous les drapeaux en vertu de l'article 2 de la loi du 10 août 1870, et qui ne se sont pas encore présentés dans les bureaux du commandant de recrutement, qu'ils devront le faire sans retard.

Ceux qui n'auront pas répondu à cet appel au 29. août courant, dernier délai de tolérance, seront poursuivis conformément aux lois militaires en vigueur.

Metz, le 25 août 1870.

Le Général de division,
commandant supérieur de la place de Metz,
Signé: L. Coffinières.

31. August.

Garde nationale sédentaire.

Rapport du 29 août 1870.

Tout garde national qui manquera de respect à son supérieur sera traduit devant un conseil de guerre et puni selon les lois militaires.

Le Colonel,
Laffite.

---

1. September.

Garde nationale sédentaire. — Artillerie.

En vertu des pouvoirs qui lui sont conférés, le Général de division, commandant supérieur de la place de Metz, a décidé que l'artillerie de la garde nationale de cette ville serait organisée en cinq batteries, correspondant à chacune des sections de la ville, sous le commandement supérieur du colonel Laffite, commandant la Garde nationale de Metz.

3. September.

Manière de combattre les Prussiens.

Les Prussiens commencent l'action en mettant très peu de forces en avant, mais ils placent de nombreuses batteries de gros calibre sur des positions bien choisies, ensuite ils forment en avant une ligne épaisse de tirailleurs qui font un feu des plus nourris.

Les tirailleurs surtout profitent très-habilement des bois, d'où ils cherchent à gagner le flanc de leur ennemi, puis quand les tirailleurs sont fortement engagés, les Prussiens poussent en avant des masses énormes qu'ils cherchent à abriter derrière les accidents du terrain.

Au combat de Freschwiller, il y a eu des feux de tirailleurs seulement, pas de feux de ligne.

Il est donc utile d'agir comme eux, c'est-à-dire d'employer beaucoup de tirailleurs, une artillerie nombreuse et de fortes réserves.

(Journal de Metz.)

4. September.

. M. Servier, directeur de la Cie. du Gaz, offre 500 francs à une personne qui se dévouera pour aller porter des nouvelles aux Français au delà des lignes prussiennes, de façon à être en communication avec Paris, et 500 francs pour les nouvelles rapportées.

S'adresser à M. Servier, hôtel de Metz, rue des Clercs.

(L'Indépendant de la Moselle.)

5. September.

Société internationale de Genève.

Un grand nombre de personnes s'attribuent à tort le droit de porter le brassard adopté par la convention internationale de Genève. Cet abus permet de pénétrer dans nos lignes et dans nos murs, et d'y pratiquer l'espionnage. Il importe d'y mettre promptement un terme. Il sera fait immédiatement, en conséquence, un recensement exact de toutes les personnes étrangères à l'armée qui ont réellement le droit de porter le brassard. A cet effet, chacune d'elles devra se présenter aux bureaux de l'état-major de la 5e division militaire, où, sur le vu de pièces régulières, il leur sera délivré un permis de séjour signé du Général commandant supérieur à Metz.

Vingt-quatre heures après la publication de cet ordre, toute personne portant le brassard sans autorisation sera l'objet d'un procès-verbal constatant la contravention, et au besoin même sera arrêtée pour être déférée à la justice. La police et la gendarmerie étant chargées de l'exécution de cet ordre, les permis de séjour devront être présentés à leurs agents à la première réquisition. Les membres autorisés de la Société internationale de Genève devront, en conséquence, être toujours porteurs de ces permis.

Le général commandant supérieur la place de Metz,

Coffinières.

---

6. September.

Ordre.

Le journal „Le Moniteur de la Moselle", dans son numéro 105 du 2 septembre 1870, a publié un article intitulé: Chronique Messine, dans lequel il donne, d'après des documents erronés, les effectifs des forces françaises, et même ceux de l'armée de Metz.

On ne peut tolérer qu'un journal publié dans une place assiégée donne la composition de la garnison.

Le Moniteur de la Moselle devrait être supprimé pour avoir commis une telle imprudence.

Cependant, le général commandant supérieur de Metz veut bien user d'indulgence, espérant que cet avertissement suffira pour rendre les journaux plus circonspects, et il se borne à ordonner que le Moniteur de la Moselle sera suspendu jusqu'au onze septembre exclusivement.

Le commandant supérieur décide en même temps, que tous les journaux de Metz qui ne publieront pas des annonces ne seront pas assujettis au timbre, pendant la durée du siége. Metz, le 2 septembre 1870.

Le général commandant supérieur de Metz,

Signé: L. Coffinières.

Pour copie conforme, Le Préfet de la Moselle, Paul Odent.

7. September.

Schluß eines Artikels aus dem Indépendant de la Moselle, betitelt: Point de nouvelles, bonnes nouvelles.

Cessons donc de nous interroger et gardons-nous de murmurer. Ne demandons plus où sont Mac-Mahon, Ducrot, Douai, de Failly ou Palikao, et ce qu'ils font. Si nous le savions au juste, peut-être serait-il plus patriotique et plus prudent de le taire que de le dire, car, en le publiant, nous risquerions de l'apprendre à des gens à qui ce doit être notre devoir et notre souci de le cacher. Mais nos généraux, soyez-en sûrs, ne sont pas inactifs. Ils rallient nos soldats, ils sont à la tête de nos armées, ils sont où ils doivent être, ils marchent où est péril; ils se donneront la main le jour où la France aura besoin qu'ils soient réunis, et nous la tendront, au moment où ils viendront demander à l'armée qui campe sous nos murs de joindre ses efforts aux leurs pour battre l'ennemi. Palikao a fait comme a fait Bouchotte, il frappe du pied cette terre qui paraissait épuisée, et il en fait sortir des armées qui la purgeront de la présence de celles qui l'ont envahie. En attendant, ayons confiance en Dieu et en nous-mêmes; il doit être pour nous, puisque nous avons pour nous la bonne cause, celle de l'indépendance et de la liberté, cette cause qui, dans les temps anciens et dans les temps nouveaux, eut pour elle le grand Condé, Turenne et Vauban, Jourdan, Custines, Hoche, Kléber et Moreau, tant qu'il fut fidèle, et qui a maintenant encore pour elle Bazaine, Mac-Mahon, Palikao, Trochu et Changarnier.

On a recommancé à vendre du tabac à fumer dans les bureaux de tabac; il est un peu plus gros que le tabac fin ancien, et plus fin que le gros ancien.

(L'Indépendant de la Moselle.)

8. September.

Par ordre du général Coffinières, à partir d'aujourd'hui, les portes de Metz seront de nouveau ouvertes de 5 heures du matin à 7 heures du soir. (L'Indépendant de la Moselle.)

Les nouvelles les plus contradictoires dont nous ne voulons pas nous faire l'écho ont circulé hier en ville. Nous engageons notre population à n'ajouter foi à aucun des bruits qui ont été propagés sur l'issue des combats, qui auraient été livrés dans le nord de la France et à attendre que les nouvelles officielles nous fassent connaître les résultats de ces rencontres.

Qu'on se rappelle la fausse nouvelle propagée par un chasseur, il y a 10 jours, et si facilement accueillie; n'acceptons pas à la légère les récits enfantés par l'imagination de prisonniers ramenés de très-loin en France et qui n'ont pu être témoins que de quelques engagements isolés.

(L'Indépendant de la Moselle.)

11. September.

Les 596 Prisonniers.

Je vous adressais hier quelques considérations au sujet des 600 prisonniers renvoyés dans nos murs par les Prussiens. Les récits exagérés de certains hommes, désolés d'avoir été faits captifs, trompés eux-mêmes par les mensonges des généraux ennemis, avaient vivement ému la population de Metz. Dans ces heures solennelles où le sol de la patrie est foulé aux pieds par les hordes de ces Allemands sauvages, un devoir sacré nous incombe, à nous qui avons l'honneur de tenir une plume française. Pour lutter avantageusement contre nos troupes, le fer ne suffit plus à nos adversaires, ils emploient la ruse et la fourberie. Démasquons ces procédés infâmes.

Les renseignements très-certains qu'on m'a fournis aujourd'hui, me permettent d'être plus affirmatif qu'hier dans mes appréciations sur les combats livrés par Mac-Mahon aux alentours de Sedan pendant les journées des 30, 31 août et 1 septembre.

Le 30, les Prussiens, fidèles à leur tactique constante, auraient cherché à écraser les divisions du général de Failly, campé sur la rive gauche de la Meuse. Malgré leurs efforts et la surprise causée par leur attaque imprévue, nos troupes purent opérer sans pertes sérieuses le passage du fleuve. Le 31, bataille formidable sur la rive droite, devant Givonne. Cette journée aurait été fatale à l'ennemi, au moins comme hommes tués, blessés ou faits prissonniers. Ils ont

avoué le chiffre énorme de trente mille. Le 1er septembre,
Mac-Mahon cherge à profiter du succès de la veille; jusqu'à
une heure les Prussiens faiblissent; plusieurs de nos bataillons
vont de l'avant et pénètrent dans leur lignes, et, lorsque
le général en chef, constatant un mouvement tournant de
l'ennemi opéré par des masses énormes, ordonne de se replier
sur les hauteurs dominant Givonne protégées par la
forteresse de Sedan, un nombre assez considérable de nos
tirailleurs reste enveloppé par les Prussiens. Parmi eux
figurent surtout des soldats des 45e, 21e et 50e de ligne, quelques
zouaves, quelques turcos. On les dirigea de suite loin
du champ de bataille, les faisant marcher par plusieurs colonnes.
Quand on jugea convenable de les réunir tous, un
général prussien s'approcha et fit parmi ces captifs ce choix
curieux qui mérite d'être signalé: sa grande préoccupation
fut de prendre des hommes de divers régiments. A force
de travail, il parvint à trouver 48 numéros différents pour
l'infanterie, 15 pour la cavalerie. Il se réjouissait déjà de
la consternation produite à Metz par l'arrivée de ces 596
militaires de toutes armes.

Il nous supposait bien faibles d'esprit! Ainsi douze régiments
sont représentés par un seul soldat, un du 8e de
ligne, un du 24e, du 30e, du 13e hussards, des compagnies
de remonte, etc. Sept autres régiments ont pour les indiquer
deux hommes. Quatre autres, trois; les suivants, des groupes
de sept ou de huit. Nous pouvons donc affirmer que
toutes ces unités et ces petits pelotons appartiennent à la
classe des retardataires ou des écloppés. Et ces malheureux
cavaliers de remonte ou du train, combattaient-ils? Franchement,
la ruse est trop grossière. Il est vrai que pour
produire plus d'effet, cet excellent général prussien jugea
convenable d'adresser quelques paroles de consolation aux
pauvres vaincus qu'il nous renvoyait: „Soyez tranquilles,
leur dit-il, la guerre ne sera pas longue, votre Empereur à
voulu rendre son épée au Prince royal. Le Prince a refusé
de l'entendre et l'a adressé au comte de Bismark.“

Comme forfanterie prussienne, ce discours ne laisse rien
à désirer. Il est absurde peut-être, mais certaines gens ne
dédaignent pas les divagations. Pour convaincre ses auditeurs

cet habile orateur avait pourtant un moyen bien simple: ordonner à tous nos soldats prisonniers de défiler devant l'Empereur et M. de Bismark.

Il s'est bien gardé de le faire, et pour cause.

Mentez donc, messieurs les Prussiens, mentez toujours
vos contes sont plaisants, ils nous égaient; c'est charitable
de votre part, car Dieu sait si les distractions abondent en
temps de blocus.   (L'Indépendant de la Moselle).

---

12. September.
Dernières Nouvelles.

Les journaux prussiens publient les nouvelles suivantes,
que nous résumons sans commentaires:

A la suite des événements de Sedan, la déchéance de
l'Empire aurait été proclamée le 5 septembre par le Corps
législatif à l'unanimité moins 12 voix et par le Sénat à l'unanimité.

Le général Trochu, nommé président du gouvernement
provisoire, aurait immédiatement écrit au roi Guillaume une
lettre dans laquelle il lui demanderait de faire évacuer le
territoire de la France, par son armée, pour traiter de la
paix et en se fondant sur sa déclaration qu'il ne faisait pas
la guerre à la France, mais à son gouvernement.

Jules Favre serait ministre des affaires étrangères, Leflo
à la guerre, Gambetta à l'intérieur, et Kératry à la police.

Napoléon III, fait prisonnier, aurait été conduit à Wil-
lemsée, dans la Hesse-Cassel.   (L'Indépendant de la Moselle).

Dimanche, à quatre heures, nos francs-tireurs ont été
passés en revue par leur capitaine sur la place de Chambre.
Ils seront casernés au fort de Saint-Julien à partir de lundi.
                    (L'Indépendant de la Moselle).

Avis.

Par ordre de Son Excellence M. le Maréchal Bazaine,
commandant en chef de l'armée, les habitants de Metz son
préverius:

Qu'ils sont autorisés à conserver, pour leur besoins jus-
tifiés, les quantités de denrées fourragères nécessaires pour

trente jours, et que tous ceux d'entre eux qui, dans le délai de trois jours, auront apporté aux magasins du Saulcy les quantités d'avoine, d'orge, de foin et de paille qui leur resteront disponibles après ce prélèvement, seront payés pour ces quantités à raison de:

45 francs par quintal métrique d'orge ou d'avoine.

35 francs   -   -   de foin,

20 francs   -   -   de paille.

Ceux d'entre eux qui, en vue de l'avenir, préféreraient recevoir en nature, après la guerre, des quantités égales à celles qui auront été livrées, recevront un reçu portant engagement de restitution.

Enfin, les habitants qui ne se seront pas exécutés dans le délai ci-dessus indiqué, y seront contraints passé ce délai et il ne leurs sera alors payé que les prix ayant cours avant les circonstances présentes, savoir:

30 francs par quintal pour l'orge et l'avoine,

22 francs   -   le foin,

10 francs   -   la paille.

Dès à présent, toute transaction sur les denrées soumises à la présente réquisition est interdite dans l'intérieur de Metz.

En outre, la sortie de la ville des denrées fourragères est formellement interdite.

Le payement des denrées sera fait soit au comptant, soit par la délivrance d'un bon de restitution, suivant le désir des propriétaires, aux magasins du parc aux fourrages du Saulcy, de huit heures du matin à six heures du soir, dans les journées des 11, 12 et 13 septembre.

Metz, le 10 septembre 1870.

Le général commandant supérieur la place de Metz,

Coffinières.

---

13. September.

Guide du soldat français en Allemagne.

Sous ce titre, l'éditeur Rousseau-Pallez, rue des Clercs, 14, publie une petite brochure, ou plutôt un petit livret in-16 très-portatif, qui pourra rendre de très-grands services à nos soldats, si la guerre les conduit au delà de nos frontières. Les demandes et phrases les plus usuelles, répondant aux besoins d'une armée en campagne y sont données, en regard et ligne pour ligne, dans la langue allemande et dans la langue française. Le côté utile, et nous pourrions dire indispensable, de ce petit livre saute aux yeux, dans une éventualité que le patriotisme fait prévoir. Son côté moral n'éclate pas moins, par la confiance qu'il donne à notre belle armée dans le succès final. (Voeu national).

14. September.

Proclamation.

Habitants de Metz.

On a lu dans un journal allemand, la *Gazette de la Croix*, les nouvelles les plus tristes sur le sort d'une armée française écrasée par le nombre de ses adversaires, sous les murs de Sedan, après trois jours d'une lutte inégale. Ce journal annonce également l'établissement d'un nouveau gouvernement par les Représentants du Pays. Nous n'avons pas d'autres renseignements sur ces événements, mais nous ne pouvons pas non plus les démentir.

Dans des circonstances aussi graves, notre unique pensée doit être pour la France; notre devoir à tous, simples citoyens ou fonctionnaires, est de rester à notre poste, et de concourir ensemble à la défense de la ville de Metz. En ce moment solennel, la France, la Patrie, ce nom qui résume tous nos sentiments, toutes nos affections, est à Metz, dans cette Cité qui a tant de fois résisté aux efforts des ennemis du Pays.

Votre patriotisme, ce dévouement dont vous donnez déjà tant de preuves par votre empressement à recueillir et à soigner les blessés de l'armée ne peuvent faire défaut. Vous saurez vous faire honorer et respecter de nos ennemis par votre résistance; vous avez d'ailleurs d'illustres souvenirs qui vous soutiendront dans cette lutte énergique.

L'armée qui est sous nos murs, et qui a déjà fait connaître sa valeur et son héroïsme dans les combats de Borny, de Gravelotte, de Servigny, ne nous quittera pas; elle résistera avec nous aux ennemis qui nos entourent, et cette résistance donnera au Gouvernement le temps de créer les moyens de sauver la France, de sauver notre Patrie.

Metz, le 13 septembre 1870.

L. Coffinières.

Général commandant supérieur la place de Metz.

Paul Odent, Préfet de la Moselle.

Félix Maréchal, Maire de Metz,

Le Maréchal Bazaine a réuni hier à trois heures un con seil composé de tous les généraux de l'armée.

(L'Indépendant de la Moselle).

On dit que des mesures doivent être prises dès aujourd'hui pour que le prix des denrées n'éprouve pas d'élévation.

(L'Indépendant de la Moselle).

Les renseignements qui nous parviennent sur les mouvements de l'armée prussienne autour de Metz, annoncent que chaque jours des corps passent la Moselle se dirigeant sur Sillegny; on reconnaît aussi que les concentrations sont de moins en moins fortes au camp de Malroy.

(L'Indépendant de la Moselle).

M. le maire de la ville de Metz a décidé que pendant la durée du blocus, la Bibliothèque et les Musées de la ville seront constamment ouverts aux officiers et militaires convalescents qui viennent chaque jour y chercher des distractions.

La Société d'histoire et d'archéologie de Metz, s'inspirant de cette pensée, a décidé que, tant que la situation actuelle se prolongerait, elle tiendrait une séance le jeudi de chaque semaine, à trois heures, dans la salle des lectures -de la bibliothèque.

Elle a l'honneur d'inviter spécialement les officiers et militaires blessés à assister à ces réunions dans lesquelles seront traités particulièrement les sujets suivants:

1. Blocus et siége supportés par Metz à différentes époques.

2. Histoire de la Seille et de sa vallée.

3. Histoire des villages, illustrés par les dernières batailles de Metz (Borny, Gravelotte, Rezonville, Saint-Privat, Sainte-Barbe, etc.)

4. Souvenirs de trente ans en Lorraine.

La première séance aura lieu jeudi prochain.

(L'Indépendant de la Moselle).

15. September.

Avis.

En présence de l'empressement que la population de Metz a mis à livrer, à l'Administration de la Guerre, les denrées fourragères, le délai de versement de ces denrées, au magasin du Saulcy, est prorogé de deux jours. En conséquence, on recevra et on payera comptant aux prix indiqués, toutes les denrées qui seront livrées le 14 et le 15 septembre.

Metz, le 13 septembre 1870.

Le général commandant supérieur la place de Metz,

L. Coffinières.

La Situation! . . .

De tristes renseignements nous sont parvenus hier par la voie des journaux prussiens.

Dès samedi, un dernier convoi de 150 prisonniers français rendus tardivement par l'ennemi, nous était arrivé, et ces hommes avaient servi de messagers funestes à cette fatale nouvelle: Sedan s'est rendue! . . .

Quelle a été l'importance du désastre éprouvé par Mac-Mahon? Nous l'ignorons encore.

Il paraît évident, toutefois, qu'une partie de nos troupes a pu se retirer et battre en retraite.

Quoi qu'il en soit, la date du 2. septembre sera à jamais douloureuse pour la France.

La *Gazette de la Croix* annonce que Mac-Mahon est grièvement blessé. Quel général a pris le commandement de nos troupes? Où est-il? Comme Dumouriez, jadis, dispute-t-il les défilés des Argonnes à nos envahisseurs, ou bien a-t-il pu se replier sur Paris? Nous l'ignorons. La France s'est émue; elle a souci de son honneur, cela nous suffit.

Un comité de défense nationale a été constitué avec l'illustre Trochu pour président. L'heure n'est pas venue de blâmer les fautes de ceux qu'on dit tombés. L'histoire saura flétrir ce qui mérite d'être flétri.

    - Aujourd'hui il faut sauver la France!...

    Strasbourg, Bitche, Thionville, Verdun, Metz ont pu demeurer imprenables. Adossée à des forts hérissés de canons l'armée du maréchal Bazaine est une menace effrayante pour ces hordes innombrables qui se sont ruées sur notre pays. Les journaux prussiens disent eux-mêmes que nos Chambres ont proclamé la déchéance du souverain. Avec qui la guerre était-elle engagée? Avec une famille ou bien avec la France?

. . . .

    En ce cas la lutte doit cesser. Notre patrie a été malheureuse, mais l'honneur est sauf. Lancées dans une entreprise où elles se heurtaient sans cesse contre des masses six ou sept fois supérieures en nombre, nos troupes ont été sublimes de bravoure et d'énergie. Que la Prusse ne l'oublie pas, la France, qui se confiait dans la tranquillité européenne, a été surprise; jusqu'ici elle n'a mis en ligne que bien peu de ses enfants.

    Aujourd'hui, à qui en voudrait-on? A notre territoire, pour s'en partager les lambeaux!

    Oh non!. Le lion blessé au sortir du sommeil n'est pas encore mourant. A la fin du dernier siècle, après des revers identiques, a-t-on perdu le souvenir de ce que put faire notre peuple, armé tout entier pour défendre le sol envahi de la patrie.

    Le sang des vieux Gaulois n'est pas abâtardi dans nos veines. Metz n'est pas pris, et l'armée du maréchal Bazaine n'a pas été vaincue. Si nous devons être asservis, mieux vaut la mort. Levons nous donc du midi au nord, de l'est à l'ouest. Hâtons-nous; ce n'est plus un trône ou une couronne qu'il faut sauver; c'est l'intégrité du territoire, ce sont nos libertés, c'est la France!

D'Aviau de Piolant,
Rédacteur du Français.
(L'Indépendant de la Moselle).

    De bruits de toute nature circulent en ville; aucun n'est appuyé sur une preuve absolue, irréfragable, ils nous viennent de source ennemie, partant suspecte. Admettons-les pour vrais; regardons le danger en face, puis rentrons en nous-mêmes et demandons à notre conscience quel est notre devoir.

Il est simple, il est un: repousser toute considération politique, ne songer qu' à la patrie, rejeter toutes ces vaines qualifications que les partis se donnent et ne garder que le nom de Français.

Nous avons jusqu'ici partagé les souffrances de l'armée, partageons ses dangers; bourgeois et soldats n'ayons tous qu'une pensée, qu'un but: la résistance.

Ceux qui nous commandent peuvent compter sur nous, le courage des Messins grandira avec leurs souffrances; pour sauver le pays, pour lui donner le temps de se reformer, nous sommes prêts à tenir jusqu' à la dernière gargousse et le dernier morceau de pain.

Que la France nous imite, et elle vaincra; si, par impossible, elle recule, eh bien! à nous, Messins, à vous, soldats, nos compagnons, il restera du moins comme consolation d'avoir fait notre devoir et sauvé notre honneur.

(Journal de Metz.)

---

16. September.

Ville de Metz.

Arrêté concernant les denrées alimentaires.

Le Général de division, commandant supérieur de la place de Metz, en vertu des pouvoirs qui lui sont conférés, et après avoir pris l'avis du Conseil municipal, arrête ce qui suit, en ce qui concerne les denrées alimentaires de première nécessité:

Il sera fait immédiatement un recensement des blés et farines qui existent dans la ville. Ces denrées sont mises en réquisition pour l'alimentation de la population et par les soins de l'Administration municipale.

Les blés seront payés à raison de 36 francs les 100 kilogrammes pour les qualités loyales et marchandes.

Les farines seront payées de 48 à 50 francs les 100 kilogrammes, suivant la qualité.

Les détenteurs de blés qui, en vue de l'avenir, préféreraient recevoir en nature, après la levée du blocus, des quantités égales à celles qu'ils auront livrées, recevront un reçu portant engagement de restitution et mentionnant la qualité de ces blés. Cette restitution se fera dans le mois qui suivra la levée du blocus.

Les meuniers de la ville sont tenus de moudre ces blés selon les besoins de la consommation et de vendre les farines en provenant à un prix qui ne pourra pas excéder 48 francs les 100 kilogrammes; ce prix comprend les frais d'enlèvement chez le vendeur, de transport chez le boulanger et d'avance de fonds. — Il n'y aura qu'une seule qualité de farine, dite première et seconde.

Le pain en provenant sera payé 48 centimes le kilogramme.

La viande de cheval sera payée aux prix ci-après:
Parties basses, 60 centimes le kilogramme;
Parties moyennes, 1 franc le kilogramme.
Viande de choix (le filet excepté), 1 fr. 50 c. le kilogramme.
Metz, le 15 septembre 1870.

Le général de division
commandant supérieur la place de Metz,
L. Coffinières.

---

17. September.

Le bruit court que les Prussiens se proposent de faire une attaque sur Metz demain: (L'Indépendant de la Moselle.)

Monsieur le général Coffinières, ayant prié, aujourd'hui 16 septembre, M. M. les Rédacteurs en chef et Directeurs des journaux de Metz de se trouver, à deux heures, dans son cabinet, leur a communiqué, officiellement, les nouvelles suivantes:

Le Gouvernement de la défense nationale au peuple français:

Français,

En proclamant, il y a quatre jours, le gouvernement de la défense nationale, nous avons nous-mêmes défini notre mission:

Le pouvoir gisait à terre, ce qui avait commencé par un attentat, finissait par une désertion. Nous n'avons fait que ressaisir le gouvernail échappé à des mains impuissantes.

Mais l'Europe a besoin qu'on l'éclaire. Il faut qu'elle connaisse par d'irrécusables témoignages que le pays tout entier est avec nous. Il faut que l'envahisseur rencontre sur sa route, non-seulement l'obstacle d'une ville immense résolue à périr plutôt que de se rendre, mais un peuple entier, debout, organisé, représenté, une Assemblée enfin qui puisse porter en tous lieux et en dépit de tous les désastres, l'âme vivante de la Patrie.

En conséquence:

Le Gouvernement de la défense nationale décrète:

Art. 1. — Les collèges électoraux sont convoqués pour le dimanche 16 octobre, à l'effet d'élire une Assemblée nationale constituante.

Art. 2. — Les élections auront lieu au scrutin de liste, conformément à la loi du 15 mars 1849.

Art. 3. — Le nombre des membres de l'Assemblée constituante sera de sept cent cinquante.

Art. 4. — Le ministère de l'intérieur est chargé du présent décret.

Fait à l'hôtel de ville de Paris, le 8 septembre 1870.

(Journal de Metz.)

18. September.

Le Maréchal Bazaine.

Le *Français* publie les lignes suivantes, que nous nous faisons un devoir de reproduire.

Par un sentiment touchant et patriotique, on a enroulé de drapeaux et couvert de couronnes la statue de Strasbourg, la ville héroïque. Ce matin même le gouvernement décidait que Toul, digne soeur de la ville alsacienne, avait bien mérité de la patrie, et l'on n'a rien dit encore de celui qui, cerné par une armée immense, lutte depuis des semaines avec une armée incomparable, contre un ennemi cinq fois supérieur en nombre.

Tout ce qu'il était humainement possible de faire pour vaincre, le maréchal Bazaine l'a fait. Chaque jour il a livré des combats gigantesques, tenant tête toujours et partout, déroutant les généraux ennemis par les conceptions les plus audacieuses et les plus imprevues, transportant son armée autour de Metz, partout où besoin était, combattant trois jours sur quatre, sans trêve, sans relâche, avec d'infatigables soldats.

Cerné sans nouvelles, n'en pouvant donner lui-même, isolé au milieu des flots prussiens comme une île dans la mer, Bazaine lutte et lutte toujours.

Que la voix du pays s'élève si grande qu'elle dépasse les lignes prussiennes! qu'elle porte aux habitants de Metz, à l'armée de Bazaine, à son chef héroïque, l'hommage de notre admiration! Que leur spectacle soit notre exemple! A notre tour nous allons être comme eux cernés et bloqués, sachons résister comme eux : et en attendant la lutte, saluons nos frères de Metz et leur général par un cri suprême de reconnaissance au nom de la patrie !.

H. Sazerac de Forge.
(L'Indépendant de la Moselle.)

Marché aux Bestiaux du 15 septembre 1870.

Porcs, 35 amenés et vendus en moyenne 5 f. 70 le kilogr. — Néant pour le reste du marché.

(L'Indépendant de la Moselle.)

Documents officiels.
Ordre général.
A L'armée du Rhin.

D'après deux journaux français des 7 et 10 septembre, apportés au grand quartier général par un prisonnier français qui a pu franchir les lignes ennemies, l'Empereur Napoléon aurait été interné en Allemagne, après la bataille de Sedan, et l'Impératrice, ainsi que le prince Impérial, ayant quitté Paris le 4 septembre, un pouvoir exécutif, sous le titre de Gouvernement de la Défense Nationale, s'est constitué à Paris. (Folgen bie Namen ber Mitglieber.)

....

Généraux, officiers et soldats de l'armée du Rhin,

Nos obligations militaires envers la patrie en danger restent les mêmes. Continuons donc à la servir avec dévouement et la même énergie, en défendant son territoire contre l'étranger, l'ordre social contre les mauvaises passions.

Je suis convaincu que votre moral, ainsi que vous en avez déjà donné tant de preuves, restera à la hauteur de toutes les circonstances, et que vous ajouterez de nouveaux titres à la reconnaissance et à l'admiration de la France.

Au grand quartier général du Ban-St. Martin,
le 16 septembre 1870.
Le Maréchal de France, commandant en chef,
Signé: Bazaine.
Pour ampliation:
Le Général de division, chef d'Etat-major général,
Signé: L. Jarras.

Les changements politiques survenus à Paris n'ont eu aucun contre-coup à Metz; hier nous luttions pour l'indépendance et la liberté du pays, c'est l'indépendace et la liberté que nous défendons aujourd'hui encore; d'ailleurs le gouvernement impérial était virtuellement déchu depuis nos premiers revers, le peuple de Paris et l'Assemblée législative n'ont fait que consacrer légalement un état de choses qui existait depuis près d'un mois.

Hâtons-nous de dire que tout le monde à Metz a applaudi au langage si ferme et si humain de M. Jules Favre*); c'est ainsi que parle un homme honnête et résolu, prêt à signer une paix honorable, mais prêt aussi à soutenir une guerre juste et nécessaire. *Pas une parcelle de territoire, pas une pierre de nos forteresses,* que ces belles paroles soient notre mot d'ordre à tous: nos pères nous ont légué une patrie libre et respectée, nous en sommes comptables à nos enfants, et s'il faut sacrifier à cet héritage notre sang et nos biens, nous le ferons.

N'oublions pas d'ailleurs que la République, plus que toute autre forme de gouvernement, exige des citoyens le respect du droit; et qu'elle ne peut exister que chez un peuple juste: sa vraie, son unique base c'est l'obéissance de tous à la loi faite par tous, c'est l'ésprit d'abnégation, de sacrifice à la patrie, c'est le bien public mis au-dessus de l'intérêt particulier. Montesquieu a dit que tout peuple est régi par

---

*) Bezieht sich auf das Rundschreiben Jules Favre's an die Vertreter Frankreichs im Auslande (veröffentlicht im „Monit. universel" vom 8. September, in den Metzer Zeitungen am 17. und 18. September.)

le gouvernement qu'il mérite, montrons à l'univers que nous sommes dignes de vivre en république.

La conduite de la population parisienne nous donne de grandes espérances, il n'y a pas eu, dans un changement si radical, trace de désordre; l'établissement du nouveau gouvernement n'a coûté ni une goutte de sang, ni la liberté d'aucun citoyen. Il semble même qu'à Paris comme à Metz les questions politiques aient été, pour le moment, laissées dans l'ombre: on n'a songé qu'à l'indépendance du pays, à la défense de la capitale; les hommes les plus connus par l'exaltation de leurs idées ont été les premiers à prêcher le calme, l'obéissance au gouvernement, la résistance à l'ennemi.

Nous pouvons être sûrs aujourd'hui que notre capitale luttera avec courage; Metz et Strasbourg à la frontière, Paris au centre, la France s'organisant et marchant, tel est le tableau que nous présentent les dernières nouvelles: Qui donc encore oserait désespérer ou parler d'une paix honteuse?

(Journal de Metz.)

19. September.

La circulaire de M. Jules Favre aux représentants de la France à l'étranger, et que nous avons donnée en son entier, a produit à Metz, comme elle a dû produire partout une inexprimable émotion.

Elle est digne de l'illustre citoyen qui l'a écrite, elle est digne du pays, au nom duquel elle est faite.

Jules Favre et ses amis politiques de la dernière assemblée étaient les champions de la paix et de la fraternité entre les peuples; ils avaient la prescience des effroyables conséquences de la guerre, ils prévoyaient ces massacres humains, ces ruines amoncelées dont gémit et s'indigne l'humanité tout entière. Nul n'avait donc mieux le droit de parler de la paix que ces hommes auxquels les derniers événements ont si douloureusement donné raison.

La paix qu'offre Jules Favre n'est point la paix honteuse. La France régénérée, surprise, mais non vaincue, puissante encore, maintenant qu'elle peut combattre pour elle-même, n'en saurait accepter de pareille. Cette paix serait une „guerre d'extermination à courte échéance."

Que si, dans un fatal aveuglement, nos adversaires, étourdis par des succès momentanés, refusent de souscrire à des offres loyalement faites, acceptons le défi; acceptons l'appel que nous fait le gouvernement provisoire de la nation. Soyons prêts, à Metz, à tous les sacrifices. Avec le secours de nos frères de l'armée qui nous environne, défendons notre cité jusqu'à la dernière extrémité.

La France nous convie au devoir; remplissons-le dignement, résolument; le succès doit couronner nos efforts. Que s'il pouvait en être autrement, montrons à la France, qui est notre patrie bien-aimée, maintenant surtout qu'elle redevient maîtresse de ses destinées, que nous sommes ses dignes enfants, capables de faire les plus grands sacrifices pour la défendre. (L'Indépendant de la Moselle.)

Préfecture de la Moselle.

Arrêté.

Nous, préfet de la Moselle,

Vu la lettre de M. le Général de division, commandant supérieur de la ville de Metz, faisant connaître que des personnes se livrent à la chasse au fusil dans l'intérieur des lignes de l'armée;

Attendu que la chasse au fusil dans l'intérieur des lignes et au milieu des campements présente de très-grands inconvénients;

Arrêtons:

La chasse au fusil est formellement interdite tant que se prolongera la situation présente.

Metz, le 17 septembre 1870.

Le Préfet de la Moselle,

Paul Odent.

Poste aérostatique.

Pour profiter de l'expédition aérostatique, les correspondances doivent être établies sur papier pelure d'oignon, porter l'adresse d'un côté et ne pas dépasser dix centimètres de long sur cinq de large.

Toutes celles qui ne rempliraient pas ces conditions, de même que celles qui renfermeraient des renseignements autres que des nouvelles personelles, seraient écartées.

On peut voir le modèle réglementaire qui se trouve sur la boîte aux lettres de la division.

(L'Indépendant de la Moselle.)

20. September.

Enfin, nous savons à quoi nous en tenir. Un gouvernement provisoire vient de prendre en mains nos affaires, et bientôt les représentants librement élus de la nation vont être appelés à rédiger une constitution.

Groupons-nous donc loyalement autour du gouvernement provisoire. Les noms de ses membres sont significatifs, et dans peu de temps, j'en ai l'assurance, nous serons dotés d'une charte nouvelle, perfectible sans doute, comme toutes les oeuvres humaines, mais indestructible, si pour base elle prend la liberté et la solidarité humaines.

La France ayant reconquis à l'intérieur l'ordre et la sécurité, au dehors la prépondérance morale que lui donneront des institutions vraiment démocratiques, va reprendre sa véritable place en Europe.

Grâce à cette influence, s'enrayera ce mouvement unitaire, si faux en principe et si funeste à l'Europe. C'est en son nom que les peuples s'isolent dans leur égoïsme national, et, frères ennemis, se prémunissent les uns contre les autres, au moyen de cet équilibre prétendu, qui n'a pas empêché les forts de se liguer contre les faibles.

(L'Indépendant de la Moselle.)

Le gouvernement provisoire serait, dit-on, transporté à Tours par mesure de prudence, avec les ambassadeurs de toutes les cours; le général Trochu resterait seul pour diriger la défense de Paris.

(L'Indépendant de la Moselle.)

Dimanche, à deux heures et demie, les officiers d'artillerie de la garde nationale sont allés rendre visite à M. le général Coffinières, qui les a reçus d'une façon très-affable. Le commandant Goussin a pris la parole et a dit que son corps était prêt à monter sur nos remparts pour défendre l'indépendance de la cité et l'honneur national.

Le Général Coffinières a remercié gracieusement les officiers de leur démarche, en ajoutant qu'il n'y avait pas encore de danger imminent pour la cité de Metz, et que l'ennemi ne pouvait tenter de bombarder la ville, le noeud de la guerre devant probablement se trancher à Paris.

(L'Indépendant de la Moselle.)

22. September.

S'il fut un temps où le devoir impérieux de tout patriote est de montrer du calme, de la patience et du sang-froid, c'est assurément celui que nous traversons. D'une part, le pays est envahi: nous devons le défendre, le sauver en le débarrassant de l'étranger. Il nous faut pour cela le concours ardent et résolu de toute la nation unie. D'un autre côté, l'horizon d'un avenir prochain resplendit de clartés nouvelles. Tous les coeurs dévoués au pays, à son bonheur, à toutes ses libertés, bondissent à la seule idée que la France va bientôt reprendre cette situation qu'elle a toujours eue d'être le foyer et le flambeau de la civilisation et du progrès. Des hommes se sont trouvés qui ont accepté la tâche ingrate et difficile de présider provisoirement à ses destinées, dans le moment le plus dangereux et le plus critique que l'histoire puisse enregistrer. Ces hommes sont connus; ils sont honnêtes entre tous. L'amour du pays est leur suprême loi. Ils veulent obtenir une paix honorable, ou, s'ils ne peuvent l'obtenir, provoquer et entretenir la résistance la plus énergique et la plus légitime. De plus, ils ne veulent rien faire définitivement par eux-mêmes. Leur premier acte, est de convoquer une Assemblée constituante chargée de régler souverainement les destinées de la nation. Ils ont bien agi. Dans la situation, que devons-nous faire à Metz? Attendre que nos communications soient rétablies avec Paris; aider à ce résultat par notre attitude ferme et résolue devant l'ennemi qui nous entoure; contribuer, au besoin, à la défense de nos remparts et de notre ville, que nous devons conserver à la France. Plus tard, nous aurons à choisir et à envoyer à l'Assemblée nationale constituante des représentants dignes, et bien convaincus des sérieux devoirs qu'ils auront à accomplir.

(L'Indépendant de la Moselle.)

23. September.

Dans une séance extraordinaire tenue le 21 septembre, sous la présidence de M. le Maire de Metz, le Conseil municipal s'est occupé de plusieurs questions très-importantes. Nous les résumons ainsi:

....

Le Conseil approuve une convention passée entre l'Administration de la ville et M. le général commandant la place, pour la livraison journalière de 25 à 30 chevaux sur le marché de Metz, de manière à empêcher le renchérissement de la viande de cheval.

M. le général Coffinières propose d'ouvrir une souscription en faveur des pauvres de Metz, et il souscrit pour 1,000 francs.

M. Géhin rend compte de la fabrication du sel, dont il a été chargé. L'opération est terminée; elle a donné moins de produit qu'on ne s'y attendait, par suite du peu d'acide chlorhydrique que l'on a pu se procurer.

La répartition de l'eau salée, contenant environ 35 pour 100 de sel, se fait entre les établissements hospitaliers de Bon-Secours, Saint-Nicolas, les Orphelins et les Orphelines; le surplus sera donné au Bureau de bienfaisance, qui pourra également avoir de l'eau salée provenant de sel dénaturé offert par M. Blondin; mais cette dernière solution sentira le goudron. M. Géhin l'a examiné et expérimenté sur lui-même; elle ne contient rien de nuisible à la santé.   (L'Indé endant de la Moselle.)

24. September.

Metz, le 23 septembre 1870.

Dans un récent ordre du jour, M. le maréchal Bazaine a fait part à l'armée des changements qui seraient survenus dans la forme de notre gouvernement, à la suite d'événements douloureux pour le pays.

Dans ce document, que nous regrettons de ne pouvoir aujourd'hui reproduire dans son intégrité, le commandant en chef de l'armée de Metz fait aux troupes une recommandation que nous sommes heureux d'enregistrer, en ce moment surtout où les faiseurs de nouvelles propagent les bruits les plus absurdes.

Le Maréchal rappelle à l'armée que ses obligations envers la patrie en danger restent les mêmes; que son devoir est de la servir avec la même fidélité et le même dévouement. Nous ne pouvons qu'applaudir à ces patriotiques paroles. Non, il ne faut pas que l'armée soit un Etat dans l'Etat, mais bien partie intégrante de la nation.

Il faut que son coeur batte à l'unisson du nôtre, que nous soyons fiers de son héroïsme et qu'elle puisse compter, sans réserve, sur notre appui, comme nous comptons sur sa bravoure.

Les privations, les dangers, lui sembleront alors moins amers; on souffre aisément pour les siens. Il fallait aux prétoriens des chemises brodées; mais en 92, les enfants de la Moselle, se contentaient de sabots; ils n'en ont pas moins chassé l'étranger.   L'Indépendant de la Moselle.)

---

25. September.

Arrêté.
Concernant les denrées alimentaires.

Son Excellence M. le Maréchal Bazaine, commandant en chef de l'armée, a bien voulu céder à la ville le nombre de chevaux nécessaires à l'alimentation publique.

Cette cession est faite dans de telles conditions que les tarifs fixés dans l'arrêté du 15 septembre seront abaissés comme il suit, à partir du 25 courant:

Viande de cheval, parties basses ...... 0 fr. 10 le Kilg.

„   „   parties moyennes... 0 „ 50   „

„   „   viande de choix
(filet excepté)........1 „ —   „

Metz, le 23 septembre 1870.

Le Général de division,
commandant supérieur de la place de Metz,
F. Coffinières.

---

26. September.

Quelques personnes, qui emploient des moyens d'ailleurs peu loyaux pour critiquer les opérations de l'armée, prétendent que l'effectif des troupes ennemies qui nous entourent serait tout à fait insignifiant.

Il résulte, au contraire, des renseignements les plus divers et les plus sérieux que l'on a pu réunir et coordonner que l'ennemi, depuis la fin d'août, a toujours maintenu autour de nous la valeur de six à sept corps d'armée, représentant de 150 à 180,000 hommes, ce qui, d'ailleurs, est le minimum des forces qu'il puisse employer à l'investissement de la place.

La composition de ces corps et leur disposition autour de Metz ont souvent été modifiées depuis les derniers jours d'août, mais leur effectif n'a pas dû sensiblement changer.

On a pu constater, en effet, la présence d'au moins quarante régiments d'infanterie par leurs numéros, ce qui donnerait déjà cinq corps d'armée. Et comme il y a tout lieu de croire qu'un certain nombre de ces régiments n'est pas encore connu, que bon nombre sont placés en deuxième ligne, on peut admettre qu'il y a toujours environ sept corps d'armée devant Metz, soit 180,000 hommes.

Ces corps changent souvent de position; ainsi le 2e corps, qui était à Montigny-la-Grange avant le 1er septembre, est venu depuis les combats de Servigny, renforcer le 1er corps sur la rive droite, et a été remplacé sur la rive gauche par le 3e, qui à la fin d'août, était échelonné sur la route de Brieg. Enfin le 8e qui était alors à Gravelotte, n'est plus indiqué autour de la place, mais il serait, d'après divers renseignements, en deuxième ligne.

Ce que l'on peut dire, c'est qu'il y a quelques jours encore, la disposition de ces forces d'investissement paraissait être la suivante:

Rive droite. — La division de Landwehr, près Malroy. Le 1e et le 2e corps, de Ste.Barbe à Courcelles. Une division du 3e corps avec trois régiments du même corps, et le 19e de Mayence, la 21e brigade du 6e corps, et peut-être une brigade dixième corps, vers Courcelles et Pange.

Rive gauche. — Une division du 4e corps avec 5 régiments de ce corps, d'Orly à Gravelotte. — La 13e division du 7e corps, d'Ars à Gravelotte. — (On ne signale plus la 14e division, mais on la dit toujours près de Metz.) — La division Hessoise, du 9e corps, à Vaux. — Le 3e corps, de Gravelotte à Saulny et route de Briey. Des troupes des 9e et 10e corps, peut-être la valeur d'une division ou d'un corps d'armée, dans la plaine de Ladonchamps.

Toutes ces troupes sont sous le commandement du prince Frédéric-Charles, ...
....
Des renforts formés des hommes du dernier contingent appelés par anticipation et incorporés depuis deux mois et demi seulement, sont arrivés depuis peu: on les estime à 10 hommes environ qar compagnie, ce qui porte l'effectif de leurs compagnies à 180 hommes. (L'Indépendant de la Moselle.)

Avis.

Conformément aux ordres de S. E. Monsieur le Maréchal commandant en chef, M. M. les officiers de l'armée qui sont traités chez les habitants sont invités à ne pas profiter au-delà des limites nécessaires, de l'hospitalité qui leur a été offerte et à rentrer à leurs corps, aussitôt qu'ils le pourront.
Metz, le 25 septembre 1870.

Le Général de division
commandant supérieur la place de Metz,
F. Coffinières.

Avis aux Propriétaires de vignes.

Les sarments de vigne, mélangés à une quantité de grains insignifiante, composent une alimentation suffisante pour entretenir les chevaux en bon état. Il importe d'utiliser cette ressource qui, en ce moment, n'entraînera que peu ou pas de préjudice pour la vigne, si on a soin de pratiquer cette taille hâtive à quelques centimètres au-dessus du point choisi ordinairement.

En conséquence, les propriétaires de vignes sont invités à faire opérer, immédiatement, cette coupe de sarments et à les porter au magasin aux fourrages du Saulcy, où ils seront reçus et payés par les soins de l'Administration militaire.
Metz, le 24 septembre 1870.

Le général de division,
commandant supérieur de la place de Metz
F. Coffinières.

La Société des Francs-Tireurs de Metz vient de payer son tribut à la patrie et d'offrir à la guerre une première victime. Dans la dernière affaire, M. Vaillant est tombé percé par une balle; un autre de ses camarades a été atteint au bras. Toute la ville a été douloureusement émue de cette glorieuse mort, et touchée du dévouement de nos jeunes compatriotes, puissent ces regrets unanimes adoucir la douleur des parents privés de leur fils, puissent les survivants venger bientôt leur ami mort! Ils en auront sans doute une occasion prochaine; car, au service qu'ils font, ils ne doivent guère manquer d'apercevoir l'ennemi; campés à plusieurs centaines de mètres en avant du fort de Grimont, ils forment avec la troupe de ligne l'extrême rideau des grands'gardes, et il ne se passe point de jour qu'on n'échange avec les Prussiens quelques communications sous forme de coups de fusil. Dans ce poste dangereux, la compagnie des Francs-Tireurs montre l'adresse et le sang-froid dont elle avait déjà fait preuve près de Montigny: il ne lui manquait plus que le baptême du sang, la mort du jeune Vaillant vient de le lui donner. (Journal de Metz.)

Marché aux Bestiaux du 22 au 23 sept.

Porcs. 27 amenés, et vendus en moyenne 7 fr. 25 le Kilog. de viande dépouillée. (L'Indépendant de la Moselle.)

28. September.

Le vin de la récolte actuelle étant nuisible à la santé, par suite du défaut de maturité de la vendange, il est expressément interdit, jusqu'à nouvel ordre, de vendre le vin nouveau en détail.

Tout contrevenant sera traduit devant un conseil de guerre.

Le service de la gendarmerie et celui de la police sont chargés de veiller à l'exécution du présent arrêté, qui sera affiché dans la ville de Metz et dans toutes les communes suburbaines.

Metz, le 26 septembre 1870.

Le général de division,
commandant supérieur de la place de Metz,
F. Coffinières.

Pour copie conforme :

Le Préfet de la Moselle,

Paul Odent.

M. le pharmacien en chef des hôpitaux militaires et ambulances de Metz veut bien nous communiquer la note suivante :

En présence du manque presque absolu de sel dans les magasins de Metz, l'existence de la source salée de Belle-Croix est un véritable bienfait pour la population de notre ville. Toutefois, certaines personnes qui ont employé cette eau telle qu'elle sort de terre, à la préparation des aliments, lui reprochent de ne pas être suffisamment chargée de sel.

Ce petit inconvénient peut être évité bien facilement, si, avant de se servir de l'eau, on a la précaution de la réduire aux deux tiers ou a la moitié de son volume primitif. On peut même, par une évaporation suffisamment prolongée, en ne se servant que du feu perdu de la plupart des cuisines, en obtenir du sel de bonne qualité.

Nos soldats qui, après avoir épuisé les ressources des épiciers, assiégent maintenant les pharmaciens pour trouver du sel, pourraient, en évaporant cette eau danz leurs gamelles de campement, se procurer, dans un temps assez court, des quantités très-sensibles de ce condiment si utile dans l'alimentation.

Les analyses de la source faites par plusieurs chimistes, au nombre desquels je crois pouvoir me compter, indiquent en nombres ronds un résidu de 4 grammes de sel par litre (3,91 à 3,93); et si la source donne, comme je le crois, un minimum de deux litres par seconde, il y aurait là une ressource en sel qui ne serait pas moindre de 690 Kil. par vingt-quatre heures.

Il serait donc de la plus haute importance de trouver un moyen de recueillir la plus grande partie de l'eau qui s'écoule pendant la mit.

Leprieur,

Pharmacien en chef des hôpitaux militaires et ambulances de Metz.

480

29. September.

La Situation aux dernières Nouvelles françaises. Le „Courrier de la Moselle“, dans le numéro très-intéressant publié hier, nous a donné, sur les tristes événements qui ont signalé le commencement de ce mois, des détails plus étendus que tous ceux que nous tenions des journaux officiellement communiqués. Il a eu à sa disposition les numéros du *Figaro* du 6 et du 8, du *Journal des Débats* du 10, de *l'Indépendance belge* du 13 et du 16; en sorte que nous sommes en ce moment renseignés avec exactitude sur tous les faits militaires qui se sont passés du 4 au 15 septembre.

Avouons-le, la lecture de plusieurs de ces documents est triste, et bien faite pour navrer tout coeur français; le désastre de Sedan a été complet; on a vu, spectacle unique dans l'Histoire de la France, une armée capitulant presque entière, un héroïque régiment, le 3e zouaves, dont le nom vivra éternellement, se frayer un chemin au milieu de 350,000 ennemis. Ce que 1200 hommes ont fait, 30,000 pouvaient l'essayer: beaucoup seraient morts sans doute, mais du moins on eût pu dire comme François Ier après Pavie: „Tout est perdu, hors l'honneur qui est sauf.“

Ces fatales nouvelles sont du 10. Hâtons-nous de dire que les nouvelles des jours suivants sont non-seulement meilleures relativement, mais même absolument bonnes. La France se réveille, les corps de partisans s'organisent; la vraie, la grande lutte commence. De l'aveu des journaux prussiens eux-mêmes, les routes sont impraticables à leurs convois; les paysans d'Alsace, de Lorraine, de Champagne, d'Ile-de-France, se sont levés et coupent les communications et les ressources de l'ennemi.

Les villes sont admirables. Scheletstadt, Strasbourg, Thionville, Phalsbourg, Verdun, Toul, Montmédy, résistent avec acharnement; Verdun a tué 10,000 hommes aux Prussiens; les Strasbourgeois ont détruit les baterries de siége qui les entouraient. Des cités ouvertes mêmes et sans autre ressource que leurs citoyens ont montré à l'ennemi ce que sera la guerre du peuple, la guerre de la France entière; Sainte-Marie-aux-Mines a eu l'insigne honneur de forcer les

Allemands à la bombarder; les plus petites communes de l'Alsace suivent son exemple; la résistance est partout. Les environs de Paris montrent un patriotisme aussi élevé; on entasse dans la capitale toutes les ressources transportables; on brûle le reste. Les bois, les châteaux sont en flammes; le désert se fait devant l'armée prussienne. Paris enfin, fortifié encore par l'arrivée de Vinoy et de toutes ses troupes, est debout tout entier; 70,000 hommes garnissent tous les jours ses murailles, 300,000 autres se tiennent prêts à secourir les premiers, et je ne parle pas des forts.

La tranquillité, l'union règnent dans toute la France. Lyon seul donnait encore à la date du 11 un exemple fâcheux de rébellion momentanée au gouvernement provisoire: disons-le hautement, songer à autre chose qu'à la défense nationale, élever dans un pareil moment drapeau contre drapeau est un crime. Nous espérons, pour l'honneur de cette grande cité, que les Lyonnais ont aujourd'hui compris leur devoir.

(Journal de Metz.)

Mardi (ben 27. September), vers dix heures et demie, trois escadrons de cavalerie légère, et quelques compagnies d'infanterie de la brigade Pichot se dirigèrent vers la ferme de la Maxe, où l'on savait qu'une assez forte colonne prussienne était campée. A midi, on commençait l'attaque; les fantassins se déployèrent en tirailleurs et s'élancèrent avec un entrain admirable sur les bâtiments occupés par l'ennemie. Il y avait là environ 2000 hommes, qui furent culbutés et se retirèrent dans la direction de Malroy. Saint-Julien appuyait cette reconnaissance à droite, et le feu de quelques pièces d'artillerie, pointées sur Ladonchamps, opéra une diversion heureuse sur la gauche. Nous avons eu trois hommes tués et quelques blessés dans cette affaire, qui a très-bien réussi. Le convoi a ramené une assez grande quantité de fourrage, et la grêle d'obus qui pleuvaient sur nos chariots a été complètement inoffensive.

Le retour de cette expédition offrait un coup d'oeil vraiment pittoresque; chaque soldat portait une botte de paille sur l'épaule; on a fait une vingtaine de prisonniers.

Dans le château de Ladonchamps, sur la terrasse, on a

trouvé deux trains de charrues supportant des tuyaux de poële qui simulaient des canons.

En se retirant, un Prussien a mis le feu à une meule de paille de colza, dans la ferme qui dépend du château de Ladonchamps . . . . . .　　　(L'Indépendant de la Moselle).

30. September.

A Ladonchamps, on a pris divers journaux, des correspondances privées, un livret où, jour par jour, un sous-officier avait écrit ses étapes, avait mentionné le récit des heures de loisir, de bivouac; mais une pièce fort importante, c'est un ordre du jour du 25, où le général faisait part à ses troupes de la situation actuelle de Metz; il y avait jusqu'à un plan des environs de Metz, tracé d'après les renseignements fournis par les espions. Les positions occupées par nos divisions, par nos régiments, y étaient indiquées. — La garde nationale et la garde mobile font, disait-on, le service de la ville. — L'état sanitaire des Français est bon; ils mangent de la viande de cheval, et sont abondamment pourvus de blé et de farine. — Chose assez curieuse, le général annonçait que ces renseignements étaient parvenus par la voie de bouteilles jetées dans la Moselle, et même de ballons! Les bouteilles peut être, mais les ballons, à moins qu'ils ne soient envoyés la nuit, me semblent inadmissibles.

Quoi qu'il en soit, il y a des espions dans nos murs, des gens qui trahissent, et le devoir de chaque citoyen est de rechercher ces misérables et de les livrer à l'autorité militaire, s'ils peuvent les découvrir.

(L'Indépendant de la Moselle).

Nous complétons notre récit d'hier sur l'affaire de Ladonchamps par les nouveaux détails qui suivent:

Le ferme de Sainte-Agathe et le château de Ladonchamps ont été vivement enlevés par une brigade de la 4e Division du 6e Corps. La colonne d'attaque, que précédaient les compagnies de partisans de la Division, avait effectué un mouvement tournant par le bois de Woippy et débouchant à l'improviste sur les positions de l'ennemi les en délogea en quelques instants.

Une section de partisans, poussant l'ennemi devant elle, s'avança jusqu'au delà de Saint-Remy. Des voitures de fourrages et une vingtaine de prisonniers furent ramenés par nos soldats. Cette reconnaissance, habilement dirigée, ne nous a coûté que trois tués et quelques blessés. Les 4 compagnies de partisans de la 3e Division avaient prêté leur concours à cette opération.

(L'Indépendant de la Moselle.)

Hier matin, un ballon a été lancé vers dix heures, et a pris la direction d'Amiens. Il portait deux pigeons voyageurs renfermés dans une cage, et 32,000 billets. Sur l'enveloppe était écrit cet avis:

„Prière à la personne qui trouvera ce paquet, de le déposer dans le bureau de poste le plus rapproché, ou de le remettre au maire de la commune la plus voisine, et d'en demander un reçu, en échange duquel une somme de cent francs lui sera accordée à titre de récompense.

. Metz, le   septembre.   Le général de division,
. L. Coffinières.“

Le poids du ballon est de 11 kilog.

des dépêches	2	-	200.
Lest hydraulique	2	-	950.
Pigeons et cage	1	-	70.

Vitesse du ballon, 30 kilomètres par heure.

(L'Indépendant de la Moselle).

Marché aux Bestiaux du 26 sept.
Porcs. 21 amenés, et vendus en moyenne
7 fr. 30 le kilog. de viande dépouillée.

(L'Indépendant de la Moselle.)

1. October.

Le service postal aérostatique, complètement organisé, fonctionne avec régularité. Chaque jour, un ballon quitte notre ville dans la matinée, porteur des nombreuses communications qui sont confiées par l'armée et la population. Ces messagers aériens ont paru, pour la plupart, se diriger vers les pays neutres ou les points de notre territoire non envahis par l'ennemi.

31 *

Une couple de pigeons a fait partie d'une des dernières expéditions aérostatiques. Guidés par un vent favorable, des mains amies les auront sans doute recueillis, et nous avons l'espoir qu'ils reparaîtront bientôt au milieu de nous, fidèles dépositaires des nouvelles de la Patrie et de nos familles.

(Journal de Metz.)

2. October.

Dernières nouvelles.

La nouvelle d'une grande victoire, remportée le 24 septembre sur les Prussiens, se confirme de plus en plus.

La bataille aurait eu lieu à Etampes.

Or, il n'est pas admissible que les troupes de la garnison de Paris aient abandonné leur centre d'opérations pour s'aventurer à pareille distance de la capitale (56 kilomètres.) Le chemin de fer est, du reste, coupé entre Etampes et Paris.

La bataille n'a donc pu être livrée que par une des armées qui étaient en voie de formation dans les provinces du Centre et du Midi.

Si les Prussiens ne s'éloignent précipitamment de Paris (ce qu'ils font déjà, nous dit-on) ils se trouveront dans la position la plus critique.

Je prévois l'objection. D'où vient, me direz-vous, cette heureuse nouvelle? A quelle source officielle l'avez-vous puisée?

Qu'on nous permette à ce propos une simple remarque: Un changement considérable, dû sans douts aux hasards de la guerre et aux caprices de la destinée, s'est produit dans notre situation.

Jadis, toutes les mauvaises nouvelles se confirmaient; toutes les nouvelles favorables étaient démenties par la réalité. Les premières, timidement et indirectement répandues, étaient peu à peu reconnues vraies; un coin du voile était soulevé d'abord; puis les conjectures sinistres étaient justifiées par des renseignements plus complets; enfin s'étalait à nos regards attristés, mais sans ébranler notre courage, toute la grandeur du désastre. Quant aux nouvelles heureuses, contrairement à la nymphe de Virgile qui ne se cachait que pour mieux se faire voir, elles ne semblaient se montrer à nous que pour se cacher et disparaître.

Aujourd'hui, tout paraît changé. Les bonnes nouvelles sont lentes à nous parvenir; elles ne se produisent que difficilement, comme si elles craignaient le jour et la lumière; enfin, elles se décident à récompenser notre confiante et patriotique fermeté en se découvrant à nos yeux. C'est ainsi que la nouvelle des combats de Montrouge, qui sont des victoires pour la France, était répandue à Metz huit jours avant la découverte et la publication des journaux prussiens, dont les renseignements ne laissent plus aucun doute à cet égard. D'honorables citoyens avaient même pris sur eux, à propos de ces combats, la responsabilité d'une affirmation des plus catégoriques.

Nous avons tout lieu de croire qu'il en sera pour la bataille d'Etampes comme pour les journées de Montrouge.

En attendant, n'accordons aucune créance aux mauvaises nouvelles. Elles sont répandues, dans un but facile à comprendre, par un pessimisme intéressé, qui se console ou se venge ainsi de certaines déceptions particulières.

On nous affirme, que la ville de Berlin vient d'être mise en état de siége. (Journal de Metz.)

3. October.

Les habitants du village de Peltre, dont les maisons ont été détruites et qui ont des droits de propriété sur les objets que les francs-tireurs de Frouard ont pu sauver cette semaine de la dévastion, devront s'adresser au fort de Queuleu, soit à M. le capitaine Lang, commandant la compagnie, soit à M. le colonel Merlin, commandant le fort.

L'argent provenant de la vente des objets qu'on n'a pu conserver sera gardé en l'étude de Mᵉ Bernard, notaire à Metz.

En cas de non-réclamation, il sera pris des dispositions spéciales en faveur des victimes les plus frappées dans Peltre.

Les objets de valeur, appartenant au culte, ont été mis à la disposition de Mgr. l'Evêque.

4. October.

A partir du 3 Octobre, la Garde nationale sédentaire

est appelée à desservir un poste d'honneur : l'hôtel de Ville.

(Journal de Metz.)

L'annonce d'une grande victoire remportée le 24 courant, sur les Prussiens, par un mouvement combiné des armées de Paris et du Midi, continue à se répandre en ville. Nous ne savons à quelles sources cette nouvelle a été puisée, mais nous n'en avons pas encore été informé officiellement; il est à présumer que si l'autorité savait sûrement que l'armée prussienne a subi un grave échec, et qu'elle a été prise entre deux feux, comme on le dit, elle s'empresserait de porter cette bonne nouvelle à la connaissance du publis. Si nous hésitons à parler des bruits favorables, nous accueillons avec une bien plus grande défiance encore toutes les inventions propagées par ceux chez qui de mauvaises inspirations, dictées par les regrets du passé, étouffent malheureusement tout sentiment patriotique, et qui ne craignent pas de jouer le rôle d'alarmiste, si odieux en ce moment.

(L'Indépendant de la Moselle.)

5. October.
Avis.

Par décision de M. le général commandant supérieur, les habitants des campagnes sont autorisés, sur leur demande, à recevoir des armes pour coopérer à la défense de la place. Ils pourront se faire inscrire, à titre de volontaires, sur les contrôles de la garde nationale sédentaire, tous les jours, de deux à cinq heures, au bureau de l'état-major, à l'hôtel de ville.

Metz, le 4 octobre 1870.

Le Colonel commandant la Garde nationale,

Laffite.

Sans renseignements officiels, il est impossible de donner de nouvelles certaines. On conçoit l'anxiété de notre population. Chacun raconte une victoire, et malheureusement ces victoires ont eu lieu à tant de points différents, qu'il est difficile de se former une idée exacte au milieu de ces contradictions.

Il est indubitable que des combats acharnés et fréquents se sont livrés aux alentours de la capitale, depuis les derniers renseignements qui nous sont parvenus. Que s'est-il passé? S'il nous était permis de raisonner par induction, mille petits détails isolés nous confirmeraient que les Prussiens ont eu à subir quelque défaite sérieuse. A quel endroit? Voilà ce qu'on ne peut inventer ... Peu importe, si le fait est acquis.

Nous venons d'assister à de nouveaux engagements. Partout, l'ennemi a lâché pied devant nos régiments. Si, parmi les prisonniers que nous avons vus défiler, il se trouvait des hommes au visage martial, à la poitrine chamarrée de médailles, parmi eux combien avons-nous vu aussi de jeunes gens presque imberbes, et jusqu'à des enfants de 17 ans!... Une batterie prussienne se montrant était un fait isolé, on ne voyait plus apparaître cette quantité de canons que l'ennemi amenait à la hâte à la moindre fusillade. Le tir des pièces est devenu défectueux. Sont-ce les canons qui ont perdu leur justesse, ou les pointeurs habiles qui ont été mandés vers Paris à la rescousse?

Plus de journaux allemands ni français trouvés dans les razzias. Au contraire, les prisonniers affirment qu'on ne leur en distribue plus. Il y a quinze jours, officiers et soldats en recevaient en abondance. Or, les généraux prussiens ne prendraient pas autant de soin de laisser leur troupes dans l'ignorance si les nouvelles continuaient à leur être favorables.

Bientôt, peut-être, saurons-nous si Trochu a gagné une bataille à Etampes, si le roi Guillaume a été refoulé à Château-Thierry, si nous avons détruit un ou plusieurs corps d'armée. D'ici là nous nous contentons d'avoir confiance sans rien préciser.....car, nous le répétons, ce n'est pas sur „on dit" que s'établissent et se confirment les victoires. Les faits qui nous permettent d'espérer sont sérieux; cela doit nous suffire, en attendant mieux, et le mieux sera l'annonce officielle d'un succès.

(L'Indépendant de la Moselle.)

Les conjectures favorables abondent sur la bataille

d'Etampes. Nous devons les signaler; aux bruits qui circulent en ville, il faut ajouter celui-ci : Il paraît qu'aux chants de triomphe et aux hurrahs qui s'entendaient dans les camps prussiens a succédé une morne tristesse. On ne voit plus de ces manifestations bruyantes qui ont signalé les premiers jours de septembre.

P. S. Les rapports qui sont arrivés au maréchal Bazaine sur l'affaire d'Etampes sont tellement satisfaisants, nous dit-on, qu'on a presque la certitude que cette journée a été une véritable grande victoire et que les Prussiens ont été fortement refoulés.

On ajoute que le général d'Aurelle de Paladines, ayant pu organiser un petit corps, serait arrivé par Orléans, aurait pris les Prussiens en flanc du côté de Vitry - le - Français, et aurait contribué puissamment au mouvement de retraite d'un corps prussien. (L'Indépendant de la Moselle).

La Défense.

Un mot superbe, entendu hier sur les remparts; un de ces mots que l'on ne saurait trop propager à l'heure présente :

Une jeune fille en deuil, appartenant à la classe ouvrière, regardait, en proie à la plus vive animation, des pièces que l'on mettait en batterie.

Qu'est-ce que tu as donc, petite soeur? lui demanda un enfant qu'elle tenait par la main.

Oh! répondit-elle d'une voix sourde, je voudrais être canon! (L'Indépendant de la Moselle.)

Avis.

Un certain nombre de militaires de tous grades quittent, sans ordre et même sans prévenir, les ambulances dans lesquelles ils ont traités, pour se rendre dans d'autres ambulances. Cette manière de faire éveille des inquiétudes et nécessite des recherches qui ne laissent pas que d'apporter du trouble et de la préoccupation dans le service.

Je rappelle, en conséquence, qu'aucun blessé ou malade ne doit quitter l'hôpital ou une ambulance, sans être muni d'un billet de sortie régulier. Les contrevenants seront recherchés par la gendarmerie et punis, s'il y a lieu, par l'autorité militaire.

Metz, le 1er octobre 1870.

Le Général de division,
commandant supérieur de la place de Metz,
F. Coffinières.

Nos Frontières du Rhin.

Ah! certes, c'est une triste et douloureuse chose que la guerre. Mais il y a des heures, il y a des circonstances, où elle devient le plus noble et le plus saint des devoirs.

Est-ce un sang inutilement répandu que celui qu'ont versé tant de générations pour fondre en un grand et puissant Etat les divers éléments dont se compose la nationalité française? Pourrions-nous sans ingratitude et sans impiété maudire les combats héroïques, soutenus pendant des siècles pour constituer la patrie que nous possédons?

De quoi s'agit-il aujourd'hui? De mettre à l'abri de toute menace dans l'avenir cette patrie que nous devons à ceux qui nous ont précédés; de la compléter et la fortifier, comme elle doit l'être suivant les lois de la nature et de l'histoire.

La nécessité où nous sommes, d'avoir une armée de 800 mille hommes, quand il y a quarante ans une armée de 400 mille suffisait à la sécurité nationale, ne dit-elle pas assez clairement de quelle importance est pour nous cette question des frontières naturelles? Est-ce jouir réellement des bienfaits de la paix que d'être condamné à un pareil déploiement de puissance militaire?

Si un tel régime devait durer, que serait-ce donc que cette civilisation moderne dont nous sommes si fiers? Et quelle raison pourtant y a-t-il d'en prévoir la fin, aussi longtemps que nous n'aurons pas recouvré nos limites de 1801?

Plus l'oeuvre d'unification allemande se consolidera, plus notre puissance relative se trouvera affaiblie. Plus nous temporiserons, plus le danger augmentera. Plus enfin nous attendrons pour en finir avec cet état de choses, plus il nous deviendra difficile de nous en affranchir. Tout cela n'est-il pas de la dernière évidence?

Serait-ce comprendre nos devoirs envers les générations futures que de leur léguer le fardeau d'une pareille situation? Et de quel nom mériterions-nous d'être traités par l'histoire, si nous leur laissions le soin de racheter sur les champs de bataille l'honneur et la sécurité de la patrie?

(Journal de Metz.)

---

6. October.

Nouvelles du jour.

Les bruits de victoires remportées par nos armes continuent à circuler en ville. On espère de plus en plus que ces heureuses nouvelles se confirmeront.

C'est toujours de la bataille d'Etampes qu'il est question; mais où est situé Etampes?

On disait ces jours-ci: les Prussiens, après avoir essuyé à Etampes une grande défaite, ont été refoulés jusqu'à Château-Thierry. Que les Prussiens aient été défaits, la chose est très-vraisemblable; qu'ils aient couru à toutes jambes d'Etampes à Château-Thierry, voilà ce que nous ne pouvions admettre.

Et cependant le fait est très-admissible; seulement, il faut s'entendre: s'agit-il de la ville d'Etampes, située sur la ligne d'Orléans, à 56 kilomètres de Paris, dans le département de Seine-et-Oise, ou de la commune d'Etampes, département de l'Aisne, arrondissement et canton de Château-Thierry? ....

Si la seconde hypothèse est la vraie, la fuite des Prussiens jusqu'à Château-Thierry s'expliquerait tout naturellement.

Puissent des renseignements certains nous édifier bientôt sur ce point et sur tout le reste!

(Journal de Metz.)

---

7. October.

Une tactique du maréchal Bazaine.

Au dire de tous les prisonniers qui nous ont été rendus, Bazaine inspire un vif sentiment de terreur aux Prussiens.

Il a dû leur faire du mal, peut-être plus de mal que nous ne nous permettons de le dire, sans se laisser entamer. Les Prussiens ne lui pardonnent pas surtout la journée du 18 août, qu'ils appellent la bataille de Sainte-Marie-aux-Chênes où nous leur avons faitsubir des pertes considérables.

....

....

Son attitude a été remarquée ce jour-là par de bons juges, et si nous en parlons ce n'est pas dans un but élogieux, mais dans l'espoir d'appeler les réflexions des esprits sérieux sur la vraie „manière de combattre les Prussiens". Ne rien aventurer, choisir de bonnes positions, ne frapper qu'à coup sûr, voilà le seul moyen d'en finir avec notre ennemi. Faire la guerre à la Turenne, disait Bazaine, avant tous ces événement „prendre les choses avec beaucoup plus de calme, „pétait-il aux officiers l'an dernier au camp de Châlons; nous „avons un fusil remarquable, il ne s'agit plus que d'avoir du „sang froid." Ce n'est peut-être pas l'affaire des hommes à bulletins.

Adapter les dispositions des troupes à la forme du terrain si l'on veut se porter en avant, ne quitter une position que pour en occuper une non moins solide; et nous insistons sur ce point: Ne rien livrer à l'aventure; tout calculer; de chevaleresque devenir positif. Imitons en cela notre adversaire, et nous gagnerons à la première occasion une bataille décisive, ce qui était possible le 16 si nous avions eu l'expérience qui nous est acquise aujourd'hui.

(L'Indépendant de la Moselle.)

8. October.

Hier, vers midi, une reconnaissance offensive a été opérée vers Thionville, par des bataillons du 6e corps. A 3 heures, nos troupes étaient arrivées aux Grandes-Tappes, malgré un feu très-nourri des batteries prussiennes, établies sur tout l'arc de cercle allant du bois de Fèves à Olgy.

Il y avait environ 6 pièces à Fèves, 20 à Semécourt, ainsi qu'en avant de Maizières et d'Amelange, 6 à Argancy et 6 à Olgy.

Les voltigeurs de la garde ont vivement enlevé à la baïonnete les Grandes-Tappes et Amelange aussi, croyons-nous. Ce que nous savons, c'est que les Prussiens ont été refoulés fort loin sur la ligne de Thionville.

Les canons de Saint Julien ont appuyé ce mouvement; au fort des Carrières, une pièce de 24 a, vers 4 heures, lancé deux projectiles à 5,300 mètres sur les batteries de Semécourt.

En même temps, une diversion semblait être effectuée, dans le bois de Vigneulles, par deux bataillons du 4e corps.

Nous avons fait environ de quatre à cinq cents prisonniers; nous ne pouvons encore connaître le nombre de nos blessés; vers 5 heures du soir, une centaine arrivaient en ville.

Le général Gibon, qui vient d'être promu à ce grade depuis quelques jours seulement, a été assez grièvement blessé à l'avant-bras. — Le 25me de ligne a beaucoup souffert. On nous affirme que son colonel est blessé.

On dit qu'une batterie prussienne avec tous ses canons est en notre possession (irrthümliche Nachricht).

En somme, l'engagement d'hier a parfaitement réussi, comme tous ceux que nous avons entrepris depuis quelque temps. Encore une étape et nous serons à Thionville.

(L'Indépendant de la Moselle.)

9. October.

Place de Metz.

Arrêté.

Il est enjoint à tous les détenteurs de blé ou de farine de faire la déclaration des quantités qu'ils possèdent, à la mairie de Metz, avant le mardi 11 octobre courant.

A partir du lendemain 12, les blés et les farines qui n'auront pas été déclarés ne seront plus payés, savoir: les blés que 30 francs les 100 kilogrammes, les farines que 40 francs les 100 kilogrammes, au lieu de 36 francs et 48 francs, prix fixés par l'arrêté du 15 septembre dernier. La différence sera versée à la caisse du bureau de bienfaisance et employée pour les besoins de cette institution. Les retardataires perdront, en outre, la faculté de recevoir en nature, après le blocus, les quantités de blé égales à celles qu'ils auront livrées.

A partir du même jour, 12 octobre, des visites seront faites à domicile pour rechercher les blés et farines qui n'auraient pas été déclarés. Celles de ces denrées qui seront trouvées, seront enlevées par les soins des agents de l'autorité publique.

Metz, le 7 octobre 1870.

Le général de division,
commandant supérieur de la place de Metz,
F. Coffinières.

***

Dernières Nouvelles.

La journée du 7 a été dignement remplie.

Nos troupes ont attaqué vigoureusement l'ennemi vers midi, en avant du village de Maizières.

Quelques heures après, l'action était devenue très-sérieuse, et le courage de nos soldats était garant du succès.

Des batteries prussiennes, solidement établies à Bellevue, Saint-Remy, Semécourt, Olgy, Argancy et Malroy, tiraient avec acharnement sur nos bataillons, mais ne purent arrêter leur marche victorieuse.

Les voltigeurs de la Garde et un régiment de ligne, que je regrette de ne pouvoir désigner spécialement, ont enlevé à la baïonnette, avec un élan irrésistible, un certain nombre de pièces à l'ennemi, *) qui a du lâcher prise et se replier sur Maizières.

Les pertes prussiennes ont dû être considérables; les nôtres, tout en étant sensibles, leur sont bien inférieures.

Nous avons ramené 500 à 600 prisonniers presque tous badois ou polonais.

Le fort de St.-Julien et la redoute des Bordes se sont fait entendre une partie de l'après-midi et la justesse de leur tir n'a pas peu contribué à faciliter nos mouvements et à nous assurer le succès.

Une stérile attaque de nuit sur Ladonchamps a clos cette journée, dont tous les faits de guerre ont été favorables à nos armes. (Journal de Metz.)

---

*) Siehe oben in der Nachricht des „Indépendant" vom 8. October.

Les combats des 7 et 8 octobre.

Faisons un peu de topographie locale, cela rendra service même aux Messins qui plaisantent les membres de l'armée de leur peu de connaissance de nos environs.

Maizières-les-Metz, gros village situé à 12 kilomètres de Metz, sur la route de Thionville, est, depuis une vingtaine d'années, devenu le centre du commerce de fourrages du pays messin. Il y a là des granges qui d'ordinaire regorgent de paille et de foin. Nous y arriverons bientôt du train dont marche l'armée de la Moselle. En avant de ce village se trouve la ferme d'Amelange, à laquelle conduit une belle route plantée de hauts peupliers. Cette ferme est proche de la Moselle, qui la sépare du village d'Olgy. Les Français se sont emparés des deux fermes des Grandes et Petites Tapes (anciennes étables de l'abbaye St.-Vincent, en latin Stabula). Ils ont surpris 300 hommes en train de manger et d'incendier, et qui se sont rendus de suite. Ce sont des Polonais, des jeunes gens de la Landwehr de l'ancien duché d ePosen. Pendant qu'on les expédiait sur Metz, arrivait de derrière le rideau de peupliers d'Amelange une division de cavalerie s'avançant contre nos fantassins massés en carrés qui, évitent de décharger leurs chassepots trop vite. Parvenus à bonne distance ils tirent, puis, en avant la baïonnette. Ils se trouvent devant une redoute qui flanquait Amelange à gauche et défendait le pont que les Prussiens ont installé sur l'emplacement de l'ancien bac d'Olgy.

Ce pont était défendu sur l'autre rive par une batterie de position installée depuis plusieurs semaines au-dessus du moulin d'Olgy. Cette batterie et les tirailleurs abrités dans les fossés d'Amelange n'arrêtèrent pas nos braves soldats. Notre artillerie approche et après une heure de mêlée, la fumée ne nous permettant plus de rien distinguer, nous voyons le canon répondre près d'Amelange à la batterie d'Olgy. Nos chassepots et nos canons rayés étaient vainqueurs.

Pendant ce temps, à l'aile gauche, nos fantassins et nos artilleurs rivalisaient de courage avec ceux de l'aile droite. Les Prussiens, depuis deux semaines, établissaient une batterie à l'est de Frémicourt, dans „le bois Labbé," à la rencontre du chemin de Woippy à Moyeuvre et du chemin de

Frémicourt à Maizières. Ils y placèrent dix pièces de canon dont la gueule était tournée vers Ladonchamps et St.
Remy. Huit jours après, ils vinrent élever des épaulements
étagés au sud de Semécourt, sur le chemin qui descend de
ce village vers la route de Moyeuvre à Woippy. Ce sont
ces deux batteries qu'il faudra maintenant emporter. Un
régiment du 4e corps, le 38e, croyons-nous, est venu en
tirailleurs par les bois de Vigneulles et de Plesnois, jusqu'aux vignes de Fèves, et par les vergers du bas de Norroy-
le-Veneur, villag qu'ils ont occupé, la batterie de Frémicourt
a éteint son feu; plusieurs obus, lancés avec justesse, ayant
fracassé les servants et fait sauter un caisson, dont le feu
a tout à coup sillonné d'éclairs l'horizon enfumé.

Les Prussiens ont envoyé de la nouvelle artillerie par le
chemin de Fèves à Frémicourt, qui domine Semécourt, et
couronne la crête du Haut-Rimont. Une batterie prussienne
s'installa sur ce chemin, et contint l'ardeur de nos troupes,
ce qui permit à la batterie de Frémicourt de s'installer plus
en arrière sur le chemin de traverse de Semécourt à Marange.

Le bataillon de chasseurs de la garde a chargé à la
baïonnette sur une batterie mobile à la gauche de Ladonchamps, sous Semécourt, en a chassé les servants, et, n'ayant
pas les moyens d'en enclouer les pièces à culasse mobile,
a dû se borner à ramener dans les lignes françaises les chevaux tout harnachés.

A la nuit, les troupes du 6e corps se replièrent en bon
ordre sur Ladonchamps; cette reconnaissance avait permis
au 4e corps d'opérer sur Norroy-le-Veneur le mouvement
important que nous avions indiqué hier, comme une simple
diversion, et qui a été ainsi le résultat capital de la journée.
A bientôt la prise du camp d'approvisionnement de Pierrevillers.   (L'Indépendant de la Moselle.)

Vers 7 heures du soir, les Prussiens ont pris l'offensive
sur Ladonchamps; la cavalerie s'y est jetée et en a été re-
poussée; on estime de 7 à 8,000 hommes la colonne prussienne qui a tenté cette attaque, et qui s'est heurtée à un

seul régiment d'infanterie, le 28e de ligne, bientôt renforcé par le 7ᵗᵉ.

Hier matin, l'artillerie prussienne a tiré de nouveau sur Ladonchamps.   (L'Indépendant de la Moselle.)

---

10. Oktober.

Capitulation de Strasbourg.

Les nouvelles les plus malheureuses nous arrivent de Strasbourg. Quelque tristes qu'elles puissent paraître, nous ne croyons pas devoir les cacher à nos lecteurs. Au moment où des succès importants, où une victoire glorieuse remportée sous les murs de Paris, promet à notre vaillante armée une éclatante revanche, il est bon de faire voir à nos populations urbaines et rurales, que la guerre actuelle est une guerre d'extermination, qu'il faut savoir vaincre quelque pénible que soit la lutte. Nos ennemis ont détruit la capitale de l'Alsace. Que ses ruines fumantes, que le sang répandu par ses héroïques défenseurs réveille plus ardent encore l'esprit patriotique des populations de l'Est!

. . . .
. . . .
. . . .
. . . .

Nous ne raconterons pas les outrages qu'ont subi les défenseurs de Strasbourg! Nous n'avons voulu, par ces quelques lignes, que montrer une fois de plus, combien le Gouvernement provisoire a sagement agi en refusant de traiter ave la Prusse. Tant que nous n'aurons pas vengé la prise de Strasbourg, tant que nous n'aurons pas remporté des succès assez éclatants pour qu'une indemnité considérable vienne empêcher la ruine totale de l'Alsace, la paix sera honteuse. Heureux seront les Allemands si la haine qu'ils ont semée ne se traduit pas pour eux par de cruelles et terribles représailles!   (Journal de Metz.)

On nous assure que des gens mal intentionnés cherchent en ce moment à jeter le trouble et l'inquiétude dans l'esprit des habitants de notre ville, dans un but facile à deviner. Nous engageons nos concitoyens à se mettre en garde condes insinuations perfides qui ne peuvent émaner que d'agents au service de la Prusse.

(L'Indépendant de la Moselle.)

11. October.

Du vandalisme à la guerre à propos du pillage du pays messin par les barbares.

Depuis quelques jour, le nom des Huns et des Vandales nous est revenu à la mémoire en voyant nos campagnes dévastées, nos fermes et nos villages réduits en cendres par les torches incendiaires des peuples d'outre-Rhin.

(Journal de Metz.)

12. October.

Ville de Metz.

Avis.

Conformément à l'avis qu'il a reçu de M. le général commandant supérieur de la place, le maire fait connaître que M. le Maréchal commandant en chef a décidé qu'il ne pourrait plus sortir de la place aucune quantité de blé, de farine ou de denrées fourragères. Il n'est fait exception que pour les voitures de l'administration ou autres, qui vont s'approvisionner dans les magasins de la place et qui seront munies d'un laisser-passer signé par le Maire ou par.M. Antoine, sous-intendant militaire, chargé du service des subsistances.

Metz, le 10 octobre 1870.

Le Maire, Félix Maréchal.

Communiqué.

Le maréchal commandant en chef l'armée du Rhin n'ayant reçu aucune nouvelle affirmant les heureux faits de guerre qui se seraient passés à Paris, se borne à en souhaiter la réalisation et assure les habitants de Metz que rien ne leur est caché; qu'ils aient donc confiance dans sa loyauté.

Du reste, jusqu'à ce jour, le maréchal a toujour communiqué à l'autorité militaire de Metz les journaux français ou allemands tombés entre nos mains.

Il profite de l'occasion pour assurer que, depuis le blocus, il n'a jamais reçu la moindre communication du gouvernement, malgré toutes les tentatives faites pour établir des relations.

Quoi qu'il advienne, une seule pensée doit, en ce moment, absorber tous les esprits; c'est la défense du pays; un seul cri doit sortir de toutes les poitrines.

Vive la France!

Ban-St.-Martin, le 11 octobre 1870.

La manifestation populaire d'hier.

Nous avons dit, mais sans tomber dans l'exagération que les prisonniers français avaient rapporté de bonnes nouvelles recueillies sur leur trajet de Mayence à Metz; leurs différentes conversations ont sans doute donné naissance à une sorte de dépêche qui a été répandue en ville et même imprimée.

Sans tomber dans un optimisme exagéré, nous avons lieu de croire, d'après tous les documents, que nous avons eus entre les mains, depuis quelques jours, que si les détails ont été grossis, le fond en paraît au moins vraisemblable.

L'émotion produite en ville par la publication de cette nouvelle, que ne venait confirmer aucun document officiel, a occasionné un rassemblement tout pacifique devant l'hôtel de ville. Les officiers de la garde nationale, qui y étaient réunis, ont prié M. le maire de Metz de les accompagner cher M. le général Coffinières, afin d'avoir chez lui quelques renseignements sur la véracité de cette nouvelle. Il leur a été répondu que le maréchal Bazaine n'en avait pas eu connaissance et que rien n'en confirmait l'authenticité.

D'autres questions ont été agitées, sur lesquelles nous reviendrons plus tard . . . . .

Dans la situation exceptionelle où nous nous trouvons placés nous devons borner à enregistrer ces faits sans les faire suivre d'aucune appréciation.

(L'Indépendant de la Moselle.)

13. October.

Le bruit est répandu et accrédité à Pont-à-Mousson et, assure-t-on, dans toute l'Alsace, que l'armée prussienne, harcelée dans une nombreuse série de combats, très-affaiblie par les engagements journaliers, finalement démoralisée, aurait levé le siége de Paris à une date inconnue, et, battant en retraite, serait déjà arrivée sur la Marne, près de Châlons. Nous n'affirmons pas l'authenticité de ces heureuses nouvelles. Ainsi, l'affaire de Montrouge, la victoire d'Etampes seraient confirmées, et aujourd'hui des populations entières, celles de la Lorraine et de l'Alsace, en communication avec l'intérieur, croient fermement à la retraite de l'armée prussienne et à sa défaite sous Paris.

C'est le général Vinoy qui commandait les troupes françaises.   (Voeu national.)

On lit dans le numéro du 11 octobre de *l'Indépendant de la Moselle*, que, „le 7 octobre, 512 projectiles, envoyés par les batteries ennemies, n'ont tué que deux Français.“

Comme il importe que la vérité des faits soit connue de tout le monde, le journal *l'Indépendant de la Moselle* est invité à faire savoir à ses lecteurs que, dans la journée du 7 nos pertes ont été les suivantes:

Officiers: tués 11
-          blessés . . . 53
Troupe: tués 90
-          blessés 981

Cette opération avait pour but de s'emparer des approvisionnements de toute nature qui se trouvaient dans les Grandes et les Petites-Tapes, afin d'augmenter nos ressources, et, en même temps, de s'assurer des forces de l'ennemi sur la route de Thionville.

(Communiqué.)
(L'Indépendant de la Moselle.)

16. October.

Hier, de 3 heures à 10 heures du matin, on a entendu une canonnade lointaine très-vive dans la direction de la route de Briey, entre Gravelotte et Saint-Privat, à quatre lieues de Metz. On parlait aussi de Hannonville-au-Passage; d'autres supposaient que c'était dans la direction de Pont-à-Mousson. On voyait aussi une fumée très-forte au-dessus d'Ars. Ce ne sont pas les troupes du maréchal Bazaine qui ont été engagées, son armée n'ayant pas bougé depuis le 7.

Des soldats affirment avoir entendu le bruit des mitrailleuses du côté de Mars-la-Tour.

Toute notre population est frémissante d'espoir.

(L'Indépendant de la Moselle.)

Nos ballons arrivés à bon port.

Nous avons sous les yeux la preuve certaine de l'arrivée à destination des lettres envoyées le 21, le 22 et le 23 septembre, par les ballons construits à l'école d'application d'artillerie et du génie, sous la direction du colonel Goulier.

Ce sont des réponses parvenues hier par des parlementaires et qui indiquent positivement les dates des dépêches reçues.   (L'Indépendant de la Moselle.)

17. October.

Un profond silence a succédé à la bruyante canonnade d'avant-hier. Etait-ce une attaque de Thionville ou de Verdun, ou une bataille réelle engagée avec des troupes françaises cherchant à nous joindre? c'est ce que la population et l'armée demandent avec anxiété.

Nous tenons tous à savoir la vérité.*)

(L'Independant de la Moselle.)

19. October.
Ville de Metz.

Le maire fait connaître que, par ordre de M. le général de division, commandant supérieur de la place, les portes de la ville seront ouvertes, à partir du 18 octobre courant, à sept heures du matin et fermées à quatre heures du soir.

La sortie des blés et farines, du pain, des graines fouragères et de toute denrée alimentaire est formellement interdite. Cette interdiction ne s'applique pas au vin, à l'eau-de-vie, au café, au sucre, livrés par les magasins de la place; ces denrées pourront sortir, à la condition qu'elles seront accompagnées d'un laiser-passer signé par le service de l'intendance. L'interdiction ne concerne pas non plus le pain et

---

*) Jn Wahrheit hatte man die Beschießung von Verdun gehört.

les farines attribuées aux communes suburbaines pour l'alimentation de leurs habitants. Ces denrées continueront à sortir, savoir: les farines, sur la présentation d'un laisser-passer délivré par le maire de Metz; le pain, sur la présentation de la carte au moyen de laquelle on l'aura acheté.

Metz, le 18 octobre 1870.   Le Maire,

F é l i x   M a r é c h a l.

Ces jours derniers, le mot capitulation a été prononcé par quelques gens timides, peut-être même par des agents prussiens.

Que toute le monde sache bien que l'armée et la population messine sont unies par la même pensée: ne pas traiter avec l'ennemi et toujours combattre. . . . .

(L'Indépendant de la Moselle.)

Monsieur le Rédacteur,

Je n'aime pas écrire, ayant pour cela des raisons que vous devinerez en me lisant, mais avant de me coucher, je ne puis résister au désir de causer avec vous, et de livrer à cette feuille de papier les impressions pénibles sous lesquelles je me trouve en ce moment. D'après ce que me rapportent mes camarades qui viennent de Metz, il paraît que depuis quelques jours, les Messins qui, jusqu'à présent, ont fait notre administration et se sont acquis des droits à notre grande reconnaissance, se plaignent de ce que l'armée reste autour de la ville et absorbe le peu d'approvisionnements qui lui restent; je me suis même laissé dire que, aujourd'hui, on nous traite de gêneurs; le mot est dur et mal placé, aussi ne l'acceptons-nous pas; il est bien facile de dire: „Que l'armée s'en aille! et il nous restera des approvisionnements, nous nous défendrons et nous périrons dans nos murs"; tout cela se dit très-bien, et se ferait de même, j'en suis persuadé; mais pourquoi dire: que l'armée s'en aille? Si vous voulez, Messieurs, vous ensevelir sous vos ruines, proposez-le à ceux qui, depuis deux mois, ont empêché l'ennemi d'approcher de vos murs, personne ne dira: Non; réunissons-nous dans l'enceinte et faisons-nous sauter, si l'autorité est de notre avis, cela vaudra mieux que de mourir de faim, et au moins nous détruirons vos remparts, dont les Prussiens ne profiteront pas. Mais, vous vous montrez égoïstes, et ceux qui, en ce moment, ne rendent pas justice à l'armée sont peu au courant de la situation; il m'est difficile de m'expliquer, comme je pourrais le faire, parce que je ne dois pas entrer dans certaines considérations que ma position de militaire ne me permet pas de développer; mais je prends notre situation à la date du 19 août, et je ne m'étendrai pas sur ce que nous avons eu à faire; donc accordez-moi un peu de patience, je vous aurai bientôt débarrassé de mes phrases, jetées en courant et sous l'impression de mauvaise humeur causée par les „on dit" de la ville.

A partir de cette date, nous avons occupé et fait respecter par l'ennemi le principal rempart de la France, du côté attaqué; près de nous, est passée une armée de un million d'hommes, et elle n'a pas osé se réunir pour chercher à s'emparer de votre ville, nous l'avons harcelée, malgré ses nombreux travaux, que vous ne connaissez peut-être pas; aucun de nous ne pensait que nous puissions rester dans cette position jusqu'au 15 octobre; donc, pour subsister jusqu'à présent, il a fallu les mesures prises par l'autorité militaire et certaines personnes étrangères à notre métier, dont je ne citerai pas les noms, de peur de blesser leur modestie; il était à espérer que la France, ainsi que cela avait été avancé en haut lieu, se lèverait en masse à l'approche de l'étranger, et que la première armée capable d'entamer l'ennemi viendrait débloquer Metz; le maréchal Mac-Mahon a fait cette tentative, nous savons, malheureusement, à quoi elle a abouti. Depuis, on pouvait croire que la France, qui doit mettre au moins 1,500,000 hommes sur pied pour la défense de son territoire, et qui a à sa disposition tous les chemins de fer, excepté celui de l'Est, formerait une armée sérieuse, capable de nous dégager; mais (chose qui n'étonne nullement les hommes de mon métier), on a eu bien de la peine à réunir assez de monde pour défendre Paris, et Metz reste seule, entourée d'ennemis en grand nombre, et de fortifications dont il faudrait faire un siége en règle, si on voulait les franchir; je ne sais ce que fera le maréchal Bazaine, je m'en rapporte complètement à sa sagesse, et accepterai avec une entière confiance les ordres qu'il nous donnera, mais je tiens à relever une erreur de vos compatriotes: ils se figurent qu'à Metz ils sont chez eux, et nous regardent en étrangers; qu'ils se détrompent, nous sommes tous chez nous; Metz est une forteresse de France, dont les remparts ont été élevés et entretenus avec l'argent de toute la nation; il appartient à l'armée de défendre toutes les forteresses, et, si les vivres manquent ou semblent devoir manquer prochainement, c'est parce que l'autorité militaire, avec sa bienveillance ordinaire, n'a pas voulu, dès le commencement du blocus, faire sortir toutes les bouches inutiles, comme cela se pratique toujours. On parle sans cesse de la fameuse trouée qui doit nous dégager, je ne puis vous dire ce que j'en pense, mais si on ne la fait pas, croyez bien qu'elle est impossible; si nous recevons l'ordre de la tenter, comptez sur notre énergie pour la voir réussir; si vous, messieurs les Messins, voulez bien vous rappeler ce que nous avons fait et voir les dangers et les privations que nous supportons tous les jours avec gaîté pour être dignes de notre pays, vous aurez pour nous de meilleurs sentiments, et vous nous laisserez, au fond du coeur, une reconnaisance sans bornes pour les soins empressés que vous avez donnés à nos camarades atteints par la maladie ou le feu de l'ennemi.

Agréez, etc.

Un officier d'infanterie.
(L'Indépendant de la Moselle.)

---

20. October.

Place de Metz.

Arrêté concernant les denrées alimentaires.

Le général commandant supérieur à Metz,

Vu la décroissance rapide de nos ressources en grains et farines;

Vu l'accroissement de la population résultant de l'entrée en ville des populations rurales refoulées par l'ennemi;

Vu l'urgence de prendre les mesures les plus énergiques pour prolonger la défense;

Attendu qu'il est équitable de donner la même ration aux habitants qu'aux troupes de la garnison de Metz;

Arrêté:

A partir de mercredi, 19 octobre courant, la ration de pain attribuée à chaque habitant sera fixée de la manière suivante:

La ration entière . . . . . 300 grammes;
La demi-ration 200   -
Le quart de ration 100   -

Les quantités de farines attribuées aux communes sub-urbaines leur seront délivrées en prenant pour base le poids de la ration tel qu'il est déterminé ci-dessus.

Metz, le 18 octobre 1870.

Le général de division, commandant supérieur
de la place de Metz
F. Coffinières.

De graves nouvelles circulent à Metz; on parle de né-gociations, de conventions. Nous ne pouvons ni les confirmer, ni les démentir. C'est au maréchal Bazaine à vouloir bien nous faire connaître la situation par un nouveau communiqué, que la population attend avec impatience.

Quoi qu'il adienne, le devoir de notre ville reste le même. Nous unir tous, pour résister à la domination prus-sienne, jusqu'à la dernière cartouche et jusqu'au dernier mor-ceau de pain.

(L'Indépendant de la Moselle.)

On vient de trouver contre une des estacades établies sur la Moselle, en amont de Metz, 10 moutons et un porc. Ces animaux faisaient probablement partie du groupe qui s'est arrêté devant le pont de Longeville, et qui a été dé-couvert plusieurs jours auparavant. Il est difficile de ne pas penser que ce sont là des provisions envoyées par des amis, et peut-être une indication pour annoncer qu'on pense à nous.

(Courrier de la Moselle.)

21. October.
Conseil municipal de Metz.

Depuis le 18 de ce mois, le conseil municipal de la ville se réunit tous les jours, à quatre heures de l'après-midi; les membres sont, d'ailleurs, répartis pendant le reste de la journée dans les divers services nécessités par les circonstances.

L'objet essentiel de ses préoccupations est la question des subsistances; des cartes sont aujourd'hui remises à chaque citoyen, indiquant le nombre de rations de pain que chacun doit recevoir, et le boulanger qui doit le lui fournir; les perquisitions à domicile s'achèvent, et les blés et farines que l'on rencontre, ainsi que ceux déjà déclarés, sont dirigés directement sur les moulins de M. Bouchotte, qui les répartit ensuite entre les boulangers, après avoir opéré le mélange des quantités déterminées de farine pure et de son.

En ce qui concerne ce mélange, les boulangers ont été prévenus que la différence de densité du son et de la farine ne permettant pas au mélange de résister au transport des sacs, il était nécessaire que chacun d'eux, au moment de la panification, prît la précaution de refaire le mélange de tous les sacs, qui sont uniformément composés de 75 p. 100 de farine et 25 p. 100 de son.

Dans une de ses délibérations, le conseil s'est occupé de la distribution de bouillon à la population pauvre de la ville; M. Bouchotte, un des membres du conseil, a eu l'idée d'utiliser, à cet effet, les chaudières, les salles de débit, le matériel et le personnel des brasseries inoccupées de la ville. M.M. les administrateurs du bureau de bienfaisance, ont offert leur concours au conseil, et on espère que, dès aujourd'hui, la distribution de 12,000 rations par jour pourra être commencée.

Cette préparation sera faite dans quatre ou cinq brasseries, distribuées, autant que possible, dans les différents quartiers, et devra apporter un soulagement notable à bien des situations difficiles. _____ (Journal de Metz.)

Conseil municipal de Metz.
Séance du 17 octobre 1870.

....
....
....

— M. le maire annonce que M. le général commandant supérieur de la place a entretenu l'Administration d'une manière générale de la question des subsistances et a parlé de ramener la ration de pain à 300 grammes, comme dans l'armée. M. le général a indiqué aussi l'intention où serait l'autorité militaire de prononcer la séparation des approvisionements de l'armée, de la garnison et de la population civile; mais cette séparation, ajoute M. le maire, ne donnerait plus la réserve sur laquelle la ville a pu compter.

Le comité des subsistances a recueilli ces communications avec intérêt et a témoigné le désir de connaître les chiffres auxquels pouvaient s'élever les réserves de l'armée.

M. M. Geisler, de Bouteiller, Rémond, Worms, le Maire, Blondin, Bastien et Bouchotte sont entendus sur la question. M. Bastien, notamment, demande si on s'est conformé, à Metz, aux prescriptions ordinaires des places de guerre? Ainsi, dit-il, je me trouvais à Mayence, lors de la déclaration de guerre de la Prusse à l'Autriche, et le gouverneur a immédiatement constitué un comité des subsistances; il a prescrit aux habitants de s'approvisionner pour trois mois et il a frappé des réquisitions à plus de 10 lieues à la ronde de la ville. Je sais, de plus, que cette année, à la déclaration de la guerre actuelle, *il* a procédé immédiatement de la même manière. (L'Indépendant de la Moselle.)

Toujours dés bruits navrants, pas de nouvelles officielles!

Défions-nous de ces bruits et de ceux qui les apportent; ce sont peut-être des ruses de guerre inventées, à l'approche de l'hiver, par une armée lasse d'une campagne interminable et désastreuse.

Si les Prussiens ne reculent devant aucun moyen pour tâcher d'en finir et d'obtenir avec Metz, la clef de la France, sachons user leur patience et leurs forces, et, par une résistance désespérée, par une union de tous les partis, sauvons notre patrie et sa liberté. (L'Indépendant de la Mosell .)

Depuis deux jours, on n'a pas entendu un coup de canon; une trève tacite semble exister entre les armées prussiennes et françaises. (L'Indépendant de la Moselle.)

Il est beaucoup question en ville du départ plus ou moins

probable, plus ou moins prochain de l'armée du maréchal Bazaine. En matière si délicate, nous sommes tenus à une grande réserve et il nous serait impossible de discuter les éventualités et les ressorts du mouvement qu'on assure se préparer. Nous croyons pourtant qu'il se rattache, s'il s'exécute, à l'état général du pays, à la situation respective des armées et à d'autres considérations que nous n'aborderons pas et pour cause. (Voeu national.)

Cette nuit, un certain nombre de Polonais, qui composent les avants-postes prussiens, se sont avancés jusqu'à Woippy et se sont adressés à nos soldats, non pas en ennemis, mais en camarades, et leur ont apporté, toutes les provisions dont ils pouvaient disposer.

Cela prouve, une fois de plus, les sentiments de vive affection qui n'ont jamais cessé d'exister entre les enfants de la Pologne et les Français. (L'Indépendant de la Moselle.)

22. October.
Avis.

Toutes les portes de la ville seront ouvertes de sept heures du matin à quatre heures du soir.

En outre, on ouvrira:

La porte Chambière, le soir, de cinq heures à cinq heures et demie;

La porte du Saulcy, le soir, de cinq heures à cinq heures et demie, et de huit heures à huit heures et demie;

Les barrières intérieures du Pont-des-Morts et du Pontiffroy, de six heures du matin à huit heures du soir.

Metz, le 21 octobre 1870.

Le général de division,
commandant supérieur de la place de Metz,
F. Coffinières.

Conseil municipal de Metz.

Dans ses séances des 20 et 21 de ce mois, le conseil municipal s'est préoccupé des différentes questions qui se rattachent aux besoins alimentaires de la ville.

L'idée d'organiser des distributions de bouillon, émise par M. Bouchotte, dans une précédente séance, avait été

confiée, pour son exécution, à une commission qui s'en était
déjà très-sérieusement et très-utilement occupée; et, grâce au
concours de M. M. les administrateurs du bureau de bienfaisance, concours offert par eux avec beaucoup d'empressement,
le Conseil a pu espérer un instant apporter ce soulagement
aux besoins de la classe pauvre; malheureusement, il a été
donné avis par l'autorité militaire que les livraisons de chevaux allaient manquer et il a fallu abandonner ce projet.

En apprenant que cette ressource de livraison de chevaux de l'armée allait faire défaut, l'administration s'est em-
pressée de formuler, devant le comité d'approvisionnement
qui siége tous les jours au quartier général, à une heure, le
vœu de voir requérir les chevaux des particuliers, dont un
recensement récent évalue le nombre à environ 1400; le
conseil s'est associé à cette démarche, et, par une délibération spéciale transmise à M. le général commandant supérieur,
il a exprimé le même vœu. — Il a été exprimé à cette occasion, par plusieurs membres du Conseil, et notamment par
M. M. Geisler et de Bouteiller, des observations sur les
échanges qui pourraient avoir lieu avec fruit, entre l'armée,
qui a besoin de chevaux de transport, et la place qui veut
des chevaux pour l'alimentation; échanges qui ne pourraient
pas être faits par têtes, ni par égalité de poids, mais au
moyen d'appréciations pour lesquelles il serait bon d'avoir
des commissions spéciales.

Les perquisitions à domicile pour la recherche des grains
s'achèvent; les blés sont conduits au moulin des onze tour-
nants, et les farines mises en dépôt à l'hospice St.-Nicolas.
Le travail de distribution des cartes pour les fournitures de
pain de la part des boulangers, est d'ailleurs, terminé depuis
hier.   (Journal de Metz.)

Résumons la situation:

On dit en ce moment, à qui veut l'entendre, que l'anarchie règne en France, et que le roi de Prusse ne veut traiter
qu'avec un gouvernement constitué, celui qui existait avant
le 4 septembre.

On dit que le général Boyer, envoyé d'abord au quartier
général prussien, en négociateur, serait reparti pour l'étranger

. . . .
. . . .
. . . . On démembrerait la France, l'Alsace nous se
rait enlevée, ainsi que la partie allemande de notre département. La Sarre serait notre frontière.

Il est possible que le roi de Prusse cherche à introduire
en France la guerre civile; il agit en ennemi, c'est son droit;
mais nous nous refusons à croire, jusqu'à certitude du contraire, que notre pays est en proie à l'anarchie et qu'au moment où l'invasion prussienne nous accable, un seul but, une
seule pensée, n'anime pas les coeurs français: le sentiment
de la défense nationale.

Nous croyons que toutes les provinces méridionales sont
fédérées et reconstituent une armée qui va bientôt, peut-être,
faire pencher la balance en notre faveur.

Nous croyons que la tranquillité règne à Paris et que
tous restent unis pour la défense de la capitale.

Nous croyons que l'hiver, qui s'approche, est aussi un
redoutable auxiliaire, qui pourrait bien nous débarrasser des
Prussiens.

Espérons donc, ayons confiance: un seul jour peut changer la face des choses et transformer une marche triomphante
en une déroute désastreuse.

Notre tâche, à nous Messins, est donc toute tracée:
Nous devons résister à outrance. . . . .
. . . . et conserver, à tout prix, Metz à la
France comme son boulevard le plus précieux.

(L'Indépendant de la Moselle.)

———————

23. October.

Nous nous associons complètement aux sentiments exprimés par le *Moniteur de la Moselle* dans les lignes suivantes, sentiments qui ont toujours été les nôtres:

„Il est temps que l'armée prussienne rentre au bercail.

„Si elle tarde, la ruine, la disette, l'attendent dans ses
foyers, tandis que, sur le théâtre de la guerre, elle est menacée de destruction par les armes d'un ennemi infatigable à
se réorganiser, à se ravitailler, à se délivrer, surtout de l'invasion étrangère.

„Les hommes d'Etat de Prusse savent tout cela, et ils comprennent que la paix leur est indispensable. Ce qui en retarde la conclusion, c'est l'abord l'observation stricte des formalités diplomatiques, qui empêche la Prusse de traiter avec un gouvernement de fait; c'est enfin, l'indemnité considérable qu'elle demande pour les pertes et les dépenses que lui a causées cette guerre.

„Il suffirait de quelques jours pour aplanir la plupart de ces difficultés. L'Assemblée Constituante doit être maintenant réunie et peut-prononcer, avec le droit et l'autorité que lui a conféré le suffrage universel, sur les questions politiques en litige. Les indemnités, si indemnités il y a, et si tant est qu'il en soit dû, pourraient être réglées à l'amiable. Il n'y a que la cession de territoire qui arrêtera toute négociation. Aucun gouvernement ne voudra assumer la responsabilité d'un amoindrissement de la France.

„Si les Prussiens s'obstinent, ils jouent gros jeu; la France n'est pas encore si épuisée qu'un suprême effort ne lui rende son activité et son énergie." (Journal de Metz.)

Des alarmistes, des gens sans aveu, continuent à répandre dans Metz les plus fâcheuses nouvelles.

Cette partie malsaine de la population doit être l'objet du mépris de tous ....
(L'Indépendant de la Moselle.)

Une rumeur incroyable, dit le *Moniteur*, circule aussi dans notre population. On raconte que le roi Guillaume, refusant nettement de traiter avec le gouvernement de la défense nationale, aurait invité l'Impératrice à se rendre à Metz pour entamer des négociations relatives à la paix.

Il est bien entendu que nous donnons sous toutes réserves cette nouvelle, à laquelle nous ajoutons peu de foi, mais qui néanmoins a pris un certain crédit près de plusieurs de nos concitoyens. (L'Indépendant de la Moselle).

24. October.

Quant à vos formidables armées, singulièrement diminuées par les pertes éprouvées par vous depuis le commen-

cement de la campagne, il s'agit de savoir si cette agglomé-
ration d'ouvriers, de marchands, de pères de famille, soutien-
dra le rude hivernage que lui fera subir un peuple décidé à
défendre son autonomie et l'intégrité de son territoire.
Je l'ai dit déjà, on comptera ceux qui reverront l'Allemagne; nous nous attendons à la retraite. C'est pourquoi nous devons moins que jamais perdre l'espérance, moins que jamais nous décourager; le succès
sera le prix de la persévérance; succès infaillible, quand
nous aurons pour auxiliaires le froid, la faim, et plus que
tout cela, la haine de l'étranger. Si tant d'autres ont su mourir pour la patrie, sachons au moins souffrir pour lui conserver son boulevard, c'est le moins que nous puissions faire
pour elle, si le titre de Français a quelque prix pour nous.

(L'Indépendant de la Moselle).

---

25. October.

Ville de Metz.

Subsistances.

Le général de division, commandant supérieur de la place,
Considérant que l'armée ne peut plus fournir à la ville
les chevaux nécessaires à l'alimentation des habitans;
Qu'il est dès lors indispensable et urgent d'y pourvoir;
Arrête:

Art. 1. — Les chevaux existant, tant dans l'intérieur de
la ville que dans les communes suburbaines comprises dans
le blocus, sont mis en réquisition pour être affectés à l'alimentation des habitants.

Art. 2. — Une commission mixte, composée de deux
conseillers municipaux, d'un vétérinaire, d'un sous-intendant
militaire et de deux officiers, sera chargée de désigner les
chevaux qui seront succesivement abattus et d'en fixer l'es-
timation. Les vendeurs recevront, au moment de la livraison,
un récépissé qui établira leurs droits.

Metz, le 23 octobre 1870.

Le Général de division,
commandant supérieur de la place de Metz,
F. Coffinières.

Place de Metz.

Eclairage public.

Le général de division, commandant supérieur de la place.

Considérant qu'il importe d'assurrer le service de l'éclairage public dans l'intérêt de l'ordre et de la liberté de la circulation;

Qu'il y a lieu d'affecter spécialement à cet important service le gaz, que la rareté de la houille né permet d'obtenir que dans des proportions restreintes.

Arrête:

Art. 1er. — A partir de demain, 25 octobre courant, le gaz ne sera employé à l'éclairage des maisons particulières et des établissements privés que jusqu'à sept heures du soir.

Art. 2. — M. le Maire de Metz est chargé d'assurer l'exécution du présent arrêté.

Metz, le 24 octobre 1870.

Le général de division, commandant supérieur
de la place de Metz
F. Coffinières.

Parmi les divers bruits qui ont trouvé crédit en ville, pendant la semaine qui vient de s'écouler, le suivant nous paraît devoir être relevé.

On a prétendu qu'un traité allait intervenir entre la France et la Prusse, qui laisserait à notre pays ses frontières, nous obligerait à acheter au roi de Hollande le grand-duché de Luxembourg, que nous remettrions aussitôt à la Prusse, et nous imposerait, en outre, une contribution de plusieurs milliards.

Sur le premier point, nous n'avons rien à dire, et si le roi de Prusse, respecte le voeu manifeste des populations de l'Alsace, il fera preuve d'une sagesse que nous devrons d'autant plus reconnaître et admirer que nous l'avons moins attendue, et que nous n'en avons pas donné l'exemple.

Sur le troisième point, nous n'avons rien à dire encore; si les Prussiens sont les plus forts, il est tout simple qu'ils nous fassent payer les frais de la guerre.

Mais, ce qu'aucun bon Français ne peut admettre, c'est

que nous portions atteinte aux droits des Luxembourgeois. Nous ne pouvons pas acheter le grand-duché au roi de Hollande, parce qu'il ne lui appartient pas; il y a certains droits de souveraineté, droits marqués par une constitution, mais il n'a pas le droit de modifier de son autorité privée cette constitution, et surtout de la rayer d'un trait de plume en livrant le Luxembourg au roi de Prusse.

Les Luxembourgeois seuls peuvent disposer du Luxembourg.   (L'Indépendant de la Moselle.)

---

26. Ottober.

Place de Metz.

Arrêté concernant la vente de chevaux mis en réquisition.

Le général commandant supérieur décide que les dispositions réglementaires suivantes seront prises pour l'exécution de son arrêté du 23 octobre courant:

Art. 1. — Les chevaux nécessaires à l'alimentation des habitants et de la garnison de la place seront achetés, au nom du Ministre de la guerre, par la Commission mixte instituée par la décision précitée ....
....
....

Art. 6. — Quels que soient les prix d'achat, les bouchers ne pourront vendre la viande au-dessus de la taxe fixée par mon arrêté du 23 septembre dernier, savoir:

Parties basses . . . . 0 fr. 10 le kilog.
 -     moyennes . . . . . . 0 - 50
Viande de choix (filet excepté) . 1 - —
Metz, le 23 octobre 1870.

Le général de division,
commandant supérieur de la place de Metz,
F. Coffinièr es.

Conseil municipal.

Séance du 25 octobre 1870.

M. le maire donne connaissance d'une dépêche de M. le général Coffinirères, qui répond au voeu exprimé par le conseil dans sa séance du 23 de ce mois, et qui annonce qu'il lui est impossible de donner des informations, soit sur l'état actuel du pays, soit sur les négociations pendantes; qu'au surplus, c'est au maréchal Bazaine qu'il convient d'adresser une demande de cette nature. — Le Conseil décide alors, que la démarche sera faite, directement, auprès de M. le maréchal. A cette occasion, M. Moisson a exprimé la pensée que si des conventions militaires intervenaient entre l'armée assiégeante et le maréchal, il serait opportun que des mesures soient, en même temps, prises pour protéger les intérêts messins. M. Blondin partage cette manière de voir, mais il ne peut appuyer la proposition, parce que, suivant lui, le conseil ayant déclaré qu'il ne voulait en rien engager sa responsabilité, il y a lieu de lui conserver cette attitude.

(Journal de Metz.)

Une correspondance de Neunkirchen, adressée à la Gazette de Trêves, commence par se moquer de l'appellation „Armée du Rhin‟, donnée à un corps de troupes qui n'a pas vu ce fleuve. Tout beau! mon cher correspondant, vous oubliez donc que ce qui ne s'est pas encore fait peut se faire, et j'ajouterai se fera inévitablement. Et croyez bien, vous n'aurez rien perdu pour attendre.

(L'Indépendant de la Moselle.)

Les bruits dont nous avons parlé dans notre numéro d'hier semblent se confirmer. La paix serait même, dit-on, déjà signée. D'après le traité, nous conservons nos frontières, et la contribution à payer à la Prusse est de quatre milliards, sans compter le Luxembourg, que nous achèterions pour le compte de la Prusse.

De plus, on assure que la famille d'Orléans est remontée sur le trône, en la personne du comte d'Eu.

Ces importantes nouvelles auraient été envoyées à Metz par le général Boyer.

Nous insérons ces on dit sans aucun commentaire et tels que chacun les rapporte. (L'Indépendant de la Moselle.)

On lit dans le Moniteur:

Selon les personnes qui croient être bien informées, voici les conditions posées par le roi de Prusse, pour la conclusion de la paix:

Cession de l'Alsace, soit les départements des Haut et Bas-Rhin, plus trois milliards d'indemnité de guerre ;

ou

L'Alsace entière et une partie de la Lorraine allemande, contre cession à la France de quelques communes prussiennes, plus deux milliards d'indemnité;

ou

Le démantèlement de Strasbourg et de Metz, sans cession de territoire, mais achat par la France, au profit de la Prusse, du grand-duché de Luxembourg, plus cinq milliards d'indemnité.

La seconde combinaison aurait l'avantage d'obtenir la préférence de Sa Majesté prussienne.

Pour en terminer, la difficulté consisterait à savoir avec qui traiter, la Prusse n'admettant pas que le Gouvernement provisoire soit investi de pouvoirs suffisants.

Afin d'obvier à cet inconvénient, la Prusse serait très-disposée à une restauration napoléonienne en faveur du Prince Impérial, sous la régence de l'Impératrice, à laquelle serait adjoint un conseil de régence présidé par un maréchal de France.

On ajoute que, jusqu'à conclusion définitive, Metz resterait investie, mais avec un ravitaillement qui n'aurait pas cependant assez d'importance pour que la ville fût en état de résister longtemps, si les négociations n'aboutissaient pas.

Dans tous les cas, un fort serait livré à l'ennemi à titre de garantie jusqu'à parfait payement de la dette imposée à la France.

Nous donnons ces nouvelles sous les plus extrêmes réserves et parce que, déjà, elles sont, en quelque sorte, tombées dans le domaine public. Mais nous n'y ajoutons pas foi, et ce n'est pas sans la plus anxieuse hésitation que nous nous sommes décidé à les écrire, tant nous nous sentons le cœur navré que l'on puisse seulement dire ou penser que notre Patrie en soit réduite à cette extrémité. Nous maintenons au contraire qu'une pareille catastrophe est impossible et que jamais le gouvernement de la défense nationale ni la nation française ne voudront y attacher leur assentiment.

La **France**, qui ne désirait pas la guerre et qui, con-

33*

séquemment n'avait pris aucune mesure pour la faire, pourra plier sous les coups des hordes innombrables qui, dès long-temps, s'étaient préparées à cette lutte inégale; mais notre résistance aura été héroïque, et bien imprudent serait le vainqueur du moment, qui oserait proposer à la France de signer pareille humiliation.   (Indépendant de la Moselle.)

27. October.
Ville de Metz.
Eclairage par le Gaz.

Le maire de la ville de Metz, officier de la Légion d'honneur,

Vu l'arrêté de M. le général de division, commandant supérieur de la place, qui interdit, à partir de sept heures du soir, l'emploi du gaz pour l'éclairage des maisons parti-culières et des établissements privés;

Considérant qu'aux termes de l'article 2 dudit arrêté, le maire de Metz est chargé d'en assurer l'exécution;

Arrêté:

Article 1er. — Tous les propriétaires, négociants, ca-fetiers, limonadiers, débitants, dont les maisons, boutiques et établissements quelconques sont éclairés par le gaz et en un mot tous les consommateurs de gaz, sans distinction, seront tenus, sous leur responsabilité personnelle, de prendre les dispositions nécessaires pour faire cesser ce mode d'éclairage à partir de sept heures du soir.

Art. 2. — Les contraventions seront constatées par des procès-verbaux et les contrevenants poursuivis conformément à la loi.

Metz, le 26 octobre 1870.   Le Maire
                                  Félix Maréchal.

Depuis quelque temps, les soldats des armées belligérantes fraternisent volontiers aux avant-postes, mais ces rencontres, quelque peu prématurées ne sont pas sans danger.

Les nôtres ont été plusieurs fois victimes de ces entre-vues intempestives. Les uns ont été faits prisonniers, d'autres ont été blessés, d'autres enfin ont été tués. Nous engageons vivement nos soldats à se montrer plus prudents à l'avenir, en évitant ces rencontres tant que la situation ne sera pas officiellement connue: ce qui, nous l'espérons, ne peut tarder.

(Journal de Metz.).

Paris tient et résiste avec ce courage héroïque, digne des géants de 89.

L'armée de Lyon marche sur la capitale, les armées de l'Ouest se réunissent et s'avancent à grands pas, la lutte s'éternise, des combats partiels sont livrés chaque jour à notre avantage, on organise la levée en masse, on enlève des convois et de l'artillerie à l'ennemi, et ses petits détachements tombent dans des embuscades habilement préparées.

Les soldats prussiens, traînés de force à une guerre sacrilége, tournent des yeux baignés de larmes vers le pays, vers la famille, que beaucoup ne reverront plus; la vieille grand'mère attend vainement ses petits enfants, l'épouse son mari; la soeur demande son frère.

A Cologne, 8000 femmes et enfants se tordent dans les angoisses de la faim; à M a y e n c e, o n a t r o u v é d e s p e t i t s e n f a n t s d e d e u x a n s, m o r t s d e m i s è r e d a n s l e s r u i s s e a u x, trois cent mille familles sont en deuil.

Les généraux prussiens se demandent, avec inquiétude, à quoi aboutira cette guerre, car l'hiver approche, et leurs soldats sont démoralisés.

Le roi Guillaume, ... n'ose pas donner le signal d'une retraite qu'il craint de voir se changer en déroute.

A Berlin, les différents partis se forment en comités.

Voici exactement la situation de la Prusse, dont toute la population mâle est sous les armes.

(L'Indépendant de Moselle.)

Des laisser-passer ont été délivrés à un certain nombre d'habitants des campagnes voisines pour retourner dans leurs foyers. Mais une condition leur est imposée! Ils ne peuvent pas faire bande et doivent voyager individuellement ou par groupes de trois personnes au plus, en prenant des chemins différents.

(L'Indépendant de la Moselle.)

28. October.

Proclamation.

Habitants de Metz,

Il est de mon devoir de vous faire connaître loyalement notre situation, bien persuadé, que vos âmes viriles et courageuses seront à la hauteur de ces graves circonstances.

Autour de nous est une armée qui n'a jamais été vaincue et qui s'est montrée aussi ferme devant le feu de l'ennemi que devant les plus rudes épreuves. Cette armée, interposée entre la ville et l'assiégeant, nous a donné le temps de mettre nos forts en état de défense et de monter sur nos remparts plus de 600 pièces de canon; enfin, elle a tenu en échec plus de 200,000 hommes.

Dans la place, nous avons une population pleine d'énergie et de patriotisme, bien décidée à se défendre jusqu'à la dernière extrémité.

Si nous avions du pain, cette situation serait parfaitement rassurante; malheureusement, il n'en est point ainsi.

J'ai déjà fait connaître au conseil municipal que, malgré la réduction des rations, malgré les perquisitions faites par les autorités civiles et militaires, nous n'avions de vivres assurés que jusqu'au 28 octobre.

De plus, notre brave armée, déjà si éprouvée par le feu de l'ennemi, puisque 42,000 hommes en ont subi les atteintes, souffre horriblement de l'inclémence exceptionnelle de la saison et des privations de toute sorte. Le conseil de guerre a constaté ces faits, et M. le maréchal commandant en chef a donné l'ordre formel, comme il en a le droit, de verser une partie de nos ressources à l'armée.

Cependant, grâce à nos économies, nous pouvons résister encore jusqu'au 30 courant, et notre situation ne se trouve pas sensiblement modifiée.

Jamais dans les fastes militaires une place de guerre n'a résisté jusqu'à un épuisement aussi complet de ses ressources, et n'a été aussi encombrée de blessés et de malades.

Nous sommes donc condamnés à succomber, mais ce sera avec honneur, et nous ne serons vaincus que par la faim.

L'ennemi qui nous investit péniblement depuis plus de 70 jours, sait qu'il et près d'atteindre le but de ses efforts;

il demande la place et l'armée, et n'admet pas la séparation de ces deux intérêts. Quatre ou cinq jours de résistance désespérée n'auraient d'autre résultat que d'aggraver la situation des habitants. Tous peuvent d'ailleurs être bien convaincus que leurs intérêts privés seront défendus avec la plus vive sollicitude.

Sachons supporter stoïquement cette grande infortune et conservons le ferme espoir que Metz, cette grande et patriotique cité, restera à la France.

Metz, le 27 octobre 1870.

Le général commandant supérieur

F. Coffinières.

Il se signe parmi la garde nationale de Metz, une adresse au maire et au conseils municipal qui commence en ces termes:

„Des bruits de capitulation de Metz circulent dans notre ville, la garde nationale se déclare péniblement affectée par ces bruits, qu'elle aime à croire mal fondés.

„La garde nationale espère que cette capitulation ne sera jamais signée, et elle offre toujours son concours á l'armée pour continuer une défense même désespérée."

Rien n'est désespéré. Nous sommes aujourd'hui ce que nous étions hier: Français et Messins.

En comparaison des habitans de Strasbourg, nous n'avons pas encore souffert. Sachons donc souffrir quand il le faudra. Sachons vaincre ou sachons mourir. La France, le monde entier et la postérité nous regardent. (Journal de Metz.)

En réponse à la délibération transmise hier à M. le maréchal Bazaine, le conseil a reçu, à l'entrée de la séance de ce jour, une douloureuse communication qui sera portée demain par M. le général Coffinières, à la connaissance de tous nos concitoyens.

Il résulte de cette communication que l'armée assiégeante a refusé tout traité qui ne comprendrait pas, à la fois, l'Armée et la Place de Metz, et que M. le général, en présence de l'épuisement des vivres et sur l'ordre du maréchal, a dû subir cette solidarité.

Le conseil a entendu avec la plus profonde tristesse cette irrévocable décision de l'autorité militaire, et a reçu, en même temps, l'assurance que les personnes et les propriétés des habitants seraient, en tout cas, l'objet de la sollicitude du commandant supérieur de la place.

(L'Indépendant de la Moselle.)

Les faits dominent tellement les paroles qu'il semble oiseux d'en formuler; cependant il est peut-être utile de jeter un coup d'oeil sur une des principales causes qui ont amené nos malheurs et paralysé la défense du pays, en laissant notre armée ordinaire seule aux prises avec un ennemi préparé de longue date à cette lutte inégale et dont le nombre écrasant a déterminé le succès. Le mal c'est l'affreuse corruption qui nous ronge depuis vingt ans et a gangrené les cueurs de la plaie la plus horrible, l'egoïsme. Gagner de l'argent à tout prix, en faire son culte et sa foi, méconnaître et ridiculiser le côté moral de la vie pour n'y voir que le seul côté matériel, tel est le but coupable qu'on a livré aux appétits de la foule et dont nous recueillons le triste héritage. Pour conquérir la fortune quant même, pour assouvir nos convoitises, tout est devenu bon. L'intrigue a dominé le mérite, la faveur le droit, et pour qui n'avait pas de protection ou la souplesse de la conscience, l'avenir semblait fermé. A cette marée montante du scandale impuni, à ce régime écoeurant, à cet entraînement désordonné vers les richesses, les places, les honneurs, l'esprit public s'est corrompu, les caractères se sont détruits, le sentiment national du Français s'est faussé, sa générosité s'est éteinte, l'égoïsme l'a saisi, et la nation affaiblie par la mollesse, mal préparée aux revers, a paru s'effondrer. Courtisanneries, platitudes, nullités recouvertes d'or, perfidies d'argent et de salon, consciences vendues, qu'avez-vous fait? Peste infernale, vous cachiez la ruine sous vos factices grandeurs. Vous avez empoisonné la source de la solidarité française. Par sa sympathie pour l'opprimé, par son élan vers le malheur, par sa générosité naturelle, la grande famille française s'était constamment soutenue et fortifiée depuis dix siècles. Elle semblait indestructible, mais la maxime actuelle du chacun pour soi, le froid égoïsme, a glacé les cœurs et énervé les âmes. Où est-elle, cette forte génération de 89, accourant en foule au danger, souffrant héroïquement toutes les misères, prodiguant tous les dévouements, et donnant sa vie avec enthousiasme pour le salut de la Patrie? Qu'est devenue la jeunesse si ardente, si chaleureuse, si patriotique de 1830? Elle volait au secours de la Grèce, de la Pologne; elle aurait volé au nôtre. Nous espérions que le souvenir de ces grandes époques, qui nous ont donné tant d'illustres citoyens, hommes de tête, de cœur et d'action, aurait secoué le pays. Nous espérions que la France, sortant de sa torpeur, se serait levée frémissante contre l'envahissement de l'étranger et viendrait en masse à notre aide. Cet espoir nous l'avons toujours eu, nous l'avons encore, car nous avons confiance dans la Patrie, et pourtant les jours se succèdent silencieux comme si la France nous oubliait. Seuls jusqu'alors, les patriotes vosgiens nous ont tendu courageusement les bras. Leurs efforts sont restés inutiles', ils étaient trop peu. Tout semble décoloré, vide, autour de nous...

....

.... Quoi qu'il en soit, l'exemple de ce qui s'est passé sous les murs de Metz laissera un fécond enseignement. Soldats et citoyens nous sommes depuis trois mois réunis par le malheur, et nous nous sommes fraternellement entr'aidés. Si le reste de la France avait banni aussi rapidement que nous le misérable égoïsme, notre délivrance serait faite. Au moment, peut-être, de nous séparer de nos braves troupiers, adressons-leur notre cordial adieu, et n'oublions jamais qu'ils auraient voulu au prix de leur sang nous procurer des jours plus heureux. Eux aussi garderont le souvenir des soins affectueux prodigués à leurs blessés. Sachons donc que la fraternité est le lien le plus utile comme le plus consolant entre les hommes. Flétrissons la corruption et l'égoïsme qui divisent et affaiblissent, donnons-nous des institutions saines et fortes, basées sur la vérité et la justice, la France alors recouvrera ses nobles qualités, reprendra sa place parmi les nations, et redeviendra le phare lumineux de la liberté et de la civilisation.   (L'Indépendant de la Moselle.)

29. October.

Ordre général. (No. 12.)

A l'armée du Rhin.

Vaincus par la famine, nous sommes contraints de subir les lois de la guerre en nous constituant prisonniers. A diverses époques de notre histoire militaire, de braves troupes, commandées par Masséna, Kléber, Gouvion Saint-Cyr, ont éprouvé le même sort, qui n'entache en rien l'honneur militaire, quand, comme vous, on a aussi glorieusement accompli son devoir jusqu'à l'extrême limite humaine.

Tout ce qu'il était loyalement possible de faire pour éviter cette fin a été tenté et n'a pu aboutir.

Quant à renouveler un suprême effort pour briser les lignes fortifiées de l'ennemi, malgré votre vaillance et le sacrifice de milliers d'existences, qui peuvent encore être utiles à la patrie, il eût été infructueux, par suite de l'armement et des forces écrasantes qui gardent et appuient ces lignes: un désastre en eût été la conséquence.

Soyons dignes dans l'adversité, respectons les conventions honorables qui ont été stipulées, si nous voulons être respectés comme nous le méritons. Evitons surtout, pour la réputation de cette armée, les actes d'indiscipline comme la destruction d'armes et de matériel, puisque, d'après les usages militaires, places et armement devront faire retour à la France lorsque la paix sera signée.

En quittant le commandement, je tiens à exprimer aux généraux, officiers et soldats, toute ma reconnaissance pour leur loyal concours, leur brillante valeur dans les combats, leur résignation dans les privations, et c'est le coeur brisé que je me sépare de vous.

Le maréchal de France, commandant en chef,

Bazaine.

---

30. October.

Le maire et les membres du conseil municipal
à leurs concitoyens.

Chers concitoyens,

Le véritable courage consiste à supporter un malheur sans les agitations qui ne peuvent que l'aggraver.

Celui dont nous sommes tous frappés aujourd'hui nous atteint sans qu'aucun de nous puisse se reprocher d'avoir un seul jour failli à son devoir.

Ne donnons pas le désolant spectacle de troubles intérieur, et ne fournissons aucun prétexte à des violences ou à des malheurs nouveaux et plus complets encore.

La pensée que cette épreuve ne sera que passagère et que nous, Messins, n'avons assumé dans les faits accomplis aucune part de responsabilité devant le pays et devant l'histoire, doit être, en ce moment, notre consolation.

Nous confions la sécurité commune à la sagesse de la population.

F. Maréchal, maire;

Boulangé, Bastien, Noblot, Géhin, de Bouteiller, Blondin, Bezanson, Gougeon, Bultingaire, Moisson, Simon-Favier, Marly, Sturel, Geisler, Prost, Worms, Collignon, Rémond, Puyperoux, général Didion, Salmon, Bouchotte, Schneider.

Nous nous associons de tout notre coeur aux paroles de notre maire et de notre conseil municipal. Supportons avec calme et dignité les événements malheureux qu'il n'a pas dépendu de notre volonté d'empêcher.

Montrons-nous grands dans l'adversité. La dignité commande le respect. Nous sommes convaincus que nos concitoyens seront à la hauteur des circonstances. La crise est passagère et nous attendons avec confiance des jours meilleurs.

La Rédaction.

(L'Indépendant de la Moselle.)

Ordre de bataille
der
II. Armee.

Oberbefehlshaber: Seine Königl. Hoheit der General der Kavallerie Prinz Friedrich Karl v. Preußen.

Persönliche Adjutanten: 1) Major v. Krosigk. — 2) Pr.-Lt. v. Normann, à la suite d. Schlesw.-Holstein. Huf.-Regts. Nr. 16. — 3) Pr.-Lt. Graf v. Kanitz I., à la suite d. Brandenb. Huf.-Regts. (Zietensche Huf.) Nr. 3.

Chef des Generalstabes: General-Major v. Stiehle, General à la suite Sr. Majestät des Königs.

Ober-Quartiermeister: Oberst v. Hertzberg.

Kommandeur der Artillerie: General-Lieutenant v. Colomier, Inspekteur d. 4. Art.-Insp.

Kommandeur der Ingenieure und Pioniere: Oberst Leuthaus, Inspekteur d. 3. Pion.-Insp.

Generalstab:

1) Major Schmidt. — 2) Major Graf v. Haeseler. — 3) Hauptm. Steffen. — 4) Frhr. v. Richthoffen, v. d. Garde-Art.-Brig. — 5) Pr.-Lt. Hugo, v. 5. Brandenb. Inf.-Regt. Nr. 48. — 6) Pr.-Lt. Frhr. v. d. Goltz, v. 5. Ostpreuß. Inf.-Regt. Nr. 41.

Adjutantur:

1) Major v. Niesewand, v. Rhein. Drag.-Regt. Nr. 5. — 2) Hauptm. Herzbruch, v. 2. Garde-Regt. z. F. — 3) Rittm. Milson, v. Oldenburg. Drag.-Regt. Nr. 19. — 4) Hauptm. v. Byern, v. 7. Brandenb. Inf.-Regt. Nr. 60. — 5) Pr.-Lt. v. Wartenberg, v. 8. Brandenb. Inf.-Regt. Nr. 64 (Prinz Friedrich Karl v. Preußen). — 6) Sek.-Lt. v. Maltzahn, v. 1. Brandenb. Ul.-Regt. (Kaiser v. Rußland) Nr. 3.

Stabsoffizier und Adjutanten beim Kommandeur der Artillerie: Stabsoffizier, Major v. Werder, à la suite d. Garde-Fest.-Art.-Regt. Adjutanten: 1) Hauptm. v. d. Burg, v. d. 11. Art.-Brig. — 2) Hauptm. Frhr. v. Hadeln, v. d. 8. Art.-Brig.

2. Ingenieur-Offizier: Hauptm. v. Bergen, v. d. 1. Ing.-Insp. Adjutanten des Kommandeurs der Ingenieure und Pioniere: 1) Pr.-Lt. v. Hölzer, v. d. 4. Ing.-Insp. — 2) Pr.-Lt. Castendyck, v. d. 3. Ing.-Insp.

Armee-Intendant: Intendant Engelhard. Feld-Intendant: Geh. Kriegsrath Hauptm. v. Schwedler.

Armee-General-Arzt: Gen.-Arzt Dr. Löffler.

Kommandant des Haupt-Quartiers: Rittm. Frhr. v. Willisen, v. 1. Brandenb. Ul.-Regt. (Kaiser v. Rußland) Nr. 3.

Kommandeur der **Stabswache:** Rittm. Graf v. Wartensleben II., v. Garde-Huf. Regt.

Feld-Gendarmerie: Oberst Kurth, Abtheil.-Kombr. — Hauptm. Schroeder I.

General-Etappen-Inspektion:

General-Inspekteur: General-Major v. Tiedemann.

Chef des Generalstabes: Major Loewe.

Adjutanten: 1) Hauptm. v. Chappuis, v. Kaiser Franz Garde-Gren.-Regt. Nr. 2. — 2) Pr.-Lt. Douglas, v. d. Kav. b. 2. Magbeb. Landw.-Regts. Nr. 27. — 3) Sek.-Lt. Frhr. v. Werther, v. d. Kav. b. Ref.-Landw.Bats. Nr. 35.

Artillerie-Offizier: Oberst a. D. v. Schlegell.

Ingenieur-Offizier: Major a. D. v. Monsterberg.

Intendant: Intend.-Rath Lampel.

Kommandeur der Feld-Gendarmerie-Abtheilung: Major v. Wichert.

Im Hauptquartier anwesend.

Herzog Paul v. Mecklenburg-Schwerin Hoheit.

Landgraf Friedrich v. Hessen Hoheit.

Allgemeine Truppen-Uebersicht.

Garde Korps:	29 Bat.,	32 Schwabr.,	15 Batt.	(90 Gesch.)
III. Armee-Korps:	25 =	8 =	14 =	(84 =)
IV. = =	25 =	8 =	14 =	(84 =)
IX. = =	23 =	12 =	15 =	(90 =)
X. = =	25 =	8 =	14 =	(84 =)
XII. (Königl. Sächs.)	29 =	24 =	16 =	(90 =)
5. Kavallerie-Division:	— =	36 =	2 =	(12 =)
6. = =	— =	20 =	1 =	(6 =)
Total der II. Armee:	156 =	148 =	91 =	(546 =)
Hierzu später d. II. Armee-Korps mit:	25 =	8 =	14 =	(84 =)
Summa:	**181 Bat.,**	**156 Schwabr.,**	**105 Batt.**	**(630 Gesch.)**

Garde-Korps.

Kommandirender General: General der Kavallerie Prinz August v. Württemberg, Königl. Hoheit.

Chef des Generalstabes: General-Major v. Dannenberg.
Kommandeur der Artillerie: General-Major **Kraft Prinz zu Hohenlohe-Ingelfingen**, Gen. à la suite Sr. Maj. d. Königs u. Kombr. d. Garde-Art.-Brig.
Kommandeur der Ingenieure u. Pioniere: Oberst-Lieutenant **Bogun v. Wangenheim**, Kombr. d. Garde-Pion.-Bats.
Generalstab: 1) Major v. Roon. — 2) Hauptm. v. Lindequist. — 3) Hauptm. v. Stülpnagel, v. 1. Garde-Regt. z. F.
Adjutantur: 1) Major v. Derenthall, v. Kaif. Franz Garde-Gren.-Regt. Nr. 2. 2) Pr.-Lt. v. Senden, v. 2. Garde-Drag.-Regt. — 3) Pr.-Lt. v. Ramm, v. 4. Garde-Regt. z. F. — 4) Pr.-Lt. v. Nickisch-Rosenegk, v. Regt. d. Gardes du Corps.
Adjutanten des Kommandeurs der Artillerie: 1) Pr.-Lt. Braumüller, v. d. Garde-Art.-Brig. — 2) Set.-Lt. Clauson v. Kaas, v. d. Garde-Art.-Brig. 2. Ingenieur-Offizier: Hauptm. Seyfried, v. d. 1. Ing.-Insp. Adjutant des Kommandeurs der Ingenieure und Pioniere: Pr.-Lt. v. Wangenheim, v. d. 1. Ing.-Insp.
Kommandeur der Stabswache: Pr.-Lt. v. Trotha, v. 4. Garde-Regt. z. F.

Im Hauptquartier anwesend:
Nikolaus Prinz v. Nassau.

1. Garde-Infanterie-Division.
Kommandeur: General-Major v. Pape.

Generalstabs-Offizier: Hauptm. v. Holleben. — Adjutanten: 1) Maj. Graf zu Ysenburg-Philipps-Eich u. Büdingen, v. Kaif. Alexander Garde-Gren.-Regt. Nr. 1. — 2) Pr.-Lt. v. Daum I., v. 2. Garde-Regt. z. F.

1. Garde-Infanterie-Brigade, Gen.-Maj. v. Kessel.
Adjutant: Pr.-Lt. v. Mitzlaff, v. 4. Garde-Regt. z. F.

	Bataillone.	Schwadronen.	Geschütze.	Pionier-Kompagnien.
1. Garde-Regt. z. F., Oberst v. Röder.	3			
3. Garde-Regt. z. F., Oberst v. Linsingen.	3			

2. Garde-Infanterie-Brigade, Gen.-Maj. Frhr. v. Medem.
Adjutant: Pr.-Lt. v. Sydow, v. Kaif. Franz Garde-Gren.-Regt. Nr. 2.

	Bataillone.			
2. Garde-Regt. z. F., Oberst Graf v. Kanitz.	3			
Garde-Füf.-Regt., Oberst v. Erckert.	3			
4. Garde-Regt. z. F., Oberst v. Neumann.	3			
Latus	15	—	—	—

	Bataillone.	Schwadronen.	Geschütze.	Pionier-Kompagnien.
Transport	15	—	—	—
Garde-Jäger-Bat., Major v. Arnim.	1	—	—	—
Garde-Husaren-Regt., Oberst-Lt. v. Hymmen.	—	4	—	—
1 Fuß-Abth. Garde-Feld-Art.-Regts. (1. und 2. schwere, 1. und 2. leichte Batterie), Oberst-Lt. Bychelberg.	—	—	24	—
1. Feld-Pionier-Komp. des Garde-Korps, mit leichtem Feldbrücken-Train, Hauptm. v. Bock,	—	—	—	1
Sanitäts-Detachement Nr. 1.				
Summa der 1. Garde-Inf.-Division	16	4	24	1

2. Garde-Infanterie-Division.

Kommandeur: General-Lieutenant v. Budritzki.

Generalstabs-Offizier: Hauptm. v. Weiher. — Adjutanten: 1) Pr.-Lt. v. Liebenau, v. 1. Garde-Regt. z. F. — 2) Sec.-Lt. v. Biebahn I., v. Kais. Alexander Garde-Gren.-Regt. Nr. 1.

3. Garde-Infanterie-Brigade, Oberst Knappe v. Knappstädt.

Adjutant: Pr.-Lt. v. Berg, v. 3. Garde-Regt. z. F.

Kaiser Alexander Garde-Gren.-Regt. Nr. 1, Oberst v. Zeuner.	3	—	—	—
3. Garde-Gren.-Regt. Königin Elisabeth, Oberst v. Zaluskowski.	3	—	—	—

4. Garde-Infanterie-Brigade, Gen.-Maj. v. Berger.

Adjutant: Pr.-Lt. v. Twardowski, v. 3. Garde-Regt. z. F.

Kaiser Franz Garde-Gren.-Regt. Nr. 2, Oberst-Lt. v. Boehn,	3	—	—	—
4. Garde-Gren.-Regt. Königin, Oberst Graf v. Waldersee.	3	—	—	—
Garde-Schützen-Bat., Major v. Fabeck.	1	—	—	—
2. Garde-Ulanen-Regt., Oberst Prinz Heinrich v. Hessen und bei Rhein Großh. Hoheit.	—	4	—	—
3. Fuß-Abth. Garde-Feld-Art.-Regts. (5. und 6. schwere, 5. und 6. leichte Batterie), Oberst-Lt. v. Rheinbaben.	—	—	24	—
2. Feld-Pionier-Komp. des Garde-Korps, Hauptm. v. Spankeren, mit Schanzzeug-Kolonne.	—	—	—	1
3. Feld-Pionier-Komp. des Garde-Korps, Hauptm. v. Krause.	—	—	—	1
Sanitäts-Detachement Nr. 2.				
Summa der 2. Garde-Inf.-Division	13	4	24	2

Garde=Kavallerie=Division. *)

Kommandeur: General=Lieutenant Graf v. d. Golk.

Generalstabs Offizier: Major v. Ostau.

Adjutanten: 1) Major v. Saldern=Ahlimb, v. 1. Garde=Ul.=Regt. — 2) Pr.Lt. v. Britzke, v. d. Kav. 2. Garde=Landw.=Regts.

	Schwadronen.
1. Garde=Kavallerie=Brigade.	
Kommandeur: Gen.=Maj. Graf v. Brandenburg I.	
Adjutant: Sel.=Lt. v. Reinersdorff, v. Leib=Kür.=Regt. (Schlef.) Nr. 1.	
Regt. der Gardes du Corps, Oberst v. Krosigt.	4
Garde=Küraffier=Regt., Oberst Frhr. v. Brandenstein.	4
2. Garde=Kavallerie=Brigade.	
Kommandeur: Gen.=Lt. Prinz Albrecht v. Preußen, Königl. Hoheit.	
Persönliche Adjutanten: 1) Rittm. Graf v. Arnim, v. d. Kav. b. 2. Garde=Landw.=Regts. — 2) Pr.=Lt. Graf v. d. Schulenburg=Wolffsburg, à la suite d. 1. Brandenb. Drag.=Regts. Nr. 2.	
Adjutant: Pr.=Lt. Graf zu Eulenburg, v. Ostpreuß. Kür.=Regt. Nr. 3, Graf Wrangel.	
1. Garde=Ulanen=Regt., Oberst=Lt. v. Rochow.	4
3. Garde=Ulanen=Regt., Oberst Prinz Friedrich Wilhelm zu Hohenlohe=Ingelfingen.	4
3. Garde=Kavallerie=Brigade.	
Kommandeur: Gen.=Lt. Graf v. Brandenburg II.	
Adjutant: Sel.=Lt. v. d. Schulenburg, v. Westphäl. Ul.=Regt. Nr. 5.	
1. Garde=Dragoner=Regt., Oberst v. Auerswald.	4
2. Garde=Dragoner=Regt., Oberst Graf v. Finckenstein.	4
Summa der Garde=Kavallerie=Division	24

*) Der Garde=Kavallerie=Division waren keine Batterien dauernd überwiesen; sie wurden ihr im Bedarfsfalle von der Kriegs=Artillerie zugetheilt.

Korps-Artillerie, Oberst v. **Scherbening,** Kombr. d. Garde- Geschütze.
Feld-Art.-Regts.

Reitende Abtheilung Garde-Feld-Art.-Regts. (1., 2., u. 3. reit.
Batterie) Major Baron v. **Buddenbrock.** 18

2. Fuß-Abtheilung Garde-Feld-Art.-Regts. (2. und 4, schwere, 3. und
4. leichte Batterie), Major v. **Krieger.** 24

Summa der Korps Artillerie 42

Kolonnen-Abtheilung Garde-Feld-Art.-Regts., Major v. **Heineccius.**
Art.-Mun.-Kol. Nr. 1, 2, 3, 4, 5. Inf.-Mun.-Kol. Nr. 1, 2, 3, 4. Ponton-Kol.

Garde-Train-Bataillon, Major v. **Schickfuß.**
Laz.-Res.-Dep. Pferde-Dep. Feldbäckerei-Kol. Prov.-Kol. Nr. 1, 2, 3, 4, 5. Feld-Laz. Nr. 1.,
2., 3, 4, 5, 6, 7, 8, 9, 10, 11, 12. Train-Begleit.-Est.

Total des Garde-Korps: 27 Bat. Inf., 2 Jäger-Bat., 32 Schwadr.,
90 Gesch., 3 Pion.-Komp.

III. Armee-Korps.

Kommandirender General: General-Lieutenant v. Alvensleben II.

Chef des Generalstabes: Oberst **v. Voigts-Rhetz.**

Kommandeur der Artillerie: General-Major **v. Bülow,** Kombr. d.
3. Art.-Brig.

Kommandeur der Ingenieure und Pioniere: Major **Sabartz,**
Kombr. d. Brandenb. Pion.-Bats. Nr. 3.

Generalstab: 1) Major v. **Kretschman.** — 2) Hauptm. v. **Stülpnagel.** —
3) Pr.-Lt. v. **Twardowski,** v. Schles. Füs.-Regt. Nr. 38.

Adjutantur: 1) Rittm. v. **Schweinitz,** v. 2. Leib-Huf.-Regt. Nr. 2. — 2) Hauptm.
v. d. **Schulenburg,** v. Westphäl. Füs.-Regt. Nr. 37. — 3) Pr.-Lt. v. **Klöster-**
lein, v. 8. Brandenb. Inf.-Regt. Nr. 64 (Prinz Friedrich Karl v. Preußen). —
4) Sec.-Lt. v. d. **Schulenburg,** v. Brandenb. Huf.-Regt. (Zietensche Huf.)
Nr. 3.

Adjutanten des Kommandeurs der Artillerie: 1) Sec.-Lt. **Uhde,** v. d. 4. Art.-Brig.
— 2) Sec.-Lt. **Steinlein,** v. d. 3. Art.-Brig.

2. Ingenieur-Offizier: Hauptm. **Bruhn,** à la suite d. 4. Ing.-Inspr. Adjutant
des Kommandeurs der Ingenieure und Pioniere: Lt. **Ney,** v. d.
2. Ing.-Insp.

Frhr. v. d. Golz. II. Armee. 34

5. Infanterie-Division.

Kommandeur: General-Lieutenant v. **Stülpnagel.**

Generalstabs-Offizier: Major v. Lewinski II. — Adjutanten: 1) Hauptm. Wodtke, v. 8. Ostpreuß. Inf.-Regt. Nr. 45. —
2) Sek.-Lt. Graf v. Bernstoff, v. 1. Brandenb. Ul.-Regt. (Kaiser v. Rußland) Nr. 3.

9. Infanterie-Brigade, Gen.-Maj. v. Döring.

Adjutant: Pr.-Lt. v. Bismarck, v. 3. Ostpreuß. Gren.-Regt. Nr. 4.

	Bataillone	Schwadronen	Geschütze	Pionier-Kompagnien
Leib-Gren.-Regt. (1. Brandenb.) Nr. 8, Oberst-Lt. v. L'Estocq.	3			
5. Brandenb. Inf.-Regt. Nr. 48, Oberst-Lt. v. Garrelts.	3			

10. Infanterie-Brigade, Gen.-Maj. v. Schwerin.

Adjutant: Pr.-Lt. v. Seydlitz II., v. Königs-Gren.-Regt. (2. Westpreuß.) Nr. 7.

	Bataillone	Schwadronen	Geschütze	Pionier-Kompagnien
2. Brandenb. Gren.-Regt. Nr. 12 (Prinz Karl v. Preußen), Oberst v. Reuter.	3			
6. Brandenb. Inf.-Regt. Nr. 52, Oberst v. Wulffen.	3			
Brandenb. Jäg.-Bat. Nr. 3, Major v. Jena.	1			
2. Brandenb. Dragoner-Regt. Nr. 12, Major Pfeffer v. Salomon.		4		
1. Fuß-Abth. Brandenb. Feld-Art.-Regts. Nr. 3 (1. und 2. schwere, 1. und 2. leichte Batterie), Major Gallus.			24	
3. Feld-Pionier-Komp. III. Armee-Korps, Hauptm. Thele-mann.				1

Sanitäts-Detachement Nr. 1.

	Bataillone	Schwadronen	Geschütze	Pionier-Kompagnien
Summa der 5. Inf.-Division	13	4	24	1

6. Infanterie-Division.

Kommandeur: General-Lieutenant Baron v. **Buddenbrock.**

Generalstabs-Offizier: Major v. Geißler. — Adjutanten:
1) Pr.-Lt. Pohl, v. Westph. Füs.-Regt. Nr. 37. — 2) Pr.-Lt.
v. Kröcher, v. Schleswig-Holstein. Ul.-Regt. Nr. 15.

11. Infanterie-Brigade, Gen.-Maj. v. Rothmaler.

Adjutant: Pr.-Lt. Lichtenstein, v. Leib-Gren.-Regt. (1. Brandenb.) Nr. 8.

	Bataillone	Schwadronen	Geschütze	Pionier-Kompagnien
3. Brandenb. Inf.-Regt. Nr. 20, Oberst v. Flatow.	3			
Brandenb. Füs.-Regt. Nr. 35, Oberst du Plessis.	3			
Latus	6			

	Bataillone.	Schwadronen.	Geschütze.	Pionier-Kompagnien.
Transport	6	—	—	—

12. Infanterie-Brigade, Oberst v. Bismarck.

Adjutant: Pr.-Lt. v. Marklowski I., v. 1. Rhein. Inf.-Regt. Nr. 25.

	Bataillone.	Schwadronen.	Geschütze.	Pionier-Kompagnien.
4. Brandenb. Inf.-Regt. Nr. 24 (Großherzog v. Mecklenburg-Schwerin), Oberst Graf zu Dohna.	3	—	—	—
8. Brandenb. Inf.-Regt. Nr. 64 (Prinz Friedrich Karl v. Preußen), Oberst Frhr. Treusch v. Buttlar-Brandenfels	3	—	—	—
1. Brandenb. Dragoner-Regt. Nr. 2, Oberst v. Drigalski.	—	4	—	—
3. Fuß-Abth. Brandenb. Feld-Art.-Regts. Nr. 3 (5. und 6. schwere, 5. und 6. leichte Batterie), Major Beck.	—	—	24	—
2. Feld-Pionier-Komp. III. Armee-Korps mit Schanzzeug-Kolonne, Hauptm. Bredau.	—	—	—	1

Sanitäts-Detachement Nr. 2.

	Bataillone.	Schwadronen.	Geschütze.	Pionier-Kompagnien.
Summa der 6. Infanterie-Division	12	4	24	2

Korps-Artillerie, Oberst v. Dresky, Kombr. d. Brandenb.
Feld-Art.-Regts. Nr. 3.

	Geschütze.	Pionier-Komp.
Reitende Abtheilung Brandenb. Feld-Art.-Regts. Nr. 3 (1. und 3. reit. Batterie), Major Lentz.	12	—
2. Fuß-Abtheilung Brandenb. Feld-Art.-Regts. Nr. 3 (3. und 4. schwere, 3. und 4. leichte Batterie), Major v. Lyncker.	24	—
1. Feld-Pionier-Komp. III. Armee-Korps mit leichtem Feldbrücken-Train, Hauptm. Kuntze.	—	1

Sanitäts-Detachement Nr. 3.

	Geschütze.	Pionier-Komp.
Summa der Korps-Artillerie	36	1

Kolonnen-Abtheilung Brandenb. Feld-Art.-Regts. Nr. 3, Hauptm. Burchard.
Art.-Mun.-Kol. Nr. 1, 2, 3, 4, 5. Inf.-Mun.-Kol. Nr. 1, 2, 3, 4. Ponton-Kol.

Brandenb. Train-Bataillon Nr. 3, Major v. Pfannenberg.
Laz.-Res.-Dep. Pferde-Dep. Feldbäckerei-Kol. Prov.-Kol. Nr. 1, 2, 3, 4, 5. Feld-Laz. Nr. 1, 2, 3, 4, 5, 6, 7, 8, 9. 10, 11 12. Train-Begleit.-Esk.

Total des III. Armee-Korps: 24 Bat. Inf., 1 Jäg.-Bat., 8 Schwadr., 84 Gesch., 3 Pion.-Komp.

IV. Armee-Korps.

Kommandirender General: General der Infanterie v. Alvensleben 1.

Chef des Generalstabes: Oberst v. Thile.
Kommandeur der Artillerie: General-Major v. Scherbening, Komdr. d. 4. Art.-Brig.
Kommandeur der Ingenieure und Pioniere: Oberst-Lieutenant v. Elleßer, Komdr d. Magdeb. Pion.-Bats. Nr. 4.

Generalstab: 1) Major v. Wittich. — 2) Hauptm. v. Heineccius. — 3) Pr.Lt. v. Stückradt, à la suite b. 2. Rhein. Inf.-Regt. Nr. 28.

Adjutantur: 1) Hauptm. Sucro, v. 3. Hannov. Inf.-Regt. Nr. 79. — 2) Rittm. v. Roville, v. Westphäl. Ul.-Regt. Nr. 5. — 3) Pr.-Lt. v. Klitzing, v. 1. Thür. Inf.-Regt. Nr. 31. — 4) Sec.-Lt. v. Dewall, v. Altmärk. Ul.-Regt. Nr. 16.

Adjutanten des Kommandeurs der Artillerie: 1) Pr.-Lt. v. Reppert, v. d. 4. Art.-Brig. — 2) Sec.-Lt. Mellin, v. d. 4. Art.-Brig.

2. Ingenieur-Offizier: Hauptm. Knappe, v. d 1. Ing.-Insp. Adjutant des Kommandeurs der Ingenieure und Pioniere: Sec.-Lt. Mannkopff, v. d. 4. Ing.-Insp.

Kommandeur der Stabswache: Pr.-Lt. v. Osten, v. Thür. Huf.-Regt. Nr. 12.

7. Infanterie-Division.

Kommandeur: General-Lieutenant v. Groß gen. v. Schwarzhoff.

Generalstabs-Offizier: Hauptm. Bergmann. — Adjutanten: 1) Hauptm. Stoll, v. 3. Niederschles. Inf.-Regt. Nr. 50. — 2) Pr.-Lt. v. Jagow, v. d. Ref. d. Magdeb. Kür.-Regts. Nr. 7.

13. Infanterie-Brigade, Gen.-Maj. v. Borries.

Adjutant: Pr.-Lt. Kriegsheim, v. 3. Thür. Inf.-Regt. Nr. 71.

	Bataillone.	Eskadronen.	Geschütze.	Pionier-Kompagnien.
1. Magdeb. Inf.-Regt. Nr. 26, Oberst v. Schmeling.	3			
3. Magdeb. Inf.-Regt. Nr. 66, Oberst-Lt. Graf. v. Finckenstein.	3			

14. Infanterie-Brigade, Gen.-Maj. v. Zychlinski.

Adjutant: Pr.-Lt. Bahlkampf, v. Westphäl. Füf.-Regt. Nr. 37.

2. Magdeb. Inf.-Regt. Nr. 27, Oberst v. Pressentin.	3			
Anhalt. Inf.-Regt. Nr. 93, Oberst v. Krosigk.	3			
Latus	12			

	Bataillone.	Schwadronen.	Geschütze.	Pionier-Rem. Bagagen.
Transport	12	—	—	—
Magdeb. Jäg.-Bat. Nr. 4, Major v. Lettow-Vorbeck.	1			
Westphäl. Dragoner-Regt. Nr. 7, Oberst-Lt. Frhr. v. Schleinitz.		4		
1. Fuß-Abth. Magdeb. Feld-Art.-Regts. Nr. 4 (1. und 2. schwere, 1. und 2. leichte Batterie), Oberst-Lt. v. Freyhold.			24	
2. Feld-Pionier-Komp. IV. Armee-Korps mit Schanzzeug-Kolonne, Hauptm. Tetzlaff.				1
3. Feld-Pionier-Komp. IV. Armee-Korps, Hauptm. v. Wasserschleben.				1
Sanitäts-Detachement Nr. 1.				
Summa der 7. Inf.-Division	13	4	24	2

8. Infanterie-Division.

Kommandeur: Gen-Lieutenant. v. Schöler.

Generalstabs-Offizier: Major v. Kretschmann. — Adjutanten: 1) Rittm. v. Schenck, v. 2. Pomm. Ul.-Regt. Nr. 9. — 2) Sec.-Lt. Kempe, v. Schleswig-Holstein. Füs.-Regt. Nr. 86

15. Infanterie-Brigade, Gen.-Maj. v. Keßler.

Adjutant: Pr.-Lt. v. Rohr, v. 3. Hess. Inf.-Regt. Nr. 83.

1. Thür. Inf.-Regt. Nr. 31, Oberst v. Bonin.	3	—		
3. Thür. Inf.-Regt. Nr. 71, Oberst-Lt. v. Kloeden.	3	—		

16. Infanterie-Brigade, Oberst v. Scheffler.

Adjutant: Sec.-Lt. v. Albedyll, v. Gren.-Regt. König Friedrich Wilhelm IV. (1. Pomm.) Nr. 2.

Schleswig-Holstein. Füs.-Regt. Nr. 86, Oberst v. Horn.	3	—		
7. Thür. Inf.-Regt. Nr. 96, Oberst-Lt. v. Redern.	3	—		
Thür. Husaren-Regt. Nr. 12, Oberst-Lt. v. Suckow.		4	—	
2. Fuß-Abth. Magdeb. Feld-Art.-Regts. Nr. 4 (3. und 4. schwere, 3. und 4. leichte Batterie), Major v. Gilsa.			24	
1. Feld-Pionier-Komp. IV. Armee-Korps mit leichtem Feldbrücken-Train, Hauptm. Schultz I.				1
Sanitäts-Detachement Nr. 2.				
Summa der 8. Inf.-Division	12	4	24	1

Korps-Artillerie, Oberſt **Cruſius,** Kombr. d. Magdeb. Feld-Art.-
Regts. Nr. 4. Geſchütze.

Reitende Abtheilung Magdeb. Feld-Art.-Regts. Nr. 4 (2. u. 3.
reit. Batterie), Oberſt-Lieutenant Forſt. 12
3. Fuß-Abtheilung Magdeb. Feld-Art.-Regts. Nr. 4 (5. u. 6.
ſchwere, 5. u. 6. leichte Batterie) Major **Steltzer.** 24
Sanitäts-Detachement Nr. 3.

Summa der Korps-Artillerie 36

Kolonnen-Abtheilung Magdeb. Feld-Art.-Regts. Nr. 4, Hauptm. **Meisner.**

Art.-Mun.-Kol. Nr. 1, 2, 3, 4, 5. Inf.-Mun.-Kol. Nr. 1, 2, 3, 4. Ponton-Kol.

Magdeb. Train-Bataillon Nr. 4, Major v. **Wyſſogota-Zakrzewski.**

Vrz.-Rekt.-Dep. Pferde-Dep. Feldbäckerei-Kol. Proviant-Kol. Nr. 1, 2, 3, 4, 5. Lazarethe
Nr. 1, 2, 3, 4, 5, 6, 7, 8, 9, 10, 11, 12. Train-Begleit-Esk.

Total des **IV.** Armee-Korps: 24 Bat. Inf., 1 Jäg.-Bat, 8 Schwadr.,
84 Gesch., 3 Pion.-Komp.

IX. Armee-Korps.

Kommandirender General: General der Infanterie v. **Manſtein.**

Chef des Generalſtabes: Major **Bronſart v. Schellendorf.**
Kommandeur der Artillerie: General-Major Frhr. v. **Fullkammer,**
Kombr. d. 9. Art.-Brig.
Kommandeur der Ingenieure und Pioniere: Major **Hutier,**
Kombr. d. Schleswig-Holſtein. Pion.-Bats. Nr. 9.

Generalſtab: 1) Major v. **Wrisberg.** — 2) Hauptm. **Lignitz.** — 3) Hauptm
Scherf, v. Groß. Heſſ. Generalſt.

Adjutantur: 1) Major v. **Döring,** v. 8. Weſtphäl. Inf.-Regt. Nr. 57. — 2) Rittm.
Kuhlwein v. Rathenow, v. 1. Leib-Huf.-Regt. Nr. 1. — 3) Pr.-Lt.
v. **Britzke,** v. 2. Brandenb. Ul.-Regt. Nr. 11. — 4) Sek.-Lt. v. **Rymul-
towski,** v. 2. Schleſ. Gren.-Regt. Nr. 11.

Adjutanten des Kommandeurs der Artillerie: 1) Pr.-Lt. **Renſcher,** v. d. 3.
Art.-Brig. — 2) Sek.-Lt. **Forsbeck,** v. d. 9. Art.-Brig.

2. Ingenieur-Offizier. Hauptm. **Sommer,** v. d. 4. Ing.-Inſp. Adjutant des
Kommandeurs der Ingenieure und Pioniere: Sek.-Lt. **Erfling,** v. d.
4. Ing.-Inſp.

Kommandeur der Stabswache: Pr.-Lt. v. **Maltzahn,** v. Schleswig-Holſtein.
Huf.-Regt. Nr. 16.

18. Infanterie-Division.

Kommandeur: General-Lieutenant Frhr. v. **Wrangel.**

Generalstabs-Offizier: Major **Luft.** — Adjutanten: 1) Rittm. v. **Bülow,** v. Altm. Ul.-Regt. Nr. 16. — 2) Pr.-Lt. v. **Marklowski II.,** v. 1. Rhein. Inf.-Regt. Nr. 25.

35. Infanterie-Brigade, Gen.-Maj. v. **Blumenthal.**

Adjutant: Pr.-Lt. v. **Horn,** v. 2. Garbe-Regt. z. F.

	Bataillone.	Schwadronen.	Geschütze.	Pionier Kompagnien.
Magdeb. Füs.-Regt. Nr. 36, Oberst v. Brandenstein.	3			
Schleswig. Inf.-Regt. Nr. 84, Oberst v. Winkler.	3			

36. Infanterie-Brigade, Gen.-Maj. v. **Below.**

Adjutant: Pr.-Lt. v. **Quitzow,** v. Westph. Füs.-Regt Nr. 37.

2. Schles. Gren.-Regt. Nr. 11, Oberst v. Schöning.	3			
Holstein. Inf.-Regt. Nr.85, Oberst Frhr. v. Falkenhausen.	3			
Lauenburg. Jäger-Bat. Nr. 9, Major v. Minkwitz.				
Magdeb. Dragoner-Regt. Nr. 6, Oberst Frhr. v. Homwald.		1		
1. Fuß-Abth. Schleswig-Holstein. Feld-Art.-Regts. Nr. 9 (1. u. 2. schwere, 1. u. 2. leichte Batterie), Major v. Galyi.		4	24	
2. Feld-Pionier-Komp. IX. Armee-Korps, mit Schanzzeug-Kolonne, Hauptm. Fiedler.				1
3. Feld-Pionier-Komp. IX. Armee-Korps, Hauptm. Schulz.				1
Sanitäts-Detachement Nr. 1.				
Summa der 18. Infanterie-Division	13	4	24	2

Großherzogl. Hessische (25.) Division.

Kommandeur: General-Lieutenant **Ludwig Prinz von Hessen,** Großherzogl. Hoheit.

Generalstabs-Offiziere: 1) Major v. **Hesse.** — 2) Königl. Preuß. Hauptm. v. **Hackewitz.** — Adjutanten: 1) Ober-Lieut. **Möller,** v. 3. Inf.-Regt. — 2) Ober-Lieut. **Rothe,** v. Art.-Korps. Kommandeur der Feld-Artillerie: Königl. Preuß. Oberst-Lt. **Stumpff.**

49. Infanterie-Brigade, Königl. Preuß. Gen.-Maj. v. **Wittich.**

Adjutant: Ober-Lieut. **Mangold,** v. 1. Inf.-Regt.

1. Inf.-Regt. (Leibgarde), Oberst-Lt. Coulmann.	2			
2. Inf.-Regt. (Großherzog), Oberst Kraus.	2			
1. (Garde-) Jäg.-Bat., Major Lautenberger.	1			

50. Infanterie-Brigade, Oberst v. **Lyncker.**

Adjutant: Ober-Lieut. **Krömmelbein,** v. 4. Inf.-Regt.

3. Inf.-Regt., Oberst-Lt. Stamm.	2			
4. Inf.-Regt., Königl. Preuß. Oberst Zwenger.	2			
2. Jäg.-Bat., Major Winter.	1			
Latus	10			

	Bataillone.	Schwadronen.	Geschütze.	Pionier-Kompagnien.
Transport	10	—	—	—

(25.) Kavallerie-Brigade, Königl. Preuß. Gen.-Maj. Frhr. v. Schlotheim.

Adjutant: Ober-Lt. Frhr. v. Gemmingen-Hornberg, v. 1. Reiter-Regt.

1. Reiter-Regt. (Garde-Chevaurlegers-Regt.) Oberst-Lt. v. Grolmann.

2. Reiter-Regt. (Leib-Chevaurlegers-Regt.) Major Frhr. v. Buseck.

Reit. Batterie, Hauptm. Frhr. v. Schäffer-Bernstein.

Abtheilung der Feldbatterien (1. und 2. schwere, 1., 2. und 3. leichte Batterie), Major v. Herget.

Pion.-Komp. mit leichtem Feldbrückentrain, Hauptm. Brentano.

Sanitäts-Detachement.

	Bataillone.	Schwadronen.	Geschütze.	Pionier-Kompagnien.
1. Reiter-Regt.		4		
2. Reiter-Regt.		4		
Reit. Batterie			6	
Abtheilung der Feldbatterien			30	
Pion.-Komp.				1
Summa der Großherzogl. Hess. (25.) Division	**10**	**8**	**36**	**1**

Korps-Artillerie, Oberst v. Jagemann, Kombr. d. Schleswig-Holstein. Feld-Art.-Regts. Nr. 9.

Geschütze.

2. Fuß-Abtheilung Schleswig-Holstein. Feld-Art.-Regts. Nr. 9, (3. u. 4. schwere u. 3. u. 4. leichte Ba terie), Oberst-Lt. Darapsky.   24

2. reit. Batterie Schleswig-Holstein. Feld-Art.-Regts. Nr. 9, Hauptm. König.   6

Summa der Korps-Artillerie   30

Von der Kolonnen-Abtheilung Schleswig-Holstein. Feld-Art.-Regts. Nr. 9, Hauptm. v. Lüttwitz.

Art.-Mun.-Kol. Nr. 1, 2, 3.   Inf. Mun.-Kol. Nr. 1 u. 2.

Großh. Hess. Munitions-Kolonnen-Abtheilung, Major Bickel.

Art.-Mun.-Kol. Nr. 1 u. 2.   Inf.-Mun.-Kol. Nr. 1. u. 2.

Vom Schleswig-Holstein. Train-Bat. Nr. 9, Major Giersberg.

Laz.-Res.-Dep. Pferde-Dep. Feldbäckerei-Kol. Prov.-Kol. Nr. 1, 2, 3. Feld-Laz. Nr. 1, 2, 3, 4, 5, 6. Train-Begleit-Esk.

Großh. Hess. Train-Abtheilung, Major Kolb.

Laz.-Res.-Dep. Pferde-Dep. Feldbäckerei-Kol. Prov.-Kol. Nr. 1 u. 2. Feld-Laz. Nr. 1, 2, 3, 4, 5, 6. Train-Begleit-Abth.

Total des IX. Armee-Korps: 20 Bat. Inf., 3 Jäg.-Bat. 12 Schwadr. 90 Gesch. 3 Pion.-Komp.

X. Armee-Korps.

Kommandirender General: General der Infanterie v. **Voigts-Rhetz.**

Chef des Generalstabes: Oberst-Lieutenant v. **Caprivi.**

Kommandeur der Artillerie: Oberst Frhr. v. d. **Becke,** Kombr. d. 10. Art.-Brig.

Kommandeur der Ingenieure und Pioniere: Oberst-Lieutenant **Cramer,** Kombr. d. Hannov. Pion.-Bats. Nr. 10.

Generalstab: 1) Hauptm. **Seebeck.** — 2) Hauptm. Frhr. v. **Hoiningen,** gen. **Huene.** — 3) Pr.-Lt. v. **Podbielski,** v. 1. Hannov. Drag.-Regt. Nr. 9.

Adjutantur: 1) Major v. **Gerhardt,** v. Holstein. Inf. Regt. Nr. 85. — 2) Rittm. v. **Plötz,** v. 2. Garde-Drag.-Regt. — 3) Pr.-Lt. v. **Lessing,** v. 9. Westphäl. Inf.-Regt. Nr. 57. — 4) Pr.-Lt. v. **Willich,** à la suite d. 2. Pomm. Ul.-Regt. Nr. 9.

Adjutanten des Kommandeurs der Artillerie: 1) Pr.-Lt. **Looff,** v. d. 6. Art.-Brig. — 2) Sek.-Lt. **Otto,** v. d. 10. Art.-Brig.

2. Ingenieur-Offizier: Pr.-Lt. **Neumeister,** v. d. 4. Ing.-Insp. Adjutant des Kommandeurs der Ingenieure und Pioniere: Sek.-Lt. **Rothenberger,** v. d. 4. Ing.-Insp.

Kommandeur der Stabswache: Pr.-Lt. v. **Bornstädt,** v. 1. Hannov. Ul.-Regt. Nr. 13.

	Bataillone.	Schwadronen.	Geschütze.	Pionier-Kompagnien.
19. Infanterie-Division.				
Kommandeur: General-Lieutenant v. **Schwarzkoppen.**				
Generalstabs-Offizier: Major v. **Scherff.** — Adjutanten: 1) Pr.-Lt. **Eggeling,** v. Westphäl. Ul.-Regt. Nr. 5. — 2) Sek.-Lt. v. **Bernuth I.,** v. 3. Westphäl. Inf.-Regt. Nr. 16.				
37. Infanterie-Brigade, Oberst Lehmann.				
Adjutant: Pr.-Lt. v. **Bomsdorff,** v. 1. Garde-Regt. z. F.				
Ostfries. Inf.-Regt. Nr. 78, Oberst Frhr. v. Lyncker.	3	—	—	—
Oldenb. Inf.-Regt. Nr. 91, Oberst v. Kameke.	3	—	—	—
38. Infanterie-Brigade, Gen.-Maj. v. Wedell.				
Adjutant: Pr.-Lt. v. **Kalbacher,** v. 2. Schles. Gren.-Regt. Nr. 11.				
3. Westphäl. Inf.-Regt. Nr. 16, Oberst v. Brixen.	3	—	—	—
8. Westphäl. Inf.-Regt. Nr. 57, Oberst v. Cranach.	3	—	—	—
Latus	12	/	—	—

	Bataillone.	Schwadronen.	Geschütze.	Pionier-Kompagnien.
Transport	12	—	—	—
1. Hannov. Dragoner-Regt. Nr. 9, Oberst-Lt. Graf v. Hardenberg, à la suite b. Thür. Huf.-Regts. Nr. 12.	—	4	—	
1. Fuß-Abth. Hannov. Feld-Art.-Regts. Nr. 10, (1. u. 2. schwere, 1. u. 2. leichte Batterie,) Oberst-Lt. Schaumann.	—		24	—
2. Feld-Pionier-Komp. X. Armee-Korps mit Schanzzeug-Kolonne, Hauptm. Meyer.	—			1
3. Feld-Pionier-Komp. X. Armee-Korps, Hauptm. Lindow.	—			1
Sanitäts-Detachement Nr. 1.				
Summa der 19. Infanterie-Division	12	4	24	2

20. Infanterie-Division.

Kommandeur: General-Major v. Kraatz-Koschlau.

Generalstabs-Offizier: Hauptm. Frhr. v. Willisen. — Adjutanten: 1) Pr.-Lt. v. Schenckendorf, v. Brandenb. Huf.-Regt. (Zietensche Huf.) Nr. 3. — 2) Pr.-Lt. Frhr. v. Elverfeldt gen. v. Beverförde-Werries, v. Kais. Franz-Garde-Gren.-Regt. Nr. 2.

39. Infanterie-Brigade, Gen.-Maj. v. Woyna.

Adjutant: Pr.-Lt. v. Mayer, v. 1. Westphäl. Inf.-Regt. Nr. 13.

	Bataillone.	Schwadronen.	Geschütze.	Pionier-Kompagnien.
7. Westphäl. Inf.-Regt. Nr. 56, Oberst v. Block.	3	—	—	
3. Hannov. Inf.-Regt. Nr. 79, Oberst v. Valentini.	3	—	—	

40. Infanterie-Brigade, Gen.-Maj. v. Diringshofen.

Adjutant: Pr.-Lt. Schob, v. Brandenb. Füs.-Regt. Nr. 35.

	Bataillone.	Schwadronen.	Geschütze.	Pionier-Kompagnien.
4. Westphäl. Inf.-Regt. Nr. 17, Oberst v. Ehrenberg.	3			
Braunschw. Inf.-Regt. Nr. 92, Oberst Haberland.	3			
Hannov. Jäg.-Bat. Nr. 10, Major Dunin v. Przychowsky.	1	—		
2. Hannov. Dragoner-Regt. Nr. 16, Oberst-Lt. v. Waldow.	—	4		
2. Fuß-Abth. Hannov. Feld-Art.-Regts. Nr. 10 (3. u. 4. schwere Batterie, 3. u. 4. leichte), Major Krause.	—		24	
1. Feld-Pionier-Komp. X. Armee-Korps mit leichtem Feldbrückentrain, Hauptm. Kleist.				1
Sanitäts-Detachement Nr. 2.				
Summa der 20. Infanterie-Division	13	4	24	1

Korps=Artillerie, Oberst Baron v. d. Goltz, Komtr. d. Hannov.
Feld=Art. Nr. 10.   Geschütze.
Reitende Abtheilung Hannov. Feld=Art.=Regts. Nr. 10 (1. u.
   3. reit. Batterie), Major Körber.   12
3. Fuß=Abtheilung Hannov. Feld=Art.=Regts. Nr. 10 (5. u. 6.
   schwere, 5. u. 6. leichte Batterie), Oberst=Lt. Cotta.   24

Sanitäts=Detachement Nr. 3.

                              Summa der Korps-Artillerie 36

     Kolonnen=Abtheilung Hannov. Feld=Art.=Regts. Nr. 10, Major
                        Strackerjan.

Art.=Mun.=Kol. Nr. 1, 2, 3, 4, 5. Inf.=Mun.=Kol. Nr. 1, 2, 3, 4.

Hannoversches Train=Bataillon Nr. 10, Major v. Berge u. Herrendorff.

Laz.=Ref.=Dep. Pferde=Dep. Feldbäckerei=Kol. Prov.=Kol. Nr. 1, 2, 3, 4, 5. Feld=Laz.
Nr. 1, 2, 3, 4, 5, 6, 7, 8, 9, 10, 11, 12. Train=Begleit=Esk.

Total des **X.** Armee=Korps: 24 Bat. Inf. 1 Jäg.=Bat. 8 Schwadr.
84 Gesch. 3 Pion.=Komp.

XII. (Königl. Sächsisches) Armee-Korps.

**Kommandirender General: General der Infanterie Se. Königl. Hoheit
der Kronprinz v. Sachsen.**

Persönliche Adjutanten: 1) Gen.=Maj. und Gen=Adjut. Prinz Georg v. Schön-
burg=Waldenburg. — 2) Hauptm. Graf Vitzthum v. Eckstädt.
    Chef des Generalstabes: Oberst=Lt. v. Zezschwitz.
    Kommandeur der Artillerie: Gen.=Maj. Köhler, Kombr. d. Art.=Brig.
       Nr. 12.
    Kommandeur der Ingenieure und Pioniere: Major Klemm,
       Kombr. d. Pion.=Bat. Nr 12.
Generalstab: 1) Major Schweingel. — 2) Hauptm. v. Hodenberg. — 3) Hauptm.
    Edler v. d. Planitz.
Adjutantur: 1) Major Frhr. v. Welck. — 2) Hauptm. v. Minckwitz I., v. 1.
    Jäg.=Bat. (Kronprinz) Nr. 12. — 3) Pr.=Lt. Edler v. d. Planitz, v. Garde=
    Reiter=Regt. — 4) Pr.=Lt. Müller v. Berneck, v. 2. Gren.=Regt. König
    Wilhelm v. Preußen Nr. 101. — 5) Pr.=Lt. v. Schimpff, v. Garde=Reiter=Regt.
Adjutanten des Kommandeurs der Artillerie: 1) Pr.=Lt. v. Kretzschmar,
    v. d. Art.=Brig. Nr. 12. — 2) Pr.=Lt. v. Rabenhorst II., v. d. Art.=Brig.
    Nr. 12.
2. Ingenieur=Offizier: Hauptm. Portius, v. d. Ing.=Abth. d. Generalst. —
    Adjutant des Kommandeurs der Ingenieure und Pioniere:
    Sek.=Lt. Schubert, v. Pion.-Bat. Nr. 12.

Kommandeur der Stabswache: Hauptm. v. Wurmb, v. Schützen= (Füf.=) Regt. Nr. 109.

Im Hauptquartier anwesend:

Karl Theodor, Herzog in Baiern, Königl. Hoheit.
Adjutant: Ober=Lt. Frhr. v. Reck, v. 1. Kür.=Regt.

	Bataillone.	Schwadronen.	Geschütze.	Pionier=Kom= pagnien.
1. Infanterie=Division Nr. 23.				
Kommandeur: Prinz Georg v. Sachsen, Königl. Hoheit, General=Lieutenant.				
Persönlicher Adjutant: Rittm. v. Ehrenstein.				
Generalstabs=Offiziere: 1) Oberst=Lt. Schubert. — 2) Hauptm. v. Treitschke, v. 4. Inf.=Regt. Nr. 103. — Adjutant: Hauptm. v. Minckwitz II., v. 3. Inf.=Regt. (Kronprinz) Nr. 102.				
1. Infanterie-Brigade Nr. 45, Gen.=Maj. v. Craushaar.				
Adjutant: Pr.=Lt. Schmalz I., v. 2. Gren=Regt. König Wilhelm von Preußen Nr. 101.				
1. (Leib=) Gren.=Regt. Nr. 100, Oberst Garten.	3			
2. Gren. = Regt. König Wilhelm v. Preußen Nr. 101, Oberst v. Seydlitz=Gerstenberg.	3			
Schützen= (Füf.=) Regt. Nr. 108, Oberst Frhr. v. Hausen.	3			
2. Infanterie-Brigade Nr. 46, Oberst v. Montbé.				
Adjutant: Pr.=Lt. v. Schultes, v. 3. Inf.=Regt. Kronprinz Nr. 102.				
3. Inf.=Regt. Kronprinz Nr. 102, Oberst Rudorff.	3			
4. Inf.=Regt. Nr. 103, Oberst=Lt. Dietrich.	3			
1. Reiter=Regt. Kronprinz, Oberst=Lt. v. Sahr.		4		
1. Fuß=Abth. Feld=Art.=Regts. Nr. 12 (1. u. 2. schwere, 1. u 2. leichte Batterie), Oberst=Lt. v. Watzdorf.			24	
2. Komp. Pion.=Bats. Nr. 12 mit Schanzzeug=Kolonne, Hauptm. Richter.				1
4. Komp. Pion.=Bats. Nr. 12, Hauptm. Friedrich.				1
Sanitäts=Detachement Nr. 1.				
Summa der 23. Inf.=Division	**15**	**4**	**24**	**2**

2. Infanterie=Division Nr. 24.

Kommandeur: Gen.=Maj. Nehrhoff v. Holderberg.

Generalstabs=Offiziere: 1) Major v. Tschirschky u. Bögendorf. — 2) Hauptm. v. Bülow. — Adjutant: Pr.=Lt. v. Carlowitz, v. 1. Jäg.=Bat. Kronprinz Nr. 12.

Latus

	Bataillone.	Schwadronen.	Geschütze.	Pionier-Kompagnien.
Transport	—			—
3. Infanterie-Brigade Nr. 47, Gen.-Maj. v. Leonhardi.				
Adjutant: Pr.-Lt. Wagner, v. 6. Inf.-Regt. Nr. 105.				
5. Inf.-Regt. Prinz Friedrich August Nr. 104, Oberst v. Elterlein.	3			
6. Inf.-Regt. Nr. 105, Oberst v. Tettau.	3			
1. Jäg.-Bat. Kronprinz Nr. 12, Major Graf Holtzendorff.	1			
4. Infanterie-Brigade Nr. 48, Oberst v. Schulz.				
Adjutant: Pr.-Lt. Bekenn, v. 7. Inf.-Regt. Prinz Georg Nr. 106.				
7. Inf.-Regt. Prinz Georg Nr. 106, Oberst v. Abendroth.	3			
8. Inf.-Regt. Nr. 107, Oberst-Lt. v. Schweinitz.	3			
2. Jäg.-Bat. Nr. 13, Major v. Götz.	1			
2. Reiter-Regt., Major Genthe.		4		
2. Fuß-Abth. Feld-Art.-Regts. Nr. 12 (3. u. 4. schwere, 3. u. 4. leichte Batterie), Major Richter.			24	
3. Komp. Pion.-Bats. Nr. 12, mit leichtem Feldbrücken-Train, Hauptm. Schubert.				1
Sanitäts-Detachement Nr. 2.				
Summa der 24. Inf.-Division	14	4	24	1

Kavallerie-Division Nr. 12, Gen.-Maj. Graf zur Lippe.

Generalstabs-Offiziere: 1) Hauptm. Reyher. — 2) Hauptm. v. Kirchbach. — Adjutant: Pr.-Lt. v. Könneritz, v. 3. Reiter-Regt.

	Schwadronen.	Geschütze.
1. Kavallerie-Brigade Nr. 23, Gen.-Maj. Krug v. Nidda.		
Adjutant: Pr.-Lt. v. Boxberg, v. 2. Ul.-Regt. Nr. 18.		
Garde-Reiter-Regt., Oberst v. Carlowitz.	4	—
1. Ulanen-Regt. Nr. 17, Oberst v. Miltitz.	4	—
2. Kavallerie-Brigade Nr. 24, Gen.-Maj. Senfft v. Pilsach.		
Adjutant: Pr.-Lt. v. Hönning O'Caroll, v. 3. Reiter-Regt.		
3. Reiter-Regt., Oberst v. Standfest.	4	—
2. Ulanen-Regt. Nr. 18, Oberst-Lt. v. Trosky.	4	—
1 reit. Batterie Feld-Art.-Regts. Nr. 12, Hauptm. Zenker.	—	6
Summa der 12. Kav.-Division	16	6

Korps-Artillerie, Oberst **Funcke,** Kombr. d. Feld-Art.-Regts.
Nr. 12.   Geschütze.

3. Fuß-Abth. Feld-Art.-Regt. Nr. 12 (5. u. 6. schwere, 5. leichte Batterie), Major **Hoch.**   18
1. Fuß-Abth. (7. u. 8. schwere, 6. leichte Batterie) und 2. reit. Batterie
   Feld-Art.-Regts. Nr. 12, Oberst-Lt. **Oertel.**   24
Sanitäts-Detachement Nr. 3.

                                Summa der Korps-Artillerie   42

Kolonnen-Abtheilung Feld-Art.-Regts. Nr. 12, Oberst-Lt. **Schörmer.**
Art.-Mun.-Kol. Nr. 1, 2, 3, 4, 5. Inf.-Mun.-Kol. Nr. 1, 2, 3, 4. Ponton-Kol.

Train-Bataillon Nr. 12, Oberst **Schmalz.**
Laz.-Ref.-Dep. Pferde-Dep. Feldbäckerei-Kol. Prov.-Kol. Nr. 1, 2, 3, 4, 5. Feld-Laz.
Nr. 1, 2, 3, 4, 5, 6. 7, 8, 9, 10, 11, 12. Train-Begleit-Esk.

Total des XII. (Königl. Sächsischen) Armee-Korps: 27 Bat. Inf.,
2 Jäg.-Bat., 24 Schwadr., 96 Gesch., 3 Pion.-Komp.

5. Kavallerie-Division *).

Kommandeur: General-Lieutenant Baron v. Rheinbaben.

Generalstabs-Offizier: Rittm. v. Heister, v. Magdeb. Huf.-Regt. Nr. 10.
Adjutanten: 1) Rittm. v. d. Knesebeck, v. Thür. Huf.-Regt. Nr. 12. — 2) Pr.-Lt.
Graf v. Plettenberg-Lenhausen, v. Westphäl. Kür.-Regt. Nr. 4.
Attachirt: Gen.-Maj. v. Strantz. — Adjutant: Pr.-Lt. v. Goßlar, v. 1. Hess. Huf.-
Regt. Nr. 13.

	Schwadronen.	Geschütze.
11. Kavallerie-Brigade, Gen.-Maj. v. **Barby.**		
Adjutant: Pr.-Lt. v. **Marschall,** 2. Pomm. Ul.-Regt. Nr. 9.		
Westphäl. Kürassier-Regt. Nr. 4, Oberst v. Arnim.	4	—
1. Hannov. Ulanen-Regt. Nr. 13, Oberst v. Schack.	4	—
Oldenb. Dragoner-Regt. Nr. 19, Oberst v. Trotha.	4	—
12. Kavallerie-Brigade, Gen.-Maj. v. **Bredow.**		
Adjutant: Sek.-Lt. v. **Klitzing,** v. Rhein. Drag.-Regt. Nr. 5.		
Magdeb. Kürassier-Regt. Nr. 7, Oberst-Lt. v. Larisch.	4	—
Altmärk. Ulanen-Regt. Nr. 16, Major v. d. Dollen.	4	—
Schleswig-Holstein. Dragoner-Regt. Nr. 13, Oberst v. Brauchitsch.	4	—
Latus	24	—

*) Der 5. Kavallerie-Division wurde 1 Proviant-Kolonne des IV. und 1 Feld-Lazareth
v. X. Armee-Korps beigegeben.

	Schwadronen.	Geschütze.
Transport	24	—

13. Kavallerie-Brigade, Gen.-Maj. v. Redern.

Adjutant: Pr.-Lt. v. Goetz, v. Magdeb. Drag.-Regt. Nr. 6.

Magdeb. Husaren-Regt. Nr. 10, Oberst v. Weise.		
2. Westphäl. Husaren-Regt. Nr. 11, Oberst-Lt. Frhr. v. Eller-Eberstein.	4	—
Braunschw. Husaren-Regt. Nr. 17, Königl. Preuß. Oberst-Lt.	4	—
v. Rauch, à la suite d. 2. Garde-Ul.-Regts.	4	—
1. reit. Batterie Magdeb. Feld-Art.-Regts. Nr. 4, Hauptm. Bode.	—	6
2. reit. Batterie Hannov. Feld-Art.-Regts. Nr. 10, Hauptm. Schirmer.	—	6
Total der 5. Kav.-Division	36	12

6. Kavallerie-Division.*)

Kommandeur: Herzog Wilhelm v. Mecklenburg-Schwerin, Hoheit.

Generalstabs-Offizier: Major v. Schönfels.

Adjutanten: 1) Rittm. v. Treskow, v. Schleswig-Holstein. Ul.-Regt. Nr. 15. — 2) Pr.-Lt. v. Usedom, v. 1. Leib-Hus.-Regt. Nr. 1.

	Schwadronen.	Geschütze.
14. Kavallerie-Brigade, Gen.-Maj. Frhr. v. Diepenbroick-Grüter.		

Adjutant: Pr.-Lt. v. u. zu Schachten, v. Ostpreuß. Ul.-Regt. Nr. 8.

Brandenb. Kürassier-Regt. (Kaiser Nikolaus I. v. Rußland) Nr. 6, Oberst-Lt. Graf zu Lynar.	4	—
1. Brandenb. Ulanen-Regt. (Kaiser v. Rußland) Nr. 3, Oberst Graf v. d. Gröben.	4	—
Schleswig-Holstein. Ulanen-Regt. Nr. 15, Oberst v. Alvensleben.	4	—

15. Kavallerie-Brigade, Gen.-Maj. v. Rauch.

Adjutant: Pr.-Lt. Graf v. Roß, v. Königs-Hus.-Regt. (1. Rhein.) Nr. 7.

Brandenb. Husaren-Regt. (Zieten'sche Husaren) Nr. 3, Oberst v. Ziethen.	4	—
Schleswig-Holstein. Husaren-Regt. Nr. 16, Oberst v. Schmidt.	4	—
2. reit. Batterie Brandenb. Feld-Art.-Regts. Nr. 3 (Gen.-Feld-Zeugmeister), Hauptm. Wittstock.	—	6
Total der 6. Kav.-Division	20	6

*) Der 6. Kavallerie-Division wurde 1 Proviant-Kolonne und 1 Feld-Lazareth III. Armee-Korps beigegeben.

Feld-Eisenbahn-Abtheilung Nr. 4.

Chef: Eisenbahn-Bau-Inspekt. **Nenne.*)**

Kompagnie-Führer Hauptm. **v. Seydlitz-Kurzbach-Ludwigsdorff,**
v. 2. Oberschles. Landw.-Regt. Nr. 23.

Feld-Telegraphen-Abtheilung Nr. 2.

Kommandeur: Hauptm. **Herrfahrdt,** à la suite d. 2. Ing.-Insp.

II. Armee-Korps.**)

Kommandirender General: General der Infanterie **v. Fransecky.**

Chef des Generalstabes: Oberst **v. Wichmann.**
Kommandeur der Artillerie: General-Major **v. Kleist,** Kmdr. d.
2. Art.-Brig.
Kommandeur der Ingenieure und Pioniere: Major **Sandkuhl,**
Komdr. d. Pomm. Pion.-Bats. Nr. 2.

Generalstab: 1) Major **v. Petersdorff.** — 2) Hauptm. **v. Unruhe.** — 3)
Pr.-Lieut. **v. Keßlern,** v. 4. Pomm. Inf.-Reg. Nr. 21.

Adjutantur: 1) Hauptm. **v. Blomberg,** v. 4. Ostpreuß. Gren.-Regt. Nr. 5. —
2) Rittm. **v. d. Marwitz,** v. Neumärk. Drag.-Regt. Nr. 3. — 3) Pr.-Lt.
v. Naso, v. 2. Pomm. Ill.-Regt. Nr. 9. — 4) Pr.-Lt. **v. Burchardt,** v. 6.
Pomm. Inf.-Regt. Nr. 49.

Adjutanten des Kommandeurs der Artillerie: 1) Pr.-Lt **Cruse,** v d. 4. Art.-
Brig. — 2) Sek.-Lt. **Steffen,** v. d. 2. Art.-Brig.

2. Ingenieur-Offizier: Hauptm. **Weber,** v. d. 1. Ing.-Insp. **Adjutant des**
Kommandeurs der Ingenieure und Pioniere: Sek.-Lt. **Mache,**
v. d. 1. Ing.-Inspekt.

Kommandeur der Stabswache: Pr.-Lt. **Moritz,** v. Pomm. Hus.-Regt. (Blücher'sche
Hus.) Nr. 5.

---

*) In Vertretung Eisenbahn-Baumeister **Bieregge.**
**) Das 2. Armee-Corps gehörte zu Beginn des Feldzuges nicht zur II. Armee, sondern nur zu
den noch außerhalb des Verbandes der 3 Armeen stehenden Feldtruppen. Es wurde dem
Prinzen Friedrich Carl erst durch am 6. August zugehenden telegraphischen Befehl unterstellt, traf zwischen dem 8. und 11. August bei Stanburg-Neunkirchen mit der Bahn ein
und rückte dann successive zur Armee ab. (Siehe Seite 27.)

3. Infanterie-Division.

Kommandeur: General-Major v. Hartmann.

Generalſtabs-Offizier: Major Stockmarr. — Adjutanten:
1) Hauptm. v. Benningſen, v. 7. Oſtpreuß. Inf.-Regt. Nr. 44. —
2) Pr.-Lt. v. Sichart I., v. Neumärk. Drag.-Regt. Nr. 3.

5. Infanterie-Brigade, Gen.-Maj. v. Koblinſki.

Adjutant: Pr.-Lt. v. Frankenberg-Proſchlitz, v. 3. Niederſchleſ.
Inf.-Regt. Nr. 50.

	Bataillone.	Schwadronen.	Geschütze.	Pionier-Komp.
Gren.-Regt. König Friedrich Wilhelm IV. (1. Pomm.) Nr. 2, Oberſt v. Ziemietzki.	3	—	—	—
5. Pomm. Inf.-Aegt. Nr. 42, Oberſt v. d. Kneſebeck.	3	—	—	—

6. Infanterie-Brigade, Oberſt v. d. Decken.

Adjutant: Pr.-Lt. Kleinhans, v. 1. Hanf. Inf.-Regt. Nr. 75.

	Bataillone.	Schwadronen.	Geschütze.	Pionier-Komp.
3. Pomm. Inf.-Regt. Nr. 14, Oberſt v. Voß.	3	—	—	—
7. Pomm. Inf.-Regt. Nr. 54, Oberſt v. Buſſe.	3	—	—	—
Pomm. Jäger-Bat. Nr. 2, Major v. Netzer.	1	—	—	—
Neumärk. Dragoner-Regt. Nr. 3, Oberſt Frhr. v. Williſen.	—	4	—	—
1. Fuß-Abth. Pomm. Feld-Art.-Regts. Nr. 2 (1. und 2. ſchwere, 1. u. 2. leichte Batterie), Major Frhr. v. Eynatten.	—	—	24	—
1. Feld-Pionier-Komp. II. Armee-Korps mit leichtem Feldbrücken-Train, Hauptm. v. Wißmann.	—	—	—	1

Sanitäts-Detachement Nr. 1.

	Bataillone.	Schwadronen.	Geschütze.	Pionier-Komp.
Summa der 3. Inf.-Diviſion	13	4	24	1

4. Infanterie-Division.

Kommandeur: General-Lieutenant Hann v. Weihern.

Generalſtabs-Offizier: Hauptm. Boie. — Adjutanten: 1)
Hauptm. Münch, v. 1. Hannov. Inf.-Regt. Nr. 74. — 2) Pr.-Lt.
v. Grießheim, v. 1. Pomm. Ul.-Regt. Nr. 4.

7. Infanterie-Brigade, Gen.-Maj. du Troſſel.

Adjutant: Pr.-Lt. Martens, v. 7. Oſtpreuß. Inf.-Regt. Nr. 44.

	Bataillone.	Schwadronen.	Geschütze.	Pionier-Komp.
Colberg. Gren.-Regt. (2. Pomm.) Nr. 9, Oberſt v. Ferentheil und Gruppenberg.	3	—	—	—
6. Pomm. Inf.-Regt. Nr. 49, Oberſt-Lt. Laurin.	3	—	—	—
Latus	6	—	—	—

	Bataillone.	Schwadronen.	Geschütze.	Pionier-Kompagnien.
Transport	6	—	—	—

8. Infanterie-Brigade, Gen.-Maj. **v. Kettler.**

Abjutant: Pr.-Lt. v. Oertzen, v. 3. Brandenb. Inf.-Regt. Nr. 20.

4. Pomm. Inf.-Regt. Nr. 21, Oberst-Lt. v. Lobenthal.	3	—	—	—
8. Pomm. Inf.-Regt. Nr. 61, Oberst v. Wedell.	3	—	—	—
Pomm. Dragoner-Regt. Nr. 11, Oberst-Lt. v. Guretzki-Cornitz.	—	4	—	—
3. Fuß-Abth. Pomm. Feld-Art.-Regts. Nr. 2 (5. und 6. schwere, 5. und 6. leichte Batterie), Oberst-Lt. Bauer.	—	—	24	—
2. Feld-Pionier-Komp. II. Armee-Korps mit Schanzzeug-Kolonne, Hauptm. Grethen.	—	—	—	1
3. Feld-Pionier-Komp. II. Armee-Korps, Hauptm. Balcke.	—	—	—	1

Sanitäts-Detachement Nr. 2.

Summa der 4. Inf.-Division	12	4	24	2

Korps-Artillerie, Oberst **Petzel,** Kombr. d. Pomm. Feld-Art.-Regt.

	Geschütze.
Reitende Abtheilung Pomm. Feld-Art.-Regts. Nr. 2 (2. und 3. Nr. 2. reitende Batterie), Oberst-Lt. Maschke.	12
2. Fuß-Abtheilung Pomm. Feld-Art.-Regts. Nr. 2 (3. und 4. schwere, 3. u. 4. leichte Batterie), Major Hübner.	24

Sanitäts-Detachement Nr. 3.

Summa der Korps-Artillerie	36

Kolonnen-Abtheilung Pomm. Feld-Art.-Regts. Nr. 2, Major Grabe, v. d. 5. Art.-Brig.

Art.-Mun.-Kol. Nr. 1, 2, 3, 4, 5. Inf.-Kol. Nr. 1, 2, 3, 4. Ponton-Kol.

Pommersches Train-Bataillon Nr. 2, Oberst **Schmelzer.**

Laz.-Res.-Dep. Pferde-Dep. Feldbäckerei-Kol. Prov.-Ko'. Nr. 1, 2, 3, 4, 5. Feld-Laz. Nr. 1, 2, 3, 4, 5, 6, 7, 8, 9, 10, 11, 12. Train-Begleit.-Esk.

Total des II. Armee-Korps: 24 Bat. Inf., 1 Jäger-Bat., 8 Schwadr., 84 Gesch., 3 Pionier-Komp.

I. Armee.

Oberbefehlshaber: General d. Infanterie v. Steinmetz.

Chef des Generalstabes: General-Major **v. Sperling.**

Ober-Quartiermeister: Oberst Graf **v. Wartensleben.**

Kommandeur der Artillerie: General-Lieutenant **Schwartz,** Inspekteur der 2. Art.-Insp.

Kommandeur der Ingenieure und Pioniere: General-Major **Biehler,** Inspekteur der 3. Ing.-Insp.

Generalstab:

1) Major v. Levinski I. — 2) Hauptm. Baumann. — 3) Hauptm. v. Rauchhaupt, v. 3. Hannov. Inf.-Regt. Nr. 79. — 4) Pr.-Lt. Baron v. Collas, v. Westphäl. Füs.-Regt. Nr. 37.

Adjutantur:

1) Hauptm. Wittke, v. 2. Thür. Inf.-Regt. Nr. 32. — 2) Rittm. v. Franckenberg-Proschlitz, à la suite d. Westpreuß. Ul.-Regts. Nr. 1. — 3) Hauptm. v. Düring, v. 3. Garde-Gren.-Regt. Königin Elisabeth. — 4) Pr.-Lt. Gaede, v. 1. Schles. Drag.-Regt. Nr. 4. — 5) Sek.-Lt. v. Braunschweig, v. 1. Westpreuß. Gren.-Regt. Nr. 6.

Stabsoffizier und Adjutanten beim Kommandeur der Artillerie. Stabsoffizier: Major Siber, v. d. 4. Art.-Brig. Adjutanten: 1) Hauptm. Blecken v. Schmeling, v. d. Garde-Art.-Brig. — 2) Hauptm. Köhler, v. d. 1. Art.-Brig.

2. Ingenieur-Offizier: Major v. Giese. Adjutanten des Kommandeurs der Ingenieure und Pioniere: 1) Hauptm. Hofmann, v. d. 3. Ing.-Insp. — Pr.-Lt. Diener, v. d. 3. Ing.-Insp.

Armee-Intendant: Intend. Pr.-Lt. Sulzer. Feld-Intendant: Intend.-Rath Pauly.

Armee-General-Arzt: Gen.-Arzt Dr. Schiele.

Kommandant des Hauptquartiers: Major v. Strantz, à la suite d. Pos. Ul.-Regts. Nr. 10.

Feld-Gensdarmerie: Oberst-Lt. Dorndorf, Abtheil.-Kommdr. — Hauptm. Thilo, v. d. 5. Gensd.-Brig.

General-Etappen-Inspektion:

General-Inspekteur: General-Lieutenant z. D. **Malotki v. Trzebia-towski.**

Chef des General-Stabes: Major v. Ditfurth.

Adjutanten: 1) Pr.-Lt. Effnert, v. 2. Westphäl. Inf.-Regt. Nr. 15 (Prinz Friedrich d. Niederlande). — 2) Sek.-Lt. Lortzing, v. 2. Hannov. Inf.-Regt. Nr. 77.

Artillerie=Offizier: Major a. D. Burbach.

Ingenieur=Offizier: Major a. D. Doft.

Intendant: Intend.=Rath Metzger.

Kommandeur der Feld=Gensd.=Abtheilung: Major Schulz.

Im Hauptquartier anwesend:

Prinz Adalbert von Preußen, Königl. Hoheit, Admiral. *

Adjutant: Korv.=Kapt. Le Tanneux v. Saint=Paul=Illaire.

Allgemeine Truppen = Ueberficht.

VII.	Armee=Korps:	25 Bat.,	8 Schwadr.,	14 Batt.	(84 Gesch.)
VIII.	„	25 „	8 „	15 „	(90 „)
3.	Kavallerie=Division:	— „	16 „	1 „	(6 „)

Total der I. Armee: 50 Bat., 32 Schwadr., 30 Batt. (180 Gesch.)

Hierzu fpäter

das I. Armee=Korps mit: 25 Bat., 8 Schwadr., 14 Batt. (84 Gesch.)

die 1. Kavallerie=Division mit: — „ 24 „ 1 „ (6 „)

Summa: 75 Bat., 64 Schwadr,, 45 Batt. (270 Gesch.)

I. Armee-Korps.

Kommandirender General: General der Kavallerie Freiherr v. Manteuffel, General=Adjutant Sr. Majeftät des Königs.

Chef des Generalftabes: Oberft=Lieutenant **v. d. Burg.**

Kommandeur der Artillerie: General=Major **v. Bergmann,** Kombr. d. 1. Art.=Brig.

Kommandeur der Ingenieure und Pioniere: Major Fahland, Kombr. d. Oftpreuß. Pionier=Bats. Nr. 1.

Generalftab: 1) Major Frhr. v. Amelunxen. — 2) Hauptm. v. d. Hude. — 3) Hauptm. Lignitz, à la suite d. 8. Rhein. Inf.=Regts. Nr. 70.

Adjutantur: 1) Major v. Frankenberg, v. 7. Oftpreuß. Inf.=Regt. Nr. 44. — 2) Rittm. v. Brünneck, v. 1. Heff. Huf.=Regt. Nr. 13. — 3) Pr.=Lt. Heinrichs, v. 3. Oftpreuß. Gren.=Regt. Nr. 4. — 4) Pr.=Lt. Sackersdorff, v. Litth. Drag.=Regt. Nr. 1 (Prinz Albrecht v. Preußen).

Adjutanten des Kommandeurs der Artillerie: 1) Pr.=Lt. Pohl, v. d. 1. Art.=Brig. — 2) Sek.=Lt. Weber, v. d. 1. Art.=Brig.

2. Ingenieur=Offizier: Hauptm. v. d. Groeben, v. d. 1. Ing.=Inſp. Adjutant des Kommandeurs der Ingenieure und Pioniere: Sek.=Lt. Quaffowski, v. d. 1. Ing.=Inſp.

Kommandeur der Stabswache: Sek.=Lt. v. d. Goltz, v. Litth. UL=Regt. Nr. 12.

* Se. Königl. Hoheit traf am 4. Auguft bei der Armee ein.

1. Infanterie-Division.

Kommandeur: General-Lieutenant v. Bentheim.

Generalstabs-Offizier: Major v. Schrötter. — Adjutanten: 1) Hauptm. Michaelis, v. 1. Westpreuß. Gren.-Regt. Nr. 6. — 2) Pr.-Lt. v. Tresckow, v. Litth. Ul.-Regt. Nr. 12.

	Bataillone.	Schwadronen.	Geschütze.	Pionier-Kompagnien.
1. Infanterie-Brigade, Gen.-Maj. v. Gahl.				
Adjutant: Pr.-Lt. v. Roß, v. Colberg. Gren.-Regt. (2. Pomm.) Nr. 9.				
Gren.-Regt. Kronprinz (1. Ostpreuß.) Nr. 1, Oberst v. Massow.	3	—	—	—
5. Ostpreuß. Inf.-Regt. Nr. 41, Oberst-Lt. Frhr. v. Meerscheidt-Hüllessem.	3	—	—	—
2. Infanterie-Brigade, Gen.-Maj. v. Falkenstein.				
Adjutant: Pt.-Lt. v. Schmeling, v. 1. Schles. Gren.-Regt. Nr. 10.				
2. Ostpreuß. Gren.-Regt. Nr. 3, Oberst v. Legat.	3	—	—	—
6. Ostpreuß. Inf.-Regt. Nr. 43, Oberst v. Busse.	3	—	—	—
Ostpreuß. Jäger-Bataillon Nr. 1, Oberst-Lt. v. Ploetz.	1	—	—	—
Litthauisches Dragoner-Regt. Nr. 1 (Prinz Albrecht v. Preußen), Oberst-Lt. v. Massow.	—	4	—	—
1. Fuß-Abth. Ostpreuß. Feld-Art.-Regts. Nr. 1 (1. u. 2. schwere, 1. u. 2. leichte Batterie), Major Munk.	—	—	24	—
2. Feld-Pionier-Komp. I. Armee-Korps, mit Schanzzeug-Kolonne, Hauptm. Neumann.	—	—	—	1
3. Feld-Pionier-Komp. I. Armee-Korps, Hauptm. Riemann.	—	—	—	1
Sanitäts-Detachement Nr. 1.				
Summa der 1. Inf.-Division	13	4	24	2

2. Infanterie-Division.

Kommandeur: General-Major v. Pritzelwitz.

Generalstabs-Offizier: Hauptm. v. Jarotzki. — Adjutanten: 1) Hauptm. Piepersberg, v. 7. Westph. Inf.-Regt. Nr. 56. — 2) Sek.-Lt. v. Saucken, v. Ostpreuß. Ul.-Regt. Nr. 8.

	Bataillone.	Schwadronen.	Geschütze.	Pionier-Kompagnien.
3. Infanterie-Brigade, Gen.-Maj. v. Memerty.				
Adjutant: Pr.-Lt. v. Brandenstein, v. Westphäl. Jäg.-Bat. Nr. 7.				
3. Ostpreuß. Gren.-Regt. Nr. 4, Oberst v. Tietzen u. Hennig.	3	—	—	—
7. Ostpreuß. Inf.-Regt. Nr. 44, Oberst v. Boecking.	3	—	—	—
4. Infanterie-Brigade, Gen.-Maj. v. Zglinitzki.				
Adjutant: Pr.-Lt. Wolff, v. 1. Pos. Inf.-Regt. Nr. 18.				
4. Ostpreuß. Gren.-Regt. Nr. 5, Oberst v. Einem.	3	—	—	—
8. Ostpreuß. Inf.-Regt. Nr. 45, Oberst v. Mützschefahl.	3	—	—	—
Latus	12	—	—	—

	Bataillone.	Schwadronen.	Geschütze.	Pionier-Kompagnien.
Transport	12	—	—	—
Ostpreuß. Dragoner-Regt. Nr. 10, Oberst Frhr. v. d. Goltz.		4	—	—
3. Fuß-Abth. Ostpreuß. Feld-Art.-Regts. Nr. 1 (5. u. 6. schwere, 5. u. 6. leichte Batterie), Major Müller.			24	—
1. Feld-Pionier-Komp. I. Armee-Korps, mit leichtem Feldbrückentrain, Hauptm. Ritter.				1
Sanitäts-Detachement Nr. 2.				
Summa der 2. Inf.-Division	12	4	24	1

Korps-Artillerie, Oberst Junge, Kombr. d. Ostpreuß. Feld-Art.-Regts. Nr. 1.

	Geschütze.
Reitende Abtheilung Ostpreuß. Feld-Art.-Regts. Nr. 1 (2. u. 3. reit. Batterie) Major Gerhards.	12
2. Fuß-Abtheilung Ostpreuß. Feld-Art.-Regts. Nr. 1 (3. u. 4. schwere, 3. u. 4. leichte Batterie), Oberst-Lt. Gregorovius.	24
Sanitäts-Detachement Nr. 3.	
Summa der Korps-Artillerie	**36**

Kolonnen-Abtheilung Ostpreuß. Feld-Art.-Regts. Nr. 1, Major Kannhoven.

Art.-Mun.-Kol. Nr. 1, 2, 3, 4, 5. Inf.-Mun.-Kol. Nr. 1, 2, 3, 4. Ponton-Kol.

Ostpreußisches Train-Bataillon Nr. 1, Major Kalau v. Hofe.

Laz.-Res.-Dep. Pferde-Dep. Feldbäckerei-Kol. Prov.-Kol. Nr. 1, 2, 3, 4, 5. Feld-Laz. Nr. 1, 2, 3, 4, 5, 6, 7, 8, 9, 10, 11, 12. Train-Begleit-Est.

Total des I. Armee-Korps: 24 Bat. Inf. 1 Jäger-Bat. 8 Schwadr. 84 Geschütze. 3 Pionier-Komp.

VII. Armee-Korps.

Kommandirender General: General der Infanterie v. Zastrow.

Chef des Generalstabes: Oberst **v. Anger.**

Kommandeur der Artillerie: General-Major **v. Zimmermann,**
Kombr. d. 7. Art.-Brig.

Kommandeur der Ingenieure und Pioniere: Major **Treumann,**
Kombr. d. Westphäl. Pion.-Bats. Nr. 7.

Generalstab: 1) Major v. Kaltenborn-Stachau. — 2) Hauptm. v. Western-
hagen. 3) Pr.-Lt. v. Mikusch-Buchberg, v. Niederrhein. Inf.-Regt. Nr. 39.

Adjutantur: 1) Hauptm. v. d. Knesebeck, v. 5. Pomm. Inf.-Regt. Nr. 42. —
2) Rittm. v. Funcke, v. 2. Hannov. Drag.-Regt. Nr. 16. — 3) Pr.-Lt. v. Ditfurth I., v. 6. Westphäl. Inf.-Regt. Nr. 55. — 4) Sec.-Lt. Prinz Hein-
rich XVIII. Reuß, v. Westphäl. Ulf.-Regt. Nr. 5.

Adjutanten des Kommandeurs der Artillerie: 1) Pr.-Lt. v. Reichenau, v. d.
11. Art.-Brig. — 2) Sec.-Lt. Leopold, v. d. 7. Art.-Brig.

2. Ingenieur-Offizier: Hauptm. Kasten, à la suite d. 3. Ing.-Insp. Adjutant des
Kommandeurs der Ingenieure und Pioniere: Sec.-Lt. Schüler,
v. d. 3. Ing.-Insp.

Kommandeur der Stabswache: Sec.-Lt. Graf v. Villers, v. Hannov. Huf.-Regt. Nr. 15.

Im Hauptquartier anwesend: Erbprinz zu Schaumburg-Lippe.

13. Infanterie-Division.

Kommandeur: General-Lieutenant **v. Glümer.**

Generalstabs-Offizier: Major v. Werder. — Adjutanten:
1) Rittm. v. Loeper, v. Pomm. Drag.-Regt. Nr. 11. — 2) Pr.-Lt.
v. Bock und Polach I., v. 6. Westphäl. Inf.-Regt. Nr. 55.

	Bataillone.	Schwadronen.	Geschütze.	Pionier-Kompagnien.
25. Infanterie-Brigade, Gen.-Maj. Baron **v. d. Osten** gen. **Sacken.**				
Adjutant: Pr.-Lt. Herwarth v. Bittenfeldt, v. 2. Garde-Regt. z. F.				
1. Westphäl. Inf.-Regt. Nr. 13, Oberst v. Frankenberg-Ludwigsdorff.	3			—
Hannov. Füf.-Regt. Nr. 73, Oberst-Lt. v. Loebell.	3			
26. Infanterie-Brigade, Gen.-Maj. Baron **v. d. Goltz.**				
Adjutant: Pr.-Lt. Frhr. v. Quadt und Hüchtenbruck, v. Pomm. Füf.-Regt. Nr. 34.				
2. Westphäl. Inf.-Regt. Nr. 15 (Prinz Friedrich der Niederlande), Oberst v. Delitz.	3			—
6. Westphäl. Inf.-Regt. Nr. 55, Oberst v. Barby.	3			—
Westphäl. Jäger-Bat. Nr. 7, Oberst-Lt. Reinike.	1			—
1. Westphäl. Husaren-Regt. Nr. 8, Oberst-Lt. Arent.		4		
3. Fuß-Abth. Westphäl. Feld-Art.-Regts. Nr. 7 (5. und 6. schwere, 5. und 6. leichte Batterie), Major Wilhelmi.			24	
2. Feld-Pionier-Komp. VII. Armee-Korps mit Schanz-zeug-Kolonne, Hauptm. Götze.				1
3. Feld-Pionier-Komp. VII. Armee-Korps, Hauptm. Cleinow.				1
Sanitäts-Detachement Nr. 1.				
Summa der 13. Infanterie-Division	13	4	24	2

14. Infanterie-Division.

Kommandeur: General-Lieutenant v. Kamele.

Generalstabs-Offizier: Major Frhr. v. Hilgers. — Adjutanten: 1) Hauptm. v. Borcke, v. Niederrhein. Füs.-Regt. Nr. 39. — 2) Pr.-Lt. Meese, v. Niederrhein. Füs.-Regt. Nr. 39.

27. Infanterie-Brigade, Gen.-Maj. v. François.

	Bataillone.	Schwadronen.	Geschütze.	Pionier-Kompagnien.
Adjutant: Pr.-Lt. v. Dieskau, v. 3. Hannov. Inf.-Regt. Nr. 79.				
Niederrhein. Füs.-Regt. Nr. 39, Oberst v. Eskens.	3	—	—	—
1. Hannov. Inf.-Regt. Nr. 74, Oberst v. Pannewitz.	3	—	—	—
28. Infanterie-Brigade, Gen.-Maj. v. Wohna.				
Adjutant: Pr.-Lt. v. Romberg, v. 5. Pomm. Inf.-Regt. Nr. 42.				
5. Westphäl. Inf.-Regt. Nr. 53, Oberst v. Gerstein-Hohenstein.	3	—	—	—
2. Hannov. Inf.-Regt. Nr. 77, Oberst v. Conrady.	3	—	—	—
Hannov. Husaren-Regt. Nr. 15, Oberst z. D. v. Cosel.	—	4	—	—
1. Fuß-Abth. Westphäl. Feld-Art.-Regts. Nr. 7 (1. und 2. schwere, 1. und 2. leichte Batterie), Major Baron v. Eynatten.	—	—	24	—
1. Feld-Pionier-Komp. VII. Armee-Korps, mit leichtem Feldbrücken-Train, Hauptm. Junker.	—	—	—	1
Sanitäts-Detachement Nr. 2.				
Summa der 14. Infanterie-Division	12	4	24	1

Korps-Artillerie, Oberst v. Helden-Sarnowski,

Kombr. d. Westphäl. Feld-Art.-Regts. Nr. 7.

	Geschütze.
Reitende Abtheilung Westphäl. Feld-Art.-Regts. Nr. 7 (2. und 3. reit. Batterie), Major Coester	12
2. Fuß-Abtheilung Westphäl. Feld-Art.-Regts. Nr. 7 (3. und 4. schwere, 3. und 4. leichte Batterie), Oberst-Lt. v. Wellmann.	24
Sanitäts-Detachement Nr. 3.	
Summa der Korps-Artillerie	36

Kolonnen-Abtheilung Westphäl. Feld-Art.-Regts. Nr. 7, Major v. Fragstein-Niemsdorff.
Art.-Mun.-Kol. Nr. 1, 2, 3, 4, 5. Inf.-Mun.-Kol. Nr. 1, 2, 3, 4. Ponton-Kol.

Westphälisches Train-Bataillon Nr. 7, Major Frhr. v. Bothmar.
Laz.-Res.-Dep. Pferde-Dep. Feldbäckerei-Kol. Proviant-Kol. Nr. 1, 2, 3, 4. Feld-Lazarethe: Nr. 1, 2, 3, 4, 5, 6, 7, 8, 9, 10, 11, 12. Train-Begleit.-Esk.

Total des VII. Armee-Korps: 24 Bat. Inf. 1 Jäg.-Bat. 8 Schwadr. 84 Gesch. 3 Pion.-Komp.

VIII. Armee-Korps.

Kommandirender General: General der Infanterie v. Goeben.

Chef des Generalstabes: Oberst **v. Witzendorf.**
Kommandeur der Artillerie: Oberst **v. Kamecke,** Kombr. d. 8. Art.-Brig.
Kommandeur der Ingenieure und Pioniere: Oberst-Lieutenant **Schulz,** Kombr. d. Rhein. Pion.-Bats. Nr. 8.

Generalstab: 1) Major Bumke. — 2) Hauptm. Rogalla v. Bieberstein. — 3) Hauptm. Ahlborn, v. 6. Rhein. Inf.-Regt. Nr. 68.

Adjutantur: 1) Major v. Ameyde, v. 1. Hess. Inf.-Regt. Nr. 81. — 2) Rittm. Frhr. v. Lilien, v. 1. Westphäl. Hus.-Regt. Nr. 8. — 3) Pr.-Lt. Lengerich, v. 3. Rhein. Inf.-Regt. Nr. 29. — 4) Pr.-Lt. Graf v. Westerholt-Gysenberg, v. Königs-Hus.-Regt. (1. Rhein.) Nr. 7.

Adjutanten des Kommandeurs der Artillerie: 1) Pr.-Lt. Schöneberg, v. d. 2. Art.-Brig. — 2) Sec.-Lt. Kaufmann I., v. d. 8. Art.-Brig.

2. Ingenieur-Offizier: Hauptm. Engels, v. d. 3. Ing.-Insp. Adjutant des Kommandeurs der Ingenieure und Pioniere: Sec.-Lt. Frhr. v. Kittlitz, v. d. 3. Ing.-Insp.

Kommandeur der Stabswache: Pr.-Lt. Suermondt, v. Rhein. Kür.-Regt. Nr. 8.

Im Hauptquartier anwesend:

Hugo Prinz zu Schönburg-Waldenburg.

15. Infanterie-Division.

Kommandeur: General-Lieutenant v. Weltzien.

Generalstabs-Offizier: Major Lentze. — Adjutanten: 1) Hauptm. Rohde, v. 1. Hannov. Inf.-Regt. Nr. 74. — 2) Pr.-Lt. Friederici, v. 5. Rhein. Inf.-Regt. Nr. 65.

29. Infanterie-Brigade, Gen.-Maj. v. Wedell.

Adjutant: Pr.-Lt. v. Schwedler, v. 7. Rhein. Inf.-Regt. Nr. 69.

	Bataillone.	Schwadronen.	Geschütze.	Pionier-Kompagnien.
Ostpreuß. Füs.-Regt. Nr. 33, Oberst-Lt. v. Henning.	3			
7. Brandenb. Inf.-Regt. Nr. 60, Oberst v. Dannenberg.	3			

30. Infanterie-Brigade, Gen.-Maj. v. Strubberg.

Adjutant: Pr.-Lt. v. Carlowitz, v. 2. Magdeb. Inf.-Regt. Nr. 27.

	Bataillone.	Schwadronen.	Geschütze.	Pionier-Kompagnien.
2. Rhein. Inf.-Regt. Nr. 28, Oberst v. Rosenzweig.	3			
4. Magdeb. Inf.-Regt. Nr. 67, Oberst v. Zglinicki.	3			
Rhein. Jäger-Bat. Nr. 8, Major v. Oppeln-Bronikowski.	1			
Königs-Husaren-Regt. (1. Rhein.) Nr. 7, Oberst Frhr. v. Loé.		4		
1. Fuß-Abth. Rhein. Feld-Art.-Regts. Nr. 8 (1. und 2. schwere, 1. und 2. leichte Batterie), Major Mertens.			24	
2. Feld-Pionier-Komp. VIII. Armee-Korps, mit Schanzzeug-Kolonne, Hauptm. Eichapfel.				1
Sanitäts-Detachement Nr. 1.				
Summa der 15. Infanterie-Division	13	4	24	1

16. Infanterie-Division.

Kommandeur: General-Lieutenant v. Barnekow.

Generalstabs-Offizier: Hauptm. Hassel. — Adjutanten:
1) Hauptm. Cardinal v. Widdern, v. 2. Schles. Gren.-Regt.
Nr. 11. — 2) Pr.-Lt v. Trotha, v. 2. Rhein. Huf. Regt. Nr. 9.

31. Infanterie-Brigade, Gen.-Maj. Graf Neidhardt v. Gneisenau.

Adjutant: Pr.-Lt. Fragstein v. Niemsdorff, v. 1. Hannov. Inf.-Regt. Nr. 74.

	Bataillone.	Schwadronen.	Geschütze.	Pionier-Kompagnien.
3. Rhein. Inf.-Regt. Nr. 29, Oberst-Lt. v. Blumroeder.	3	—	—	
7. Rhein. Inf.-Regt. Nr. 69, Oberst Beyer v. Karger.	3	—	—	

32. Infanterie-Brigade, Oberst v. Rex.

Adjutant: Pr.-Lt. Willert, v. 3. Hess. Inf.-Regt. Nr. 83.

	Bataillone.	Schwadronen.	Geschütze.	Pionier-Kompagnien.
Hohenzollernsches Füs.-Regt. Nr. 40, Oberst Frhr. v. Eberstein.	3	—	—	
4. Thür. Inf.-Regt. Nr. 72, Oberst v. Helldorff.	3	—	—	

	Bataillone.	Schwadronen.	Geschütze.	Pionier-Kompagnien.
2. Rhein. Husaren-Regt. Nr. 9, Oberst v. Wittich gen. v. Hinzmann-Hallmann.		4	—	
3. Fuß-Abth. Rhein. Feld-Art.-Regts. Nr. 8 (5. und 6. schwere, 5. u. 6. leichte Batterie), Oberst-Lt. Hildebrandt.			24	—
1. Feld-Pionier-Komp. VIII. Armee-Korps, mit leichtem Feldbrücken-Train, Hauptm. Kallmann.				1
3. Feld-Pionier-Komp. VIII. Armee-Korps, Hauptm. Richter II.				1
Sanitäts-Detachement Nr. 2.				
Summa der 16. Infanterie-Division	**12**	**4**	**24**	**2**

Korps-Artillerie, Oberst v. Broecker, Kommdr. d. Rhein.
Feld-Art.-Regts. Nr. 8.

Geschütze.

Reitende Abtheilung Rhein. Feld-Art.-Regts. Nr. 8 (1., 2., 3. reit. Batterie), Oberst-Lt. Borkenhagen. — **18**

2. Fuß-Abtheilung Rhein. Feld-Art.-Regts. 8 (3. und 4. schwere, 3. u. 4. leichte Batterie), Major Zwirnemann. — **24**

Sanitäts-Detachement Nr. 3.

Summa der Korps-Artillerie 42

Kolonnen-Abtheilung Rhein. Feld-Art.-Regts. Nr. 8, Hauptm. Eggers. Art.-Mun.-Kol. Nr. 1, 2, 3, 4, 5. Inf.-Mun.-Kol. Nr. 1, 2, 3, 4. Ponton-Kol.

Rhein. Train-Bataillon Nr. 8, Oberst v. d. Marwitz.
Laz.-Res.-Dep. Pferde-Dep. Feldbäckerei-Kol. Prov.-Kol. Nr. 1, 2, 3, 4, 5. Feld-Laz. Nr. 1, 2, 3, 4, 5, 6, 7, 8, 9, 10, 11, 12. Train-Begleit.-Esk.

Total des VIII. Armee-Korps: 24 Bat. Inf., 1 Jäger-Bat., 8 Schwadr., 90 Gesch., 3 Pion.-Komp.

I. Kavallerie-Division.*)

Kommandeur: General-Lieutenant v. Hartmann.

Generalstabs-Offizier: Major v. Saldern.
Adjutanten: 1) Rittm. Baron v. Eichstedt-Peterswaldt, v. d. Kav. d. Res.-Landw.-Bats. Nr. 34. — 2) Sec.-Lt. Graf zu Eulenburg, v. 1. Garde-Drag.-Regt.
Attachirt: Gen.-Maj. Krug v. Nidda. — Adjutant: Pr.-Lt. v. Massow, v. Pomm. Drag.-Regt. Nr. 11.

	Schwadronen.	Geschütze.
1. Kavallerie-Brigade, Gen.-Maj. v. Lüderitz.		
Adjutant: Pr.-Lt. v. Jerin, v. 2. Schles. Hus.-Regt. Nr. 6.		
Kürassier-Regt. Königin (Pomm.) Nr. 2, Oberst v. Pfuhl.	4	—
1. Pomm. Ulanen-Regt. Nr. 4, Oberst-Lt. v. Radecke.	4	—
2. Pomm. Ulanen-Regt. Nr. 9, Oberst-Lt. v. Kleist.	4	—
2. Kavallerie-Brigade, Gen.-Maj. Baumgarth.		
Adjutant: Pr.-Lt. Dallmer, v. 2. Hannov. Ul.-Regt. Nr. 14.		
Ostpreuß. Kürassier-Regt. Nr. 3 Graf Wrangel, Oberst v. Winterfeld.	4	—
Ostpreuß. Ulanen-Regt. Nr. 8, Oberst v. Below.	4	—
Litth. Ulanen-Regt. Nr. 12, Oberst-Lt. v. Rosenberg.	4	—
1. reitende Batterie Ostpreuß. Feld-Art.-Regts. Nr. 1, Hauptm. v. Selle.		6
Total der 1. Kavallerie-Division	24	6

*) Der 1. Kavallerie-Division wurde 1 Proviant-Kolonne und ¹/₂ Sanitäts-Detachement I. Armee-Korps zugetheilt.

3. Kavallerie-Division.*)

Kommandeur: General-Lieutenant Graf v. d. Gröben.

Generalstabs-Offizier: Hauptm. Graf v. Wedel.

Adjutanten: 1) Rittm. Frhr. v. Rosenberg, v. Westphäl. Kür.-Regt. Nr. 4. — 2) Pr.-Lt. v. Klüber, v. 2. Rhein. Hus.-Regt. Nr. 9.

Attachirt: Gen.-Maj. v. Rantzau. — Adjutant: Pr.-Lt. Graf v. Wedel, v. 1. Westphäl. Hus.-Regt. Nr. 8.

	Schwadronen.	Geschütze.
6. Kavallerie-Brigade, Gen.-Maj. v. Mirus. Adjutant: Pr.-Lt. v. Meyerfeld, v. 2. Hess. Hus.-Regt. Nr. 14.		
Rhein. Kür.-Regt. Nr. 8, Oberst Graf v. Roedern.	4	—
Rhein. Ulanen-Regt. Nr. 7, Oberst-Lt. v. Pestel.	4	—
7. Kavallerie-Brigade, Gen.-Maj. Graf zu Dohna. Adjutant: Pr.-Lt. v. Holtzenbecher, v. 2. Brandenb. Drag.-Regt. Nr. 12.		
Westphäl. Ulanen-Regt. Nr. 5, Oberst-Lt. Frhr. v. Reitzenstein.	4	—
2. Hannov. Ulanen-Regt. Nr. 14, Oberst v. Lüderitz.	4	—
1. reit. Batterie Westphäl. Feld-Art.-Regts. Nr. 7, Hauptm. Schrader.	—	6
Total der 3. Kavallerie-Division	16	6

Feld-Eisenbahn-Abtheilung Nr. I.

Chef: Reg.- und Bau-Rath Dirksen.

Kompagnie-Führer: Hauptm. Neuhauß, v. 3. Brandenb. Landw.-Regt. Nr. 20.

Feld-Telegraphen-Abtheilung Nr. I.

Kommandeur: Hauptm. May, v. d. 4. Ing.-Insp.

---

*) Die Truppentheile der 3. Kavallerie-Division verblieben bis zum 3. August, an welchem Tage die Division erst zusammentrat, im Verbande des VII. und VIII. Armee-Korps. Der Division wurde 1 Proviant-Kolonne, sowie 1 Feld-Lazareth und ½ Sanitäts-Detachement VII. Armee-Korps überwiesen.

Ordre de bataille

derjenigen Truppentheile, welche der I. Armee während der Cernirung
von Metz unterstellt wurden.

3. Reserve-Division.

Commandeur: General-Lieutenant v. Kummer.

Generalstab: Major v. Lettow-Vorbeck, v. Inf.-Regt. Nr. 70.
1. Adjutant: Rittm. v. Hymmen, v. Ulanen-Regt. Nr. 5.
2.   =   Pr.-Lt. v. Wickede, v. Inf.-Regt. Nr. 32.

Combinirte Linien-Infanterie-Brigade.

Commandeur: Gen.-Major v. Blankensee.
Adjutant: Pr.-Lt. v. Zülow v. Inf.-Regt. Nr. 81.

2. Posensches Infanterie-Regt. Nr. 19.
Oberst v. Göben.

1. Hessisches Infanterie-Regt. Nr. 81.
Oberst Frhr. v. Sell.

3. Landwehr-Division (combinirte).

Commandeur: General-Major Bar. Schuler v. Senden.

Generalstab:	Adjutantur:
Hauptm. Rhein.	Pr.-Lt. Mache, v. Inf.-Regt. Nr. 6.
	= Reimer, v. Inf.-Regt. Nr. 5.

Posensche Landwehr-Brigade.	Westpreuß. Landwehr-Brigade.
Oberst v. Gilsa.	Gen.-Major z. Disp. v. Ruville.
1. comb. Posensches Landwehr-Regt.	Westpreuß. combinirtes Landwehr-Regt.
Oberst Frhr. v. Bönigk.	Oberst v. Brandenstein.
1. Bat. (1. Bat. Nr. 19, Neustadt a. b. W.).	1. Bataillon (1. Bat. Nr. 6, Görlitz).
2. = (2. = Nr. 19, Schrimm).	2. = (2. = Nr. 6, Muskau).
3. = (1. = Nr. 59, Rawicz).	3. = (1. = Nr. 18, Posen).
2. comb. Posensches Landwehr-Regt.	Niederschles. comb. Landwehr-Regt.
Ob.-Lt. z. Disp. v. Wittgenstein.	Oberst z. Disp. v. Cosel.
1. Bataillon (1. Bat. Nr. 58, Neutomyśl).	1. Bataillon (1. Bat. Nr. 46, Sprottau).
2. = (2. = Nr. 58, Kosten).	2. = (2. = Nr. 46, Freistadt).
3. = (2. = Nr. 59, Ostrowo).	3. = (2. = Nr. 18, Samter).

3. Reserve-Cavallerie-Brigade.

Commandeur: Gen.-Major v. Strantz.

1. Reserve-Dragoner-Regt.	3. Reserve-Husaren-Regt.
Major v. Keltsch.	Oberst z. Disp. v. Glasenapp.
2. schwere Reserve-Reiter-Regt.	5. Reserve-Ulanen-Regt.
Ob.-Lt. z. Disp. v. Mutius.	Ob.-Lt. z. Disp. v. Bode.

Reserve-Batterien 5. Armee-Corps (eine leichte, 1. und 2. schwere).
Major v. Schweinichen.

Reserve=Batterien 11. Armee=Corps (1., 2., 3. leichte).

Major z. Disp. v. Friederichs.

3. Festungs=Pionier=Compagnie 9. Armee=Corps.

Summa: 6 Linien= und 12 Landwehr=Bataillone Infanterie, 16 Escadrons und 6 Batterien; ober: 15,600 Mann Infanterie, 2400 Pferde Cavallerie und 36 Geschütze.

Corps des Großherzogs von Mecklenburg

(später 13. Armee=Corps).

Commandirender General: General der Infanterie Großherzog von Mecklenburg=Schwerin Königl. Hoh.

Chef des Generalstabes: Oberst v. Krenski.

17. Infanterie=Division.

Commandeur: General=Lieutenant v. Schimmelmann.

33. Infanterie=Brigade.	34. Infanterie=Brigade.
Gen.=Major Bar. v. Kottwitz.	(Großherzogl. Mecklenburgische).
	Oberst v. Manteuffel.
1. Hanseat. Inf.=Regt. Nr. 75.	Mecklenb. Gren.=Regt. Nr. 89.
2. = = = Nr. 76.	= Füf.=Regt. Nr. 90.
	= Jäger=Bat. Nr. 14.

17. Cavallerie=Brigade.

Gen.=Major v. Rauch.

1. Mecklenb. Dragoner=Regt. Nr. 17.
2. = = = Nr. 18.
2. Brandenb. Ulanen=Regt. Nr. 11.
Eine reitende Batterie Schleswig=Holst. Feld=Art.=Regts. Nr. 9.

Artillerie:

3. (Mecklenb.) Fuß=Abth. Schleswig=Holst. Feld=Art.=Regts. Nr. 9.
Eine reitende Batterie Schleswig=Holst. Feld=Art.=Regts. Nr. 9.

2. Landwehr=Division.

Commandeur: General=Major v. Selchow.

3. Landwehr=Brigade.	4. Landwehr=Brigade.
Oberst v. Arnoldi.	Oberst Ranisch.
Zwei Regimenter à 4 Bat. aus den Brandenburgischen Landwehr=Regimentern Nr. 8, 12, 48 und 52.	Zwei Regimenter à 4 Bat. aus den Brandenburgischen Landwehr=Regimentern Nr. 20, 24, 60 und 64.

4. Reserve=Ulanen=Regiment.

Drei Reserve=Batterien 10. Armee=Corps.

2. Festungs=Pionier=Compagnie 9. Armee=Corps.

Eine Compagnie des Schleswig=Holsteinischen Pionier=Bataillons Nr. 9 mit leichtem Feldbrückentrain.

Vom Train=Bataillon Nr. 9: 2 Proviant=Colonnen, 2 Sanitäts=Detachements und 6 Feld=Lazarethe.

Summa: 13 Linien= und 6 Landwehr=Bataillone Infanterie, 16 Escadrons und 9 Batterien; ober: 25,800 Mann Infanterie, 2400 Pferde Cavallerie und 54 Geschütze.

Ordre de bataille

der Rheinarmee, Anfang August 1870.

Oberbefehlshaber: Napoleon III.

Major général: Marschall Le Boeuf.

Sous-Chefs: General Lebrun und General Jarras.

Kommandeur der Artillerie: General Soleille.
Kommandeur der Ingenieure: General Coffinières de Nordeck.
General-Director der Parks: General Mitrécé.
General-Intendant: Wolf.
Kommandant des Hauptquartiers: General Letellier Blanchard.

Total der Truppen:

	Bataillone.	Schwadronen.	Batterien.	Mit Geschütz.	Mitraill.
Kaisergarde	24	24	12	60	12
1. Korps (Mac Mahon) . .	52	28	20	96	24
2. Korps (Frossard)	39	16	15	72	18
3. = (Bazaine)	52	28	20	96	24
4. = (Ladmirault) . . .	39	16	15	72	18
5. = (Failly)	39	16	15	72	18
6. = (Canrobert . . .	49	24	20	114	6
7. = (Douay, Felix) . .	38	20	15	72	18
Kavallerie-Reserve	—	48	6	30	6
Artillerie-Reserve	—	—	16	96	—
Summa	332	220*	154	780	144

Nach der Mobilisation der Rheinarmee blieben in Frankreich und Italien zurück:

3 Bataillone leichter Infanterie in Algier.
Das Fremden-Regiment in Algier.
4 Infanterie-Regimenter in Algier.
4 Infanterie-Regimenter bei Toulouse.
2 Infanterie-Regimenter in Civita vecchia.
115 in der Formation begriffene vierte Bataillone im Innern.
6 Kavallerie-Regimenter in Algier.
2 Kavallerie-Regimenter bei Toulouse und in Civita vecchia.
10 Batterieen (davon 8 in Algier, 2 in Civita vecchia).

---

*) Es bleibt zweifelhaft, ob die Zahl von 4 Eskadrons pro Regiment, die hier angenommen ist, wirklich überall zutrifft.

Kaiserliche Garde.

Kommandirender General: General Bourbaki.

Chef des Generalstabes: General d'Auvergne.

Kommandeur der Artillerie: General Pé de Arros.

1. Division.

Kommandeur: General Deligny.

1. Brigade, General Brincourt.

	Bataillone.	Geschütze.	Mitrailleusen.	Genie=Kom= pagnien.
Garde=Voltigeur=Regiment Nr. 1	3	—	—	—
Garde=Voltigeur=Regiment Nr. 2	3	—	—	—
Garde=Jäger=Bataillon	1	—	—	—
2. Brigade, General Garnier.				
Garde=Voltigeur=Regiment Nr. 3	3	—	—	—
Garde=Voltigeur=Regiment Nr. 4	3	—	—	—
Artillerie: Kommandeur: Oberst=Lieutenant Gerbaut.				
Batterie Nr. 1 und 2, Batterie Nr. 5 (Mitrailleusen) des fahrenden Garde=Art.=Regts.	—	12	6	—
Genie: 1 Komp. des Genie=Regts. Nr. 3	—	—	—	1
Summa der 1. Division	13	12	6	1

2. Division.

Kommandeur: General Picard.

1. Brigade, General Jeanningros.

	Bataillone.	Geschütze.	Mitrailleusen.	Genie=Kom= pagnien.
Garde=Zuaven=Regiment	2	—	—	—
Garde=Grenadier=Regiment Nr. 1	3	—	—	—
2. Brigade, General Le Poittevin de la Croix.				
Garde=Grenadier=Regiment Nr. 2	3	—	—	—
Garde=Grenadier=Regiment Nr. 3	3	—	—	—
Artillerie: Kommandeur: Oberst=Lieutenant Denecey de Cevilly.				
Batterie Nr. 3 und 4, Batterie Nr. 6 (Mitrailleusen) des fahrenden Garde=Art.=Regts.	—	12	6	—
Genie: 1 Komp. des Genie=Regts. Nr. 3	—	—	—	1
Summa der 2. Division	11	12	6	1

Kavallerie-Division.

Kommandeur: General **Desvaux.**

1. Brigade, General **Halna du Fretay.**

	Schwadronen.	Geschütze.
Guiden-Regiment	4	—
Regiment der Garde-Chasseurs à cheval	4	—

2. Brigade, General **de France.**

Garde-Lancier-Regiment	4	—
Garde-Dragoner-Regiment	4	—

3. Brigade, General **du Preuil.**

Garde-Kürassier-Regiment	4	—
Garde-Karabinier-Regiment	4	—
A r t i l l e r i e :		
Batterie Nr. 1 und 2 des reitenden Garde-Art.-Regts.	—	12
Summa der Kavallerie-Division	24	12

Artillerie-Reserve. Oberst **Clappier.**

	Geschütze.
Batterie Nr. 3 und 4, 5 und 6 des reit. Garde-Art.-Regts.	24
Summa der Artillerie-Reserve	24

1 Trainescadron.

Total des Garde-Korps: 23 Bat. Inf., 1 Jäger-Bat., 24 Schwadr., 60 Gesch., 12 Mitraill., 2 Genie-Komp.

---

1. Armee-Korps.

Kommandirender General: Marschall de Mac Mahon, Herzog von Magenta.

Chef des Generalstabes: General **Colson.**

Kommandeur der Artillerie: General **Forgeot.**

1. Division.

Kommandeur: General **Ducrot.**

1. Brigade, General **Wolff.**

	Bataillone.	Geschütze.	Mitrailleusen.	Genie-Kompagnien.
Linien-Regiment Nr. 18	3	—	—	—
Linien-Regiment Nr. 96	3	—	—	—
Jäger-Bataillon Nr. 13	1	—	—	—
Latus	7	—	—	—

	Bataillone.	Geschütze.	Mitrailleusen.	Genie-Kompagnien.
2. Brigade, General de Postis du Houlbec.				
Transport	7	—	—	—
Linien-Regiment Nr. 45	3	—	—	—
Zouaven-Regiment Nr. 1	3	—	—	—
Artillerie:				
Kommandeur: Oberst-Lieutenant Lecoeuvre.				
Batterie Nr. 6 und 7, Batterie Nr. 8 (Mitrailleusen) des Art.Regts. Nr. 9	—	12	6	—
Genie: 1 Komp. des Genie-Regts. Nr. 1	—	—	—	1
Summa der 1. Division	13	12	6	1

2. Division.

Kommandeur: General Douay (Abel).

1. Brigade, General Pelletier de Montmarie.

	Bataillone.	Geschütze.	Mitrailleusen.	Genie-Kompagnien.
Linien-Regiment Nr. 50	3	—	—	—
Linien-Regiment Nr. 74	3	—	—	—
Jäger-Bataillon Nr. 16.	1	—	—	—

2. Brigade, General Pellé.

Linien-Regiment Nr. 78	3	—	—	—
Algerisches Tirailleur-Regiment Nr. 1	3	—	—	—
Artillerie:				
Kommandeur: Oberst-Lieutenant Caubet.				
Batterie Nr. 9 und 12, Batterie Nr. 10 (Mitrailleusen) des Art.-Regts. Nr. 9.	—	12	6	—
Genie: 1 Komp. des Genie-Regts. Nr. 1	—	—	—	1
Summa der 2. Division	13	12	6	1

3. Division.

Kommandeur: General Raoult.

1. Brigade, General L'Hériller.

Linien-Regiment Nr. 36	3	—	—	—
Zuaven-Regiment Nr. 2	3	—	—	—
Jäger-Bataillon Nr. 8	1	—	—	—

2. Brigade, General Lefebvre.

Linien-Regiment Nr. 48	3	—	—	—
Algerisches Tirailleur-Regiment Nr. 2	3	—	—	—
Artillerie:				
Kommandeur: Oberst-Lieutenant Cheguillaume.				
Batterie Nr. 5 und 6, Batterie Nr. 9 (Mitrailleusen) des Art.-Regts. Nr. 12	—	12	6	—
Genie: 1 Komp. des Genie-Regts. Nr. 1	—	—	—	1
Summa der 3. Division	13	12	6	1

4. Division.

Kommandeur: General de Cartigue.

	Bataillone.	Geschütze.	Mitrailleusen.	Genie-Kompagnien.
1. Brigade, General-Lieutenant Fraboulet de Kerléadec.				
Linien-Regiment Nr. 56	3	—	—	—
Zouaven-Regiment Nr. 3	3	—	—	—
Jäger-Bataillon Nr. 1	1	—	—	—
2. Brigade, General Lacretelle.				
Linien-Regiment Nr. 87 *	3	—	—	—
Algerisches Tirailleur-Regiment Nr. 3	3	—	—	—
Artillerie:				
Kommandeur: Oberst-Lieutenant Lamandé.				
Batterie Nr. 7 und 11, Batterie Nr. 10 (Mitrailleusen) des Art.-Regts. Nr. 12	—	12	6	—
Genie: 1 Komp. des Genie-Regts. Nr. 1	—	—	—	1
Summa der 4. Division	**13**	**12**	**6**	**1**

Kavallerie-Division.

Kommandeur: General Duhesme.

	Schwadronen.
1. Brigade: General de Septeuil. Husaren-Regt. Nr. 3 und Chasseur-Regt. Nr. 11	8
2. Brigade: General de Nansouty. Dragoner-Regt. Nr. 10, Lancier-Regtr. Nr. 2 und 6	12
3. Brigade: General Michel. Küraffier-Regtr. Nr. 8 und 9	8
Summa der Kavallerie-Division	**28**

Artillerie-Reserve.

Kommandeur: Oberst de Passart.

	Geschütze.
Batterie Nr. 11 und 12 des Art.-Regts. Nr. 6 . . .	12
Batterie Nr. 5 und 11 des Art.-Regts. Nr. 9	12
Batterie Nr. 1, 2, 3 u. 4 des (reit.) Art.-Regts. Nr. 20	24
Summa der Artillerie-Reserve	**48**

	Genie-Komp.
Genie-Reserve: 1½ Komp. des Genie-Regts. Nr. 1 . .	1½

Total des 1. Korps: 48 Bat. Inf., 4 Jäger-Bat., 28 Schwadr., 96 Gesch., 24 Mitraill., 5½ Genie-Komp.; nach Abrechnung des Regts. Nr. 87 nur 45 Bat. Inf. ꝛc.

* Dies Regiment verblieb als Besatzung in Straßburg.

2. Armee-Korps.

Kommandirender General: General Froſſard.

Chef des Generalſtabes: General Saget.

Kommandeur der Artillerie: General Gagneur.

	Bataillone.	Geſchütze.	Mitrailleuſen.	Genie-Kompagnien.
1. Diviſion.				
Kommandeur: General Vergé.				
1. Brigade, General Letellier Valazé.				
Linien-Regiment Nr. 32	3	—	—	—
Linien-Regiment Nr. 55 . . . , ...	3	—	—	—
Jäger-Bataillon Nr. 3	1	—	—	—
2. Brigade, General Jolivet.				
Linien-Regiment Nr. 76	3	—	—	—
Linien-Regiment Nr. 77	3	—	—	—
Artillerie:				
Kommandeur: Oberſt-Lieutenant Chavaudret.				
Batterie Nr. 5 und 12, Batterie Nr. 6 (Mitrailleuſen) des Art.-Regts. Nr. 5	—	12	6	—
Genie: 1 Komp. des Genie-Regts. Nr. 3	—	—	—	1
Summa der 1. Diviſion	13	12	6	1
2. Diviſion.				
Kommandeur: General Bataille.				
1. Brigade, General Pouget.				
Linien-Regiment Nr. 8	3	—	—	—
Linien-Regiment Nr. 23	3	—	—	—
Jäger-Bataillon Nr. 12.	1	—	—	—
2. Brigade, General Faubart Baſtoul.				
Linien-Regiment Nr. 66	3	—	—	—
Linien-Regiment Nr. 67	3	—	—	—
Artillerie:				
Kommandeur: Oberſt-Lieutenant de Maintenant.				
Batterie Nr. 7 und 8, Batterie Nr. 9 (Mitrailleuſen) des Art.-Regts. Nr. 5	—	12	6	—
Genie: 1 Komp. des Genie-Regts. Nr. 3	—	—	—	1
Summa der 2. Diviſion	13	12	6	1

3. Division.

Kommandeur: General **Merle de Labrugière
de Laveaucoupet.**

1. Brigade, General **Docns.**

	Bataillone.	Geschütze.	Mitrailleusen.	Genie-Kompagnien.
Linien-Regiment Nr. 2	3	—	—	—
Linien-Regiment Nr. 63	3	—	—	—
Jäger-Bataillon Nr. 10	1	—	—	—
2. Brigade, General Micheler.				
Linien-Regiment Nr. 24	3	—	—	—
Linien-Regiment Nr. 40	3	—	—	—
Artillerie:				
Kommandeur: Oberst-Lieutenant **Larroque.**				
Batterie Nr. 7 und 8, Batterie Nr. 11 (Mitrailleusen) des Art.-Regts. Nr. 15	—	12	6	—
Genie: 1 Komp. des Genie-Regts. Nr. 3	—	—	—	1
Summa der 3. Division	**13**	**12**	**6**	**1**

Kavallerie-Division.

Geführt vom Brigade-General be Balabrègue.

	Schwadronen.
1. Brigade: General **de Balabrègue.** Chasseur-Regtr. Nr. 4 und 5	8
2. Brigade: General **Bachelier.** Dragoner-Regtr. Nr. 7 und 12	8
Summa der Kavallerie-Division	**16**

Artillerie-Reserve.

Kommandeur: Oberst **Beaudouin.**

	Geschütze.
Batterie Nr. 10 und 11 des Art.-Regts. Nr. 5	12
Batterie Nr. 6 und 10 des Art.-Regts. Nr. 15	12
Batterie Nr. 7 und 8 des (reit.) Art.-Regts. Nr. 17	12
Summa der Artillerie-Reserve	**36**

	Genie-Komp.
Genie-Reserve: 2 Komp. des Genie-Regts. Nr. 2, Detachement der Sapp. cond. des Genie-Regts. Nr. 1	2

Total des 2. Korps: 36 Bat. Inf., 3 Jäger-Bat., 16 Schwadr., 72 Gesch., 18 Mitraill., 5 Genie-Komp.

3. Armee-Korps.

Kommandirender General: Marschall Bazaine.
Chef des Generalstabes: General Manèque.
Kommandeur der Artillerie: General de Grimaudet de Rochebouët.

	Bataillone.	Geschütze.	Mitrailleusen.	Genie-Kompagnien.
1. Division.				
Kommandeur: General Montaudon.				
1. Brigade, General Baron Aymard.				
Linien-Regiment Nr. 51	3	—	—	—
Linien-Regiment Nr. 62	3	—	—	—
Jäger-Bataillon Nr. 18	1	—	—	—
2. Brigade, General Clinchant.				
Linien-Regiment Nr. 81	3	—	—	—
Linien-Regiment Nr. 95	3	—	—	—
Artillerie:				
Kommandeur: Oberst-Lieutenant Fourgous.				
Batterie Nr. 5 und 6, Batterie Nr. 8 (Mitrailleusen) des Art.-Regts. Nr. 4	—	12	6	—
Genie: 1 Komp. des Genie-Regts. Nr. 1	—	—	—	1
Summa der 1. Division	13	12	6	1
2. Division.				
Kommandeur: General de Castagny.				
1. Brigade, General Nayral.				
Linien-Regiment Nr. 19	3	—	—	—
Linien-Regiment Nr. 41	3	—	—	—
Jäger-Bataillon Nr. 15	1	—	—	—
2. Brigade, General Duplessis.				
Linien-Regiment Nr. 69	3	—	—	—
Linien-Regiment Nr. 90	3	—	—	—
Artillerie:				
Kommandeur: Oberst-Lieutenant Delange.				
Batterie Nr. 11 u. 12, Batterie Nr. 9 (Mitrailleusen) des Art.-Regts. Nr. 4	—	12	6	—
Genie: 1 Komp. des Genie-Regts. Nr. 1	—	—	—	1
Summa der 2. Division	13	12	6	1
3. Division.				
Kommandeur: General Metman.				
1. Brigade, General de Potier.				
Linien-Regiment Nr. 7	3	—	—	—
Linien-Regiment Nr. 29	3	—	—	—
Jäger-Bataillon Nr. 7	1	—	—	—
2. Brigade, General Arnaudeau.				
Linien-Regiment Nr. 59	3	—	—	—
Linien-Regiment Nr. 71	3	—	—	—
Latus	13	—	—	—

	Bataillone.	Geschütze.	Mitrailleusen.	Genie-Kom-pagnien.
Transport	13	—	—	—

Artillerie:
Kommandeur: Oberst-Lieutenant **Sempé.**

	Bataillone.	Geschütze.	Mitrailleusen.	Genie-Kom-pagnien.
Batterie Nr. 6 und 7, Batterie Nr. 5 (Mitrailleusen) des Art.-Regts. Nr. 11	—	12	6	—
Genie: 1 Komp. des Genie-Regts. Nr. 1	—	—	—	1
Summa der 3. Division	13	12	6	1

4. Division.

Kommandeur: General **Decaen.**

1. Brigade, General **de Brauer.**

	Bataillone.	Geschütze.	Mitrailleusen.	Genie-Kom-pagnien.
Linien-Regiment Nr. 44	3	—	—	—
Linien-Regiment Nr. 60	3	—	—	—
Jäger-Bataillon Nr. 11	1	—	—	—

2. Brigade, General **Sanglé-Ferrière.**

	Bataillone.	Geschütze.	Mitrailleusen.	Genie-Kom-pagnien.
Linien-Regiment Nr. 80	3	—	—	—
Linien-Regiment Nr. 85	3	—	—	—

Artillerie:
Kommandeur: Oberst-Lieutenant **Maucourant.**

	Bataillone.	Geschütze.	Mitrailleusen.	Genie-Kom-pagnien.
Batterie Nr. 9 und 10, Batterie Nr. 8 (Mitrailleusen) des Art.-Regts. Nr. 11	—	12	6	—
Genie: 1 Komp. des Genie-Regts. Nr. 1	—	—	—	1
Summa der 4. Division	13	12	6	1

Kavallerie-Division.

Kommandeur: General **de Clérembault.** Schwadronen.

1. Brigade, General **de Bruchard.** Chasseur-Regtr. Nr. 2, 3 u. 10	12
2. Brigade, General **Gayault de Maubranches.** Dragoner-Regtr. Nr. 2 u. 4	8
3. Brigade, General Baron **de Juniac.** Dragoner-Regtr. Nr. 5. u. 8	8
Summa der Kavallerie-Division	28

Artillerie-Reserve.

Kommandeur: Oberst **de Lajaille.** Geschütze.

Batterie Nr. 7 und 10 des Art.-Regts. Nr. 4	12
Batterie Nr. 11 und 12 des Art.-Regts. Nr. 11	12
Batterie Nr. 1, 2, 3, 4 des (reit.) Art.-Regts. Nr. 17 . . .	24
Summa der Artillerie-Reserve	48

Genie-Komp.

Genie-Reserve: 1½ Komp., sowie Detachement der Sapp. cond. des Genie-Regts. Nr. 2 . . . . 1½

Total des 3. Korps: 48 Bat. Inf., 4 Jäger-Bat., 28 Schwadr., 96 Gesch., 24 Mitraill., 5½ Genie-Komp.

4. Armee-Korps.

Kommandirender General: General de Ladmirault.
Chef des Generalstabes: General Osmont.
Kommandeur der Artillerie: General Laffaille.

1. Division.

Kommandeur: General Courtot de Cissey.

	Bataillone.	Geschütze.	Mitrailleusen.	Genie-Kompagnien.
1. Brigade, General Graf Braher.				
Linien-Regiment Nr. 1	3	—	—	—
Linien-Regiment Nr. 6	3	—	—	—
Jäger-Bataillon Nr. 20	1	—	—	—
2. Brigade, General de Golberg.				
Linien-Regiment Nr. 57	3	—	—	—
Linien-Regiment Nr. 73	3	—	—	—
Artillerie:				
Kommandeur: Oberst-Lieutenant de Narp.				
Batterie Nr. 5 u. 9, Batterie Nr. 12 (Mitrailleusen) des Art.-Regts. Nr. 15	—	12	6	—
Genie: 1 Komp. des Genie-Regts. Nr. 2	—	—	—	1
Summa der 1. Division	13	12	6	—

2. Division.

Kommandeur: General Grenier.

	Bataillone.	Geschütze.	Mitrailleusen.	Genie-Kompagnien.
1. Brigade, General Béron dit Bellecourt.				
Linien-Regiment Nr. 13	3	—	—	—
Linien-Regiment Nr. 43	3	—	—	—
Jäger-Bataillon Nr. 5	1	—	—	—
2. Brigade, General Pradier.				
Linien-Regiment Nr. 64	3	—	—	—
Linien-Regiment Nr. 98	3	—	—	—
Artillerie:				
Kommandeur: Oberst-Lieutenant de Larminat.				
Batterie Nr. 6 und 7, Batterie Nr. 5 (Mitrailleusen) des Art.-Regts. Nr. 1	—	12	6	—
Genie: 1 Komp. des Genie-Regts. Nr. 2	—	—	—	1
Summa der 2. Division	13	12	6	1

3. Division.

Kommandeur: General Graf Lafrille de Lorencez.

1. Brigade, General Graf Pajol.

	Bataillone.	Geschütze.	Mitrailleusen.	Genie-Kompagnien.
Linien-Regiment Nr. 15	3	—	—	—
Linien-Regiment Nr. 33	3	—	—	—
Jäger-Bataillon Nr. 2	1	—	—	—
2. Brigade, General Berger.				
Linien-Regiment Nr. 54	3	—	—	—
Linien-Regiment Nr. 65	3	—	—	—
Artillerie:				
Kommandeur: Oberst-Lieutenant Legardeur.				
Batterie Nr. 9 u. 10, Batterie Nr. 8 (Mitrailleusen) des Art.-Regts. Nr. 1	—	12	6	—
Genie: 1 Komp. des Gen.-Regts. Nr. 2	—	—	—	1
Summa der 3. Division	13	12	6	1

Kavallerie-Division.

Kommandeur: General Legrand.

Schwadronen.

1. Brigade: General de Montaigu. Husaren-Regtr. Nr. 2 u. 7   8
2. Brigade: General de Gondrecourt. Dragoner-Regtr. Nr. 3 u. 11   8

Summa der Kavallerie-Division   16

Artillerie-Reserve.

Kommandeur: Oberst Soleille.   Geschütze.

Batterie Nr. 11 u. 12 des Art.-Regts. Nr. 1 12
Batterie Nr. 6 u. 7 des Art.-Regts. Nr. 8 12
Batterie Nr. 5 u. 6 des (reit.) Art.-Regts. Nr. 17 12

Summa der Artillerie-Reserve   36

Genie-Komp.

Genie-Reserve: 1 Komp. und Detachement der Sapp. conb. des Genie-Regts. Nr. 2 1

Total des 4. Korps: 36 Bat. Inf., 3 Jäger-Bat., 16 Schwadr., 72 Gesch., 18 Mitraill., 4 Genie-Komp.

5. Armee-Korps.

Kommandirender General: General de Failly.
Chef des Generalstabes: General Besson.
Kommandeur der Artillerie: General Liédot.

1. Division.

Kommandeur: General Goze.

1. Brigade, General Saurin.

	Bataillone.	Geschütze.	Mitrailleuten.	Genie-Kompagnien.
Linien-Regiment Nr. 11	3	—	—	—
Linien-Regiment Nr. 46	3	—	—	—
Jäger-Bataillon Nr. 4	1	—	—	—

2. Brigade, General Baron Nicolas-Nicolas.

Linien-Regiment Nr. 61	3	—	—	—
Linien-Regiment Nr. 86	3	—	—	—

Artillerie:
Kommandeur: Oberst-Lieutenant Rolland.

Batterie Nr. 5 und 6, Batterie Nr. 7 (Mitrailleusen) des Art.-Regts. Nr. 6	—	12	6	—
Genie: 1 Komp. des Genie-Regts. Nr. 2	—	—	—	1
Summa der 1. Division	**13**	**12**	**6**	**1**

2. Division.

Kommandeur: General de L'Abadie d'Aydrein.

1. Brigade, General Lapasset.

Linien-Regiment Nr. 84	3	—	—	—
Linien-Regiment Nr. 97	3	—	—	—
Jäger-Bataillon Nr. 14	1	—	—	—

2. Brigade, General de Maussion.

Linien-Regiment Nr. 49	3	—	—	—
Linien-Regiment Nr. 88	3	—	—	—

Artillerie:
Kommandeur: Oberst-Lieutenant Bougault.

Batterie Nr. 7 u. 8, Batterie Nr. 5 (Mitrailleusen) des Art.-Regts. Nr. 2	—	12	6	—
Genie: 1 Komp. des Genie-Regts. Nr. 2	—	—	—	1
Summa der 2. Division	**13**	**12**	**6**	**1**

3. Division.

Kommandeur: General Guyot de Lespart.

1. Brigade, General Abbatucci.

	Bataillone.	Geschütze.	Mitrailleusen.	Genie-Kompagnien.
Linien-Regiment Nr. 17	3	—	—	—
Linien-Regiment Nr. 27	3	—	—	—
Jäger-Bataillon Nr. 19	1	—	—	—

2. Brigade, General de Fontanges de Couzan.

Linien-Regiment Nr. 30	3	—	—	—
Linien-Regiment Nr. 68	3	—	—	—

Artillerie:

Kommandeur: Oberst-Lieutenant Montel.

Batterie Nr. 11 u. 12, Batterie Nr. 9 (Mitrailleusen) des Art.-Regts. Nr. 2	—	12	6	—
Genie: 1 Komp. des Genie-Regts. Nr. 2	—	—	—	1
Summa der 3. Division	**13**	**12**	**6**	**1**

Kavallerie-Division.

Kommandeur: General Braßauf.

Schwadronen.

1. Brigade: General Vicomte de Pierre de Bernis. Husaren-Regt. Nr. 5, Chasseur-Regt. Nr. 12	8
2. Brigade: General de la Mortière. Lancier-Regtr. Nr. 3 u. 5	8
Summa der Kavallerie-Division	**16**

Artillerie-Reserve.

Kommandeur: Oberst de Salignac Fénelon.

Geschütze.

Batterie Nr. 6 u. 10 des Art.-Regts. Nr. 2	12
Batterie Nr. 11 des Art.-Regts. Nr. 10	6
Batterie Nr. 11 des Art.-Regts. Nr. 14	6
Batterie Nr. 5 u. 6 des (reit.) Art.-Regts. Nr. 20	12
Summa der Artillerie-Reserve	**36**

Genie-Komp.

Genie-Reserve: 1 Komp. und Detachement der Sapp. cond. des Genie-Regts. Nr. 2	1

Total des 5. Korps: 36 Bat. Inf., 3 Jäger-Bat., 16 Schwadr., 72 Gesch., 18 Mitraill., 4 Gen.-Komp.

6. Armee-Korps.

Kommandirender General: Marschall Canrobert.
Chef des Generalstabes: General Henry.
Kommandeur der Artillerie: General Labastie.

	Bataillone.	Geschütze.	Mitrailleusen.	Genie=Kompagnien.
1. Division.				
Kommandeur: General Tixier.				
1. Brigade, General Péchot.				
Linien=Regiment Nr. 4	3	—	—	—
Linien=Regiment Nr. 10	3	—	—	—
Jäger=Bataillon Nr. 9	1	—	—	—
2. Brigade, General Le Roy de Dais.				
Linien=Regiment Nr. 12	3	—	—	—
Linien=Regiment Nr. 100	3	—	—	—
Artillerie:				
Kommandeur: Oberst=Lieutenant Montluisant.				
Batterie Nr. 5, 7 u. 8 des Art.=Regts. Nr. 8 . . .	—	18	—	—
Genie: 1 Komp. des Gen.=Regts. Nr. 3 *)	—	—	—	1
Summa der 1. Division	13	18	—	1
2. Division.				
Kommandeur: General Bisson.				
1. Brigade, General Archinard.				
Linien=Regiment Nr. 9	3	—	—	—
Linien=Regiment Nr. 14 *)	3	—	—	—
2. Brigade, General Maurice.				
Linien=Regiment Nr. 20 *)	3	—	—	—
Linien=Regiment Nr. 31 *)	3	—	—	—
Artillerie:*)				
Kommandeur: Oberst=Lieutenant Colcomb.				
Batterie Nr. 10 u. 12, Batterie Nr. 11 (Mitrailleusen) des Art.=Regts. Nr. 8	—	12	6	—
Genie: 1 Komp. des Gen.=Regts. Nr. 3 *)	—	—	—	1
Summa der 2. Division	12	12	6	1
3. Division.				
Kommandeur: General la Font de Villiers.				
1. Brigade, General Becquet de Sonnay.				
Linien=Regiment Nr. 75	3	—	—	—
Linien=Regiment Nr. 91	3	—	—	—
2. Brigade, General Colin.				
Linien=Regiment Nr. 93	3	—	—	—
Linien=Regiment Nr. 94	3	—	—	—
Latus	12	—	—	—

	Bataillone	Geschütze	Mitrailleusen	Genie-Kompagnien
Transport	12	—	—	—

Artillerie:
Kommandeur: Oberst-Lieutenant Jamet.

	Bataillone	Geschütze	Mitrailleusen	Genie-Kompagnien
Batterie Nr. 5, 6 und 7 des Art.-Regts. Nr. 14 . .	—	18	—	—
Genie: 1 Komp. des Genie-Regts. Nr. 3 *) . . .	—	—	—	1
Summa der 3. Division	12	18	—	1

4. Division.

Kommandeur: General le Passor-Sorval.

1. Brigade, General de Marguenat.

	Bataillone	Geschütze	Mitrailleusen	Genie-Kompagnien
Linien-Regiment Nr. 25	3	—	—	—
Linien-Regiment Nr. 26	3	—	—	—

2. Brigade, General Graf de Chanaleilles.

	Bataillone	Geschütze	Mitrailleusen	Genie-Kompagnien
Linien-Regiment Nr. 28	3	—	—	—
Linien-Regiment Nr. 70	3	—	—	—

Artillerie:
Kommandeur: Oberst-Lieutenant Nourh. *)

	Bataillone	Geschütze	Mitrailleusen	Genie-Kompagnien
Batterie Nr. 7, 8 u. 9 des Art.-Regts. Nr. 10 . .	—	18	—	—
Genie: 1 Komp. des Genie-Regts. Nr. 3 *)	—	—	—	1
Summa der 4. Division	12	18	—	1

Kavallerie-Division. *)

Kommandeur: General de Salignac-Fénelon.

	Schwadronen.
1. Brigade: General Tilliard. Husaren-Regt. Nr. 1, Chasseur-Regt. Nr. 6	8
2. Brigade: General Sabaresse. Lancier-Regtr. Nr. 1 u. 7 . .	8
3. Brigade: General de Béville. Kürassier-Regtr. Nr. 5 u. 6 .	8
Summa der Kavallerie-Division	24

Artillerie-Reserve. *)

Kommandeur: Oberst Desprels.

	Geschütze.
Batterie Nr. 5 u. 6, 10 u. 12 des Art.-Regts. Nr. 10 . . .	24
Batterie Nr. 8 u. 9 des Art.-Regts. Nr. 14	12
Batterie Nr. 1 u. 2 des (reit.) Art.-Regts. Nr. 19	12
Summa der Reserve-Artillerie	48

	Genie-Komp.
Genie-Reserve: *) 1 Komp. u. Detachement der Sapp. cond. des Gen.-Regts. Nr. 3	1

Total des 6. Korps: 48 Bat. Inf., 1 Jäger-Bat., 24 Schwadr., 114 Gesch., 6 Mitraill., 5 Genie-Komp.

Die mit * bezeichneten Truppen gelangten nicht nach Metz, als das Korps von Châlons dorthin transportirt wurde; daher Total bei Metz: 39 Bat. Inf., 1 Jäger-Bat., 36 Geschütze.

7. Armee-Korps.

Kommandirender General: General Douay (Felix).

Chef des Generalstabes: General Renson.

Kommandeur der Artillerie: General Baron de Liégeard.

1. Division.

Kommandeur: General Conseil Dumesnil.

1. Brigade, General Nicolaï.

	Bataillone.	Geschütze.	Mitrailleusen.	Genie-Kompagnien.
Linien-Regiment Nr. 3	3	—	—	—
Linien-Regiment Nr. 21	3	—	—	—
Jäger-Bataillon Nr. 17	1	—	—	—
2. Brigade, General Maire.				
Linien-Regiment Nr. 47	3	—	—	—
Linien-Regiment Nr. 99	3	—	—	—
Artillerie:				
Kommandeur: Oberst-Lieutenant Guillemain.				
Batterie Nr. 5 u. 6, Batterie Nr. 11 (Mitrailleusen) des Art.-Regts. Nr. 7	—	12	6	—
Genie: 1 Komp. des Gen.-Regts. Nr. 2	—	—	—	1
Summa der 1. Division	13	12	6	1

2. Division.

Kommandeur: General Liébert.

1. Brigade, General Guiomar.

	Bataillone.	Geschütze.	Mitrailleusen.	Genie-Kompagnien.
Linien-Regiment Nr. 5	3	—	—	—
Linien Regiment Nr. 37	3	—	—	—
Jäger-Bataillon Nr. 6	1	—	—	—
2. Brigade, General de la Bastide.				
Linien-Regiment Nr. 53	3	—	—	—
Linien-Regiment Nr. 89	3	—	—	—
Artillerie:				
Kommandeur: Oberst-Lieutenant Clouzet.				
Batterie Nr. 8 u. 9, Batterie Nr. 12 (Mitrailleusen) des Art.-Regts. Nr. 7	—	12	6	—
Genie: 1 Komp. des Gen.-Regts. Nr. 2	—	—	—	1
Summa der 2. Division	13	12	6	1

<table>
<tr><th></th><th>Bataillone.</th><th>Geschütze.</th><th>Mitrailleusen.</th><th>Genie-Com-
pagnien.</th></tr>
</table>

3. Division.

Kommandeur: General Dumont.

1. Brigade, General Bordas.

	Bataillone.	Geschütze.	Mitrailleusen.	Genie-Com-pagnien.
Linien-Regiment Nr. 52	3	—	—	—
Linien-Regiment Nr. 79	3	—	—	—

2. Brigade, General de Bittard des Portes.

	Bataillone.	Geschütze.	Mitrailleusen.	Genie-Com-pagnien.
Linien-Regiment Nr. 82	3	—	—	—
Linien-Regiment Nr. 83	3	—	—	—

Artillerie:
Kommandeur: Oberst-Lieutenant Bonnin.

	Bataillone.	Geschütze.	Mitrailleusen.	Genie-Com-pagnien.
Batterie Nr. 8 u. 9, Batterie Nr. 10 (Mitrailleusen) des Art.-Regts. Nr. 6	—	12	6	—
Genie: 1 Komp. des Gen.-Regts. Nr. 2	—	—	—	1
Summa der 3. Division	**12**	**12**	**6**	**1**

Kavallerie-Division.

Kommandeur: General Ameil.

Schwadronen.

1. Brigade: General Cambriel. Husaren-Regt. Nr. 4, Lancier-Regtr. Nr. 4 u. 8 12
2. Brigade:*) General Jolif du Coulombier. Husaren-Regt. Nr. 6, Dragoner-Regt. Nr. 6 8

Summa der Kavallerie-Division 20

Artillerie-Reserve.

Kommandeur: Oberst Aubac.

Geschütze.

Batterie Nr. 7 u. 10 des Art.-Regts. Nr. 7 12
Batterie Nr. 8 u. 12 des Art.-Regts. Nr. 12 12
Batterie Nr. 3 u. 4 des (reit.) Art.-Regts. Nr. 19 12

Summa der Artillerie-Reserve 36

Genie-Komp.

Genie-Reserve: 1 Komp. des Genie-Regts. Nr. 2 und De-tachement der Sapp. cond. des Genie-Regts. Nr. 1 . . . 1

Total des 7. Korps: 36 Bat. Inf., 2 Jäger-Bat., 20 Schwadr., 72 Gesch., 18 Mitraill., 4 Genie-Komp.; nach Abrechnung der 2. Ka-vallerie-Brigade 36 Bat. Inf., 2 Jäger-Bat., 12 Schwadr. ꝛc.

*) Diese Brigade verblieb zunächst in Lyon und stieß nicht mehr zum 7. Korps.

Plan 8

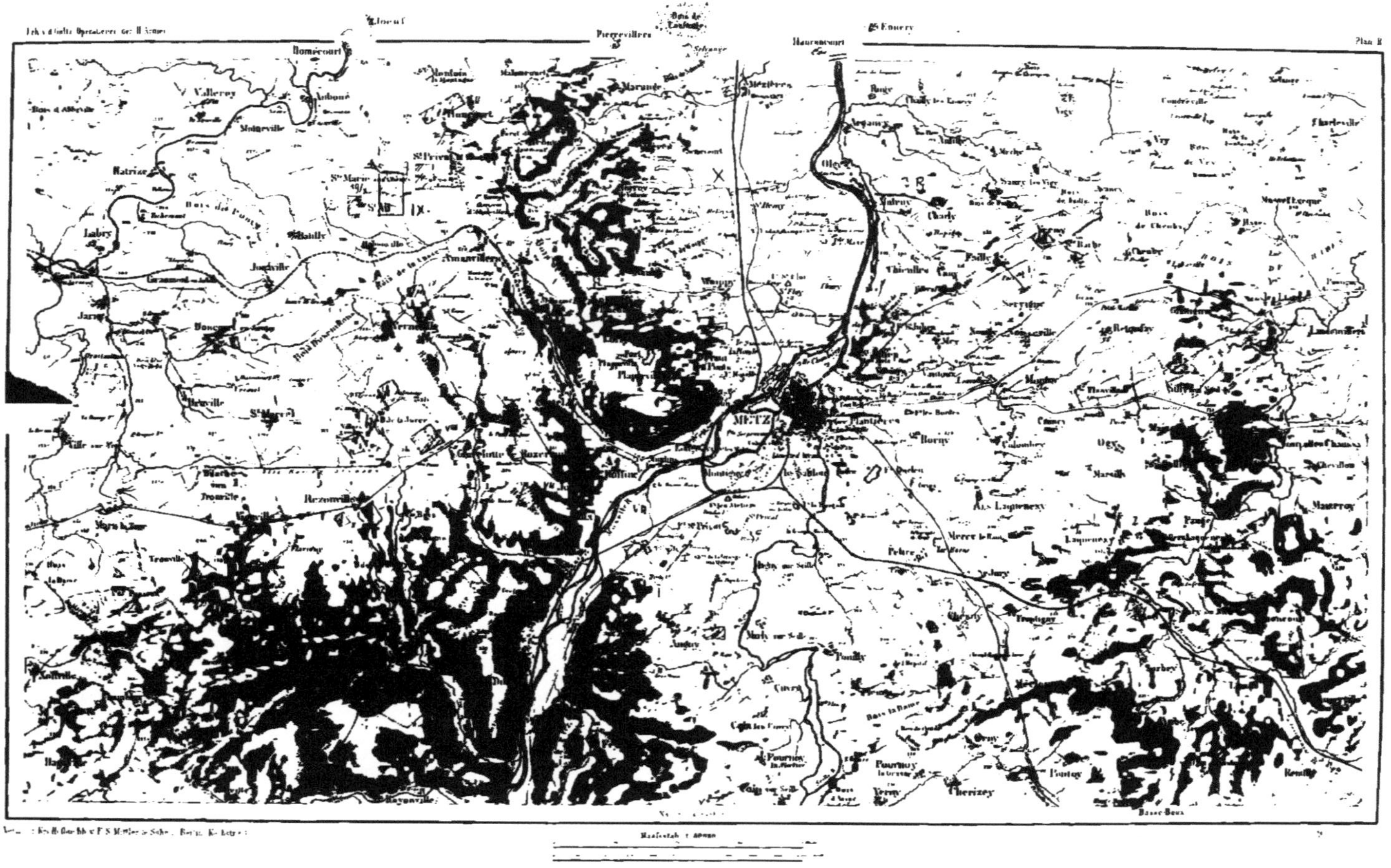
Pierrevillers
Hauconcourt
Amanvillers
METZ
Plantières
Borny
Rezonville
Mars la Tour
Marly sur Seille
Pouilly
Jarny